7

主編 舒大剛 楊世文

廖平全集

春秋類

公羊春秋經傳驗推補證

公羊春秋經傳驗推補證

廖平　撰
邱進之　校點

校點説明

《公羊春秋經傳驗推補證》是廖平公羊學代表著作之一種。此書最初名《公羊補證》，所謂「補」者，即謂補何休《解詁》。據潘祖蔭光緒十六庚寅（一八九〇）三月序云：「季平三《傳》之書，乙酉成《穀梁》，戊子成此編，乃續作《補證》。」則《公羊補證》草成於光緒十四年（一八八八）戊子，另創凡例，續有增補。本書卷首有《公羊春秋補證凡例》二十三條，改訂於光緒十六年庚寅，可知是年已成《公羊補證》。據廖宗澤撰《六譯先生年譜》，《公羊春秋經傳驗推補證》於光緒二十九年（一九〇三）七月刊於綏定。卷首附《公羊春秋補證凡例》、《則柯軒經學叢書提要》、《公羊驗推補證凡例》、潘祖蔭《公羊補證序》、《素王制作宗旨三十問題》及圖表十幅。《公羊驗推補證凡例》云：「今以《補證》爲名，凡佚傳則補傳，師説則補例，《解詁》未備者務詳之，其所已明者則概從略。自注自疏以自信，精粹者爲注，餘文爲疏；疏義别出，不定解注。與古注疏體小有異同。」又謂：「先儒有《公》、《穀》詳例，《左傳》詳事之説，實則二《傳》事實爲《左傳》所無者甚多。蓋古有事、傳，《傳》不言事者，因其事顯著，故弟子不發問。今按上下文義可以意起者，於《疏》中用《左氏》、《史記》説以補之；至於與《左氏》異者，亦於《疏》中詳之。」可見是書體例大略。又云：「近來學派，守舊者空疏支離，時文深入骨髓，尤難滌拔；維新者變本加厲，廢經非聖，革命平權，三綱尊尊不便其私，尤所切齒。不知「禮失求野」專指生養而言，至於綱常名教，乃我專長。血氣尊親，文倫一致，舍長學短，不知孰甚！卷中于諸條詳加駁正。趨向必端，方足言學。」可知是書之作，亦有針對時弊的目的。《公羊補證》全書十一卷，光緒三十二年（一九〇六）則柯軒再版。收入《六譯館叢書》，今以此本爲底本整理。

目録

公羊春秋補證凡例

余既分注三《傳》，使門户不嚴，則三書直如一書，無煩三《傳》同注；今故於本《傳》中自明家法，二《傳》雖有長義，不更取之。惟鄙人一隅之見，不免雷同，故三書分撰，年歲不同，意見小異，今亦各存其舊。惟大綱抵迕者，則不得不改歸一律。三《傳》本同，自學人不能兼通，乃閉關自固，門户既異，盾矛肇興，先有自異之心，則所見無不異矣。今於三《傳》同異化其畛域，更爲《異同表》、《評》，以明其事，疏中於此事頗詳。

一、《傳》不言事，因其事易明，故弟子不發問。今按《經》上下文義可以意起者，於疏中用《左氏》、《史記》説以補之；至於與《左氏》異者，亦於《疏》中論之。又，《傳》説非出一師，文又不無脱誤，其有未安者，皆於《疏》中立説以明之；其有本《傳》義未安者，則但於《疏》云「二《傳》以爲」云云，以示其意，不加駁斥。其途雖殊，其歸一也。

舊注《穀梁》專守本傳，《公羊》則以博通爲主。凡《穀梁》、《左傳》説與《公羊》異者，皆採用之；及《禮記》説《經》大例、《繁露》、《白虎通》引《傳》，亦皆採入，别爲《補傳》、《補例》。今改定，以《公羊》爲主，成一家之學，凡《左》、《穀》、《公羊》異義，雖二《傳》義長，仍守本《傳》。舊《補傳》及注中所引諸説，精要者悉作中字單行，餘文與所下己意始用雙行書寫，删《補傳》

之名；舊本《補例》大字提行，別注雙行，今移《補例》歸入注中，其別注雙行易名爲《疏》。

自來注不破傳，舊本採用二《傳》，但取義長，多違《傳》意；今改定，正注一以本《傳》爲主。若先師異説與本《傳》相違，及移《傳》就《經》，不與本《傳》相次者，別爲《校義》，附於每卷之末；有先師誤説、本《傳》無文者，則仍存注中，正其得失。既非破傳，固不相嫌。舊有「誤問」、「誤答」二例，今概歸《校義》中，注中不斥本傳之誤。

二、事實據《左傳》爲主，參以《國語》、《史記》及哀、平以前經説，彙輯以附本條之下。凡《左氏》後師微説，與《經》例小異之條，及《穀梁》與本《傳》不合之條，皆不敢用。

三、凡《經》有其例而《傳》未詳，及《傳》有其説而文未備者，別爲《補例》一書，今悉分條補入注中，稱爲《補例》，以便省覽。昔何、杜作注，皆自引別書，今倣其事，所有解釋例語則入《疏》中。一傳有誤問、隨答二例，別據正傳爲説，其有誤附之條，則移歸本《傳》，如「三世内娶」、「不言晦」之類是也。補正之例，附存注疏。

四、今合注三《傳》，《左傳》別出微説解《經》之語，凡詳事實之《左氏》原文，爲三家所同用。

五、今以補何爲主，凡《解詁》未備，務詳之；其所已明，則概從畧。

六、《公羊》與二《傳》異禮異例二事，先師多主分説，遂至歧異。今立「參差」、「詳畧」二例以統之，悉歸一律。至於「異事」一條，則如《釋文》例，附記各傳之下。

七、《春秋》改制，以文備爲主。三統循環本春秋以後法三代而上之事，非周制以文備。孔子一意簡陋，爲救時之書。先師誤以三統爲春秋以前三代，故主改文從質，如此則須又立一改質從文之《春秋》矣。今不取之。

八、漢師所有遺説採附《經》、《傳》之下，殊嫌繁瑣。今不盡採，仿陳左海例，别爲《先師遺説考》四卷，以取簡要。將來收入《疏》中，亦可。

九、《公羊》日月例爲唐宋以後所詬病，在讖者固不知本義，而説者亦殊失修理，穿鑿游移，何以爲定？今分爲三表：一《不爲例表》，一《有正無變表》，一《正月正時表》。去前二表，則以例説者不過百條。事既簡明，理亦精審。

十、《春秋》有「託古」一例，所言皆託古禮，所謂「考諸三王而不謬」者也。故《春秋》足以總統六藝。凡與各經相通，及須取各經以證明《春秋》者，悉於各條粗發其例。

十一、《春秋》有「質文」一例，凡後世所行政事，莫不本之於《春秋》，合之則治，背之則亂，所謂「百世以俟聖人而不惑」者也。今於諸史所有制度，間引據以相證；至於禍亂之原，亦皆列之。通經致用，亦一端也。

十二、《春秋》禮制盡本《王制》。今但引《王制》經、傳原文於各條下，别撰《王制疏證》二卷，録《王制》文，而引《春秋》經、傳證之，即以附於經、傳之後，並行焉。至於《王制》詳説，别見輯釋中。

十三、經學以素王爲主。受命改制，乃羣經大綱，非《公羊》一家之言，惟《公羊》盛行於漢，故其説獨詳耳。今以此爲微言，凡制度之事，皆以復古爲主，以孔爲擇善而從。《經》所改易，皆古法也。

十四、《春秋》義例，有必須圖表方能明悉者。今於卷首將《圖表》彙爲一卷，凡筆削、善惡、進退、一見、中外之類統歸之。先讀《圖表》，則其綱領可尋矣。

十五、《齊詩》、《韓詩》、《尚書大傳》、《檀弓》、《春秋緯》均爲齊學，今引用獨多。凡孤文僻證、魯學之書，亦在所採；至於真《周禮》，亦在所采。凡劉歆所羼，見於《周禮刪僞》者，概不引用。

十六、三世、王魯、三統諸例，《解詁》説殊蕪雜；今或改或删，務求簡明切實，以副《傳》義。凡衍説支語，概從删節。

十七、《經》以明制度爲大例。孔子定禮，於《春秋》見其事，如親迎、三年喪、不内娶、譏世卿之類是也。今以《白虎通義》爲主，再加以徐、秦《通考》，逐一詳備，以復舊意。

十八、《春秋》以謹禍亂、辨存亡。所有安危禍福，舊説多闕，今悉採補，以明得失成敗之數。

十九、王魯、親周、王爲文王、周召分陝而治，皆《詩》説也；先師以説《春秋》，多所不合，今不用。王魯例主以二伯，亦以《春秋》事例説之，不全用《詩》家説也。

二十、屬詞比事，《春秋》之教。今於百二十國本末，即《比事表》中所有義例，備一檢校。庶使義不空立，以免斷爛之譏。

二十一、《傳》義出於授受，實爲孔子所傳。唐宋諸儒好出新意，號爲棄《傳》從《經》，實則師心自用而已。其風半開於范注，所有攻擊二《傳》，皆范倡之。今彙爲一表。凡後世盛行之説録之，間於注中明其謬誤，以端趨向。

二十二、此編推廣《春秋》，以包舉百代，總括六經，宗旨與漢唐以下《春秋》多所不合，故不盡採用。其有同者，亦係偶合，不敢攘人之美。至於師友舊聞，亦録姓氏焉。

二十三、《公羊》舊多可駭之論，影響之説。今力求本義，務歸平實，凡舊爲詬病、與義未安者，十不存一焉。庚寅五月四日季平改訂。

則柯軒經學叢書提要

大統春秋公羊補證十一卷

大統凡例一卷

當今中外交通，智慧互换，政藝新，學術亦不能再守舊；故無論中外，凡百年以前政學各書，皆屬塵羹土飯，宜束之高閣。此天下公言也。井研廖氏，表彰孔子皇、帝之學，著書二百餘種，四益、則柯兩叢書《提要》，集漢、宋之大成，發中外之隱奥。其中《公羊補證》一種，藉桓、文之史事，推皇、帝之共、球，於中學專主微言大義，漢、宋支離空疏之積習，一掃而空；於西學，以《春秋》文俗勘合時局，《春秋》撥亂世反之正者，指今二十周世界言之也。卷首附《宗旨》、《圖》、《表》，及《凡例》、《百目》，信乎可以汰除中國庠序之積弊，環瀛循軌改良，由亂世進太平者，不外是也。其書擇精取長，包羅萬有，學者手置一篇，不惟經學明，子史、政治、掌故、輿地、外交、脩身、倫理，別有簡要，怯①可迎刃而解，保存國②粹。

又意在通俗，故文義淺顯，與注疏晦塞驟難索解者不同。近日學堂風尚，守舊者不免頑固之譏，維新者又倡言廢三綱、尚平權；以是編救之，庶兩無其弊。于廢經革命之説闢之尤力，然皆平心而論，借矛攻盾，足以饜服其心，與尋常肆口謾駡者迥不同。孔子之道兼包中外，以《春秋》爲始基，故凡入學堂者不可不先讀此書，以爲中學西學之根柢。附《春秋圖表》、《知聖篇》，皆與是書互相發明。以此提倡，鄉國庶比于③齊魯乎！

---

① 此「怯」當爲「俱」或「舉」之誤字。
② 國：原誤作「固」。
③ 比于：原作「比手」，據文意改。

公羊驗推補證凡例

六經象六合，《易》爲天，《春秋》爲地。《三統曆》①以《易》太極、兩儀、四象、八卦比《春秋》元年、春秋、四時、八節，以《易》與《春秋》爲天人之道，人事屬小統，爲王、伯；年月屬大統，爲皇、帝。《傳》以「元年春王正月」爲大一統，小中見大，藉年、時、月、日以明天道。《三統曆》蓋本傳説。

《傳》曰：《春秋》「撥亂世，反諸正」。今之世界，説者比于大統，《春秋》、《詩》、《易》皇、帝之説，皆在昇平以後，文明程度未能及此；惟《公羊》借方三千里之禹迹以寓皇、帝規模，與今世界情形巧合。撥亂反正，小大相同。欲考全球學術政治，故莫切于《公羊》也。

經學傳於齊、魯。魯學謹嚴，《穀梁》、《魯詩》，篤信謹守，多就中國立説；齊學恢宏，《公羊》與《齊詩》多主緯候，詳皇、帝大一統治法。《公羊》多借用《詩》説。鄭君所云「《穀梁》善經，《公羊》善讖」，皇、帝説于《詩》爲本義，于《春秋》爲假借，然本《傳》就時令一門推論皇、帝，如《三統曆》，則《春秋》本自有大統義，專明本《傳》天道，竝非假《詩》、《易》以立異。

---

① 曆：原作「歷」，清人避乾隆諱改，今回改。下同。

鄒子遊學於齊，傳海外九州之學，與《公羊》家法同源。由中國以推海外，人所不睹，由當時上推天地之始，所謂驗小推大，即由王①、伯以推皇、帝，由《春秋》以推《詩》、《易》。《公羊》以伯、王爲本義，故凡推衍皇帝、商榷實事者，悉見于疏正，注多同《穀梁》。推驗之説，實與《詩》、《易》相通，以「驗推」名書，齊學家法本來如此，所以與《穀梁》竝行不悖。

《公羊》舊有「新周」、「王魯」、「故宋」、「黜杞」、「通三統」、「改文從質」諸説。中國無所謂質家，所云「親親」、「尚白」，凡事與中制相反者，惟泰西爲然，故以中、西比文、質。又，泰西文明程度與中國春秋以前政教風俗曲折相同，諸國會盟、征伐尤爲切合。《春秋》撥中國之亂反之正，中國不足以爲世界，《傳》所謂亂世者，正謂今日世界。春秋之際，天生孔子，由《春秋》推《詩》、《易》，爲萬世法。今日世界，但以撥中國小統舊法施覃全球，進退維谷，其基礎不外《公羊》矣。

古文家以史讀經，芻狗糟粕，爲《列》、《莊》所預防。古難治今，小不可治大，故廢經之説，中土②亦倡言不諱。本《傳》特表《春秋》之作非樂道堯舜，特爲後之堯舜作，與西人先蠻野後文明、進步改良諸説符合。知六經專爲俟聖而作，非古皇帝、王伯之舊文。所有譏世卿、不親

---

① 王：原無，據文意補。

② 中土：原作「中士」。

迎、同姓婚、喪娶、君臣上下名分混淆、弒殺奔逐不絶于史，古爲中國言者，今乃爲西人言之。推方三千里之制于三萬里，此《春秋》所以爲六經託始也。

《論語》論因革損益百世可知，先儒以《春秋》爲救文從質，質敝之後，必再作救質從文之《春秋》而後可。蓋《春秋》所言典制綱常皆百世不改者，所有文質循環，皆在其外。立《春秋》以撥亂，名教昭著于禹州。以《春秋》統全球三萬里，中爲《春秋》王國者百，諸侯家者百萬，卿大夫身者不可縷數；由中推外，其王、伯各用一《春秋》以自治，脩身齊家治國，一以《春秋》收其功。所有《大學》裁成損益、顛倒反覆，乃皇、帝無爲無不爲，以道德爲平天下作用。必世界九十九禹州皆如中國，用《春秋》改良進步，方足以盡《春秋》之量而躋太平。

學堂古分小大，皆治平事。王伯爲小統，屬小學，故《春秋》以内九州①爲中國，外四州爲夷狄，疆宇不出三千里。推之《尚書》三王五千里，皆爲小學；至皇、帝四表，《詩》、《易》土圭三萬里，爲大學平天下事。諸經年代最久，惟《春秋》僅二百餘年，故古學堂以王伯爲小學、蒙學，至于脩身齊家②治人之法，皆屬小學，皇、帝乃爲大學學堂立法，宋人誤以大學爲入德之門。今以《王制》、《春秋》爲小學，《詩》、《易》、《周禮》爲大學，必小學已明，然後可讀大學。先

① 九州：原無「九」字，據文意擬補。
② 齊家：原作「國家」，據文意擬改。

詳小近，然後推之大遠，故孔子經説惟《春秋》最詳，漢儒經學亦惟《公羊》獨盛。

以皇、帝、王、伯分配六藝，則齊、晉屬伯，然未出皇、王，先詳二佐。齊、晉早在三王之先，周公已詳《尚書》之末，皇統之周公，即《春秋》之齊、晉。《春秋》人事詳伯、王，而天道屬皇、帝，《尚書》詳三王而及堯、舜、周公，皆帝也，往來行志爲小大之分，而《尚書》周公篇《閒居》以通其意。據周公以讀《詩》，而後託比有準則；據周公以讀《春秋》，而後德力有比較。所有皇、帝、王、伯之説，或錯出，或蟬聯，或屬專篇，或備本末。此旨明，羣經迎刃而解。

天下天子爲大統正名，小統借用其説，久假不歸，每多蒙混。如中國對海外言，爲禹服定名，非指魯；舊説每以中國爲天下。又，《傳》之諸夏，指南方四州。内本國而外諸夏，爲《春秋》説；内諸夏而外夷狄，則爲《尚書》説。凡屬此類，悉於《疏》中分别解明，以還各經師法。

《春秋》禮制盡本《王制》，與《周禮》小大不同，由《王制》以推《周禮》，務使皇、帝之學可藉《公羊》考見，以爲讀《尚書》之先導。使學者以《書》、《禮》包括海外，非西説所能逮，廢經之説，庶可以息。將來學堂以王、伯爲小學、蒙學，萬人中入小學者不過五百人，小學五百人中，入大學者不過二三人，故西書詳于蒙學。小大二學，王、伯、皇、帝，皆在其中①；循序以求，學半功倍。故學堂章程必須改良。

① 其中：原作「中學」，據文意擬改。

《春秋》主桓、文爲伯統，以《春秋》立名，即乾坤、陰陽爲二伯之義。由是以推，合一年爲皇，四首時爲四岳，月日爲諸小國。《洪範》以歲、月、日屬王與卿士師尹，《緯》皇法太乙，帝法陰陽，王法四時，此《傳》以年、時、月、日爲大一統之師説。六經于曆法無所表見，惟《春秋》編年，序次二百四十二年；故《史記》論《春秋譜牒》，以爲凡曆人取其曆法也。經以《春秋》名書，見比月日食，皆爲明曆法。皇、帝大統六曆，全球十二小正，藉天道以明大統，兼有皇、帝、王、伯之學，亦如《詩》之兼有興觀羣怨。《公羊》名家多不詳此義，初開此派，未能詳備。

漢師以《傳》爲今學，《左氏》爲古學，今以《王制》爲王、伯，《周禮》爲皇、帝，不用今古，但别小大。據《王制》以説人事，據《周禮》以詳皇統。《公羊》于天時寓皇統之義，必求典制燦明，傳文多借用《詩》、《易》師説，如「大一統」，「王者無外」，「王謂文王」，「二伯」言周、召，「樂道堯舜」之類，皆爲皇、帝之學。又，《春秋》以天統王，天子、天王皆歸本於天，所有郊祀及記日食星孛災異，皆奉天之事，正如《顧命》之言「皇后」。小中寓大，所謂「大道不止」、「道不可須臾離」，皇、帝之法，未嘗一日絶於天壤。

皇、帝統天下，王、伯統國家。《春秋》王爲主，詳其成敗，爲治國立法。諸侯各有社稷人民，備五長體制，由盟主世守；以及弑、亡、滅、入、奔、走、執、囚，以爲法戒，所謂有國家者①

①　者：原脱，據文意補。

不可不知《春秋》。內而公卿大夫士，外諸侯之卿大夫，其賢才保家世守，與殺身覆宗，昭明法鑒，即《大學》齊家修身事。《春秋》爲小學，兼明王、諸侯、公卿、大夫、士得失成敗，凡仕宦學，取材《春秋》無不足。皇帝專詳大學，庶人專詳蒙學，蒙學統于《容經》，以修身爲主義；凡農工、商賈、伎藝、實業，自謀其身，不與治平者，皆屬蒙學。故蒙學宜多，大小學宜少；必千蒙學始得立一小學，合天下惟京師立五大學而止。故仕宦之學全在《春秋》。

讖緯之説，專爲微言。俟聖之作，不能不言符應。所有諸讖，皆爲百世以下全球皇、帝言之。《春秋》小九州，不能言五帝與三皇。近賢于緯説已通其義，皆知尊奉，唯于讖則未得本義，故説者皆欲存緯去讖。先師所引讖、緯，凡切合《春秋》者細爲證明；凡爲《詩》、《易》專説，于《春秋》無干者，皆不引用。王吉言《春秋》大一統，《騶氏春秋》即《公羊》騶衍之皇帝説。

三《傳》本同，自學人不能兼通，乃閉關自固。門户既異，矛盾肇興，先有自異之心，則所見無非異矣。今於三《傳》同異化其畛域，凡本《傳》文義隱者，時取二《傳》以相發明；舊解互異者，亦取印證，以見滙通。至于差迕之條，更爲《異同表》以明其事。《疏》中於此例頗詳。

先儒有「《公》、《穀》詳例，《左傳》詳事」之説，實則二《傳》事實爲《左傳》所無者甚多。蓋古有事傳，《傳》不言事者，因其事顯著，故弟子不發問。今按：上下文義可以意起者，於《疏》中用《左氏》、《史記》説以補之；至於與《左氏》異者，亦於《疏》中詳之。又，傳説非出一師，文字不無脱誤，其有未安者，皆於《疏》中立説以明之；其本《傳》有義未安者多屬細節，則但於

《疏》云「二《傳》以爲」云云，以示其意，不加駁斥。其途雖殊，其歸一也。

自來注不破傳，舊稿採引，但取義長，多與《傳》立異同。今輯録師説以爲正注，一以本《傳》爲主。其先師異説與本《傳》相違，及移傳就經、不與本《傳》相次者，別爲《補例》，附於注中；其有先師誤説、本《傳》無文者，則於《疏》中正其得失。非爲破傳，固自不嫌。

「三世」例舊有「三科九旨」、「亂世、昇平、太平」諸説，今審訂「三世」例，隱、桓爲一世，定、哀爲一世，自莊至昭爲一世；「九旨」例則于有伯百八十年中分爲七等，以前後皇、帝、王、伯爲經。隱、桓爲古三皇世，莊爲古五帝世，僖爲古三王世，文爲古二伯世，宣十八年爲所立世，成爲侯後伯世，襄爲侯後王世，昭爲侯後帝世，定、哀爲侯後皇世。九世異辭，爲全經大綱。今于卷首立《九世異辭表》、《隱桓六合圖》、《定哀六合十二次圖》、《莊僖襄昭八伯圖》、《文成二伯中分圖》。世居九變，文義各有異同，其中以《周禮》官府邦國都鄙爲之緯。舊解全用邦國一例，于官府都鄙變文少所究心，必分九世，而伯、王、帝、皇前後之故可明也。

今以「補證」爲名，凡佚傳則補傳，師説則補例，《解詁》未備者務詳之，其所已明者則概從略。自注、自疏，以自信精粹者爲注，餘文爲疏；疏義別出，不定解注。與古注疏體小有異同。《公羊》與二《傳》異禮、異例二事，先師多主分説，遂至歧異。今立《參差》、《詳略》二例以統之，悉歸一律。至於異事一條，則如《釋文》例，附記各傳之下。

《春秋》義例，有必須圖、表方能明悉者，舊刊有《圖》、《表》二卷。今于本《傳》大統獨有之説别爲十圖五表，列之卷首。先讀圖表，則綱領①易尋。又，改制大統利益問題及《大統春秋凡例》，皆附于卷首。

中外開闢情形大抵相同，中國至春秋，文明略同今西國。孔子作經以明制度，爲大例，於春秋時事進以新禮新制，如親迎、三年喪、不内娶、譏世卿之類是也。今以中法推之全球，亦引《春秋》以譏西人之等親迎事、三年喪②、不立廟、人皆主天之誤。《春秋》如良藥，中國病已愈，則藥可廢，故中外有廢經之議，不知留《春秋》以醫外證。昔止一人服之，今則九十九人專望此藥，非惟不可廢，且當廣行。

《春秋》以謹禍亂、辨存亡爲要義。所有安危禍福，舊説多闕，今悉採録，以明得失成敗之數。《春秋》爲外交之基礎。

《傳》文出于授受，實爲孔子所傳。唐宋諸儒好出新意，號爲棄傳從經，實則師心自用而已。其風半開於范注，所有攻擊二《傳》，皆范倡之。今彙爲一卷，名曰《删例》。凡後世盛行之説，間于疏中明其謬誤，以端趨向。

此編推廣《春秋》，以包舉百代、總括六經。宗旨與漢、唐以下多所不合，故不盡採用。其

① 綱領：原誤作「剛領」。
② 喪：原誤作「表」。

有同者亦係偶合，不敢攘人之美。至于師友舊聞，亦録姓氏焉。

通經致用爲立學本根。近今文學愚人，害貽王國，大抵經説不能折中一尊、明白切實，人才所以日卑。今以中外分畫典制，務求切實詳明，間列異同，以相印證，使不至採異説以相難。言此編者，須于此三致意焉。

董子之説，精美過于邵公，又詳于陰陽五行，即《公羊》大一統師説，文義深奥，未能詳細徵引。又，《傳》善于讖，今亦從略。擬約同人專撰董子及緯説，葢非著專書，不能深入推闡。此本門彙既繁，不能再詳二學，亦勢所必然。又，《傳》以大統歸之年、時，推盡其義文，當與人事相埒。此學新起，亦如西人化、電，非百年後不能美備。大羹玄①酒，將來大明精進，以此篇爲識途老馬可也。

漢師所有遺説，其明條散見史傳各書者，多至數十百見，如悉採附經傳之下，殊嫌瑣碎。今不盡録，倣陳左海例，别爲《先師遺説》四卷，以取簡要。

《公羊》日月例爲唐、宋以後所訾病，譏者固不知本義，而説者亦殊失修理，穿鑿游移，何以爲定？今分爲三表，一《不爲例表》，一《有正無變表》，一《正日正時表》。去前二表，則以例説者不過百條。事既簡明，義亦精審。

① 玄：原作「元」，避康熙諱改，今回改。後文徑改，不再出校。

《公羊》舊多可駭之論、影響之説，今力①求本義，務歸平實。凡舊有爲詬病、與義未安者，十不存一焉。

近來學派，守舊者空疏支離，時文深入骨髓，尤難滌拔；維新者變本加厲，廢經非聖、革命平權，三綱尊尊不便其私，尤所切齒。不知「禮失求野」專指生養而言，至於綱常名教，乃我專長。血氣尊親，文倫一致，舍長學短，不知孰甚！卷中于諸條詳加駁正。趨向必端，方足言學。

孔子繙經創制，以空言垂教。自亂法者依託《傳》義，海内因噎廢食，羣詬《公羊》作俑，甚至以爲教亂之書。今于卷首刊《改制宗旨三十問題》，以明旨趣。舊刊《春秋圖表》，大統天道、地球皇輻帝域與配歲月、官府、六合、都鄙、十二風、九旨、異辭之類，既爲新義，非特表不明，故別以大統專圖十附卷首。又，「撥亂世，反之正」於今日時務最爲深切，既以政治範圍中外，倫理、教宗、風俗、性情，凡足以引導外人開通中智者，亦發皇帝學補救利益百問題。先得全書綱領，庶得迎刃而解。

校讎之難，昔人比于掃落葉。此本倉卒付梓，鈔胥之誤，未盡釐正。思誤書是一適，維乞高明加以校正，竝糾其謬誤，所切禱焉。

---

① 力：原誤作「立」。

序①

潘祖蔭

季平作《春秋左氏古經説》、《漢義補證》，余既爲之序，又以所著《公羊補義》請。季平三《傳》之書，乙酉成《穀梁》，戊子成此編，乃續作《補證》。自序欲以《公羊》中兼採《穀》、《左》，合通三《傳》，以成一家；繼因三《傳》各有專書，乃刊落二《傳》，易以今名。言「補注」者，謂補何君《解詁》也。自來注家依違本傳，明知其誤，務必申之；是書以經例爲主，於《傳》分新舊，於師分先後，所有後師誤説，引本《傳》先師正説以證之。進退取舍，不出本師，與范武子據《周禮》以難《穀梁》者有間矣。季平未作是注之先，作《三十論》以爲嚆矢，又作《解詁商榷》二卷，以明舊説之誤。是書大旨具於《三十論》，然新得甚多，較爲審慎矣。季平喜爲新説，如《春秋》不王魯，三世内娶爲魯事，言朔不言晦爲日食例，離不言會爲致例，祭仲不名例，同單伯，紀履緰不言使爲小國通例；如此者數十百條，爲從來治《公羊》者所不敢言。至於月無正例，伯、子非爵，見《經》皆侯與二伯、八方伯、七卒正、一附庸，則以爲三《傳》通例。立説雖新，悉有依據，聞者莫不驚駭，觀所論述，乃不能難之，以其根本《經》、《傳》，得所依歸故也。季平

① 原此序未加標題，惟版心口題曰「潘序」。

年方壯，其進未已，願深自韜斂，出以平淡。又其推比文例，頗盡能事，誠爲前賢所未逮。然《春秋》義理之宗，王道備，人事洽，董子著書，多道德純粹之言，少考據破碎之語；形而上者謂之道，其以義理自養，一化刻苦之迹乎！《公羊》、《穀梁》，班書無名遺姓絶少，季平據三《傳》人名異文，以爲齊、魯同音異字，本爲卜商。是説也，本於羅萬而小易之，非觀其全説，鮮不以爲怪也。吴縣潘祖蔭序于京師南城寓廬。

素王制作宗旨三①十問題

伯、王、帝、皇，皆由時局而定。秦、漢以前只能爲伯，唐、宋以前只能爲王，元、明中外通，乃開帝局，數百年後，乃能爲皇。使孔子爲政當時，不過爲桓、文②。又因有王、帝、皇之别局，故以言立教；使只伯局，則躬行其事，而不著經。不能立功，乃以言傳。

因有四等之異局，故立言以俟後，託之古之皇、帝、王。非俟後不立言，非有等差不託皇、帝、王，不著六經，但《春秋》一經已足。每經一時局，數千百年乃一變。六合一統，六藝之事備矣。

僅王、伯，中國古人能之者多，必合全球，方見廣大，真爲生民未有。孟子盛推孔子，終無實迹，故子貢以爲不見美、富。由今日下推數十萬年，方見孔量；就中國王、伯以推孔子，不過③及肩，窺見室④家之好。

① 三：原作「四」，據正文及《凡例》改。
② 桓、文：「文」字原脱，據文意擬補。
③ 不過：此二字原無，據文意擬補。
④ 室：原作「世」，據《論語·子張》改。

《春秋》爲基礎，故五州未通①以前，可見者皆有，及君子所不及者，人之所不見，即海外人所不覩之明。以前不見美、富，如益梓夫子廟碑，不足以知孔子；由地球開，隨隱見微顯。生居今日，學人之幸也。

六經俟後數千年，世局一變而一經用，舊有三萬年之説。六合内外，血氣尊親，今日雖不能見全量，所謂日②。

素王，又當讀爲「素皇」，伊尹告湯以素皇九主之説，即《商頌》之「方命厥后，奄有九有」，以王法皇，九主即九洛。

受命制作，以爲萬世法，生民以來，一人而已。六經盡美盡善，孔子以後，無須再改。匹夫爲百世師，天命木鐸，惟孔子一人，乃言改作。近七十子，遠之孟、荀，亦不敢以此自號於衆，何論餘子！

參用四代，以成一家之言。非孔子自述微言，後人幾不得其蹤跡，與指刺時事、忿争嚣辯者不同。

素王兼用四代，以成一統，如與顔子論時、輅、冕、韶。

---

① 通：原作「道」，據文意擬改。

② 「日」以下原文缺。

制即《王制》、《周禮》，非尋常文質過不及之殊。

《論語》文、質即今中、西，即《詩》之《魯》、《商》二頌，《樂記》之《齊》、《商》二歌。

改制爲聖人微言，自明心迹，非教人學步。後儒以己律聖，己所不能，以爲聖人必有敢爲。

譯改之制，全在六經。空言立説，非干預時政。

雅言即繙譯，繙譯即改制。「述而不作」，掩其創作之意，故以「述」自居。「繙」如西人以拉丁文譯古書。

繙經自託，好古敏求，聞見擇善。

周無公田，《詩》有公田，即素王新制。于三代取善而從。公田中國實未曾行。海外大同，學貧富黨，其歸究爲公田。非數十百年後，地球中亦不能行。

浮海、居夷，指今時局而言；從周、從先進，即今中西，非謂姬周。以新周爲大統皇，周公即皇之伯。

《論語》行、志，行爲王、伯小統，志爲皇、帝大統。

《詩》爲志爲思，即今泰西思想家之説。王、伯不重思，將來大統亦不重思，但求力行。

餼羊、親迎、諒闇①、短喪，即弟子商定改制之事。

《孟子》「諸侯去籍」，所聞即孔子之制。

---

① 諒闇：原誤作「陰闇」。

《孟子》見禮聞樂，即孔子之制。

《春秋》譏不親迎，譏滅國，託始以爲作俑，所以貫通各經始《春秋》。

古之三代，後之秦始、漢高，著之律令，行之當時，乃真爲作者。因時立制爲史，與垂法百世之經不同。

賈《治安策》，董《天人策》，良法美政，獻之時君。孔子則爲後世立法，非爲一時一代立言。

黄《待訪録》，顧《日知録》，指陳以備採擇。孔子託之帝王，以爲古人陳迹，但爲好古敏求，並不顯言改作。

後世開國元勳、中興名佐，垂爲典章，行之當世，與孔子以庶人繙經立教，情事迥殊。

開創帝王，因時立法，後來修改，多失本意。故堯舜禹湯其初立之制，皆爲後人所亂。使孔子生於當時①，必不能流傳百代。

後世私家論述，一知半解，多爲後王所採用，無位無德，與孔子契於堯舜、道貫百王、師表中外，其相去不可以道里計。

---

① 生於當時：「生」原作「王」，似誤，因擬改。

圖表

一、年統春秋配皇王大一統圖①

每格方六千里。中爲《春秋》九州。

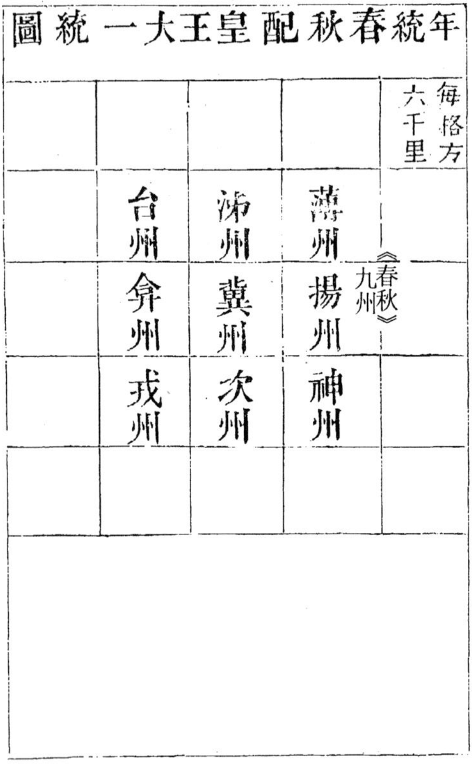

① 原無篇名，惟版心有題曰「圖」，今以爲篇題。又，此下各圖均加標題及序號，以求醒目。

開方三萬里，立二十五州，每州方六千里。六六三十六，爲《春秋》九州者四；四九三十六，合二十五大州，爲《春秋》九州者百。

春、秋象兩儀，爲天皇、地皇，中分天下。年則配皇，《大統春秋》之一統，一匡也。考晉、楚分伯，象天、地二皇，皇王一統，則以天地二皇爲二公，兩四岳爲八伯，如《易》之四象八卦。考五帝五分天下，即《大行人》九畿、九州，鄒衍之九九八十一州，以方三千里一《春秋》爲一州，每帝之京爲一《春秋》；方三千里分之，爲方千里者九。以千里比一旬，則九旬爲三月，每隅九州，象三月，《采葛》所謂「如三月兮」，以象羲和四子，各司一時三月。皇一統，京畿則方六千里，合四帝四京爲一京，六六三十六，以象三百六旬，故皇爲一歲。就京畿三十六方千里，合得四帝畿之十二月也。皇一統五分，則皇得一分，四帝得四分，各得百八十方千里，爲兩三月，所謂六月。今合南北四小帝爲八伯，各得方千里者九十，八九七百二十，以合七十二候；皇居中得百八十，乃二九之數。考周天三百六十度，南極北極各爲一蓋天，得百八十度，故五帝合數象之。每百六旬爲大年，中分之年則三百六十度，爲小年，二統合爲七十二候①，居中尚有百八十，爲六月黄統，故《詩》以《六月》象黄帝，故爲三統三歲，二黄爲一歲，《詩·六月》南北各三百六十，爲二歲。《詩》、《易》屢以「三歲」爲説，三歲即三皇也。何注以元年之

① 候：原作「侯」，據上下文意改。

「元」象皇，按：四時象四季，則年即合統之皇。年可造推，元惟在始，則「王省惟歲」。皇之義在年不在元，必以元爲皇，則由二年以至三十三年之年，皆不得法太極矣。元可爲大始，而皇必屬年，則元年不過如始皇之自號，二世三世以至千萬世，則二年三年以至千萬年之義也。《春秋》以年爲皇者，象王與齊桓之一匡；晉、楚之交相見，以春、秋象晉、楚中分，各君其國，各子其民，紛争而不相通。此爲合統分統之二義。

二、隱桓官府内六官外八牧圖每格爲皇一州。每格方六千里。

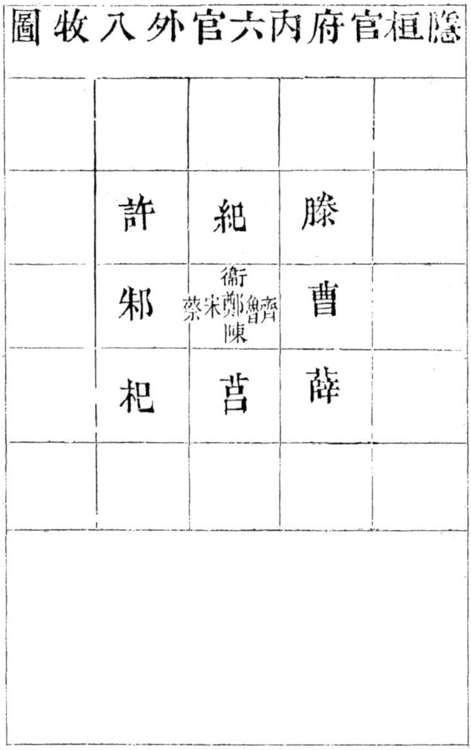

隱、桓不治都鄙。中心一州爲官府，内八州爲邦國，外十六州爲都鄙。中州爲皇極，六國如《周禮》天地春夏秋冬六官，鄭居中統之，如黄帝之統六相。《大學》「絜矩之道」有上下前後左右，皇居中，以爲六合之主。上下前後左右皆由中得名：中爲泰皇，上爲天皇，下爲地皇，左爲春帝，右爲秋帝，前爲赤帝，後爲黑帝。《尚書》「七政」：天、地、人、春、夏、秋、冬。

六藝爲六相，一《孝經》以貫之；六官爲六合，一中人以主之。黄帝有六相，爲治官府之六聯六法，再以八小國分居於外，爲八伯。《論語》：「太師摯適齊，亞飯干適楚，三飯僚適蔡，四飯缺適秦，鼓方叔入于河，播鼗武入于漢，少師陽、擊磬襄入于海」，所謂廣魯樂於天下，以魯容天下也。方伯乃稱侯，隱、桓之世，杞、滕、薛皆稱侯，蓋以八小國託於方伯。《左傳》鄭莊公爲王左卿士，亦如齊桓一匡大伯，文、宣乃立二伯，爲晉、楚分伯。隱、桓之世，鄭爲伯。《經》見「以璧假許田」。惟二伯泰山下乃得有湯沐邑，進退方伯閒田。《左傳》王命齊桓爲左卿士，蓋即代鄭爲大伯，鄭一匡，故齊桓亦一匡。隱、桓七大國皆在中州，不及秦。伯由京師，再推邦國都鄙。

三、莊僖齊桓一匡治邦國八伯七卒正圖

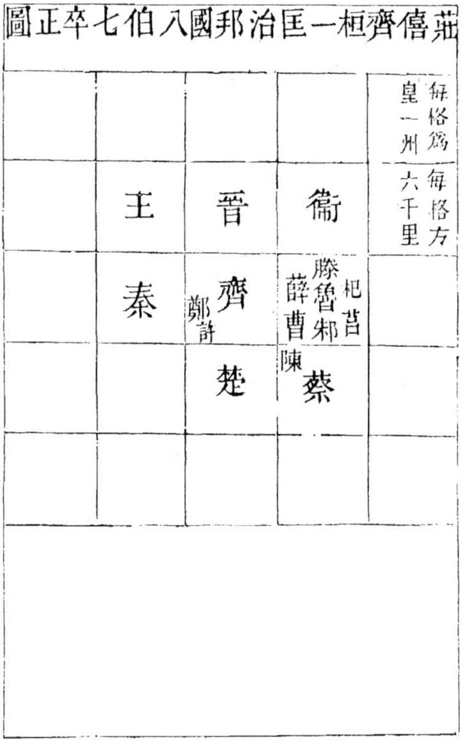

北方見晉，南方見楚、秦，合爲十大國、一大伯、一王後。加以冀之晉、荊之楚、梁之秦，以陳、蔡居東南，不見吴；不可見，以見則有九牧矣。當時吴不見《經》。以晉、楚、魯、衛、陳、蔡、秦、鄭爲八伯，故《左傳》稱晉爲叔父。晉在北，楚、秦在南，初見《經》，爲方伯，文以下，乃以晉、楚爲二伯，夾輔周室。齊桓一匡，故會有江、黄，屈完來盟。齊本在中國，一伯中立，天

下諸侯徧至，與大統同例；故傳記惟齊桓言一匡，晉、楚則中分天下，不言一匡。齊二同盟即一匡。從莊至昭，皆治邦國，用八伯例。由隱元至莊十六年齊同盟，共四十六年，由獲麐逆數至昭十三年同盟于平丘①，爲四十四年，不書同盟之世，合爲九十年，爲帝制。四帝分司三月，各得方千里者九十，所謂一日千里，《詩》曰：「一日不見，如三月兮」，「九十其儀」。

① 丘：原作「邱」，清人避孔子諱改，今回改。後文徑改，不再出校。

四、文宣成三世爲伯辭中分天下圖

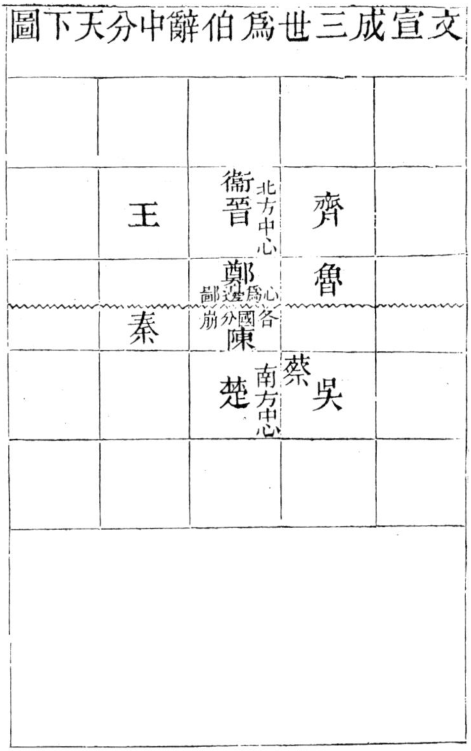

始、終爲皇世，故官府爲天下之心。文、宣、成伯世，二伯平分，侵伐争戰，地中反爲戰場，邊鄙爲南北分争戰地。晉主北方，統齊、魯、衛、鄭東伯四牧；楚主南方，統西南陳、蔡、秦、吴西伯四牧。南北諸侯勢同水火，不通往來，不見盟會，惟尚干戈，以争諸侯，故公與大夫皆無如楚之文。蜀之會，南北諸侯皆在，惟晉不與，故《左傳》以爲竊盟。非在伯世，則南北相見爲

常事。二百四十二年，以宣六、七年爲中；城濮之戰移在文世，與邲、鄢陵爲三世大戰。邊鄙爲中心，以鄭、陳中心二國爲邊鄙。陳、鄭居禹州之中，時北時南，故晉、楚争伯，兵事多在二國，與隱、桓、定、哀之一統，莊、僖、襄、昭之一匡、夾輔，情形不同。

九世異辭，有三、五、七、九之分。故傳曰「三亦有中」、「五亦有中」，總括之曰三世異辭，細分之則爲九世異辭。五與七爲小變。今立爲五圖，所謂五變；文、成分，則爲七變；莊、僖、襄、昭再分，爲九變。傳曰「所見異辭，所聞異辭，所傳聞又異辭」者，此也。如上中下分九等，天地人别九候，三三而九之義。三世以同盟見八伯，《經》書晉十四同盟，三世中共九見。晉會北諸侯，《經》書同盟以外楚，其實楚會南方諸侯亦爲同盟，特《經》不書。又，從國不詳敘，以爲隱見例，可由北以推南。中分天下，仿《帝典》羲和顓頊，南正重司天，北正黎司地，《詩》之魯、商、周、召，《易》之乾、坤、坎、離，《莊子》鯤魚鵬鳥、南帝北帝。又，當時楚稱王，《史記》言晉爲天子，其間實事如後世南北朝，問鼎、請隧、觀兵，皆其起文。《春秋》當王伯世，乃以二伯託之，貶晉爲侯、楚稱子；　是則當日晉、楚皆以王自居，傳記于二國皆以二伯説之，緣經立説。《春秋》撥亂世反之正，託晉、楚爲二伯，化分争爲一統，撥亂反正之初功。

五、襄昭晉楚夾輔治邦國二伯八方伯七卒正圖

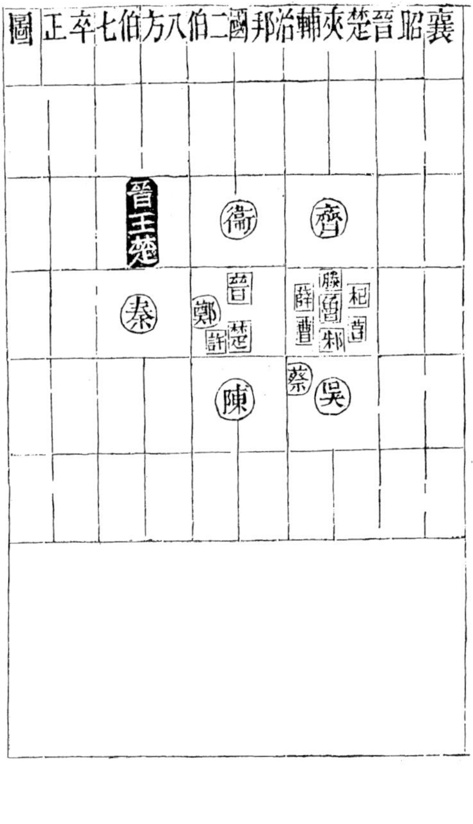

二伯如■①，方伯如○，卒正如□。入襄世，二伯不交兵；宋盟以後，晉、楚之從者交相見，與一統、一匡同。二公同治天下，雖分統，彼此各得干預。南北交通。故公如晉，亦如楚、

① ■：原作「□」，據圖改。

溹與申①。楚獨召諸侯，南北諸侯亦同至。此世爲昇平世，南北雖通，未能如太平世之一統、大小遠近若一。北方之國，楚得召之；南方之國，晉亦得治之。襄世以後，晉、楚無戰事，晉之同盟爲外楚，宋盟以後，惟一見同盟于平丘，從此諸侯遂亂，故一言「同」，非同盟正辭，惟分争之世乃言同盟。

① 此處文字疑有訛奪。

六、定哀内六相外都鄙十二諸侯圖

定哀内六相外都鄙十二諸侯圖

	許	子 衛	滕	
邾				薛
蔡		齊吳 魯秦宋 晉楚		鄭　卯
小邾				曹
	莒	陳 午	杞	

隱、桓治官府，莊以下治邦國，用八伯例，定、哀治都鄙，用十二諸侯例，爲《周禮》十二土十二教。隱、桓鄭統之，六國二公四侯，皆在中國；定、哀秦統之，六官二公二侯二子，陳、鄭、蔡、衛反居四方，爲都鄙。即南北遷封，天下太平，赤道之國移居黑道，黑道之國移居赤道，彼此往來，周游六虚，故邊鄙之國反居王畿，王畿之國反居邊鄙。由莊以下，八小國或爲卒正，

或爲附庸。鄭、陳、衛、蔡本屬大國，今乃合八小國同爲十二諸侯。所謂太平之世，大小若一，故定、哀録小國甚詳，與昭以上之方伯體裁相同。鄭、秦同見《國風》，《春秋》稱伯，又爲方伯，從王臣例；以外諸侯爲卿士，秦居守，鄭從行。定、哀之世，秦葬、卒不名，純待①以内臣禮。鄭如今世界之中國，秦如英國，各統六國，居甸服，所以爲九世異辭。

① 待：原誤作「代」。

七、春秋法二后中分天下各統四時十二月圖

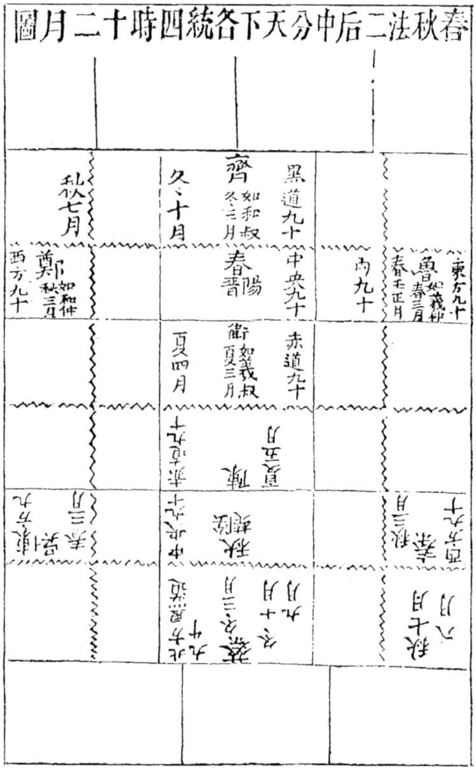

《傳》以「元年春王正月」爲大一統，以年爲皇，春秋爲①二后，四時爲四岳，八節爲八伯。《帝典》「乃命羲和，欽若昊天」五節。

① 爲：原無，依文例酌補。

《洪範》：「王省維歲，卿士維月，師尹維日。」

《三統曆》：《春秋》之元年，《易》太極也；春秋，《易》之陰陽；四首時，《易》之四象；八節，《易》之八卦。

《緯》法：太乙爲皇，陰陽爲帝，四時爲王，節候爲伯。

皇輻以方千里爲一日，《緯》「日徑千里」，良馬一日千里。從地中中分天下，每分得方千里者四百五十；以五分之，各得九十日。中央黄道，黄帝居之，其外四方，各得方千里九十，爲一時三月之數。《經》以年爲皇，春秋爲天地，二公象陰陽兩儀；王以配年，晉、楚以配春秋，爲天皇、地皇；四首時之正月、四月、七月、十月如羲和四子，各分司三月，合爲一年。《經》則以四方伯當四帝四子，各司三月；北伯晉爲北黄道，魯東勾芒，衛南祝融，鄭西蓐收，齊北禺彊。此中分，以法北半球四時合歲。至于南半球主楚，又以一伯統四岳，楚居南黄道，爲坤，吴東，秦西，蔡北，陳南，亦如四帝分司四極，春秋各爲一年，四時是有二年，二十中已包春秋十一倍，故《春秋》之王尚不及大州之伯，僅與大卒正相比，合大地五十大①卒正，即五十《春秋》之王云。

地球《百國春秋》，何以謂之二伯？合天下二百人也。何以謂之八伯？合天下八百人

---

① 大：原作「六」，據文意改。

也。《詩》之「百兩」、「百身」、「百君子」、「百憂」、「百禄」，以「百」見者數十例，皆指《百春秋》而言。《春秋》初見邾儀父，以全球言，《春秋》三千里之王僅足爲大統之邾儀父。故孔子修《春秋》，即包大統而言。微文隱義，在學者之自悟。

八、天下百春秋圖

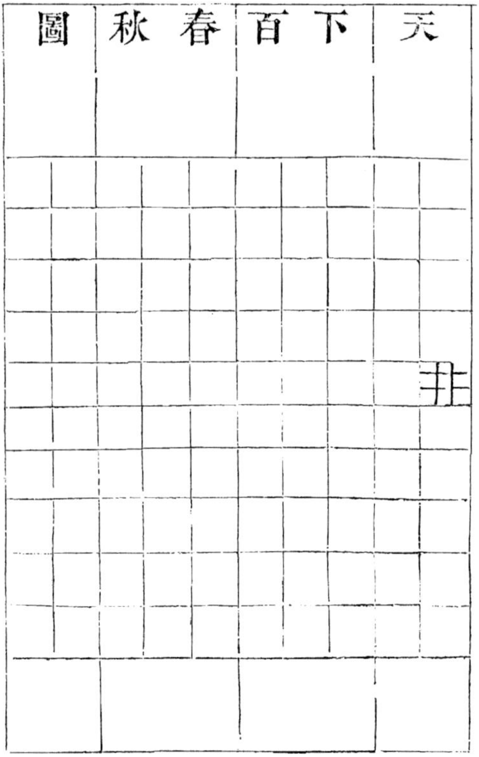

《春秋》治禹九州，方三千里，南服州舉荆、徐、梁，漢儒所謂三千里不治夷狄是也。考《大行人》九州之外爲藩國，合九畿爲九州，每州方三千里，合禹九州爲一州，鄒衍所謂九九八十一州者，即合九畿爲九州之帝制。五帝内九州，外十二州，一帝二十一州，合五帝爲百零五州，因每帝以方千里者九十九立外十二州，每帝溢出一州，故百零五州。以實地計之，則九百

方千里只得百州。方三萬里爲天下，方三千里爲一州，一《春秋》，合皇輻三萬里，爲《春秋》者百焉。《春秋》爲小學治國之事，皇、帝欲平天下，必諸王各治其國，合五帝四十内州，四十内諸侯各奉一《春秋》自治其内州；六十外州，六十外諸侯各奉一《春秋》自治其外州國，而後天下平。此《大學》之説也。王者欲治其國，必寰内寰外諸侯自齊其家，如《春秋》所書王臣大小諸侯皆奉法度，而後國可治。魯爲一世家，一州之伯，必其國内之卿大夫士與所屬之卒正連帥屬長附庸，如《春秋》所書之魯屬青州國，皆奉法度，而後家可齊。故《春秋》先治大夫，以爲修身學；繼治諸侯，以爲齊家學；終治天王，以爲治國學。春秋時中國爲亂，則《春秋》撥之而反正；今天下尚有九十九《春秋》之方三千里，亦必借《春秋》以撥正之。《傳》所謂「撥亂世」者，爲今日九十九海外《春秋》而言，非以中國方三千里爲世也。驗小推大，由三千里推三萬里，由方千里之州以推方①萬里之大州，則王爲皇，齊、晉爲帝、后，八方伯爲八大王；此以小變大之法，治天下若烹小鮮，舉魯以容天下之説。若以實地計，由古之中國之《春秋》推爲今海外百《春秋》，各用一《春秋》而天下平。故《春秋》一劑良方，百人同病，今一人服藥良已，同病相憐，必推其方於同病之百人，服之皆愈，而後爲真良藥。此《春秋》所以爲六藝之始基，皇、帝之階級，由一推百，而天下平。

① 方：原脱，據文意補。

作《春秋》不用《禹貢》五千，僅就三千里立制者，以地球三萬，明加十倍，方則爲加百倍；方千里一州者，大則爲方萬里。脱胎换骨，不改形模，故千里即萬里起例，禹九州即海外大九州三萬里之起例。

九州在《禹貢》之中心，合五服計之二十五州，已畧爲三《春秋》，加二倍矣。今中國幅員，遠者不下九千里，可爲《周禮》之九畿，則爲加八倍，合爲九《春秋》矣。方萬里則加十倍，再以亞洲計之，得地球四分之一，五帝百八十方千里，爲加十九倍，方萬五千里，爲四帝；車輻之一爲二百廿五千里，得二百五《春秋》，爲二十四倍。故就今之中國言，爲「洋溢中國，施及蠻貊」時局；就教化言，用夏變夷，實已由《春秋》加二倍、八倍、十倍、十九倍、二十四倍，推之九十九倍，固可按圖索驥。

《春秋》爲仕宦之學，中有國，有家，有身，有心，有王，有諸侯，有内諸侯，有卿大夫士，由小推大，大方伯治萬里。四月以法二百四十年之數。同年，何以有二年二十四月？是又天生上首，地生下首，晝夜相反，寒暑不同；在東爲春爲乾爲天，在西爲秋爲坤爲地；于此爲春，于彼爲秋；于此爲秋，于彼爲春。同一十二月，互化而爲二十四月矣。又，地球分十二次十二風十二土壤，以象十二月，合大地月中全有十二月之節候①。北斗左旋，日躔右轉，凡日

① 候：原誤作「侯」。

躔所歷爲立春正月節，彼此順逆兩行，而交會于寅、申二月；若巳、亥，則斗柄與日躔互異。故大統以「春秋」立名，而不用冬夏，以十二小正之春秋明確①二神同在一宫，爲一定不易之法，故用春秋不用冬夏，取二和不取二中之義。取人事合天道，又以天道示人事，則「元年春王正月」大一統之義明矣。

① 確：原誤作「明確」，據文意改。

九、皇帝王伯疆域大小圖①

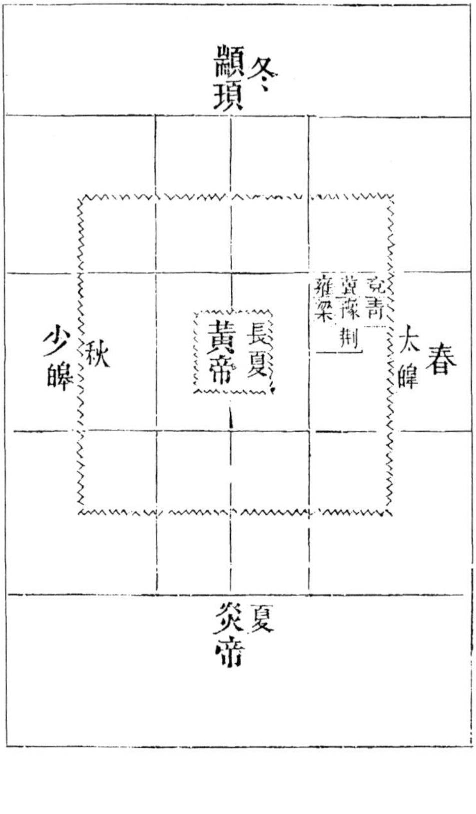

《大行人》之九州共爲方九千里，每州得方三千里，此帝制以五百里爲一服，與皇輻以方千里爲一畿者不同。然帝以方三千里爲一州，是内九州已得《禹貢》九州者九，合爲八十一方

① 原此圖闕標題，據圖後説明擬。

千里，此騶衍九九八十一之説，所以兼帝、皇而言也。《考工記》一轂三十輻，爲方三萬里，開方，積得方千里者九百。若四帝平分，各得方一萬五千里，則各以方三千里爲一州，每帝有内九州、外十六州，而一州已有《禹貢》九州之地；若五帝平分，割四帝車輻各四十五方千里，各爲一百八十方千里，每帝内立九州，得八十一方千里，餘九十九方千里，故其外只能立十二州，《時則訓》所謂五帝分司五極、各方萬二千里是也。要之，皇輻合爲三十六《禹貢》、百《春秋》，五帝平分，每帝得七《禹貢》有奇，得《春秋》各二十。《公羊》大一統之説，是以《春秋》爲基礎，《尚書》爲歸宿。學者得此皇、帝、王、伯疆域之大小，於經學思過半矣。

十、九世異辭表

	史事分年數	取義年數	分三世。先進，後進	分治官府都鄙	天王
隱桓	二十九年	三十年隱元春爲去年冬	傳聞。古皇，六合	治官府不言鄙	從王伐鄭
莊閔	三十四年	同前	所聞。古帝，二匡	治邦國	
僖	三十三年	同前	所聞。古王，二匡	同上初言鄙	遷帝丘
文	十八年	同前	所見。古伯，北海南海不相往來	治都鄙中分	不稱天子
宣	十八年居中①	六七年爲中年	立世	同上	
成	十八年	同前	所見。後伯，南北不通，二伯無盟會，八伯分，無交會	同上	稱天子
襄	三十一年	同前	所聞。後王，始交相見	治邦國言伐鄙圍	
昭	三十一年	同前	所聞。後帝，南北八伯交見	同上	王室亂
定哀	二十九年	二十八年十四年春爲十三年冬	傳聞。後皇	治官府兼都鄙，後不言鄙	見劉子石上

① 居中：「中」字原無，據文意擬補。

内外分伯	二伯升降	入方伯黜陟	六八異同	同盟
六合，皇	鄭爲左卿，士從行，爲一匡伯	專見中國，七大國居中，八小國爲方伯	中國爲六合，八伯用四正例	無同盟
匡爲帝臣	齊一匡，大伯	魯衛陳蔡鄭秦楚吴爲八方伯	荆爲牧，三新五舊爲八伯	同盟一。十六年始。從隱順數至此四十六年
一匡爲王臣	屈完江黄，來爲南北偏至之辭	同上	同上	同盟不見
諸侯分南北同盟，爲外楚	晉楚分伯，三世三大戰，南北不通	齊吴魯衛陳蔡鄭秦爲八伯	齊、吴爲牧，六舊三新爲八伯	同盟一。北邊言同盟，南邊不言同盟
同上	同上	同上	同上	同盟二
同上	同上	同上	同上	同盟六
南北交見，爲王	晉楚交見	同上		同盟四
南北交，爲帝	同上	諸侯遂亂		同盟一。十三年終。從獲麐逆數至此四十七年
六合，皇	秦爲右卿士居守	定哀不見八伯，合四中國八小國爲外十二牧	易中國三隱桓不見之外國，合二公爲六合十二次，大小遠近若一，用四維例	

中、邊異形	南北交通	南北分合	三世治亂	公、大夫如	分內外
見中國不見南北	同上	同上	太平世	公、大大不如晉，如齊繫事	外諸夏
中國爲京，南北爲邊	州舉荆、徐	同盟南北	夜中	如齊繫事以上如，不爲朝	
同上	州舉梁，北見晉	江黄屈完會淮	昇平世	同上	
南北爲京，中國爲邊。南夷北狄交侵中國	晉楚以兵事見，南則伐鄭、宋，北則伐陳	南北無會盟	亂世	公如晉，齊已失伯，公如齊者，待之如初	外夷狄
同上	同上		日中		
同上	晉楚不會盟，戰爭。中國以爲邊地	蜀之會，匱盟	亂世	公與大夫不如齊。楚因齊鞍戰敗，更降一等	
南北相合，中心復爲京	晉楚交相見	南北交會，殊會陳吴	昇平世	公與大夫皆如楚交見以從，公南如楚	夷狄託以見爵
同上	南北從國相會	漷申南北交會		公如楚如齊。晉失伯。後如齊晉，如莊非伯辭	
中外易位，大小若一	劉子一會召陵。晉吴一會黄池。不敘從國	南北三中居甲中國，四國遷南北	太平世，日下昃	公不如，大夫一見如齊	

中外會及	殊會	戰伐	政檮	大夫專會盟	彙見	小國
	離會不書	內言戰	在王	內大夫會盟諸侯	如齊繫事	不累數。見盟會
		內言敗方伯伐二伯如衛齊。衛篤從中國，可以言伐，故伐齊晉惟書衛	在諸侯			同盟始累數
		衛伐晉				
	離會書，不殊中國	二伯交戰	在大夫	內大夫會盟外大夫		
		同上				
會又會		衛伐齊			乞師	
及又及	後不殊夷狄		在陪臣	言大夫盟		
黃池不殊及			在天子	內大夫會盟外諸侯	奔叛	不累數

小國進退	小國詳略	夷狄卒	祭祀
小國稱侯爲邦國八侯，滕薛杞稱侯	記宿男卒	夷狄君不卒	考宮不日
小國爲卒正，有伯辭，滕①薛降稱子伯	許、薛卒		
	記小國略		
	累數不至四國	楚、秦卒	
	常敘八小國		立武宮不日
	記小國詳	夷狄得月葬	
詳記小國卒葬，八小國升爲十二諸侯，大小若一			立煬宮不日

① 滕：原誤作「勝」。

公羊春秋經傳驗推補證第一

《春秋》者，魯史之舊名，《經》爲孔子所修，《傳》爲子夏所傳。魯曰「穀梁」，齊曰「公羊」，皆「卜商」之異文；孔子以《春秋》授商，故齊、魯同舉首師，以氏其學。人地字異音同，三《傳》之常例。齊、魯自太公、魯公開國，好尚風氣已自不同，近聖人居，故好學出于天性，《春秋》有三《傳》，《詩》亦有三家。《齊詩》四始五際多宗緯候，故《公羊》亦多非常可駭之論。近世通行義疏，多古文晚出之説，惟《公羊》獨守西漢博士遺則，迥出諸家之上。至聖作經，弟子譯傳，當時學者，以《王制》傳禮制，以《國語》録事實，所有義例，别撰大傳以明之。今《傳》乃後師授受，因問難而作，取舊傳條説。《傳》文出于孟、荀以後，漢師亦有增補。此本又爲宣帝後顔氏一家所傳，與董、嚴皆有同異；别家佚傳，間有可徵，故隨文補入。齊、魯同説一經，實無大異。《國語》左丘明，即《論語》啓予商。義例相同，各有長義，與本《傳》不迕者，亦畧補之。意在補何，故以「補證」名焉。

隱公《春秋》者，本《論語》「爲東周」之義，獲麐有感，繼西周而作。據魯史，從獲麐逆至隱，十二君二百四十二年，分爲三世，析①以九變，約符三九之數。隱公名息姑，惠公子，孝公孫。事詳《春秋譜牒》，司馬遷本之，作《本紀》、《世家》。

元年《賈子》：「《易》曰：『正其本而萬物②理，失之毫氂，差之千里』，故君子慎始也。《春秋》之『元』，《詩》之《關雎》，《禮》之冠、婚，《易》之乾、坤，皆慎始謹終云爾。」《年表序》太史公云「讀《春秋譜牒》」，又云：「儒者斷其義，馳説③者騁其詞，不務綜其終始，曆人取其年月，數家通于神運，《譜牒》獨記世謚，其辭略，欲一觀其要難。于是譜十二諸侯，自共和訖孔子，表見《春秋》、《國語》學者所譏盛衰大指，著于篇。」**疏**《年表》：周平卌九年，齊僖公九年，晉鄂侯二年，宋穆公七年，衛桓公十三年，陳桓公二十三年，鄭莊公二十二年，蔡宣公二十八年，秦文公四十四年，楚武王十九年，曹桓公三十五年，杞武公二十二年。按：《年表》所言君子譏之之類，即史公所謂盛衰大旨。史既指爲出于學者，則非原文可知。《年表》録多《左氏》學，今不用之；至于其本文，三《傳》所同也，今故取其實，而不用其説。

春，王正月。董子説：「《春秋》之文，求王道之端，得于正；正次王，王次春。春者，天之所爲也；正者，王之所爲也。其

---

① 析：原作「折」，據文意改。
② 萬物：原作「萬事」，據《新編諸子集成》本《新書校注》卷一〇《胎數》改。
③ 馳説：原誤作「訑説」，據《史記》卷一四《十二諸侯年表》改。

意曰：上承天之①所爲，而下以正其所爲，正王道之端云爾。」**疏**傳三月以首事開宗，虛承建子之月。

元年 據王乃改元，諸侯不改元。**者何？** 因問作《傳》，故先述問辭。弟子據年下繫「王正月」，疑王元年。

疏《禮記》有《大傳》，有《服問》，《服問》皆弟子據《大傳》之文以問其師，而師亦據《傳》義告之，猶論大綱；至于《儀禮·喪服傳》，乃依經發問，與《傳》例同。**君** 《春秋》據魯史而作。魯爲正東青州伯，以大九州而論，中國正東亦爲青州。小九州以魯正諸夏，進外以成九州，推之大九州，以中國進退天下，引海外以成大九州，故《春秋》據魯而作。《詩》以魯爲頌，以大九州青亦在東，泰山亦爲皇之東岳。**之始年也。** 師據常録「公即位」，知魯君之元年。諸侯②得紀元者，《公羊》云：諸侯不純臣也，《白虎通》：「王者不純臣諸侯何？尊重之，以其列土傳子孫，世世稱君，南面而治。」與凡臣異。「朝則迎之于著，覲則待之于阼階，升降自西階，爲庭燎，設九賓，享禮而後歸，是異于衆臣也。」董子説《春秋》一元之義：「一者物之所從始也，元者辭之所謂大也。謂一爲元者何？視大始而欲正本也。《春秋》深探其本而反自貴者始，故爲人君者正心以正朝廷，正朝廷以正百官，正百官以正萬民，正萬民以正四方。」**疏**《魯世家》：「初，適夫人無子，賤妾聲子生子息。息長，爲娶于宋，宋女至而好，惠公奪而自妻之；生子允，登宋女爲夫人，以允爲太子。惠公卒，爲允少，故魯人共令息攝政，故不言即位。」**春者何？** 據子月非春，天道不隨時制而改。**疏**建子之月可得爲春，以冬至爲陽初生也。故夜半子時即爲後日之首，故從日出爲人事之始。紀陰陽終始，則從二至。**歲之始**

---

① 之：原作「子」，據《漢書·董仲舒傳》改。

② 侯：原作「候」。下二「諸侯」之「侯」同。

也。子月冬至，斗柄改建，可爲歲始；至于秦正建亥，則不可爲始矣。以此明三正與四時相應，則改正不改正之説斯可息矣。**王者孰謂？**《春秋》不稱周號，以「王」字代，《經》有以①「王」爲時王，「王崩」、「王使」是也；有以「王」爲代號，「王人」、「王姬」，與「晉人」、「紀姜」同，是也。問此「王」字爲時王，抑爲代號？**謂文王也。**如《左傳》所謂「周正月」也。王者頒朔，受之太廟，用正臣子，傳之祖宗，百世不改。故王爲代號，非指時王。近于始受命之文王，以頒朔在文王廟也。文王爲周受命之王，故《傳》用《詩》説，推本其祖。《傳》中數言文王，皆繼體守文之義。**疏**二語出于《樂緯》，乃《詩·王風》之師説。《春秋》詳伯道，以王爲至尊，《詩》説大統，輻圖大于《春秋》者至百倍；皇爲君，帝爲伯，八伯十六牧，每方一后，各有九州，比于《春秋》者二百倍。故《詩》之王爲伯、牧之稱，不止一王；如《有聲》之「文王」、「武王」、「王后」、「王公」、「皇王」，及《長發》之「玄王」、「武王」、「商王」是也。《王風》主東方爲神州，文家之王不一，故問「孰謂」。東方文與西武、北玄、南后相比見義，非謂姬昌文王。由齊學喜言大統，引《詩》説以説《春秋》，故文一而義殊。**曷②爲先言王而後言正月？**據下三時月不言王。**王正月也。**董子：「孔子作《春秋》，先正王而繫萬事，見素王之文焉。」正有三，不言王不明；下不言者，正月明，下可知。**曷言乎王正月？大一統也。**一統者，言三萬里内咸奉正朔也。**疏**《藝文志》有《騶氏春秋》。《王吉傳》：初好學，通五經，能爲《騶氏春秋》。上疏曰：「《春秋》所以大一統者，六合同風，九州共貫也。」按班言，吉通《騶氏》。考騶衍游學于齊，《公羊》爲齊學，騶子著書，驗小推大，言海外九州、六合内外，與《列》、《莊》同爲皇、帝學，非如魯學謹嚴，專詳小統。是騶氏即衍，《公羊》

---

① 以：原脱，據文意補。

② 「曷」字原脱，據《十三經注疏》本《春秋公羊傳注疏》補。

爲本師，《騶氏》則一家之别派，亦如嚴，皆《公羊》學。董子曰：「《春秋》大一統者，天地之常經，古今之通誼。」與吉説同。大統皇帝學專言陰陽五行，秦、漢其學盛行。漢高初得天下，亦用其説布之政事，魏相、丙吉用以爲丞相，《相傳》云：相明《易經》，有師法，「又數表采《易陰陽》及《明堂月令》奏之，曰：『天地變化，必繇陰陽。陰陽之分，以日爲紀。日冬夏至，則八風之序立，萬物之性成，各有常職，不得相干。東方之神太昊，乘震執規司春；南方之神炎帝，乘離執衡司夏；西方之神少昊，乘兑執矩司秋；北方之神顓頊，乘坎執權司冬；中央之神黄帝，乘坤、艮執繩司下土。兹五帝所司，各有時也，東方之卦不可以治西方，南方之卦不可以治北方。春興兑治則饑，秋興震治則華，冬興離治則泄，夏興坎治則雹。明王謹于尊天道以養人，故立羲和之官以乘四時，節授民事。君動静以道，奉順陰陽，則日月光明，風雨時節，寒暑調和；三者得敘，則災害不生，五穀熟，絲麻遂，艸木茂，鳥獸蕃，民不夭疾，衣食有餘。若是，則君尊民説，上下亡怨，政教不違，禮讓可興。夫風雨不時則傷農桑，農桑傷則民饑寒，饑寒在身則亡廉恥，寇賊姦宄①所繇生也。臣故以爲陰陽者王事之本，羣生之命，自古聖賢未有不繇者也。天子之義，必純取法天地而觀于先聖，高皇帝所述書《天子所服第八》曰：「大謁者臣章受詔長樂宫，曰：『令羣臣議天子所服，以安治天下。』相國臣何、御史大夫臣昌謹與將軍臣陵、太子太傅臣通等議：『春夏秋冬，天子所服，當法天地之數，中得人和。故自天子王侯有土之君，下及兆民，能法天地，順四時以治，國家身亡毗殃，年壽永究。是奉宗廟安天下之大禮也。臣請法之。中謁者趙堯舉春，李舜舉夏，兒湯舉秋，貢禹舉冬，四人各職一時。』大謁者襄章奏，制曰：『可。』」孝文皇帝時，以二月施恩惠于天下，賜孝弟力田及罷軍卒，祠死事者，頗非時節；御史大夫鼂錯時爲太子家令，奏言其狀。臣相伏念②陛下恩澤甚厚，然而災

---

① 宄：原誤作「究」。

② 念：原作「今」，據《漢書·魏相傳》改。

氣未息，竊恐詔令有未合當時者也。願陛下選明經通知①陰陽者四人，各主一時，時至明言所職，以和陰陽，天下幸甚。』」按：《易》爲皇、帝學，陰陽即本經之春秋。漢高祖選明經通知陰陽四人各主一時，時至明言所職，以和陰陽，即本經之首時過必書。《周禮》之以四時名官，高帝之趙堯、李舜、兒湯、貢禹分司四時之服，去古未遠，能用經義，實見行事。五帝分司五極，爲全球五大洲，而言《周禮》之五官五土，師説也。順天布政，爲皇、帝專説。今泰西鄙笑《春秋》之書日食皇異，是一孔之見。公何以不言即位？即位者，受授之道，即後世史書皇帝即位之例。先君已薨，不言嗣君即位，則是國中無主。故新君逾年必言即位，不言則爲變。**疏**據《禮》：新君繼位必于尸柩之前，既殯即位，《顧命》所言是也。故本年不葬亦稱先君，所以必于逾年正月②即位者，《春秋》以年爲斷，以明一年不二君之義。成公意也。即位者，繼立之變文，因書不書，可以起其當國不當國。**疏**意者，有其意無其事之辭。《春秋》削即位，成其意，如實事然。孔疏引顔氏説，魯十二公國史盡書即位，孔子修之，乃有所不書。何成乎公之意？意無事實，故問。公將平國而反之桓。平國，謂公立治魯，俟桓長而還之。曷爲反之桓？言反，則國是桓國。問其實。桓幼而貴，隱長而卑，貴、卑皆自其母言之。其爲尊卑也微，舊説以爲母俱媵，據《左氏》、《史記》，隱公母爲媵，桓公母，再娶之夫人。國人莫知。隱公如衛完，桓公如衛朔，二者皆非正。國人疑，不知所奉。**疏**舊説有文家質家之分，皆三統例，既有《春秋》，以後之説則不可以説《春秋》。孔子本主文，如學校、選舉、不世卿、親迎、三年喪之類，皆於古制力求文備。蓋二代真制實皆簡陋，孔子潤澤，乃稱詳明。以庶人不作，故託權于先王；非周公

---

① 知：原作「和」，據《漢書·魏相傳》改。
② 正月：原作「正朔」，據文意改。

訂禮既以大明，孔子一意質樸，因陋就簡。又，三統循環之説，本謂後王法夏、法商、法周而王，于孔子所改制外别立三等；如學校、養老、明堂之類，皆孔子所改而立三等之制，非古三代有此循環變通之法。説詳董子《四代①改制》篇。

隱長又賢，諸大夫扳隱而立之，因長、賢以立，桓不得據嫡以爭。言大夫立，非惠公意可知。隱于是焉而辭立，則未知桓之將必得立也。隱承父意，志在讓桓，恐别立君以桓非嫡而不讓。且如桓立，則恐諸大夫之不能相幼君也。惠立四十六年猶有少子，知再娶也。故凡隱之立，爲桓立也。此即隱公之意，所謂「平國而反之桓」者也。隱長又賢，何以不宜立？據賢、長，若宜立。立適以長不以賢，立子以貴不以長。二語《春秋》立子之法。【疏】隱、桓俱不正，不能計長、賢，無論矣。桓何以貴？俱非嫡，何有貴賤。母貴也。桓母雖再娶，然以適禮行。此推論其極之言。母貴則子何以貴？據世子母弟外羣公子無尊卑之分，知母貴不貤于子。子以母貴，諸侯一娶九女：一夫人，一世婦，左右婦，三姬，二良人，各有差等，子秩亦如其母，所以杜紛爭、防禍亂，專爲繼立事言之。至于平日之貴賤，則相等矣。母以子貴。小異于衆妾，如哀立則書姒氏卒之比，非謂立爲夫人。【疏】《異義》「妾母之子爲君，得尊其母爲夫人」：「考《春秋》公羊説，妾子立爲君，母得稱夫人，故上堂稱妾，屈于嫡，下堂稱夫人，尊行國家。父母者，子之天也，子不得爵命父母；至于妾子爲君爵其母者，以妾本接事尊者，有所因也。穀梁説：魯僖公立妾母成風爲夫人、入宗廟，是子而爵母也。以妾爲妻，非禮也。《古春秋》左傳説：成風得立爲夫人，母以子貴，禮也。」按：許君以此爲異禮，非也。《傳》文「貴」字謂超軼等儕，非謂子立母無論微賤，亦無論嫡在否，便直立爲夫人，與之抗禮，死則入廟配食，如二嫡也。蓋子立自當私尊其母，以申人子之情。

---

① 四代：似當作「三代」，《春秋繁露》有《三代改制質文》篇。

亦須各相情勢。《公羊》説所謂「上堂稱妾，屈于適」，是適死後無適，乃尊其母，稱夫人；至于堂上，猶辟正號，但較餘妾爲貴，非直用夫人禮，如漢時故事。至于入廟配君，則不可。《穀梁》不許爲夫人者，謂當别立廟，如考仲子之宫，不當致廟。非適死後，子私尊其母亦不許也。《左氏》説夫人已死，私尊其親則可，然不入廟、立夫人，則《左氏》最惡二嫡矣。

三月，公及邾婁儀父盟于眛。邾婁初本附庸，《春秋》後乃立爲卒正。董子説：附庸「字者方三十里，名者方二十里，人者方十里。」按：儀父是字，初爲方三十里附庸也，後又升爲百里國，紀亡，乃升曹爲首，以邾補卒正之數。開宗以慶賞爵命，明《春秋》進退不拘周制也。**疏**《傳》三月以首事，隱、莊不言即位，紀事皆從三月起。三月爲夏正寅月，虚存周之子月。紀事首三月，用夏正之義。「哀十四年春西狩獲麐」，春者建丑之月，于夏正爲冬，故曰「狩」，實則終于十三年，皆爲夏正之義。

及者何？據與、會、暨異文。與也。與、會、暨同義。會、及、暨皆與也，義同爲與，而文有三名。曷爲或言會、或言及、或言暨？此以虚字爲例，説既係同訓，而三字互見，知同中有别也。會猶最也，最，聚也。外爲主，内往會之。及猶汲汲也，暨猶暨暨也，重言以相譬況，此當時語也。義説詳下。及，我欲之；我，魯人之辭。汲汲，迫也。魯有求于外，及急爲此會，則以及言之。暨，不得已也。己所不願，外迫于人，不得已，乃爲之，「暨齊平」一見是也。言此者，《春秋》尚志，各原其心而科之。**疏**會者外爲主，其義易明，惟内言及、暨，于内爲主，中又分二例，乃難明。及者常文，暨爲一見例。儀父者何？疑與紀履緰同。邾婁之君也。據小國大夫在盟會稱人，非君則大夫，應不見名氏。何以名？據君不稱字，疑同黎來。**疏**父同「甫」，男子之美稱。

而弟子以名爲疑者，《春秋》有以父爲名也。字也。以下卒名克知字也。《春秋》字諸侯以伯，如秦、鄭、曹、薛是也，不言别字。字稱儀父，明非諸侯，乃以附庸稱字也。曷爲稱字？據下稱子。褒之也。褒者，所謂加以錫命慶賞。初加以地，從字稱子，從子升卒正，稱千乘之國。以後之進，知《春秋》褒之始事。疏《春秋》褒善貶惡，推三代之德，非獨譏刺①而已。宋以後以《春秋》爲刑書者誤。黜陟義詳《白虎通》。曷爲褒之？據功無所見。疏《春秋》褒進桓、文，内三錫命，皆無所見。爲其與公盟也。不褒則微者公不能與盟，欲言公盟，則必褒之。疏《春秋》者，爲東周之意也，有新王之制。王者初立，必先治近，故《春秋》始事必出公，必言公與近國事。爲其如此，故必先褒之。與公盟者衆矣，曷爲獨褒乎此？據與戎、齊、莒盟不褒。疏據《經》言，邾、戎②皆在南鄙。王者之化，自北而南；《詩》與《春秋》皆以開南服爲主。魯近莫如邾，而又在南，故《春秋》褒進之國必自邾始也。因其可褒而褒之。本名，同黎來二十里附庸，褒而稱字，是升爲附庸上等也。邾婁初小，後漸進，亦如齊、晉、楚、秦，《春秋》因而褒之。此其爲可褒奈何？漸進也。進者封爵。褒事小，進由褒，乃次序之道也。疏《解詁》云：「世愈亂而《春秋》之文愈治。」此《春秋》大義也。《春秋》寓新王之制，隱、桓之世治諸夏，莊、閔以下治近夷，襄、昭以下治遠夷；隱、桓以下治諸侯，文、宣以下治大夫，襄、昭以下治陪臣。始于封邾婁，終于文，成致麐。秦、吴、楚、梁、揚、荆，方伯也，而遠在南服，由州而國，國而人，人而君，始爲小國，終爲大國，皆漸進之義。至爲大國，然後全待以方伯禮，而用夏變夷之功始成。以世變而論，則以次疊衰；以《春秋》而論，則累變愈上。《論語》云：「如有王者，必世而後

① 刺：原誤作「制」。
② 戎：原作「伐」，據文意改。

仁。」又云：「苟有用我者，期月而已可也，三年有成。」以朞月計，則以十二公爲十二月也；以三年計，則以二百四十二年爲再朞；以世爲計，則約以《春秋》十年爲一年也。過化存神，非待二百四十二年乃臻上理也。昧者何？地期也。

夏，五月，鄭伯克段于鄢。《補例》：鄭者，豫州國。晉升爲伯之後，則以鄭補之；楚升爲伯，則鄭仍爲冀州伯。此《春秋》升降之法。小國稱伯、子、男，鄭稱伯，何以知爲方伯？以其稱使言監者湯沐邑也。何以稱伯？謂以諸侯入爲王朝卿士，從天子大夫例也。疏《春秋》存西周。冀、梁二州，雍之輔也，鄭本雍州畿内國，從平王東遷，故使鄭、秦，如以近方伯入爲王朝卿士；鄭國在豫，不使主豫，如以卿士隨從在行者然。其從外諸侯例者，就冀州録之耳。

克之者何？據二「克」皆訓「能」，此「克」下不繫事，故加之以問。殺之也。據目君爲殺例。疏《補例》：克如「克殷」之克。此就目君言，故但云殺，實則當如《左傳》「得獲曰克」①。殺之則曷爲謂之克？殺當如年夫，出奔當如鍼；此言克，爲一見例。大鄭伯之惡也。董子云：「外出者衆，以母弟出，獨②大惡之，爲其亡母背骨肉也。」疏若言段出奔，則不見鄭伯之惡，故言克以重科之，使非小惡然。曷爲大鄭伯之惡？據鍼出奔不大秦伯之惡。母欲立之，鄭伯所以逐段之根。己殺之，《穀梁》「甚鄭伯之處心積慮，成于殺」，《左傳》「不言出奔，難之也」，皆以殺科之。如勿與而已矣。《穀梁》曰：「取諸其母之懷中而殺之云爾。」母、勿形近，取、與對文，《穀》云

---

① 《左傳·莊公十一年》作「得儁曰克」。

② 獨：原誤作「猶」，據《春秋繁露》卷九《觀德》改。

取，《傳》云與，如母與之，與《穀梁》同意。段者何？據目君，然不知是世子母弟。鄭伯之弟也。據下言世子忽，知爲弟也。何以不稱弟？據年夫、鍼皆言弟。當國也。凡欲自立，皆去氏。其地何？當國也。據州吁殺地濮，《穀梁》云：當國，言欲篡立爲君。齊人殺無知，何以不地？據俱當國。在内也。在國都殺之，非在外邑。在内，雖當國不地也；楚公子比、陳公子過皆當國在内，不地。不當國，雖在外亦不地也。據楚公子側在外不書地。《傳》言事實大者皆同《左傳》。段本未殺，《春秋》甚鄭伯之處心成于殺，故以殺科之；董子引《傳》曰「有從輕而重者」是也。若是實殺，當云「克殺」，如克葬之文。有克無殺文，未實殺也。

秋，七月，天王使宰咺來歸惠公、仲子之賵。天王者，周王也。天下一家之例，皇爲祖，帝爲父母，八王爲子，十六伯爲孫。《春秋》王伯之書，以王爲主而歸本于天，以天統王，即《顧命》之皇后。以父子言，天之所生謂之天子；從君臣言，爲皇帝垣翰，謂天王。《春秋》治世之書，一稱天子，餘言天王。《檀弓》：「天子之哭諸侯也，爵弁經紂衣；或曰：使有司哭之。爲之不以樂食。」**疏** 初録近小國，邾是也；次録大國，鄭是也。鄭伯者，亦見鄭爲二伯之名也。由鄭而及天子，此由三公及天王也。再記宋，二王後也；祭伯來，内監也；益師卒，内大夫也。元年但書七事，明其次第之故，而全經之例視此者多矣。

宰者何？據三年所繫不同。官也。《曲禮》：「天子立官先六太，曰太宰、太宗、太史、太祝、太士、太卜。」《爵國》篇：「天子通佐七人。」宰爲官名，《春秋》三見者，明通佐、宰之制與三公所統不同，爲兼官，有七上卿，共二百八十九人也。三見宰者，一明宰公，司徒屬，公卿大夫士三等四選同也。餘詳《王制集義》。咺者何？據渠伯糾氏、字並見，此但稱咺，爲一見例。名也。據以官氏知爲名。曷爲以官氏？據周公渠伯糾同氏采。宰，士也。宰、士以官名，明太宰所屬有士也。三公所屬不氏官，石尚是也，以見太宰不在百二十官之數。官不氏采，士封微，略之也。

惠公者何？于隱何屬。隱之考也。據《譜牒》。仲子者何？于惠公何屬。桓之母也。《左氏》云：「仲子歸于我，生桓公。」師據以爲説。**疏**據《史記》，《譜帙》但詳世次謚號，不詳夫人；《國語》于夫人又不皆有記載，故不能盡詳。《傳》于宣姜、繆姜不知爲宣夫人、成夫人，是也。凡無明文，先師多以意推之，故三《傳》有異。至于大事，《經》有明文，三《傳》皆同。何以不稱夫人？據惠夫人早薨，惠再娶仲子爲夫人。爲夫人則宜有謚。桓未君也。師以再娶不得稱夫人。若以桓公故，則時未立，非桓立妾母即當稱夫人，如弋氏是也。賵者何？據與賻、襚、含並稱。喪事有賵，《喪禮》有歸賵。賵者蓋以馬，馬爲主。以乘馬束①帛；以乘馬爲主，而以束帛將之。車馬曰賵，貨財曰賻，衣被曰襚。此舊傳文也。《傳》曰車馬，師以乘馬束帛釋其義。《解詁》分周制春秋制，非也。桓未君，則諸侯曷爲來賵之？公子之母，不應赴告。**疏**《經》言王使，《傳》言諸侯者便文。亦以王臣來，則諸侯可知。隱爲桓立，故以桓母之喪告于諸侯。師據經意説之，無明文也。然則何言爾？事既委瑣，又不當于禮，何以特書。成公意也。從不書即位推以立説。其言來何？《穀梁》云「其志不及事也」，《傳》「其言來何」即「其志」之變文，謂何以書其來賵。《解詁》誤以爲例不當言來，考《經》，凡朝，歸獻均有來文，歸含、賵不言來，乃變例。不及事也。賵爲薨來。已葬乃至，不及事，書以譏之。**疏**諸侯之葬，來賵者必衆，皆不書。獨書此者，常事不書，必有褒貶乃見。其言惠公仲子何？據僖公成風母以子氏。事異而文同。兼之。二賵同一使，故兩舉之。兼之，非禮也。禮宜各有使。歸含、賵，一人兼二事，此一人兼二賵，均不合乎

① 束：原作「東」，下二「東」字同。

禮。何以不言公及仲子？據「公及夫人如齊」，言「及」以相别。仲子微也。比夫人微，故不得言「及」。此本貴賤不嫌同號之意以言之也。疏《穀》以爲子以母氏，與僖公成風同。仲子，《傳》以爲桓母，與《左氏》同。

九月，及宋人盟于宿。宋王者後，于天王下書之，崇大國也。王後不爲牧，不滅國，故言宋人。所以小國皆在青州，《經》以宋爲與魯同州也。盟邾婁者，青之小國；盟宋者，青之大國。舉二盟而包者多矣。疏宿者，青州國，備六卒正之數。宋與宿近，後遷宿。此盟有宿在，蓋城下之盟。此謹參盟之始也。《補例》：元年四時皆月，所以明四時之義；九月何以月？謹參盟之始也，因微故月。下爲君參盟有明文，故託始曰此皆微者也。

孰及之？不言其人，恐有辟諱。《穀梁》云「交質子不及二伯」，《春秋》以盟爲結好求伯之大端，故元年内兩言之。内之微者也。内微不可言人，此兩微相盟之例。宋者何？王者之後也。何以稱公？王者之後稱公。宋大國，公何以不言如？王後若賓客，不如二伯方伯之禮，故公不朝之；又不爲牧，故所與小國皆魯屬也。五記災，三繫事，見司城、司馬者，皆以王後，有優禮。

冬，十有二月，祭伯來。《王制》：天子畿内九十三國，以禄①公、卿、大夫、元士。祭名見于西周，東遷以後猶舊名者，《春秋》存西京之大例也，不使秦主雍州，如天子出狩東都，秦爲留守扈從之臣，食禄猶在西周也。天子出，二公從，《春秋》見司馬、司城，不見司徒，即留都未從之意。故以王臣食國，仍係雍州，出秦以爲梁州方伯。祭者，畿内國，祭公爲天子三公，不可以再氏祭，氏祭者，皆以出爲方伯監，如單子爲天子卿，而單伯爲方伯監也。祭公爲公，大夫以字見，如祭伯、祭仲、祭叔，皆監也。祭仲在鄭，祭伯、祭叔皆在魯。《春秋》凡見七監者，内四監：祭伯、祭叔、夷伯、單伯；外三監：祭仲、女叔、原仲是

① 禄：原作「録」，據《禮記・王制》改。

也。

祭伯者何？據如小國諸侯之文。天子之大夫也。據祭仲祭叔，知非外諸侯。疏此記監者之始。何以不稱使？禮：内臣無外交，非天子命不出疆。既來，必有使命。奔也。以奔來，非使，故不言。疏劉向説《穀梁》云祭伯出奔，同《公羊》，與今本《穀梁》不合。可見漢時《公》、《穀》各家多不相同，且互有出入，不如今但據一本之有無爲説。奔則曷爲不言奔？據周公、王子朝皆言奔。王者無外，天子乃言無外，其臣不得與之比。言奔則有外之辭也。《春秋》初爲土臣諱奔，故不言奔。從天子不言出推衍説之。疏《補例》：祭伯者何？吾大夫之命乎天子者也。何以言來？直來曰來。何以不言使？不可得而使也。魯何以有天子大夫？魯爲方伯，爲監于魯者也。説詳《王制輯義》。

公子益師卒。益師，卿也，卒，君當變服降禮，以遂哀痛之情，故書以記之。不日，貶之，同微者。其義不先見。何以貶之？《春秋》譏世卿，不用公族，故于此貶之，以明譏世卿之義也。

何以不日？據莊、成以下大夫卒，不論善惡皆日。疏《補例》：内卿與上大夫例日，微者例時，如俠是也。此因惡而貶之。然則①《春秋》日月有爲例有不爲例之分，不爲例者書事記時，爲例者詳略見意，事本平實，例亦簡明。《解詁》多誤爲皆例。遠也。從定、哀以望隱、桓，則隱、桓遠矣。大夫日卒，不日卒者，《穀》以爲惡，《左》以爲禮之加降，皆謂因事貶惡；至近世，則無論美惡皆日，所謂「定、哀多微辭」，此在遠世，故得用貶惡之法。此三世異辭例，非謂遠世文有脱佚，如杜氏説也。所見異辭，《傳》「定、哀多微辭」，故以定、哀爲所見。其中分爲三世，辭之小變略爲三

① 則：原無，據文意擬補。

等，專謂所見與所聞、傳聞也。所聞異辭，莊至昭爲所聞，合八公爲一類，辭有三異。所傳聞異辭。隱、桓爲傳聞。《春秋》莊至昭爲有伯之世；隱、桓始，無之；定、哀終，亦無之。《穀梁》、《左氏》三世例皆同。疏按，《傳》言三世三異，是每世自異，非合三世乃見不同。蓋一類分三大變三小變，有九等，如《禹貢》、《人表》以上中下分九等，與三科爲九旨意同。其異辭，有因時事而異者，有由詳略而異者，有由親疏而異者。此例但取大意，不可逐條附會，如一年中四時節候不同，亦不可逐日細分。餘詳《三十論》。

二年

春，公會戎于潛。董子說：「《春秋》書人時易其名，書事時詭其實。」戎者何？齊也。潛者何？內邑。《齊語》「反魯侵地棠、潛」，取之魯也。何以知戎爲齊？以《春秋》初不見外州國，公不能遠會戎，以齊取潛知爲齊。此齊取潛，齊後爲二伯，《春秋》爲賢者諱惡，爲親者諱敗，故託之會戎。戎者，西方曰戎，《春秋》不見真戎，故知其非實也。《春秋》治三千里以內，不見《禹貢》要荒，故凡四裔多託諱，否則華、夷雜處之夷。疏《王制》：「中國戎夷，五方之民，皆有性也，不可推移。東方曰夷，被髮文身，有不火食者矣；西方曰戎，被髮衣皮，有不粒食者矣；南方曰蠻，彫題交趾，有不火食者矣；北方曰狄，衣①羽毛穴居，有不粒食者矣。中國、蠻、夷、戎、狄，皆有安居，和味，宜服，利用，備器②。」按，四裔有小大，中國有四裔，海

---

① 衣：原刻缺，據《十三經注疏》本《禮記正義》補。

② 備器：原作「器備」，據《禮記正義》乙。

外職方更有大四裔。驗小推大，體例相同。《王制》之「五方」亦可作「五土」讀也。

夏，五月，莒人入向。莒，夷狄也，備卒正者，用夏變夷，猶中國也。不稱伯稱子者，《曲禮》：「夷狄雖大曰子。」此小夷。莒、滕爲夷狄卒正，楚、吴爲夷狄方伯。**疏**《地理志》「城陽國」「莒」下云：「故國，盈姓，三十世爲楚所滅，少昊後。」

入者何？據入爲滅辭，滅國有入、遷等異辭。得而不居也。如吴入郢。入下于滅一等，雖得其國，不滅而復之曰「入」。向初爲國，莒滅之爲邑，後我取向，則爲我邑。**疏**《左傳》以向爲國。邑不言入，言入者亦國也。

無駭帥師入極。極，魯屬也。一州二百一十國，立二十一連帥以統之。《春秋》惟六卒正記卒、葬，餘皆不專記事，惟因大國及之，極蓋二十一連帥中之一。凡屬長以下，百里、七十里、五十里之三等國，通不見《經》也。

無駭者何？據不氏爲未命，公孫當氏公孫。展無駭也。展當時當氏公孫，言展，從後追録之，如《經》之蕩伯姬。**疏**無駭爲公子字展之子。公孫之子以王父字爲氏，禮當請于君，得君命而後定。何以不氏？據公子公孫當大夫，入杞遂氏公子。貶。氏者爲已命大夫，不氏同于小國，故曰貶。**疏**此不氏爲貶，則莒人亦爲貶。並見二入，一外一内，同譏始滅。曷爲貶？問事實。疾始滅也。《春秋》始于隱世，此爲魯滅國始，故言始滅。**疏**《論語》：「天下有道，則禮樂征伐自天子出；天下無道，則禮樂征伐自諸侯出。自諸侯出，蓋十世希不失矣；自大夫出，五世希不失矣；陪臣執國命，三世希不失矣。」《春秋》隱、桓以下，初治諸侯，繼治大夫，再治陪臣，以反于天子；所謂「世愈亂而文愈治」。大夫專權，擅兵滅國，聖人之所深惡也。始滅昉適也。于此乎？問見《經》諸國之滅亡果始于此否。前此矣。據穀、鄧、郜亡國在春秋以前。**疏**春秋以前，强淩弱，衆暴寡，弱肉强食，滅小國以自封殖；如晉地多數畿，漢陽諸姬楚食殆盡。如泰西未興公法以前，小不事大，大不字小，蠶食鯨吞，小國不能自存。據《王制》九州一千七百七十三國，《春秋》經、傳存者不及二百國，皆爲大國所吞并。前此則曷爲始乎此？前此則不當以此爲始。**疏**春秋以前，大國以吞并小國爲事，律以中國無王法，律以西事無公法，《春秋》乃彰明王制，見二伯方伯五長統屬之法，小事大，大字小，共保平和。九伐之職掌于司馬，諸國有罪，奉王命以討之，抗則威之，服則宥之。雖有滅國，其地皆歸天子，聽天子別封諸侯。平時以巡守黜陟之法，慶賞黜削，皆歸于開田尺寸之士，非諸侯所敢專擅。王法明，則滅國自廣之事可以絶迹。古無此制，《春秋》乃初建之；如親迎，古無此禮，爲《春秋》新設。孔子述而不作，繙經立教，以庶人之議託之古帝王，不曰不許滅國之制由《春秋》而興，乃以爲滅國之事由《春秋》而始；以作爲述，以新爲古，書法與事實相反。正如季子出奔，《經》書「來歸」；文姜反魯，《經》曰「孫齊」。譏如始滅者，謂古者帝王法度昌明，絶無諸侯滅國自廣之事，春秋末世乃由無駭作俑，後來諸效尤其事，蓋用《列》、《莊》微言之義。以六經皆爲新典，則與託古之義相妨，必反其辭以爲古跡，文明後乃流爲蠻野；如《左》、《國》所稱先王法度本極休明，後來强大不守其法。故以滅國由《春秋》而始，春秋以前絶無其事，故曰《春秋》之始。然《傳》明言不始春秋，爲託始例；則《春秋》爲新經，撥亂反正之義可以微會矣。託始焉爾。《春秋》託始于隱，如託齊、晉爲伯之例，非謂滅國即始此。

疏六經古無其事，以新制依託；帝王滅國古有其事，以滅國託始《春秋》。曷爲託始焉爾？據戰伐不託始。

疏《春秋》始疾滅國，不應以滅國始于《春秋》。《春秋》錯舉二時以名，以春、秋爲伯爲義。二伯：義、和分主春、秋。又，緇衣屬春，素衣屬秋。蓋分統爲春秋，合之則①歲。小分爲伯，小合爲王，大分爲帝，大合爲皇。故曰「《春秋》天子之事」，又「其事則齊桓晉文」。之始也。孔子據魯史以作《春秋》，始于隱，隱世即《春秋》之始世。**疏**六經由孔子制作，西漢以前無異辭，雖劉歆《移太常博士書》初亦主其説，絶無所謂文王、周公。劉歆與博士爲仇，挾王莽之勢以攻博士，因創一古文派，緣文王、周公以敵孔子，引國史以敵賢傳，以《周禮》、《儀禮》爲周公所作，《春秋》、《詩》或爲周公

① 合之則：原作「合則之」，據文意乙。

義例，或爲國史所采；《易》爲文王作，《書》爲歷代史册；《樂》爲帝王之舊。下至《爾雅》，亦以爲周公作羣經，孔子唯占《孝經》一席而已。創爲後蠻野先文明之説。六經皆爲史之①芻狗糟粕耳，正當《列》、《莊》所譏；博士《公羊》家法一掃而空，由東漢以至乾、嘉，儒林宗派不出劉歆窠臼。《公羊》以《春秋》爲俟聖而作，託始改制，説極詳明，加以海禁開通，地球初蠻野後文明之證據，明白昭著不可揜。六經不惟治中國，兼治全球。經、傳美善制度，專爲百世下師表，非古所有之陳迹糟粕，如日中天，有目共睹，然後知經與史别。《公羊》師説不惟《春秋》，六經皆當從同；六經全爲俟聖新作，絶非糟粕芻狗。《史記》稱莊子著書詬厲仲尼之徒，據今言之，《莊》、《列》所言，實似專爲古文家而發。西人喜言進步、改良，數十年前之政治學術皆已視同弁髦。中士習聞其論，廢經之説遂徧中士，五六千年前史事陳迹，萬不可行于今日，推之海外；雖下秦始焚書之令、偶語《詩》《書》之禁，亦不爲過。惟廢經以後，中土②何所依歸，將來大一統，政教何所憑藉，實無術以善其後。今表張《春秋》俟聖之本旨，與齊學大統之主義，然後知百世師表。王、伯學至今中國尚未盡其藴，皇、帝事亦待千百年後乃能見之行事，則六經更當行之海外。中儒固當鑽研泰西，君相尤宜講求，以爲師法。廢經、宗經之機關，要在審乎往來新舊而已。

此滅也，其言入何？據滅不言入。內大惡，諱也。

《春秋》爲親者諱，內小惡詳，大惡諱也。又，緣情定罪，惡失有大小，刑罰有輕重，內小惡則譏，大惡則諱。外諸侯以失禮非正，惡大惡甚之盜賊。分大小以譏疏貶退，誅絶滅，分輕重；故躋僖公事，《傳》或以③爲大惡，或以爲小惡。

疏

---

① 之：原脱，據文意補。

② 中土：原作「中士」，據文意擬改。

③ 以：原脱，據文意補。

《春秋》以滅國爲大惡，諸侯不專地，雖有九伐削移典章，與諸侯滅國自廣者不同。《傳》兩言①託始，親迎爲司徒禮儀，滅國爲司馬政治。不許滅國，則小大相維，永保和平；即皇帝大一統，仍用封建，諸國各守侯度，皇帝道隆德備，奉正朔，畢朝覲，銷鋒鏑，毁名城。大同之世唯以德化，不尚争戰；造艦鑄礮即蚩尤造兵之事，不及五百年，必絶迹于地球矣。

秋，八月，庚辰，公及戎盟于唐。隱、桓初不見外州國，何以初見戎？戎，晉也。二戎，一爲齊，一爲晉，由地而起之。《春秋》託二伯于齊、晉，惡事爲賢者諱，故避齊取濳。又，《經》晚見晉，故初見亦避之不言，《穀傳》以凡伯之戎爲衛，《傳》以貿戎爲晉，此論名核實之大例也。及者，我欲之。公盟例日。**疏**此遠會也，唐，據今乃山西國。戎者何？晉也。何以知爲戎晉？以地唐也。何爲戎晉？未爲伯，避見晉，故託之戎也。

九月，紀履緰來逆女。紀近齊，《春秋》以爲兖州國。稱侯者，本爵也。初見已有大夫，乃小國之大者。一州百里之國三十，卒正、連帥皆百里國。故凡見《經》之國皆侯，伯、子②、男三等國通不見《經》，其見伯、子、男者，皆託號也。**疏**周時禮不親迎，與今泰西風俗相同，孔子作《春秋》乃制此禮，故書此以起例；《詩》、《禮》有親迎者，皆聖人譯之也。《穀梁》：「逆女，親者也；使大夫，非正也。」此先師依經立傳之義。

紀履緰者何？據小國無大夫，疑君自逆。**紀大夫也。**據自逆夫婦辭，不稱使。小國正辭，雖無大夫來，魯則多進而録之。**疏**《穀梁》：「以國氏，爲其來交接于我，故君子進之也。」**何以不稱使？**據公孫壽來納幣言使。

---

① 兩言：原作「言兩」，據文意乙。
② 子：原作「于」，據下文改。

婚禮不稱主人。《穀梁》：「其不言使何也？逆之道微，無足道焉爾。」據《穀梁》，謂紀小國，朝魯者例不言使。師當云「小國不言使」。「昏禮不稱主人」乃《禮》説，非《經》例。疏 不稱主人，所以遠恥，避自求親，以自遠于自擇配之徑情直行。今泰西男女擇配皆自主，《經》革其習，故名稱亦避之。然納徵禮辭雖如《傳》説，而《經》之正辭，則國以君命爲重，不能以父兄師友代，故「宋公使公孫壽來納幣」必稱宋公。紀如大國，當亦曰「紀侯使履緰來逆女」。傳據「不稱主人」爲説，乃後師誤荅，故《傳》辭委曲難通，與賢祭仲同。以此見《經》例之謹嚴。**然則曷稱？**往來使人書命之辭。**稱諸父兄師友。**不自主婚之説，《禮説》託諸父兄師友。疏 班氏説：「《禮·昏經》曰：『納采、問名、納吉、請期、親迎，皆用鴈：納徵用玄纁、束帛、離皮。』納徵辭曰：『吾子有嘉命，貺室某也。某有先人之禮，離皮束帛，使某也請納徵。』上某者，壻名也；下某者，壻父名也；下次某者，使人名也。女之父曰：『吾子順先典，貺某重禮，某不敢辭，敢不承命。』納采辭曰：『吾子有惠，貺某室也。某有先人之禮，使某也請納采。』對曰：『某之子蠢愚，又不能教，吾子命之①，某不敢辭。』」**宋公使公孫壽來納幣，**成八年。**則其稱主人何？**宗子自主婚説，《禮説》不稱主人，經例則統于一尊，雖使人辭命，託之父兄師友。如大國《經》必稱使，宋稱使爲大國正例，此不稱使，爲小國正例。疏 班氏説：「人君及宗子無父母，自定娶者，卑不主尊，賤不主貴，故自定之也。《昏禮經》曰：『親皆没，己躬命之。』《詩》云：『文定厥祥，親迎于渭。』」**辭窮也。**辭窮無所稱，故變例稱使。《公羊》有辭窮例，謂《經》無此書法。疏 董子説：《春秋》本名分之書，辭嚴義正，「有經禮，有變禮。經禮者，如安性平心，可謂之經禮；變禮者，于性雖不安，于心雖不平，于道無以易之，可謂之變禮。昏禮不稱主人，經禮也；辭窮無稱，稱主人，則變禮也。」紀履緰不稱使，昏禮

① 命之：原作「之禮」，據陳立《白虎通疏證·嫁娶》改。

不稱主人，此經禮也；宋稱使納幣，則其稱主人，辭窮也。辭窮者何？無母也，此變禮也。辭窮者何？宋所以辭窮自稱主人之由。無母也。禮：有母，母當命諸父兄師友以行。宋公無母，使命之辭窮，故自命之，自命不得不稱使。**疏**宋之有母無母出于臆度，實則例得稱使，無論有母無母皆稱使；例不得稱使，無論有母無母皆不得稱使。

然則紀有母乎？師以宋爲有母，故轉而問紀。曰：有。此因弟子問自圓其説，母之有無實不可考。有則此何以不稱母？無母爲辭窮，有母則當稱母。稱母如杞伯姬、宋蕩伯姬。母不通也。禮：婦人無外事。杞伯姬、蕩伯姬因内女稱母，紀母非魯女，則例不得言母。**疏**無母爲辭窮，有母又不通，則母之有無無所關係。由初誤答因爲此説，非正義。外逆女外逆外，如陳人婦。不書，此何以書？外逆外，無書例。譏。書以譏之，因内乃得書。何譏爾？問譏之本義。譏始不親迎也。言「始」者，《傳》依《經》立説，正同孔子述而不作之義。**疏**春秋前無親迎禮，與不行三年喪同。禮言夏后氏逆于庭，殷人逆于堂，周人逆于户，皆孔子所譯。三統法夏、法商、法周之後王，如堯崩三年之喪，高宗諒闇三年；不言譯，託古人以存徵信也。始不親迎昉於此乎？如俗説周公制禮，至春秋時世衰，乃不奉行。前此矣。冠、昏禮實爲孔子新定，乃譏不親迎，實則春秋以前從無親迎，非至春秋乃變。前此三代以前草昧初開，尚無禮經。則曷爲始乎此？此爲改制維新，當以新法立説，乃始定親迎禮，非始不親迎。託始焉爾。孔子述古，以《經》託爲古，故以非禮託於此。曷爲託始焉爾？古既無親迎，何必以爲始此。**疏**據《詩》、《禮》已言親迎，春秋禮制與六經相同，故《春秋》譏不三年喪，《尚書·無逸》已言高宗諒陰，《帝典》已言百姓如喪考妣三年。由皇而帝，由帝而王，由王而伯，《易》、《詩》、《書》既已言之在先，不應於《春秋》乃爲託始。《春秋》孟子：「《春秋》天子之事。」以新經明王法六禮。之始也。親迎之禮始定于《春秋》，因託古，故不以爲始親迎，而以爲始不親迎。**疏**親迎禮非舊禮，當時未行。冕而親迎，哀公、子貢皆以爲太重，疑其重，欲孔子之改輕。使周制所素有，通行數百年，何以疑其重，又何必向孔子議之？由是推，六經之法皆以《春秋》爲始；由《春秋》以推《尚書》，由《尚書》乃推《詩》、《易》。《春秋》以前制度未備，據魯史作新經，初用二伯，然後推于《尚書》之王，百世以後乃推之全球，爲《詩》、《易》之大一統。《春秋》非樂道堯舜，專取後之堯舜，知君子六經之皇、帝、王非繼往，是知來。以六經比六合，《春秋》爲地，爲國君之始基，乃倒推法。《春秋》二百四十年，地方三千里，爲皇、帝、王之標本，由二伯以倒推王、帝、皇，學者必以《春秋》爲經學之始。《易》曰：「數往者順，知來者逆。」述古爲皇、帝、王、伯，知來爲伯、王、帝、皇。鄒子驗小推大之説，《春秋》先見之小物也。女曷爲或稱女，公如齊逆女。或稱婦，稱婦，有姑辭，爲譏娶母黨專辭。此句爲後師所衍，舊傳無。或稱夫人？姜氏入。女在其國在室服與已嫁異。稱女，女子在室之稱。自其父母言之曰女，内外同稱女。在塗稱婦，**疏**此句後師誤衍。在國稱婦，如逆婦、求婦，未行可知；夫人、婦姜，入國可知。桓以下娶于齊，多于入國言婦：「公子結媵陳人之婦」、陳人娶夫人婦者，輕①畧之，並無在塗明文。且彼此兩國，一父母一夫家，亦不須言在塗。入國諸侯君其國内。未入境則無所施，入境，則與君敵體之義顯。稱夫人。入國則從臣子辭，稱「夫人姜氏入」是也。稱號由彼此國境而定，若王后，則不分境界即稱王后。故《傳》曰「王命之則成矣」。天子與諸侯不同。**疏**先師傳當云「女曷爲或稱女，或稱婦，或稱夫人？女在其國稱女，入國稱夫人」。「或稱婦」，「在塗稱婦」，七字後師所衍。

冬，十月，伯姬歸于紀。春秋嫡庶禍亂多，《經》乃改爲一娶九女，不再娶，以杜亂原。此與叔姬媵歸相起。董子《爵國

① 輕：依文例當作「經」。

篇》云：「天子立一后，一世夫人，中左右夫人，四姬，三良人」；「王后置一太傅、太母，三伯，三丞。二十夫人，四姬，三良人，各有師傅」；「王后御衛者，上下御各五人。二十夫人、中左右夫人、四姬，上下御各五人。三良人，各五人。世子妃及士衛者，如公侯之制。」「大國一夫人，一世婦，左右婦，三姬，二良人」；「夫人一傅母，三伯，三丞，世婦，左右婦，三姬，二良人，各有師保」；「夫人衛御者，上下御各五人；世婦、左右婦，上下御各五人，二卿，御各五人」；「次國一夫人，世婦，左右婦，三良人，二孺子」；「夫人一傅母，三伯，三丞。世婦，左右婦，三良人，三卿人①，各有師保」；「夫人御衛者，上下士御各五人；世婦，左右婦，上下御各五人；二御，各五人」；「小國夫人，世婦，左右婦，三良人，二孺子」；「夫人一傅氏，三伯，三丞。世婦，左右婦，三良人，二卿人②，各有師保。」「御衛者，上下御各五人；世婦，左右婦，上下御各五人；二御人，各五人。」使天子、諸侯不再娶，昏姻之禮爲萬化原。凡禮經、六禮，多藉魯事以見創制。**疏**此爲嫡，下「叔姬歸于紀」爲媵待年之禮，此有媵同行，《經》畧之，惟于宋伯姬詳録。

伯姬者何？女子以字配姓，長稱伯。禮：男女異長。**內女也。**據紀履緰來逆女。魯，姬姓，女皆氏姬，若齊之姜、宋之子。**其言歸何？**據歸爲反室辭。**疏**《穀梁》：婦人不專行，必有從也。伯姬歸于紀，此其如專行之辭，何也？曰：非專行也，吾伯姬歸于紀，故志之也。**婦人謂嫁曰歸。**諸侯歸國言歸，婦人初嫁亦言歸，明以夫爲家，從夫之義。**疏**反曰來歸，已絶夫家，從在室辭。歸寧③曰來，從夫爲主，爲外辭內。大夫反歸，曰至于某。

---

① 三卿人：據中華書局本淩曙《春秋繁露注》，當作「二御人」。

② 二卿人：據淩曙《春秋繁露注》，當作「一御人」。

③ 寧：原作「甯」，清人避道光諱改。今回改，下同。

紀子伯、莒子盟于密。此小國盟，石門爲大國盟之始。大言齊、鄭，小言紀、莒，諸侯會盟皆可推矣。子伯二字駢書，所以見非爵，並以明子貴于伯之義。紀、莒皆百里國，故紀下稱侯，稱子伯者，《春秋》假以爲小國號也。杞稱伯，又稱子，亦此例。先子者，字不如子；莒稱子，夷狄。紀本卒正，國先亡，故《春秋》以曹代之，進邾婁，以補六卒正。疏董子說：「《春秋》鄭忽何以名？《春秋傳》曰：伯子男一也，辭無所貶。何以爲一？曰：周爵五等，《春秋》三等。」舊以文質說《春秋》，不知文周謂大一統之皇，殷即西方質家，儀節簡畧，上下無別。故僅三等。三等①不指《春秋》言，《春秋》卒正下至附庸，非止三等。

紀子伯者何？據子伯未有連文者。此爲一見例。無聞焉爾。《傳》：《春秋》伯、子、男爲一等，小國稱子、男。又，字不若子，皆以明稱號之例。後師以爲無聞，當以稱號例說之。

十有二月，乙卯，夫人子氏薨。內公與夫人薨葬皆日，不爲例。疏《春秋》外詳大事，內詳小事；大事以見時局，小事以託禮儀。政治禮法，兩見俱備，《春秋》大例也。

夫人子氏者何？孝、惠娶商，桓以下娶齊。禮大功以上不爲婚，皆以譏娶母黨，此問亦譏之。隱公之母也。《傳》「宣姜、繆姜不知爲宣夫人、成夫人」，以譏娶母黨。《穀梁》以爲隱之妻。因《經》無明文，故《傳》各以師說說《經》。

何以不書葬？據稱夫人薨者皆葬。成公意也。《春秋》之論事，莫貴乎志。孔子立新王之道，明其貴志，以及和，見其好誠以滅僞。疏董子說：「桓之志無王，故不書王。其志欲立，故書即位。書即位者，以言其弒君兄也；

① 三等：此二字原脱，據文意擬補。

不書王者，以言其背天子。是故隱不言立①、桓不言王者，皆從其志以見其事也。從賢之志以達其義，從不肖之志以著其惡。由此觀之，《春秋》之所善，善也；所不善，亦不善也，不可不兩省也。」**何成乎公之意？**據不書即位已成公意。**子以母貴，**子以母貴，亦以母賤。**將不終爲君，**隱不自正，意在讓桓，平國而反之，如周公反正成王之說。**故母以子貴，**母以子貴，亦以子賤。**亦不終爲夫人也。**不能用夫人禮而葬。疏《左傳》夫人書法多據禮節立說，魯用周禮儀節，亦據典禮爲法。夫人自用尊貴典禮，妾母自用卑賤典禮，不相假借。

鄭人伐衛。鄭莊公爲王左卿士，爲二伯。鄭伯大，爲二伯，小爲伯子男。隱、桓世以鄭爲伯，故記鄭兵事最詳。此如以二伯治方伯。衛，方伯，同姓國，篤從中國。《春秋》有內衛之例。疏此二伯專伐之始。《左氏》以爲公孫滑之亂。

三年疏《公羊》大一統，比于一年，皇配天爲歲，二后爲天子，爲陰陽，四帝爲四岳，八王爲八伯。稱天王十六伯爲天吏，外牧則爲天牧。年一統，天亦一統。

春，王二月，己巳，日有食之。孔子曰：古之治天下者必聖人。聖人有國，則日月不食，星辰不孛。疏《經》書日食不言其故，後師專以災異立說，以爲後事之應，言不盡售。西人專詳格致，直以食、孛可推測，不足爲異。竊以治曆明時爲皇帝要綱，地球十二風土寒暑各異，立六曆而朔望由日食而定者則皆同。人與天交通，天變于上，則人事每應于下。西人專詳格致，故多不可通之理。並不能僅恃耳目爲能事。

① 立：原作「正」，據淩曙《春秋繁露注》改。

何以書？據日食多見，如常事。記異也。《春秋》書日食三十六。異，不常見之事，無害于人。若據大同皇帝言之，異多爲常；蓋就中國爲異者，推之全球則多爲常。疏《春秋》長狄、地震、星孛、來巢、無冰、震、雷、雪、雹不時，能周游地球一周者多不以爲怪。又如博物格致等處所存異物異事尤多。中國之異，爲地球之常，記異所以爲驗小推大之基礎，通其意于大同。日食疏泰西八行星繞日之説，是以日爲皇，八行星爲八伯，如《春秋》世界方伯朝天王之事。大則爲皇，爲大統，小則爲王，爲《春秋》小統。小大雖殊，其理一致。則曷爲或日如此類。或不日，如莊十八日食不言日之類。或言朔如莊二十六日食言朔之類。疏班氏説：「《公羊》以爲朔二十七，二日七，晦二；《穀梁》以爲朔二十六，晦七，夜二，二日一；《左氏》以爲朔十六，二日十八，晦一①，不書日者二。」《傳》例事在晦言晦，此不言者，大小餘失乃在晦，取前月晦以屬後月，言晦則嫌後月晦，故不言也。或不言朔？此類是。曰某月某日朔，疏按，日食爲交會，曆數平常可推，不足爲異，《春秋》以天道治人事，故藉以爲説。推步家以日食必在朔者，乃月在中，其影射于地而遮蔽其面，人在影掩之處不能見日光，是爲日食，非爲災異見也。日有食之者，曆法：日月交會，因以爲朔。此天定之朔，日官不精，或先或後。在食即爲朔，二日與晦皆非。食正朔也。如僖五年「九月戊申朔」。日有食之者二十七事，日食以求朔，故因以正曆之失前失後。其或日食二日。或不日，食晦。或失之前，或失之後。失之前者，朔在前也；食二日者七。失之後者，朔在後也。食晦者二。此晦也，不言晦者，日食言朔不言晦。僖十六年《傳》「晦則何以不言晦？《春秋》不書晦。朔有事則書，晦雖有事不

① 一：原作「二」，據《漢書》卷二七《五行志下》改。

書」者，專謂日食言。

三月，庚戌，天王崩。《春秋》撥亂反正，以天統王，以王統二伯，以二伯統諸侯，君臣上下等威儀物各不相同，與今泰西言君民共主未進中國文明之化者，天壤懸殊。**疏**《周本紀》：平王四十九年爲隱公元年，五十一年卒，太子洩父之子林立，是爲桓王。

何以不書葬？據桓王葬。天子天子者，天之子也。董子云：「獨陰不生，獨陽不生，三參合然後生。故曰：母之子也可，天之子也可①。尊者取尊號焉，卑者取卑號焉。」又曰：「人之于天也，以道受命。」**疏**班氏説：「天子者何？爵稱也。爵所以稱天子者何？王者父天母地，爲天之子也。故《援神契》曰：『天覆②地載，謂之天子，上法斗極。』《鉤命決》曰：『天子者，爵稱也。』帝王之德有優劣，所以俱稱天子者何？以其俱命于天，而王治五千里③内也。」天子爲帝正稱，高王一等，《小雅》：「王于出征，以佐天子。」王亦可以稱天子，《春秋》「天子使召伯來錫公命」。王可稱天子者，蓋天有九天，王各主其一，《爾雅》「春曰蒼天」，即《春秋》分居之天也。帝爲大統天子，《尚書》「天子作民父母，以爲天下王」。帝、王皆稱天子，皇不稱天子者何？皇尊無敵，《詩》曰「上帝是皇」，以其克配皇天也。記崩《穀梁》：「高曰崩④，厚曰崩，尊曰崩。天子之崩，以尊也。」不記葬，葬桓王一見。必其時也。《説苑》：「『庚戌，天

---

① 「母之」二句：按此爲《穀梁》句。《春秋繁露・順命》作「父之子也可尊，母之子也可卑」。

② 覆：原作「履」，據四庫全書本《古微書》卷三七改。

③ 原刻脱「里」字，據陳立《白虎通疏證》卷一《爵》補。

④ 原刻脱「曰」字，據《春秋公羊傳》補。

王崩。』《傳》曰：『天王何以不書葬？天子記崩不記葬，必其時也。諸侯記卒記葬，有天子在，不必其時也。』必其時奈何？天子七日而殯，七月而葬；諸侯五日而殯，五月而葬；大夫三日而殯，三月而葬；士庶人二日而殯，二月而葬。皆何以然？曰：禮不豫凶事，死而後治凶服；衣衰飾，修棺槨，作穿窆宅兆，然後喪文成，外親畢至，葬墳集。孝子忠臣之恩厚備盡矣。故天子七月而葬，同軌畢至；諸侯五月而葬，同會畢至；大夫三月而葬，同朝畢至；士庶人二月而葬，外姻畢至也。」諸侯記卒記①葬，十八國同記卒。諸侯記卒葬。有天子存，不得必其時也。曷爲或言崩、或言薨？問名義。天子泰皇大一統配天，乾、坤二皇中分天下，稱天子，方五千里爲天王，《春秋》方三千里亦爲王。《傳》言天子，本爲皇、帝典制，皇、帝未出，則借用之；如大一統，則將有釐正損益之事。《孟子》云：「如有王者起，則魯在所損乎？在所益乎？」如秦始一統，用至尊典制，諸侯王改就臣服，不得再僭，以偪至尊。曰崩，諸侯曰薨，大夫曰卒，士曰不禄。疏此數句舊傳文，師據爲説，以明尊卑、別上下。當時儀節如今泰西簡略，故曰殷爵三等，《春秋》正名分、決嫌疑、別同異，故曰周五等。惟名與器絶不假人，亦以絶覬覦，杜亂原，故曰：安上治民，莫善于禮。

夏，四月，辛卯，尹氏卒。尹在會稱子，天子卿也。氏者，見氏者不卒，不卒則無見其卒者，見尹氏已卒其位，不當世也。卒則不日，日者，謹之，爲譏世卿也。疏《左》隱五年尹氏、武氏連文者，即指此年尹氏武氏無疑。本與《傳》同，《左氏》經古文作「君」，後師不識古文之異，乃以《傳》之聲子説之，不知尹氏見《經》不見《傳》，聲子見《傳》不見《經》。《春秋》以前如泰西世族政治，較家天下流弊尤大，諸國皆爲世族所掣，後世操、師篡奪，亦由世卿。《經》譏世卿，以杜亂原，所以亂臣賊子

① 原刻脱此「記」字，據《春秋公羊傳》補。

懼。爲改世族，乃開選舉；欲選舉，乃興學校。《春秋》以前，中國如日本、高麗，不言選舉、學校。

尹氏者何？ 據弋氏爲妾辭。**天子** 天子爲帝正稱，尊于王。《詩》曰：「王于出征，以佐天子。」《經》、《傳》多目天子，不言天王，借用大統師說，王不正，稱天子。**疏** 凡言天子、天下，皆大統說。如《周禮》皇、帝專書，言疆域稱天下者數十見；《王制》疆域但云四海之內、九州之內，不曰天下。大一統之學初開，以爲師說孤弱，實則《經》、《傳》動言天子、天下，實則大統之說詳于小統。又，大統說秦始、漢武、王莽多師倣之，皮不存，毛安附，故差舛不安。必地球出，然後能深切著明，可見施行。**之大夫也。** 據尹氏立王子朝，知爲天子大夫。**疏**《王制》：「天子三公、九卿、二十七大夫、八十元士。」班氏說：「王者所以立三公九卿何？曰：天雖至尊①，必因日月之光；地雖至靈，必有山川之化；聖人雖有萬人之德，必須俊賢。三公、九卿、二十七大夫、八十一元士，以順天成其道。司馬主兵，司徒主人，司空主地。王者受命爲天地人之職，故分②職以置三公，各主其一，以効其功。一公置三卿，故九卿也。天道莫不成于三：天有三光，日、月、星；地有三形，高、下、平；人有三尊，君、父、師。故一公三卿佐之，一卿三大夫佐之，一大夫三元士佐之。天有三光然後能遍照，各自有三法，物成于三：有始、有中、有終，明天道而終之也。三公、九卿、二十七大夫、八十一元士，此百二十官下應十二子。《別名記》曰：『司徒典兵，司空主地，司馬順天。』天者施生，所以主兵何？兵者爲謀除害也，所以全其生、衛其養也，故兵稱天。寇賊猛獸，皆爲除害者所主也。《論語》曰：『天下有道，則禮樂③征伐自天子出。』司馬主兵。不言兵言馬者，馬陽物，乾之所爲，行兵用焉，不以傷害爲度，故言馬也。司徒主人。不言人

---

① 尊：《白虎通疏證》卷四《封公侯》作「神」，當據改。
② 分：原作「八」，據《白虎通疏證》改。
③ 原刻脫「樂」字，據《白虎通疏證》補。

言徒者，徒，衆也，重民衆。司空主土。不言土言空者，空尚主之，何況于實？以微見著。」其稱尹氏何？據《經》常辭稱尹子。貶。曷爲貶？氏當爲譏，王臣不以氏貶，氏不在貶例中。直舉氏爲譏，故下言譏世卿。貶當讀作譏。譏世卿。世卿，父死子繼也。疏《春秋》以前，世卿本常事，故周時多見世卿之禍。《春秋》改制，豫絶專擅，誅邪意，絶亂原，析及秋毫，推而至于兼之二名，皆在所譏貶。聖人杜漸防微之意深矣！世卿，春秋諸大國無不敗亡于世卿。非禮也。《王制》：「内諸侯，禄也；外諸侯，嗣也。」「諸侯世子世國，大夫不世爵。」疏孔子五十知天命，實有受命之瑞，故動引天爲説；使非實有徵據，則不能如此。受命之説，惟孔子一人得言之，以下如顔、曾、孟、荀，皆不敢以此自託。故反魯正《樂》删《詩》，非待獲麟乃然。羣經微言，皆寓於《詩》，《春秋》已不能全具，特孔子絶筆獲麟，後師以《春秋》爲重，遂以微言附會《春秋》，而《詩》反失其説。世卿三代所同，欲變世卿，故開選舉，故立學造士；使非欲開選舉①，則亦不立學矣。作《詩》本爲新制。子貢、宰我以孔子賢於堯舜，緣文明之制由漸而開，自堯、舜至于文、武，代有聖人爲之經營，至周大備；天既屢生聖人爲天子，以成此局，不能長襲其事，故篤生一匹夫聖人，受命制作，繼往開來，以終其局，而後繼體守文，皆得有所遵守；又開教造士，以爲之輔，故百世可以推行。或以秦漢不用《春秋》之制，不知選舉、學校、禮樂、兵刑無一不本經制，雖井田、封建、禮制儀文代有改變，然或異名同實，或變通救弊，所有長治久安者，實陰受孔子之惠。且循古今治亂之局，凡合之則安，反之則危。孔廟用天子禮樂，歷代王者北面而拜，較古帝陵廟有加。若非天命，豈人力哉！又豈但鈔録舊文便致此神聖之績哉！外大夫不卒，外大夫無卒例。此何以卒？據雖王朝大夫來，言聘言使，同列國大夫又無私交，例不言卒。天王崩，諸侯魯奔喪，含、賵，與諸侯同

① 此句原作「使非選欲開選舉舉」，似衍二字，茲據文意删。

至京師。之主也。《傳》：「陝以東，周公主之；陝以西，召公主之。」主，二伯辭。天王崩，尹氏主諸侯，如王子虎故事。《左氏》以魯主郤氏小國，至京師大國，必有所主。疏 班氏説：「王者所以有二伯者，分職而授政，欲其亟成也。《王制》：『八伯各以其屬屬于①天子之老二人，分天下以爲左右，曰二伯。』《詩》曰：『蔽芾甘棠，勿翦勿伐，召伯所茇。』《春秋公羊傳》曰：『自陝以東，周公主之；自陝以西，召公主之。』不分南北何？東方被聖人化日少，西方被聖人化日久，故分東西，使聖人主其難，賢者主其易，乃俱致②太平也。又欲令同有陰陽五行③之節，共法度也。所分陝者，是國中也。若言面，八百四十國矣。」

秋，武氏子來求賻。此亦譏世卿。禮：臣有喪，三年不呼其門。秦、漢以下，居喪去官，皆本于《春秋》。疏 班氏説：「大夫功成未封而死，子得封者，善善及其子孫也。《春秋傳》曰：『賢者子孫宜有地也。』」按此爲體恤功臣典禮，不與世繼相涉。言未封而死，子得封，正對既封而死，子不得封；與譏世卿相反相合，名異實同。

武氏子者何？據以子繫氏，尹氏不子，劉子不氏。疏 繫子于武氏。姓氏之學，明收族敬宗之義。《春秋》以前，亦如西人主天，人人自以爲天子，祖宗姓氏之説畧焉；《春秋》乃張姓氏學，惟帝王主天稱天子，卑者取卑稱，以爲其父母之子。武氏子、仍叔之子，繫子于父，杞伯姬朝其子，繫子于母。董子引《傳》曰：「尊者取尊稱，卑者取卑稱，故曰天之子也可，母之子也可。」天子之大夫也。據與尹氏同。崔氏亦大夫。其稱武氏子何？據氏爲賤，子爲

① 于：此字原脱，據《禮記·王制》補。
② 致：原作「至」，據《白虎通疏證》改。
③ 五行：《白虎通疏證》作「寒暑」，當據改。

貴。譏。與書「仍叔之子」文義相同，知爲譏。何譏爾？父卒，武氏子父子相繼之辭。既譏世卿。子諸侯在喪，出會者稱子。未命也。又譏新喪受命出使。內大夫在喪出使者屢矣，不加貶絶者，一見不再見。疏《五禮通考》失流類，周制實無行三年喪事實，不惟不免官，且在喪得受職；《春秋》乃建喪不貳事，不奪人之親。何以不稱使？據求金求車言使。當喪，王當三年喪。未君也。天子三年乃稱王，然後聽政稱君，行王事。《穀梁》：「未畢喪，孤未爵；未爵使之，非正也。其不言使，何也？無君也。」疏班氏説：「《春秋傳》曰：『天子三年然後稱王者，謂稱王統事發號令也。』《尚書》曰『高宗諒陰三年』，是也。《論語》曰：『君薨，百官總己聽于冢宰三年。』緣孝子之心，三年不忍當也。故三年除喪，乃即位統事，踐阼爲主，南面朝臣下，稱王以發號令也。故天子、諸侯凡三年即位，終始之義乃備，所以諒闇三年，卒孝子之道。故《論語》曰：『古之人皆然，君薨，百官總己以聽于冢宰三年。』聽于冢宰三年①者何？以爲冢宰職在制國之用，是以由之也。故《王制》曰：『冢宰制國用。』所以名之爲冢宰何？冢者，大也；宰者，制也。大制事也。故《王度記》曰：『天子冢宰一人，爵禄如天子之大夫。』或曰冢宰視卿，《周官》所云也。」武氏子來求賻，歸生者曰賵，歸死者曰賻。疏《荀子》：「賻賵所以佐生，贈襚所以送死。」劉子：「知生者賻賵，知死者贈襚。贈襚所以送死，賻賵所以佐生也。」何以書？《經》記小事多爲筆例。特筆，必有所取。譏。直録其事而美惡見曰譏。輕者②，重則貶絶。何譏爾？禮例有賻。喪事無求，喪稱家③有無。求賻，非禮也。王者

① 原刻脱「聽于冢宰三年」六字，據《白虎通疏證》補。
② 輕者：玩文意，當作「輕者譏」，疑此句奪一「譏」字。
③ 家：原脱，據文意補。

無求，有求，非正也。疏《穀梁》：「歸之者，正也；求之者，非正也。周雖不求，魯不可以不歸；魯雖不歸，周不可以求之。求之爲言，得不得未可知之辭也。交譏之。」蓋通于下云爾。上謂王，下謂魯，交譏之，如《穀梁》說。一說「通于下」即《禮經》「下達」。王者喪無求，諸侯、大夫、士、庶人皆從同。喪禮「稱家有無」，「與其哀不足而禮有餘，不如禮不足而哀有餘」，《論語》「喪與其易也，寧戚」。顔路請車爲槨，皆爲孔子所不許。

八月，庚辰，宋公和卒。外諸侯始卒。宋，王後，且大國也。薨以卒言者，内公與夫人言薨，辟其名，從史文也。如大夫例者，内大夫可以會外諸侯，故卒亦得同文。疏《解詁》以此爲王魯例，非是。《經》方譏用六佾、作三軍，何得待以王禮？雖有王後說，亦不謂禮待。《解詁》誤說，駁正詳《商榷》。以下倣此。

冬，十有二月，齊侯、鄭伯盟于石門。此二大國盟之始。隱、桓世鄭莊爲卿士，一匡天下；後齊承其事，亦一匡。外盟例時，日者，謹始。

癸未，葬宋繆公。書葬之始。繆，謚也，布德執義曰繆。葬而後舉謚。諸侯皆稱公者，葬爲臣子事，内尊其君也。不以國先葬者，起《春秋》葬之例①。《春秋》于諸侯，有絶者不葬，使無臣子，不絶者然後葬。故葬在國先，正王法。葬桓王亦舉下言者，謂以天下葬一人，不嫌也。葬不葬，仍從《春秋》起義。疏《謚法》當由孔子所定，舊以爲出于周公者，託始也。天王、諸侯、夫人、大夫之行爲，《春秋》于其終也，以一字定之。相傳有《謚議》，《春秋》每謚，當撰一《謚議》別行。今考《逸周書·謚法解》：壹德不解曰簡，愍民惠禮曰文，克定禍亂曰武，尊賢敬讓曰恭，安民法古曰定，辟地有德曰襄，小心畏忌曰釐，慈惠愛親曰孝，安民立政曰成，布德執義曰穆，敏以敬順曰頃，聖聞周達曰昭，柔德考衆曰靜，布綱治紀曰平，布義行剛曰景，辟

① 例：原脱，據文意補。

土服遠曰桓，愛民好與曰惠，主義行德曰元，勝敵志强曰莊，執義揚善①曰懷，死而志成曰靈，不顯尸國曰隱，恐懼從處曰悼，在國逢亂②曰愍，恭仁短折曰哀，聰明叡哲曰獻，善問周達③曰宣，不生其國曰聲，殺戮無辜曰厲」；皆見于《春秋》。

葬者《春秋》記葬者十五國，通計有八十四葬，其例最繁。**曷爲或**大國。**日**日葬者十大國，七次國三小國無。**或**次國小國。**不日？**不日包月、時言，次國正例月，小國正例時。《春秋》月葬者三十三：大國四，次國二十四，小國五；時葬四十一：小國二十七，次國十一，大國三。**不及時**本國遲早在所不拘。《經》未及期而先書葬爲不及。疏《春秋》葬不及時者二十二：大國六，次國十六。小國從天子大夫，三月而葬，無不及時例。**而日，**日當讀作「不日」。疏《春秋》葬不及時而不日者二十，月見者十五：大國二，次國十三，小國無；時見者五：大國二，次國三，小國無。按，《春秋》葬以當時爲正，過時、不及爲變。然過時、不及又以不日爲正，日爲變。所謂正中有變，變中亦有正焉。此《傳》傳鈔有誤，《傳》當云：「不及時而不日，渴葬也；過時而不日，慢葬也；不及時而日，隱之也；過時而日，謂之不能葬也。」如此文義簡晰，正變分明。**渴葬也。**葬者臣子事，臣子急迫，不及禮，葬例當不日。如葬蔡文公之類。疏「渴」與「慢」文義相反，同爲不日正例。專從不及時、過時見義，不及爲渴，過時爲慢，即渴、慢以别不及與過，不以日月起例，以不日爲各國本例，所以專就過不及言之。若同爲不及，則皆屬渴葬，不能因日不日義遂相反，故知爲傳鈔之誤。**不及時**不及時當讀作「過時」。疏《春秋》過時葬者四十二：大國三，次國十二，小國二十七。**而不日，**過

---

① 善：原作「上」，據《漢魏叢書》本《逸周書》改。

② 亂：《逸周書》作「難」，當據改。

③ 善問周達：《逸周書》作「聖善周聞」。

時葬不日者三十九，月葬十見：次國六，小國四，大國無；時葬二十九見：小國二十三，次國六，大國無。慢葬也。臣子緩葬失度，《春秋》責其無哀戚守禮之行，惟過時乃書之。當時爲正例，故專就過時立説，如葬蔡景公滕成公之類。過時過時當讀作「不及時」。而日，葬不及時而日者三見：大國二，次國一，小國無。隱之也；如葬蔡桓侯。生不稱侯，死不稱公，以起兄終弟及之變。據不及時常例，當不日以顯其事，《春秋》嘉其賢，過時以隱之。董子云：「《春秋》常於嫌得者見不得」是也。過時①而不日，不日當讀作日。疏《春秋》過時葬日者，惟大國三見，次國小國俱無。謂之不能葬也。日爲正例，過時以起不能葬。如葬齊桓公，大國正例日葬，因國亂賊未討，至平國討賊後，久乃書葬，故謂之不能葬。疏舊本及時過時連文，而以日不日爲正變，不足以見渴與慢之分別；故讀作「不日」，與日連文，而以未及、過分渴、慢。上既改讀以見渴慢之分，則此節知以日爲變例。蓋渴慢由不及與過可見，而隱與不能葬必假之變乃足以見其義。當時當時葬者二十。而不日，以月爲正。疏《春秋》葬不日者十六，月見九：大國二，次國六，小國一；時見七：小國四，次國二，大國一。正也。方伯日卒月葬爲正，次國如衛、陳、鄭與晉，皆以月爲正例。《春秋》葬國三等，《傳》每舉中等以立法。所謂「三亦有中」，舉方伯爲例，上而二伯，下而小國，皆可由此而推。疏《春秋》記事，例當見日月者，皆不以日月爲例；唯本事不明，必假日月發明者乃爲例。又，諸例大抵以日時二門分輕重，以月消息于其間，所謂無月例是也。惟諸侯國有三等，乃以三等分，如滅國與葬是。按，日月例《穀梁》最詳，全《傳》共百有餘見。本《傳》共六七十見，《解詁》所補每舛誤，又每以不例爲例，無正變之可分。所當改正者。當

① 過時：二字原脱，據《春秋公羊傳》補。

時而日①，葬日者四：次國二，大國二，小國無。方伯以月葬爲正，日則爲變，大國則又以日爲正。按《傳》，不及時、過時、當時分三等，中分日、時、月，爲九等；再以大國次國小國分之，爲十八等。考明二十七等之《經》例，再以説《傳》，則無疑義矣。**疏** 日月例惟此條最繁，今分爲二十七門以考之，此條明，諸例皆可推。《春秋》日月例本爲諸例之一門，或乃專據此條立説，一似《春秋》全以日月見例者；須知有爲例不爲例之分，而例又分有無正變與正多變少。除去災異以日月記時疎數，人事之以日月立説者不過數十條，立談可明，非委曲繁重，老死不能得其要領。危不得葬也。據嗣君與夷爲説。《春秋》殺世子、君不葬，無繼嗣之道也。與夷雖正，爲繆公子所殺，《春秋》歸罪于繆公，故危之。非其位而受，雖受之不失爲正，君子猶爲危之。**疏** 按《傳》，問者專問日不日之分。據《穀梁》滅國，有中國日、卑國月、夷狄時之文②，本《傳》亦同。弟子問日一例，不日中包時月二門。考《傳》例，有何以日何以不日，無何以不月明文；故舊有無月例之説，以爲重則日，輕則時，月不爲正，居其間以消息。凡例日者，《傳》云「何以不日」；例時者，《傳》云「何以日」「何以月」，故凡崩薨卒内葬祭祀戰盟地震火災，可以日決之大事，無不日者；如聘來遇歸朝如諸小事，正時有無變例者，此可以輕事時定之。惟地位有數等，非日時所能定，則每平分三例，月亦正例。《傳》未詳，可以《經》例定之者，如諸侯卒葬。舊説治絲而棼，無一簡明之要例。今亦如大夫例，以國分爲三等。大國葬如宋，終《春秋》無時，則不能以不日之時爲正例；許、制③、薛小國葬，終《春秋》皆時者，不能以日月爲正例。又按，例之正變，自

---

① 而日：原誤作「不日」，據《春秋公羊傳》改。
② 狄：原作「秋」，之：原作「連」，均據文意改。
③ 此「制」字恐誤。

應正多變少，不能正少變多。如葬以不日爲正，則大國之宋、齊幾至有變無正。此雖《傳》說有小異，不能不改者，如方伯國《春秋》記葬者三十二，月十九、時十一、日二，則不得不以月爲正，時爲變，日爲尤變。秦葬不月者，秦爲梁州方伯，《春秋》夷之，從小國例也。小國通記葬者三十二，時二十七、月五，無日，則不得不以時爲正，月爲變。二大國尊在方伯卒正之上，禮待當有不同，考宋葬七：四日，二月，一如葬月；齊葬八：四日，一閏月，三時；晉爲分伯，禮待通不及齊，葬六：一日，三月，會葬二月。按，宋葬無時者，宋王後，正大國，附一齊一晉，齊葬定、哀以後一月一時，定、哀無伯，則國無大小之分，隱、桓世齊未伯。葬僖公日者，日齊月晉，以定尊卑，故晉附于大國，從次國例。又，齊以日爲正，晉以月爲正，如楚卒日、吳卒月，二國自相比例，故葬惟文公創伯，特日以褒之，以下皆月。比類以觀，故定爲大國例日，侯國例月，小國例時。必如此，而後列國乃有本例；以多者爲正，少者爲變，其位次節目始分明。足以饜心定議，亦簡要明晰。此當時，五月而葬。何危爾？問事實。**疏** 大國以日爲正，次國乃爲變。此引方伯例以說宋。

宣公謂繆公曰：「以吾愛與夷，則不若愛女，父子之親。以爲社稷宗廟主，《白虎通》說：「王①者所以有社稷何？以爲天下求福報功。人非土不立，非穀不食；爲土地廣博，不可遍敬也，五穀衆多，不可一一祭也，故封土立社，示有土也。稷，五穀之長，故立稷而祭之也。稷者得陰陽五行②之氣，而用尤多，故爲長也。」「王者所以立宗廟何？曰：生死殊路，故敬鬼神而遠之。緣生事死，敬亡如事存，故欲立宗廟而祭之。此孝子之心，所以追養繼孝也。宗者，尊也，廟者，皃也。象先祖之尊皃也。所以有室何？象生之居也。」則與夷不若女。德才優于子。盍終爲君矣！」宣公死，繆公立。《世家》：「武公卒，子宣公力立。宣公有太子與夷。十九年，宣公病，讓其

① 王：原作「主」，據《白虎通疏證》改。
② 五行：《白虎通疏證》作「中和」，當據改。

弟和曰：『父死子繼，兄死弟及，天下通義也。我其立和。』和亦三讓而受之。宣公卒，弟和立，是爲穆公。」繆公逐其二子莊公馮與左師勃，曰：「爾爲吾子，生毋相見，死毋相哭！」如武王讓周公，太宗不立德昭。疏《世家》：「出居于鄭。」與夷復曰：《世家》作孔父諫。「先君之所爲不與臣國而納國乎君者，兄弟相及，用商法。以君可以爲社稷宗廟主也。有君人之德，如周公，能致太平。今君逐君之二子，而將致國乎與夷，如周公不傳伯禽，反政成王。此非先君之意也。武王之意不如此。且使子而可逐，則先君其逐臣矣。」繆公曰：「先君之不爾逐，可知矣。如約宋太宗反位于德昭。吾立乎此，非本有國，不得傳子。攝也。」如魯隱公之攝，將平國，反之桓。終致國乎與夷。周公反政成王。疏《宋世家》：「穆公九年，病，召大司馬孔父謂曰：『先君宣公舍太子與夷而立我，我不敢忘。我死，必立與夷也。』孔父曰：『羣臣皆願立公子馮。』穆公曰：『毋立馮，吾不可以負宣公。』于是穆公使公子馮出居于鄭。八月庚辰，穆公卒，與夷立，是爲殤公。」莊公馮弒與夷。桓二年事。故君子大居正，立適以長不以賢，立子以貴不以長，即居正義。疏《檀弓》：「仲子舍其孫而立其子，檀弓曰：『何居？我未之前聞也。』趨而就子服伯子于門右，曰：『仲子舍其孫而立其子，何也？』伯子曰：『仲子亦猶行古之道也。昔者文王舍伯邑考而立武王，微子舍其孫腯而立衍也。夫仲子亦猶行古之道也。』子游問諸孔子，孔子曰：『否，立孫。』」宋之禍，學武王而誤。宣公爲之也。尋流溯源，馮弒君實宣公肇之。使宣公不立繆公，則馮非太子，斷無覬覦君國之念，弒何有焉！疏日爲大國本例，《傳》以爲變，就方伯例說之。與夷之弒明見《經》，不必假日以見危例。宋人傳弟，本屬殷法。

四年

春，王二月，莒人伐杞，取牟婁。月者，諱伐取之始。莒、杞皆卒正，此卒正相伐之始。魯爲方伯，不能治二國，至以兵伐取邑。譏內也。**疏**《地理志》陳留雍丘下：「故杞國也，周武王封禹後東樓公。先春秋時徙魯東北。二十一世簡公，爲楚所滅。」

牟①婁者何？據外邑不書，疑別爲一事。**杞**小國惟詳山東，以魯爲主也。詳內畧外。**之邑也。**先言伐，而後言取，知爲杞邑。**外取邑不書，**外取邑多。疆埸之間，一彼一此，何嘗之有？**此何以書？**凡不書而書者，皆爲特筆。有起義。**疾始取邑也。**取邑不始于此，而曰「疾始取邑」者，聖人以新經託古制，明述而不作之意。與疾始滅、譏始不親迎同。

戊②申，衛州吁弒其君完。子夏曰：「《春秋》之記臣弒君、子弒父者以十數，皆非一日之積也，有漸而已。」凡姦者，行久而積成，積成而力多，多而能弒。故明主早絶之。

曷爲以國氏？據商人弒舍不氏國。**當國也。**志欲爲君，《春秋》如其意。氏國，《穀梁》：「大夫弒其君以國氏

---

① 牟：原作「牢」，據《春秋公羊傳》改。
② 戊：原作「戍」，據《春秋公羊傳》改。

者，嫌也，弑而代之也。」疏泰西罪分公、私，叛逆、國事犯爲公罪，則從輕；民間鬬殺不關國事，爲私罪，則從重。《周禮》「亂國用重典」，是當改良，如新國、平國。

夏，公及宋公遇于清。清，内地。約伐鄭也。疏隱、桓魯不爲方伯，諸侯如五官。宋、魯二王後，稱公。二公相遇，以見志相得。有伯之世，魯乃爲方伯。

遇者何？據不言會盟。不期也。《曲禮》：「不期而會曰遇。」又：「未①及期相見曰遇。」疏《穀梁》：「及者，内爲志焉爾。遇者，志相得也。」一君出，一君要之也。非兩國定約會清，宋公有事過魯，公出要會于清。比如今諸國相遇于隙地。小事會謀。

宋公、陳侯、蔡人、衛人伐鄭。鄭爲王卿士，以四國代鄭，無王也。二稱君，二稱人，人蔡、衛即所以貶宋、陳。不稱君，貶不明。衛州吁初立，敘在後。陳，舜後，不稱公，非二代。疏隱、桓大國七見，地皆在青、豫，所謂中國，比于三統京師。劉子云：「陳國，今淮陽之地；潁川，南陽。」蔡于此初見。

秋，翬帥師會宋公、陳侯、蔡人、衛人伐鄭。隱、桓託于官府，如《周禮》五官，四侯在外，一伯在内，二公爲王賓。五國會伐鄭，齊不與會伐。再敘，謹始也。衛人，州吁也，稱人，貶之。人蔡，助逆，貶。不人宋、陳者，明非微者，以助逆貶也。疏此如今聯邦伐②國。

翬者何？據不氏，疑未命。公子翬也。據言帥師，知即公子翬。疏《春秋》凡書大夫帥師，皆譏擅政專兵，别

---

① 未：原作「不」，據《禮記·典禮》改。
② 伐：原作「代」，據文意改。

有起義。何以不稱公子？據逆女氏公子。貶。使同未命。曷爲貶？問其事實。與弒公也。弒君必有先見，專兵，弒君之先見者。故《傳》曰：「君親無將，將而必誅。」其與弒公奈何？公子翬諂①乎隱公，謂隱公曰：「百姓安子，諸侯説子，盍終爲君矣。」隱公曰：「否。吾使修塗裘，邑名。吾將老焉。」公子翬恐若其言聞乎桓，于是謂桓曰：「吾爲子口隱矣。隱曰：『吾不反也。』」桓曰：「然則奈何？」曰：「請作難，弒隱公。」于鍾巫之祭焉，弒隱公也。義詳《解詁》。

九月，衛人殺州吁于濮。地濮，譏失賊。此未踰年之君，常辭當如「晉里克弒其君卓子」，因討賊，不稱君；君之子公子，不加弒辭，如殺。微者稱人，若鄭人殺良霄、晉人殺欒盈。州吁，《穀》作祝吁。**疏**《衛世家》：「莊公五年，取齊女爲夫人，好而無子。又取陳女爲夫人，生子，早死。陳女女弟亦幸于莊公，而生子完。完母死，莊公令夫人齊女子之，立爲太子。莊公有寵妾，生子州吁。十八年，州吁長，好兵，莊公使將。石碏諫莊公曰：『庶子好兵，使將，亂自此起。』不聽。二十三年，莊公卒，太子完立，是爲桓公。桓公二年，弟州吁驕奢，桓公絀之。州吁出奔。十六年，州吁收衛亡人以襲殺桓公，州吁自立爲衛君。」

其稱人何？據稱人爲貶辭。討賊之辭也。《傳》：「稱人以殺，殺有罪也。」此稱人者，爲討賊之辭。**疏**諸侯治諸侯稱爵，爲伯討；稱人，非伯討。弒君稱人，爲君無道。討賊稱人，爲衆辭，一國之人皆在也。

冬，十有二月，衛人立晉。州吁已殺，邢近衛，三月乃立晉。故言月以起其緩。**疏**《衛世家》：石碏殺州吁，「乃迎桓公弟晉于邢而立之，是爲宣公。」今天下學術趨重貴民輕君之説，《孟子》「民爲貴，社稷次之，君爲輕」、「得乎丘民爲天子」，與

---

① 諂：原作「謟」，據《春秋公羊傳》改。

「士芥」、「寇仇」云云。按，此乃經傳常言，非《孟子》所獨傳。考《左》、《國》、諸子，俱有其義；《尚書》以天民爲功用歸宿，「欽若昊天」、「敬授民時」即《孟子》天視民視、天聽民聽之宗旨。《春秋》記異以敬天，記災以重民。凡弑稱人，爲君無道；討賊稱人，爲衆辭。君無道，許復仇；記潰，爲許卜叛上。重民之義與泰西同，非許君專制于上，不奉法度，苛虐小民。《春秋》時局初在諸侯，次大夫，終陪臣；上擁空名，下操政柄，與今西人所謂「下出令，上行令」、「君、相爲奴隸」相同。如「君若贅旒」，「政則甯氏，祭則寡人」，孔子請討陳恒①，公曰「告夫三子」，非得議院許可，君、相不能自行其意者乎！竊以三代晚季實同民權，西人新改壓制，民氣勃伸，國勢遂盛；行之既久，朝氣渙散，百弊叢生，不可勝言。説者謂：以西人之强，由人皆崇實，非盡法良；使中西苟異地而處，成敗亦必相反。《春秋》立王法，以貴治賤，以賢治不肖，以大夫治民，以諸侯治大夫，以二伯②治諸侯，以天王治二伯，以天治王，盡奪下權以反歸于上。二伯、方伯、諸侯、卿大夫士、庶民各有職分，無相侵奪；下非淩上，上亦非專制。蓋上之專暴、下之攘挩皆不容③于大同之世。民權有蠻野文明之分，憲法亦有精純駁雜之别。總之，大同不識不知，忘帝力于何有，固不以囂陵争競爲止境也。

晉者何？據立有立君立廟。公子晉也。以有尹立朝，晉卒，知爲公子。疏《穀梁》：「晉之名惡也。」挈晉不氏公子如當國爲篡辭，《傳》所謂不與父死子繼、兄死弟及之正辭。立者何？據得正即位不言。立者，不宜立者也。據尹氏立王子朝。疏立者，不能自立朝，加人力保護之辭。若本當立，則繼、及常事。故辭不言立。其稱人何？據立朝言尹氏。衆立之辭也。得衆，故言人。然則孰立之？人字爲託辭，故問誰立。人非託衆

① 恒：原作「桓」，據《論語・憲問》改。
② 伯：原作「佔」，據文意改。
③ 容：原作「客」，據文意改。

即貶，實則衆中亦有人名。石碏立之。衛立得正，故不言一人立，如王子朝。石碏立之，立君與弒君同例。一人所弒，《經》稱臣以明法。則其稱人何？如尹氏例，當目石碏。衆之所欲立也。不正，則以歸尹氏；得正，則託之衆人。衆雖欲立之，得天倫父命之正，稱人爲善辭。**疏**《白虎通》：童子諸侯服士服見天子，有奉圭還圭之禮。凡諸侯立，皆有天子命，當時無此制，《春秋》新立禮節，以强榦弱枝，尊朝廷。蓋立晉事不善行之，如唐藩鎮、留後多各立黨援，不俟朝命，以至亡，唐禍未已。其立之，非也。《穀梁》：「得衆則是賢也。賢，則其曰不宜立何？《春秋》之義，諸侯與正而不與賢也。」董子：「《春秋》常于嫌得者見不得」，于善者不許，以明君命之義。

五年

春，公觀魚于棠。觀魚與觀社比。游戲玩賞，事非典重，故《春秋》譏之。**疏**當時人君，如今泰西，時出游行觀覽瑣細技藝；兩君相見，亦設戲法爲樂，如以電作三日當空。《春秋》以人君奉天保民，不應游戲無度。

何以書？此一見。譏。《穀梁》：「禮：尊不親小事。」何譏爾？事小，可不書。遠也。觀社先如齊，棠在境内。言遠，不如囿沼在國郊。公曷爲遠而觀魚？經説一行，後來人君凜《無逸》之戒，無遠游嬉戲事，故據以爲問。登來之也。《左傳》：「鳥獸之肉不登于俎，皮革、齒牙①、骨角、羽毛不登于器，則公不射。」又：「取材以章

---

① 齒牙：原作「牙齒」，今據《春秋左氏傳》乙。

物采謂之物。」來當爲「采」，謂公以魚登于俎器，謂之物采也。百金之魚，百金猶百斤，古一金重一斤。百金非價，謂大小輕重。公張之。「弓矢斯張」，公射之。《左傳》作矢、射①。疏董子以公觀魚于棠爲貪利。登來之者何？不詳「登采」之義。疏舊説以爲齊人語，《傳》爲齊學，不應齊人不解齊語，猶發問。美大之辭也。據《左傳》，魚不足登于俎、器，材不足以章物采。親射而登之俎器，以爲足以章物采，重視魚，故曰美大之辭。棠者何？《國語》：「反侵地棠、潛。」與會戎之潛同。濟上之邑也。濟經數國，在魯，故曰魯濟。劉子云：棠，濟上邑。

夏，四月，葬衛桓公。葬，臣子事，故先言葬，後稱公，與卒相反。故責臣子討賊在葬。案：方伯月葬爲正，此葬已踰時。以其當時言，因晉主其喪，晉立以後乃有喪主，故五月而葬也。昭公早卒，喪至殯後乃書公即位。此桓公亦早葬，遲之于此，以明不討賊不書葬，既討，立君有主，乃書葬。

秋，衛師入盛。據《傳》：「將卑師衆，稱師。」按，滅國師衆，必非微者，貶將，故稱師。凡滅國，皆有貶辭。盛，二《傳》通作「郕」，魯屬國。疏此滅也。不言滅者，莊以上不言滅。書者，起下入盛。

曷爲或言率師，如無駭入極言帥師。或不言率師？據楚入陳、蔡不言率師。將尊師衆，董子《爵國篇》云：「大國四軍，古之制。其一軍以奉公家也。凡口軍三②口者何？曰：大國十六萬口而立口軍三。何以言之？曰：以井田准③數之。方里而一井，一井而九百畝，而立口。方里八家，一家百畝，以食五口。上農夫耕百畝食九人，

① 此句恐有訛誤。《左氏》經作「公矢魚于棠」，則此句或當作「《左傳》經作『公矢魚于棠』，矢，射」。
② 三：原作「下口」，據淩曙《春秋繁露注》删改。
③ 准：原作「推」，據淩曙《春秋繁露注》改。

次八人，次七人，次六人，次五人。多寡相補，率百畝而三口，方里而二十四口。方里者十，得二百四十口；方十里爲方里者百，得二千四百口；方百里爲方里者千，得二萬四千口；方千里爲方里者萬，得二十四萬口。法三分而除其一。城池、郭邑、屋室、閭巷、街路市、宮府、園囿、萎①圃、臺沼②、椽采，得田方十里者六十六，與方里六十六，定率得十六萬口。三分之，則五萬三千三百三十口，爲大國③口軍三。此公侯也。」**稱某率師；**如入杞稱「公遂帥師」。**將尊師少，**《爵國篇》：「伯七十里。七七四十九，三分除其一，定得田方十里者二十八與方十里者六十六，定率得十萬九千二百一十二口，爲次國口軍三。**稱將；**如郤克、衛孫良夫伐將咎如之類。**將卑師衆，**《爵國篇》：「子男方五十里。五五二十五，爲方十里者六十六，定率得四萬口，爲小國口軍三。」**稱師；**如此類是。**將卑師少，稱人。**如秦人入鄀之類。**君將不言率師，書其重者也。**如救徐、從王伐鄭之類。**疏**董子《爵國篇》：天子方千里，三分之而取其二分，定得田方百里者六十六與方十里者六十六，定率得一千六百萬口。九分之，各得百七十七萬七千七百七十七口，爲京口軍九。三京口軍以奉王家。加八則得九千里，三分之而取其二分，定得田方百里者五百二十八與方十里者五百二十八，定率得一萬二千八百萬口。九分之，則各得一千四百二十二萬二千二百二十二口，爲京口軍九。三京口軍以奉王家。公侯方百里，三分之而取其二分，定得田方十里者六十六與方里者六十六，定率得六十萬口。三分之，爲大國口軍三。加八則得九百里，三分之而取其二分，定得田方百里者五百二十八與方十里者五

---

① 萎：原作「姜」，據《春秋繁露注》改。
② 沼：原作「治」，據《春秋繁露注》改。
③ 國：原脱，據《春秋繁露》卷八《爵國》補。

百二十八，定率得一百二十八萬。三分之，爲大國口軍三。伯七十里，七七四十九，三分之而取其二分，定得田方十里者①二十八與方里者六十六，定率得十萬九千二百一十二口，爲次國口軍三。加八則得六百三十里，三分之而取其二分，定得田方十里者二百二十四與方里者二百二十四，定率得八十七萬三千六百九十六口，爲次國口軍三。子男方五十里，五五二十五，三分之而取其二分，爲田方十里者六十六，定率得四萬口，爲小國口軍三。加八則得四百五十里，三分之而取其二分，得田方十里者一百二十八，定率得三十六萬口，爲小國口軍三②。由此推三川城斥③城池、邑居、園囿、街路、兵車戎、牛頭、夫家人口，工臣食禄，而大九州之制成矣。

九月，考仲子之宫。《左傳》孝、惠娶于商。《穀梁》以爲惠公母、孝公妾，《傳》以爲桓公母、惠公妾。《左傳》：「仲子生而有文在手，曰『爲魯夫人』④，故仲子歸于我。」蓋二仲子。《傳》以歸賵爲惠母，考宫爲惠妾。

考宫者何？據煬宫、武宫言立。此一見。**考猶入室也，**入室，以生人比。仲子始微，未入廟，至此，隱乃別爲之立廟。疏 生人造室，落成日入室。鬼道：廟成入祭曰考。宫不曰立而曰考，立不宜立也，考猶在可廟之類。《傳》「有子則廟」。泰西專奉天，不立廟祀祖先。董子説《春秋》三本，有宗廟祭祀之典，所當改良。**始祭仲子也。**《穀梁》以爲惠母，曰于子祭，于孫止。《傳》以爲桓母，則正用子例。「有子則廟」。**桓未君，**時爲公子。**則曷爲祭**

---

① 者：原脱，據《春秋繁露》補。
② 三：原作「山」，據文意改。
③ 「城斥」二字疑衍。
④ 爲魯夫人：原刻衍一字，作「爲魯一夫人」，據《春秋左氏傳》刪。

仲子？據無子不廟。**隱爲桓立，**詳元年①《傳》。**故爲桓祭其母也。**用妾有子立廟例。**然則何言爾？**小事，可不書。**成公意也。**隱讓未成，《春秋》成之。《春秋》成人之美，不成人之惡；成隱之讓，所以惡桓。

疏《經》以爲妾母廟制。此特廟，非祔祀。

初獻六羽。《論語》言僭禮者數章，以大夫歌天子之樂，非喪心病狂，何至于此！且僭禮之説不恒見于今世，何古人之多？其事知之者衆，又何勞孔子筆②！蓋諸人本爲從俗從衆，如西人奉天，人人皆稱天子，《春秋》改天子爲尊稱，乃譏。如朕字古人通稱，秦立爲尊號，後世遂不用之。季氏歌《雍》③、旅泰山，管仲三歸、反坫之類，皆爲改制而譏。僭分之事，稍知自愛者不爲，況在名卿乎！疏初者，記始也。孔子前由皇、帝而王、伯；此俟後法，謂孔子後由伯而王而帝而皇。古今不能兩大，以後之實，知前之爲託辭。又，效尤之罪小，作俑之罪大。《春秋》以前，名號儀節上下混同，《春秋》定新制，乃始嚴爲差等，決嫌疑，別同異，故正名之説，子路猶以爲迂。然謂六羽爲效尤，則從衆而行，難以立法。惟以爲作俑，變古異常，自外于禮法，然後褒貶譏刺可施。

初者何？據同稅畝。**始也。**言用六羽之始。以「始」起前用八佾。疏《論語》季氏舞八佾，可知當時儀節簡畧，魯之君臣均從世俗用八佾。孔子新制，乃以八佾爲天子禮，非諸侯所得行。僭天子不可言，故言六羽。《左傳》引孔子「惟名與器不可以假人」，故《春秋》爲名分之書。**六羽者何？**「佾」與「羽」名異實同。**舞也。**有聲爲樂，無聲爲

---

① 年：原刻誤作「羊」。

② 「筆」下原衍「秋」字，據文意刪。

③ 「歌雍」二字，原刻在「改天子爲尊稱乃譏」之「譏」字下，今據文意移入此句。

舞。疏《穀梁》：「舞《夏》：天子八佾，諸公六佾，諸侯四佾。」與《傳》同。初獻六羽何以書？據祭常事，可不書。譏。不加貶絶。何譏爾？必有所爲。譏始僭諸公也。諸公六佾，魯爲方伯，當用四佾。疏魯稱公，實爲王後。《春秋》黜杞，以魯繼夏，稱同宋公，故魯曆建寅。又與《詩·頌》相表裏：《周頌》、《商頌》皆王號，魯爲諸侯，不得相比，三《頌》以魯居中，即寓王魯之意。《公羊》齊學大統，故每藉《詩》説以説《春秋》。《經》以魯爲方伯，以《春秋》小統，用次國例。六羽之爲僭奈何？季氏猶用八佾。天子八佾，《周禮》以人皇用八。八方、八風、八音、八節，故以八相起。疏《公羊》以元年爲大一統，又以三月書王爲通三統，蓋因天地人三統作爲循環周而復始之制。《春秋》建子之月爲天統，天數九，如乾之用九，以九畿之方千里爲一州，帝以王九州爲一州，九九八十一方千里。皇又以帝九州爲一州，立十一州，皇居中州，二伯居左右二州，八伯居八州。以九起數，《周禮》之九變，《易》「乾元①用九」，以明天統也。建丑之月爲地統，地數六，如坤卦之用六。以方六千里爲一州，六六三十六，合天下立二十五州，以四《春秋》之九州爲一州。皇極一內州，邦國八州，都鄙外十六州。每州三十六，以合六自乘之數。《周禮》六變，《易》坤之用六，以明地統也。以建寅月爲人統，《周禮》八變，而以八起數。以方八千里爲一州，如東西通畿之制，東京三十六，爲地統；西京六十四，爲人統。人居天地之中，法天象地，故其數多不及九，少不及六，如《國風》之數爲十五州。內三州象天之三垣，外十二州象十二月、十二次。《周禮》之十二土十二風十二教，皆爲人統之説。以八起數，爲立州之制。以十二次分建，爲外州之數。八、九、六皆爲立州開方之數，仿《國風》之法，立爲十四州，皇極居中，空其位，如《王制》王畿百里之外以共官，二伯平分，各得七人。《邶風》四方每方三篇，十二月爲外州，《新臺》、《静女》爲二伯，《二子乘舟》是皇極居中空其位。以《禹貢》推之，全球爲三十六《禹貢》，當得三十六王，五百六十八方伯，一千一百三十六

① 元：原脱，據《周易》補。

外州牧。諸公六，降以二，故用六。諸侯四。卿士用六。疏班氏云：「佾者，列也。天子以八人爲行列，八八六十四人，諸公六六爲行，諸侯四四爲行。」諸公者何？《儀禮》每言諸公者，不一之辭。諸侯者何？侯一也，諸則不一等。天子天子爲帝正稱，王不得稱天子。《春秋》一見天子者非正稱，乃小統借大統，號爲東方天子，與言天下義同。凡言天子天下者仿此。疏以《今世界大事表》比，《春秋》以天爲皇，天王也；中國如齊，在東，開化早；英如晉，在西北，如晉二伯①，地大民衆，爲地球冠。日本如魯，俄、美、法、德、非、奥，爲八伯。三公司徒、司馬、司空，《王制》天子三公。疏董子云：「王者制官，三公、九卿、二十七大夫、八十一元士，凡百二十人，而列臣備矣。吾聞聖王所取儀，金天之大經，三起而成，四轉而終，官制亦然者，此其儀與？三人而爲一選，儀于三月而爲一時也。四選而止，儀于四時而終也。三公者，王之所以自持也。天以三成之，王以三自持。立成數以爲植而四重之，其可以無失矣。備天數以參事，治謹于道之意也。此百二十臣者，皆先王之所與直道而行也。故天子自參以三公，三公自參以九卿，九卿自參以三大夫，三大夫自參以三士。三人爲選者四重，自三之道以治天下，若天之四重，自三之時以終始歲也。一陽而三春，非自三之時與？而天四重之，其數同矣。天有四時，時三月；王者四選，選三臣。是故有孟有仲有季，一時之精也；有上有下有中，一選之精也。三臣而爲一選，四選而止，人情盡矣。人之材固有四選，如天之時固有四變也。聖人爲一選，君子爲一選，善人爲一選，正人爲一選；由此而下者，不足選也。四選之中，各有節也。是故天選四堤，十二而人②變盡矣。盡人之變合之天，唯聖人者能之，所以立王事也。何謂天之大經？三起而成日，三日而成

① 此句「晉」上疑脱一「齊」字。
② 人：原作「欠」，據淩曙《春秋繁露注》改。

規，三旬而成月，三月而成時，三時而成功。寒暑與和，三而成物；日月與星，三而成光，天地與人，三而成德。由此觀之，三而一成，天之大經也。以此爲天制。是故禮三讓而成一節，官三人而成一選。凡三公爲一選，三卿爲一選，三大夫爲一選，三士爲一選，凡四選。三臣應天之制，凡四時之三月也。是故其以三爲選，取諸天之經；其以時①四爲制，取諸天之時；其以十二臣爲一條，取諸歲之度；其至十條而止，取之天端。何謂天之端？曰：天有十端，十端止而已。天爲一端，地爲一端，陰爲一端，陽爲一端，火爲一端，金爲一端，木爲一端，水爲一端，土爲一端，人爲一端；凡十端而畢，天之數也。天數畢于十，王者受十端于天，而一條條之畢。每條一端以十二時，如天之每終一歲以十二月也。十者天之數也，十二者歲之度也。用歲之度，條天之數，十二而天數畢。是故終十歲用百二十月②，條十端亦用百二十臣，以率被之，皆合于天。其率三臣而成一慎，故八十一元士爲二十七慎，以持二十七大夫；二十七夫夫爲九慎，而持九卿；九卿爲三慎，以持三公；三公爲一慎，以持天子。天子積四十慎③以爲四選，選一慎三臣，皆天數也。是故以四選率之，則選三十人，三四十二，人百二十，亦天數也。以十端四選，十端積四十慎，慎三臣，三④四十二，百二十人，亦天數也。故散而名之爲百二十臣，選而賓之爲十二長，所以名之雖多，莫若謂之四選十二長，然而分别率之，皆有所合，無不中天數者也。求天數之微，莫若于人。人之身有四肢，每肢有三節，三四十二⑤，十二節相持而形體正

① 據淩曙説，此「時」字是衍文，當删。
② 月：原作「目」，據淩曙《春秋繁露注》改。又，句首「是故終」原作「是終故」，據淩説乙正。
③ 慎：原無，據淩氏説補。
④ 三：原無，據淩氏説補。
⑤ 原刻脱「十二」二字，據淩曙《春秋繁露注》補。

矣。天有四時，每一時有三月，三四十二，十二月相受而歲數終矣。官有四選，每一選有三人，三四十二，十二臣相參而事治行矣。以此見天之數、人之形、官之制，相參相得也。」**稱公，**如《經》書周公、祭公，即三公之二。疏《王制》：「八州八伯，各以其屬屬于天子之老二人，分天下以爲左右，曰二伯。」二伯平分天下，各主東西。《顧命》「太保率西方諸侯入應門左，畢公率東方諸侯入應門右」是也。《春秋》隱、桓用六合例，鄭爲卿士；莊、僖齊桓一匡；文以下晉、楚分伯；定、哀以齊楚晉吴爲四維，與五帝分司、各主一方制同。董子：「天有兩和，以成二中，歲立其中，用之無窮。是北方之中用合陰，而物始動于下①；南方之中用合陽，而養始美于上。其②動于下者，不得東方之和不能生，中春是也；其養于上者，不得西方之和不能成，中秋是也。」春秋各主東西，爲歲二伯。《孟子》曰《春秋》之事齊桓晉文，其大例也。由此推《詩》之周、召，《書》之羲、和，《禮》之禮、樂，《易》之兩儀，《論語》之文、質，《國語》之司天司地，泰古之天皇地皇，皆二伯平分天下之事實。當今海禁大通，若修《大統春秋》，以日本爲魯，中國爲齊，英爲晉，南美奥非爲荆徐梁，進退天下成皇大九州之制。**王者之後**夏、殷之杞、宋。**稱公，**魯與宋稱公。疏《荀子》説尊賢不過二代，《詩》以魯、商爲周之王後，故《春秋》黜杞王魯，以魯、宋爲二王後，稱公。又，天皇、地皇，泰皇最尊，北球爲天，南球爲地，爲中分天下之二皇；後泰皇即泰卦，合天下爲一統。**其餘**除二伯之齊、晉。齊晉侯，在宋公上，二伯也。**大國**伯外八牧爲大國。**稱侯，**如衛、陳、蔡三方伯稱侯，鄭秦二伯、楚吴稱子，爲變例。**小國**卒正下及連帥。**稱伯、子、男。**如許、曹、莒、邾婁、滕、薛、杞。疏按，説《公羊》者舊以爲周爵五等，殷爵三等，《春秋》從質，用三等，以伯、子、男

① 「下」上原衍「其」字，據《春秋繁露·循天之道》删。

② 「其」原在前「上」字前，據淩氏説改。

爲一等，蓋本緯候①。按，《經》之大國、次國、小國專指見《經》十八國二伯、方伯、卒正言，卒正以下尚有連帥、屬長及百里以下五等，合爲十等，非《春秋》用殷法只三等。董子、《白虎通》、《解詁》皆沿其説。緯之殷指海外，質家言即今泰西。緯之周爲皇號，殷如戰國六王，周如秦始；大統之國，詳于質野，即《論語》「周監二代文質彬彬」之義。三有中，五亦有中。殷三等如今泰西，儀文簡畧，名號質樸，畧以三等目之；若周皇一統，加尊號，如秦始于王上加稱皇帝，儀文加等，較前詳備。以三五言三五，皆約畧之辭。**天子**皇配天，帝臣皇爲天子，亦曰君子。《書》「天子作民父母，以爲天下王」，《詩》「王于出征，以佐天子」，天子爲帝之正稱。《春秋》一稱天子，乃一見例。**三公者何？**與五官六官相錯。**天子**比帝。**之相也。**比王。《詩》：「文王陟降，在帝左右。」**天子之相則何以三？**有四輔三官之異。**自陝**陝讀爲「夾」，《左傳》「夾輔周室」，《詩》「夾其皇淵」、「使不挾四方」。緯度爲横，經度爲縱，夾謂經度，由地中直分左右。**而東者，**以東統北。疏東方左爲蒼龍，《莊子》北海之鯤，東北爲内，故《易》乾主東北。**周公**周公，魯公。以公繫代號，爲古今絶無之奇稱。周乃文武大號，下必繫王，以公繫周，絶無其事。以常例言，當爲魯文公。伯禽封魯當舉謚，不舉謚而稱魯，亦爲僅有之事。蓋周公之稱有三例：周爲王臣采邑，與召相同；周、召二公，如《春秋》之周公召伯，周、召爲采邑。用《樂記》説，則爲武王初得天下之二伯。此一説也。武王讓天下于周公，兄終弟及，則周公宜稱周王；七年反政成王，自以爲攝，孔子成其意，不曰周王而曰周公。死葬于畢，用天子禮樂，不使其子魯公得奉其喪，葬于魯新封之國，而配葬文王。不曰魯公，而曰周公。此就周公攝位、反政、封魯、葬周，自稱周公之義。至于《詩》、《書》，以周爲新周，爲皇號，皇周之公則爲文、武二后。「周雖舊邦，其命維新」。姬旦、召公爲武王二伯，若《詩》、《易》之周公直爲皇佐，爲帝后，蓋合鳲鳩雎鳩羲和，統稱曰周公，則《詩》、《易》之周公如堯舜，爲二帝之總稱，不必一

① 候：原誤作「侯」。

人。《傳》稱周公東召公西，用《樂記》説武王即位，「周公左、召公右」義。周與召同爲采邑，如《春秋》之周公召伯，專就一時取義。反政成王，《尚書》成其意，不曰魯王而曰周公。《詩》《周》、《召》則以周爲皇佐，故曰「《關雎》樂而不淫，哀而不傷」；召公與魯公同爲帝佐，以鳥名官言之，則周公爲鳩，召公爲雉。《論語》所言周公謂魯公，「吾不復夢見周公」，「如有周公之才之美」，則與《詩》、《易》同，此黄鳥、鴟雎二鳩也，非姬旦。**疏** 武王爲天子，周、召爲二伯，如《春秋》之齊桓晉文。

主之；《顧命》：「太保帥西方諸侯入應門左。」主即統帥，侯、牧如今分屬分司。**疏** 按，經以《春秋》名從義和起義，借用《詩》之《周》、《召》，春如周，秋如召，晉如周，楚如召，東北爲一彙，西南爲一彙。《詩》以十二月配《國風》，佚文可考者六見；《詩緯》云：齊地處孟春之位，陳地處季春之位，曹地處季夏之位，秦地處中秋之位，唐地處孟冬之位，魏地處季冬之位。以列宿斗極配《國風》，佚文可考者十一見，《詩緯》：邶結蝓之宿，鄘天漢之宿，衛天宿斗、衡，王天宿箕、斗，鄭天宿斗、衡，魏天宿牽牛，唐天宿奎、婁，秦天宿白虎，陳天宿大角，檜天宿招搖，曹天宿張、弧。今從《經》義訂爲：中三垣周、召、邶；外十二諸侯，齊處寅位，其宿尾；王處卯位，其宿房；鄭處辰位，其宿角；陳處巳位，其宿翼、軫；衛處午位，其宿柳；曹處未位，其宿井；豳處申位，其宿參；秦處酉位，其宿昴；鄘處戌位，其宿胃；唐處亥位，其宿壁①；魏處子位，其宿危；檜處丑位，其宿牛。又，《春秋》隱、桓用七政例：鄭居中，魯、宋居左右，齊、衛、陳、蔡居四隅。莊以下用八伯例：魯、衛、齊、鄭居青、豫、兖、冀四州，蔡、陳、秦、吴居徐、荆、梁、揚四州。定、哀用十二諸侯例，配十五《國風》：以天王居中，劉子、秦伯爲二伯，齊、魯、曹居寅、卯、辰位，在東；楚、宋、檜居申、酉、戌位，在西；吴、陳、蔡居巳、午、未位，在南；晉、衛、鄭居亥、子、丑位，在北。

自陝而西者，以西包南。《易》之乾爲東北，坤爲西南。**疏**《小雅》四始五際爲齊學，與《公羊》師法同。原文：「《大明》在亥，水始也；《四牡》在寅，木

---

① 壁：原誤作「璧」。

始也；《嘉魚》在巳，火始也；《鴻雁》在申，金始也。」「午、亥之際爲革命，卯、酉之際爲改正，辰在天門，出入候聽。卯，《天保》也；酉，《祈父》也；午，《采芑》也；亥，《大明》也。然則亥爲革命，一際也；亥又爲入門，出入候聽，二際也；卯爲陰陽交際，三際也；午爲陽謝陰興，四際也；酉爲陰盛陽微，五際也。」今訂爲：「《棠棣》在寅，木始也；《魚麗》在巳，火始也；《甫草》在申，金始也；《祈父》在亥，水始也。居上方。《采薇》在卯，《湛露》在午，《夜如何其》在酉，《我行其野》在子，居下方。《鹿鳴》三爲天皇，爲丑、辰上方，《菁莪》三爲地皇，爲未、戌下方，居南北二黄道；餘八辰爲四帝，分司南北球四方。」召公司空，鳲鳩。主之。周公召公分陝，《傳》借比齊、晉；若二南之《周》、《召》與《尚書》《洛誥》、《召誥》。周公合指鳲、雎二鳩而言，召公則「陟降帝之左右」二王也。《傳》以東比春，西比秋，專就武王、二伯以推皇、帝。**疏** 六藝始于《春秋》，終于《詩》、《易》。以輿地相較，《春秋》州方千里，九州開方，合爲方三千里；《詩》方三萬里，合爲方千里者九百，大于《春秋》百倍。然畫井分州之制，小則爲井田，大則爲全球之五極；廣狹雖殊，理莫能外。《春秋》以小九州分内外，《詩》則以五大州分内外。《春秋》以東北四州爲中國，《詩》以西南半球爲夷狄，魯爲正東青州；《春秋》據以立法，中國于全球亦在正東，如《春秋》之魯。《春秋》化西南四州成小九州，《詩》化西南半球成大九州，帝道開通，全球分州作貢，考其踪跡，實等《春秋》。鄒衍驗小推大者，此也。西人自明入中國，迄今約三百年，或擬作《海外春秋》，託至尊于皇、后，以中國代齊，以英代晉，以美、非、澳爲吴、楚，以北美爲秦；編年紀事，用夏變夷，以仿《春秋》，就《春秋》原文，將中西事實比附于下。考《春秋》三世異辭，于莊時始見外州國，先内後外也；海禁大開，在于近代，亦如宣、成以後始詳吴楚。就全球以推，《春秋》建州分部，朝聘典禮用舊法，而小有變通，《穀梁》「有一國之辭，有天下之辭」，董子「《春秋》以魯容天下」；蓋王一國曰王，王天下曰皇、帝，《傳》云：「王者孰謂？謂文王也。」中文外質，即今中西之變文，東青陽中國，主文。大統以中國比魯，尤相得而益彰。**一相秦①稱伯**，居雍州，爲居守之大夫。託以見此制。定、哀葬不名，亦從內臣例。**處乎內。**天子三公，一公守，二公從。《穀梁》「智者慮，義者行，仁者守」。《白虎通》云：「王者出，一公以其屬守，二公以其屬從。」內，謂西京。疏《經》見司馬、司城、周公、祭公，即此義。故《經》有一公、五卿、十九大夫、三十六士，不見②詳圖表。**始僭諸公**考古佚事實爲疏略，無僭可言。**昉于此乎？**古文家說。先文明後蠻野，皇、帝極盛，降至春秋，愈亂。疏今時文家專主此義。**前此矣。**《春秋》以前上下無別，天子與公侯混同，無所差等，如今泰西禮制，不可究詰。**前此則曷爲始乎此？**《春秋》託古，改訂之時，即以爲僭之始。**僭諸公**如作三軍之類。**猶可言也，**當時不分名器，孔子乃定名學，諸所不合新制者，皆以爲僭。定制：在公者以爲僭公，公、侯相去不遠，以公爲二伯，侯爲方伯。魯本王後，託之公；因《經》以爲青州伯，故又以爲侯。**僭天子**昭《傳》以八佾爲僭天子。**不可言也。**人誰敢僭天子？僭又有何取義？《論語》「三家以《雍》徹」、「相維辟公，天子穆穆」，當時天子爲通稱，如今泰西；《經》以天子爲至尊，故以爲僭，實則當時不以爲僭。疏八佾通八風、八極，說詳《白虎通義》。

邾婁人、鄭人伐宋。序會以爵，明尊卑大小之分，崇文德兵事。尊卑相敵，先至者序後，後至者序先，「客不言及」是也。邾小，雖主兵，不應序鄭上，以稱人，故可先鄭也。小國上卿比于次國之中，中當其下，下當其上大夫。以此爲邾婁之上卿，

① 秦：原誤作「春」，據文意改。
② 「不見」下疑脱「者」字。

而鄭之下大夫也。疏《宋世家》：「二年，鄭伐宋，以報東門之役。其後諸侯數來侵伐。」

螟。疏蟲食苗心曰螟。冥不可見，故曰螟。隱、桓只見中國，爲官府，《詩》所謂心；故《經》三記螟，比于三京，所謂周京、京周、京師也。隱二見，莊一見，自此至哀，十一見螽，一見蝝。螽同蝶，蝗子也。内三螟，外十二螽，如天道内三垣外十二諸侯。螟、蝶，分内外何？以桓五年已見螽，莊五年猶言螟，始終之序有參差，所謂大德不踰、小德可以出入。

何以書？《春秋》記中國事繁矣。此災其細已甚，可不必書。記災也。反常爲異，有害爲災。言災爲重民，備災有道，則不成災。又，《經》有〔失〕政致災之説。疏董子《春秋繁露》《玉杯》、《竹林》等篇目與讖緯《考異郵》、《潛潭巴》名目相同，皆不可解，體例亦相類。故綿竹揚聰以《繁露》即讖緯之一種，因爲董子所傳，故别出單行。考其書，前半多專説《春秋》，與《解詁》相出入，後半專言陰陽五行，如皇、帝之學。孔子所傳齊學以外，博士多喜言之，惟其時海禁未開，大而無當，諸儒推以説災異，致成詬病。如鄒衍爲齊學，五帝始終運本爲《周禮》五土五帝專説，秦始用其説，自以爲水德；漢、魏以後，于中國一隅强分五帝運，至今五大洲全出，乃悟五帝運爲百世以後全球立法，非中國所得言。董子陰陽五行爲皇帝專説《春秋》年、時、月、日之本旨。自地球出，《周禮》明，陰陽五行之説深切著明。以《周禮》證《詩》、《易》，亦如《王制》之于《春秋》。

冬，十有二月，辛巳，公子彄卒。以公子爲卿，世族之政。《春秋》譏世卿，故開選舉。凡舉公族，與譏世卿同意。疏《左傳》：「叔父有憾于寡人，葬之加一等」，大夫稱叔父。大夫不日，因加等乃日之。《穀梁》：「隱不爵命大夫，其曰公子彄，何也？先君之大夫也。」

宋人伐鄭，圍長葛。宋爲王後，鄭爲卿士，二國皆大國。宋稱人，貶之；言圍，以著其强。

邑不言圍，據圍爲國辭。疏《穀梁》：「伐國不言圍邑，此其言圍，何也？久之也。伐不踰時，戰不逐奔，誅不填服。苞人民、殴牛馬曰侵；斬樹木、壞宮室曰伐。」《左傳》：「有鐘鼓曰伐，無鐘鼓曰侵。」大旨皆以侵爲輕，伐爲重。

此其言圍何？與内襄世同。彊也。《春秋》大國乃言圍。宋王後、大國，與齊、晉同，故言彊。

六年 疏《年表》：晉哀侯光元年。

春，鄭人來輸平。輸，《左》作渝。《年表》：「鄭人來渝平。」疏《左傳》：隱公爲太子，獲鄭，則與鄭仇敵，今乃和好。曰輸平，猶言墮成，反其事以言之。自此以後，魯與鄭和好。

輸平者何？輸平此一見。疏渝盟，絶裂之辭。即下文鄭歸祊無戰事，知此爲鄭與魯平。言渝所以諱前事之獲，故以輸平爲反辭。輸平猶墮成也。《穀梁》「輸者墮也」，猶言無足成也。何言乎墮成？據渝盟未有言輸者。敗其成也。《穀梁》：「平之爲言，以①道成也。來輸平者，不果成也。」曰「吾成敗矣」，言《經》内諱所以輸平之意。吾與鄭人末②有成也。據四年翬會諸侯伐鄭。鄭與魯自此和好，《經》乃反書之，以爲自此墮成，以避前獲。獲而曰平，諱獲也。和好而曰輸平，反言以避前獲。疏末有成而言平，所以起非平也。非平而曰平，又以起魯隱之獲，而爲之諱也。董子説：「《春秋》書人時易其名，以有辟也；書事時詭其實，以有諱也。」讀《春秋》者，入其詭

---

① 以：原刻脱，據《春秋穀梁傳》補。

② 末：原作「未」，據《春秋公羊傳》改。下「曷爲末有成」之「末」同。

辭，探其微妙，則思過半矣。**吾與鄭人則曷爲未有成？**問事實。**狐壤之戰，**曰狐壤之戰，以爲前事。**隱公獲焉。**據《左傳》，狐壤之獲，在隱公未立時。**疏**因避前獲言輸平。如文姜入而曰奔，季子奔而曰歸，反其事以書之。**然則何以不言戰？**前有戰事，以平言之。何以不曰初平，以著前戰？**諱獲也。**諱前獲，故反言輸平。君獲不在此時，特諱前事而已，故反其實以書之。**疏**獲爲大惡，諱不言者，《春秋》爲親者諱也。《穀梁》曰：「諱莫如深。」因其恥大，故諱深。深必有所見，故四年書伐鄭。此來輸平，不言姓氏，不出名，所以見非實事也。輸平，文甚；惡愈大者言愈文，言愈文者事愈顯也。董子云：「于外道而不顯，于内諱而不掩；于尊亦然，于賢亦然。」

夏，五月，辛酉，公會齊侯，盟于艾。盟必有所爲，時齊未伯，以强弱相結約而已。**疏**艾，齊地。

秋，七月。秋爲西帝，與正月對衝；如南美洲，與中國抵足而行，寒暑不同，晝夜相反。《詩》曰「冬之夜，夏之日」，「夏之日，冬之夜」，中國冬夜即南美夏日，中國夏日即南美冬夜。地球共百禹州，南北平分，各得方千里者四百五十；以五帝分之，各得方千里者九十。據黄道作天地二京、四方四帝，以分春夏秋冬。一時司三月九十日，得地方千里者亦九十。《公羊》以年、時、月、日爲大一統，秋帝七、八、九三月，以一日配千里，所謂一日千里。**疏**隱、桓之世初見中國，所謂中國者，禹九州之中州青、豫、雍，比于北半球之黄道。中央之極，晝夜平，寒暑時，不及南北赤黑。如三統之素、青、黄，爲京師，爲官府，故所見之國皆在青、豫、雍三州。至莊世，南始見荆、徐；僖世，北始見晉與虞、虢。故隱、桓爲一家辭。《周禮》官府，天官、地官合四時而爲六合，以中貫爲七政，齊、陳、蔡、衛四侯居四方，魯宋二公分上下，鄭以卿士居中。天下之本在國，國之本在家，故始治京師，詳六官，爲地統用六。由莊至昭即大伯，書同盟，爲《周禮》之邦國。雖由帝而王而伯，又由伯而王而帝，然皆以八起數；以帝、王、伯皆以二伯統八方伯。世有升降，禮制不改。定、哀以後，辭同隱、桓。以太平天下有道，由邦國施及都鄙，爲皇大一統之制，有天下辭，用十二諸侯之例，《周禮》之所謂十二土十二風十二教。董子「有三而易者」、「有九而易者」①，終于定、哀，始于隱、桓，由小推大，自家而國，自國而天下，分三世之説。孔子中立，述古則皇、帝、王、伯，知來則伯、王、帝、皇。隱、桓、定、哀同爲皇，莊至昭同爲帝，僖至襄同爲王，文、成同爲伯，宣介居其中。初由大而小，後由小以推大，所謂九而易，三科九旨，謂有三易九易之不同始終。同爲皇，何以地域廣狹、諸侯多少縣殊？曰：皇輻甸以内六千里，藩以外三萬里。初詳京師，終以八方；始言六變，地統京師，終以九變之十二諸侯。互文相起，其實則一。

此無事，人事，詳人道王伯之事。**何以書？**不爲人事，專詳天道。**《春秋》**《三統曆》：《春秋》與《易》同兼天人之道。**雖無事，**時，事並書，爲天人合撰。**首時過**《論語》四時行，百物生，天不言，以四時爲命令。**疏**《齊詩》四始例：寅爲木始，巳爲火始，申爲金始，亥爲水始。詩篇見正月、四月、七月、十月名，與《春秋》四首時之義同。**則書。**孔子藉《春秋》以明欽天頒曆之道，《月令》奉天，四帝分司，爲天命天行，王、伯出治之所本。蓋六經雖惟《春秋》小，然《易》、《詩》年、時，《尚書》月、日，有其説、無其事，不能著明；惟《春秋》接録二百四十二年之事，曆人可以取法，藉此以衍天道。故人事可缺，天道不已。《中庸》「道不可須臾離」，四時不備不能。**首時過則何以書？**據月日多爲事出，以時統事，無事則時可省。如桓四年有缺二首時不書之事。**《春秋》編年，**《洪範》：「王省惟歲，卿士惟月，師尹惟日。」蓋以年歲比天下。「元年春王正月」爲大一統，年爲皇。元年者，以方六千里之一州爲皇極，六六三十六，以象三百有六旬，故曰元年。四帝分司四方，以方三千里爲一州，以象一時。《詩》曰「如三月兮」、「九十其儀」。今以四時象四帝，合四帝州以爲皇極，如合四時以成歲。春爲東方太昊，九九八十一，如《春秋》方三千里之王者有九焉，故以春統王。所謂法太乙者爲皇，法陰陽者爲帝，法四時者爲王，法節候者爲伯。《春秋》九州比于春之十日，以年統

---

① 董子「有三而易者」二句：據《春秋繁露・三代改制質文》，兩「易」字作俱「復」。

時，以時統月，以月統日；由伯以推王，由王以推帝，由帝以推皇；由月以推春，由春以推年，由年以推元。故曰「元年春王正月」，大一統也，由《春秋》分三世。土圭之法，一轂三十輻以象月，合全球爲一世，爲皇輻；故曰世界十五輻，每輻千里，一歲而見。推之藩以外之極邊，三十年乃得一見。故《周禮》曰九州之外蕃國世一見，《傳》曰撥亂世反之正，就三萬里之世界言之也。三世之説，又如《春秋》三歲、三年、三皇、三統，循環無端，周而復始之義也。**四時具，**《周禮》四官法四帝；《山海經》五《山》，外《海内》四經，又《海外》四經，又《大荒》四經、《地形訓》之八殯八紘八極。**然後爲年。**四時合爲年。《堯典》羲和四子分司四時，各占一方，以方三千里爲帝京，每京爲三月，千里一日；皇合四帝京爲一皇京，方六千里，中包四帝京，共爲六六三十六方千里，以象一歲三百六旬，周天三百六十度。故人事可缺，四始難虧。

冬，宋人取長葛。此與圍長葛相起。不言鄭者，因上言鄭，此不言可知。

外取邑不書，此何以書？據楚取宋彭城不書。**久也。**禮：師不踰時，暴師三時，强取人邑，所以惡宋而書。

疏《春秋》常，變見于筆、削。如外取邑不書爲常，書者爲變，變必有所起。故《春秋》非變無以見常，非常無以見義也。

七年《地形訓》引大禹之言曰：「地形之所載，六合之間，四極之内，照之以日月，經之以星辰，紀之以四時，要之以太歲。」按，《王制》、《禹貢》説中國明白顯易，不託天道日月星辰年歲；《周禮》主全球，則動言天道，如《考工記》：「軫之方也，以象地也。蓋之圜也，以象天也。輪輻三十，以象日月也。蓋弓二十有八①，以象星也，龍旂九斿，以象大

---

① 二十有八：原作有「有二十八」，據《周禮·冬官·考工記》乙。

火也；鳥旟七斿，以象鶉火也；熊旂六斿，以象伐也；龜蛇四斿，以象營室也；弧旌枉矢，以象弧也。」「保章氏掌天星，以志星辰日月之變動，以觀天下之遷，辨其吉凶，以星土辨九州之地，所封封域皆有分星，以觀妖祥，以十二歲之相觀天下之妖祥，以五雲之物辨吉凶水旱，降豐荒之祲象；以十有二風察天地之和，命乖別之妖祥。凡此五物者，以詔救政，訪序事。」蓋地球地象華離，難于肖象，又陵谷變遷，時有改易，且在海外，不睹不聞，無徵不信；故《經》皆取象天道，以天有九道，萬古不易，人人仰望而知，故分野諸法皆借天以馭地，以地形難于形容，故借天象以定之。此《春秋》大一統所以託之年、時、月、日，本大禹之遺説也。

春，王三月，叔姬歸于紀。《白虎通》引傳曰：「『叔姬歸于紀』，明待年也。」叔姬者，伯姬之娣。書此以明媵待年禮。

疏 嫡庶之禍每延累世，改爲不再娶，故詳媵待年之禮，不必當時有此事。所謂筆則筆，削則削。

滕侯卒。方伯稱侯。隱、桓託爲方伯，稱侯，稱子，則託卒正。疏 魯統六，常見卒正，辟方伯，以子伯見；外卒正常見，以稱許男。何以知子非爵？王朝大夫稱伯，卿則稱子，子與伯同稱，子尊于伯，知子非爵。列國大夫例名，齊高子稱子大夫，可以稱子而不可以稱男，以此知子非爵。邾婁子稱子，小邾婁子亦稱子；附庸無爵而稱子，知不爲爵。吴、楚之君僭號王，正之而稱子，《穀傳》曰「卑稱也」，明非爵。卒正莒、邾婁、滕三子子尊于伯，故在伯先。方伯八，四侯、二伯、二子，卒正六；二伯三子，一子、伯並稱。子不爲卒正定稱，故附庸、大夫均得稱子；使爲定稱，則不得稱子。故以子、伯共見起之也。伯爲字，稱方伯之秦、鄭，王臣之祭、單，皆字也，故方伯以二子二伯見。《春秋》「字不如子」，子在字上。《春秋》之字稱伯仲，如唐人鄭九、杜十：子則爲尊稱，子游、子夏、沈子、魯子是也。古人相見則稱子，此正例，非爵也。不名者，據狄不名。《春秋》之義，諸侯用中國禮①則中國之，用夷狄②禮則夷狄之。秦、滕本中國，用中國禮，因其用夷狄道狄之也。滕、秦始狄，後從中國。楚、吴狄也，以名卒進之。從中國。禮：君前臣名，狄不臣，故不名也。

何以不名？據侯卒例名。微國也。微國，如小邾婁，不能以其名通者也。滕此稱侯，莊下乃退之。《傳》曰微者，與《穀梁》不名爲狄道、《左傳》不名爲未同盟同意。微國則其稱侯何？據大國稱侯，小國稱伯、子、男。不嫌也。後稱子，明爲方伯，卒正，故此不嫌稱侯。然不稱侯無以見本爵，此《春秋》互文見義之例。《春秋》別提《春秋》，見《經》義如此。當時辭號無別，惟《經》創爲新法，爲後世修辭之祖。貴賤爵位。《左傳》「天有十日，人有十等」，如九錫、九命之所分。不嫌尊卑已明。同號，如齊、晉大國稱侯、滕薛卒正亦稱侯之例。疏《春秋》貴賤相嫌則異，如諸侯在喪稱子，鄭伯在喪不稱子，嫌與小國稱伯子同。所謂「《春秋》無達辭」。美惡行事得失，彼此是非。不嫌是非已明。同辭。非好惡所得言。如内繼體君言即位，繼弑君亦言即位。疏美惡相嫌則又異。如討慶封稱楚子，殺夏徵舒稱楚人。説詳《公羊三十論》。

夏，城中丘。中丘者，内地。城新作，城後言中丘者，從邑名。疏《周禮》體國經野之事責之量人，建國營國。《考工》兩「匠人」皆爲量人。《傳》説匠當爲量，聲之誤。今泰西爲工程部，凡營建之事責之。

中丘《詩》「丘中有麻」，顛倒其説。者何？言「中」則有外。聚③族而居，村落人家最多，則作城以爲保護。内

① 禮：原脱，據文意補。
② 狄：原脱，據文意補。
③ 聚：原誤作「娶」。

魯。《春秋》凡言内者，皆魯與夷狄對言，或由魯以推之。《傳》所謂「内其國而外諸夏，内諸夏而外夷狄」。之邑也。城緣陵、城虎牢，皆外邑。城中丘何以書？據城工小事不必書，使民自城則《經》不書。必上自城。以重書也。以工程巨繁書。疏《穀梁》：「民衆城小則益城。益城無極，凡城之志，皆譏也。」

齊侯使其弟年來聘。來聘之始。崇大國。隱、桓以四侯國比《周禮》四時之官：東齊，南陳，蔡西，衛北，同在甸服，故曰中國。疏《經》于方伯以上國乃言母弟母兄，小國以下無之。正辭母弟兄亦稱公子。諸侯之尊，兄、弟不得以屬通，蓋朝廷義掩恩，主君臣則不言兄弟，特筆乃稱弟兄。或因來魯舉其親貴，或盡其親以惡之，故弟、兄皆爲特辭。

其稱弟何？據諸侯之子稱公子。母弟稱弟，此與殺年夫稱弟皆是。母兄稱兄。如盜殺衛侯之兄輒是。疏母弟母兄之説，三《傳》皆同。《左傳》于同母尤多詳其母氏。此二句舊《傳》文，《傳》引説弟，以及兄，因類推例義。《公羊》例多皆如此。

秋，公伐邾婁。邾婁近國，不諱兵事。曹獨諱兵事者，曹爲上等、同姓，不諱則爲魯病；邾婁爲下等、異姓，可以言兵事也。且以邾婁有兵事起曹亦有兵事，特《經》諱之不書耳。

冬，天王使凡伯來聘。隱、桓不見南北國。王東都洛陽亦在豫州，爲甸以内。《經》以王統諸侯，以天統王。董子「天爲萬物主」，又「爲天下主者天也」。《經》以皇配天，帝爲天子，八王爲天王，二伯爲天吏。《帝謨》「天命」「天討」，又云「天工人其代之」，故天主爲羣經要義。疏何以謂之二伯？皇服方千里者九百，爲《春秋》九州者百；九州立二伯，如齊、晉者當得兩百人，故曰二伯也。何以謂之八伯？合天下九百方千里，如魯、衛者當得八百人，故曰八伯也。合九《春秋》爲九九八十一，立一帝，天子爲帝，二大王爲二伯，八小王爲方伯；合天下立十帝，以十九九八十一州，立十帝、二十大二伯、八十大方伯，爲百一十人；再立一皇二帝八王，合爲一百二十一人。如一百二十官合大子一百二十一。

戎伐凡伯于楚丘以歸。周、祭皆周公之後。以不世卿之義推之，則周、祭爲采邑，不必爲周公之後。周已東遷，王臣仍舊采者，存西京，不以與秦也。又，禮：天子三公九卿二十七大夫八十一元士。戎如董子詭名詭實之例，本《傳》以貿戎爲晉，《穀梁》以此戎爲衛，此爲一見例。《經》書戎，《傳》以爲戎，爲緣經立傳例。衛遷楚丘，以楚丘之戎爲衛；諸侯不敢伐天子之使，以爲戎、狄則或有之，故辟衛稱戎。一人而言伐，天子大夫受地視子、男寰内諸侯，故以國辭言之。以歸，歸于衛。以後晉滅伐人國多託之戎、狄。戎曼子曰：「晉之師無役不從。」晉師之内常有戎狄，善事則目晉，惡事則目戎狄。如狄滅邢、狄滅衛，狄皆爲晉，非真戎狄也。以諸侯伐天子之使，不可言，故託之于戎。據《左傳》，楚丘之地實有戎，此①衛率戎以伐凡伯，故特目戎。

凡伯者何？據聘伐兼言，嫌其異。**天子**疏職方之九州，所謂大共大球，大行人之九州，所謂小共小球。地球開通，《海國圖志》以後，圖測甚詳，然但求記事，不必合于經旨。今據《地形訓》，以《禹貢》之法推之，全球截長補短，以萬里開方爲大九州，合侯、綏二服，以萬里開方，故立《十五服輻員圖》；並據古今地志諸書，詳考五方人民、風俗、山水、貨産、貢篚，並其政事、教化，以爲《大禹貢》。古書則取證于《山海經》、《河圖括地象》、《地形訓》諸書，今則取海外各志，畧仿諸史地志。帝王政教，必先分州作貢，疆界既明，而後政教可施。此大共之義也。**之大夫也。**《傳》：「人不若名②，名不若字，字不若子。」伯字，例知爲大夫，氏采。采，國辭，如蔡叔許叔之稱，天子大夫視子、男是也。諸侯大夫氏，氏雖有采，不敢見，非天子所封也。**此聘也，**凡有封邑，此出使在途。**其言伐之何？**據一人不得言伐。**執之也。**卿行旅，從本非一人。以伐始，以執終。**執之**所謂匹夫之力。**則其言伐之何？**興師動衆。

① 此：原誤作「皆」，據文意改。
② 人不若名：「若」原作「如」，據《春秋公羊傳·莊公十一年》改。

大之也。凡伯爲寰内諸侯，執如伐其國而執。疏《春秋》以天統王，以王統二伯，以二伯統諸侯。尊二伯即尊天王，尊天王即尊天。如今西人宗教信仰，自修以天爲主，政治專詳治人，無法天之義，二者專門名家，不相通假；經義則渾化政、教，合而爲一，不可區分。《春秋》以天爲主，即西教宗旨，由一天以推三本，典章禮經由此而興；《論語》「務民之義」，「敬鬼神而遠之」，又曰「丘之禱久矣」，改宗教合并政教。大約安上治民、移風易俗屬宗教者居多，司馬司空爲泰西政治學，《經》、《傳》則以宗教之旨主治之。宗教若釋、回、祆，皆于政治外别立一宗，惟孔子政教合一，教即爲政，政亦無非教也。西土倡言宗天，若能發《春秋》之義，政治亦主天，專務民義，不徒以祈禱爲事，則必有進境。又，教主博愛近于仁，政主事理近于知，東方木氣德性仁，西方金氣德性怒，《詩》顛倒其説，東主怒，西主喜，中外有文、質之説，仁者見仁，知者見知，仁、知亦文、質。曷爲大之？據執亦常事。不與夷狄《海外》、《大荒》爲大夷狄，《地形訓》三十六民。疏以戎爲衛，本爲不與諸侯之執王臣；因避言戎，則爲不與夷狄之執中國。王者欲一乎天下，中外遐邇，莫敢抗違，故《春秋》進退諸侯謹嚴詳細，合乎中國也則中國之，近于夷狄也則夷狄之。《穀梁》以此戎爲衛，是也。《傳》與《左氏》以真夷狄説之者，乃順《經》立傳，非推《經》立義也。三《傳》參差見例，異中見同。此讀《春秋》之要領也。之執中國也。凡亦得爲國。畿内九十三國，隱桓鄭、魯、宋、齊、陳、衛、蔡七大國，詳中國。禮：六官同在甸服，爲中國。疏董子《精華篇》：「《春秋》慎辭，謹于名倫等物者也。是故小夷言伐而不得言戰，大夷言戰而不得言獲，中國言獲而不得言執，各有辭也。有小夷避大夷而不得言戰，大夷避中國而不得言獲，中國避天子而不得言執，名倫弗予，嫌于相臣①之辭也。是故大小不踰等，貴賤如其倫，義之正也。」其地何？據執不地。疏不地則不見戎

① 臣：原作「等」，據淩曙《春秋繁露注》改。

之爲衛。大之也。言地則顯著①其事，以尊天王使人。

八年今之西人本爲墨學，久有定論。《洪範》九疇即九州之法度，子家九流實即大九州治術。如九疇之分方，故中國爲儒，西爲墨，南方名，北方法，道家皇輔，以陰陽居中。此六家法六合，即《周禮》之六官、羲和之四岳、隱桓所見甸服六國，魯宋二王後，如陰、陽，爲春、秋。齊在東，正月，儒家；蔡在西，七月，墨家；陳在南，四月，名家；衛在北，十月，法家；鄭統六合，如年統四時，比于道家。此隱桓六國六家之説。至于莊以下言八伯，則加入四隅：東北農，東南縱横，西南小説，西北雜家。以九流治海外大九州，亦如《洪範》以九疇分繫九州。**疏**《春秋》主義，《尚書》主仁，《詩》、《易》乃爲道德之學。以義治家，以仁治國，以道德平天下，此一定之程式。聖門惟德行科主道德，雖子貢猶有「性與天道不可得聞」之嘆。秦漢以後，中國一隅道德無所施，故其説亦晦。韓昌黎直以道德爲虚位，宋人不知道德爲平天下之要，乃就一身附會，直使道德流爲空疎無具、庸惡陋劣之八比。近人譯西書亦喜言道德，如以道德、進化名書，其名美矣，乃謂有蠻野之道德，又有文明之道德，夫蠻野猶可言道德，則道德直禮讓之不如，皆原溺于宋儒之説。道德不過如良善之變文，故必申明聖門德行科之宗旨與道家之實義。道爲法天，惟皇一人得言之，苟非其人，道不虚行，並無所謂抱道在躬之説；德即《尚書》之三德九德，有極精美之材質而無流弊，方足爲德。並無所謂有才無德、才德兼優之説。當海禁未開，中國閉關自守，無所謂天下，即無所謂皇帝、道德。先儒誤解道德，爲時勢所囿，不足爲諸儒咎。《春秋》之學止于仁義，推《公羊》大一統乃爲道德專門之師説。行遠自邇，升高自卑；地球中有一家一國未齊治者，均不得爲平天下。《春秋》撥亂世反諸正，大地如禹九州者百，百國各奉一《春秋》以爲程式法度，純美無疵，而後

①「著」下原衍一「著」字，今删。

徐議道德可也。

春，宋公、衛侯遇于垂。垂，内邑。《傳》曰：「遇者何？不期也。一君出，一君要之也。」《左傳》：「齊侯將平宋、衛，有會期，宋公以幣請于衛，請先期相見，衛侯許之，故遇于犬丘。」**疏**如泰西小會同。以公先侯，即《周禮・司儀》尊卑儀節之制。

三月，鄭伯使宛來歸邴。邴，《左傳》經作「祊」。巡守朝覲，政之大綱，所以安撫諸侯之要典。天王不巡守，諸侯不朝覲，不可言，以易田起之。**疏**《鄭世家》：鄭莊公怒周弗禮，與魯易祊田。

宛者何？據言使爲命，大夫宜氏。鄭之微者也。據不氏，爲微者。**疏**《傳》據名不若氏爲説，故以爲微者，《穀梁》以名宛爲貶鄭伯。按，言使則非微者可知，鄭伯使非其正，微宛即所以貶鄭伯。二《傳》意義相同。邴者何？鄭與魯境界不連，何能以其邑歸我，如齊人來歸田。鄭二伯乃得慶黜閒田，鄭時爲卿士，故可歸，與齊、晉同。湯沐湯沐邑方五十里，從帝制加八倍，得四方百五十里弱。以五帝言之，各帝自有四岳，隨所地而名之；《經》、《傳》從中國言者，爲繙譯例。之邑也。鄭有湯沐之邑者，隱、桓之世，鄭爲王朝卿士，以二伯屬之，故有湯沐之邑。又，隱、桓治官府，甸以内六國比六官，鄭以伯殿之。定、哀則秦統六國，爲二公二侯二子，外十二諸侯，合爲十九國。此東西中外之分。**疏**《王制》説，「方伯爲朝天子，皆有朝宿①之邑于天子之縣内。」《異義》：「《公羊》説，諸侯朝天子，天子

---

① 朝宿：《禮記・王制》作「湯沐」。

之郊皆有朝宿之邑；從泰山之下，皆有湯沐之邑。」**天子有事**封禪爲大統皇帝之事。中國言泰山，無西北南岳。《周禮》十二年一巡守。事爲巡狩，祭言封禪。**于泰山**，按，天子祭泰山即封禪之説，皇、帝法歲星，十二年巡守殷國，每至方岳之下，有封禪之禮。如《尚書·帝典》巡守四嶽是也。皇、帝之四嶽包大地而言，《周書》之五土、《王居明堂禮①》之五極，即今五大洲。考秦漢以來言封禪者皆在東岳，而西南北三方無其文，蓋泰山爲中國之東岳；以五土五極言，勾萌在東方，亦爲東岳，餘三岳皆不在中國，故封禪之説皆在泰山。封禪爲皇、帝之重典，非王、伯所得言，齊桓以伯行封建，管子以品物難之而止。蓋必天下一統，全球均入版圖，方能備遠物以行重典。齊桓不能行，則秦皇漢武可知。當時儒者所傳大統典禮，如《五帝運》封禪、銷鋒鏑、毀名城之類，專屬皇帝，其時中外不通，不知爲大一統而言，勉强推行于中國，以至流爲詬病。皇、帝典章强行于中國，以致事事齟齬。以推全球，鬬角鈎心，如合符節。不惟《周禮》、《詩》、《易》燦然明備，即讖緯、子書舊所稱怪誕迂謬宏大不經者，無不深切著明，千金一字。又，考鄒衍爲齊學，所著《五帝運》等書即《公羊》、《齊詩》大一統之義。所謂五運終始、九九八十一州，全爲《周禮》五土九畿師説。《封禪書》言鄒子弟子以其書獻始皇，始皇推而行之，是始皇所行大統典禮全出齊學大一統之義，本《公羊》驗推之宗旨；當時不知爲聖人，專俟後聖，百世之下乃可見之行事。蒙羊質以虎皮，所以見譏于後世。今當中外一家之世，即當搜求異説，鈎沉繼絶，證明《公羊》大一統之義，以爲後來取法，方不負俟聖苦心。當今中外交通，處士横議，廢經之説一倡百和，非此不足以端中士之趨向，啓外人之宗仰。果能表張絶學，可見施行，中外一心，同瞻美富，大同典要如日中天，太平世運庶幾旦暮遇之乎！疏董子《改制篇》：「《春秋》作新王之事，變周之制，當正黑統。而殷、周爲王者之後，

① 禮：原脱，據吴澄《儀禮逸經傳》補。

絀夏改號禹，謂之帝，録其後以小國，故曰絀夏存周，以《春秋》當新王。不以杞侯①，弗同王者之後也。稱子又稱伯何②？見殊之小國也。黄帝之先謚，四帝之後謚，何也？曰：帝號必從五，帝代③首天之色，號至五而反。周人之王，軒轅直首天皇號，故曰黄帝云。帝號尊而謚卑，故四帝後謚也。帝，尊號也，録以小何？曰：遠者號尊而地小，近者號卑而地大，親疎之義也。故王者有不易者，有再而復者，有三而復者，有四而復者，有五而復者，有九而復者；明此通天地、陰陽、四時、日月、星辰、山川、人倫，德侔天地者稱皇帝，天祐而子之，號稱天子。故聖王生則稱天子，崩遷則存爲三王，絀滅則爲五帝，下至附庸，爲九皇，下極其爲民。有一謂之三代，故雖絶地廟位④，祝牲猶列于郊號，宗于岱宗。」**諸侯**寰内諸侯，二公、四卿、八大夫。鄭時爲卿士，比于公。**皆從。**天子出，一公守，二公從。鄭爲卿士從者。**疏**《春秋》以天子巡狩東都，王城仍在雍州。天子出，一公守，二公從，故見二公；一公出，一卿守，二卿從。一公二卿，二公四卿，八大夫皆從。巡狩之禮，推之元士，獨見石尚，如許男一見例。因所見以求所不見，則尚有一公、五卿、十九大夫、六十五元士，在西京留守，不書；從者十六元士，只一書石尚，則尚有十五元士不見也。《春秋》以東都爲行在，因事以見二公、四卿、八大夫、一元士。**泰山**考《詩》分陝而治，《尚書》四岳之制度，考《禹貢》青徐二州，皆以岱爲界，明青州主東岳，徐州附之；荆州見衡，以揚州附之；梁州見華，雍州附之；冀州見恒，兖州附之。《周南》主東

① 「杞侯」二字，原作「俟」，據淩曙《春秋繁露注》改。
② 「伯何」二字，原作「名」，據《春秋繁露注》改。
③ 帝代：原作「代帝」，據《春秋繁露注》乙。
④ 絶：原作「純」； 位：原作「爲」，據《春秋繁露注》改。

南二岳，青、徐、荆、揚四州；《召南》主西北二岳，梁、雍、冀、兖①四州。《尚書》羲、和爲二伯，羲主東南，如周公；和主西北，如召公。疏《尚書大傳》每岳下貢兩伯之樂，則四岳分巡，即《周禮》之「春見曰朝，夏見曰宗，秋見曰覲，冬見曰遇」，每岳下内則兩伯，外則十二牧之三邦朝焉。天子内臣從王行在者則有鄭，故隱、桓鄭爲伯，以統二公四侯，比六官七政。之下，《封禪》獨詳泰山。以全球言，中國僅有東岳，餘俱在海外。疏《封禪》有七十二民之説。按，九皇六十四民詳于董子，鄭注《周禮》引其説，賈疏以九皇在先，九皇之後爲六十四民，六十四民之後乃爲三皇；顛倒錯亂，毫無依據。今據「皇矣上帝」、「上帝是皇」，以爲董子上推神農、黄帝爲九皇，即《詩經》師説。因其上推，故稱上帝，上推則帝可爲皇，故曰「上帝是皇」。舜爲天子，則帝嚳、堯爲二王，伏羲、神農、黄帝、少昊、顓頊爲五帝。古之天、地、人爲三皇，《月令》五帝始于太昊，是據舜言之也；夏則堯、舜爲二王，上推伏羲爲九皇之四；殷則舜、禹爲二王，上推神農爲九皇之五；周則夏、殷爲二王，上推黄帝爲九皇之六；以《魯頌》繼《周》則殷、周爲二王，上推少昊爲九皇之七；以《商頌》繼《魯》，則周、魯爲二王，上推顓頊爲九皇之八；以新周繼《商頌》，以魯、商爲二王後，以堯、舜、禹、湯、文武爲五帝，上推帝嚳爲九皇之九。是九皇由《周頌》起例，古三皇合上推五帝及帝嚳爲九皇。堯、舜、夏殷周三代皆可爲帝，故《五帝德》以禹爲帝，《易》「帝乙歸妹」以商爲帝，凡過二代者皆爲帝，過七代皆爲上帝，爲皇。以皇臣帝，如帝嚳上推爲九皇，而其子帝摯、帝堯皆爲帝。以帝臣王，如堯、舜，夏殷周三代之祖禹、稷、契爲之臣。是上帝與帝、帝與王有先後之分，即有君臣之别。董説爲《詩》專例，自古義湮失，人多斥爲異聞，故專著一書，採經證、搜古説，千年墜緒，一旦昭明。好學深思之士，必有所取也。諸侯内諸侯從行者，外諸侯不在此例。外諸侯朝，則京師有朝宿邑，即下許田，所以相易也。皆有湯沐之邑焉。公卿以下皆有。疏方伯閒田，二伯得進退之。諸侯之有功者，取于閒田以禄

① 兖：原誤作「兑」。

之；有罪者則削地，歸之閒田。魯邑進退皆以田言之，以邑不可言，乃言田。故《春秋》一切不軌之事皆諱不言，所謂「撥亂世反諸正」。

庚寅，我入邴。 此專責魯受地也。時鄭以不祭泰山無用之邴歸魯，尚無易祊明說。後數年鄭入許，乃從魯假近許朝宿閒田。魯助鄭取許，皆原于此。故以易許田主之。**疏**《穀梁》因此以見天子不巡守，諸侯不朝覲，《春秋》爲尊者諱，爲親者諱，不可言實事，乃言「歸邴」「入邴」以起之。

其言入何？ 據言歸不言入。**難也。** 與取對文，取易入難。**疏**《穀梁》：「入者，内弗受也。」**其日何？** 據取邑不日。**疏**日入者爲國辭，所以重之。《穀梁》：「滅中國日，卑國月，微國時。」日者，以爲大國大天子之地，所以日入。**難也。** 小事日之者，以日見意。辭不加褒貶，則假時、月以起之。**疏**《春秋》以日、月、時爲例。按，日、月、時乃《春秋》諸例之一門，本非宏艱巨難，必待專作一書以明之。惟自何君已多誤解，注解雖繁，不能得其義例之所在。近代説解尤繁，竟以爲全《經》之總例，分表立説，學者老死不能通此一例，則《春秋》不將爲梵書神祝乎！淺者因其難通不易卒業，即勉强求通，仍屬支離，不足爲典要，遂創爲無例之説。或云據赴告而書，或云不可以日、月計，或云書之以志遠近。相激而成，無怪其然。昔著《有無月例》一條，以重書日，輕書時，大事日，時則爲變，小事時，日則爲變，固數言可了，特《穀梁》有「卑國月」一條；三等諸侯之葬禮，宋多日，方伯多月，小國多時；楚卒皆日，吴卒皆月，附庸卒多時。國有三等之分，故月亦有爲例之時，非是則不入例矣。考歷來説此例，皆以爲變多正少，是一巨誤；故此表以多者爲正，少者爲變，即多少以明正變一定之理。又，近來作表全列經文，遂若無條不有此例，易致炫惑，故此篇名目前後一依《比事表》，特不全列經文。故有正無變全不列經，但存虚目，正多變少者，但列變例之條，必事目轇轕、等級難分者，始全列經文。故所説之條甚少。别立《不爲例表》，凡非人、事者，如日食以文自分，星異災變不可不以日月計，與志日、月以與他事相起者，不過數十條。雖以人、事正日無變，正時無變，日有變正多，時有變正多，與月正、月變，災異工①作多不可以日月計者不以爲例，與日月以志災。書分爲五卷，實則不過四十頁，事少易明，故旬日可通。非老宿猶不能解之事，惟其得力全在比事之舍取，門目分張，故每鈔一門，其藁至數十易，其得力之功別有所在。欲通此例者，固在熟《比事》之後也。**其言我何？**我與人對。**言我者，非獨我也，**因初來歸但曰「入邴」，鄭易不可知，故言我。本爲鄭邑。**疏** 一人不得言我，有他人相對乃得言我。故曰非獨我。**齊亦欲之。**據下「公會齊侯于邴」。按，此以許田相易，既有歸邴明文，齊不能挩託于齊之辭。**疏**《經》不見魯字，以我代之。與不見周字，代以王字同。

夏，六月，己亥，蔡侯考父卒。《穀梁》曰：「諸侯日卒，正也。」按，蔡卒初記文詳，爲同盟也，後篤從楚，乃狄之，不純用中國禮。《蔡世家》：「三十五年，宣侯卒，子桓侯封人立。」

辛亥②，宿男卒。小國不日，日者明不卒，一見以起例也。《春秋》以十八國立綱，惟記十八國卒，魯史則來赴者皆卒，約百國。《春秋》削之，使不一卒，則疑惟十八國赴，筆削之例不顯，故《春秋》有書卒者或不書卒，有不書卒者或書卒。**疏** 宿男之不卒有三，《春秋》初不記小國卒，小國初卒不日，非與《春秋》相終始國不卒。宿早亡，不卒而卒，以明削例。凡一見之事不當與正例同屬比。舊説卒葬例者雜宿男于十八國中，故亂不可得而理。

秋，七月，庚午，宋公、齊侯、衛侯盟于瓦屋。隱、桓内二公四侯，此一公二侯，爲中分之半，東齊北衛，以宋公統之。此諸侯參盟之始。宋敘齊上者，以公統侯也。王者之後稱公，以公臨方伯，故得敘上。參盟何爲託始乎此？《春秋》之

---

① 工：疑爲「之」字之誤。

② 辛亥：原誤作「卒亥」。

始也。大國言宋、齊，同姓之國言衛，此舉親貴之大例。《春秋》凡舉以見例者，多目三國也。此爲始，如媵女言齊、晉、衛，胥命言齊、衛是也。疏 日者謹參盟之始。春秋諸侯如今泰西，各以强力相雄長，名號尊卑無典要之可言，《春秋》立制，乃以公、侯、伯、子、男五長名號分隸。無典制則爲弱肉强食，有典制則爲尊卑統屬，以禮相命。

八月，葬蔡宣公。此蔡書葬之始。不及時而葬，渴葬也。疏 《詩》、《易》平天下，《春秋》專于治國中包齊家、修身。《大學》「欲平天下者先治其國，欲治其國者先齊其家，欲齊其家者先修其身」，皇帝爲天下，《春秋》之王爲國，諸侯爲家，卿大夫爲身。皇帝欲平天下，必先自王者先自治其國始；王者欲治其國，必先自諸侯自齊其家始；諸侯欲齊其家，必先自卿大夫之自修身始。《孝經》天子不能保天下，諸侯不能保其國，大夫不能保其家，士庶人不能保其身，皆爲不孝。《春秋》記天王諸侯之崩葬，與滅、亡、弑、奔相起；大夫之卒，與殺、刺、奔、亡相起。諸侯記葬，雖有謚法美惡，然皆爲有臣子辭，得保其宗廟，傳之子孫，此爲齊家之大者。大夫記卒，得保首領，終于牖户，不失禄位，與殺其身失其位者不同，爲修身之大者。故天王、諸侯得記崩、葬，大夫得記卒，實爲能保其國、家與身。諸侯必先敬大臣，體羣臣，而後家齊；天王必先諸侯各保其社稷，而後國治；皇帝必先諸王各保其國，而後天下平。《大學》言「自天子以至于庶人，壹是皆以修身爲本」，然卿大夫士專主修身，諸侯專主齊家，王者專主治國，皇帝專主平天下。皇帝以天下爲家、中國爲身。故修身齊家即《春秋》諸侯卿大夫之事，非天子自修其身，自治其國。

卒何以名？據卒稱爵名。而葬不名？稱公，爲臣子辭。卒從正，卒當赴告天子。君前臣名，正君臣之義，名爲正辭。疏 《穀梁》以卒爲先舉諸侯而後言卒爲舉上。薨、卒爲人生終事，臨死不亂，事死以禮。《曲禮》諸侯不生名，記卒則名之。而葬從主人。主人謂其臣子，葬屬臣子事。諸侯得尊于封内，故葬稱公，此爲臣子之辭。疏 《穀梁》先言葬而後舉公爲舉下。《經》無臣子則不書葬、賊不討不書葬是也。卒何以日而葬不日？據内薨、葬皆日，並及日中日下昃。諸侯五月而葬，大夫三月而葬，葬不能以日計，故不日也。不日者，借月而言，五月爲葬期，不必言日，故葬以月爲正例。大國加日，重之；小國時，輕之。又，方伯以上從諸侯，五月葬；子、男視天子大夫，三月葬。疏日月爲例，皆謂人事，日月無取義者，其中有同有異。如卒葬朝聘，事同一律，以別有取義不可見，故假日月以示區別。又，《凡例》以多者爲正，少者爲變，先定正例，然後變例可言。舊説不分多少，每以正爲變、以變爲正，其誤不可究詰。今既分明正變，其事易明。卒赴赴則必具日、月，故方伯以日卒爲正。疏《左傳》每據赴告立説，《傳》亦主之，謂《經》託方伯同盟，故赴則有名與日；然則無名與日，則以爲不在赴例矣。而葬不告。方伯以月葬爲正例。五月而葬，以月決者不以日。疏泰西喪葬用墨法，無典禮，又不用謚，當由經制改良。

九月，辛卯，公及莒人盟于包來。魯四鄰：齊西、北，莒東，邾婁南，故三國伐我四鄙。隱、桓以七大國治甸服，八小國託于八方伯，公及邾婁莒盟，如公與外諸侯盟。公下及，以内及外，所謂内本國而外諸夏。《春秋》言「及」者八十餘見，不外内及外、大及小、尊及卑、主及客、男及女而已。疏《周禮》：「司約掌邦國及萬民之約劑。治神之約爲上，治民之約次之，治地之約次之，治功之約次之，治器之約次之，治摯之約次之。凡大約劑書于宗彝，小約劑書于丹圖。若有訟者，則珥而辟藏，其不信者，服墨刑。若大亂，則六官辟藏，其不信者殺。司盟掌盟載之灋，凡邦國有疑會同，則掌其盟約之載，及其禮儀①，北面詔明神。既盟，則貳之，盟萬②民之犯命者，詛其不信者亦如之。凡民之有約劑者，其貳在同盟，有獄訟者，則使之盟詛。凡盟詛，各以其地域之衆庶共其牲而致焉。既盟，則爲司盟共祈酒脯。」

公曷爲與微者盟？據公不與大國大夫盟。稱人《春秋》爲仕宦學，士以上爲人。如王人、小國大夫稱人。凡

---

① 儀：原作「義」，據《周禮》改。

② 萬：原作「薦」，據《周禮正義》改。

未在官，不入官之農、工、商、賈，《經》所不計。故由王以至士，凡有治人之責者，其法皆具于《春秋》。**疏**《左傳》「天有十日，人有十等」，統括中外人類，別其貴賤等級，由聖人以至匹夫匹婦，不過十等而止。除至尊之皇、帝，王以下所有八等皆統于《春秋》。大統之學專詳皇、帝，由王以下，所有國、家、身、王、公、侯、卿大夫及庶人、皂隸、輿臺之事，統詳于《春秋》。《孝經》與《大學》皆言由天子以至庶人各有天下國家身心之責。皇、帝之學詳于《書》，而①自王以下一統于《春秋》，故太史公謂有國有家有身者皆不可以不知《春秋》。《經》書二百四十年天王之得失褒貶，以爲王者法戒；諸侯除常敘十八國外，所有榮慶及滅亡奔走、不得保其社稷首領，以爲諸侯法戒；王臣二公四卿八大夫以外皆通佐，列國大夫由大國次國小國比于天子之卿大夫元士，庶人之在官，詳其善惡得失，以爲法戒。故由王、公、卿大夫、士與二伯、方伯、卒正、連帥、屬長，下及附庸、臣工，由九錫九命②下至一錫一命，與夫君臣父子夫婦朋友昆弟長幼之得失法戒，亦莫不具于《春秋》。「獲麐」《傳》曰：「何以終于哀十四年？曰：備矣。」蓋由王者以至庶人，朝綱國典，下至一言一行，正鵠昭然，敗覆之踪跡深切著明，足以爲世炯戒。人類無不統，政事無不包，得喪禍福昭然如目睹身受。故除蒙學、工藝、實業外，皆當讀《春秋》；凡入仕宦、小學，無人無事不見于《春秋》，故《春秋》爲六經之始基，人事之圍範，言仕宦者所當服膺謹守，以爲程式。故曰：有國有家有身及爲人君、父、臣、子者，皆不可不知《春秋》也。

則從，不疑也。此莒子稱人，貶之。以人爲衆辭，可以言公及人。《穀梁》：可以言人，不可以言公及大夫。

螟。《春秋》記災爲王伯學，專以譏備災之道不謹；若有備，雖有，不成災。王、伯之功止此，若夫皇、帝，旋乾轉坤，下降上騰，故就一禹州兼見大地物産節候風俗。考《周禮》荒政、五土十二風，《經》災悉在其中，異亦在其中。**疏**《公羊》善讖。大

① 而：原作「永」，恐誤，兹據文意擬改。
② 九命：「九」字原脱，據文意補。

統師説皆出于緯，六藝皆有緯，《班志》之所謂微；魏氏以「古微」自名其《詩》説，而實未盡其義。六經以疆域廣狹言之，莫小于《春秋》，莫大于《詩》、《易》。《春秋》就禹州分中外，《書》則以三萬里爲皇；至于《詩》、《易》，則合五天下地球言之。《詩》爲空言，苟云「不切」。《中庸》云「無徵不信」，鄒子之説，古今以爲荒唐，使《詩》亦深切言之，則言無徵驗，豈不與談天同譏？故託興比物，意在言表，至于今日，其實乃明包括六合，總統覆載，固莫備于斯。而其推行握要，則不外于《春秋》與《書》交相爲用。五洲亦如九州，將來大一統，合要荒爲大五服。此《詩》所以爲言志、《春秋》所以爲行事之舊義也。以四始之例言之，木始爲東帝，火始爲赤帝，金始爲少昊，水始爲顓頊，所謂改正革命者，即《羔》、《緇》之革「敝又改爲」也。故喜怒哀樂，緯皆託之律吕聲音，不指人事；而十二《國風》，緯配以十二月，律吕必如此而分之。又以周、邵、邶三國居中，所謂貪狼廉貞、好惡喜怒，亦分四方五帝。螟，食苗心，隱、桓初治甸服，故初記三螟，後乃記十二螽。

冬，十有二月，無駭卒。此公孫無駭也，父字展。卒不氏，以明請族之禮。蓋氏族必由君命，公孫之子以王父字爲氏，雖有定例，然當公孫卒，必請氏；亦如君卒世子立，正也，然必有還圭之禮，以受命于天子。**疏**西人尊一本，姓氏之事不詳。《喪服傳》：「野人知有母而不知有父，都人士則知尊祖矣。」可見春秋時中國亦如今之泰西，人人自以爲天子，一視平等，無尊祖敬宗之義。聖人以天子專屬帝王，公卿以下收族敬宗，乃詳姓氏之學。所謂黄帝子孫，皆由後世推之。《穀梁》：「孤陰不生，獨陽不生，獨天不生，必三合焉然後生。故曰天之子也可，母之子也可。尊者取尊稱焉，卑者取卑稱焉。」董子亦有其説。可知古來中國亦如泰西，不知譜牒。

此展無駭也，其子氏展，《傳》追繫之，如蕩伯姬。**何以不氏？**此不氏爲請族，前二年「何以不氏」。彊不氏者，則如公孫。**疾始滅也，**前名爲始滅，此挈爲請族。**故終其身不氏。**見二事，始滅、終不請族，故皆不氏。非因疾滅終身不氏。**疏**《穀梁》以爲隱不爵大夫，又曰貶之，與《傳》小異。《經》無明文，各以己意説之。

九年見當時世界進步，無論工藝各有進步，即學術亦當更新。故舊日考據之支離、理學之空疏，皆須改良進步。大統之學以道家爲主，兼采中西之儒墨、南北之名法，舊日儒學言心言性、高談陰陽五行天道變化者，羣歸入道家，道爲治天下之大本。司馬談「六家要旨」論道家云：「使人精神專一，動合無形，贍足萬物。其爲術也，因陰陽之大順，采儒墨之善，撮名法之要，與時遷移，應物變化，立俗施事，無所不宜。指約而易操，事少而功多。儒者則不然，以爲人主天下之儀表也，主倡而臣和，主先而臣隨，如此則主勞而臣逸。至于大道之要，去健羨，絀聰明，釋此而任術。夫神大用則竭，形大勞則敝；形神騷動，欲與天地長久，非所聞也。夫陰陽四時八位十二度二十四節，各有教令。順之者昌，逆之者不死則亡，未必然也。故曰使①人拘而多畏。夫春生夏長、秋收冬藏，此天地之經也；弗順則無以爲天下綱紀。故曰四時之大順，不可失也。」又云：「道家無爲而無不爲，其實易行，其辭難知，其術以虛無爲本，以因循爲用。無成勢，無常形，故能救萬物之情；不爲物先，不爲物後，故能爲萬物之主。有法無法，因時爲業，有度無度，因物與合。故曰聖人不朽，時變是守。虛者，道之常也。因者，君之綱也。羣臣並至，使各自明也。其實中其聲者，謂之端；實不中其聲者，謂之窾。窾言不聽，姦乃不生，賢不肖自分，黑白乃形，在所欲用耳，何事不成。乃合大道，混混冥冥，光耀天下，復反無名。凡人所生者神也，所託者形也。神大用則竭，形大勞則敝，形神離則死，死者不可復生，離者不可復反，故聖人重之。由是觀之，神者生之本也，形者生之具也。不先定其神，而曰我有以治天下也，其何由哉！」此即《公羊》大一統之師說。**疏** 泰西言大同之學者著有專書數十種，大抵皆出于教宗，本于墨子兼愛，與張子《西銘》之旨相同，推博愛之指歸，固有天下一家、中國一人識量。然《大學》格致之要首在知本末，天下之平由于國治，國治由于家齊，其中遠近高卑，層累曲折，事故甚繁，初非一級可升；如西人格致詳于名物，爲經傳童蒙初功，所謂多識鳥獸

① 「夫陰陽」至「故曰使」：此三十六字原刻脱，據《史記》卷一三〇《太史公自序》補。

草木之名，屬在技藝，爲《春秋》記異一門始階，不關平治，説者乃以格致爲大同指歸，難矣！泰西國度正當童稚，鋭意善進。其言大同，乃主尊敬①，無論學術政事，皆以争勝爲進步之本。不知皇、帝專務化争，賢賢、親親、樂樂、利利，各適願無争，性情嗜好、寒暑陰陽，各得其平，美惡賢愚，渾然相化。以求争與無争較，不可以道里計。亂世何遂言大同？以教化言，父子之親、君臣之義、婚姻之禮、喪紀之儀未能修明，各國朋黨社會，弑君殺相，較春秋繁多；諸國稱雄，志在并吞，鑄兵造船，求工殺人之具；分争戰伐，頗近戰國，何以遂言大統？且天下平自國始，各國奉一《春秋》爲指歸，譏貶誅絶之事不見于史，褒獎稱許者比户可封，大德役小德，大賢役小賢，化兵戈、講禮讓、重道德、後利權，而後可言太平。《春秋》爲治國之事，《詩》、《易》乃爲平天下之學，先以《春秋》自治其國，有神聖出，就《詩》、《易》所言心摩力追，而後可以言太平大一統。按，《傳》與《春秋》言大一統，與西人就今亂世言大同相合。

春，天王使南季來聘。《異義》「《公羊》説天子不下聘」，《左傳》言下聘，《周禮》有下聘明文，今訂爲方伯以上得下聘，從《左氏》，卒正以下不下聘，從《公羊》。考《經》于魯來朝之國有聘，下至連帥亦有聘，則聘下行二等，有明文可證。故天王亦于二伯、方伯有聘禮。《穀梁》：「南氏，姓也。季，字也。聘，問也。聘諸侯，非正也。」與博士説同。**疏** 小大往來爲平治要術，《大戴·朝事》篇詳矣。朝聘文事，所以化干戈，不用兵戰而治平者，朝覲會同之道得也。此言南季，《詩》有南仲，舊説牽混，亦如祭仲、祭叔；不知《詩》人、物皆指下俟，不過借古繙譯，《論語》所謂告往知來，《詩》中絶無一真古人。故《藝文志》以序説《詩》之采《春秋》、録時事爲非其本義。如南仲，《詩》以爲後之南伯，與方叔同爲方伯；如「張仲孝友」即張大南仲之孝友，後儒又誤張仲爲一人姓字。

① 尊敬：據文意，疑係「争競」之誤。

三月，癸酉，大雨，震電。赤道下雨水最深，電氣最重。此于赤道下則爲常事，周年如此，無冬夏。疏陰陽節候爲皇帝之學，《春秋》人事爲王伯，天行則爲皇帝。若拘墟，則不知大地中時節不同，有十二月之異。

何以書？內地之冷煖悉由外州吹噓，八日之間，氣候迴殊。且先煖後寒，此吹律回陽之義。調劑黑、赤，爲皇帝功用。記異也。今正月，不應大雨、震電，于《經》爲異。何異爾？早雷大雨亦時有。不時也。爲下八日大雪書「庚辰大雨雪」，可不書大雨震電。疏《尚書緯・考靈曜》：「氣在春紀，可以觀農，勿斬伐。佩蒼璧、乘蒼馬以出游，發令于外。春行仁政，順天之常，以安國家。如是則歲星得度，五穀①孳矣。政失于春，歲星滿偃，不居其常。氣在初夏，其紀熒惑，是謂發氣之揚。可以毀銷金銅，與氣同光。使民備火，皆清室堂②，是謂敬天之明。必勿行武，與季夏相輔。是夏之時衣赤，與季夏同期，如是則熒惑順行，甘雨時矣。政失于夏，則熒惑逆行。氣在于季夏，其紀填星，是謂大静，無立兵，立兵命曰犯命。奪人一畝，償以千里，殺人不當，償以長子。不可起土功，是謂犯天之常，滅德之光。可以居正殿安處，舉有道之人，與之處國人，以順式時利，以布大德、修禮義，不可以行武事。可以赦罪人，與德相應，其禮衣黃，是謂順陰陽，奉天之常也。如是，則填星③得度，其地無菑。秋紀太白，是謂大武用時，治兵得功，秋政不失，人民昌，白經天，水決江。氣在于冬，其紀辰星，是謂陰明。冬政不失，少疾喪。政失于冬，辰星不効其鄉。五政不失，五穀稚熟，日月光明。五政俱失，五星色冥，年穀不登。」按，釋順天布善政爲五星順度，干犯時令則爲大白經天、熒

---

① 穀：原作「聲」，據四庫全書本《唐開元占經》卷二三改。
② 室堂：原作「己膺」，據《唐開元占經》卷三〇改。
③ 星：原誤作「人」，據《唐開元占經》卷三八改。

惑①逆行。以人事爲天變，天變即由政事而言，此《經》託異本義。惜漢師少所發明，今特本之立説。

庚辰，大雨雪。《穀梁》：「八日之間再有大變，陰陽錯行，故謹而日之也。」居黄道之間，南風則暑，北風則寒；陰陽錯行，非本地氣，乃赤黑二道風力所改易。故廣、閩間一日能備四時節令。疏《經》、《傳》日月例：凡記異災、時令、節候久暫，以日、月記事，非日、月不顯者，通不在例内。惟人事可無日、月。同事而日、月互異乃爲例。

何以書？黑道下積冰不消半年，晝夜長以五十餘日。大雪，黑道之常。記異也。《左傳》：「時失也。凡雨自三日以往爲霖，平地尺爲大雪。」何異爾？寅月雪，常事。俶甚也。《考異郵》：庚辰大雨雪，深七尺。讖緯爲俟後之作。齊學傳大統，多主讖緯，故鄭君曰：《公羊》善于讖緯，多《春秋》義例。讖爲皇帝專書。疏當命一人全據緯侯以説《春秋》，不用别家，專心致志，鈎沉繼絶，當有無數新義彰于世。董子詳言陰陽五行爲年、時、月、日大統之説，亦當命一人專用董氏學以解《春秋》，方足以盡發奥藏。緯云：法太乙者爲皇，法陰陽爲帝，法四時者爲王，法節候者爲伯。《春秋》借年、時、月、日以明道德仁義之指歸、皇帝王伯之事業，博士遵奉師説，時會未至，無徵不信，推闡災異，爲世詬病。此屈於時，皇帝之學非百世不顯。至今五土全圖、一轂三十輻之説如指掌文，然後知《春秋》記異，通其説於大統。《顧命》專言王制，而有「皇后憑玉几」之文；《春秋》疆域不出禹九州，借歲時月日以寓皇帝之法，所謂道不可須臾離。王霸之書見，大統之義未嘗一日絶於天下，亦如《顧命》五篇必推本於皇天上帝。小中見大，故《春秋》言人事只五千里。

俠卒。不日者，未命大夫，禮降一等。大大等級詳《典命》、《司儀》。疏以名卒，爲一見例，亦如宿男卒。魯史内臣卒者不

---

① 熒惑：「熒」原作「黄」，據文意改。

知幾何，《春秋》惟卒三卿、上大夫，因下不卒，故于隱篇一見以示例。

俠者何？ 據卒宜有氏。**吾大夫**有四等之別。單伯，監者。《王制》上大夫四人，下大夫五人。四等，《傳》皆稱大夫。**之未命者也。**《王制》大國三卿，皆命于天子。次國三卿，二卿命于天子，一卿命于其君。小國二卿，皆命于其君。魯見《經》有四大夫累數之例，則未命爲下大夫，在四人之外。已命者氏，未命者不氏。不氏如小國大夫。

疏 《洪範》言三德，《帝謨》言九德，鄭君以三爲九，如醫家三部九候，博士説九錫、九命，合爲九，分爲十八。古帝命官，因德錫命。《穀梁》言三公有知、仁、義之目。因諸説草創，此編大旨以知、仁、勇爲三公，即剛柔正直之所出，一德之中分三子目。天子爲俊德，臣工以三德分：仁司徒，知司空，勇司馬。一分爲三。凡一德爲士，三德則爲大夫，各因其德以命官，所謂「日宣三德，浚①明有家」者。大夫三命，一德一命也。大夫以下爲專長，不擅異能。卿爲六德，所謂「日嚴祗敬，六德有邦」。卿六命，則必兼他長，如剛柔各三目，必兼正直，乃成六德，然後六錫爲卿。至三公，則必九德皆備，仁至義盡，無不兼包。九德已全，乃命九錫，所謂「九德咸事」者。三事爲三公也，所謂德者，顛倒反覆，各就本性補弊扶偏。竊以②三德爲自修之本，而官人選舉尤治法之樞要。舊義蒙蝕已久，乃輯羣經傳記言三德者改補成書。前自修，後官人。自修中又分志、言、容、行四門，官人中又分量材、審微、專任、兼綜四門。《論語》采至于百餘條，《易》之剛柔、中正、中行、過、不及，尤爲三德所從出。《九命九錫表》九命九錫合爲十八級，如今正、從九品之分。錫命雖爲通文，而並舉則有分別：尊者用錫，卑者用命。以今事證之，則正四品以上爲錫，從四品以下爲命。特今級以少爲貴，經制則以多爲貴耳。考《周禮·典命》以九爲目，尊者言賜，賜即錫也。以五爲題者，舉奇而不數偶，合十八以爲九數耳。

---

① 浚：原誤作「俊」，據《尚書·皋陶謨》改。

② 以：原脱，據文意補。

羣經散見，彙爲　門，以爲修己官人之法。

夏，城郎。郎，邑也。夏城不時，譏之也。

秋，七月。秋爲西帝，與正月對衝；如南美洲與中國抵足而行，寒暑不同，晝夜相反。《詩》曰「冬之夜，夏之日」，「夏之日，冬之夜」；中國冬夜即南美夏日，中國夏日即南美冬夜。地球共百禹州，南北平分，各得五十，合爲方千里者四百五十；以五帝分之，各得方千里者九十。據黄道作天地皇，四方四帝，以分春夏秋冬；一時司三月九十日，得地方千里者亦九十。《公羊》以年、時、月爲大統。秋帝七、八、九三月。以一日配千里，所謂一日千里也。

冬，公會齊侯于郲。《穀梁》：「會者，外爲主焉爾。」疏隱、桓四侯爲同，定、哀二侯二子爲和。同爲同聲相應、同氣相求，爲兄弟，爲賓客，有各君其國各子其民之義。和則相反相成，如陰陽黑白混同合一，爲婚媾、爲娶妻。《論語》：「君子和而不同，小人同而不和。」

十年邵子《皇極經世》以四經配皇、帝、王、伯：《易》皇，《書》帝，《詩》王，《春秋》伯，《書》言《禹貢》，《詩》言無涯。今改《易》、《詩》爲天，《書》爲人。地球大通，學術各有進步，今訂學堂三大綱，曰蒙學，曰小學，曰大學。蒙學以《容經》爲主，小學以《王制》爲主，大學以《大學》爲主。大學屬皇、帝，小學由王、伯以至卿大夫、士，蒙學則庶人，士、農、工、商與實業學堂皆歸之。大約修身之事責之蒙學，齊家治國責之小學，平天下責之大學。凡自治修身倫理，宋人所謂明德成己者，皆屬蒙學。蒙學卒業以後，凡農工、商賈、技藝各專門皆出學堂，實辦其事，就其中選擇才德優長者以爲仕學。入小學言家國之理、齊治之事，或因才德以分門任職。如剛德學司馬兵戎之事，柔德學司徒教化之事，正直學司空政治之事。學成後，一德爲士，三德爲大夫，六德爲卿，九德爲三公。蒙學如舊時中國之讀書識字，小學如習科舉。萬人入蒙學，卒業後不再入學堂者約九千五百人；五百人入小學，學成後如兩漢博士，即授職入仕。五百人中，其選舉入大學者至多不過三人，以大學之事地位愈尊，用人愈少，身任其事者通天下不過二十人；合之僚佐，不過三百人。且大統原爲中外開通以後事，明以前中國人才但入小學習王伯，雖不入大學可也。西人格致、宋人格物窮理爲初等，蒙學始基，宋儒誤以大學入門始基，又以所謂格致者加入大學。强賓奪主，人材乏絶；是由學術不明，儒者鄙事功，制度爲糟粕，別求所謂空虚道統。今革弊興利，以《春秋》、《王制》爲小學專書，各齊其家，各治其國，而天下平。故必嚴訂學堂等級，非蒙學修身卒業後不入小學，既已學仕，不復再以格致倫理相擾；分門別級，事半功倍，人材衆多，不可勝用。禪學宗旨、時文議論，洪水猛獸，當在屏絶之例。中外既通，《周禮》、《詩》、《易》皇帝功用，當急講明；然其始基又在《春秋》、《王制》，不可躐等踰次，以蹈好高務遠之弊。**疏**《大學》：「物有本末，事有終始。知所先後，則近道矣。」物爲身心家國事，爲正齊治平分別先後，即爲知本末。數言可了。蓋入大學在小學卒業後，王伯事業既已修明，故經文明以修身爲本；俗解于修身前加以格、致，其名義訓解，老師宿儒視爲畏途，終身困于格致，誠正之事且未及言，何況平治。故深于時文者多不計數，更何論事業。近千年中，學堂英才深受其害。又，《經》、《傳》之道德心性，道爲天道，即《月令》日月星辰之軌道。三皇配天，天不言，以道受命，因時立政，惟皇一人可言。故《易》曰：「苟非其人，道不虚行。」德即《洪範》三德，于天爲道，于人爲德。道德爲皇帝事業，如中外未通，無所謂皇帝，即無所謂道德。故《春秋》、《王制》王伯之事，不主道德。《經》、《傳》之心、身多用中國一人例，心爲京，身爲邦國。性情即《齊詩》六情，本謂五方之民性情不同，好惡相反。陰陽五行亦指南北黄道五土五極而言，皆屬皇帝之學，故子貢以「性與天道不可得而聞」。非地球全通，無所謂陰陽、五行、性命、道德之學。今之言學者多求野變夏，當急彰明《經》、《傳》古法也。試以化學法求宋學之原質，其淺近躬行屬《容經》，爲古之蒙學；性命道德屬皇帝，爲古之大學。其原質本爲天下良藥，合化則不道不釋，不儒不墨，爲殺人之迷藥。苟不分別原質，聽其化合，則流毒天下，貽害國家。當立時改良，以分原質也。

春，王二月，公會齊侯、鄭伯于中丘。中丘前已城，此猶同名者，非舊制，不以邑許之。**疏**隱、桓初治官府，冢宰乃施法于官府，而建其正，立其貳，設其考，陳其殷，置其輔。太宰掌建邦之六典，以佐王治官府：一曰治典，以經邦國，以治官府，以紀萬民；二曰教典，以安邦國，以教官府，以擾萬民；三曰禮典，以和邦國，以統百官，以諧萬民；四曰政典①，以平邦國，以正百官，以均萬民；五曰刑典，以詰邦國，以刑百官，以糾萬民；六曰事典，以富邦國，以任百官，以生萬民。魯爲天官治典，宋司地官教典，齊司宗伯禮典，陳司夏官政典，蔡司司寇刑典，衛司冬官事典。《管子》有云：「黄帝得風后而明乎天道，故爲當時；得太常而察乎地利，故爲廩者；得蒼龍而辨乎東方，故爲士師；得祝融而辨乎南方，故爲司徒；得大風而辨乎西方，故爲司馬；得后土而辨乎北方，故爲李。」又《詩》以六官比六轡，《周禮》天子六馬：中玄黄，四牡青、丹、白、黑，即騆、駒、駱、騏②。又「兩服上襄，兩驂雁行」，上下天地，二公爲轅内服馬，四馬爲兩驂。《盛德》篇詳言六官爲六轡，以六官象六大國。按，隱、桓九旨託于古皇，故八小國。以八灋治邦國：一曰紀官屬，以舉邦治；二曰曹官職，以辨邦治；三曰莒官聯，以會官治；四曰邾婁官常，以聽官治；五曰滕官成，以經邦治；六曰薛官法，以正邦治；七曰③杞官刑，以糾邦治；八曰許官計，以弊邦治。内七外八，合爲十五《國風》，而不及都鄙，王道之始也。

夏，翬帥師會齊人、鄭人伐宋。《春秋》凡帥師皆將才也。司馬掌九伐以治亂，將又治文事，文武不分。**疏**如今泰西聯軍，合數國師，以一大將統之。會盟爲文事，侵伐爲武事。

此公子翬也，何以不稱公子？據楚公子嬰齊貶後復稱公子。貶。當時無此名號，亦不以爲褒貶。曷爲

---

① 政典：其下原衍一「典」字，今删。

② 騏：原作「駒」，據《詩·皇皇者華》改。

③ 七曰：「曰」原誤作「月」。

貶？貶已前見。隱之罪人也，嚴討賊之義。罪入而辟之，自殺其身，亦上之不明。疏泰西重民輕君，結爲無君黨，弑君殺相以爲國事犯，但與君相仇，以平等論説者艷稱之；不知此亂世事，春秋時中國臣民實亦如此。蓋開闢草昧，一人肆虐，民不聊生。湯武之事，《經》未嘗不主革命，若隱公何所失德，而桓弑之；又如美用總統，非君矣，虛無黨既非美臣民，乃亦謀弑。雖平等且不可，何况君相？君相多關係一國進退，殺害于本國利益大有防碍，故俄亦設警察以伺察亂黨。君相既已進步改良，亂黨曰宜嚴加禁絶。《周禮》三國不同，故典有輕重。故終隱之篇貶也。與貶無駭同。無駭自終其身，翬終隱之篇。至于桓，則不貶。疏上下有公，是公在師也。公在而目翬，翬不臣也。師中知翬而不知公，起翬有無君之心，彊將爲弑也。齊人、鄭人者，齊侯、鄭伯也。何以不言侯、伯？貶也。曷爲貶？貶翬，不得不貶同會，避公在師之辭也。

六月壬戌，公敗宋師于菅。内不言戰，舉其大者也。疏内魯，故不戰，直敗之而已①。濟南有菅。《春秋》爲仕宦學，凡兵戰爲司馬之職，學者當就《經》所書考其得失成敗②，以爲法戒。餘皆仿此。又，書諸侯爲治國之事，一國治亂成敗責之諸侯。大學治國之事具載于《經》，由《經》以考成事得失，故《大學》所云治國，《孝經》諸侯以保其宗廟社稷爲孝，皆在《春秋》。

辛未，取郜；辛巳，取防。郜、防本宋邑，此後屬魯。疏《孟子》「春秋無義戰」，凡争城殺人盈城，争野殺人盈野，皆在譏貶例。諸侯各有封域，爲天子守土，曰入城邑與挩人城邑，皆王法所不容。《孟子》「遂有南陽然且不可」，况于殺人以求之乎！今泰西諸國干與人國，兼併吞噬，皆爲亂世，無皇則可，有皇者起，立封建法于諸國，損益以符定制。如王莽之限民

---

① 而已：「而」原誤作「儒」。

② 成敗：「成」原誤作「盛」。

田，所以禁兼併。

取邑不日，據取闞不日。取邑小事不日，滅中國乃日。此何以日？疑爲國辭。一月而再取也。起一月再取，故日，藉日月以見疏數。既有後日，必書前日，《春秋》日月此爲一專例。《經》書「上辛大雩，季辛又雩」，此當爲上辛與中辛。或中辛與季非祭典，故不言上中季。何言乎一月而再取？據取漷東田及沂西田，亦一月再取兩邑不日。甚之也。甚其乘敗而取。疏《穀梁》：「不正其乘敗人而深爲利取二邑，故謹而日之也。」內大惡諱，如公獲不言之類。疏《傳》曰：「《春秋》爲親者諱，爲賢者諱，爲尊者諱。」又，「內其國而外諸夏，內諸夏而外夷狄。」故內與諸夏異辭，諸夏與夷狄又異辭。此其言甚之何？疑其爲大惡當諱。春秋録內詳魯青州。《傳》內其國，內諸夏，同爲內例。而略外，略外七州，以見起不見之例。《傳》外諸夏、外夷狄，皆爲外例。疏《春秋》詳內略外，當補爲一表，一內本國外諸夏，一內諸夏外夷狄①，專言詳略。《傳》多指內其國外諸夏言，內諸夏外夷狄舊說甚略，如晉、楚盟會侵伐，詳略迥殊；非立專表不見此例。又，內外本就《禹貢》立說，分爲五服，推之皇輻，亦分爲五：內本國，京師、甸服，諸夏指侯、綏，夷狄指要荒。《經》只見九州，故以魯爲本國，北方爲諸夏，南方爲夷狄。就侯綏中以北南分諸夏、夷狄，《春秋》專說，與別經不同。于外二伯七方伯。大惡弑、殺、滅、亡、獲、誘、犯王命、害鄰國之類。書，直書其事不諱。小惡《春秋》改制所設典禮制度，不教而殺謂之虐，歸入小惡。不書；《傳》曰「書其重者也」。凡六禮冠、昏、喪、祭，多不見于外。于內魯並內諸侯。大惡內大惡與外同書《經》。諱，諱者，書其事，避其名，甚或其事亦不見，《經》所謂「有所見，諱莫如深，深則隱」。小惡僭禮、怠惰，立有專表。書。《經》多藉魯以立

① 狄：原脱，據文意補。

禮制，所書詳《表》。疏《春秋》文例此條所包最廣，内小惡書，小善亦書；外大惡書，大善亦書。此在詳畧例，言善惡爲一子目。

秋，宋人、衛人入鄭。入不言圍，書其重者也。疏報前之役。二國同入，聯邦糾合之事，此入國際交涉門。當今時局同《春秋》，故可借鑒成事。

宋人、蔡人、衛人伐載。三國連師，其事尤重。蔡敘衛上者，蔡、衛、陳同等方伯，故無定。以無定起有定，見《春秋》等威之嚴。疏載，二《傳》作「戴」。

鄭伯伐取之。時三國伐戴，鄭獨滅之。疏隱、桓世只見青、豫、雍三州國，通三統託之素、青、黄三京甸，故不及南北大國。見二公、四侯、一伯者，比于官府，如《周禮》六官，皆在王畿内。隱、桓治官府，莊以下治邦國，故用八伯，定、哀治都鄙十二州，故用十二諸侯例。由官府而邦國，由邦國而都鄙。鄭爲王朝卿士，一匡天下爲三公，魯爲《魯頌》天統文家，宋爲《商頌》下方質家，魯、宋合鄭爲三統。齊在東司春，比羲仲、太昊司東極，大師摯所以適齊。蔡爲秋官司寇，比和仲，主秋，如少昊主西極，三飯僚所以適蔡。陳司南極，比羲叔，南方之原，司馬主夏，如炎帝司南極。衛遷于帝丘，是顓頊之墟，比于和叔。鄭如皇極，司中央之極，爲王卿士。鄭伯者，一匡之二伯也；齊、晉爲伯，序諸侯之上，鄭爲伯，何以獨居諸侯之下？土寄旺于四時，故殿諸侯，讓德也。二公四侯，爲天地四時、六合、六宗；鄭以一伯統之，爲七政，所謂人、天、地、春、夏、秋、冬、中、上、下、左、右也。《穀梁》：「《春秋》有一家之辭焉，有一國之辭焉，有天下之辭焉。」官府爲家，邦國爲國，都鄙爲天下，治天下者以京師爲本。大一統之説託于皇、帝，借用《詩》説，三中州，所謂京周、周京、京師，緇衣、素衣、黄衣也。君子務本，本立而道生，國與天下，道德仁義之説，其亦由此而推。

其言伐取之何？據取不言伐。易也。伐戴在三國，鄭但曰伐取，易辭。其易奈何？問事實。因恃外。其力也。因三國伐而獨取之。《穀梁》：「不正其因人之力而易取之，故主其事也。」因誰之力？鄭亦言伐，嫌與上伐別爲一事。因宋人、蔡人、衛人之力也。《左傳》：「蔡人從之伐戴。八月壬戌，鄭伯圍戴。癸亥克之，取三師焉。宋、衛既入鄭，而以伐戴召蔡人，蔡人怒，故不和而敗。九月戊寅，鄭伯入宋。」疏西人政治學術維新，喜言大同，有思想宗派，惟不歸依《經》、《傳》，郢書燕説，背道而馳，其流弊與宋學同；亦常譯《經》、《傳》，特所譯皆講章，精微非譯者所樂，且非粗通文墨所能。使知微言大義，用其專致之思，大統必可旦暮遇之。

冬，十月，壬午，齊人、鄭人入盛。五年盛已滅，此取之衛也。初入不日，此何以日？非齊、鄭取之，内取之也。内取則曷爲日？滅，惡事也。何以知盛爲我滅？以盛後爲我邑也。衛初取盛，鄭與衛①有隙而和于我，故取盛以報衛，求喜于我也。《春秋》爲親者諱，故辟魯而目齊、鄭。董子曰：「《春秋》書事，時詭其實，以有諱也；書人，時易其名，以有辟也。」疏秦皇焚書，爲庠序絶大功臣，自古文家誣以焚經，遂不可白。考世局塞則晦、通則明，老死不相往來乃蠻野之事，故通一鄉一鄉益，通一國一國益，通天下天下益。《詩》分析爲哀，合通爲樂。戰國分民疆埸，彼此戰鬬仇殺，每雞犬不踰，與諸雄角立形勢同也。務攻戰，盈野盈城，魏武士不當齊，齊不足當秦悍卒，猶德陸軍、英水師、俄人鷙悍、美海軍。當時政府，孟嘗、平原、春申、信陵，猶今格雷帕茂、思登、羅色杞、辣士端、法之雅拉歌、烏的倫、擺盧羅、衣百蘭、客梯耳、拉馬汀；當時武將，吴起、孫臏、倪良、王廖、田忌、廉頗、趙奢、田單、白起、李牧，猶法拏坡崙、磨羅勝雅瑙、美華盛頓、英甭利孫、惠靈吞、布薩科、喇格蘭、腦皮兒、哈飛緣；當時游説，寧越、徐尚、蘇秦、張儀、杜赫、齊明、周最、陳軫、召滑、樓緩、翟景、蘇厲、蔡澤，猶英譬特、鼓不登、德之嘉秀、瓦尼；當時子家，有楊朱、墨翟、程本、莊周、鄒衍、韓非子、列禦寇，猶英師米得、雅堂、黑淮德、施本思、故思禮、李提摩太、意麥薺膩、德烏拉君，立談取卿相，如蘇氏弟兄揣摩富貴。各國争雄，需人甚衆，下至雞鳴狗盜，無不選用；游客千萬，不耕不織，皆計謀畫策，以取卿相計餬口。著書立説，即今言富言强，刑名法術，即今聲光化電、農工商賈、

① 鄭與衛：原作「鄭衛與」，據文意乙。

政事、理財。諸處士横議，與今同也。百家託儒書，至難以數計。秦皇一統，方且銷鋒鏑，毁名城，諸策士猶復挾策，以不入耳言相勸勉；且百家託名儒，實與儒爲敵。今大戰國，西著盈千累萬，每多與《經》、《傳》反。諸書原爲一家一國言，一統不足用，始皇欲尊孔子，崇博士，不得不焚毁，定一尊，使孔經獨行。考焚、坑前所有典章咨訪博士，焚坑後博士如故，張倉、叔孫通、陸賈輩，秦亡乃去。可見所坑乃策士僞託之儒，所焚者處士横議之書，絶非《經》、《傳》。今全球書至恒河沙數，日新不已；日本譯者不過千百，已如此繁重，愈新愈多，再數百年，真不可計量。求治大統，備皇、帝覽用者，數千萬不一二；勢必甄别，新書軌文，若一新舊參雜，勢所不行。見存書雖萬年讀不盡，勢必再出，始皇將一切過時背道亂言變政者甄别存留，同付一炬，聖經始得如日月經天、江河行地，學子始得易簡專致。故今著名盛行，不能逃大祖龍之一炬。始皇爲聖門驅除廓清，後世陰蒙其福。當今中外之書，非有甄别，聖經必爲晦蝕。

十有一年讀爲十二。緣元年三月首事用夏正，以前二月爲一年，哀十四年春狩爲十三年之冬。隱、桓合三十，定、哀二十八，故宣六七年爲中。

春，滕侯、薛侯來朝。滕、薛何以稱侯？託八小國爲八伯。《春秋》九世異辭，隱、桓六大六相治官府，故八小國比方伯，許、紀、曹、莒、邾婁、滕、薛、杞爲八州八伯，故紀、滕、薛稱侯。魯卒正，何以配八伯？如大師摯適齊，章廣魯樂于天下。董子「舉魯以容天下」是也。定、哀八小四大，居都鄙，爲十二次；隱、桓則居邦國，莊以下爲卒正，九世異辭也。許、曹、滑、滕，累數會盟始于幽；惟邾婁、牟葛來朝，與紀、莒大國累數，小國無之，時無伯也。

其言朝何？據與聘間出。又，内言如。**疏**朝聘之分，《春秋》以前無之。《經》于中國用《王制》，全球用《周禮》，皆孔子新制，非周公舊典。故儀制事全主孔子。**諸侯**卒正、屬長、附庸三等。**來**從青州小國來。**曰**《曲禮》諸傳記皆爲經説，爲大傳儀制。又詳《周禮》司儀、典客。朝，朝屬君事。《周禮》：朝、覲、宗、遇，君之禮也。以下朝上、卑朝尊，故不言使。疏來朝盡屬青州小國，在別州者不朝。莊以下用八伯例，魯爲青州伯，小國、卒正、連帥皆得朝，故非青州國不朝。又，朝則不聘，聘則無朝。内公如爲内，朝外如京師，如齊、晉、楚，皆朝。凡公往別國多矣，非行朝大國不言如；至鄭、衛，不曰公如，而曰鄭、衛會公于斐沓，所以避公朝。何君以爲王魯，非是。大夫王朝二伯，王後方伯。來從別州來，皆不在青州。曰《春秋》正名分，惟名與器不可假。名家所出。聘。聘者相問聘，臣下之事。《周禮》聘、問、頫、存，臣之事也。故言使。疏《春秋》嚴上下之分，決嫌疑、別同異，等威儀節，無一混同，不似今西人君臣上下制度典章無甚區別。後必改進，入聖範圍。其兼言之何？據隱、桓不累數小國，郜、鄧分言。微國也。因累數以見異姓爲後之例。考《經》，尊卑同則同姓在異姓先。齊、晉二伯，晉以同姓敘齊上。曹、莒、邾婁，小國上等，曹以同姓，在莒、邾婁先。滕、薛、杞，微國下等，滕以同姓，在薛、杞先。青州六小國，滕、薛居下等，是曰微國，故《左傳》有滕薛爭長之説。《周禮》皇帝專書，亦言同姓，異姓則以五土分。凡五土之民，同種爲同姓，異種爲異姓。如亞洲以黄種爲同姓，歐洲以白種人爲同姓。以國朝論，滿洲、蒙古爲同姓，漢人爲異姓。疏《春秋》小統方三千里，以姬爲同姓。《詩》、《易》則以同種爲同父同母兄弟，異種爲婚媾家室淑女。《春秋》立三千年政教極軌，等級精粗，因時改變，二十紀不可行于五十紀後，十五紀不可行十紀前。博士傳經，君相潤澤，見之行事。中史①人才，同爲孔子功狗，各史表志同爲六經傳記，至今可謂洋溢中國。合數《春秋》成《書》，數《書》成《詩》，數《詩》成《易》。皇輻百國各奉一《春秋》而天下平，王、伯將推海外，與《詩》、《易》並行，中國未及其半，必皇、帝乃曲盡其妙。舊以爲古史芻狗陳迹，

① 史：疑爲「外」字之誤。

不待西人廢，中國自己先廢，不知《經》俟聖之義所致也。孔子立新經，爲帝王師，俗儒多駭，證西事尤明確。泰西政教失所依據，每以私議奉爲國典，如果魯士西亞虎歌等公法，百國通行；如憲法、政治、法律、財政出于盧梭、倍根、笛卡兒、康德、達爾文、斯賓塞爾。私議時會所趨，遂據以革舊行新，致今日文明，不能不謂諸氏改制、諸國行之。儒垂空言，君相見行事，亦孔子改制之説也。然諸氏精神範圍不過數年數十百年、數國數十國，若通古今、括地球，詳世界分合之局度，爲性情向背之轉輸，獨歸生知安行孔子至誠前知，先天後天，迥非一材一藝所及。天文學，西學合千萬年數百國之推測，不過得其彷彿。以地球論，《書緯》升降四游，體國經野，辨方正位，土圭尺五寸，九畿大九州之法度，遠在數千年前；雖專門絶學，以較經傳，猶嫌簡陋粗畧。以曆法論，渾天、蓋天、宣夜與六曆，于大地中各因時節用三法六曆，非再歷千年，不能詳美如此。西曆稱精絶，閏日以節候爲月，與月體乖違，遠不及閏月曲合天體。經傳簡畧，古法沈廢，已精美如此，西人專心講習，學堂林立，合衆力日新月異，文獻不過如此。由天地以推，法律、政治猶爲草昧；非不合時局，然別有新理，不能保其不改更，何能與地球相終始？西人善用思，移貌取神，思想學乃與《詩》、《易》夢覺、卜筮宗旨相印。然無標準，師心自用，其所得亦終爲西人思想而已。

夏五月，公會鄭伯于祁黎。《左傳》「謀伐許也」。海外諸國會盟，報章詳其事，故每因地、期即可考見。全經文多難記識，地屬何國多失考，惟《左》詳此例，尚可得其踪迹。**疏** 祁黎，二《傳》作「時來」。

秋，七月，壬午，公及齊侯、鄭伯入許。滅許也。許與鄭近，莊以下爲卒正。魯朝宿邑近許，故下繫許，稱許田。朝宿邑，天子閒田，許乃封國，與田有別，故以爲託之。許稱男，託號也，鄭方號伯，許不可稱子、伯，故以男稱。先曹者，許在鄭後，以明屬鄭，且界鄭、曹。二伯大小之分，内不言入，入則滅。及，從内及之。日入許，中國也。**疏** 朝宿爲魯食邑。《王制》方伯湯沐邑，如元士，蓋五十里國，魯全食之。許乃外諸侯。滅事詳《左傳》。許叔，入許更立也。

冬，十有一月，壬辰，公薨。《穀梁》「薨稱公，舉上也」。公薨不地，諱弑。**疏**《魯世家》：「十一年，公子翬諂公，謂曰：『百姓便君，君其遂立。吾請爲君殺子允，君以我爲相。』隱公曰：『有先君命，吾爲允少，故攝代，今允長矣，吾方營菟裘之地而老焉，以授子允政。』翬懼子允聞而反①誅之，乃反譖隱公于子允曰：『隱公欲遂立，去子，子其圖之。請爲殺隱公。』子允諾。十一月，隱公祭鍾巫，齊于社圃，館于蔿氏，翬使人弑公，而立子允。」

何以不書葬？據公例書葬。隱之也。諱莫如深，深則隱。何隱爾？子爲父隱，父爲子隱。弑也。以不地知爲弑。弑則何以不書葬？據桓弑亦書葬。《春秋》立名法陰陽、文武、羲和、重黎、伯道之義。君弑，賊桓與翬。不討，臣、子不討賊。不書葬，不葬。以爲無臣子也。葬者臣子事，能討賊，則有人。《經》紀其葬事不討賊，是凡在國者皆從賊。隱卒大夫，桓、莊不卒大夫；隱弑不討賊，桓殺不復仇。故二代不卒，以爲先君無臣子。

疏 三綱之説曰：君爲臣天，父爲子天，夫爲婦天。中國本如祆教，專奉一天，《春秋》由一天推三天，因知進所不知。《經》表忠孝，故亂賊懼。西學倡廢綱常，蓋惡奴隸卑賤，可非禮致死，失平等；考君仁、父慈、夫義，皆屬平等。《傳》人臣無將，以治弑逆，非叛逆則否。妾媵制以内職，非一人任，内臣外臣相埒。《昏禮》天子諸侯親迎，君夫人同稱薨稱君，敵體平行。《左傳》師曠論衛侯，與《孟子》貴民輕君同。上下一視，禁奴隸，新莽且爲之；因末流偏勝，遂以噎廢食，過矣。以奴隸言，婦固有之，夫亦何嘗不有？反常，不足計。蓋見西國强勝，遂謂三綱弱我，平等强西。不知美、法民主强，俄、西專制亦强；我用緑營敗，購器仿操亦敗。西方諸雄角立，常慮危亡，自强以救亡；其强也，在于憂勤簡樸，日求精新。我偏處自大，粉飾蒙蔽，日近衰微，正當尊君親上，衆志成城。方今不致魚潰，全賴綱常維持。舊新兩《約》，主僕、父子、尊卑，令從詳矣；男女平，然使臣無女子。非綱常國無與立，特未標襮科條耳。蓋法必順情，愛有差等；世界萬有不齊，至平中，尊、卑，智、愚，仍有不平者在。今號召于人曰平等，其家嬰孩平父老、僕隸平主人、

① 聞而反：原作「聞反而」，據《史記》卷三三《魯周公世家》改。

婢妾平家主，何可施行？民主統一國發號出令，何能與農工商賈皂隸臧獲等量齊觀？《記》曰：野人知有母而不知有父，凡地球初開，人、禽不遠，率皆貴女，雖立女主，百不得一，蓋已進文明、論平等，貴男非，貴女亦非。因尊卑賢否判以差等，自然之勢，雖西律名分不及中法昭著，隱隱區別，初非混同一視。通商後，自改者多矣，當倡明中教獎進，使從圍範。彼方學我，我乃棄長就短，不亦誤乎！名家目之曰人，以別於禽獸，既分別君臣父子夫婦之名，而西方亦不能混同。蓋差等正所以求平，至平中不無高下尊卑之別。至人別類，而三綱之義即寓其中矣。子沈子曰：《傳》爲教授晚出之本，故引先師說。定元年《穀梁》亦同引沈子，知爲古師，在孟、荀之間。秦、漢博士以《經》爲會典、爲律例，故以《春秋》爲漢制作，不似唐、宋以政事屬吏，以道統責儒生。董、劉、匡、張諸大師獨抱一經，凡議政決獄，皆取決焉。後世于經外別立史學、政治、掌故、地輿、兵律等名目，致以《經》爲無用。當用舊法，以《經》統各學，分門專治。疏曰本章程，大學、中學、小學，課目大率相同，每日功課兼十二三門，計一人終身學業多至數十門。外國明于工藝，不明于學術。考孔子弟子號爲精能，四科分門，不相通也；以政事論，子路司馬、冉有司空，又不相通。漢初博士專門，一經猶分習，如《詩》或爲《雅》或爲《頌》，《春秋》並無兼習三《傳》，同經分門別户：《尚書》歐陽與夏侯異，《公羊》嚴氏與顔氏異。較日本，則博士抱殘守缺，孤陋寡聞，所業不及日本學生五十分之一，疑不出人材；乃爲宰相、將帥、守牧，標炳史册，班史《公孫宏傳》亟言人才絶後超前。東漢講兼治者多，人才因以卑陋。馬、鄭號爲兼通各經，實乖古法。兼經愈多，人才愈劣。由上求全責備，以致學人貪多騖外。博之爲害甚矣！鄉曲木工兼操斧鋸繩墨，治木事皆一人任之；鐵工刀鋸劍戟鈇鉞，鐵工事亦一人任之；直省機器局廠，人任一事，且數人合任一事，斧者不鋸，劍者不戟，外國大廠用人愈多，職業愈少，鎗廠終身鑽鎗門，老死不知別事，詢鎗用器多少，有不能答者。宜鄉曲工匠如周公多材多藝，爲彼道聖人成就，乃與局廠天懸地絶，利益大小以百倍計。考西國富國策始于造針之喻，深明工理，一針數十百人而成，利益千萬倍獨造之針；《考工記》「木工輪、輿、弓、廬、匠、車、梓，金工築、冶、鳧、㮚、段、桃，皮工函、鮑、韗、韋、裘，設色工畫、繢、鍾、筐、㡃，刮摩之工玉、楖、雕、矢、磬，摶埴工陶、旊」者同。乃學堂偏求備，下同鄉曲工匠，偏執各器。分工利益昭然，不能推工廠于學堂，明于此，暗于彼，當即改正。科舉專經雖有弊，本經不能成誦者少矣。乾隆中，改習五經而經廢，《富國策》亟言工匠兼治之害，學堂乃日接七八師、習十二三門功課，害甚兼工。縱有小效，拒力較多于愛力，虛擲光陰、空耗金刀于不覺者，不知其數矣。《論語》「無求備于一人」，以經學論，兼十四博士之長乃稱卒業，二千年專門經學中亦無其人，況經不過十數門之一。今之學堂，雖周、召、游、夏、韓、彭、蕭、曹、韓、柳，亦望而生畏。以中外古今不能有一之絶詣立爲章程，偏責常人，彼非不知其弊，特欲誇飾外人以爲美觀，流毒庠序，遺害國家，大非計也。必仿分工例，終身專門，終日專習，乃能有成。立法者以國事需才多，求全乃足用，不知分則多才，不可勝用，合則必至無一人可用。上以是求，下以是應，粉飾虛詐，流弊不可勝言。蓋欲求全才非無良法，局、廠用人不兼，並無乏人之患，蓋業精于專，用皆取長。縱身通百藝，官仍止一門，用其一而九十九門皆枉費心力。考門目多不過百，學以五百人爲額，一門五人，全國不下數千人，不患才乏。故分工有百利，兼治百害而無一利。各學門目雖多，大同小異，仿水師、陸軍、方言、算學例立專學，小學所習不入中學，中學所習不入高等，高等所習不入大學，門目自省。如經以十三科論，每堂百人，計八人治一，綽有餘裕。學者分業，用人者亦如局、廠，總辦因材器使，取諸偏長，合爲一局。不必求速成，無不速成矣。舊章十年兼治十門，合計每門不過一年，臨用又專取一門；以十人分任，一年而十年之功畢。又因譒譯一門定年限，于中國尤爲有害。取學業將成者盡棄之，别責之童蒙，聘師難，流弊大，舉數千萬①里之繙譯生中國，何以安置？中國情形不同，萬不可仿行。又，普通與專門先後可以互易，舊章先普通後專門，今先專門後普通。所謂普通，並非由約反博之旨，仍亦求全責備之説。古之博于門内求博，今則泛濫無歸，非數十年不能盡。必欲立此科，專門以後，聽人自爲。初發其端，别詳《學堂私議》。願我國推工匠于學堂，則彼此獲益多矣。

君弑，如隱事。臣不討

---

① 「萬」字原刻在「里」上，今據文意乙。

賊，諸大夫事桓。非臣也；據桓不卒大夫、隱無大夫。又，趙盾不討賊，書「弒君」。子如桓殺。不復讎，莊忘讎。非子也。辟莊與齊襄之會盟。莊公之不能復讎，莊不卒大夫，桓無臣子也。葬，葬先君。生者臣、子。之事也，先舉葬而後稱公。《春秋》君弒賊不討，桓立爲君。不書葬，内外通則隱不葬，桓乃葬。以爲不繫乎臣子也。臣子從賊，凡在官者殺無赦，即是全國當刑。故桓、莊之世不卒大夫。疏董子云：「《春秋》之好微與？其貴志也。《春秋》修①本末之義，達變故之應，通生死之志，遂人道之極者也。是故君弒賊討，則善而書其誅；若莫之討，則君不書葬，而賊不復見矣。不書葬，以爲無臣子；賊不復見，以其宜滅絶也。」公薨何以不地？當地寢宫。不忍言也。《穀梁》：「公薨不地，故也。隱之，不忍地也。」隱何以無正月？《穀傳》：「隱十年無正。」隱將讓乎桓，故不有其正月也。隱自以非父命，有讓志，故于元年去即位、十年無正以成其志，因正其義。疏劉子云：「《春秋》之義，有正春者無亂秋，有正君者無危國，是以君子貴建本而立始。」按，隱雖不當立，既即位已久，臣民説服，當以社稷爲重，毋讓以啓禍端；乃不自謹，洩讓語于翬，翬譖于桓而身弒。則隱之弒，實隱自取也。

---

① 修：原作「之」，據淩曙《春秋繁露注》改。

公羊春秋經傳驗推補證第二

桓公名允，惠公子，隱公弟，弑隱而自立。桓無王者，弑君大惡也。會皆月者，爲薨于齊。不卒大夫者，爲不討桓，從逆皆誅之。

元年《年表》：桓公元年，周桓王九年，齊僖公二十年，晉哀公七年，宋殤公九年，衛宣公八年，陳桓公三十四年，鄭莊公三十三年，蔡桓公四年，楚武王三十年，秦甯公五年，曹桓公四十六年，杞武公四十年。

春，王正月，公即位。先君已薨，新君初立，必言即位，然後國有君。《春秋》于踰年乃書者，不可一年二君也。即位例書，不關行禮不行禮。杜説《左氏》以元旦爲即位。疏《魯世家》：「公子翬使人弑隱公于蔿氏而立子允爲君，是爲桓公。」

繼弑君不言即位，繼故君，不忍即位，明有恩于先君，臣子之大例。此其言即位何？變例必有所起。如其意也。貪位故行弑，内不言弑，但言即位，以責其弑。董子云：「桓之志無王，故不書王；其志欲即位，故書即位。即位者，以言其弑君兄也。不書王者，以其言①背天子。是故隱不言正、桓不言王者，從其志以見其事也。從賢

① 原刻無「言」字，據凌曙《春秋繁露注》補。

之志以達其意，從不肖之志以著其惡。由此觀之，《春秋》所善亦善也，《春秋》所不善亦不善也，不可不兩省之也。」

三月，公會鄭伯于垂。諸侯于其封內三年稱子，此稱公何也？緣始終之義，不可曠年無君，故著其君也。會者，外爲主焉爾。此與隱公八年遇垂相起。允弒兄自立，以許田賂鄭以相結，如齊人取濟西田也。《春秋》十二公，唯桓記十五會，以薨于外，謹之也。襄公盟會多，記七事而已。疏 三月乃記外事。亦爲三月以首事。

鄭伯以璧假許田。假不言以，言以者，非假也。非假而曰假，諱以田賂鄭也。濟西田不言假，此言者，宣惡滅于桓，此又天子田，故諱之深，如假之者然。疏《魯世家》：「桓公元年，鄭以璧易天子之許田。」

其言以璧假之何？據求、乞皆不言以。易之也。言以璧，明是以璧易地，非實假。易之，則其言假之何？辟易言假，必有所爲。爲恭也。爲內諱易，託爲恭遜之詞。《王制》：諸侯有功，取于閒田以禄之；有過，絀地歸之閒田。故《春秋》齊、晉言田，以二伯得絀陟我也。鄭亦言田，鄭時爲王左卿士。曷爲爲恭？據侵地猶直言取、入。有天子存，所謂有王也。桓無王，故以王法言之。則諸侯不得專地也。此從不得專封推之。禮：二伯得專征，方伯得專殺，而不得專封。以征、殺急而封國緩，必稟命，不得自專，故不敢。不能專封，則諸侯受于天子之地亦不得自專，故不敢言易，但託于假。侵、伐言取、入則以兵事，或力不能守，或以强侵人，罪有別科。若安閒無事而擅易封地，則事輕而情重，反不可言。許田者何？許爲外州國，名內田而繫之許，疑其非例。《王制》諸侯有功者以閒田禄之，有過削地歸之閒田。封地不可易，惟田可以加、削。故《春秋》凡內地取與皆託之於田，此閒田大例也。魯朝宿之邑也。魯爲方伯，以此相起。諸侯時朝乎天子，《王制》：「諸侯之于天子，比年一小聘，三年一大聘，五年一朝。」義與《公羊》説同。天子之郊，謂居行兩京。諸侯皆有據禮制言之。如在西京則西岳，諸侯亦必有。朝宿之邑焉。《王制》：「方伯爲朝天子，皆有湯沐之邑于天子之縣內，視元士。」按，謂方伯五十里也。其地取于天子之閒田。餘詳《解詁》。此魯朝宿之邑也，則曷爲謂之許田？據魯邑必有名，當出本名，今乃言田，又繫許。諱取周田也①。乃王閒田，非許所有。出本名，則是取周田，如《左傳》言取天子邑，諱之，不言王田。諱取周田，則曷爲謂之許田？據圍郊猶言恐是許田。繫之許也。以閒田繫之許耳，實非許田。曷爲繫之許？不目別國獨目許，必有所爲。近許也。因近，故以許託之。此邑也，其稱田何？據指許邑名，獨目田，與實相反。田多邑少稱田，邑多田少稱邑。此謂從其重者言之，實則邑重而田輕。凡内取外邑、外取内邑，乃言田，以避重言輕。至于專記外事，不言田也。《補例》：田者何？閒田也。閒田者何？一州封二百一十國，餘封附庸，餘閒田方百里，十歸之方伯，以爲加禄也。禮削地者歸之閒田，三監居于閒田，各掌方百里者三，食其禄。本封不可授，閒田可以出入，故《經》于二伯與鄭，取、歸皆以田目之；明二伯得陟絀方伯閒田。《傳》以爲田多邑少者稱田，一家之説。

夏，四月，丁未，公及鄭伯盟于越。及者，内爲志焉耳。越，盟地，何爲與國名同？不嫌也。鄭稱伯不嫌爲爵者，《春秋》三錫命以上乃書，于《經》無伯、子、男之國，故不嫌也。會垂盟越皆爲許田事，罪惡不待貶絶。

秋，大水。董子説：桓弑兄隱公，民臣痛隱而賤桓。後宋督弑其君，諸侯會，將討之，桓受宋賂而歸，又背宋，諸侯由是伐魯。交兵終讐，伏尸流血，百姓愈怨，故十三年夏復大水。

何以書？記災也。有備則水不爲災。凡記災，譏不能以新法養民，宜因所書備之。

冬，十月。無事何以書？不遺時也。《春秋》編年，四時具而後爲年。疏《春秋》首時過則書，《詩》篇名有「正月」、「四

① 也：原脱，據《春秋公羊傳》補。

月」、「七月」、「十月」，即首時之義。《齊詩》所謂四始：在寅木始，在巳火始，在申金始，在亥水始。

二年

春，王正月，戊申，宋督弒其君與夷，及其大夫孔父。孔父名嘉，孔，字也，父猶傅也，男子之美稱。宋大夫尊可以稱字，故因爲祖也而稱字。孔父先死，言及者，君尊臣卑，言事之序也。《春秋》弒賊不惟其身不復見，其子孫亦不復見，明當絕也。凡弒而氏者皆此例。下華氏世卿，此如見華，是弒賊世也。下見華氏，則此不可言華氏，故去氏。趙盾子孫見者，非實弒；欒氏見者，亦于弒不見。陳夏齧見者，徵舒已討也。《春秋》時有追討弒賊之事。疏《宋世家》：「殤公十年，華督攻殺孔父，取其妻；殤公怒，遂弒之而迎穆公子馮于鄭而立之。是爲莊公。」

及者何？據兩下相殺稱殺，此蒙弒例。累也。因弒君連累賊之，若別敘，反如三郤之類。嫌賊黨，故蒙弒言之，以見死君之義。弒君多矣，《經》書三十六，不書者猶多。疏當時弒君殺相，頗與今泰西相似。十八國記卒葬，書弒已三十六，合千七百國計之當百倍，今數得三千六百見。自有《春秋》而亂臣賊子懼，古法亦如泰西寬縱，《春秋》乃嚴討賊之義，由中及外。泰西後來必遵《春秋》，改行孔子制。舍此無累者乎？據此先死，疑獨得爲累。曰：有。仇牧、荀息，皆累也。死後得爲累，但同一事，乃言及。舍仇牧、荀息，無累者乎？據《經》只書三人，殉君難者不止三人。曰：有。《春秋》書及者必大國，故于宋、晉言之。方伯以下不見，從省文可知，如叔仲惠伯是也。有則此何以書？據有不見《經》者則書之，爲特筆。疏據《左傳》則不書者多，《經》削之，不以死君許之也。此先師據《國語》之文爲說者。賢也。因賢特書之，非其比者可以類推。何賢乎孔父？問其事實。

孔父可謂義形於色矣。義者，爲君幹難死節。孔父蓋忠素著，爲衆所知，督等將爲亂，憚之，故必先殺而後敢弑。此其義形於外，爲衆所素信。隱、桓無臣，故内弑於弟而無討賊之臣，外死于齊而無復仇之子。因其無臣，人乃輕而弑。賢孔父，所以著臣節也。其義形於色奈何？督將弑殤公，孔父生而存，則殤公不可得而弑也，故《春秋》君弑，凡在官者皆有罪也。故於是先攻孔父之家。此義形于色之實。《左傳》：「君子以督先有無君之心，而後動於惡，故先書弑其君。」與《傳》同。殤公知孔父死己必死，趨而救之，皆死焉。殤公知孔父賢，用之不專，故致此禍。《左傳》所謂公怒督懼，遂弑殤公。孔父正色而立于朝，則人莫敢過而致難于其君者，孔父可謂義形①於色矣。謂消患于未萌，杜奸邪謀，無赫赫之功，此爲無益。言此以示人君當用賢，人臣當急難。《補例》：此華督也，何以不氏？爲其子孫諱也。何爲爲其子孫諱？弑賊宜絶，華爲宋世卿，故此不言其氏，君子所以嚴討賊之義也。

滕子來朝。上稱侯，此何以稱子？託號也。然則子不嫌爲爵與？曰：《春秋》三錫以上乃書于《經》，見《經》皆百里侯，凡伯、子、男之國通不見《經》，故不以爵爲嫌。不嫌爲爵，故初不嫌則稱侯也。子者，滕正稱也，侯爲正本爵，一見已明，故以下皆稱子。于此出朝，不及五年之期。疏今泰西君時往別國游歷，如修《大統春秋》，亦因其大小内外而制朝聘之禮。

三月，公會齊侯、陳侯、鄭伯于稷，以成宋亂。會下不繫事。《春秋》故宋，惟宋三繫事；如釋宋公、宋災，及此是也。以是内爲主。成者，事未成而成之之詞。諸侯伐宋，宋事將敗，公獨受賂，爲之成其事也。

内大惡諱，疏《穀梁》云：「於内之惡，而君子無遺焉。」書者，以爲小惡也。内小惡書，大惡不書，此《傳》先師以爲

① 形：原作「刑」，據《春秋公羊傳》改。

大惡，與二《傳》不同，宜細推之。此其目言之何？據會不繫事，此獨斥言目之。遠也。此以三世例爲說。據石經，嚴氏傳文止此，但云遠也，以下無之。疏《傳》獨于隱、桓言遠，以遠屬隱、桓。又云：定、哀多微詞，以近屬定、哀。《穀》云：「立乎定、哀，以指①隱、桓，則隱、桓之世遠矣。」與《傳》同。所見異詞②，所聞異詞，所傳聞異詞。隱與桓異，是爲所傳聞異詞。先秦傳受諸《經》，首以大傳爲主，繼有問答，皆爲總綱。若依《經》立解，隨文釋義，則又在其後。此爲嚴氏之本，與顔氏有異同，與別家尤多歧出。漢師《經》、《傳》皆由自寫，去取好惡，各有不齊；一家之中，不惟文字異同，亦且有無不合。如石經言顔、嚴異同，與《春秋繁露》、《白虎通》所引《傳》文爲今本所無，皆佚《傳》也。據此，知《傳》不足以盡公羊之學。漢《石經》公羊殘字《傳》桓公二年，顔氏有「所見異詞，所聞異詞」，下闕。疏再引《傳》文以爲說，詳見《三世異詞表》。嚴氏《春秋》是年無「所見異詞」三句，熹平石經從之，足見此《傳》嚴氏《春秋》乃宣帝以後一家之本。又，董子學早分，今《繁露》所引《傳》，有與《傳》同者、異者，知大綱明條各家大同，支餘小目，各以己意緣飾，不必皆受于師。故諸家大同小異，無一定本。隱亦遠矣，獨隱、桓言遠。曷爲爲隱諱？據隱輸③平遠于桓入，極諱滅諱獲，皆不目之。隱賢而賤桓④也。三世例中，又分賢否細例也。諸侯會稷本以討宋，桓公弑賊，首受宋賂，並爲和息齊、陳。《經》故目言之，使魯主其事。疏杜注《左傳》因《傳》以爲大惡，乃改成爲

① 指：原作「望」，據《十三經注疏》本《春秋穀梁傳》桓公十四年改。
② 詞：據《春秋公羊傳》，當作「辭」。下二句「詞」字同。
③ 輸：原誤作「輪」。
④ 賤桓：原作「桓賊」，據《春秋公羊傳》改。

平，與《經》意相反。《傳》訓平爲成，不可據以訓《經》之成爲平。《傳》之成意、成美、成惡之成，皆從此成字生例也。

夏，四月，取郜大鼎于宋。「齊人來歸衛俘」者，首惡于齊。此直言取于宋，明桓與宋同惡，獨舉其事而成之。疏《年表》：宋賂以鼎，納于太廟，君子譏之。

此取之宋，其謂之郜鼎何？據取郜取防不繫原主，鼎已入宋，則不必再繫郜名。器從名，名謂器本初之名，其物因人、地而異，則繫之人、地，如《經》之戎捷，《傳》之紀甗、垂棘璧、屈產乘，《書》之垂弓、和矢，《考工》之魯削、越斤①之類。雖其物易數主，皆繫初名；不繫初名，則同凡物，不足以爲寶。古質後文，今泰西諸國正如中土春秋以前，凡物造自何人，即以其名名之，甚至國都亦以君名名之。不知避諱之禮，中外古今相同。地從主人。郜地爲宋有，故繫之宋。地爲主，人爲客。若繫本初，則不可窮詰，且前後無異，不必追繫。器何以從名？器可移動，各爲所有，非所得專。繫名，則反嫌非後主物。地何以從主人？地者不可移動，主人雖變，其地不改。若帝邱、帝墟，後世猶繫。器之與人，器謂鼎，人謂宋。非有鼎爲郜所造，郜乃得有之，本非宋所有之物。即爾。即謂偶然相值耳。宋可以取之郜，魯可以取之宋，後來之主無窮，而最初之名不可沒。魯與宋皆即爾，非本主。宋始以不義取之，言始者，謂魯亦取也，亦所謂即者，取而有之爾。故謂之郜鼎。故目其原主之名。至乎地之與人則不然，情形與器全異。俄而可以爲其有矣，《左傳》所謂「一彼一此，何常②之有？」宋取郜，郜即爲宋之有；魯取郜，郜即爲魯之有。不知器有制造出產之分，終有所繫，不能隨事改移。故地可言有，器不可言有，器必繫原

① 此謂「越斤」，誤。按《考工記》有「宋之斤，魯之削」。

② 常：原作「嘗」，據《春秋左氏傳·昭公元年》改。

主，地可從後主。故《經》于列國侵地不繫原主也。然則爲取謂諸侯侵伐所取之地，如魯、宋之取郜是也。可以爲其有乎？既以地繫後主，謂可以爲其有，是許諸侯專地，争戰無休息也。曰：否。諸侯不得專地。争城争野，《春秋》所惡，有王者起，當正封域，繼絶興滅；凡地多者在所損，地少者在所益。不得因其力争而許之。何者？問何以不可。若楚王之妻媦，妻媦，如楚王取鄭二姬事。一説讀「之」爲「與」，楚僭王與妻妹，如齊桓姑姊妹不嫁之事也。無時焉可也。侵地之事與妻媦相同。《孟子》：「今魯方百里者五，子以爲有王者作，則魯在所損乎？在所益乎？徒取諸彼以與此，然且仁者不爲，況於殺人以求之乎！」

戊申，納于太廟。《王制》：「諸侯五廟，二昭、二穆，與太祖之廟而五。」言納者，不宜納者也。取亂人之鼎納于周公之廟，以周公爲不受也。此小事也，何以日？重之也。**疏**《魯世家》：「二年，以宋之賂鼎納于太廟，君子譏之。」

何以書？據受外物不言所置。譏。詞無貶絶，但取譏爾。何譏爾？據獻鼎于廟可無譏。遂亂遂亂猶成亂，謂稷會也。受賂，謂取鼎。納于太廟，奉辭伐罪，獻俘于廟。「齊人來歸衛俘」不言于太廟。非禮也。太廟之器，以天子所錫爲貴，或本地所出及鄰國貢獻之物。今取亂人之物以誣祖宗，非禮，並非正也。

秋，七月，紀侯來朝。紀何以稱侯？明百里國也。**疏**前見子、伯者，託稱也；此見侯不嫌，則出本爵，與滕、薛稱侯同也。言此，明與諸子、伯相起。先師以爲天子將娶于紀而封之百里者，誤也。齊、鄭將謀取紀，故親魯以自結。

蔡侯、鄭伯會于鄧。外離會不書，此何以書？鄧在會也。鄧者何？豫州國也。鄧侯離吾之鄧爲青州國，與此異。

疏《左傳》云：「始懼楚也。」鄧爲豫州國，此爲懼而會鄧亦在此也。《地理志》南陽鄧下云「故國」。

離不言會，謂外離會則不書之。不言猶不志。非謂離則不言會，蓋借致例之説，而意不同。**疏**舊《傳》文專説致君之例，凡魯公與外離會有會詞，至于致詞，則參會以上乃言致自會。凡離會者皆言地，如公會齊侯于頰谷言會，而致言公至自頰谷，不言會。此離不言會之本義也。若會則無論内外，凡離會者莫不言會。弟子以不言爲不書，故云離不言會，實則並無離不言會之事。如紀，非比也。**此其言會何？**問：離會則外不書，此何以書之？**蓋鄧與會爾。**鄧亦在會，則爲參會也。鄧地近荆州界，楚强而侵伐之。不言楚者，莊以前不出楚，以爲中國治也。疏此以國地之始，故發此傳。

九月，入杞。杞爲王後，與宋同，《樂緯》新周、王魯，故宋、絀杞，三頌説也。三《頌》中有魯無杞，故曰絀杞爲本義。《春秋》以宋首，以杞殿，亦得爲絀杞。疏不言其人者，諱之也。入杞後復見者何？得而不居也。得而不居，此入正詞，非諱滅也。使滅而言入，則杞爲中國。當日各有所見，故不嫌同言辭。

公及戎盟于唐。《詩》唐、魏爲晉先。疏隱、桓之世唯敘中原國，不見荆、揚、徐、梁四州之國，晉亦不見。一説唐、棠通，戎與潛同指齊。

冬，公至自唐。據《穀梁》「以此致遠」，知爲晉也。《詩》見齊不見晉，故莊以上不見晉。疏凡二人盟會爲離，猶儷也。《曲禮》「離坐離立，毋往參焉」。《補例》：何爲以地致之？離不言會也。參盟以上則致，言公至自會。凡離會則致地，桓盟不致，此致遠也。

三年《年表》：晉小子元年。

春，正月，公會齊侯于嬴。何以不言王？桓無王也。嬴者何？内邑也。言公會者，大國不言來。凡大國如魯境會公、大夫，通不言來，唯山東小國乃言來。疏無王者，以王法絶之，與文無天以天絶之同。董子云：「人之于天也以道受命，人之于人以言受命。不若于道者天絶之，不若于言者人絶之。故臣子大受命。」

夏，齊侯、衛侯胥命于蒲。董子説：「《春秋》紀纖芥之失，反之王道，追古貴信，結言①而已，不用牲盟而後成約。故曰：齊侯衛侯胥命于蒲。《傳》曰：古者不盟，結言而退。」疏桓之不盟亦結言也，此特目之。桓會盛，此爲惡盟見，故言胥命，非專惡盟也。

胥命者何？《經》言錫命，非此之比。相命也。齊大衛小，以大命小，彼此誠信相孚，不用盟。以胥爲相，相命而已，無須盟誓也。疏今泰西國主每與别國會盟，交涉約章。《春秋》凡盟會皆有事件，《左傳》多詳事由，古今同。何言乎相命？據相命小事，可不書。疏桓盟不歃血相命，但言會，不言相命也。近正也。正謂古道，近正者，未能純合于古。特書以爲式法。疏不出相命，反嫌無事相會，故特言相命以顯之。此其爲近正奈何？據盟不譏。古者不盟，結言而退。古者謂三王之盛，撥亂反正也。荀子云：「《春秋》喜胥命，而《詩》非屢盟，其心不一也。誥、誓不及五帝，盟、詛不及三王，交質子不及五伯。」《五經異義》「古周禮説有盟」，按《周禮》爲大地言之，今環球諸國盟約紛繁，未至一統，不協而盟，亦其常事。盟以解紛，不得已而用之。《春秋》二伯、方伯皆假此以脅衆，屢盟屢渝，是爲亂階，故不得不惡之。非禮本無盟誓也。疏按，荀子五伯，《穀梁》作二伯，《異義》以有盟無盟爲今古之分，非也。

六月，公會紀侯于盛。盛者何？近國也。盛，國也，會紀于此近國而同姓者。下紀盛當滅于齊，後盛歸我，爲郕邑。

---

① 言：原脱，據《春秋繁露》補。

疏按《左》、《穀》作郕。《傳》莊公滅郕，言盛當即此盛，字異。

秋，七月，壬辰朔，日有食之，既。日屬世界，以日爲皇，八行星爲八伯。皇、帝之法，專于奉天，大車、弧弓、枉矢專詳測步，以施政令。朔爲交會，以日食考訂。春秋時雖無皇、帝，而託之神靈。《尚書》「皇后憑玉几」爲虛設之位，非爲災祥，如漢儒之説。董子説：前事已大，後事將至者又大，則既。先是，魯、宋弒君，魯又成宋亂，易許田，無事天子之心，楚僭稱王，鄭射桓王，故二君相弒。

既者何？據食不盡言既。盡也。日食幾盡，言既與否，以詳食分數。于東北爲七月朔，于東南爲正月朔；于西南爲正月夜食，于西北爲七月夜食。

公子翬如齊逆女。目翬逆女見其與弒也。逆女者，親也，非親信不使。以此起翬弒，與公子遂同也。言公子者，明桓親信之人；又言公子，以起隱之貶也。與弒者宜誅絶。**疏**《魯世家》：「三年，公使翬迎婦于齊，爲夫人。」

九月，齊侯送姜氏于讙。《年表》：翬迎女，齊侯逆女，君子譏之。**疏**讙，内邑也。不言來者，方伯以上絶來。已去齊，故不言女。

何以書？據常事不書。譏。無貶絶。何譏爾？據送女常事，無可譏。諸侯越境送女，言于讙已越境。非禮也。《解詁》：禮，送女父母不下堂，姑姊不出門。此入國矣。何以不稱夫人？據入國例稱夫人。自我言齊，姜氏上繫送，由送以見。故就齊侯言之。父母之于子，父送女子。雖爲鄰國夫人，尊與己同相敵。猶曰吾姜氏。姜氏，從齊侯稱也。以此明父子之義。

公會齊侯于讙。《穀梁傳》：「無譏乎？曰：爲禮也。齊侯來，公之逆①而會之可也。」補例：齊侯已入境，其不言來何也？《春秋》非魯屬國不言來。《春秋》凡山東小國于魯有來文，凡外州國通不言來，決尊卑統屬也。以言會者，不許之詞；以見逆者，非此于讙行親迎禮也。禮，親迎于渭，亦親迎于郊。諸侯有土，亦可郊迎。

夫人姜氏至自齊。《穀梁》：不言翬以之來者，「公親受之于齊侯也」。

翬何以不致？據遂以夫人至致。得見乎公矣。夫人與公相見，如自逆者。然則言夫人至可矣，不須言翬矣②。

冬，齊侯使其弟年來聘。大夫來曰聘。齊大國，故見聘。凡二伯、王後、方伯言聘，言聘者無朝，言朝者無聘也。桓公世，諸侯使來聘、盟兩記。「其弟」餘無所見，以見人君其兄，而桓不然也。

有年。《春秋》不記符瑞，惟有年書，重民食也。民以食爲天。《穀梁傳》：「五穀皆熟，爲有年也。」疏《春秋》記有年，亦爲危之。國無道而年豐，天稔其惡，故于桓、宣二世書有年。

有年何以書？據記災以重民，此有年不足言。以喜書也。重民者見災而懼，有年則爲民喜，故書。大有年何以書？疑與有年異。亦以喜書也。與有年同。小災言火，大災言災，因其實分别記之，無異例。此其曰有年何？據不言大。僅有年也。不及大盛。彼其曰大有年何？大豐年也。與大水、大災同。僅有年，亦足當喜乎？恃有年也。君以民爲本，民以食爲天，故小災而記，不必大災，以懼而書，有年亦不

① 「逆」上原刻衍「此」字，今删。
② 矣：原作「以」，據文意改。

必大而乃書。君重民命，小豐已喜，不必書大。一喜一懼，皆以爲民。

四年

春，正月，公狩于郎。冬曰狩。于春言狩者，周之春，夏之冬，明《春秋》用夏正。獲麟書春言狩，亦明用夏正。《春秋》終于十三年之冬，非終于十四年之春。《春秋》祭祀田獵皆用夏正。

狩者何？據《經》言天王狩①河陽，問其同異。**田狩也。**狩爲田獵，與巡守異。**春曰苗，**按，春秋之苗不見于《經》者，其事輕也；《傳》夏不見其文者，農事急，尤不宜田也。《王制》：「天子諸侯無事②則歲三田，一爲乾豆，二爲賓客，三爲充君之庖。無事而不田，曰不敬；田不以禮，曰暴天物。天子不合圍，諸侯不掩羣。天子殺則下大綏，諸侯殺則下小綏，大夫殺則止佐車，佐車止則百姓田獵。獺祭魚，然後虞人入澤梁；豺祭獸，然後田獵；鳩化爲鷹，然後設罻羅；草木零落，然後入山林。昆蟲未蟄，不以火田。不麛，不卵，不殺胎，不殀③夭，不覆巢。」是田獵以秋、冬爲重，正也。四時祭，秋、冬爲祫，故《經》見秋冬而不見春夏。四時田，秋、冬爲正，故《經》見蒐狩而不見苗獮。此《經》意與《王制》相合者也。**秋曰蒐，冬曰狩。**分別田獵之名。董子説有夏田之文，《傳》不言者，《王制》曰：「天子諸侯無

---

① 狩：原誤作「守」，據《春秋公羊傳》僖公二十八年經改。

② 無事：此二字原脱，據《禮記·王制》補。

③ 殀：原誤作「妖」，據《禮記·王制》改。

事則歲三田」，蓋文備四時，夏無事，則重農不田，有兵事乃田耳。《傳》與《穀梁》同。故劉子《穀梁》兩存其說。漢師以爲《傳》專主夏不田者，非也。常事不書，此常事爲每年照例奉行之事，如視朔、時祭之類。每年三田，二百四十二年七百三十六次，故《春秋》于照例奉行之事削之。此何以書？譏。何譏爾？據常事無所貶。遠也。地郎者遠。《解詁》：禮，諸侯田獵不過郊。諸侯曷爲必田狩？一曰乾豆，二曰賓客，三曰充君之庖。說詳《白虎通》。

夏，天王使宰渠伯糾來聘。此天子通佐大夫也。董子《爵國》云：「天子通佐七，上卿與下卿而二百八①十人，法天庭之象，倍諸侯之數也。」又云：「有七上卿，二十一下卿，六十三②元士，百四③十九下士。」按此以三輔一，當爲百八十九下士，共得二百八十八。疏 董子去四十人不數，蓋以合二百四十之數，舉成數言也。此宰蓋太宰，亦冢宰；與周公攝政、冢宰爲司徒兼官者不同。

宰渠伯糾者何？據天子大夫不名，此稱伯而又官、名兼見也。天子之大夫也。王臣之大夫。《傳》曰：古者上卿下卿上士下士即皆指通佐言之，此言大夫，當是下卿，下卿大夫也。其稱宰渠伯糾者何？以名字見。下大夫也。《傳》之大夫即卿，下大夫者即所謂下卿，二十一人之列。《王制》「下大夫五人」，即同此秩。天子正官四選：公、卿、大夫、士，《傳》不言上下，通佐與正官品秩不同，爲上卿下卿上士下士；《傳》曰：古者上卿下卿上士下

---

① 八：原作「四」，據淩曙《春秋繁露注》改。

② 三：原作「四」，據淩曙《春秋繁露注》改。

③ 百四：右引淩氏《注》作「百二」。

士凡四等，此通佐之四等，與正官合合①下士爲五等不同。此稱下大夫，則二十一人之職也。正官大夫同等，卿稱子，大夫但字，士但名。大夫②在卿佐與士之間，故名、字並見。

秋，七月。此《月令》説。大地中合五帝爲五時一日之内，三百六十五日七十二候③，節候全備，月令周游，彼此相反。據《左傳》傳文，秋、冬二時皆有事。

冬，十月。無秋、冬者，譏王違天，不討桓而下聘，故不成年也。下聘非禮，加于無王之人，桓則無王又無天也。文無天，譏在文也。此去時，譏在天王也。秋、冬主殺，不討桓，無王法也。

五年

春，正月，甲戌，己丑，陳侯鮑卒。《左襄二十五年傳》：「桓公之亂，蔡人欲出其君④，我先君莊公奉五父而立之。」又云：「蔡人殺之，我又與蔡人奉戴厲公。」疏《陳世家》：「桓公三十八年正月甲戌己丑，桓公鮑卒。桓公弟厲公，其母蔡女，故蔡人爲厲公殺桓公太子免。桓公病而亂作，國人分散，故再赴。」按：《世家》有誤字，今校定本詳于《補證》。

---

① 疑衍一「合」字。

② 大夫：按文意當作「下大夫」，疑原刻脱「下」字。

③ 候：原作「侯」，據文意改。下「節候」之「候」同。

④ 欲出其君：《左傳》原作「欲立其出」。

曷爲以二日卒之？據諸侯無二日卒。怴也。怴，當爲疑。《穀梁》「疑以傳疑」。甲戌之日亡，《穀梁》云：「陳侯以甲戌之日出。」當是太子免因亂奉陳侯疾以出。己丑之日死而得，《左傳》：「于是陳亂，文公子佗殺太子免而代之。公疾病而亂作，國人分散，故再赴。」疏按：《左傳》云「公疾病而亂作」，是陳侯出亡後見殺，如齊桓事，閉之空室，蟲出户外而後知之。桓病而佗争國，殺太子，不復視疾，久而後得其屍，不知死于何日。本謂因亂出，病在牀縟，師説則以爲狂疾出亡，故人疑之。君子疑焉，君子，孔子也。《左傳》云「再赴」者，非謂來赴二次，即謂所以連用二日之意。使如赴辭，即兼始終二日，不能定。故以二日卒之也。闕疑，不敢實指，故以二日書之。疏按：此傳舊以爲《三傳異義》是誤注再赴之義，以爲再來赴，使再赴亦不應異日。「國人分散」，即無人視疾之意。

夏，齊侯、鄭伯如紀。外不言如，言如，非如也。非如而言如，明襲紀。疏如者朝文。齊、鄭大國，如紀者非如也，起其襲紀。紀有備，無功而還。《春秋》書如，若二國朝之者然，所以深惡齊、鄭。外離會言會，如「齊侯、宋公會于洮」是也。外相如不書，舊傳文。此何以書？如非實如。如者，内之朝聘文。齊、鄭大國，不應朝紀，知别有所起。離不言會①。借離之不言會，以見其實非如耳，非引致例以説離會也。離而言會者多矣，齊、鄭會亦不于紀。當云謀襲紀，其事未成，不可言襲，故云如。疏《傳》數引離不言會，皆假以起義。或乃拘文以害其意，致與《傳》例反矣。

天王使仍叔之子來聘。《春秋》小統地不出三千里，以王爲至尊；《經》通其義于大同，故以王屬天，稱天王，亦稱天子。王爲爵稱，天王之天爲皇天，天子之天爲倉天。《尚書》「皇后憑玉几」，《論語》以皇、皇后帝解之，以皇爲天王之天，后爲

---

①「會」下原有「也」字，據《春秋公羊傳》删。

天子之天。帝、王同稱天子，天有大小。疏此亦譏世卿也。言之者，父在之詞；父在而代政，亦世卿之常事。故于其事譏之。桓惡人，不朝天王，王比年使人下聘，失禮之甚。此見王室之卑也。

仍叔之子者何？據與武氏者異。天子之大夫也。已受命代父爲大夫矣，故來聘。其稱仍叔之子何？既爲大夫，可直稱而字之，不必繫于其父。譏。何譏爾？據世卿譏。已見。譏父老老謂致仕。禮：七十縣車致仕。子代從政也。此卿世也。父死子繼與父老子代皆世卿之事，各隨所見譏之，《經》意乃明。

葬陳桓公。方伯葬例月。時者，有亂，略之也。疏禮：討賊乃葬。佗踰年乃殺，何不于踰年乃葬？非弑，亦非亡國也。

城祝邱。此與城中邱皆益城也。

秋，蔡人、衛人、陳人從王伐鄭。《孟子》：「春秋無義戰。彼善於此則有之矣。征者，上伐下也。敵國不相征也。」王伐鄭則當言征，言伐者，王不在師，三國奉命而伐之詞也。所以然者，王師敗，射中王肩，諱之。諱，故避以爲王不在師中。王命伐鄭，則言伐鄭而已，言從者，非從也。非從而曰從，所以起王在師也。此非微者。其曰人何也？諱以諸侯從王而敗，故微之也。疏《鄭世家》莊公三十七年：莊公不朝周，桓王率師陳、蔡、虢、衛伐鄭。莊公與高瀰渠發兵自救，王即大敗，射王中肩。

其言從王伐鄭何？據《春秋》託二伯，討亂無言從王者。奉命而討罪，通不言從王也。從王正也。以爲從王得用兵之正。《補例》：一言正以見不無義戰也。春秋諸侯大夫用兵皆專行，詞不言，以一言正例以通其餘，以見二伯、方伯之兵皆從王命，不可勝言，故不言，以一正百也。三國，方伯也；諸侯有罪，奉王命以征討之。《春秋》惟此行有王在師中，故特言從王。《春秋》爲無王而作，《論語》云，征伐自諸侯蓋十世，從隱、桓至宣公也。天子不專征伐，故以從王言之。

大雩。**疏**言雩，旱雩而得雨也。與記災同例，所以重民。董子説①：「大雩者何？旱祭也。難者曰：大旱雩祭而請雨，大水鳴鼓而攻社，天地之所爲，陰陽之所起也；或請焉②、或怒焉何？曰：大旱者，陽滅陰也。陽滅陰者，尊壓③卑也，固其義也，雖太甚，拜請之而已，無敢不加也。大水者，陰滅陽也。陰滅陽者，卑勝尊也，日食亦然，皆下犯上以賤傷貴者，逆節也，故鳴鼓而攻之，朱絲而脅之，爲其不義也。此亦《春秋》之不畏强禦也。故變天地之位，正陰陽之序，直行其道而不忘其難，義之至也。是故脅嚴社而不爲不敬靈，出天王而④不爲不尊上，辭父之命而不爲不承親，絶母之屬而不爲不孝慈，義大矣⑤。」

大雩者何？據祭祀不言大。旱祭也。因旱而大雩，大則旱亦大。雩制詳董子。然則何以不言旱？據雩由旱起，當先旱而後雩。言雩則旱見，雩爲旱起，言雩則旱之意見。蓋雩而得雨，言雩，明君能悔過應天也。言旱則雩不見，旱必需雩，而不得雨則雩無功，可不必言。故雩而雨則言雩，雩之不得雨者，乃言旱也。何以書？據與旱異文。記災也。與旱同意。特言雩者，輕也。

蝝。虫災也。虫害五穀，有病于民，故書之。

---

① 説：原誤作「記」，據文例改。
② 焉：原脱，據《春秋繁露》補。
③ 壓：原作「下」，據凌曙《春秋繁露注》改。
④ 而：原脱，據凌曙《春秋繁露注》補。下句「而」字同。
⑤ 義大矣：《春秋繁露注》作「義矣夫」。

何以書？記災也。隱言螟，桓言螺，莊一言螟，以後皆言螺，螺重于螟也。始詳小災異，後詳大災異，此記災異三世異詞之分。

冬，州公如曹。與赤歸于曹比。疏州者，青州連帥國也。公者，失地之君也。《春秋》記諸侯國以百二十國爲數，内魯詳，常記六卒正，並見十九屬國；至于外七州，一州通見七國名，以備七卒正之數，無論存亡。六州以七爲限，故外七州通見四十九國名，以應其數。此《春秋》立國之大綱也。如者朝文，如曹，朝曹也。連帥事卒正，如卒正事方伯之儀。一見以起之。失地而以朝言之者，與鄧、穀同。

外相如不書，如者朝文。外朝通不見如，見魯如。疏再啓《傳》齊、鄭以大如小非實如。此乃真如，小如大也。

此何以書？問此一見之意。《經》本以一見見其禮制。過我也。此本末之例也。有其末，不得不録其本，如鄭詹奔齊之本也。

六年《年表》：陳佗元年。

春，正月，寔來。無間事，故不再出州公。魯爲青州方伯，唯青州國乃言來，外州國君通絶來文。青州國失地君來言朝，如鄧侯、穀伯是也。州爲連帥、失地君，先朝曹，後來朝魯。言此以明以小事大、遞朝之禮，故言實來以起之也。

寔來者何？禮有實來之文，實非名氏。「鄭詹自齊來歸」，言鄭詹也。猶曰是人來也。實猶《左傳》「叔氏實來」，實上不言人。孰謂？問是人爲誰。謂州公也。中無間事，從省文可知。曷爲謂之寔來？雖無間事，已踰年，當遂來。下亦當言朝。慢之也。穀、鄧待之如初，乃言爵言朝；此言實來，輕忽之辭，禮儀簡畧，不詳備。曷爲慢之？據與鄧、穀同地君，不應獨慢。化我也。哀《傳》曰「願諸大夫之化我」。無行過，無禮之義，謂不能其朝禮，但云來，所謂不能朝也。穀、鄧既已見義，此論其實也。

夏，四月，公會紀侯于成。言侯不嫌者，以有朝文則號同。成者何？盛也。前言會盛三年六月，此言會成何？明一也。

秋，八月，壬午，大閲。不地者，于國也。大閲，春狩之事。不言狩而曰大閲，非狩也。夏之六月，無事而修戎，如用兵臨敵，以譏之，與祠兵相起，此不爲例。「國之大事，在祀與戎」。重之，故從日。

大閲者何？問與蒐、狩異同。簡車徒也。據方伯乃言車徒衆、閲兵車徒衆，與田獵不同。《刑法志》：「春振旅以田，夏茇舍以苗，秋治兵以獮，冬大閲以狩，皆于農隙以講事。五國爲屬，屬有長；十國爲連，連有帥；三十國以爲卒，卒有正；二百一十國以爲州，州有牧。連帥比年簡車，卒正三年簡徒，羣牧五年大閲車徒。此先王爲國立武建①兵之大畧也。」何以書？據侵伐多，閲兵亦常事，何以記此。蓋以罕書也。蓋者疑詞，罕者不常舉也。《刑法志》方伯五年一大閲車徒，五年一舉，則非常事。以罕而書，與常事不書異矣。兵事何以用剛日？外事用剛日也，文見《曲禮》。舊傳佚文：侵伐不日，治兵大例，何以日？治兵②大閲，以日計者故也。

蔡人殺陳佗。佗者，五父也。《左襄③二十五年傳》：「蔡人殺之，又與蔡人奉戴厲公。」殺不言弒者，非臣民也。人者衆

① 建：《漢書》卷二三《刑法志》作「足」。
② 治兵：上原衍一「治」字，今删。
③ 襄：原作「傳」。

討，比國有罪。**疏**《陳世家》：「佗取蔡女，蔡女與蔡人亂。佗數如蔡淫。元年，佗所弑桓公太子免之三弟，長曰躍，中曰林，少曰杵臼，共令蔡人誘佗以好女，與蔡人共殺佗而立躍，是爲利①公。」

陳佗者何？以國爲氏，疑于微者。陳君也。譜牒有其名，且不相殺不道。陳君則曷爲謂之陳佗？據君宜言爵也。絶也。《論語》「繼絶世」。絶者誅，並黜其子孫不得立，別選先君子孫承立，以奉國統，《春秋》之大法也。貶者摘其爵，誅者罰其身，絶者罰及子孫。此刑法之次第。**疏**陳討②亦如州吁、無知，此討③罪之詞，因討於外故氏國，殺太子而立賊也。《傳》因其見殺之事論之，其本罪猶在此也。曷爲絶之？據非有大惡，罰不能如此之重。賤也。白卑賤其身，如匹夫之行。故匹夫之所謂夫賤者，因其自賤，故絶之，不有貴詞。其賤奈何？問其事實。外淫也。内淫已爲大惡，以國君承宗廟之重，而輕身外淫，不用諸侯之禮，是自賤其身，輕淫加重。惡乎淫？問外淫何所指。淫于④蔡，蔡人殺之。董子説：「陳侯佗淫乎蔡，蔡人殺之。古者出疆必具左右，備一師，以備不虞。今蔡侯恣以身出入民間，至死閭里之庸，甚非人君之行。」**疏**《田敬仲世家》：佗者，陳文公之少子也。其母蔡女。及文公病，佗兄鮑立，是爲桓公，桓公與佗異母。及桓公病，蔡人爲佗殺桓公鮑及太子免，而立佗。佗既

---

① 利：原作「厲」，據《史記》卷三六《陳杞世家》改。
② 陳討：疑當作「陳佗」。
③ 討：原誤作「詩」。
④ 于：原作「乎」，據《十三經注疏・春秋公羊傳注疏》改。

立，再娶蔡女。蔡女淫乎蔡人，數歸①，佗亦數如蔡。桓公之中子林怨佗殺其父與兄，乃命蔡人誘佗而殺之。佗之殺，以淫出國②，故《春秋》曰「蔡人殺陳佗」，罪之也。

九月，丁卯，子同生。因同生，乃名同。本傳以爲與桓同生，傳專就世子生立意。按：《春秋釋例》以爲莊公與季子同生，不合《左傳》、《史記》之文。本傳以慶父當繼立，則同生者或慶父。

子同生者孰謂？問同生爲誰。弟子如以同生爲疑，但問子爲誰，則云同者孰謂足矣。謂莊公也。師以莊公名同。舉世子，餘子可不言。疏按：當時嫡庶、長幼争立之事多矣，猶易明白詳其宜立不宜立。惟同生者，嫡庶長幼之説皆無所施，故《春秋》特舉此條以立法；此事明，立子之道盡矣。何言乎子同生？據世子生不書。喜有正也。喜有世子，故特書之。未有言喜有正者，此其言喜有正何？如喜有正，則凡世子生皆宜書，何獨書此一事。久無正也。因久無正，乃書之。《解詁》云其雙生也。文家據見立先生，質家據本意立後生，皆所以防愛争立也。疏此經師説也。書此以明雙生之禮，子生三月乃名，丁卯書子生不能有名，先君之本名史册亦不應直書。同生之同，與君名同，臨文不諱③也，因此及書。凡世子生，例不書也。子公羊子曰：《漢書·古今人表》、《藝文志》公羊子皆無其名，是名不傳也，後漢衛宏乃撰爲高、平、地、敢、壽等名，並數傳世系，于古無徵，皆出臆撰。「公羊」、「穀梁」蓋同爲「卜商」之轉語，公、穀爲雙聲，穀卜、羊梁商爲叠韻，本一名也。異地方音，文、字俱異，此例最

---

① 原刻脱此「歸」字，據《史記》卷四六《田敬仲完世家》補。

② 「國」字原刻脱，據《田敬仲完世家》補。

③ 諱：原作「謹」，據文意改。

多，亦名氏異字，本不爲奇。武、昭以後，不復知爲轉語，誤以公羊爲覆姓，與沈高魯、司馬、北宫同，遂加子字，稱爲子公羊子。後漢人僞撰名系，其誤久矣，今改正之。「其諸以病桓與？」其諸，疑詞。隱、桓尊卑也微，故有弑兄之禍，《經》特於桓子同生決明之，以絶亂源。蓋感于桓事而發，言以病辱之，不爲文姜之事。

冬，紀侯來朝。紀侯賢者，又與内爲婚姻，親魯而不能救亡，故詳録之，閔其亡也。

七年

《繁露》初詳《春秋》説，後乃歸極于陰陽五行。《公羊》大統齊學多言皇、帝，陰陽五行，皆皇、帝學也。

春，二月，己亥，焚咸丘。咸丘者，内地也。焚者，田獵焚以獵獸也。《曲禮》：「國君春田不圍澤，大夫不掩羣，士不取麛卵。」今于春時乃竭盡以求，非禮悖制，故重而日之。

焚之者何？據與入、取異文。樵之也。以薙焚之。此從田獵説，舊傳也。樵之者何？問其得樵之由。以火攻也。以火攻城，守者皆焚。此後師説，以咸丘爲邾婁邑也。何言乎以火攻？據用兵不一道，以火攻者多不指目之。疾始以火攻也。以火攻者，傷害最大，故于始疾之。疏 元、明以後，火器益工，至于外國尤甚。《傳》欲絶其源，故託始于此。咸丘者何？上師繫言丘，咸丘非國詞。邾婁之邑也。以須句傳説此事。曷爲不繫乎邾婁？據邑上必繫國。國之也。欲使邑如國，故不繫國。曷爲國之？君存焉爾。君者，魯君也。君存謂君在師中，以君而敵邑，故使如國詞。爲諱，故不言公，不繫以起公在。邾婁，子，不得言君也。疏 按，《傳》言内取邾婁邑，不繫者至于七八見，別無明文可證，二《傳》文又不皆同。蓋皆推一《傳》以説別事之誤，今不盡從之。

夏，穀伯綏來朝，鄧侯吾離來朝。此《春秋》興滅國之意也。伯在侯上，明非本爵氏國。禮：諸侯分國別有采邑，國亡者采不奪，其子孫食采。如今西洋滅國而不廢其名，其子孫食采地。此失國矣，猶稱爵言朝者，明有王者起，興滅國、繼絶世，此當復封之也。疏董子說：《春秋》當新王，故興滅國。

皆何以名？據諸侯不生名。失地之君也。據穀、鄧皆內邑。《曲禮》曰：「失地，名。」此舊傳文也。名者，誅絶之罪，失地而名，其罪至重也。其稱侯朝何？據實來也。不連伯言之者，名、字兼舉，大夫有其文，侯則爵稱最貴。貴者無後，待之以初也。謂待寓公之禮。穀、鄧爲青州國，故得如此。若外州國，則如州公而慢之。疏此青州之鄧也，與後會鄧之鄧不同。《左氏傳》以會鄧爲豫州之國，與此名同實異。

秋七月。《洪范》：「王省惟歲，卿士惟月。」一秋三月，白帝分司西極之制，于東震相衡對。

冬十月。《春秋》編年，四時足而後爲年，四時不足，不成年之詞也。四年于天王聘下去秋、冬，此年于亡國朝下去秋、冬。天子下聘，爲王之衰；亡國朝，爲朝之重。罪人不討而朝聘之，是無天之世。故去二時以明失討。天王初見則去秋、冬，諸侯終朝亦去之，又以終始見義也。

八年

春，正月，己卯，烝。烝，常事。日者，言內事用柔日，亦以爲大事也。《王制》曰：「諸侯礿犆、禘一犆一祫，嘗祫，烝祫。」《春秋》獨書烝者，爲其爲祫，大祭也。此正也，不書；書者，以正起不正，爲譏夏五月烝而書也。疏按：《禮記·祭義》

篇爲《孝經》説，《繁露・祭義》篇爲《公羊》立説。疑古書各經皆有《祭義》篇。

烝者何？據有二烝，疑非時祭。冬祭也。據二烝愈知爲冬祭。春而曰冬者，春秋祭祀用夏正也。春曰祠，《王制》作礿。夏曰礿，《王制》作禘。按《經》秋、冬祭有明文，春、夏不著；先師以意説《經》，多不同。疏《經》無明文，以意爲説，其實名異實同也。秋曰嘗，冬曰烝。《經》有明文，故《王制》同《左傳》、《孝經》，亦同《爾雅》，與《傳》文合。常事不書，時祭，舊例奉行之事；一年再書，則《經》當見四百餘條，故一概削之。此何以書？問筆意。譏。直書而失見。何譏爾？常事無可譏。譏亟也。爲夏五月復烝，見譏文。有其末，不得不録其本。亟則黷，亟，如《祭法》日祭月祀之類。黷則不敬。《祭義》、《孝經説》言春秋二祭有此義。疏按：此用《祭義》之文也。《祭義》本爲《孝經》説。《孝經》只見春秋之文，故《祭義》有春露秋霜之説，實則《孝經》亦四時祭錯舉其名，亦經名《春秋》，實包夏、冬而言。説《孝經》拘泥經文，不知下文，《傳》故明言四時祭，以此爲疏數。此義可以補證《孝經説》。君子之祭也，敬而不黷。《王制》：「天子犆礿，祫禘、祫嘗、祫烝。諸侯礿則不禘，禘則不嘗，嘗則不烝，烝則不礿。」是則每年只二祭也，故其文與《祭義》二者礿同。疏①則怠，怠則忘。疏，如《祭法》歲祭終王之類。《祭義》説二時祭亦有此文。諸侯降于天子，只用二祭，故先師引《孝經》二祭説以爲證。士不及兹四者，《王制》：「大夫士宗廟之祭，有田則祭，無田則薦。庶人春薦韭，夏薦麥，秋薦黍，冬薦稻。韭以卵，麥以魚，黍以豚，稻以雁。」士庶人猶有四時祭②，則諸侯亦必四時皆祭。唯祭有大小，二祭皆小祭也。則冬不裘，夏不葛。不祭則心

---

① 疏：原作「疏」，據《春秋公羊傳》，此「疏」字係正文，因改。

② 原刻無「祭」字，據文意補。

不敢安于自逸。《曲禮》曰：「君子將營宮室，宗廟爲先，廐庫爲次，居室爲後。凡家造，祭器爲先，犧賦爲次，養器爲後。無田禄者不設祭器，有田禄者先爲祭服。君子雖貧，不粥祭器；雖寒，不衣祭服。」皆此意也。**疏**祭葬何以皆柔日？內事用柔日。烝何以日？國之大事也。「國之大事，在祀與戎」，故日也。常事不書，此何以書？正也。正則何以書？因正以起五月烝之不正也。

天王使家父來聘。禮天子不下聘，何以不諱？方伯禮得聘，已見前矣，此何以書？五年之中三言來聘，譏亟也。**疏**家父，如叔服之例，蓋王子也。《詩》云「家父作誦」，父蓋字也。《春秋》字例言伯、仲，如父者皆有實字，如儀父、孔父是也；家如儀、孔，非采地。王子來，不言王子者，君前臣名，父前子名，言王子則當名。《春秋》天子大夫不名，諸侯公子視其大夫，則王子亦視大夫，故但字之。不氏而字，不能單言伯、仲，故必出實字。泰西一本尊天，人人自以爲天子，《春秋》乃立三本之制，故帝、王獨稱天子，以下皆不得祖天。

夏，五月，丁丑，烝。此不正也。因上之正，以見其不正也。**疏**魯自行春祠，《經》目以烝，非重用冬祭。

何以書？此非常事也。言何以書者，問其譏意也。譏亟也。譏其一年四祭，僭天子也。僭天子不可言，故託于亟祭。與上記烝相起。**疏**何以再言烝？非烝也。非烝而曰烝者，避僭天子禮也。黷則猶可言，僭天子則不可言也。周之五月，夏之春也，春祭不名烝，亦今應踰五月，復言烝。五月烝者，春祠也，避春祠不言而言烝者，爲其僭天子，不可言，故仍言烝也。《王制》：「唯天子四時皆舉，諸侯烝則不祠。」今烝而復祠，故再出烝以譏之，以明諸侯只二祭也。周禮當是四時皆祭，《春秋》乃辟天子，改爲二大祭，踰二時行薦禮。

秋，公伐邾婁①。公將不言帥，帥舉其重也。言公伐者，政在諸侯也。言伐者，惡公也。

冬，十月，雨雪。《周禮》：「地中，天地之所合也，陰陽之所會也②，四時之所交，風雨之所和也。」《列子》説：地中一寒一暑，一晝一夜；皇帝法天，謹于節候；霜雪非時，不能不記以謹變。且天人感召必于冬令。董子説：大夫專恣③，陰氣盛也。

何以書？據不害禾稼。記異也。異不爲災。何異爾？雨雪常事。不時也。夏八月不應雪，重寒，天時變也。

祭公來，遂逆王后于紀。董子云：「天子立一后，一世夫人，中左右夫人，四姬，三良人。」所謂天子一娶十二女也。又云：「王后置一大傅、母，三伯，三丞。世夫人、中左右夫人、四姬、三良人各有師傅」；王后御各五人，世夫人、中左右夫人、四姬上下御各五人，三良人各五人，王后傅上下史各五人，三伯上下史各五人，少伯史各五人。疏此王后内臣師保御史之數，三夫人九嬪二十七世婦八十一御妻皆外官之妻，舊説以爲天子備百二十女者談誤。不言使，譏不親迎；言遂，亦譏禮文不備。

祭公者何？周、祭，凡者，周公之後。《經》以魯爲主，故獨詳之。周公祭公，二公昔與魯同祖周公，凡亦因親乃係之。天子之三公也。《傳》曰：「天子之三公稱公。」《王制》：天子三公九卿二十七大夫八十一元士，以爲九十三

---

① 公伐邾婁：《十三經注疏》本《春秋公羊傳》作「伐邾婁」，無「公」字。

② 也：原脱，據《周禮》補。下句末「也」字同。

③ 大夫專恣：《漢書》卷二七中《五行志》中之下作「夫人專恣」。

國。義詳董子。**疏**王臣一國只見一官，同采皆子弟出爲監者。祭公王臣，祭伯、祭仲、祭叔，監也；單子王臣，單伯，監也。何以不稱使？據奉命皆當言使。不專使于我，故不言使，且譏不親迎也。**疏**《異義》：《公羊》説：天子與諸侯皆親迎，使人逆，非禮，故不言使。宋公使公孫壽納幣言使者，納幣不親迎①可言使，此親迎，不可言使。婚禮不稱主人。「婚禮不稱主人」，禮文也，至于史册所書，皆以君爲主；如宋稱公使是也。此爲親迎，不可使人，故無使文。《傳》以爲不稱使譏不親迎。遂者何？在來下逆上，文可省。生事也。來爲一事，逆別爲一事，故再遂以別之。大夫無遂事，遂事，如漢人之矯詔擅執。然王臣與諸侯大夫同，皆當受命于君，不能由己生事。是專己擅命，失臣節矣。此其言遂②何？**疏**言遂則得遂之，權變所在也。成使乎我也。成否由我而定，不復再通王命，亦不稱主人之意。其成使乎我奈何？問其禮制。使我爲媒，可則因用是往逆矣。爲媒可定婚，逆則必輕③。言遂者，輕忽之辭，所以譏也。女在其國稱女，内外同例。其稱王后何？據内入國然後始稱夫人。王者無外，此大一統之義也。王者天下皆其所有，不如諸侯有疆域之分，故雖在紀，與入國無異。其辭成矣。諸侯大夫之稱必其本國，王后則天下所同。既定婚，雖紀人亦稱爲王后，與天下同辭。故不待入國乃稱王后也。**疏**專與成，今所謂全權大臣，故得便宜行事。無遂事，非全權。

---

① 迎：原脱，據文意補。

② 「遂」下原衍「事」字，據《春秋公羊傳》删。

③ 輕：疑當作「親」。

九年

春，紀季姜歸于京師。凡書歸皆譏不親迎，如專行之辭。不使祭公得專逆事。

其辭成矣，已稱王后。則其稱紀季姜何？此當云王后歸于京師。自我言紀。女子無專行，凡嫁皆父母主之。父母之于子，以父母之義言之。雖爲天王后，尊。猶曰吾季姜。與齊逆姜氏《傳》同意。諸侯女爲王后，就君臣之義言之，則后尊而諸侯卑；以父子之義言之，則父尊而女卑。後世典禮有父母拜其女者，如事君之禮；《春秋》不奪人父子之親、絶歸寧之事，所以各申其尊也。京師者何？據諸侯言師。天子之居也。天子行在之地統稱京師，如巡于河陽亦稱京師是也。京者何？據諸侯不言京。大也。京，大也。加京于師，謂天子九軍數衆也。《詩》云「天子六師」，《書》曰「乃詔六卿」，六卿，六軍也。《爵國》篇：「天子方千里，定率得千六百萬口，九分之，各得百七十七萬七千七百七十七口，爲京口軍九。三京口軍以奉王家。」按：天子九軍，以百七十萬爲一軍；大國五萬三千三百三十三口，爲一軍；次國三萬六千四百口，爲一軍；小國萬三千人爲一軍。故天子稱京師也。師者何？據師非地名，乃言歸。衆也。爲兵之名，以衆得稱。天子之居，如天王居于皇之屬。必以衆大之辭言之。此《春秋》存西周之義也。平王棄西周于秦而東遷，《春秋》存之，不使秦主雍州，故稱秦伯，如以天子大夫爲留守也。東周稱京師者，言天子行在之所，非建都之地，故以京師言之。《春秋》魯公、大夫在師稱師，天王則稱京師。六軍大于二軍，天子出，一公守，二公從，二公統六卿，各主一軍爲六師，較諸侯師加大。故東周言京師，河陽亦言京師。《傳》不以爲王城，而以大衆説之者，此微意也。漢師不知此義，則直以京師爲周王城之名，與《傳》意背矣。

夏，四月。

秋，七月。

冬，曹伯使其世子射姑來朝。《穀梁》以使爲譏曹伯。射姑與内。疏小國不言使。此言使者，爲世子出。曹在卒正首，又爲朝乃出使，餘俱不言使也。

諸侯來曰朝，此世子也，周禮：世子稱孤，此爲小國之孤。其言朝何？據世子禮當下于君。《春秋》有譏父老子代從政者，此舊《傳》説也。譏父老子代從政，爲世卿而發者，《傳》于仍叔之子已言之是也。《傳》移此例，以説諸侯也。未知其在齊與？齊世子光會是也。曹與？本事是也。與者，疑而未審之辭。《春秋》譏父老子代政爲世卿而發，《傳》以推于諸侯，如後世太上皇禪内之例。父死子繼，正也；如此，是二君也。非正，故譏之。疏曹以下何以不稱使？小國也。何以不記災？小國也。《春秋》方伯以上乃稱使，陝以東國乃記災。

十年

春，王正月，庚申，曹伯終生卒。桓無王，其曰王何也？正終生之卒也。曹卒何以日？卒正之首，從正卒例，故詳世系也。日、名則與方伯同，貴賤不相嫌，與以下之降之見爲小國也。末國則以漸而升，居首則以漸而降，互文以見大義也。疏隱、桓不卒卒正，卒者，明射姑爲父病攝政也。君有疾不能聽政，世子監國可也，然事須稟命；今君在而行朝禮，實失臣子之道。言此所以禁後世内禪之事，不使有二君也。《曹世家》：「穆公三年卒，子桓公終生立。桓公五十五年卒，子射姑立。」

夏，五月，葬曹桓公。禮諸侯五月而葬，方伯以上用此禮，卒正以下則以三月爲期。《經》書小國葬多不及五月之期，又不書月者，多不可考，其過不及皆畧之。正月卒，五月葬，中只間三月，卜葬先遠日，死與往日則爲四月葬。因爲卒正首，加禮之。

秋，公會衛侯于桃丘，弗遇。此爲紀事，衛背約，不會公也。紀與魯親，齊欲取之，鄭從齊，公與衛約于桃丘，後聽齊、鄭。不與會公，與垂之會不見宋、衛同。桃丘者，衛之邑也。

會者何？據上言會，下乃不遇。期辭也。弗遇則不當言會，言會致其意。公與衛侯約會于桃丘，臨會衛侯背約，不會公。其言弗遇何？問先言會復言弗遇。公不見要也。《傳》：「遇者何？一君出，一君要之。」此言弗遇者，謂公已出而衛不要，故不遇。此外背期不見公，故下有郎之戰。

冬，十有二月，丙午，齊侯、衛侯、鄭伯來戰于郎。衛與齊、鄭相結，故不見公，而有此戰。戰不地，地者①，避城下之戰，如在外邑。

郎者何？郎爲内邑已明，因言來，故問之，恐爲國也。吾近邑也。據狩于郎故遠，則郎非近邑；就遠鄙相較，則爲近耳。吾近邑，是在外也。則其言來戰于郎何？據來盟在國辭。果在外邑，則不應來；如在國，則不應地郎也。近也。近者，謂城下之戰。避其實，故言近耳。惡乎近？近乎圍也②。此偏戰也。據結日而戰是正戰，非詐兵。凡結日戰皆剛日，外事用剛日也。何以不言師敗績？據詐戰乃不言敗。內不言戰，

---

① 「地者」下原衍一「者」字，茲刪。

② 原刻脱「惡乎近」二句，據《春秋公羊傳》補。

凡內敗外但言敗而已，不戰而後敗；外戰乃言戰而後敗。言戰乃敗矣。內諱敗不諱敵。可以言戰，不可以言敗，敗人則但敗。今言戰，則內敗可知。

十有一年曹莊公射姑元年。

春，正月，齊人、衛人、鄭人盟于惡曹。此皆君，其稱人，貶之也。何貶乎爾？爲滅紀貶也。此戰勝而盟也，齊、鄭皆欲滅紀，戰勝而盟，所以堅取紀之謀也。外盟時者，惡其志在滅國故也。

夏，五月，癸未，鄭伯寤生卒。日卒，正也。疏《鄭世家》：「四十三年，鄭莊公卒。」

秋，七月，葬鄭莊公。不及時而不曰慢葬。方伯月葬，正也。疏月者，方伯以上正例也。嗣子有亂，下已明，不于葬起之。

九月，宋人執鄭祭仲。方伯本封百里，食閒田方百里者九，共爲方百里者十。閒田方百里者九爲方伯，公費有更改。天子命三大夫爲監，專管閒田，一大夫管方百里者三，專爲方伯事。方伯本國自有三卿，專管本國事，不與方伯事。閒田如與方伯本國遠，則方伯如閒田，本國常須命人攝理。祭仲、單伯逆女，是以監者與方伯本國事，故《世家》以爲卿言之，此變而失正也。天子監當主方伯事，不可與本國私事；單伯與會、伐，此監者主方伯事，以內大夫盟、伐，則亦變而失正。內大夫管本國事，不可以攝方伯事。《經》書祭仲事，惡以天子監爲卿，故有奪嫡之禍。疏《鄭世家》：「祭仲有寵于莊公，莊公使爲卿，公使娶鄧女，生太子忽，故祭仲立之，是爲昭公。莊公又娶宋雍氏女，生厲公突。雍氏有寵于宋，宋莊公聞祭仲之立忽，乃使人誘召祭仲而執之。」

祭仲者何？據祭氏與王臣同，又不名，乃上繫鄭。鄭相也。相即《王制》所謂爲監，《傳》所謂爲大夫之命乎天子者也。《左傳》以爲祭封人，是也。疏不直稱大夫而曰相者，即謂仲爲監，如漢制天子爲諸侯置守、相。此《傳》原文也。何以不名？後來弟子不知祭爲王臣，采爲監制，乃疑不名。賢也。《春秋》無賢者不名例，當用天子大夫不名。疏以比孔父、季子，後師誤荅。何賢乎祭仲？祭仲廢君大惡，無可賢之理。以爲知權也。因前誤荅，設辭自圓。以爲賢，故以權許之。其爲知權奈何？問其實事。古者古者，謂東遷之初。《世家》鄭初于鄭，在畿内，秦之初縣杜、鄭是也。鄭國處于留，《地理志》陳留縣注孟康云：留，鄭邑。先鄭伯有善于鄶①公者，通乎夫人，國云鄶，以妘氏②。以取其國而遷鄭焉，《地理志》：鄭「本周宣王弟友爲周司徒，食采于周畿内，是爲鄭。鄭桓公問于史伯曰：周室多故，何以逃之？史伯曰：四方之國，非王母弟甥舅，則夷狄，不可入也。其濟、洛、河、潁之間有子男之國，虢、會爲大，恃勢與險，密貪侈冒③，君若寄帑與賄，周亂而弊，必將背君；君以成周之衆奉而伐罪，亦必克矣。桓公從其言，乃東寄帑與賄，虢、會受之。後二年，幽敗，桓公死，其子武公，爲平王東遷，卒定虢、會之地。」而野留。既遷于新鄭，以初所寄，故子之，留爲野。莊公死，已葬，七月葬，此事在九月。祭仲將往省于留，留與鄭别。新君立，往留巡撫之。塗出于宋。宋人誘召之，不必爲正塗。宋人執之，謂之曰：「爲我出忽而立突。」《鄭世家》：宋莊公聞祭仲之立忽，乃使人誘召祭仲而執之曰：不立突，將死。

---

① 鄶：原作「鄫」，據《春秋公羊傳》桓公十一年改。下「鄶」字同。

② 氏：原作「亡」。按鄶國妘姓，亡於鄭；鄫國姒姓，亡於莒。因改。

③ 密貪侈冒：《漢書》卷二八下《地理志》下作「崇侈貪冒」，當據改。

祭仲不從其言，則君必死、國必亡；祭仲不從，恐宋因而遂殺忽滅鄭。從其言，則君可以生易死，下出奔是也。國可以存易亡。無滅亡之禍。少遼緩之，則突可故出，而忽可故反。祭仲守義不固，以鄭人後來出忽納突，因貪權生變，事出意外，是初受刧而後反，宋亦無如之何。此言意，亦失。是不可得則病，謂不行則國必亡，君必死。然後有鄭國。謂君可以生易死，國可以存易亡。國重君輕，此古義也。《孟子》曰：「民爲貴，社稷次之，君爲輕。」亡君有君，國可以存。古人之①有權者，如伊尹之事。祭仲之權是也。以仲之廢君存鄭亦如伊尹也。《孟子》曰：「有伊尹之志則可，無伊尹之志則篡也。」祭仲，無伊尹之志者，事非其比。權者何？問權名義。權者，反于經，而後有善者也。以下論權之古義也。《論語》曰：「可與立，未可與權。」立即經，權者，因時事所格，不能守常，必隨之變化，乃能合道。如：大夫無遂，經也；而猶許公子結，以其救危，權也。如株守常經，所傷反大，必變正而合道，乃爲有道。善此權之所以反正合道也。權之所設，舍死亡無所設。死亡外無行權之理。行權有道，守經則可常行，行權有禁忌，不輕用。自貶損以行權，行權必有所妨害，惟所妨害專在我，乃可用之。貶損，如祭仲身被逐君之名以自污是也。不害人以行權。如于人有妨害，則失之不仁。既已反經，又復害物。若賣友趨利，則不爲也。殺人以自生，亡人以自存，君子不爲也。董子說：「權雖反經，亦必在可以然之域。」自救危亡而先害人，則不可；必如祭仲之事，自救而無害于人，而許行權。此因說祭仲，推論行權之事。《春秋》之權事多矣，當由此推之。宋人者，宋公也。其曰人何？貶之也。

① 古人之：原作「古之人」，據《春秋公羊傳》乙。

突歸于鄭。名突者，如段，當國之辭也。言歸者，其篡已明矣。美惡不嫌同詞。先言突歸而後言忽奔者，明祭仲挾之以行，以逐忽也。**疏**《鄭世家》：宋莊公誘召祭仲而執之，曰「不立突，將死」，亦執突以求賂焉。祭仲許宋，與宋盟，以突歸，立之。己亥，突立，是爲厲公。

突何以名？據當氏公子、言鄭。挈乎祭仲也。與魯納齊糾同。祭仲奉鄭突以爲君，故以當國言。其言歸何？據歸爲易辭。順祭仲也。言祭仲納之，故易不嫌善。歸者，美惡已明。

鄭忽出奔衛。春秋諸侯奔去，不得保其社稷者不可勝數，皆失道也。詳録之，以爲人君之鑒。各有所起。**疏**《鄭世家》：「昭公忽聞祭仲以宋要，立其弟突。九月辛亥，忽出奔衛。」

忽據歸稱世子。何以名？未踰年君，當稱鄭子。國君失地，名；疑以失地貶，故不稱子。《春秋》伯子男許男，曹伯，莒子。一也，同爲卒正。辭無所貶。此引杞子伯互稱舊《傳》爲説也。伯、子、男爲一等，即《傳》稱伯子男之意。《春秋》方伯例稱侯，小國稱伯子男。鄭以方伯稱伯者，從寰内諸侯例。《春秋》惟爵號一定之國在喪乃稱子，如宋、陳、衛，凡在疑似，通不稱子，齊、晉、鄭、曹是也。鄭以方伯稱伯，爲變例；在喪稱子，則與杞、紀同爲小國之文，故在喪通不稱子，爲避嫌耳。《穀梁》以爲貶之，引此爲説，明鄭忽所以不可稱鄭子之意。

柔會宋公、陳侯、蔡叔，盟于折。蔡叔者何？蔡侯也。蔡侯何以稱叔？以明兄終弟及之義，見季之繼乎叔也。何以獨于蔡見？曰：生不稱爵，死不稱公，皆異之也。何爲異之？以其非中國，乃恐與陳、衛同，故異其文也。

柔者何？不氏而外會，疑貶。吾大夫之未命者也。未命故不氏。故未三錫者，《春秋》必三錫以上乃書于經。大國大夫視小國之君，若吾上大夫，亦得稱氏見《經》，此下大夫，故不氏也。

公會宋公于夫童。夫鍾，内邑。桓世詳記宋事，凡十六書。**疏**《左傳》作夫鍾。

冬，十有二月，公會宋公于闞。闞，内邑。此何以書？一年再會，故月之也。

十有二年《年表》：鄭厲公突元年。

春，正月。

夏，六月，壬寅，公會紀侯、莒子盟于毆蛇。上言紀子伯、莒子，此云紀侯莒子何？明一稱也。以見子伯爲託號，侯乃本爵。盟拒齊之謀。疏《左傳》作曲池。

秋，七月，丁亥，公會宋公、燕人盟于穀丘。古者諸侯必有會聚之事，相朝聘之道①，號辭必稱先君以相接。南燕不敘會盟，敘者，一見例。

八月，壬辰，陳侯躍卒。方伯日卒，正也。《陳世家》：厲公立二年卒，立弟林，是爲莊公。令蔡人誘殺②厲公，故爲去葬；非佗子，不得爲絶。

公會宋公于郯。《左》、《穀》作虚。疏虚，内地。會例時。

冬，十有一月，公會宋公于龜。此何以月？一年再會，故月之也。此與去年相起。二年之中四會二盟，可謂親矣，

---

① 原刻脱「道」字。據《公羊傳》莊公四年補。

② 誘殺：原作「有殺」，據《史記》改。

乃與鄭伐宋，故悉録以譏之。《詩》云：「君子屢盟，亂是用長」是也。

丙戌，公會鄭伯，盟于武父。公盟日，正也。鄭伯突篡兄自立，公與相親，長養同類。

丙戌，衛侯晉卒。再日卒以決其立也。因前言立恐不明，故再出日以決之。子朔立事，意微而顯；《衛世家》：宣公殺太子伋，以子朔爲太子。十九年，宣公卒，太子朔立，是爲惠公。疏傳記相傳衛宣有納子婦事，《春秋》不絶者，不教而誅謂之虐。當時初離草昧，文明程度尚不及今西人。周本無昏冠諸禮，事雖有因，亂倫重罪，實爲人面禽行，故《春秋》不以科之。齊大國，太公之後，嫁女諸侯，重典隆禮，乃女爲壻父所奪，和好如常，從不聞以此生事，則當時諸國文明程度蠻野實甚。自孔教大盛，人皆以後例前，以爲周公制禮、春秋復大，皆失其實。大約春秋時局與今泰西平等，《春秋》已撥中國亂反之正，所謂見之西人以聖經漸革其俗，所謂聞知。齊學大一統，非此不足以統天下，無遠弗届也。

十有二月，及鄭師伐宋。丁未，戰於宋。《傳》以爲與宋戰，《穀梁》以爲與鄭戰。雖與鄭戰，避之如與宋戰。董子以爲背宋，是也。疏《左傳》：「遂師師伐宋，戰焉。宋無信也。」

戰不言伐，凡戰必地，觀其地知主、客。又，大小同，則伐者先言。故不言伐而可知。此其言伐何？同在十二月，此獨言伐，必有所取。疏據常文當云：十二月丁未，公及鄭師戰于宋。辟嫌也。不伐，則文有嫌而不明。疏不言伐則主、客不明。嫌，嫌疑。但云及鄭戰于宋，則如與鄭戰。惡乎嫌？問何所嫌。嫌與鄭人戰也。下既地國，丁未及鄭師戰于宋是與鄭戰，如《穀梁》所云。故伐而後曰戰，決爲二事，明非與鄭戰。言此者，惡公不信，與宋屢盟，又與鄭盟而伐宋，未知其言向背，故辟辭。使莒上無屢盟，則不嫌矣。此偏戰也。下曰與紀、鄭後曰同。何以不言師敗績？據紀、鄭戰言四師敗績。有鄭師，外辭當言敗績。內不言戰，以內爲至。言戰乃敗矣。內諱敗，言戰則敗，鄭亦從內辭矣。疏此因鄭在，故再伐鄭。

十有三年《年表》：衛惠公朔元年，陳莊公林元年。

春，二月，公會紀侯、鄭伯。己巳，及齊侯、宋公、衛侯、燕人戰，齊師、宋師、衛師、燕師敗績。與去年宋之戰比，一地一不地，一敗績一不言敗績。紀敍在鄭上①，以侯先伯。此南燕不曰南燕，從史文，北大南小，以北加大，故《傳》以爲信史。疏董子說：魯「又背宋，諸侯由是伐魯，又交兵結仇，伏尸流血，百姓愈怨。」不地，《傳》以爲在魯，《穀梁》以爲在紀，《左傳》以爲鄭事。《經》無明文，三《傳》互異，說者遂以爲歧；不知三《傳》本同，其各言一端者，參差見義也。燕不敍戰，敍者以明其餘。燕人者，燕君；稱人者，明不序，不能與公侯同也。宋以主兵，齊在宋上，託齊爲二伯也。

曷爲後日？鞍之戰先日後會，此内與戰，當日後言會、戰。恃外也。兵已深入，不能拒戰，得援兵乃能戰。疏主紀主齊，仇敵也。魯與紀結約，齊結三國伐魯，亦爲紀事。時鄭强，得鄭而敗四國，紀卒爲齊滅。謀國不臧。其恃外奈何？問其實。得紀侯、鄭伯，望救心切，故紀先到則先之。疏紀小國，在鄭之上，故稱侯。然後能爲日也。得兩國，然後能約日決戰。内不言戰，此其言戰何？内戰則敗，敗外直敗之而已。從外也。主外言戰，故從外言戰。曷爲從外？據戰宋有鄭，不從外。恃外，故從外也。因救乃戰，故從外辭。何以不地？據先師以爲龍門之戰，當地龍門。近也。近故不可言地。惡乎近？近乎圍。圍當爲國字。近乎

---

① 上：原脱，據文意補。

國都，兵臨城下。郎亦近矣，據圖讖言之。郎何以地？弟子不明圍義，猶以郎爲比。郎猶可以地也。近國則不可地，郎猶遠于龍門也。董子曰：「四國共伐魯，大破之。」龍門，魯之郭門也。

三月，葬衛宣公。方伯葬例月，嗣子不正亦月者，《經》有明文，不更假日月以見例，惟不明者乃假日月起之。**疏**宣者惡謚，《春秋》所制，以正善惡。衛宣上蒸下報，幾非人類，使在今日，必内不容於臣民，外見討於鄰國，何能靦然人面，得保首領！且當時有名諸侯似此者不一而足，可見當時文明不及今日；蓋六藝之制由孔子新立，春秋以後，乃修禮以自離夫禽獸。故曰《春秋》撥亂世反之正，爲萬世立法。

夏，大水。《月令》説以南極主夏，赤道以南炎帝所司，萬二千里。詳《時則訓》。**疏**澳、非爲東，尚主夏、主離。

秋，七月。《洪範》「王省維歲，卿士惟月」，一帝每方三月，合四帝十二月，爲皇之一歲。故《春秋》三月首時。《月令》説以西極主秋；西南與中國對，七月于西極爲正月。**疏**中國東北爲乾，爲春；南美西南爲坤，爲秋。

冬，十月。《月令》説以北極主東，黑道以北顓頊所司，萬二千里。詳《王居明堂禮》。**疏**北美西北爲冬，主坎。

十有四年《月令》説合三百有六旬成歲。大地法天三百六十五度、四維七十二候，八方各得三十六日。隱、桓治官府，用六合例。鄭居中，統二公四侯，如地球；皇帝居黄道，不見邦國都鄙、赤黑二道國。

春，正月，公會鄭伯于曹。鄭伯者，突也；公會者，惡公也。何以不敘曹？《春秋》之始不例數小國。桓何以記會？因薨于外，故録之也。莊公以下不會方伯，此何以會？鄭時無伯也。自有伯以後，則公會二伯，不會餘國也。會于曹者，曹爲主。此與十六年會曹相起。

無冰。地中一寒一暑，一晝一夜。謹天度記冰，當損益得中，皇、帝之道。疏董子說：「象夫人不正，陰失節也。」①時終而紀無冰，子、丑、寅三月皆無冰，終時乃記無冰三月也。三月爲人統，寅，《漢志》：「人者，繼天順地，序氣成物，統八卦，調八風，理八政，正八節，諧八音，舞八佾，監八方，被八荒，以終天地之功。故八八六十四，其義極天地之變。」

何以書？不爲災。**記異也。**異者，地易也。地球隨時皆有冰無冰之地，記無冰，是異地節候見于中國，因異地而然。時當有冰而無冰，事反常也。地學各詳經緯與節候，因其寒暑度數，以施政事。又，大統之學，天下均平，無過寒過暑之事。疏劉子云：周春夏冬，故當有冰。

夏，五。此傳疑矣，說詳《穀梁傳》。本《傳》傳疑，說北燕伯事，彼《傳》當引以說此事。疏此闕文例也。唐、宋以後，所言闕文皆爲此例。特闕文，《傳》皆有明文，不可以有義例者，統歸于闕文。

夏五者何？五下無月，又不繫事。**無聞焉爾。**師以傳疑說北燕。疏《論語》：「不知爲不知，是知。」又，「吾嘗及史之闕文」。

鄭伯使其弟語來盟。專兵者不言使，此何以言使？使聘禮也。疏來盟者，早定之盟。公與鄭伯春會于曹，已定約，此乃使人盟耳。凡非早定者，必聘而後盟。鄭伯突逐兄自立，桓殺兄之賊，故與交極深。既來盟，則不月，知夏五爲別條。

秋，八月，壬申，御廩災。董子說：「先是，四國共伐魯，大破之于龍門。百姓傷者未瘳，怨咎未復，而君臣俱惰，内怠政事，外侮四鄰，非能保守宗廟，終其天年者也。故天災御廩以戒之。」疏以魯國言，如此小災二百四十年中當數十百見。非有所見，不書。

---

① 象：原作「衆」，陰失節：原作「時陰節」，均據《漢書》卷二七中之下《五行志》中之下改。

御廪者何？問其名實。粢盛委之所藏也。藏米以備祭祀之所。御廪災何以書？所害者小，可不必志。記災也。因嘗乃記也，使下無嘗事，則不記矣。八月之間不易米，是以災餘而祭也。疏《春秋》如今世界大事記，乃大事多削、小事獨詳者，有所見乃書。小災猶記，以立祭祀之典禮。

乙亥，嘗。言日，以災相起，且明内事用柔日。不爲例。疏泰西不立廟祀祖，都人士乃知尊祖；非百年後，不能改用此禮。

常事不書，四時祭爲常行之禮，一年四行，書則一年當四書，故不書也。此何以書？譏。何譏爾？譏嘗也。曰：「猶嘗乎？譏有廪災而已。御廪災，不如勿嘗而已。」《穀梁》以爲未易災之餘而嘗。猶之爲言，可以已之之辭也。既已有災，可以勿嘗。疏西人專用宗教説尊天一本，必正名以後，惟帝王乃得稱天子，卑者卑稱，詳姓氏，尊祖父，然後廟祭人鬼可興。疏《荀子》「禮三本」云：「禮有三本：天地性之本，先祖類之本，君師治之本。無天地焉生？無祖焉出？無君師焉治？三者偏亡，無安之人。故禮上事天，下事地，中事先祖；而祖、君、師是禮之三本也。」《穀梁傳》：「獨陰不生，獨陽不生，獨天不生，三合焉，然後生。故曰母之子也可，天之子也可。尊者取尊稱焉，卑者取卑稱焉。」案：中國多以天地君親師爲主者，即荀子三本之説也。西人專奉天，不祀别神，是一本之説也。中國當聖人未出之先亦同泰西，以天爲主，即六經宗旨亦仍主天；如《春秋》以天統王、以王統伯、以伯統牧、以牧統諸小國，終歸本於天，諸經亦同。是主天之義，中西所同，不能以是傲中人者也。惟聖人立教，於天外别立等差統制之法。董子《立官象天》篇所謂「以三輔一」，不能以一天子居上總統萬幾，而廢百官諸侯也。歐州爲全球一隅立數十國，每國一王而王之，以仍立百官諸侯。試以州縣論，官之下執役者或數千百人；以一鄉論，亦有保甲諸民級，又一定之勢，中外所同者也。故聖人以天不可不主，又知等參之不能不分，於是創爲三本之教，推廣天主之義，而爲之説曰：「君爲臣天，父爲子天，夫爲婦天。」既於天之外别立主宰，而君、父與夫仍襲天號，蓋君、父與夫所以代天宣化，分任其勞，而仍主天事。《尚書》工曰「天工」，討曰「天討」，命曰「天命」；以人代天，不使熙熙攘攘之衆得直隸於天帝，而惟天子一人得主天。此即孟子闢墨教「愛無差等」之説也。以人比天，其事自明。中國於天之下再立等級，曰地曰君曰親曰師，亦如象天立官，皇帝之下有王有公卿有大夫有士，故《穀梁》以天子主天，爲天之子。然惟天子得主之，以下皆當各祖其父、母，不得稱天子；此即禮三本、王與諸侯大夫士分等級之説也。天子中外古今皆同，而三本則惟中國獨精，以人事比天道，即西人不能自解也。舊祆教不奉祖先，今傳教者不禁人奉天地君親師之神；此西人欲中人奉其法，而先改從中法。是師而後教，西教未行，中法已習，亦即三本之説也。考天主教初入中國，貴童貞，與佛同；居中國久，耶蘇教遂改爲夫婦同行，又不能自堅其説。此改西教以合中法之實證也。

冬，十有二月，丁巳，齊侯禄父卒。爲當時强國存没關乎時局，又其國將託爲伯，例得記卒。疏《齊世家》：「三十三年釐公卒，太子諸兒立，是爲襄公。」

宋人以齊人、蔡人、衛人、陳人伐鄭。此皆諸侯，其曰人何也？貶之也。何爲貶之？惡其輕用民命也。以者，聽命于人，以民之命供人驅策，非正。《年表》諸侯伐宋、報宋，故《穀梁》以爲齊人作齊侯也。

以者何？伯者爲諸侯用師以尊主之，不言以；大國主師、小國從之，亦不言以。行其意也。以意爲之，非常制。《左傳》「能左右之曰以」。宋爲王後，爲客，于諸侯無統屬之義，故言以蔡，于吴亦言以。疏厲爲宋立，求賂不與，故伐之。人者，皆君也，貶之，故稱人。齊背殯而出，罪尤重。

十有五年《年表》：齊襄公元年，秦武公元年。疏二月不言王，桓無王。《公羊》大一統，三月有王，通皇之三統也。《漢志》：「天施復于子，地化自丑，畢于辰，人生自寅，成于申。」又，「地之數始于二，終于三十。其義紀之以兩，故置一得二，凡三十置。終地之數得六十，以地中數六乘之，爲三百六十分。」

春，二月，天王使家父來求車。求車者，周禮也。周制有求，《春秋》改爲不可求。孔子以後皆傳《春秋》，遂以時制爲失禮。董子云：春秋常于嫌得者見不得，是所非者多人之所謂是，所是者多人之所謂非。若泛録當時失禮之事，則譏不勝譏。且世人亦知其非，何勞《春秋》之筆！以此見求車爲當時禮也。疏《年表》：天王求車，非禮。

何以書？據求車亦時制常事。**譏。**凡譏皆當時通行之事，《春秋》撥改乃譏之。當時貢賦之制不詳，君臣統制之分未定，如楚吴稱王是也。**何譏爾？**有譏魯、譏王二義。**王者**皇帝王侯上下名號稱謂自秦始，乃由博士實見施行。**無求，**《王制》：「天子百里之内以供官，千里之内以爲御。」《傳》曰文王之法無求，即謂《春秋》法文王無求。疏六經新制，徒託空言，以俟後世。戰國紛争，未能實見施行，惟文學科之孟、荀諸子傳守；至于秦始、漢高、武帝與王莽，乃廣徵博士，傳述孔言，依説立制，然後六藝始見之事實，不徒儒生口誦而已。四家所奉行經説、招引博士，《史》、《漢》俱有明文，故經説言論屬之儒生，實行必在君相。秦始尤爲篤信經説，事必師古；中有變更，其小故也。**求車**天子自有百工作器用。**非禮也。**春秋禮無之，此改制之義。《穀梁》：「古者諸侯時獻于天子，以其國之所有；故有辭讓，而無徵求。求車，非禮也，求金甚矣。」疏此後世財政學事。

三月，乙未，天王崩。桓王也，以王十五年凡十七書，詳之矣。以下紀天王事略僖、莊亡年，王不書崩，王迹甚微。及齊桓伯，然後書。疏《周本紀》：「二十四年，桓王崩，子莊王佗立。」

夏，四月，己巳，葬齊僖公。有天王喪而即葬，明不奔喪，以譏齊也。禮：有王喪，諸侯當奔喪，不得守自喪。故喪不必以時。何以日？大國葬例日。

五月，鄭伯突出奔蔡。蔡者，突母國也。疏《鄭世家》：「厲公四年，祭仲專國政。厲公患之，陰使其壻雍糾殺祭仲。糾妻，祭仲女也，知之，乃告祭仲，祭仲反殺雍糾，戮之于市，厲公無奈祭仲何。夏，厲公出居于邊邑櫟。」按，隱、桓託鄭爲伯，居中，二公如天官地官，四侯如四時，合爲六合七政。

突何以名？據出奔或以亡國名。奪正也。非正而奔，不科其奔，專論篡立而論之。《穀梁》同。正謂世子，奪世子之國。名者，誅絶之罪，諸侯不生名也。疏立世子法，内外所同。篡國爲誅絶之罪，突與衛朔皆奪正，《春秋》所深惡。

鄭世子忽復歸于鄭。《傳》曰：「君存稱世子，君没稱子」，今稱世子，如以先君臨之也。忽未踰年出奔衛①，不可以稱子，故名。與突出入相互、邪正不明，此故直稱世子以明之。不可以稱子，稱世子則不嫌矣。奔不稱世子者，君初卒，與稱子者相混。疏《鄭世家》：「祭仲迎昭公忽，六月乙亥，復入鄭即位。」

其稱世子何？據上奔名，君卒不稱世子。復正也。奪名爲奪正，故稱世子，以明其得正。奪突之正，以後忽正。曷爲或言歸？僖三十年衛侯，昭十三年蔡侯、陳侯，成十六年曹伯。或言復歸？僖二十八年曹伯。復歸者，此復得所辭。出惡歸無惡。復爲易辭。忽言出惡，受國于先君，危弱不自存，爲下所制，失君道也。復此復加甚辭。入者，成十八年宋魚石。出無惡入有惡。入爲專例，加復爲分别之細例。疏按入爲惡，歸爲善，三《傳》皆同，復例畧有分别而已。入者，難辭。出入惡。衛侯朔入于衛，出入皆名。歸者，易辭。出入無惡。内不得拒，知無惡國。難易以示例。疏歸者，自歸其所之辭，故出入皆無惡。

① 衛：原作「鄭」，據《公羊傳》桓公十一年改。

許叔入于許。許叔何以字？兄終弟及之辭也。昭二十二年①王子猛卒，《傳》「不與父死子繼、兄死弟及之辭」是也。《經》言子者爲繼例，言叔、季者爲及例。此當爲兄死弟及辭。疏此復國，何以言入？其所入之道非也。何爲獨譏乎此？舉一以見例，惡許叔以正專地。《春秋》常干嫌得者見不得，許前滅于鄭，叔以許男之弟潛圖恢復。鄭亂，克復舊物，以奉社稷。能自樹立，興復舊物，較陳、鄭、衛、邢爲尤善。本當褒進，唯諸侯受地天子，從下起而私據，雖有恢復功，以專地言，則有無命之咎，故言入以示義。與衛立晉同。《傳》所謂「實與而文不與」，董子所謂「常于嫌得者見不得」。觀許、紀季，《春秋》何嘗不美恢復以達權宜哉！

公會齊侯于鄗。《傳》曰：「五亦有中，三亦有中。」《春秋》以諸侯三等論，魯在其中，上有二伯，下有卒正；以五等論，上有天子、二伯，下有卒正、連帥。據「中」作《春秋》，然後上行下行，典禮制度燦然明備。使據天王作《春秋》，則于諸侯皆下行，決嫌疑、别同異之事不能顯著。此《大統春秋》所以必據中②本而作，而後上達下達典制顯明。

邾婁人、牟人、葛人來朝。何以皆稱人？附庸也。董子云：「字者方三十里，名者方二十里，人氏者方十五里。」婁儀父字邾也，葛序其下，宜爲名者。附庸之君，正辭言人，前邾婁人在鄭上，是蕭叔、介葛、盧郳、黎來皆附庸也。蕭叔亦字例，介、郳皆名例。魯六附庸：小邾婁、葛、牟、蕭、介、郳是也。以邾婁與牟、葛比，漸近也。此進附庸，下進卒正，故以小邾婁見進之序。

皆何以稱人？據朝宜稱子伯。**夷狄之也。**董子以爲有天王未葬而行朝禮，何君以爲桓公行惡而三人皆朝，

---

① 昭二十二年：原作「昭二十年」，據《春秋》經文改。

② 中：原作「日」，據文意改。

故夷狄之。**疏**桓世詳録朝禮之變，滕、紀，卒正也；邾婁、牟、葛，附庸也；穀、鄧，亡國也；曹，世子也；皆朝之。變例詳于此矣。

秋，九月，鄭伯突入于櫟。**疏**《鄭世家》：「秋，厲公突因櫟人殺其大夫單伯，遂居之。宋頗與厲公兵，自守于櫟，鄭以故亦不伐櫟。」①

櫟者何？據入當以國言。鄭之邑也。櫟，鄭之大邑，由櫟然後入鄭。《國語》鄭有櫟邑，終逐昭公，言櫟起大邑之禍。曷爲不言入于鄭？據《譜牒》，莊公十五年突入鄭爲君。後卒，見《經》。**疏**按：入鄭事，《左傳》與《史記》同。末言爾。末，本末之謂。《春秋》紀事務詳本末。**疏**鄭國公子争立，弒逐頻仍，諱其事，不見《經》，故自此後敘鄭事畧。桓十七年渠彌弒昭公，十八年齊殺子亹，子嬰繼立，莊十五年突乃入鄭；《經》但有其本，不詳其末，畧之也。《傳》云末言者，謂其以本爲末。曷爲末言爾？據《春秋》常例備本末，有終必先張本。祭仲亡矣。祭仲死，突乃得入鄭。**疏**據《鄭世家》，祭仲死在魯莊公十二年，厲公入鄭在祭仲死二年之後。然則曷爲不言忽之出奔？據莒一入一出。**疏**《鄭世家》：「鄭昭公二年冬十月辛卯，渠彌與昭公獵，殺昭公于野。祭仲與渠彌不敢入厲公，乃更立昭公弟子亹爲君。」是爲子亹也。按：昭公歿，子亹立一年，子嬰立十四年，別有二君。十五年厲公乃入。弟子舉昭公以包子亹、子嬰，三君皆弒、殺，以出奔言者，亦取與入鄭對文，非昭公及二君更有出奔之事也。言忽爲君之微也，言忽以包亹、嬰。微者微弱，專恃祭仲，故《經》以下言鄭伯多指厲公，不敘亹、嬰。祭仲存則存矣，

---

① 居：原作「君」，于：原作「入」，均據《史記》卷四二《鄭世家》改。

祭仲雖别立亹、嬰，然未入鄭，故亦以爲存。**祭仲亡**。**疏**據《世家》，昭公死十四年，祭仲乃死。**則亡矣**。祭仲存，則厲公在櫟共十八年，不能入鄭，祭仲死，後二年即入鄭，殺子嬰自立。三君能抗厲公全賴祭仲，厲公入櫟十八年，事皆主於祭仲。故《經》未言之，不更詳三君本始。**疏**説《公羊》者不考事實，望文生訓，致與《世家》舛誤。又，《左傳》莊篇敘鄭事不及《史記》詳；史據《譜諜》，非盡用《左傳》也。

冬，十有一月，公會齊侯、宋公、衛侯、陳侯于侈，伐鄭。《穀梁》：「地而後伐，疑辭也，非其疑也。」齊何以敘諸侯上？伯也，魯、衛、陳、鄭皆爲所屬。隱、桓以上何以獨敘五方伯？西南夷狄，莊以下乃治之。何以獨不言蔡？蔡以遷也。此納突，不言納者，惡事不目。公何以列會？隱、桓無伯不列會，有伯，則公不會餘國矣。**疏**諸國皆突黨，聞突出奔，故結兵伐鄭，無功而退。宋與突兵自守。《鄭世家》：「諸侯聞厲公出奔，伐鄭，弗克而去。」

十有六年

《年表》：莊王元年，衛黔牟元年。**疏**正月不言王，桓無王。《公羊》大一統通皇之三統。《志》：「《易》『參天兩地而倚數』，天之數始于一，終二十有五，其義紀之以三，故置①一得三又二十五分之六，凡二十五置，終天之數得八十一。」

春，正月，公會宋公、蔡侯、衛侯于曹。會不月。此月，助不正以伐鄭，故謹之。**疏**《年表》：公會曹②，謀伐鄭。

---

① 置：原誤作「直」，據《漢書·律曆志》改。

② 「曹」下原衍一「曹」字，據《史記》刪。

夏，四月，公會宋公、衛侯、陳侯、蔡侯伐鄭。伐鄭以納突。宋敘上者，大國也。陳、蔡、衛三國次序無定者，三國皆侯。《春秋》諸侯次序，實爵者依爵爲敘，故公常在侯上。齊、晉常在宋上者，託爲二伯也。天子三公稱公，二伯即三公，故在王後上。衛、陳、蔡三國皆侯，常在宋下鄭上。宋以上曹以下序次有定，而三國次序無定者，則上下有託，義不可亂。此唯三國同爲侯，同者，則以無定起異者之有定也。此陳、蔡、衛三國次序無定而別國有定之説。**疏**伐而不能入，厲公、祭仲之力。

秋，七月，公至自伐鄭。《穀梁》：「桓無會，其致何也？危之也。」《傳》曰不得意致伐，時納厲公不克故也。桓世詳記鄭事，十八年凡一十四見，以下書鄭事畧矣。

冬，城向。《傳》：「名從主人」，「地之與人則不然，俄而可以爲其有矣。」此伐莒取向，伐莒不可言，故言城向，爲内諱。

十有一月，衛侯朔出奔齊。朔者，娶子婦姦生之子。齊、衛名國，世子娶婦，何等隆禮，乃爲其父所奪；使在今日，勢格形禁，萬不能行，若果有之，萬難成立，何況爲君。以今例昔，迥出情理，乃當時安之若故常。此昏禮實由孔修，經有六禮，則此等禽獸之行遂絶于世，以禮止亂反正之大功。故哀公、子貢皆以冕而親迎爲疑，使周公舊典，則亦不向孔子商之矣。**疏**《衛世家》：「惠公四年，左右公子怨惠公之讒殺前太子伋而代立，乃作亂，攻惠公，立太子伋之弟黔牟爲君，惠公奔齊。」

衛侯朔何以名？據諸侯不生名，名者卒之辭也。絶。誅其身，故名；絶其子孫如賤者，故亦名。**疏**朔出、入皆名，大惡。出以違命，入以伐王所立。曷爲絶之？據出奔無絶義。得罪于天子也。據下有王人救衛事。因得罪天子，故以王法絶之。《孟子》曰：「一不朝則貶其爵，再不朝則削其地，三不朝則六師移之。」董子説：「公侯不能奉天子之命，則名絶而不得就位，衛侯朔是也。」**疏**凡得公罪者，泰西以爲國事犯，雖叛逆視爲平常；《春秋》撥亂世，故設爲君親無將之法，若由平等後再講尊親之法。舊國用輕典，新國用重典。其得罪于天子奈何？朔姦生子，宜絶；不以此科者，不教而誅，不可。見使守衛謂爲天子召，使監守衛地。朔，而不能使《穀梁》：「天子召而不往也。」劉向説「周室多禍，衛侯召而不往」，謂朔抗天子命，不聽所使，故《傳》云得罪于天子。疏《穀梁》説與《傳》同。《世家》以爲洩職，因朔殺世子伋事不平，逐朔而立黔牟，當是洩職。因其得罪天子，不聽天子召，乃謀逐之。《傳》但就違召事立説。衛小衆，越在岱陰齊。謂《經》書出奔者天子討之，辟討，帥小衆奔齊。疏按：本二公子逐之，《經》以爲王討之而出奔。出，如古放屏之事。屬負茲，舍，不即罪爾。凡言奔者，如緩追逸賊。負茲，諸侯有病之稱；《春秋》託之于因朔有病，故王舍而不誅。疏朔本篡立，有誅、絶之罪，又不聽天子命，二公子討之；《經》因絶之，以著極惡。大罪當誅，以爲逃竄于岱陰，故舍其罪而不即加刑。此書奔書名之義。

十有七年隱、桓不見南北二州國。如全球，桓言温帶，不及寒熱二帶也。

春，正月，丙辰，公會齊侯、紀侯盟于黄。黄，齊地。此渝盟，何以日？公會齊侯，日也。公以會齊而薨，故于此盟亦危而日之。疏孔子曰：「禮失求野」。蓋《經》、《傳》爲俟聖之書，六合以内，所有輿地人民及節候風俗皆在所包，海禁大通，皇帝之説故多借外事證明。考邦交一事，《左》、《國》所言，如子産、叔向動引先王之法，以爲交涉之凖，西人所以輯春秋時事，成①《古時公法》一書，皆取之《左》、《國》而已。至于大統交涉，其説皆在《周禮》，如大小行人及六方官。由一年以推三十年，其典章制度迴與《左》、《國》所言不同，蓋《左》、《國》爲《春秋》小統之書，《周禮》則皇、帝之學，爲今日環球言之。

① 原刻無「成」字，據文意擬補。

泰西所推行公法出于西儒之手，與聖所作優劣懸殊；近日講外交者數有增補，以私意爲典要，名公而實私。擬取《周禮》邦交二門補其私說，再引公法爲之注釋；同者證明之，西書所闕者補之，公法宗旨謬誤，引經説以裁正之。燦然明備，可見施行。用夏變夷，引而進之，中國享太平之樂利，或者其早發達于世界。

二月，丙午，公及邾婁儀父盟于趡。 此稱字，下稱子何？紀末亡，附庸正辭稱人，因獨盟加録乃稱字，由字例後乃升子，紀亡後乃補卒正缺也。此《春秋》進退黜陟之大法也。渝盟不日，此日者，以下伐主宋、衛也。

夏，五月，丙午，及齊師戰于奚。 《穀梁》：「内諱敗，舉其可道者也。」奚者何？内邑也。**疏** 五月上無夏，二《傳》有，後師傳寫誤脱也。言戰，内敗也；不言其人，爲内諱也。今年戰敗，明年親與夫人如齊，明公以玩讎得禍。

六月，丁丑，蔡侯封人卒。 卒者終事，先蔡侯而後舉卒者，明卒生者之事，蔡侯自主之。《春秋》之義，父死子繼，兄終弟及，今蔡侯已卒而季尚在陳，故危之。前在會稱叔，以起蔡季宣立。**疏** 《蔡世家》：「二十年，桓侯卒，弟哀侯獻舞立。」

按：隱、桓用六合例，四侯配四時：齊春，陳夏，蔡秋，衛冬。

秋，八月，蔡季自陳歸于蔡。 《穀梁》：「蔡季，蔡之貴①者也；自陳，陳有奉焉。」《左傳》：「蔡人召蔡季于陳。」獻武也；稱字，兄終弟及之辭。**疏** 季，兄終弟及辭也。無子而立弟，當先教愛，今乃自疑，出之在外，卒已踰月，乃克歸蔡，受命而立。故以此危之。蔡季即獻武，何君以爲别一人者誤。歸者，出入無惡，明得立獻武後獲于楚。不預貶者，其立國正也。

癸巳，葬蔡桓侯。 《春秋》葬方伯皆稱公，此何以獨侯蔡？以其爲徐州伯也。蔡稱侯，正也。《春秋》稱侯之國，唯衛、陳、蔡三國爲正，《傳》所謂「其餘大國稱侯」，《曲禮》「在外曰侯」，是也；齊、晉則二伯稱侯，以下則卒正稱侯，故于葬一明其

① 貴：原作「賢」，據《春秋穀梁傳》改。

正，以見其餘稱侯之爲假號者也。疏不及時而日，渴葬也。蔡侯卒，宜立者尚在外，幾不得立，故危而日之。不稱公者，一見以明正稱；稱公從臣子辭，且以惡桓也。生不稱侯而稱叔，死不稱公而稱侯，皆爲立不明之故。

及宋人、衛人伐邾婁。及者，内微者之辭。公本與邾婁盟，爲宋、衛所要，不得已而從，命微者往伐，心不欲及。《春秋》貴志，故主外而進盟日也。

冬，十月朔，日有食之。凡日食在朔爲曆之正。《山海經》禹曰：六合之内，紀之以日月。合大地與七行星爲日，屬世界；日爲天王，八行星如八伯。疏班氏云：《穀梁傳》曰：「言朔不言日，食二日也。」董子以朔不言日，惡魯桓，且有夫人之禍，將不終日也。

十有八年《年表》：蔡哀侯元年，鄭子亹元年。齊殺子亹，昭公弟。疏《春秋》千里一州，大一統有萬里一州之制，加十倍也。《春秋》二百四十年爲終世，《大統春秋》必二千四百年爲終世，又加十倍。考《春秋》隱、桓之世祇見《禹貢》中心青、豫二州國，以二方千里爲中國。秦博士説古之皇帝地方不過千里，至春秋之初，中國亦不過二方千里，不足以成《禹貢》九州之制；故隱、桓之世荆、徐、冀、兖諸州之國不見于《經》，莊世乃見荆、徐，僖世乃見晉、秦，成、襄以下乃見吴，黄池之會晉、吴盟，爲《春秋》終。諸外州地有遠近，化有遲早，徐徐引而進之，九州成而《春秋》備，百功全。「獲麐」《傳》曰：《春秋》撥亂世反諸正世，爲世界三十輻共一轂，《周禮》之土圭三萬里。今日瀛海開通，共球畢顯，列邦稱雄，不爲統一，會盟摟伐，亦春秋之時局。考今日進化諸國均在赤道以北，以亞、歐、北美亦《春秋》之青、兖、冀、豫。如以《春秋》列國相比，中國爲魯，亞、歐、北美爲諸夏，赤道以南爲夷狄，非、澳、南美無國無君。當今之世修《大統春秋》，必先求録北美進化諸國，南服國不見于經，此一定之例。《春秋》疆域不過方三千里，用夏變夷，二百四十年而功乃成。今大地三萬里，非遲之又久，不能成功。中國開化最早，孔子至今已近三千年，歐洲約後中國千年，北美英國殖民不過二百年，非、澳等洲殖民之政或百年、或數十年，進化深淺早遲不能一律。自利瑪竇入中國，至今三百年。方今南服各州無君無國，尚在州舉之例，不啻今之世初入莊世；莊十三年後已見荆、徐，數十年而稱君稱國，今則非、澳非數百年後不能開化。北服有君有國，故以今十年當《春秋》一年。以《春秋》史事言之，由春秋而戰國，由戰國而秦漢；以《春秋》經義言之，則二百四十年分爲三世，初爲亂世，中爲太平世，終爲昇平世，由伯、王而皇，天下大一統，不識不知，順帝之則。《詩》、《易》皇、帝之極功亦在二千年之後，由孔子後五千年，然後成《公羊》大一統皇帝之極功。《孟子》「五百年必有王者興」，堯、舜、禹、湯、文、武、周公皆五百年，推之全球地統加十倍，亦當爲五千年。地球中分，各有黄、赤、黑三道，隱、桓青，豫爲黄道，莊以下晉、虞、虢、燕爲黑道，荆、徐、梁、揚爲赤道。

春，王正月，公會齊侯于濼。桓無王，此何以有王？于其終，以王治之也。**疏** 濼者何？内邑也。此年專記内事，痛公遇讎之禍也。不言夫人者，君在例不得稱數夫人。

公與夫人姜氏遂如齊。如者朝文，齊、晉二伯，故公得言如。言公如齊，不言夫人可也；出夫人者，以夫人之故薨也。

疏《魯世家》：「十八年春，公將有行，與夫人姜氏如齊。申繻諫止，不聽，遂如齊。」

公何以不言及夫人？桓公尊，夫人卑，例當言「及」。《傳》曰「何以不言及」，敵也，夫人與公抗行。妻陵夫之辭。夫人外也。公外夫人絶不言及。夫人外者何？既同如齊，何以言外。内辭也，内爲公諱。臣子之辭，非實事。其實夫人外公也。夫人淫于齊侯，挾其勢以脅公。不以禮，故不及也，非實公外之。

夏，四月，丙子，公薨于齊。公弒不地，此其地何也？在外也，桓賊也。不以討賊言者，順臣子之文也。**疏**《魯世家》：齊襄公通魯桓公夫人，公知之，怒夫人，夫人以告齊侯。夏四月丙子，齊侯饗公，公醉，使彭生抱魯桓公上乘，因命彭生拉其脅而殺之。公死于車，齊人殺彭生以説魯。立太子同，是爲莊公。

丁酉，公之喪至自齊。喪至，殯而即位，此何以不言即位？一年不可二君也。疏以生稱公者，未殯以前以生禮事也。日者，喪自外至，如初喪之儀文。故昭公五日乃殯也。

秋，七月。《三統曆》：「經元一以統始①，《易》太極之首也。《春秋》二以目歲，《易》兩儀之中也；于春每月書王，《易》三極之統也；於四時雖無事必書時、月，《易》四象之節也；時月以建分至，啟閉之分，《易》八卦之位也；象事②成敗，《易》吉凶之效也；朝聘會盟，《易》大業之本也。故《易》與《春秋》，天人之道也。」疏首時者，削之。此年專敘桓事，四時四記，若不二事者，蓋皆削之。

冬，十有二月，己丑，葬我君桓公。桓公者，謚也；葬而舉謚，于卒事乎加之矣。説詳《白虎通》。疏《公羊》三世，大一統爲昇平；今日天下紛紛，三萬里中分裂各地，自相雄長，如春秋之局，所謂亂世。考現在各國等級，有帝，有王，有總統，有獨立自主，有保護半權，有屬國，有殖民地；蓋中西言語各别，文字不同，異者各以己意讀之，故不足以爲典要，然大旨不出强淩弱、衆暴寡，弱肉强食，所謂權利世界而已。名不正，言不順；公法雖倡爲息兵平禍，有名無實，徒爲强國魚肉之助。按，古今時勢相同，春秋之齊、晉、秦、楚、吴侵滅諸國，横暴寇虐，大抵與今時勢相同，初無所謂典禮道德。孔子欲爲萬世圖長治久安之策，乃尊天扶王以立極，託諸强國爲二伯，尊二伯以申王法；列邦有盛衰，又定爲二伯黜陟之例；其次等之國，因其土地立爲各州牧，再次則以爲卒正，再次則以爲連帥屬長，迄終之以附庸。變易弱肉强食之春秋爲尊讓禮樂之天下。若齊、晉、吴、楚，其僭越王號，地大數畿，不合經制之事迹，則諱避之，起尊王守約之想像，直表章而懲勸之。各小國之

① 始：原作「如」，據嚴可均輯《全漢文》卷四一改。
② 事：原作「四」，據嚴可均輯《全漢文》卷四一改。

統屬强國，不曰畏其勢力，以爲天子所立之二伯，例得專征，統屬列國；尊二伯，即所以尊天王；其會盟侵伐不曰私利優己，以爲明天子之禁戒約，諸侯有罪，二伯方伯專征殺，得致天王典禮以討之；諸侯之有功德者，奉天子命，得以閒田褒進之。凡一切不可爲訓，不合典禮之事實，皆諱莫如深，以爲有天子憲法，絶無此事。王法所當創設之典禮法度，或因事表著之，或特筆創制之，名正言順，天道治，人事畢，撥極亂之禹州，成休明之中國。所謂撥亂世反之正者爲《詩》説，非今日之時局，不足以爲世界；非大一統之天下，不足以爲反之正。就大一統之義言之，以今之帝國爲二伯，將來如有盛衰，隨時升降；以王國爲方伯，以保護國爲卒正，以半權國爲連帥，以屬國爲屬長，再以諸小國比于百里七十里五十里。合天下而立二伯，則二伯爲帝矣。崇天以爲皇，皇德配天，未能一統，以天代之。大二伯爲天子，大八伯爲天王，大十六牧爲天牧，大三卿爲天吏，再以《春秋》之會盟禮樂征伐組織之，易變勢利之世界爲昇平文明之世界。小事大，大字小，小大相維，各有經義典制，以道德仁義爲依歸，易變權詐陰謀之陋習。方伯以下，各據一《春秋》以爲典禮行事之楷模。二伯奉天道，燮理陰陽，損益調和于其上，而皇道平、帝功成。《春秋》爲治天下之基礎，《公羊》驗推之法可以包含皇帝之極功。《詩》、《易》由太平以後立説，猶不若《公羊》、《春秋》原始要終，合當今之時局也。

賊未討，何以書葬？《春秋》賊不討不書葬，以臣子盡從賊也。賊多繼立，臣子從之，故不書，非苛辭。弟子誤據之。**讎在外也。**師以讎易賊，若就賊例説，則誤矣。讎與賊異，在外與在内異。**讎在外則何以書葬？**弟子未明所以不葬，責臣子之義，故一例視之。**君子辭也。**宣十二年「葬陳靈公」《傳》：「君子辭也。楚已討之，臣子雖欲討之，而無所討也。」君子辭者，謂寬假之，不責難于臣子也。疏 弑者繼立，或爲大夫，臣子不討之而與之同類相長，則通國皆賊，悉宜殺無赦。初既無忠孝之大節，後復從誅殺之科條，是卒者無臣子，故不葬，以賊在内也。若仇人在外，與我異國，一時雖不能報，然其本國臣子與仇無朋黨之情，則自得盡其忠孝之意而葬之。寬報仇之日期，所以嚴討賊之科録。仇與賊異，無論後之報否必葬，以別于討賊。至其不能復仇，則別文以見之。《經》所以書葬以寬之。

公羊春秋經傳驗推補證第三

莊公

莊以上專詳内州，正如今專記亞州，西南澳、非、美皆在所畧。由近及遠，故莊以下乃見荆、徐、梁、揚，中分禹州，形勢與今中國同也。以下至昭爲所聞世，有伯，言同盟，與《穀》、《左》同。

元年

春，王正月。《春秋》之魯在《禹貢》正東青州，大九州則中國爲正東神州。《春秋》廣魯于天下，正如今以中國進退全球。故《春秋》據魯而作。

公何以不言即位？據元年必書公即位。《春秋》君弑子不言即位。言《春秋》者，史實書即位，《春秋》不言耳，此爲正例。故桓《傳》云「繼弑君不言即位」。君弑則子何以不言即位？隱之也。内諱弑，以不言即位起之。言子痛父，不忍即位。孰隱？隱子也。諱莫如深，深則隱也。子不忍即位，達子之情，是子爲父隱也。即位，國之大事也，何以不日？以年決者不以日決也。

三月，夫人孫於齊。以三月首事，與儀父同。夫人在齊未歸，《春秋》之義，莊之立當仇絶母爲首事，緩追逸賊；親親之道，當逐之齊而不殺之。故因其在齊而以遜言，使如莊公以父仇逐之也。董子曰：絶文姜之屬，不爲不孝也。

孫者何？據大夫言奔。孫猶遜也。言遜避不敢當其位。內諱奔謂之孫。公與夫人同言遜，大夫言奔，所以尊尊也。疏內三言遜，皆在君夫人。夫人固在齊矣，其言孫于齊何？據夫人如齊未還。念母也。時莊因念母，迎之于齊，《春秋》惡之，反其事而言孫，如此時孫者然。正月以存君，書正月不言即位，亦如存君者然。疏此「公在楚」、「公居于鄆」《傳》。元年書「正月」、「公在」、「公居」者，以存君也。念母以首事。《經》因念母而寓討母爲首事。報父之仇、孝子之志，不以親害尊變逆。言孫，如莊討之，所以明父尊母卑之義。疏上言正月存君，則此亦可云三月以首事。考隱、莊不言即位，皆于三月首事。用之三月，于夏爲正月；以三月首事，明用夏正之義。夫人何以不稱姜氏？據夫人姜氏孫于邾婁稱氏。疏《左傳》不稱姜。絶不爲親，禮也。貶。按貶爲貶爵，此不稱姜氏本爲絶屬，《傳》乃以貶説之。據致夫人稱夫人，而不言姓氏非夫人，如哀姜辭，故亦得爲貶也。曷爲貶？與弑公也。言與者，以齊襄爲首惡。疏哀姜遜稱夫人姜氏，以喪至乃不稱姜氏者，遜已絶屬，弑君罪重于殺子也。其與弑公奈何？夫人譖公于齊侯①：「公曰『同非吾子，齊侯之子也。』」齊侯怒，與之飲酒；諸侯饗禮。于其出焉，使公子彭生送之，于其乘焉，搚幹而殺之。念母者，所善也，但以母論所善也，據天王不能母猶絶之。孝子親親，慈于母者，《春秋》宜善之。則曷爲于其念母焉貶？與衛輒拒父命同。不以父與母較，但言念母。親親之義，不得貶之。不與念母也。父尊母卑，母與弑父，子當爲父報仇，逐母以明義，重使尊行于卑、上行于下也。故不與念母。所善爲父仇，則母爲輕、父爲重，有王父命，則父命爲

① 「齊侯」下原刻衍「曰」字，據《春秋公羊傳》刪。

輕、王父命爲重。此決嫌明疑，《春秋》之大法。單伯者，三監，《書》二叔監殷亦同此制。文武之政與《春秋》同，先師以爲六經同例。

夏，單伯逆王姬。

單伯者何？據稱伯，同王臣。吾大夫以其從内大夫例。之命乎天子者也。以其食采與單同。疏《穀梁》又以爲天子之内臣，《左傳》多稱爲封人。至于本國命大夫，《傳》但云吾命大夫也。舊誤以大夫爲一，何君以單伯爲賢士，亦失之矣。餘義詳《穀傳》注。何以不稱使？據内臣當言如，從王臣則當言使。天子召而使之也。不言如，言非内臣；又爲天子事，故與内臣文異。天子召而使之，可不言如。逆之者何？據與逆夫人、外逆女不同。使我主之也。曷爲使我主之？天子嫁女于諸侯，必使諸侯同姓者主之。諸侯于天子尊卑不敵，故不相爲禮。使王姬如魯女然，所以申壻之尊，折女挾貴之勢。義詳《白虎通》。疏《日本國志》言：日本初制，親王惟與女親王①爲婚，雖同生不避。久之，王乃與相族婚。經制則使諸侯主，以避尊卑之嫌，與別同姓兩不相妨②。諸侯嫁女于大夫，必使大夫同姓者主之。大夫逆書者皆譏，爲其接我也。故《經》書大夫來逆女與公接者，皆譏之。此知天子親迎只在郊，亦不得如諸侯國。

秋，築王姬之館于外。外例地，不地，非外也。

何以書？據小事、常事不書。譏。何譏爾？築之改築。禮也，班氏説改築于城郭之内。于外《左傳》所謂委君命于草莽。非禮也。禮當築，《春秋》因不可與其事，故外之，外則非禮。變其事實，外之所以申義，故撥

---

① 女親王：「女」原作「文」，據文意改。

② 妨：原誤作「仿」，據文意改。

亂世反之正，莫近于《春秋》。于外何以非禮？在內不須築，改築則當有變。築于外在外則不須築。非禮也。所以別築者，爲路寢小寢均不可耳，則築于外，《左傳》所謂委君命于草莽也，則不合禮。按，三《傳》禮多異，而以外言，在外猶不可，在內則更不可言，異同互見。先師各執一解，則失《經》、《傳》本意。如本《傳》于外爲非禮，《左傳》爲外禮也，說者因岐而異之。考《穀梁》云，則備二《傳》之文，始知解《傳》當得言外之意，不可拘于文字。舉此一經立例，其餘皆仿此。其築之何以禮？主王姬者，必爲之改築。主王姬者則曷爲必爲之改築？于路寢則不可，班氏：「不于路寢，路寢①本行政處，非婦人之居。」小寢則嫌，內女所居，不可以待王姬。羣公子之舍則已卑矣。使王姬從羣公子舍出嫁，則與內女同，待之太卑。其道必爲之改築者也。築必于內，于外者，《春秋》外之也。莊忘父仇，時無外之事。

冬，十月，乙亥，陳侯林卒。詳《世家》。

王使榮叔來錫桓公命。王不繫天，逆天而行也。王主三千里，上統于天②。自帝、皇配天，帝稱天子，王稱天王，伯稱天吏，以天爲號；《春秋》雖小統，通其義于天下。王不繫天，如諸侯卑，舉國狄之。錫者③何？與歸、獻異。疏九錫制詳《白虎通》。賜也。此記錫命之始。以九歲而大考者，黜無職而賞有功

---

① 路寢：原作「路路寢」，衍一「路」字，據《白虎通》卷一〇《嫁娶》刪。

② 上統于天：原刻無「天」字，據文意擬補。

③ 錫者：原誤作「錫錫者」，據《春秋公羊傳》改。

也。諸侯賜弓矢者得專征，賜鈇鉞①者得專殺，賜圭瓚者得爲鬯以祭。命者何？《王制》：「若有加，則錫②也，不過九命。」加我服也。其言桓公何？據文公不言謚。追命也。于葬後追加錫文，與文公初生錫不同，故得言謚。王何以不稱天？無天而行也。此其爲逆天，奈何追錫惡人？非正也。襄殺桓公，使人之子忘仇，而爲之主婚，錫桓公以釋其怨，失道尤甚。爲天下主者，天也；繼天者，君也。以爲無天者乃如此，故去天也。天王之失道多矣，何爲于此去天？惡之必於其事之重者。王，號之稱，此何③以非舉號稱使者，必目君也。

王姬歸于齊。言此以明王姬下嫁之禮，所以扶陽抑陰，不使挾貴以驕其夫家，如後世公主下嫁。

何以書？據外女歸不書。我主之也。王姬儀注一切同于内女，尊卑相敵，不使王姬挾貴以失事夫之節，所以防患。此禮後世不行，所以多公主之禍。詳録其事，所以惡莊也。

齊師遷紀郱、鄑、郚。

遷之者何？遷者不復見，紀下復見。取之也。《傳》以郱、鄑、郚爲邑，此謂遷爲取紀之三邑也。取之則曷爲不言取之也？據取邑不諱。爲襄公諱也。《春秋》爲二伯諱，《傳》以襄爲賢，從二伯例。以爲爲襄諱，故遷不言取耳。外取邑不書，據外取邑不書，知其爲國。且遷下皆國辭。此何以書？大之也。張大其事，故書之。《傳》于齊襄、宋襄多恕辭，故所言如此。何大爾？據取邑無取于大。自是始滅也。以齊滅紀爲報

---

① 鉞：原誤作「越」。

② 據《禮記・王制》，「錫」當作「賜」。

③ 何：疑當作「所」。

許仇，故于邑特大之。**疏**按《穀》、《左》于齊襄多貶辭，《傳》乃以二伯例説之，見仁見知，取舍不同。二《傳》爲常，《公羊》主變。《春秋》于嫌得者見不得，故特取之，不足爲異。

二年《年表》：陳宣公杵臼元年。杵臼，莊公弟。

春，王二月，葬陳莊公。月葬，正也。陳無日葬，四月可以葬矣。

夏，公子慶父帥師伐於①餘邱。餘邱，邑名。《春秋》文無邾婁，口繫邾，音聲轉變，誤邾爲於、鼦，與吴孟子、邾黑肱同。此爲邾邑，不繫邾正條，餘皆推此《傳》之誤説。凡與《經》無明文者，今不從之。

於②餘邱者何？不繫國，故問。邾婁於與邾同音，《經》不繫邾，師讀口繫邾。之邑也。據口繫知之，師説相傳也如此。曷爲不繫乎邾婁？邑當繫國。國之也。言伐爲國辭。曷爲國之？邑不得有國辭。**疏**按：《傳》推此説，凡六七見于邾，《經》皆無明文。《左》、《穀》以所説今婁邑爲國，多有明證。以下皆從此例推之。君存焉爾。君存，謂君在師也。斥言慶父者，惡專。爲公在師，以公伐邑，病，故使如國辭。**疏**《補例》：慶父幼，何以帥師？公亦在師也，何爲不以公主之？非公，國也。於者何？邾之轉音也，口繫邾，轉爲於也。「曷爲國之，君存焉爾」，此《傳》爲原文正義，後師推此説別條，于義多不安；須知其意而善説之，如滅夏陽亦嘗用此《傳》是也。

---

① 於：《十三經注疏》本《公羊傳》脱（見《校勘記》），廖氏據補。

② 「於」上原衍一「餘」字，今删。

秋，七月，齊王姬卒。《檀弓》：齊有王姬之喪，魯莊爲之服大功；或曰魯爲主故爲之服，或曰外祖母也。《檀弓》稱爲郲婁，當爲齊學；前説同《傳》，後説以爲襄公母，非新嫁之王姬。

外夫人不卒，此何以卒？録焉爾。曷爲録焉爾？我主之也。我主，卒則當服。嫁由魯，卒由魯，言王姬以魯爲父母，不使得以天子之尊臨夫家也。言歸言卒，與内女全同。

冬，十有二月，夫人姜氏會齊侯于郜。上言夫人孫于齊，此使如二人然；以爲弑父賊已討，此又別爲一人也。夫人不會，會者，書其淫。郜，内邑。故《左傳》「會齊侯于禚，書，姦也。」郜，《左》、《穀》作禚。

乙酉，宋公馮卒。馮弑與夷而日卒者，不以馮主弑，爲宣公諱也。疏《宋世家》：莊公元年，華督爲相。九年，執鄭祭仲，要以立突。十九年，莊公卒，子湣公捷立。

三年《年表》：宋湣公捷元年。

春，王正月，溺會齊師伐衛。此所將卑也，在外稱師，在内不氏。齊師者，齊侯也；不言齊侯者，諱與仇同伐也。

溺者何？翬與紱，不氏公子，疑此亦貶。吾大夫之未命者也。別無所見，故以爲未命大夫，非貶也。溺不卒者，莊不卒大夫，不報桓仇也。《穀梁》以爲公子溺，貶之不氏，説與《傳》小異。禮：大國三卿，皆命于天子，次國二卿，命于天子。此百里七十里之國也。至于魯，則三家爲三卿，以外更見大夫，則方伯之大夫亦得書于《經》，故有同時書四人者也。然則此不氏者，蓋下大夫之職，位當小國之下卿者。

夏，四月，葬宋莊公。大國日葬，正也；月者，畧之。宋葬無時例。

五月，葬桓王。此記葬天王之始。

此未有言崩者，據桓十五年三月崩，至今已七年。何以書葬？蓋改葬也。言此以明改葬之禮。何者？緦，墓地有變，可以改葬。月者，天王葬重月。

秋，紀季以酅入于齊。此紀以地之始。酅者，紀之遺邑也。言此者，存紀于酅也。《春秋》滅國無善者，舉一善以爲法。

紀季者何？據蔡季入爲蔡侯。紀侯之弟也。據《春秋》之例，父子相繼稱父子，兄弟相及稱叔季，如許叔、蔡季是也。此稱季，是紀亡，季别立爲君之辭。何以不名？季有三見，常辭皆名之。賢也。許其相及。何賢乎紀季？據背君以地降仇。服罪也。以地適人者當言出奔，此何以不言出奔？國已亡矣，舉賢①而入。入爲君之辭，許叔入于許是也。此何以言入？齊不嫌也，以酅服齊，而爲附庸之君也。疏《左傳》「紀于是乎始判」，言分判爲附庸始于此。其服罪奈何？魯子曰：「請後五廟諸侯五廟，事祀爲重。以存姑姊妹。」此指下叔姬歸于酅而言，説詳董子。

冬，公次于郎。次，止也。言有畏也。

其言次于郎者，刺欲救紀而後不能也。義詳《解詁》。

---

① 賢：原作「貴」，據正文文意擬改。

四年

春，王二月，夫人姜氏饗齊侯于祝丘。饗齊侯所以病齊侯也。疏公在不言者，爲公諱也。

三月，紀伯姬卒。内女嫁于諸侯不皆卒，此卒者，閔其亡國也。内女適諸侯者無故不卒，此以亡國卒之。卒例日，不日者，以見不卒者也。

夏，齊侯、陳侯、鄭伯遇于垂。垂，内邑也。三國會于垂，則公在可知；不出公者，諱公與仇人遇也。下狩不諱者，以稱人，可以出公也。

紀侯大去其國。大去者，去奔之辭也。其國已亡，言出國者，存紀也。

大去者何？據一見例。滅也。滅在遷前，《傳》以此去乃滅之。孰滅之？齊滅之。曷爲不言齊滅之？疏《穀梁》爲紀侯諱也。紀侯去國，民歸之者數年乃絶，故以大去言之。不言滅，與大王去邠之事同。爲襄公諱也。《傳》以襄公爲小伯，故有此説，與賢宋襄公同。《春秋》爲賢者諱，《春秋》以二伯爲賢。爲二伯諱者，皆以爲賢例。何賢乎襄公？襄無道滅國，亦非善事。復讎也。因莊忘仇事，襄《傳》即襄事以譏①莊，故託之報仇。何讎爾？據《春秋》不見其事。遠祖也。九世以上哀公。哀公亨乎周，周烹齊侯。紀侯譖

① 譏：原誤作「幾」。

之，譏。事詳《齊世家》。譏雖發于紀侯，烹之者周王，就事論，亦不能專責紀。以襄公之爲于此焉者，事祖禰之心盡矣。以復仇許之。盡者何？襄公將復讎乎紀，襄欲滅紀，當□□報仇。卜之曰：「師喪分焉。」「寡人死之，不爲不吉也。」□□復□。遠祖者幾世乎？因遠故問。九世也。詳《齊世家》。九世猶可以復讎乎？據報遠爲遷怒。雖百世可也。此爲非常可駭之論。襄公親殺莊公之父，乃敢以報仇名師，其蔑視魯莊甚矣。家亦可乎？大夫以下。曰：「不可。」家，如伍員復仇于楚只在其子，非有數世。國何以可？報仇無分家、國。國君一體也。先君之恥，猶今君之恥也；今君之恥，猶先君之恥也。國君何以爲一體？國君以國爲體，諸侯世，故國君爲一體也。今紀無罪，事與新君無干。此非怒與？遷怒。曰：「非也。」古者有明天子，所謂後之堯、舜。則紀侯必誅，誅其身。必無紀者。滅其國，言其誅身亡國，必無子孫得世國也。紀侯之不誅，至今有紀者，猶無明天子也。紀侯雖譖，罪由天子，亦不當殺身絶國。《傳》爲此説，據理而言，明君近佞人，陷無罪以刑，反坐當加等也。古者諸侯必有會聚之事，會同之禮。相朝聘之道，小朝大聘。號辭必稱先君以相接，《左傳》所謂繼先君之好。禮：朝會聘盟言必稱先君，是也。然則齊、紀無説焉，謂齊、紀先君有仇，必稱先君之好，則譖、烹事竟若無説以辭之也。不可以竝立乎天下。禮曰：父母之仇，不共戴天。故將去紀侯者，誅其身。不得不去紀也。滅其國，欲去譖哀公之紀侯，則不得不去紀。若存紀國，其子孫稱引先君，則紀侯猶存。當赦紀舊惡。有明天子，則襄公得爲若行乎？當告于天子，不得自興師。曰：「不得也。」有明天子，則天子加誅，齊襄公不得討之；如討，則是遷怒。苟不請命，更干先王之典。不得，則襄公曷爲爲之？據《春秋》爲之諱。上無天子，天子本爲皇、帝正稱，《詩》所謂「王于出征，以佐天子」。小統師説每假借大統，如天子、天下皆是也。下無方伯，上下無人，故責之于居中之二伯。此通例，《傳》借以説齊襄是也。緣恩疾者可也。上下無人，迫于恩義，疾痛之事可以爲之，此亦權變之意也。《春秋》之義，常于嫌得者見不得，又每因人之惑而爲之立義。紀侯賢，齊襄不肖，嫌仇不得報，故借此以明復仇之義，兼爲莊公忘仇發也。此傳者一家之説。疏凡滅者名，所以絶之也。此不名而言大去者，所以存紀也，曰紀侯去耳，其國固存也。于何存之？存之酅也。齊前遷怒紀，紀已滅矣，此言大去其國者，紀侯賢，民之從遷者衆，如太王去邠之事，故特書大去其國，以存之于酅。不言滅者，不使小人加乎君子。齊襄有禽獸行，逆天子，大國君終遭殺身之禍，非宋襄比，《春秋》不得以爲賢而諱之。襄之滅紀，亦不自以爲報仇，親殺桓公，與人之子會饗遇狩，報仇之意非襄所敢言。後師以不言滅爲賢襄，故立此説以明之。

六月，乙丑，齊侯葬紀伯姬。叔姬不言齊侯葬，以有喪至也。此紀已入酅矣，不以季葬者，伯姬無歸文。外夫人不書葬，此何以書？惟此及叔姬、宋伯姬三葬。隱之也。因前隱其國亡，故書葬。以見①。何隱爾？其國亡矣，徒葬于齊爾。此復仇也，曷爲葬之？恩怨相歧，據子胥報仇有鞭尸之事。滅其可滅，葬其可葬。已殯、可葬，二者並行不悖，各行其是。如泰西紅十字會與鑄兵仁殺並行。此其爲可葬奈何？復讎者，許其復遠仇。非將殺之，事在遠祖，不如討賊書殺。逐之也。《經》但許逐之，如書大去，絶紀遠君之祀，而不殺紀新君。以爲雖遇紀侯之殯，不但紀家屬，如伯姬。亦將葬之也。仇不在今紀侯，而在其遠祖。今但報其遠祖之仇，遷徙其國足矣，于子孫無怨。無論伯姬之喪，婦人不與外事，宜葬，雖爲紀侯之殯，

① 見：原刻缺，據文意補。

亦當葬之。言伯姬者，國亡無謚也，宋共姬有謚。**疏** 泰西各國，雖兵事，公法不能非理傷害。所謂殺人之中亦有禮。

秋，七月。

冬，公及齊人狩於郜。

公曷爲與微者狩？齊侯也。以言狩，知非微者。齊侯則其稱人何？疑以狩事貶之。諱與仇狩也。仇爲齊侯，因諱而不言，其稱人，非貶。莊公自立，與莊公往來交接不一，《經》皆變易異其文，不使與齊侯相交接，以明臣子之義。故曰：「撥亂世反之正，莫近於《春秋》。」惜莊公之事不如《經》之所言也，悲夫！前此者有事矣，前爲婚姻之事是也。後此者有事矣，後公會伐衛是也。則曷爲獨于此焉譏？於讎者將壹譏而已，董子説：《春秋》之義，已見者不復見，「文成數萬，其旨數千」，博文約旨。若依文義，則失顯微之旨矣。故擇其重者而譏焉，莫重乎其與讎狩也。前婚姻有天命可託，後伐衛逆天子，罪有別科，故獨狩事見例。于仇者則曷爲將壹譏而已？仇者無時，焉可與通？通則爲大譏。不可勝譏，莊與仇往來密。故將壹譏而已。董子所謂見者不再見。其餘從同同。《春秋》一見之例，義不止爲通仇言。

五年

春，王正月。

夏，夫人姜氏如齊師。《傳》曰：師，衆也。師而曰如，公在齊之辭也。齊侯約夫人往會于師，婦人如師，甚爲失禮。

疏天子曰京師，諸侯曰師者，行營所在，故皆可言如，如齊師即如京師之意。《左傳》：君以師從，卿以旅從。

秋，倪黎來來朝。不能以名通，故謂之小邾婁。不見本名，則疑小邾婁本無名，故一見黎來，使知有名。因不能以名通，乃稱小邾子也。疏《孟子》曰：「不能五十里，不達于天子。附于諸侯，曰附庸。」

倪者何？疑與介葛盧同。小邾婁也。天下附庸多矣，《春秋》常敘一小邾婁以見例；不卒小國，無稱名大夫。小邾婁則曷爲謂之倪？國無二名，既稱小邾婁，曷爲復以倪見。未能以其名通也。因託名以明附庸之制例。黎來者何？名也。爲君之名。名者，二十里附庸。疏董子說：「附庸①字者方三十里，名者方二十里，人氏者方十五里。」其名何？據儀父稱字。微國也。以後稱子者，辭窮也。在盟會，與諸侯國序，不能稱名，故假子以稱之。《解詁》以子爲進之，非也。

冬，公會齊人、宋人、陳人、蔡人伐衛。董子云：齊會諸侯納朔，許諸侯賂。皆諸侯，何以稱人？貶也。何爲貶之？爲逆天子命，且辟公與仇者會伐也。疏《魯世家》：「五年冬，衛納衛惠公。」

此伐衛何？納朔也。據下朔入知爲納朔。疏《左傳》：「冬，伐衛，納惠公也。」曷爲不言納衛侯朔？據納諸侯例得言納。辟王也。天王立黔牟，諸侯伐之而後納朔；若直言納朔，則顯著逆王命。逆命不可②言，故但云伐衛而已。

---

① 庸：原脱，據《春秋繁露·爵國》補。

② 不可：原作「可不可」，據文意删。

六年

春，王三月，王人子突救衛。詳《世家》。

王人者何？據王人下稱子突。微者也。據人爲微者。僖公八年稱王人，不名。子突者何？稱子、名突，同子虎，而上乃繫人。貴也。稱子名突，本與子虎、子猛同爲貴者之稱，以爲王子突。貴則其稱人何？據王子則不當稱人。繫諸人也。本非微者，故特繫之人，以爲微焉耳。按：本《傳》言繫者皆謂託辭，如許田託之許是也。曷爲繫諸人？據尊不繫卑，既爲王子，例不得稱人。王人爾。子突救衛，不能勝諸侯之師，使直以爲貴者，則恥辱甚，不可言，故託之微者以殺恥，言此特王人耳。使貴者來，諸侯自當避之。疏按，《傳》與《穀梁》小異：《傳》以突爲名、子爲至貴稱，《穀》以子突爲名，實微者也。

夏，六月，衛侯朔入于衛。詳《世家》。

衛侯朔何以名？據諸侯不生名。絶。曷爲絶之？據争立者入，不皆絶。犯命也。據逆命逐黔牟。其言入何？篡辭也。書入以誅其篡立之罪。先立不正，繼犯王命，故生名。

秋，公至自伐衛。《穀》專言致不致。

曷爲或言致會，或言致伐？致有二例。得意致會，不得意致伐。二者可致，則從輕重言之。《哀公》篇或致會，或致伐，伐、會竝見之專例。衛侯朔入于衛，以致例推之，此已得意矣。何以致伐？得意當致會。疏上無會文。師以爲此説者以言公會，雖不地，亦得以會言之。不敢勝天子也。不敢以爲得意。

螟。詳董子。

冬，齊人來歸衛寶。齊人歸衛寶，分罪于齊也。疏《左傳》云：「文姜請之也。」此衛寶也，則齊人曷爲來歸之？當由衛人來歸。衛人歸之也。衛人歸之，則其稱齊人何？其詭異事實，其義何居。讓乎我也。衛人歸齊，齊人讓乎我。其讓乎我奈何？內與諸侯共納朔，何爲使齊讓乎我。齊侯曰：「此非寡人之力，魯侯之力也。」言此以明主惡在齊，我不過從之耳。

七年 此年夏、秋敘異災，春、冬敘姜氏會齊侯，不及別事；以姜氏、齊侯亦災、妖也。

春，夫人姜氏會齊侯于防。防者何？魯北鄙也。夫人不會饗，言會饗者非會饗，比之于會饗耳。疏《左傳》：「文姜會齊侯于防，齊志也。」

夏，四月，辛卯，夜，恒星不見；夜中，星霣如雨。恒星不見者，獨見緯星之辭也。經、緯大小相等而遠近各別，望遠不如見近，故記恒星不見，以明日屬行星而見近。此記星異之始。疏記時之詳，惟此爲最。一夜之中又分時、刻，亦記事之體不得不然。此不爲例者。上夜字《穀梁》作昔。

恒星者何？下星隕不言恒，俗以恒爲經星，行稱緯星。列星也。行星以外有定位，《考工》二十八軫，以象列宿。列星不見，不言行星，是但恒不見耳。何以知夜之中？昏杓，旦建魁，夜中建衡。有恒星，始能卜夜早晚。星反也。昔時不見，昔久則星見，至夜之中乃隕。如雨者何？雨霜雨雪言雨，此何以言雨又言如。如雨者，恒星不見者，目力見行星而不見恒星之辭。日屬世界，日統地與七行星，人亦只見五星而不及天王、海王，遠也。記星之始。言見與不見之分，以別遠近。恒星爲日，各統行星與月；因遠不可見，但見日之恒星。疏下賈不言恒，則緯星不指恒星。非雨也。言如雨則實與雨別。董子說：言雨言隕，由于所發之地不同。《穀梁傳》云：「著于上、見于下，謂之雨；著于下、不見于上，謂之隕。」與董子同。疏按，「著于上見于下謂之雨」，如雨螺、雨雪是也。來時可見，其物下地亦可見之。隕霜、隕石則不然，在下可見，在上不可見。今星隕在上可見，在下又不見，故與霜、石不同，又與螺、霜異，故言隕言雨又言如。非雨則曷爲謂之如雨？據在下不見何以言如雨。不見者恒星，隕者緯星，分別經、緯以記天體。記星之始首分行、恒，行星亦地球，故下賈爲石，如「隕石于宋五」是也。《不修春秋》《不修春秋》，謂寶書也。昔孔子受端門之命，別《春秋》之義，使子夏等十四人求周史記，得百二十國寶書。九月，經立。墨子云百國《春秋》，即謂此也。疏孔子修《春秋》以史記爲本，故孟子引孔子「其文則史」之語。或以《春秋》爲魯史，不知《春秋》所記國多與魯不通，間有侵伐仇讐之事，所記事不必皆由于赴告；惟據魯史，又必參以百國寶書，乃能詳備如此。故先師相傳，有百國《春秋》、百二十國寶書之說。曰：「雨星直言雨。不及地尺而復。」是隕在空中，有光可見，將近地則不見。言不及地尺而復者，因其不見，以復狀之。實則星既隕矣，豈能復至，故《春秋》以如雨狀之，言其及地則不見也。君子修之《春秋說》：「孔子作《春秋》，一萬八千字，九月而成書。以授游、夏之徒，游、夏之徒不能改一字。」《說苑・君道》篇：「孔子曰：夏道不亡，商道不作；商德不亡，周德不作；周德不亡，《春秋》不作。《春秋》作，然後君子知周德之亡也。」曰：「星隕如雨。」以賈易雨，以如雨易不及地尺而復，此修《春秋》所以異于史也。何以書？記異也。因異乃書，天道使然。**疏**《左傳》：「恒星不見，夜明也；星隕如雨，與雨偕也。」杜氏以爲與雨偕至，非也；偕，同也，謂星隕有同雨例，故兼言雨。

秋，大水。

無麥苗。記無麥禾之始。**疏**此與大無麥禾相比。五穀不孰乃書饑，一穀災，小災也。

無苗則曷爲先言無麥而後言無苗？苗之秀乃禾，苗在麥熟之後；大無麥禾，先麥後禾是也。此當先言苗，而後言麥。一災不書，待無麥，然後書無苗。無苗可再種，無麥則甚變。何以書？記災也。

冬，夫人姜氏會齊侯于穀。

八年

疏此年專言齊兵事，因以起見弒之禍。

春，王正月，師次于郎，以俟陳人、蔡人。言師者，公在也。

次不言俟，此其言俟何？託不得已也。義詳《解詁》。

甲午，祠兵。祠，《左傳》作治。

祠兵者何？出曰祠兵，入曰振旅，《左傳》「三年而治兵，入而振旅」，謂此禮三年一行。不言出者省文，出入可以互見。其禮一也，疏《異義》：「《公羊》說：『師出曰祠兵，入曰振旅。』祠者，祠五兵①：矛、戟、劍、楯、弓矢②，及祠蚩尤之造兵者。」皆習戰也。祠兵、太閱，皆習戰事，田獵之法，寓其禮而已。《經》於田獵單出田獵之名，于兵事言大閱、祠兵，此二者之分。何言乎祠兵？爲久也。因言次，故以祠兵解之。曷爲爲久？吾將以甲午之日，然後祠兵於是。託爲緩兵之辭，言擇取甲午之日，祠乃後出。疏按：《左傳》云：「治兵于廟，禮也。」下接圍郕之文，與《傳》同。《穀梁》以爲因陳、蔡伐我，嚴兵而陳、蔡不至；以《經》無明文，故爲此說。

夏，師及齊師圍成，成降於齊師。成，《左》、《穀》作郕。疏按：此滅盛，下盛伯來奔，《左傳》有以地奔之事，則別爲一國；緣音同字近，故致互異。然則郕、盛二字當分，此爲盛，則二《傳》作郕誤；下本《傳》作郕，亦誤也。成者何？據下成爲內邑，此爲國辭。盛也。成、盛同聲，據圖籍，知其異名同實。疏董子：「《春秋》之書事時詭其實，以有辟也。其書人時易其名，以有諱也。說《春秋》者入其說，詭其辭，隨其委曲，而後歸之。」盛則曷爲謂之成？諱滅同姓也。因同姓，故易字以辟之。曷爲不言降吾師？辟之也。內辟滅同姓。滅，大惡，故以齊主之。

秋，師還。上云師者，公在也；言齊者，齊侯在也。夏圍成而冬被弑，齊侯有內難，公不於此報仇，乃束兵而還，深惡其無人子之心。故託之師者，以爲老不可用而歸，爲內諱也。還者何？善辭也。《左傳》：「秋，師還，君子是以善魯莊公。」此滅同姓，何善爾？病之也。師出三

---

① 祠五兵：「祠」字原脱，據鄭玄《駁五經異義》補。

② 弓矢：原作「弓鼓」，據鄭玄《駁五經異義》改。

時，勞苦已盛。曰：「師病矣，託之於師老。曷爲病之？」據上師言次言圍，未及合戰，遂以爲病。非師之罪也。言公不自攻齊，非師老之罪。前公與齊侯相通者十數次，《春秋》皆詭其事，不使有一相通，所以申孝子之志，明仇無可通之義也。

冬，十有一月，癸未，齊無知弒其君諸兒。詳《世家》。

九年

《年表》：齊桓小白元年。**疏**此年專敘齊、魯事。

春，齊人殺無知。詳《世家》。**疏**《傳》大夫相殺稱人，時無大夫共討無知，稱人，衆辭也。與衛人殺州吁同一例也。

公及齊大夫盟于暨。《經》惟大國齊晉宋、小國曹大夫。自稱大夫而不名者，餘皆無之。方伯大夫例日，此渝盟，不日。**疏**暨，《左傳》作蔇。

公曷爲與大夫盟？齊無君也。齊無君也，故與大夫盟立子糾。辭窮稱大夫。**疏**《左傳》齊無君，與《傳》同。然則何以不名？據高傒稱名。爲其諱與大夫盟也，使若衆然。羣然相盟無統，以見無君之辭，故出公不嫌。若獨出一名，與君命來盟同矣。

夏，公伐齊，納糾。《魯世家》：「八年，齊公子糾來奔。九年，魯欲納公子糾於齊，後桓公發①兵擊魯，魯不能勝，急殺

① 發：原誤作「伐」。

子糾。」

納者何？入辭也。其言伐之何？伐而言納者，猶不能納也。糾者何？公子糾也。糾母魯女，魯故納之。何以不稱公子？據趙鞅納蒯聵稱衛世子。君前臣名也。趙鞅臣納，故不挈氏；公子君納，則當名。《春秋》別嫌明疑，嫌當爲齊君在魯君前不爲臣。禮：公子無去國道、臣異國義，故見去公子，而見臣于魯。

齊小白入于齊。詳《世家》。

曷爲以國氏？當國也。其言入何？篡辭也。

秋，七月，丁酉，葬齊襄公。疏《傳》曰：「過時而日，隱之也。」討賊後乃葬。

八月，庚申，及齊師戰于乾時，我師敗績。詳《世家》。

内不言敗，據内言戰不言敗。此其言敗何？伐敗也。惟此言敗，知爲伐。曷爲伐敗？據内言戰，内諱不言。復讎也。莊非復仇，《經》託于復仇，故言敗，惜乎其不敗復仇而敗于納糾也。此復讎乎大國，曷爲使微者？公也。不言其人，爲公諱，實非微者。公則曷爲不言公？不與公復讎也。據上公納糾，助仇人子争國。曷爲不與公復讎？復讎者在下也。以其言師知復仇在下。内不言師敗績，此獨言者，以公亡仇，在下者有復仇之志，故言敗。疏言戰不言敗，此言敗者，以見言戰則敗矣。《傳》以言敗爲與公，《穀》以言敗爲惡内；美惡相反，皆無實據。按，乾時之敗，美惡易見，今異其文者，爲内不言敗，言戰則敗①。恐其文不顯，故于

① 言戰則敗：此下重出「言戰則敗」四字，當係衍文，兹删。

此一見言敗；以見凡言戰皆敗也，不爲美惡見。

九月，齊人取子糾殺之。詳《世家》。其取之何？其下當有一言字，據邑乃言取。內辭也，脅我，使我殺之也。「使我殺之」，我方謀納糾，不可復言殺，故託言齊取而自殺，則魯之恥少殺。其稱子糾何？據納不言子。貴也。子者，父死子繼之辭。糾宜立，故以貴許之。其貴奈何？宜爲君者也。以見小白不當立，故上言入以罪之。

冬，浚洙。洙，水名。孔子教于洙、泗之間，即其地也。浚者，淘沙以備水患。北地沙土，水皆横流，久則淤壅，故王政于農閒水落之時浚之以防水，司空平水土之政也。因有兵事，兼爲防齊耳。洙者何？據與城城同文。水也。浚之者何？深之也。曷爲深之？畏齊也。浚洙不專爲齊，《傳》因兵事兼説之。曷爲畏齊也？辭殺子糾也。內爲齊殺子糾，齊實未來殺；此言浚洙，使齊人若踰洙來殺子糾，退，魯乃浚以防之，所以辟齊人脅殺之恥也。

十年

春，王正月，公敗齊師于長勺。此內勝也。公勝不言戰，直敗之，《傳》「內不言戰」是也。不日，非結日戰。疏《年表》：「齊伐我，爲糾故。」

二月，公侵宋。

曷爲或言侵，或言伐？觕者曰侵，《穀梁》：「俘人民、苞牛馬①曰侵。」《經》于大小之間有辟其事而言侵者。精者曰伐。言伐有輕重，辭亦有專例。疏《穀梁》：「壞宮室、斬樹木②曰伐。」侵者輕淺，伐者重深，伐足以包侵。二《傳》同意，舊以爲不同，非也。戰不言伐，言戰則伐可知。主、客者以地爲分，主敘上。疏外伐多目國，惟内乃言鄙。是外伐兵多至都城。圍不言戰，圍在主國。戰敗之後言圍，則戰可畧。疏外圍皆在國，惟内乃有邑圍。入不言圍，圍有不入者，入則必先圍。言入則圍可畧。滅不言入，入而取國爲滅，不取國爲入。滅必先入，言滅則入可知。書其重者也。此爲舉重例。如《經》言滅，先有伐有戰有圍有入，《經》但言滅。疏按，此連敘例，舊大傳文也。此與《曲禮》天子不言出節文同。

三月，宋人遷宿。遷者，滅國之辭。不言滅而言遷者，以其地屬于他國而不統之也。禮：二伯、王後皆不統國，惟方伯乃有屬國。故《春秋》惟齊、宋有遷一見，以明其不統國也。疏據《左傳》，倪、郲、薛、宿屬于宋，此事實也。《經》意則宋無屬國，特見遷以明之。

遷之者何？據遷當再出地。不再出地，何以言遷。不通也，以不通爲遷，此舊《傳》文。不通者，謂不臣之屬，此《經》意也。以地還之也。謂以其國還屬之方伯卒正，已不更侯屬之。子沈子曰：「不通者，蓋因而臣之也。」論事實則是化其國而臣其君，論《經》意之言遷，以其國還之方伯卒正，爲其屬國而臣之。

---

① 俘人民苞牛馬：《穀梁傳》作「苞人民毆牛馬」。
② 壞宮室斬樹木：《穀梁傳》作「斬樹木壞宮室」。

夏，六月，齊師、宋師次于郎。公敗宋師于乘丘。齊、宋同伐魯，深入至郎，自懷疑忌，魯因間而敗宋師，齊人自還。此當先言伐而後言次，不言伐者，言伐則當言鄙，兵深入至郎，不可言鄙。言次，省文可知。疏《宋世家》：「湣公十年夏，宋伐魯，戰于乘丘。魯生虜宋南宮萬。宋人請，歸萬。」

其言次于郎何？不言伐，齊、宋同次，公獨敗宋師。疑以敗事次郎。伐也。據以師次、公又敗之，知爲伐、次。伐則其言次何？齊與伐而不與戰，故言伐也。言上疑脱不字。我能敗之，故言次也。此解所以言次之意也。次者疑辭，二國同約，各懷異志，觀望不進，魯乃能敗之，齊師罷去。故不言伐言次也。疏以上《經》所見國皆爲中國，國皆爲《國風》所有。以下乃開南服，即爲周公用夏變夷之事實。

秋，九月，荆敗蔡師于莘，以蔡侯獻舞歸。《春秋》者，繼《詩》而作。《詩》以召伯統衛、陳、鄭、豳、曹，《春秋》則以齊統魯、衛、陳、鄭、曹，《詩》以周公化外四州，故《春秋》亦以晉統楚、徐、梁、吴也。自此以上，皆與《詩》同；自此以下，乃有南服之國。《春秋》之推廣《詩經》，此爲始，故凡見《詩·風》者，三《傳》謂之中國；不見《詩·風》者，同謂之夷狄也。疏《蔡世家》：蔡桓公卒，哀侯獻舞立。十一年，哀侯娶陳，息侯亦娶陳。息夫人將歸，過蔡，蔡侯不見。息侯怒，請楚文王伐我，「我求救于蔡，蔡必來①，楚因擊之，可以有功。」楚文王從之，虜蔡侯以歸。

荆者何？據《經》言梁、徐，即爲國名。楚言荆，下又言楚。州名也。《春秋》爲三千里立制，正南用《禹貢》州名。疏鄒衍説海外九州，九九八十一，即五帝分司；制以禹九州爲一州，《大行人》九州之外爲蕃國。是于方九千里立九州。大九州名見《地形訓》。州不若國，楚、吴《春秋》之狄，以詳者爲尊，畧者爲賤。若州舉，是極畧之辭；言

① 來：原作「求」，據《史記》卷三五《管蔡世家》改。

國，則于二百一十國中以一國見，則稍詳矣。疏《春秋》荆、徐、梁，如今非、澳、南美州無名君。今之稱三州者，但舉州名，不能言其國，此《春秋》州舉之例。久乃稱其國，久乃詳其君臣；此又由州而國、由國而君臣，以次漸進之義也。今南方三大州尚無名國可舉，必俟數百年後乃能以國見。以今之形勢比《春秋》，則赤道以北亞、歐、北美，赤道以南諸州爲夷狄。以《易》八卦方位言之，乾、坎、艮、震四陽卦，北美之北爲乾①，雍；歐亞之北爲坎，冀；歐亞之交爲地中，爲豫；亞東北爲艮，兗；亞東南爲震。《春秋》中國爲五州，引南服四州，以成九州。今赤道以北爲中國，開化南服諸州，以成大九州。南服諸州爲巽、離、兑，與《春秋》形勢相同也。國不若氏，單稱國，不如潞氏、英氏、甲氏。氏不若人，如楚人、吴人。疏按，州、國、氏、人四等乃待夷狄之例。凡諸有不同者，皆可由此而推。人不若名，王人不如石尚。名不若字，石尚不如召伯。字不若子。召伯不如劉子。疏按，《經》人、名、字、子乃王臣例，大夫稱字，元士稱名、氏，微者稱人。凡諸侯、大夫、附庸同用此例者，皆可由是推之也。蔡侯獻舞何以名？據凡伯以歸不名。絶。曷爲絶之？歸不皆絶。獲也。董子説：「《春秋》以爲人之不知義而疑也，故示以義曰：國滅君死，正也。正者，正乎天之爲人性命也。天之爲人性命，使行仁義而著可恥，非若鳥獸然，苟爲生、苟爲利而已。是故《春秋》推天施而順人理，以至尊爲不可以生于至辱大羞，故獲者絶之；以至辱爲不可以加于至尊大位，故雖失位弗君也，已復國又在位矣，而《春秋》猶有不君之辭，況其居然方伯，爲楚所虜耶！于其義，非君定矣。」曷爲不言其獲？據晉侯猶言獲。不與夷狄之獲中國也。蔡後爲外州國，此以中國言者，尚未狄之。董子説「大夷言戰而不得言獲」，謂此也。凡方伯之國得言獲，吴、秦皆言獲是；凡以夷狄獲中國，皆辟之不言。按：秦亦夷狄，在梁州

① 乾：原刻無，據文意擬補。下「艮兗」之「艮」字同。

國；言獲者，以其在梁州，爲畿内諸侯，初不以夷狄待之。《傳》云「自殽之後乃狄之」，是也。**疏**《補例》荆者何？陝以東州也。陝以西不言州，陝以東言州者，開南服也。何爲至此乃言荆？隱、桓以上治中國國，莊以下見南國，由近而遠，治之序也。九州同化，而《春秋》之文備矣。按，以前言五州《詩經》《風》有之國，至此始言正南荆州、東南徐州，以二州近，先引而待以中國也。荆者，州名；立九州，收南服，用夏變夷也。《春秋》以中國小，如《詩·國風》僅五州，爲一伯所統；孔子作《春秋》，乃開化南服，立三千里之制，以三千里爲九州，外無十二州。《春秋》凡在其地小國，皆引爲中國，明變夷爲夏也。夷：吴、楚、徐、秦，以其地先言荆，而後言荆州之小國；先言徐，而後言徐州之小國。至于僖世而言梁州，成以後乃言揚州；梁近丁王畿，揚蔽于徐也。定、哀之世，則四州入版已久，故純待以中國之禮。此開拓南服，立九州之大例。

冬，十月，齊師滅譚。譚子奔莒。詳《世家》。**疏**《左傳》：「齊師滅譚，譚無禮也。譚子奔莒，同盟故也。」

何以不言出？據奔當言出。國已滅矣，無所出也。與有國者異辭。

十有一年

春，王正月。

夏，五月，戊寅，公敗宋師于鄑。**疏**《左傳》：「凡師，敵未陳曰敗某師，皆陳曰戰，大崩曰敗績①，得儁曰克，覆而

① 原刻無「績」字，據《左傳》補。

敗之曰取某師，京師敗曰王師敗績于某。」

秋，宋大水。董子說：魯、宋比年爲乘丘之戰，百姓愁怨，陰氣盛，二國俱水。疏《春秋》記外災著尊卑之等差，方伯以上例得記災，無論其災異及我不及我，皆得記之；國小不得記災，雖其災異與内相關亦不記，如曹、莒、邾婁、滕、薛、杞近國皆不記是也。例書者則書，不當書者，則不論災之大小輕重，通不得書。是記災異者爲本當記而記，非例不當記，而變例以記之也。宋大國，又王後，五記災，三記異；成周一記災，齊一記災，北方伯陳二記災，衛、鄭一記災，例得記者乃記之。南方秦、楚、吴、蔡四方伯通不記，六卒正與魯近，亦如此例，以新方伯禮節與卒正同也。

何以書？記災也。外災不書，外州國災通不書。此何以書？據中國小國不書，大國亦不盡書。及我也。及者，謂宋災我使人弔之也。宋災多矣，此因公子御説乃記之。疏詳《世家》、《左傳》。

冬，王姬歸于齊。此亦我主之，何以不詳録？以見前事之不正也。

何以書？過我也。天王嫁女娶后皆我主之，乃書。

十有二年

春，王三月，紀叔姬歸于酅。《白虎通》：「夫人死後更立夫人者，不敢以卑賤承宗廟。自立其娣者，尊大國也。《春秋傳》紀叔姬歸于酅，叔姬者，伯姬之娣也。伯姬卒，時叔姬歸，《經》不譏也。」

其言歸于酅何？據國乃言歸。隱之也。何隱爾？其國亡矣，紀已亡，故特著其邑。徒歸于叔爾也。禮：婦人死無主，以夫家同姓爲之。

夏，四月。

秋，八月，甲午，宋萬弑其君接，及其大夫仇牧。弑事惟大國，及爲以卑殉君之例。舉三人以示法：仇牧不畏彊禦，荀息不食言，孔父幹衛于君；外此則皆私人奸黨，不以死君許之。及者何？兩下相殺言殺，今以弑下及大夫，不倫。累也。事相關，同一本末，故累數。臣亦得蒙弑名，以明死者殉難。弑君多矣，弑君三十六。舍此無累者乎？以殉君累數之。曰：「有。」①孔父、荀息皆累也。宋二晉一。舍孔父、荀息無累者乎？問不見《經》者。曰：「有。」每君弑，從死者必衆。有則此何以書？殉亦常事。賢也。因賢乃書。何賢乎仇牧？不能保君，致弑。仇牧可謂不畏彊禦矣。《詩》有此語，以此證之。其不畏彊禦奈何？萬嘗與莊公戰，乘丘之役。獲乎莊公。不書，微也。莊公歸，散舍諸宮中，數月然後歸之。宋人請之。歸反，爲大夫下大夫比于士。於宋。與閔公博，君臣以力相角。婦人皆在側。無禮。萬曰：「甚矣！魯侯之淑，性情。魯侯之美也。容貌。天下諸侯宜爲君者，唯魯侯爾。」閔公矜此婦人，妒其言，顧曰：「此虜也。爾虜焉故，爲魯侯虜，故美魯侯。魯侯之美包淑。惡乎至？」萬怒，搏閔公，絶其脰。當時即斃。仇牧聞君弑，趨而至，遇之于門，手劍而叱之；萬臂摋仇牧，碎其首，齒著乎門闔。力大。仇牧可謂不畏彊禦矣。萬，微者也，故不氏。董子云：「此與臣博之過也。古者人君立于陰，大夫立于陽，所以別位，明貴賤。今與

---

① 按：《十三經注疏・春秋公羊傳》無「曰有」二字。

臣相對而博，置婦人于側，君臣無別也。故使萬稱它國耳。」**疏**《宋世家》：「湣公十二年秋，湣公與南宮萬獵，因博爭行。湣公怒，辱之曰：『始，吾敬若；今，若魯虜也。』萬有力，病此言，遂以局殺①閔公于蒙澤。大夫仇牧聞之，以兵造公門。萬搏仇牧，齒著門闔死。因殺太宰華督，乃更立公子游爲君。」

冬，十月，宋萬出奔陳。此奔而後殺也。不言殺者，畧之也。月者，譏失賊。《春秋》：「緩追逸賊，親親之道也。」此賊失討，奔，故月。

十有②三年

《年表》：宋桓公御說元年。桓公，莊公子。**疏**此年專敘齊事。

春，齊侯、宋人、陳人、蔡人、邾婁人會于北杏。諸侯不至者。柯以下乃大會，明信之著。**疏**今泰西行公法與條約，每每盟會，結密約、改舊章。《春秋》之記盟會亦因以見。

夏，六月，齊人滅遂。遂者青州國。此有戰圍，不言者，從重也。月者，青州國滅例月。人者，侯也。其稱人何？爲齊桓諱，故以人言之。

秋，七月。

冬，公會齊侯，盟于柯。北杏公不在。**疏**《左傳》：「盟于柯，始及齊平也。」

---

① 殺：原作「投」，據《史記》卷三八《宋微子世家》改。

② 有：原刻誤作「月」。

何以不日？據公與盟例日。易也。日，重記之，詳時則畧之，故云易。易與難對。其易奈何？問其條例。桓之盟不日，不日，例月。其會不致，凡致，皆危之。信之也。信之，故不日致。其不日何以始乎此？據前盟皆日，以下月。此獨時者，著其始也。莊公將會乎桓，爲桓所迫。曹子進曰：「君之意何如？」莊公曰：「寡人之生，則不若死矣！」有報仇之志。曹子曰：「然則君請當敵也。其君，齊桓。臣請當其臣。」管子。莊公曰：「諾。」于是會乎桓。莊公升壇，盟皆爲壇。曹子手劍而從之。司馬從行之例。管子進曰：「君何求乎？」曹子曰：「城壞壓竟，君不圖與？」管子曰：「然則君將何求？」曹子曰：「願請汶陽之田。」管子顧曰：「君許諾。」桓公曰：「諾。」曹子請盟，桓公下，與之盟。已盟，曹子摽劍而去之。要盟可犯而桓公不欺，曹子可仇而桓公不怨。《吕覽·貴信》：桓公盟歸而欲勿與，管仲曰：「不可。人特刼君而要盟，君不知，不可謂知；臨難而不能守，不可謂勇；許之而不與，不可謂信。不知、不勇、不信，有此三者，不可以立功名。予之，雖亡其地，而以百里之國見信于天下，君猶得也。」莊公，仇也；曹劌，賊也。信于仇、賊，又況非仇、賊者乎！夫桓公九合一匡之業，由于聽仲。仲因物矣。桓公之信著乎天下，貫澤爲偏致辭。自柯之盟始焉。故不月①，以著其信之始。即月，則意不顯著，故于其始時。

---

① 故不月：疑「月」當作「日」。下「即月」之「月」同。

十有四年

春，齊人、陳人、曹人伐宋。三國會約侵伐，下何以言單伯？明齊桓初伯，復古制也。天子使三大夫居閒田，爲方伯監，凡方伯政事，皆三監掌之。强幹弱枝，征伐所以自天子出也。天子失政，則方伯私臣奪監者權而專兵事，征伐所以自諸侯出也。桓公初伯，亟明時制，收監者之專，反之天子，此二伯之大義也。以下不言大夫掌兵、伐國、會諸侯矣。

夏，單伯會伐宋。疏《宋世家》：「桓公二年，諸侯會伐宋，至郊而去。」

其言會伐宋何？據單帥師敘諸侯言伐，此言會，不敘。後會也。單同齊、鄭伐宋，故敘而言伐，此上已見伐文。諸國師在先，單伯在後會，故與書單文異。疏單伯者何？監者也。其禄視諸侯之卿，其爵視次國之君，其禄取之于方伯之地。制詳《王制》。

秋，七月，荆入蔡。今赤道以南無名國，但以州舉。《春秋》之初，江、淮以南亦無名國，但以州舉。疏《楚世家》：楚文王六年伐蔡，虜哀侯以歸而釋之。

冬，單伯會齊侯、宋公、衛侯、鄭伯于鄄。外會再見監者，明會鄄爲王事也。宋未服，故伐之；宋服而爲此會，會敘諸侯也。

十有五年 疏《年表》：鄭厲公元年。厲公亡後十七年復入。

春，齊侯、宋公、陳侯、衛侯、鄭伯會于鄄。此諸侯同在之辭也。不敍晉、蔡者，陜以東國，時蔡從楚，晉未伯也。此會二大國三方伯參錯之，以見中國皆在也。疏《齊世家》：「桓公七年，諸侯會公于鄄，而桓公于是始霸焉。」

夏，夫人姜氏如齊。

秋，宋人、齊人、邾婁人伐兒①。兒即郳，小邾婁國名。宋敍齊上者，宋主兵也。此皆諸侯，其以人言者，爲伐小國微之。

鄭人侵宋。方同會，乃背約侵宋，故下有伐同會而相侵，桓伯未盛也。疏《左傳》：「秋，諸侯爲宋伐郳，鄭人間之而侵宋。」

冬，十月。

---

① 兒：原作「郳」，據《春秋公羊傳》改。下「兒」字同。

十有六年

春，王正月。

夏，宋人、齊人、衛人伐鄭。鄭侵宋，爲宋報之，故以宋敘齊上。**疏**《左傳》：「諸侯伐鄭，宋故也。」

秋，荆伐鄭。鄭以中國背楚，故荆伐之。詳録夷狄之强，以見伯之難成，而桓績偉矣。**疏**《王制》每州方千里，《周禮》皇帝之制，州有數等。三皇：天用九，共九州，每州方萬里；地數六，地皇六千里一州，六六三十六州；人皇五千里一州，五五二十五州。鄒衍説三千里一州，乃五帝分司五極之制。内方九千里立九州，外立十二州，如《典》、《謨》，共爲爲方萬三千四百里。

冬，十有二月，公會齊侯、宋公、陳侯、衛侯、鄭伯、許男、曹伯、滑伯、滕子，同盟于幽。中國皆在之辭。許男、曹伯、滕子皆卒正，此何以異稱？《春秋》伯子男一也。滑者，不敘者也。敘者一見例。**疏**滑伯者，豫州卒正也。敘者一見，以起外卒正皆在而《春秋》不書也。敘在曹下者，以伯相次也。

同盟者何？同欲也。

邾婁子克卒。卒不日、月，不卒者也。不卒而卒，明進之爲小國也，其子，進之也。孰進之？《春秋》進也。吴、楚爲方伯曰子，卒正何以亦曰子？貴賤不嫌，則同號也。

十有七年《年表》：秦德公元年。德公，武公弟。

春，齊人執鄭瞻。鄭瞻事實，三《傳》不詳；《傳》以爲甚佞者，師説相傳如此。前鄫會、鄭背約伐宋，皆出于瞻之蠱惑，故于事平後討而執之。《論語》云「遠佞人」，《春秋》所以書也。**疏** 瞻，二《傳》作詹。

鄭瞻者何？據鄭方伯，大夫宜氏。鄭之微者也。微，故不氏。此鄭之微者，何言乎齊人執之？非執政大臣無因見執，且執亦例所不書。書甚佞也。佞爲大惡也。甚，故特書齊執以見之。

夏，齊人瀸于遂。不言遂人殲齊人，而以自殲爲文者，與鄭棄其師梁亡同意，所以示玩敵之禍。

瀸者何？瀸，積也，衆殺戍者也。義詳《解詁》。

秋，鄭瞻自齊逃來。

何以書？據微者不書。書甚佞也，曰：「佞人來矣！佞人來矣！」

冬，多麋。**疏** 魯舊無麋，今不惟有，而且多，故《傳》以異言之。

何以書？記異也。

十有八年《年表》：楚堵敖囏元年，周惠王元年，晉獻公詭諸元年。

春，王三月，日有食之。《五行志》：「不言日，不言朔，夜食也。《公羊傳》曰食晦，董子以爲宿在東壁，魯象也。後公子慶父、叔牙果通于夫人而刧公。」

夏，公追戎于濟西。戎者何？曹也。何以知爲曹？以地濟知之。曹侵我，取濟西田，諱其事，故以追言之也。《春秋》不言魯、曹侵伐，知此曹取之也。

此未有言伐者，其言追何？據公追齊師先言齊侵，此不言戎伐我。大其爲中國追也。中國非天下，爲一國一王之事。《中庸》「是以聲名洋溢乎中國，施及蠻貊」，以中國爲國，以海外爲四裔。此未有伐中國者，狄戎侵伐齊、鄭、衛、邢等國爲伐中國，此不見《經》。則其言爲中國追何？亦不得言爲中國追。大其未至而豫禦之也。戎將有所侵，事未行而我禦之，故不得舉所伐也。其言于濟西何？濟西，與河陽同。凡濟水西皆在所指，不似鄗爲定也。大之也。言温小諸侯，言河陽大天子；言鄗小追齊師，言濟西是大追戎也。

秋，有蜮。一有一亡曰有，不常有之辭。

何以書？記異也。非常有之物，地氣使然。《周禮》五土五植五動，各有土宜，所生遷，地弗良。

冬，十月。

十有九年《年表》：秦宣公元年。燕、衛伐王，王奔温，立子頽。

春，王正月。

夏，四月。

秋，公子結媵陳人之婦于鄄，遂及齊侯、宋公盟。鄄，内邑。

媵者何？諸侯娶一國，伯姬歸于宋是也。則二國往媵之，衛、晉同姓之國，來媵是也。來媵爲王者後，故有異姓媵。以姪、娣從。姪娣，二國媵女于夫人爲姪、娣。説詳《白虎通》。姪者何？兄之子也。與男子同稱。女子從夫，不分昭穆尊卑，故姪與姑同嫁。娣者何？弟也。如紀季姬、鄫季姬是。疏古人異姓不論班輩。諸侯一聘九女，言聘者，非一時娶九女，故有待年之禮。董子説：公侯立一夫人、一世婦、左右婦、三姬、二良人，伯子男同立一夫人、一世婦、左右婦、三良人、三孺人。三等皆九女也。諸侯不再娶。《春秋》改制，所以絶亂原。媵不書，此何以書？媵爲小事，雖嫁内女，非有所見，不書。爲其有遂事書。因盟追録媵事。大夫無遂事，此其言遂何？結奉命媵，未奉命盟二國，在途遇二國來伐，因矯命，如弦高之事而與之盟。矯命爲生事。聘禮：聘禮，今《儀禮》六禮①義同，故引以爲説。大夫受命不受辭，《儀禮》聘記文。出境，有

---

① 禮：原誤作「藝」，據文意改。

可以安社稷利國家者，則專之《論語》所謂專對。可也。義詳董子。

夫人姜氏如莒。夫人不外如，外如，譏之。

冬，齊人、宋人、陳人伐我西鄙。言鄙者何？以爲邊鄙之事，不以難邇我也，所以遠恥辱而爲内諱。至于用兵深入者，舉戰敗爲文，不言侵、伐。外侵、伐不書，惟書齊、莒、邾婁者，以三國皆接壤①我也。齊在西北，莒在東南，邾婁在南。

疏 鄙，如今泰西屬地，與本封不必相連屬。

二十年《年表》：蔡穆公肹元年。**疏**《蔡世家》：楚虜蔡侯以歸。哀侯留楚九年，死于楚，凡立二十年卒。蔡人立其子肹，是爲穆公。

春，王二月，夫人姜氏如莒。

夏，齊大災。齊記災者，二伯也。晉亦二伯，何以不記災？西伯也。**疏** 陝以西國通不記災，故西伯亦不記。

大災者何？大瘠也。大瘠者何？痢也。疫疾流行，傳染者多，衛生之學不修也。何以書？記災也。外災不書，此何以書？及我也。以近故。

秋，七月。

---

① 接壤：「壤」原誤作「懷」。

冬，齊人伐戎。戎，《穀梁》作我。疏此伐我也，何爲託之戎？爲齊桓諱也。方有大災，比年伐我，故託之戎。此避伐我，稱戎伐我西鄙者，狄齊也。

二十有一年《年表》：齊、鄭誅頹，入惠王。

春，王正月。

夏，五月，辛酉，鄭伯突卒。小國稱伯，方伯何以亦稱伯？貴賤不嫌，則同號也。

秋，七月，戊戌，夫人姜氏薨。婦人薨不地。何以不地？無外事也。疏夫人薨有定地，不地爲正，地爲變。公薨有①定地，地爲正，不地爲變。男女異例也。

冬，十有二月，葬鄭厲公。月葬，正也。七月，過時。

① 此「有」字，據文意似當作「無」。

二十有二年《年表》：鄭文公捷元年。楚惲殺堵敖①自立。

春，王正月，肆大省。《尚書》曰：「眚災肆赦，怙終賊刑。」言過犯無心，從寬不治，此用刑之要法，非情真罪當，博仁厚之名而赦之也。省與眚通。**疏**省，《左》、《穀》作眚。

肆者何？一見，無所起。跌也。跌，當作佚。《穀梁傳》曰：「肆，佚也。」《傳》一本：肆，佚，謂赦遺之也。大省者何？文與大飢、大有年同。災眚也。《穀梁傳》：「眚，災也。」災眚，謂過失之罪。大眚，過犯之大者耳。肆大省，何以書？赦過常事。譏。何譏爾？譏始忌省也。魯因有夫人喪乃大赦，如後世因喪大赦之事。眚災本不宜治，孔子曰「赦小過」，是也；至于大省，則與小過不同，因喪概從寬免，豈合道哉！故書以譏之，所以明赦過之義，兼杜後世輕赦之風也。

癸丑，葬我小君文姜。文者，謚也；姜者，氏也，葬以氏配謚。婦人從夫之謚，無外事可言，宋共姬是也，此特謚，譏之。文姜惡，有美謚，其譏之意自明。

文姜者何？莊公之母也。不言桓夫人，義已絶也。言莊母，譏莊之念母。元年夫人入齊，此如別一夫人者然。

陳人殺其公子禦寇。《經》特書陳人殺公子，當言大夫，不言公子，而不言大夫者，非公子也。世子于父世見，公子于

---

① 原刻無「敖」字，據《史記》卷一四《十二諸侯年表》補。

父世不見；此見者，明爲太子，非公子也。所謂微而顯也。**疏**《魯世家》：「廿年春，陳人殺其太子禦寇。」

夏，五月。以五月首時者，明殷正建丑。一見，以明通三統之義。

秋，七月，丙申，及齊高傒盟于防。

齊高傒者何？據下稱高子，此爲名字。貴大夫也。據下稱高子知其貴。《左傳》云：「有天子之二守國、高在焉。」齊爲上卿，大國大夫下于其國君一等，二伯比于天子之公，則其大夫可比于天子之卿。故《經》稱大夫，以方伯爲正辭；至于大國卿，則與方伯同尊，故《傳》以貴別之。曷爲就吾微者而盟？據不出其人，微者之辭。公也。公盟例日。公則曷爲不言公？據敗乃不出公。諱與大夫盟也。大夫不敵君，大國大夫尊與公逼，故盟不出公。小國大夫有出公者，貴賤不嫌也。此屬嫌疑之例也。

冬，公如齊納幣。公立已久，何以始聘夫人？再娶也。諸侯不再娶，兼譏之也。此娶齊女，何以不諱與仇婚？齊襄已死也。**疏**《春秋》常事不書，凡娶，得禮者皆不見於《經》，故書皆有所譏。諸侯不再娶，此再娶者，書之，兼以明齊女之禍。其父爲娶齊女而死，己又娶齊，故深惡之也。

納幣不書，常事。此何以書？譏。何譏爾？納幣，禮文。親納幣，書以明禮制。非禮也。時公入齊，與齊女淫而謀婚，如鄫季姬事。納幣者，諱辭也。

二十有三年《年表》：楚武王惲元年。

春，公至自齊。

桓之盟不日，其會不致，信之也。此爲大例。此之桓國何以致？之國與會同。危之也。危之，致國與致會同。何危爾？公，一陳佗也。陳佗淫于蔡，蔡人殺之。公行不正，故爲公危而録之。

祭叔來聘。祭氏三見監者，祭伯、仲、叔皆是也。在王朝言祭公，必以同氏言者，起爲天子使監。言來聘則是王臣，內不得純臣之；內不得純臣，則方伯不可以私事使之也，故書以明之。一説祭叔來與祭伯同，有「聘」者，誤衍字。

夏，公如齊觀社。觀者非常之辭，觀社者，託詞也。公入齊，與齊女淫，不可言，故託詞于觀社耳。

何以書？譏。何譏爾？諸侯越竟觀社，非禮也。《左傳》：「公如齊觀社，非禮也。」忘仇事齊，惡之深，故如齊三繫事以目之。

公至自齊。桓會不致，此致者，危之也。

荆人來聘。言聘者稱君稱使，此何以稱人來聘？言聘者方伯，書荆人來聘，明爲荆州方伯也。何以不稱使？以州見，不可以稱使也。**疏** 聘者方伯以上之禮，楚爲新建州伯，未離夷狄，如今新疆、臺灣巡撫雖同內官，禮儀未備也，文以後乃有大夫。此先言聘者，著其爲荆州方伯，以下稱子者，進之也。

荆《春秋》方三千里立九州，三皇則方三萬里立九州，加百倍。以《春秋》法天皇，《詩》、《鄘》、《衛》、《王》爲九洛九主，每州方萬里；黄帝畫井，提封萬里。萬國，就一州言之。何以稱人？據上州舉不稱人。始能聘也。初聘稱人，後聘不稱氏大夫，再則稱氏，漸進之序。此外州聘之始，故一見以明之。

公及齊侯遇于穀。穀，内地。公至齊言如，齊侯至魯，以遇①言之，不言來者，尊卑之義也。

蕭叔朝公。蕭叔者，附庸國；字者，三十里。此宋附庸。《春秋》以爲魯附庸者，王後不爲方伯。

其言朝公何？内如不言朝，在外乃言朝于王所。公在外也。來行禮于廟外，故目公，以譏叔字也。《傳》曰：「氏不若人，人不若名，名不如字，字不如子。」凡四等，名曰附庸，三代共之。然則其地奈何？曰：天子圻内方千里，公、侯方百里，伯七十里，子、男五十里，附庸字者方三十里，名者方二十里，人、氏者方十里。疏言朝，非朝也。嘉禮不野合，兩譏之。

秋，丹桓宫楹。目桓宫者，起女禍也。文姜方葬，哀姜即來，故書以傷之。

何以書？事微不足録。譏。何譏爾？丹桓宫楹，非禮也。疏禮：諸侯不用丹。

冬，十有一月，曹伯射姑卒。初卒已日，此何以月？以漸而降也。何爲降之？嫌與方伯同也。《春秋》惟内方伯正例日，餘國皆以日、月升降也。鄭、秦稱伯，小國何以亦稱伯？貴賤不嫌，則可同號也。疏詳《曹世家》。

十有二月，甲辰，公會齊侯，盟于扈。扈者，晉之邑也。盟于扈，則晉在也。不言晉者，晉未伯也。

① 「遇」下原衍一「遇」字，今删。

桓之盟不日，此何以日？危之也。何危爾？我貳也。盟于扈，有晉也。貳①者，謂公貳心于晉，事齊不專也。魯子曰：此釋上《傳》之詞，則魯子爲後師。《傳》有前後積合而成之證。「我貳者，非彼然，我然也。」晉時未伯，我自以爲足以抗齊，故有貳心也。

二十有四年《年表》：曹僖公夷元年。

春，王三月，刻桓宮桷。

何以書？譏。何譏爾？刻桓宮桷，非禮也。與《左》同。

葬曹莊公。小國葬亦稱公。諸侯于其國中稱公，從臣子辭也。

夏，公如齊逆女。公如齊三繫事，以下不繫者何也？明三事納幣、觀社、逆女皆非禮，爲女禍詳之也。莊三如齊獨繫事者，彙見之例也。

何以書？內娶不盡記逆。親迎，禮也。《春秋》新制，特開冕而親迎，書以明禮。《經》示後書之法，當時實未行此禮。爲正婚姻，乃制六禮。**疏**如係舊禮，則②爲常事，在不書之例。莊公未娶先淫，《經》以逆女書淫也。録之既

---

① 貳：原作「二」，據上下文改。

② 則：原誤作「補」，據文意改。

以明禮，亦爲内諱。

秋，公至自齊。先致公者何？義不外公也。公親迎，當與夫人同至，又先淫，必不先歸。因欲難齊女之入，不可難公，故别至之，實同一日也。

八月，丁丑，夫人姜氏入。入者，内弗受也。日者，危之也。何以危之？魯之禍自是起也已。**疏**公娶仇國淫女，致殺二子、亂魯國，故日以危之。

其言入何？據當言至，不言入。難也。娶仇女不可致於宗廟，故言入。其言日何？致不必日。難也。因不同至，故言日以别之。其難奈何？夫人不僂，不可使入。僂謂特至，與公不同文。言入者，内拒之詞。内不可言拒公，故分别之，一言入，一言至也。與公有所約，親迎，公與夫人當同致，《經》分别書之，有似遲之，又久而要約者，故别書入。然後入。實同時至。文如與公不同時，有所約而後入也。

戊寅，大夫宗婦覿，用幣。《左傳》：「公使宗婦覿，用幣，非禮也。」**疏**事詳《魯語》。

宗婦者何？禮稱世婦。宗者，同姓之命婦。大夫之妻也。大夫者，三卿、九大夫、二十七上士、八十一中士也。言大夫者，以卿統之也。宗婦者，大夫妻，三世婦、九妻、廿七妾、八十一女也。言宗婦者，以宗婦統之也。《昏義》大夫輔公、宗婦輔夫人助祭事是也。天子三夫人、九嬪①、二十七世婦、八十一御妻，亦百二十官之妻也。舊説誤爲天子妾媵。覿者何？國内相見，與朝聘異。見也。禮以見統朝覲聘問，《論語》私覿爲朝聘節目之事。用者何？覿以幣，應不言用。用者，不宜用也。言用，皆譏非禮。**疏**《傳》例「用者不宜用者也」，義與《穀傳》同。

---

① 嬪：原誤作「殯」。

見用幣，非禮也。用幣男女無別。大夫者，牙與慶父也。時有無別之事，爲内辭，特以用幣見之。後二叔淫于夫人，再有弑禍，此其前見者也，故重日之。然則曷用？專問宗婦之贄。棗栗云乎？腶脩云乎？此皆婦人之贄。此明大夫雖男，見夫人亦當以女贄，不能男。用幣小事，日者，有辟，不盡言。

大水。董子說：夫人哀姜淫亂不制，陰氣盛也。

冬，戎侵曹。《春秋》諸侯之事多有戎狄在内，善事則目諸侯，惡則目戎狄。疏夷狄小國不書，惟大國乃書之。此何以書？我侵之也。何爲託之戎？有大災而伐曹，故書戎侵以諱之也。

曹羈出奔陳。

曹羈者何？據莒世子。公子出奔不日，但以國氏，疑此爲世子。曹大夫也。據射姑言世子，上繫國、不稱世子，知爲大夫。曹無大夫，此何以書？據盟會正辭，大夫稱曹人不名。賢也。因賢出羈。曹爲卒正上等例，得見不氏大夫。疏大夫，見羈爲賢耳。例不得見，因賢乃見也。何賢乎曹羈？戎將侵曹，順《經》立說。曹羈諫曰：「戎衆以無義，君請勿自敵也。」曹伯曰：「不可。」三諫不從，遂去之，以去就争之，不言戰因是而止。諫義詳《白虎通》。故君子以爲得君臣之義也。言此以明諫諍之道當以羈爲正，不與泄冶也。

赤歸于曹郭公。如曹爲州公，此歸曹爲郭公。疏赤歸于楚，與州公如曹相比。湘潭王氏說：郭公二字，先師記識之文，後混入經文。

赤者何？州公入曹不名。赤歸于楚，上繫戎曼子，此無所繫。曹無赤者，據《譜牒》，曹君無赤名。疏杜解《左傳》，以赤爲曹僖公。《世本》、《世家》皆無其説。**蓋郭公也。**蓋，疑詞。以赤爲郭公，是《傳》者據記識爲説。使《經》「赤歸于曹」、「郭公」連文，則弟子當先問郭公，師答亦不得云「蓋」也。**郭公者何？**州公《經》言如，此乃言歸。**失地之君也。**與州公同。郭即齊桓公所見亡國之墟，此蓋齊滅郭也。赤歸于曹，如申侯仕于鄭。

二十有五年

春，陳侯使女叔來聘。女叔者何？天子之大夫，爲監于陳者也。言使者何？監者統于方伯也，聘者爲方伯事，若逆女則私事，不可以使監者矣。其不名何也？天子之命大夫也。言使言監者，明陳爲方伯也。方伯惟陳言聘最早。又，一言聘而已。**疏**《左傳》：「使女叔來聘，始結陳好也。嘉之，故不名也。」

夏，五月，癸丑，衛侯朔卒。朔何以不葬？絶也。曷爲絶之？逆天子之命也。傳曰：「惟天子受命于天，天下受命于天子，一國受命于君。君命順則臣有順命，君命逆則臣有逆命。」

六月，辛未朔，日有食①之。鼓用牲于社。《春秋大傳》：「天子之國有泰社，東方青，南方赤，西方白，北方黑，上方黄。」故將封于東方者取青土，封于南方者取赤土，封于西方者取白土，封于北方者取黑土，封于上方者取黄土。各取其色物，裹以白茅，封以爲社。此始受封于天子者也。此之爲主土，主者立社而奉之也。董子説：宿在畢五度，畢爲邊兵，兵，

① 「食」上原衍「日」字，據《春秋公羊傳》删。

秋象也。是後狄滅邢、衛。疏《左傳》：「非常也。」杜云：非常鼓之月。《長曆》推之辛未，實七月朔。置閏失所，故致月錯焉。

日食則曷爲鼓用牲于社？日食本可以計算，聖人定曆授時，非不知，知則不必言救護。聖人法天，日屬世界，日既有變，人物不能不有所變動，故設此象，以爲陰盛而抑之。求乎陰之道也。牲在用下，不分別，鼓爲禮；用牲非禮者，不以用爲例。《穀梁》説以用爲例。以朱絲營社，班云：「社者衆陰之主，以朱絲營之，鳴鼓攻之，以陽責陰也。」或曰脅之，與董子説同。或曰爲闇，恐人犯之，故營之。存異説也，義詳《解詁》。按，《傳》所稱「或曰」亦先師也。義可並存，則不能單持一説，故《穀梁》同此例。知説經當兼采，不專主一家。

伯姬歸于杞。伯姬者，魯之長女也。以有娣從，故稱伯。

秋，大水。鼓用牲于社、于門。以大水比日食，明災異一也。

其言于社、于門何？據上言于社，此加言于門。于社，禮也；大水與日食皆爲陰盛，故可鼓之。鼓、牲竝見，不可言鼓牲，故必言用以別之；則用不爲例，非言用不宜用之比。故言于社爲禮。于門，非禮也。再加于門，直書而意見。

冬，公子友如陳。此内臣書如之始。言如陳者，正也，因正以見乎變也。常事不書，此何以書？明正也，以起下如陳。葬爲變，欲言其變，故先言正以起之。

二十有六年《年表》：衛懿公元年。

春，公伐戎。此伐曹，與戰也。不言戰者，辟公而不言也。**疏** 伐戎者曹也。何以不言伐曹？《春秋》不言魯、曹兵事，故皆託之戎也。以下又託諸狄。

夏，公至自伐戎。前戎侵曹，此伐戎，彼此一戎之。

曹殺其大夫。言大夫不言名氏，非大夫也。《經》稱列國卿爲大夫，惟方伯爲正稱；宋尊則爲卿，曹卑則爲士。故宋、曹殺大夫同有不名例，他國無之，以見惟方伯之卿得比于天子大夫。

何以不名？據曹以下大夫皆不氏以名。衆也。此舊《傳》。衆謂八十一元士，以三輔一，多于二十七大夫。曷爲衆殺之？此後弟子以衆爲人，非尊卑辭。不死於曹君者也。即上公伐戎事。曹戰不力，敗後討罪，殺之。君死乎位曰滅，據胡子髡言滅，大夫生死皆曰獲，諸侯生曰獲，死曰滅。曷爲不言其滅？君臣同死，何以言殺大夫而不言君滅。**疏** 據《世家》，曹僖公無戰死事。師言戰陣不用死力，弟子疑以爲曹君戰死。但當問何以不言敗。爲曹羈諱也。此亦權答。**疏** 曹羈奔在二十四年，戰敗君死，不應遲至二年乃討其罪。《世本》、《世家》竝無曹君死事。此蓋戰也，君臣同死于戰。何以不言戰？爲曹羈諱也。曹羈諫輕①戰，今戰而死，

---

① 輕：原作「經」，據文意改。

言戰則觸死事，故不言之。疏按，曹君死于戎事，《左傳》、《史記》皆無其說，當由《經》辟魯、曹兵事，故一切託之于戎；《經》既目戎，故《左》、《史》因亦不詳其事，惟師説尚存于《傳》耳。

秋，公會宋人、齊人伐徐。徐者，州舉之也。州舉何？以不爲方伯。徐不言使者，有夷狄辭也，故以蔡爲徐伯。蔡不在徐，何以主之？爲其遷于州來也。荆以州封爲方伯，徐何以主蔡？與秦、鄭同也。秦在雍州而爲梁州伯，鄭在豫州而爲冀州伯，不拘國地也。蔡以中國浸入夷狄，故《春秋》外之于徐。蔡以遷州來見，鄭以伯見，秦以滅梁見也。秦滅梁，故知爲梁州伯。疏《春秋》九州制同《禹貢》，于東南多置一州，故舉徐以明之。宋在齊上，宋主兵、王後，二伯皆公，故無次序。

冬，十有二月，癸亥朔，日有食之。日食必在朔，記曆之正。疏董子説：宿在心，心爲明堂，文武之道廢，中國不絶若綫之應也。

二十有七年

春，公會杞伯姬于洮。婦人無外事，與兄弟不饗會。內言夫人會齊侯，外言公會杞伯姬；內外互見，交譏之。

夏，六月，公會齊侯、宋公、陳侯、鄭伯同盟于幽。齊桓一匡。言同者，天下諸侯皆在。晉分伯，同指北方諸侯；故《穀梁》齊同曰「尊周」①，晉同曰「外楚」。

秋，公子友如陳，葬原仲。如，聘詞，文下不繫事。原仲，天子大夫，爲監于陳者也。不名者，天子大夫也；葬者，以

---

① 曰尊周：「曰」字原脱，兹擬補。

王臣例。此不書者，其書之，以見葬例也。監者死于閒田，則葬于閒田已耳，不歸于京師也。目陳者，以陳主之也。

原仲者何？據不名，原又畿内國。陳大夫也。天子大夫爲監者亦從大夫稱。大夫不書葬，此何以書？據内外大夫通不書葬，又不先書卒。通乎季子之私行也。《傳》以言如爲公行，以言葬爲私事。私不敵公，不能以私行見于《經》，今《經》于如下記葬，是通其私行之事。**疏** 如下不繫事，繫者惟此一見。何通乎季子之私行？《左傳》：「原仲，季友之舊也。」謂通其私行，如朋友臨喪之義。辟内難也。《穀傳》：「不卒而書葬①，諱出奔也。」君子辟内難而不辟外難。内則親親，外則當不畏强禦。内難者何？公子慶父、公子牙、公子友皆莊公之母弟也，公子慶父、公子牙通乎夫人《齊世家》：「哀姜淫于魯公子慶父」，不言通牙。以脅公，季子起而治之，如下以酖飲牙之事。則不得與于國政；下《傳》云莊公召季子，至而授之以國政。坐而視之，則親親，因不忍見也。不忍見骨肉相殘。故于是復請至于陳二十五年已如陳。而葬原仲也。此出奔也。下書季子來歸，是從陳歸之詞，閔弑復之陳②，出入皆不書也。葬陳原仲得爲私行者，大夫不敵君，君不使乎大夫，故不言公事，而以季子主之，爲私行也。

冬，杞伯姬來。

其言來何？直來曰來，此爲嫁叔姬來。《詩》云「問我諸姑，遂及伯姊」也。禮：嫁女姑姊得往相焉。不月者，

① 不卒而書葬：《春秋穀梁傳》作「不葬而曰葬」。
② 陳：原脱，據文意補。

禮也，記此以明婚禮。獨言杞伯姬者，春會洮，今又來，並譏之。大歸曰來歸。《左傳》：「凡諸侯之女歸寧①曰來，出曰來歸，夫人歸寧曰如某，出曰歸于某。」與《傳》同。

莒慶來逆叔姬。

莒慶者何？莒大夫也。莒無大夫，此何以書？譏。何譏爾？大夫越竟逆女，非禮也。叔姬者，次女也。嫁于諸侯者必長女，大夫娶者多爲叔、季。《傳》：諸侯嫁女于大夫，必使同姓大夫主之。此譏非禮。

杞伯來朝。王者之後稱公，杞何以稱伯？《春秋》上黜夏，下存周，以《春秋》當新王。《春秋》當新王奈何？曰：王者之法必正號。黜王謂之帝，封其後爲小國以奉祀；存二王之後以大國，使服其服，行其禮樂，稱客而朝。故同時稱帝者五，稱王者三，所以昭五瑞、通三統也。**疏**董子説：「周，今王也，尚推神農爲九皇，而改號軒轅謂之黄帝，因存帝顓頊、帝嚳、帝堯之帝號，黜虞爲號舜曰帝舜，録五帝以小國。存禹之後于杞、湯之後于宋，以方百②里爵號公。皆使服其服，行其禮樂，稱先王客而朝。《春秋》作新王之事，變周之制，當正黑③統。而殷、周④爲王者之後，黜夏改號禹謂之帝禹，録其後以小國，故曰

---

① 寧：原刻避清道光帝諱作「寍」，今回改。下同。
② 方百：原作「伯」，據《春秋繁露·三代改制質文》改補。
③ 原刻無「黑」字，據淩曙《春秋繁露注·三代改制質文》補。
④ 周：原作「魯」，據《春秋繁露注·三代改制質文》改。下「存周」之「周」同。

黜夏存周，以《春秋》當新王。」又①言：「杞②侯弗同王者之後也，稱子又稱伯何？見殊之小國也。」

公會齊侯于城濮。城濮者衛邑，會于城濮，謀伐衛也。按：自此以後，公不會方伯，惟會大國矣。

二十有八年

春，王三月，甲寅，齊人伐衛。衛人及齊人戰，衛人敗績。此戰齊大衛小，常例不分主客，通得以大及小；因善衛，乃以衛及齊。

伐不日，日爲戰出，伐通不日。此何以日？至之日也。兵至之日而戰，故伐、戰同日。先伐而後戰，則戰獨日。戰不言伐，言戰，則伐可知。此其言伐何？舊傳通例。至之日也。《春秋》伐者爲客，凡大小相同，以伐人者敘下，爲客。伐者爲主，大小相同，見伐之國敘上，爲主。故使衛主之也。因有所起，乃使衛主之。《春秋》大者爲主，小者爲客；齊大衛小，齊當及衛，此因衛無罪，乃以衛及齊。《春秋》惡戰，凡大小相同，則以被伐者爲主，伐人者爲客。此《春秋》通例也。説詳董子《竹林》篇。曷爲使衛主之？據齊大衛小，爲二伯主天下諸侯，不分主客，非③與齊大小同乃得言主客也。《穀梁傳》曰：「衛小齊大，其以衛及之何也？」與《傳》例同。

---

① 又：原作「不」，據《春秋繁露注·三代改制質文》改。
② 杞：原作「公」，據《春秋繁露注·三代改制質文》改。
③ 非：原作「未」，據文意擬改。

衛未有罪爾。衛無罪，故使序上。**疏**伐衛之事，《左傳》以爲取賂而還，《穀梁》云：今授之諸侯而後有侵伐之事，《傳》又以爲衛無罪，言各一端，合觀乃全。此參差見例之義也。敗者稱師，衛何以不稱師？據桓十二年戰稱人、敗稱師也。未得乎師也。言不以師敗乎人也。齊不稱師，《春秋》三十六戰，未有以師敗于人者也。

夏，四月，丁未，邾婁子瑣卒。邾婁小國，此何以卒？明進之也。進之者何？進之爲卒正也。卒正在莊世不日，此何以日？不言日則進不明。初稱字，不嫌爲方伯也。

秋，荆伐鄭。荆何以不稱人？反其狄道也。伐，惡事也，故仍州舉，不稱人。與上聘稱人有異。

公會齊人、宋人、邾婁人救鄭。善救鄭也。救者善，則伐者不善矣。**疏**一本無公會字。

冬，築微。微，《左》作郿。**疏**《傳》以爲造邑，與《左》同。《左》云：「築郿，非都也。凡邑有宗廟先君之主曰都，無曰邑。邑曰築，都曰城。」《穀梁》以爲虞山林藪澤之利，當是築微以邑之①。

大無麥禾。董子說：哀姜淫亂，陰氣盛②，故大水也。**疏**此《春秋》先後顛倒之例，不能盡依時月次序。

冬既見無麥禾矣，曷爲先言築微而後言無麥禾？麥禾皆冬以前事，有災則當書于秋，不然，亦當首冬事。諱以凶年造邑也。先書災而後書造邑，則不恤民之惡顯著，故後先以諱之也。

臧孫辰告糴于齊。桓公之盟，無遏糴救災、恤鄰爲國之道也。**疏**事詳《魯語》。

---

① 築微以邑之：原作「築邑以微之」，似誤，兹據文意乙改。

② 原刻無「盛」字，據《漢書》卷二七上《五行志》上補。

告糴者何？請糴也。内避請言告。請，乞辭。何以不稱使？内大夫言如，爲使文。以爲臧孫辰之私行也。大夫以君命行當言如，不言如，則是私行也。曷爲以臧孫辰之私行？國事必有公命。君子之爲國也，必有三年之委，義詳《王制》「國無九年之蓄」篇。一年不熟上大無麥禾。告糴，譏也。一災告糴，其無備災之道可知。不可直言，故託之私行，爲内諱也。疏《左傳》：「冬，臧孫辰告糴于齊，禮也。」蓋專言告糴，古之制也。

二十有九年

春，新延廄。

新延廄者何？據或言作。修舊也。言新者，明有舊。不言作，未加工也。修舊不書，凡歲修之事，一百年中多矣，《經》皆不書。此何以書？譏。何譏爾？凶年不修。修舊雖不譏，特不可與告糴並見，《經》特書此，以明使民恤災之道。修一廄猶譏，餘可以類推矣。疏《左》云：「春，新作延廄，書不時也。凡馬，日中而出，日中而入。」

夏，鄭人侵許。言鄭人者，貶也。鄭侵伐許亟矣，故貶之。疏《左傳》：「凡師，有鐘鼓曰伐，無曰侵，輕曰襲。」

秋，有蜚。《周禮》「土會」五土，動物各異，《考工記》「貉渡汶而死」。蜚非魯地所有，今有，記物變。古今物産即關氣侯，泰西之物産學也。

何以書？記異也。《左》云：「爲災也。凡物，不爲災不書。」與《傳》小異。

冬，十有二月，紀叔姬卒。内女爲夫人卒例日，不日者，國亡矣。

城諸及防。言及者，以大及小也。**疏**《左》云：「書，時也。」

三十年

春，王正月。

夏，師次于成。成，魯北境也。

秋，七月，齊人降鄣。

鄣者何？不繫，疑爲國。紀之遺邑也。其國已亡，故不繫紀。遺邑，如齊即墨、臨淄之比。降之者何？一見降文。取之也。與遷之同。取之則曷爲不言取之？邑但言取，不以入、滅爲文。爲桓公諱也。

外取邑不書，此何以書？盡也。言齊取紀已盡，所以申紀臣子忠藎之思。一説盡者，詳也。謂《經》記齊滅紀事甚詳，一事十數書。特詳其事以見例，餘皆從畧，可由此推之。

八月，癸亥，葬紀叔姬。月卒日葬，不葬者也。

外夫人不書葬，通例。此何以書？隱之也。内女惟紀二姬。何隱爾？其國已亡矣，大去。見上。**疏**宋共姬有謚，紀伯姬、叔姬何以不言謚？國已亡矣。有土乃有謚，以見大夫妻無謚也。婦人無爵何以謚？

從夫爵也。夫尊于朝，妻貴于室。弋氏何以有謚？子已立也。仲子何以無謚？子未立也。隱雖爲桓祭，桓實未立，故母不能貴稱謚。徒葬乎叔爾。伯姬言齊侯葬者，無喪主，此有喪主，故不言齊侯也。以明喪禮爲主之儀。

九月，庚午朔，日有食之。鼓用牲于社。用牲唯此九月。

冬，公及齊侯遇于魯濟。齊約公伐山戎，而公不從也。以遇言者，親齊，以爲相得之辭。**疏**魯濟者何？以水地也。魯濟者，濟水之在魯境。

齊人伐山戎。稱人者尊桓，不使親伐，如使人然。爲貶者，司馬子一家之説。**疏**《左傳》：「冬，遇于魯濟。謀山戎也，以其病燕故也。」

此齊侯也，其稱人何？侯尊人賤。貶。《穀梁》以爲「愛齊侯乎？山戎也①」，《傳》引子司馬子爲説，明司馬一家之言。曷爲貶？齊侯攘夷狄，人皆許其功。子司馬子曰：上貶爲一師之説，非通義，故引先師氏。「蓋以操之爲已蹙矣。」齊侯之求諸侯，操持迫切，急欲圖功，不如周公「四國是皇」。伐山戎是其大事，故先師特著其説。《左傳》「齊侯不務德而勤遠略，北伐山戎，西爲此會」云云，即此意也。此蓋戰也，何以不言戰？有獲必戰。《春秋》敵者言戰，必尊卑大小相同者乃言戰。凡大國于小國、中國于外夷、大夷于小夷，皆不言戰。桓公之與戎狄，驅之爾。齊侯尊賢于中國，方伯以上皆及之。直以敗山戎者，以山繫戎也，《春秋》不治要荒，不見四裔之國，凡中國戎狄皆以地繫之，如山戎、北戎、伊雒戎、赤狄、白狄之類是也。

---

① 原刻無「也」字，據《穀梁傳》補。

三十有一年秦成公元年。

春，築臺于郎。《異義》：「《公羊》說：囿臺以觀鳥獸魚鼈」，魯伯得一臺。疏天子乃有三臺，諸侯尊者二，卑者一。此三臺，僭天子，不可言，故分三見，辟僭天子也。

何以書？譏。何譏爾？一臺爲禮。臨民之所漱浣也。此年三築臺見譏，非每事各見譏文。始不臨民漱浣，則不譏也。《傳》就地郎爲之説耳。

夏，四月，薛伯卒。何以不名？微也。卒正例名，何以微之？在卒正之末也已。疏滕、薛前稱侯，託爲八方伯①，故隱、桓之世稱侯，至于莊世，則稱伯以卒。薛卒何以不名？不名皆不卒。滕、薛大小同，皆月而不名以見例也。滕以宣九年月卒，薛以三十一年月卒，互見以相起。

築臺于薛。此時臺也，《公羊》說：時臺以觀四時施化。諸公得二臺以觀四時。薛，内地名，與薛音近，因書薛，如薛築臺者然。薛小國，本止一臺。

何以書？譏。何譏爾？遠也。二臺僭諸公，不可言，故託之薛。

六月，齊侯來獻戎捷。疏《左》云「非禮也」。戎捷者，山戎之捷也。前曰山戎，此曰戎，别種也。

齊大國也，齊爲二伯，故爲大國，魯猶朝之。疏獻捷皆以小獻大，以卑獻尊，未有以上行于下者，《傳》言若此。足

---

① 伯：原誤作「百」。

見《春秋》以尊卑儀節爲主，先明各國尊卑大小，然後其文可說。自來談《春秋》皆失其旨，今于《傳》中舊説特明著之。

曷爲親來獻戎捷？齊、晉及方伯以下絶來文，惟小國于魯言來。兵事則有言來者，來戰是也。威我也。齊以戎捷威我，直以武事相臨，非恭敬貢獻之比。魯被脅以後齊，故言來也。其威我奈何？旗獲而過我也。説詳《説苑》。

秋，築臺于秦。此靈臺也，《公羊》説：「天子有靈臺以觀天文。」秦，内地，音與秦近，因目名，避僭天子，故言秦。秦居西京，以見惟西京乃得有靈臺耳，非諸侯所有。

何以書？不類書而分。譏。文無加損。何譏爾？臨國也。何譏爾？譏僭天子也。禮：天子三臺，侯二臺。疏《異義》：「《公羊》説：天子三臺，諸侯二臺。天子有靈臺以觀天文，有時臺以觀四時施化，有囿臺以觀鳥獸魚鼈。諸侯有時臺囿臺，諸侯卑，不得觀天文，無靈臺。」

冬，不雨。雨之多寡地度各有尺寸，不雨則異。皇帝平天下，寒暑雨露皆得其平，故不雨記異，以明造化。

何以書？記異也。《五行志》：「不傷二穀，謂之不雨。」一曰不雨而五穀皆熟，異也。按：《傳》即後説，以不雨爲異。

三十有二年

春，城小穀。此諸侯城，以封管仲也。何以不言封？不與諸侯專地也。疏《左》云：「春城小穀，爲管仲也。」

夏，宋公、齊侯遇于梁丘。《穀梁》之説詳矣。

秋，七月，癸巳，公子牙卒。卒在公，不在夫人。此卒，不卒者也。曰牙卒，所以見殺。何以不稱弟？據母弟稱弟。殺也。有罪見討，故去其弟。慶父出奔，亦不稱弟。殺則曷爲不言刺？據内殺則當言刺。爲季子諱殺也。爲諱故，使如飲藥卒，非實殺。曷爲爲季子諱殺？季子之遏惡也，不以爲國獄，《傳》所謂不直誅而酖之也。不以正刑誅、示諸市。緣季子之心而爲之諱。親親之義。季子之遏惡奈何？莊公病將死，以病召季子。時季子在陳避内難。季子至而授之以國政，不致者，辟下來歸。疏《左傳》、《世家》不詳召季子事。曰：「寡人即不起此病，吾將焉致乎魯國？」季子曰：「般也存，世子。君何憂焉！」公曰：「庸得若是乎？牙謂我曰：魯一生一及，當作一世一及。隱世，桓及，莊世，今又當及也。君已知之矣。慶父兄弟相及。也存。」季子曰：「夫何敢！是將爲亂乎？夫何敢！」《世家》：莊公有三弟，以死奉般。俄而牙弑械成，弑械之說，《左》、《史》未詳。季子和藥而飲之，曰：「公子從吾言而飲此，則必可以無爲天下戮笑，隱其罪。必有後乎魯國。立其後。不從吾言而不飲此，則必爲天下戮笑，《大學》「辟則爲天下戮」。必無後乎魯國。」于是從其言而飲之。飲之無傫氏，至乎王堤而死。《公羊》記事詳。公子牙今將爾，將，未成之辭。辭曷爲與親弑者同？《春秋》成美不成惡。將，不當以親科。君親無將，將而誅焉。凡他罪未成，則從輕斷；至叛逆大惡，不待其事之成，然後科以其罪。但其弑械已成，則與親弑者等，無輕重之分。其重之，所以絶亂源。然則善之與？曰：「然。」以大義得討。殺世子母弟，牙于莊公爲母弟。直稱君者，甚之也。親親之道，親相殺，君猶目以惡之甚。季子殺母兄，何善爾？疑未得親親之道。誅不得辟兄，雖兄尊猶得討，如周公之于管、蔡。君臣之義也。《春秋》不以家事辭王事。母兄，親也；君，尊也。至于義不兩全，則屈兄伸君。尊卑之義，得討母兄，周公大義滅親之義是也。然則曷爲不直誅張明致討。而酖之？託之自斃①。行誅乎兄，疏按季子此時能以酖酒直討牙，獨不討慶父者，以爲齊所立，季子初不能討之也。隱而逃之，隱謂隱諱，逃謂緩追逸賊。明季子雖爲尊討親，而其討親之中，又有道焉。凡有以大義滅親，當以爲法。使託若以疾死然，親親之道也。《春秋》因其事以明其義。

八月，癸亥，公薨于路寢。《左》云：「公薨于路寢，子般即位，次于黨氏。」

路寢者何？正寢也。《説苑》云：「《春秋》曰：『壬申，公薨于高寢。』《傳》曰：『高寢者何？正寢也。曷爲或言高寢？或言路寢？』曰：諸侯正寢三，一曰高寢，二曰左路寢，三曰右路寢。高寢者，始封君之寢也；二路寢者，繼體君之寢也。其二何？曰：子不居父之寢也，故二寢。繼體君世世不可居高祖之寢，故有高寢之名也。高寢路寢，其立奈何？高寢立中，路寢左右。』《春秋》曰：『天王入于成周。』《傳》曰：『成周者何？東周也。』然則天子之寢奈何？曰：亦三。承明繼體守文之君之寢，曰左右之路寢。謂之承明何？曰：承乎明堂之後者也。故天子諸侯三寢立而名實正，父子之義彰，尊卑之事别，大小之德異矣。」

冬，十月，乙未，子般卒。《左》以乙未爲己未，《傳》云：「冬十月己未，共仲使圉人犖賊子般于黨氏。」

子卒云子卒，子野卒不稱野。此其稱子般卒何？君存稱世子，内無稱世子之文，此借外爲比。君薨稱子某，如子般。既葬稱子，如子卒。踰年稱公。此内稱之例，外不拘此。子般卒，以未葬稱名。何

---

① 斃：原誤作「鼈」。

以不書葬？據立宜記葬。未踰年之君也。未踰年君例不書葬。未成君，不如閔。有子猶言討賊。則廟，如考仲子之宫是也。廟則書葬。弑君不葬，無臣子之辭。有子無子，即討賊不討賊之變文。師引此以相比，不可拘文以相解。疏 如弋氏葬。按：此二句乃舊《傳》説妾母禮，文見定十五年《傳》説弋氏葬事。無子猶不討賊。不廟，下《傳》以閔爲臣子辭。不廟則不書葬。猶云不討賊不書葬。以未討以致再弑。疏 妾母無子則不書卒、葬與廟。此二句後師引妾母傳，而推例以説子般是也。《傳》「母以子貴」，乃以子爲説；未踰年君不繫于子，不因子以爲進退，况下《傳》繼弑君，是未踰年君以繼立者爲子，不必實爲所生。引彼《傳》説此事，在善會之。

公子慶父如齊。此奔也，其曰「如」何也？諱莫如深，深則隱。苟有所見，莫如深也。

狄伐邢。狄不言伐，此其言伐何？滅也。何以不言滅？爲桓公諱也。狄者何？晉也。何以不言晉？方以之爲二伯，故亦爲之諱也。與下圍衛同。疏《韓非子》説：晉伐邢，齊桓公待其亡而往救之。

閔公

按《漢藝文志》，今文《春秋》皆十一卷，師説以閔附莊末，三年不改父道，故附于篇末。《左氏》經文則别爲一篇，故古經十二卷。今從舊例，以閔附莊公之末，仍爲十一卷焉。疏《魯世家》：莊公卒而季友立般①。十月己未，慶父使圉人犖殺魯公子般於黨氏，季友奔陳。慶父竟立莊公子開，爲閔公。

① 般：原誤作「殺」。

元年《年表》：周惠王十六年，齊桓公二十五年，晉獻公十六年，宋桓公二十一年，衛懿公八年，陳宣公三十二年，蔡穆侯十四年，鄭文公十二年，秦成公三年，楚成王三十一年，曹昭公元年。

春，王正月。《左傳》：「元年不書即位，亂故也。」

公何以不言即位？繼弒君成般之君。不言即位。無與弒事。孰繼？據閔繼莊非弒。繼子般也。言繼般，則爲有子矣。孰弒子般？據言繼弒。慶父也。賊未討，故爲無臣子之辭。殺公子牙，今將爾，討牙之弒罪嚴。季子不免，慶父弒君，何以不誅？據將猶誅之，既弒何以不誅。將而不免，未成誅之。遏惡也。遏于未成，以爲罪大。既而不可及，既已行弒，救不能及，不如將之可遏也。疏有齊爲之助。季子初不能討而出奔。《傳》爲此説，就《經》所書言之耳。因獄有所歸，不探其情而誅焉，親親之道也。當時歸獄鄧扈樂而討之，季子亦不在魯。此謂《經》書季子歸後時事，實季子權不足，非親親可縱賊再弒君也。此就親親之義言之，以明不親惡之意。惡乎歸獄？歸獄僕人鄧扈樂。因殺扈樂，可不追究主使。疏《左傳》、《世家》作圉人犖。犖、樂音近。曷爲歸獄僕人鄧扈樂？莊公存之時，樂曾淫于宫中，《左傳》作犖戲公子，《世家》作犖與梁女戲。子般執而鞭之。莊公死，慶父謂樂曰：「般之辱爾，國之人莫不知。盍弒之矣！」此慶父主使實事。使弒子般，然後誅鄧扈樂而歸獄焉。季子至而不變也。時魯人歸獄扈樂，其事已定，季子來歸後，不復更正，追究慶父主使之事，使其復入也。疏按：此文與季札相同，爲舊《傳》文，故兩用之。

齊人救邢。救者善辭。齊不早救，故稱人以貶之。

夏，六月，辛酉，葬我君莊公。過時乃葬，故也。

秋，八月，公及齊侯盟于洛姑。此齊立閔公也。公幼，慶父爲政，必無盟納季子之事。《左傳》、《穀梁》皆云盟納季子也，皆就《經》書盟之意言之。季子以内難奔陳。前奔不言出言如，再奔則以來歸言之，爲齊桓諱也。

季子來歸。此奔陳，以來歸言。惡文姜之入，明以奔言，以仲孫屬之齊。皆詭名詭實例。

其稱季子何？季子與仲孫對，文子則貴稱。賢也。賢季友，故稱季子；惡慶父，故稱仲孫。其稱子者，貴賤不嫌也。其言來歸何？據同内女言歸。喜之也。女子大歸言來歸，至國不去之辭。因喜其歸，故變文加録云爾。季子初辟内難奔陳，莊公病，召之至，授以政，故討牙。後齊人立閔，力不能及，又出奔陳。慶父無所忌憚，又再弑君。望季子來歸，則無再弑之事。文如齊桓納季子，實則奔。疏《左》云：「季子來歸，嘉之也。」

冬，齊仲孫來。此齊仲孫湫也。外臣，故書來，不繫事，不出名。《經》意在起齊釀禍，故以内仲孫之文言之。《傳》皆就慶父立説，惡齊也。上言季子來歸，此言齊仲孫來何？美惡異詞也。《春秋》比而異其辭，以此爲正例。仲孫與季子對文，言來與來歸對文。季孫、仲孫後皆爲氏，變孫言子，明賢而録之。

齊仲孫者何？據仲孫爲氏，無名。公子慶父也。仲孫爲慶父之後，此在慶父時言，仲孫是指慶父。仲孫本爲齊仲孫湫。以《春秋》經意言之，則非齊大夫，乃吾賊耳。公子慶父則曷爲謂之齊仲孫？後弟子直以《傳》實指慶父，故發此問。與舊傳意旨不同。繫之齊也。非齊人，繫之齊耳。慶父殺子般，立閔公，齊人之志也。故未如而以如，未來而以來，皆以弑禍由于齊也。曷爲繫之齊？言如齊，齊已有逋逃之嫌，今又繫之齊。伯者當明大義、討亂臣，不能，故繫之齊。外之也。外之不以爲魯人。就《經》爲齊桓諱之意言之。曷爲外之？據慶封猶繫齊，不外則當書公子慶父至自齊也。《春秋》爲尊者諱，尊謂天王，天王有惡則諱之。亂臣賊子不能討，使再弑君，所謂天子不能定也。爲親者諱，親謂魯，魯有耻辱則諱之。慶父爲賊當討，不能討而使之來，于魯大惡，故諱之。此所謂百姓不能去也。爲賢者諱。賢謂二伯，爲齊桓、晉文。般之弑，齊爲之，季子之奔，亦齊爲之。既書慶父如齊，齊未討，再書來，是齊使惡人再弑；爲之諱，故不明言慶父。此所謂諸侯不能救也。子女子曰：「以《春秋》爲《春秋》，謂以《春秋》書法説《春秋》，不拘《譜帙》事實，但就《經》意言之。齊無仲孫，仲孫本齊人，《經》不書湫名，而但言仲孫，齊仲孫與吾仲孫相混，而《經》之齊仲孫氏不見。以《經》説《經》，則齊無仲孫矣。其諸吾仲孫與？」《經》之書齊仲孫來，記外臣來也，而以《經》意言之，則非外臣，乃内賊也。言此以見閔之弑又出于齊也。董子説：「公子有大罪，亦不當繫于國，以親之故爲之諱①，而謂之齊仲孫，去其父子之親也。故有大罪，不奉天命者，皆棄其天倫。」**疏** 據《傳》以仲孫爲慶父者，特以齊無仲孫而爲此説。考《左傳》，齊有仲孫之難而獲桓公②。無知，齊仲年之後，爲仲孫。《史記》、《賈子》、《古今人表》皆有仲孫之文，《左傳》齊又有叔孫環；知《左傳》之説爲得本事，《傳》與《穀梁》推例説之耳。

---

① 原刻無「故爲之諱」四字，據《春秋繁露注》卷一五《順命》補。又，下「父子之親」淩氏本作「公子之親」。

② 原刻脱「桓公」二字，據《左傳》昭公三年補。

二年

春，王正月，齊人遷陽。陽者何？兖州之國也。遷者何？滅也。曷爲不言滅？爲桓公諱也。一説陽者齊境也。齊侯伐山戎，燕君送齊桓踰境，桓公以諸侯相送不踰境，割所踰之境以與燕。後昭世納北燕伯于陽，即此地也。善事也，故不爲桓諱。言遷者，美惡不嫌同辭。

夏，五月，乙酉，吉禘于莊公。四時祭名。時人與泰西同不行三年喪，《經》譏吉禘以立制。其言吉何？言吉者，未可以吉也。曷爲未可以吉？未三年也。三年矣，曷爲謂之未三年？三年之喪，實以二十五月。其言于莊公何？未可以稱宮廟也。曷爲未可以稱宮廟？在三年之中矣。三年中未毁廟，新主未入廟，不可言宮廟。入廟以後稱宮。吉禘于莊公，何以書？據祭常事。譏。何譏爾？譏始不三年也。周喪時制多以期爲斷，魯、鄒先君不行三年之喪。《春秋》所立，于尊親加隆，明三年之制。

秋，八月，辛丑，公薨。《左》云：「共仲使卜齮弑①公于武闈。」疏《魯世家》：「閔公二年，慶父與哀姜通益甚。哀姜

---

① 弑：《左傳》作「賊」。

與慶父①謀殺閔公而立慶父。慶父使卜齮襲殺閔公于②武闈。」魯人更立公子申，是爲釐公。

公薨何以不地？據當地武闈，如楚宫、臺下之比。隱之也。書地則觸其弒，不言弒，并地亦諱之。何隱爾？弒也。孰弒之？明知慶父弒之，特以一人再弒，不可言。慶父也。一人再弒，如荀息。《經》下書奔，是以慶父目之。殺公子牙，今將爾，季子不免。慶父弒二君，何以不誅？共仲連齊，立閔弒般，成季力不能制，辟而奔陳，至閔弒乃反，立僖公。《經》既先書季子來歸，則季子有不討之嫌。將而不免，遏惡也。既而不可及，緩追逸賊，緩追，聽奔。親親之道也。此從既弒之例，以明親親之道，與上誅將相起。不書葬者，不討母以葬子。

九月，夫人姜氏孫于邾婁。孫之爲言，猶遜也。諱奔也。**疏**文姜孫于齊不稱姜氏，此稱姜氏，于歸喪不言姜氏以貶之；一誅于生前，一貶于死後也。去姜氏與不去姜氏異，弒夫重于弒子。

公子慶父出奔莒。據《世家》，當閔公之立，慶父專政，季子外奔，懼齊未歸。哀姜淫益甚，至于殺子立慶父，魯人欲攻之，齊侯亦漸惡，故乃懼而奔莒。**疏**《世家》：「慶父使卜齮殺湣公于武闈，季友聞之，自陳與閔公弟申如邾，請魯人納之。魯人欲討慶父，慶父恐，奔莒。于是季友奉子申入，立之，是爲釐公。」

冬，齊高子來盟。子者貴稱，《春秋》惟齊大夫稱子，蓋齊曾託二伯，爲三公。天子三公稱公，九卿佐三公。天子之卿稱子，尹子、蘊子、單子是也。天子之卿受地視侯，尊與公逼，故公不會大國大夫也。

---

① 父：原脱，據文意補。

② 于：原誤作「與」。

高子者何？據齊大夫稱名，高子如國君，上又繫齊。齊大夫也。高傒之族。何以不稱使？據直來，如專行。我無君也。我無君，則以大夫爲主，非君不使大夫也。然則何以不名？據高傒名。喜之也。《傳》以高子、季子同，皆爲喜之。二子本有可稱，因喜乃極尊稱以見例。使非可稱，亦不能因親而尊之。何喜爾？據再弒之禍皆齊釀之。正我也。前志在取魯，今則討罪立君，所謂存魯也。其正我奈何？莊公死，子般弒，閔公弒，此三君死，曠年無君。設以齊取魯，曾不興師，徒以言而已矣。言此以明桓有取魯之志。疏《左傳》：「仲孫湫省魯難歸，公曰：魯可取乎？對曰：不可。國將①亡，本必先顛而後枝葉從之。魯不棄周禮，未可動也。君其務寧魯難而親之。」桓公使高子將南陽之甲，立僖公而城魯，或曰自鹿門至于争門者是也，或曰自争門至于吏門者是也。據《左》、《史》，但詳召戮哀姜，城魯事皆未詳。魯人至今以爲美談，曰：「猶望高子也。」天子之卿稱子，齊大夫何以亦稱子？齊爲二伯，則高子亦同天子大夫，所謂天子之守國高也。何以獨于此稱子？一見以明其例，齊非受命之伯，故下則稱名也。晉大夫何以無稱子者？東伯下于西伯也。疏三公亦分上中下，齊爲中公，晉當爲下公，故禮殺于齊也。方伯稱子，王臣亦稱子，諸侯大夫何以亦稱子？貴賤不嫌，則同號也。

十有二月，狄入衛。君死乎位曰滅，懿死何以不言滅？爲齊桓諱也。此蓋戰也，何以不言戰？亦爲齊桓諱也。此滅也，不言滅而言入者，辟下封國也。懿殺不書者，國滅君死，正道也。狄者，晉也。何以知其爲晉？以晉荀寅及士吉射入朝

① 將：原作「國」，據《左傳》閔公元年改。

歌知之。不言晉者，諱之也。疏《衛世家》：「懿公九年，翟伐衛。懿公欲發兵，兵①或畔，大臣曰：君好鶴，鶴可令擊翟。翟于是遂入衛，殺懿公。懿之立也，百姓大臣皆不服，自懿公父惠公朔之讒殺太子伋代立至于懿公，常欲敗之，卒滅惠公之後，而立黔牟之弟昭伯頑之子申爲君，是爲戴公。」

鄭棄其師。鄭者，狄之也。曷爲狄之？國以民爲本，棄師，亡國之道。

鄭棄其師者何？據國無棄師之道。惡其將也。因惡其將，以致②有棄師之事。鄭伯惡高克，將名氏。疏《藝文志》言：《詩》説采《春秋》録旹事，「咸非其本義」。蓋《詩》專謂百世以後大統之事，若春秋鄭事《春秋》既已譏之，《詩》當不更再言。如《鄭風》仲、叔本指百世後，《四岳詩序》乃以仲爲祭仲、叔爲叔段，又以《清人》之詩爲惡高克；正班氏所謂采《春秋》非本義。使之將，逐而不納，棄師之道也。義詳《解詁》。疏天下治亂原於經術。西人言自由以心想，身體宗教，不③立三綱，師心自用，無所依歸。思想家之言曰：聖人人也，我亦人也。聖人爲教主，我亦可以爲教主。推其立説④原因，一在不知聖，二在不知制作，三在不知時局。按《孟子》「人皆可爲堯舜」，中人饜聞，乃自標新理，以爲泰西所獨有，豈非自欺欺人！孟子偏主性善，使人不自棄，實則孟子何如堯舜？然孟願學孔，一步一趨，不敢肆無忌憚，蹈非聖無法之愆。八股盛行，以村學究爲至聖，毫無所表見，少年内無所主，吡西説新奇，使稍

---

① 兵：原作「口」，據《史記》卷三七《衛世家》改。

② 以致：原作「以政」，據文意改。

③ 原刻無「不」字，依文意擬補。

④ 推其立説：原作「推立其説」，據文意乙。

明俟聖宗旨師表萬世，皇帝《周禮》兼包海外；地球學術由今日改良再加數千百年，終不能出圍範。近西國名家議論，不過如寶塔初級一磚一石，因不知聖，故放言高論，一也。又，經傳典制因人情、順時勢，由公理而出，初非壓制天下；如《春秋》譏世卿、討賊、娶同姓、喪祭不如禮、絶亂原、消隱患、進野人以君子。中國文明程度，至春秋時，人心厭亂，皆思改良從善，孔子起而應之，行之數千年，相習成俗，並不以爲苦，久則不免小弊與儒生偏勝之説，在主持①政教者隨事補救，不得因噎廢食，以野變夏。西人喜精進，朝立夕改，夕立朝改；彼方謙讓未遑，我乃以爲古今之極則，不亦惑乎！西人有何政事能久行不改？蓋法之拂情乖時者必不能久，若經術由春秋以推今方七千里中國，且由中國進推海外，但論是非出於好尚，且以久暫別其堅脆，自由流弊甚大，何能久行？西南開闢晚，經傳程度未能遽躋，孟子所謂「子倍子之師而學之」，亦惑甚矣！二也。蓋諸人誤以爲民智已開、聖愚同等，不必師法聖人，不知人品資格萬有不齊，《春秋》以尊治卑、以賢治不肖，天地不變，道亦不變；時移世易，情形不同，聖人前知，原始要終，訂爲條教。若但據目前，寸量銖稱，遂欲非聖滅古，推論數千萬年之政教，必不可得之數也。《春秋》九世異辭，前後有兩皇帝王伯，一成不改中別立九等，因革損益，董子所謂「九而易」，《傳》曰「所見異辭，所聞異辭，傳聞又異辭」，三三而九，由三部以推九候始終，別以九等。五帝不沿禮，三王不襲樂，羲昊異堯舜，堯舜異湯武，湯武異桓文；後視今，如今視昔。地球今爲大戰國，《公羊》所謂亂世，《周禮》所謂亂國，諸雄角立，處士横議，更與戰國同。秦皇一統，世局變，文景平治又一變，始皇燒百家，獨尊博士，武帝黜百家，獨尊孔子。歐州六大國，今日韓趙魏也；著書於時諸西士，孟嘗珠履三千客也；談經術崇聖學，今日孟荀鄒尸，博士之祖師也。始皇一統，用皇帝道德典章，黜策士功利横議，故《本紀》師法《公羊》大一統典禮，凡一時雜伯、功利、權謀，坑其人，火其書；惟今盛行之書，除政典、憲法、醫藥、術數、樹植外，皆大祖龍之火

① 主持：原作「主特」，據文意改。

具。今日言經義，亦如齊魯之士流離困苦，爲君相所厭聞；數十百年之後，孤行天壤者固在此，不在彼。三也。又，秦漢京師齊魯有經，本未能通行，齊魯即今中國，經傳六書之文爲中國所獨有，西蜀文翁遣張寬等受經，郡國立學，蜀占天下先。今則鄉校村塾皆抱孔孟之書，泰西尚少流傳推行，與秦漢事同一律。歐美文明最盛，必先遣人受經，然後推之南北，更由侯綏以推要荒。《勸學篇》每憂經廢，然戰國紛爭，用人多游説，立談取卿相，鷄鳴狗盜亦列上客；漢高馬上得天下，韓、彭、英、陳倚爲左右手，一統圖長治久安，誅武臣惟恐不盡，叔孫、陸賈、張蒼半皆棄之□□；武帝以後更尊經術，自中視經傳爲古事古典，如夏鼎湯盤，無濟實用，徒資賞玩，近乃知爲大統典章，今中外通行各書，若補苴一國，敷衍一時者有之，至大統後，亦如始皇、漢高，倀倀然無所適從。蓋檔册舊案皆歸廢物，上尊號，銷鋒鏑，毁名城，巡守祭祀，水德建亥，皆取之鄒衍遺書與博士議論；漢高用叔孫通草朝儀，然後知天子之尊。西漢明曆法，改正朔，建辟雍，修明堂，正祀典，議政決獄，皆取則經術，其尊經也，因其有用，足以銷除禍亂，勷贊太平。既用其書，不得不用其人，非如唐、宋，博崇儒虚名。上無爲，下有爲；無爲詳《詩》、《易》，有爲詳《春秋》、《尚書》。合小以成大，由齊治以至太平，道德之事具畢也。世界不能易合，或九分、五分、四分、三分、中分。王有大小，帝亦有小大，詳合畧分，則一統有用，分治無用；詳於中分，畧於三分、四分、五分、九分、十二分，則行於一時，而不能推行萬世。經、傳於地球，亦如幾何於方圓，分合、層累、曲折各種程式，無不立標本，以爲後世法。世局百變，經術隨之。使地球一旦猶存，則經術究不能廢也。六合之外，存而不論；六合以内，以六官分統，法天地四時，故凡政教無所不包。現在西政西學，乃其中百年一日、九牛一毛。蓋六經者，皇帝王伯之會典也，由孔子託始；中國秦皇漢武由王伯之學心摩力追，地球之五帝三皇亦必規行矩步。舊説誤以《周禮》爲周公廢藁，而不知實大統會典，外史掌三皇五帝之書，即《詩》、《易》也。孔子生民未有，綏來動和，天不可階，後生小子未嘗履戴，曷知高深！故學者必先知聖，然後可以言學；必先知經，然後可以言政。聖道大同之功，萬物平等，至平之中，別見高卑遠邇之等級，折中一尊，以範圍天下後世之人心。所謂畏天命、大人、聖人之言，乃萬世之公理，初非壓制尊仰所得言。昔子貢初見孔子自以爲過之，久乃知不如，又久乃心悦誠服，發種種不可思議之論説；河伯自以爲大，見海若而自沮。語曰初生之犢不懼虎，不遊至誠之後，何得懼然尊仰也？聖道如天，任人挹取，西人善思，徒恃風疾馬良，去道愈遠，惟得所依歸，庶得早成。若以自由爲宗旨，一入□國，反以不迷者爲迷。倒行逆施，學人之大患；不惜僂覼，願與有志之士一決之也。

公羊春秋經傳驗推補證第四

僖公名申，莊公子，閔公庶兄。疏《魯世家》：湣公二年，慶父與哀姜通益甚。哀姜與慶父謀殺湣公而立慶父，慶父使卜齮襲殺閔公于武闈。季友聞之，自陳與湣公弟申如邾，請魯求内之。魯人欲誅慶父，慶父恐，奔莒。于是季友奉子申入，立之，是爲釐公。

元年《年表》：僖公元年，周惠王十八年，齊桓公二十七年，晉獻公詭諸十八年，宋桓公御説二十三年，衛文公燬元年，陳宣公杵臼三十四年，蔡穆侯肸十六年，鄭文公捷十四年，秦穆公任好元年，楚成王熚十三年，曹侯三年，杞惠公十四年。

春，王正月。

公何以不言即位？繼弑君，子不言即位。此不與弑之正例。此非子也，據閔爲僖弟。疏按，先師先詳事實，而後立説，故知僖爲閔庶兄。太史公本《春秋譜帙》作《年表》，如執不貴事之説，顧推測以見之，則非也。其稱子何？閔公庶兄，《傳》乃引子爲説。臣、子一例也。僖公繼成君，閔公繼未踰年君。禮：諸侯臣諸父兄弟。以臣之繼君，猶子之繼父也，其服皆斬衰。故《傳》稱臣、子一例。疏按，禮：封君之子盡臣諸父昆弟。既立爲君，則凡一國之中皆其臣子，無長幼親屬之分也。

齊師、宋師、曹師次于聶北，救邢。狄于莊三十年伐邢，閔元年齊人救邢，狄已滅邢矣。閔二年，狄入衛，蓋移師滅衛；齊桓不早救之，待其亡然後救之，《春秋》不録其意。猶言救者，爲賢者諱也。救不言次，據三宿以上爲次。次者，按兵不動，遲重觀變之意。此其言次何？據救兵急事，不可延緩，故不得言次。不及事也。救不早，待滅然後救之，故言次不及事。而以救言者，致其善意。不及事者何？邢已亡矣。據狄伐已二年，狄更入衛也。孰亡之？據《經》不言滅亡。蓋狄滅之。上有狄伐文。**疏**言蓋者，《經》無明文，不敢質言之。曷爲不言狄滅之？《解詁》據狄滅温言滅。爲桓公諱也。因救不力，貪存亡之功，故爲之諱。曷爲爲桓公諱？據桓世滅不皆諱。上無天子，天有三等，上天一統，《易》「乃統天」。五天生五帝，九天生九牧，中國之王亦可稱天子，九天中蒼天之子也。下無方伯，《詩》「四方」例爲皇帝，「方命厥后，奄有九有」；「方叔」一方一后，則爲王。上無天子，王室卑也；下無方伯，衛方爲狄滅也。言上下無人，以專其責于二伯。《傳》凡言此文者，皆二伯之義。**疏**《傳》言方伯有明文，凡單稱伯者，皆謂二伯。既有二伯、方伯，則以其例推之，有卒正、連帥，明矣。天下天子、天下皆爲皇帝專説，《傳》每借用，驗小推大，萬里一州亦與方千里同也。諸侯有相滅亡者，不言夷狄滅中國，以諸侯相滅爲言者，明實晉滅邢也。桓公不能救，既不救之，又力能救，故以爲諱。若虞、虢與黄，則不責之矣。則桓公恥之。天子在上，方伯在下，二伯居于其中，上下既無其人，則不得不專責之二伯。《傳》言上下以起閒居之二伯也，何君乃以齊爲方伯，誤矣。《春秋》以征伐之權託於二伯，孔子曰：「其事則齊桓晉文」是也。不能相救，故足爲恥。曷爲先言次而後言救？《解詁》據叔孫豹先言救。君也。《解詁》據叔孫豹，臣也。當先通君命，故先言救。今此先言次，知實諸侯。君則其稱師何？據救善事，宜出齊侯。

不與諸侯專封也。禮有專征專殺而無專封，以封事緩，當稟命于天子。故雖二伯猶不得專封。疏按，此城邢之《傳》，借用其說，本經無專封之義。曷爲不與？存亡繼絶，桓之大功，當與之。實與而文不與。事雖可取而不足爲訓，故不明許之。文曷爲不與？據名實必相副。諸侯之義，不得專封也。諸侯之義不得專封，則其曰實與之何？上無天子，下無方伯，天下諸侯有相滅亡者，力能救之，則救之可也。按，本經無專封之義，此城邢《傳》也。説詳《補例》。

夏，六月，邢遷于陳儀。陳儀者，邢邑也。邢滅後言陳儀者，異實也，此齊遷之也。以自遷爲文者，辟專封也。如邢未亡，自遷國，諸侯相助成之，救患恤災之義也。

遷者何？國在上，如衛、許遷之類。其意也。本國意自欲遷，不從外人所制。齊遷而以自遷爲文，有所避也。

遷之者何？國在下，舉外國遷之，如宋人遷宿之類。非其意也。此謂滅亡之遷。《補例》：衛不言遷，此言遷何？辟專封也。城楚丘非專封與？不言其人猶可言也，不言師，亦如自遷而城者也。邢小衛大，辟之尤深也。

齊師、宋師、曹師城邢。何爲以三國城邢？大國云齊、宋，内卒正言曹，諸侯皆在之辭也。疏此君也，其言師者，不與諸侯專封也。義詳上救邢《傳》。

此一事也，曷爲復言齊師、宋師、曹師？《解詁》：「據首戴前目而後凡」。不復言師，則無以知其爲一事也。《解詁》：「言諸師，則嫌與首戴同；嫌實師，言諸侯則嫌與緣陵同嫌；歸聞其遷，更與諸侯來城之未必反，故入也。故順上文，則知桓公宿留城之爲一事也。」疏城邢，專封也。爲上有邢自遷之文，則城爲救患恤小之常事。下衛不先言遷，故不曰城衛，而曰城楚丘。衛大邢小，避封衛尤深，故異其文。

秋，七月，戊辰，夫人姜氏薨于夷，齊人以歸。以歸者，執上文也。內避其文，故薨。下薨當言以喪歸，不言以喪，明以歸而後薨也。

夷者何？據上言孫，疑邾婁地。齊地也。據以歸，知齊地。齊地則其言齊人以歸何？《解詁》：「據從國中①以歸不當書。邾婁人執鄫子不書以歸，是也。」夫人薨于夷，則齊人以歸。《解詁》：「夫人所以薨于夷者，齊人以歸之故耳②。」夫人薨于夷，則齊人曷爲以歸？《解詁》：「據上説，夫人薨于夷者，齊人以歸至夷也。齊人曷爲故以歸至于夷。」桓公召而縊殺之。詳《世家》。

楚人伐鄭。此書楚之始。以上皆稱荆，稱楚者少，進也；稱人者少，進也。《補例》：楚者何？荆也。徐、梁州舉不國，楚何以即荆？楚者，荆州國，故以州舉楚。蔡、秦爲徐、梁方伯，國初不在徐、梁，故舉州以爲國也。楚正而秦、蔡變，楚爲正例。徐、梁皆以移封之故，乃變文以明之。疏《傳》曰：不與夷狄治中國。書楚伐，所以惡楚也。

八月，公會齊侯、宋公、鄭伯、曹伯、邾婁人于檉。檉，內。楚伐鄭而會于檉，爲鄭事。陳、蔡不序，從楚；衛不序，有難。

九月，公敗邾婁師于纓。不日，疑戰也。邾婁無師，其言師者，以公敗録之。疏《左傳》有不陣曰敗之例，《穀梁》以不日爲疑戰。據《經》，本內敗外不言戰，直敗之而已；而事有不陣疑戰，與《經》例同者，則亦不異其文。內辭如此，書于外亦然；惟事與《經》例異者，乃見異文耳。

---

① 國中：原作「中國」，據《公羊傳》何注乙。

② 「之故耳」三字，《解詁》作「至夷」。

冬，十月，壬午，公子友帥師敗莒師于犂，獲莒挐。三桓之勢成于僖公，記此以明季氏之始也。此莒伐也，不言莒伐者，戰不言伐也。疏此爲魯國事，非從二伯之命也。按，獲莒挐事，《傳》以爲偏戰，《穀梁》以爲惡紿者，以師拒之即爲偏戰，至于臨機取勝，好謀而成，所不執泥。

莒挐者何？不知爲君爲大夫。莒大夫也。據君稱子例。莒無大夫，據盟會爲正。此何以書？盟會書人，此言名。大季子之獲也。因内辭乃見，小國大夫至盟會則無此例。因大其獲，從而録，乃以名見。莒在卒正上等，例得有大夫見《經》。《傳》以大季子爲言者，謂因此事乃見耳。何大乎季子之獲？據内諱獲。季子治内難以正，《解詁》謂拒慶父。禦外難以正。謂敗邾婁師。其禦外難以正奈何？弟子問其事實也。公子慶父弑閔公，走而之莒，上奔莒是也。莒人逐之，將由乎齊，齊人不納，卻反，舍于汶水之上，如《論語》之汶上。使公子奚斯《左傳》作「魚」。入請。季子曰：「公子不可以入，入則殺矣。」《左》云：「以賂求共仲于莒，莒人歸之。及密，使公子魚請命。」不及《傳》詳。奚斯不忍反命于慶父，自南涘北面而哭，慶父聞之曰：「嘻！此奚斯之聲也。句同《左》。諾已！」曰：「吾不得入矣！」於是抗輈經而死。《左傳》云「乃縊」。莒人聞之曰：「吾已得子之賊矣。」以求賂乎魯，魯人不與，爲是興師而伐魯。疏舊説以《左氏》詳于事，《公》、《穀》惟詳義例，事實在其所輕；不知本《傳》記事多詳于《左傳》，至于事實，非弟子問，則師不詳答耳。觀此第因弟子問而説，且詳于《左傳》，則知舊説之誤。季子待之以偏戰。《左傳》云：「莒人來求賂，公子友敗諸酈，獲莒挐。」《補例》：内不言獲，此其言獲何？一見以明之，與乾時言敗同也。疏内終《春秋》不言獲，特一見以明之。《穀梁》以言獲爲譏季子，《傳》以言獲爲大季子，亦如乾時之說。各從一見例起義。

十有二月，丁巳，夫人氏之喪至自齊。

夫人何以不稱姜氏？《經》但去姜，以不稱姜氏爲言者，氏爲姜出，舉重，故兼言之也。貶。不言姜亦得爲貶者，董子說大惡絶其屬，賤乎賤者是也。曷爲貶？問其罪。與弑公也。《解詁》：「與慶父共弑閔公。」《穀梁傳》云：「其不言姜者，以其殺二子①貶之故也。」然則曷爲不於弑焉貶？宜見本事，謂于奔邾時貶之，如文姜。貶必于重者，重者輕之反。文姜之事以念母爲重，哀姜之事以迎喪爲重。莫重乎其以喪至也。有罪之人不當迎其喪，如文姜之有罪，不當迎之歸國。書其遜莒，是逐之也，可以不絶；唯迎其喪則非討賊之義。故特絶之以見義。疏 文姜之孫，《經》是絶之于齊，不言其至，使如後見夫人姜氏爲别一人者，然故孫時已絶屬不稱姜氏。哀姜罪輕于文姜，後又有迎喪之事，故于其絶終乃貶之。如于孫邾絶之，下又有喪至之文，則義不嚴，故特于喪至絶之也。文姜貶去姜氏，此但去氏者，殺子差輕于殺夫，别輕重也。至②者，從書，薨以常文録之。言自齊者，順上以歸文也。

二年

春，王正月，城楚丘。楚丘，衛邑。衛初封豫州，此遷于兖州，故《春秋》以爲兖州方伯。蔡遷于州來，故亦爲徐州伯

---

① 二子：原誤作「二字」。

② 至：原作「致」，據上文改。

也。**疏**《衛世家》：「齊桓公以衛數亂，及率諸侯伐翟，爲衛築楚丘，立戴公弟燬爲君。」是爲文公。

孰城？據内城不月。城衛也。曷爲不言城衛？滅也。邢亦滅，邢可言城邢，衛則辟衛言楚丘者，衛大邢小，等差之別。使二國大小相同，則《經》亦先言衛遷于楚丘，而後言城衛矣。孰滅之？蓋狄滅之。言蓋者，託之狄，實晉滅。諱不可言晉，故託之狄。曷爲不言狄滅之？明著滅事。爲桓公諱也。曷爲爲桓公諱？非桓自城。上無天子，下無方伯，天下諸侯有相滅亡者，桓公不能救，則桓公恥之也。伯盛則天下無滅國。然則孰城之？不言諸侯。桓公城之。曷爲不言桓公城之？不與諸侯專封也。曷爲不與？實與而文不與。文曷爲不與？諸侯之義，不得專封也。諸侯之義不得專封，則其曰實與之何？上無天子，下無方伯，天下諸侯有相滅亡者，力能救之則救之可也。文已見救邢下。在此爲正，《傳》于救邢爲借用。

夏，五月，辛巳，葬我小君哀姜。哀者，謚也。夫人當從夫謚，此特謚，非禮也。哀姜惡人，稱謚亦譏之。

哀姜者何？莊公之夫人也。二十四年所娶之齊女。詳録其事，明女禍也。

虞師、晉師滅夏陽。此書晉之始。《春秋》先見①齊，至此乃見晉者，以晉統外州國，遲見外四州，故亦遲見晉也。遲見晉，《春秋》之大例，且以避齊桓也。

虞，微國也，虞者，冀州國，晉卒正。曷爲序乎大國之上？晉二伯，常敘齊、宋之上。**疏**凡《傳》言大國者，

---

① 先見：原作「見先」，據文意乙。

皆謂二伯。《春秋》初見晉，即以大國目之。使虞首惡也。使虞主其事，故先之。曷爲使虞首惡？《解詁》：「據楚人、巴人滅庸，不使巴首惡。」虞受賂，假滅國者道，以取亡焉。自亡其國，故使首主之。其受賂奈何？問事實。獻公朝諸大夫而問焉，曰：「寡人夜者寢而不寐，其意也何？」諸大夫有進對者曰：「寢不安與？其諸侍御有不在側者與？」獻公不應。荀息進曰：「虞、郭見與？」獻公揖而進之。遂與之入而謀曰：「吾欲攻郭，則虞救之；攻虞，則郭救之。如之何？願與子慮之。」《左傳》記此，以上皆不及本《傳》之詳，知先師所見事實甚備，不僅《左氏》所言而已。荀息對曰：「君若用臣之謀，則今日取郭，而明日取虞爾。君何憂焉！」獻公曰：「然則奈何？」荀息曰：「請以屈產之乘與垂棘之白璧往，必可得也。則寶出之內藏，藏之外府；馬出之內廐，繫之外廐爾。君何喪焉！」獻公曰：「諾。雖然，宮之奇存焉，如之何？」荀息曰：「宮之奇知則知矣，雖然，虞公貪而好寶，見寶，必不從其言。請終以往。」於是終以往，虞公見寶許諾，宮之奇果諫：《孟子》：晉人以垂棘之璧與屈產之乘假道于虞以伐虢，宮之奇諫，百里奚不諫。「記曰：『脣亡則齒寒。』虞、郭之相救，非相爲賜；則晉今日取郭，而明日虞從而亡爾。君請勿許也！」虞公不從其言，終假之道以取郭，還四年，反取虞。事詳《左傳》五年。虞公抱寶牽馬而至。荀息見曰：「臣之謀何如？」獻公曰：「子之謀則已行矣，寶則吾寶也。雖然，吾馬之齒亦已長矣。」蓋戲之也。夏陽者何？據滅國文。郭之邑也。曷爲不繫于郭？國之也。不繫言滅，以國待之。疏《國策》：魏謂趙王曰：昔者晉人欲亡虞而先伐虢，故

《春秋》書之，以罪虞公。曷爲國之？據實邑。君存焉爾。謂國之存亡繫于夏陽也，取夏陽而虞、虢舉，故以滅言之。不言虢滅後執虞公，易辭。夏陽虞、虢之要害，不獨繫于虢，故不專繫之虢也。疏《補例》：見《經》皆百里，此何以稱微國？禮之大國次國微國者，百里、七十里、五十里也。《春秋》國皆百里，不過分二伯、王後、方伯、卒正也。

秋，九月，齊侯、宋公、江人、黄人盟于貫澤。江、黄近楚小國，同在荆州。楚有夷狄辭，而江黄不言者，楚僭王，故夷之；小國在九州内，不僭則不夷。疏此外四州小國皆不夷之，又不見夷狄名，此《春秋》之大例。

江人、黄人者何？據方伯以下不序江、黄。遠國之辭也。遠國對近國言。曹以下六卒正皆山東近國常敘者，此以遠，故不常敘。遠國至矣，此不常敘者，今既敘之。則中國曷爲獨言齊、宋至爾？則大國、方伯諸國宜備言，如召陵之會。大國言齊、宋，言大以包小。齊、宋皆爲大國，《傳》言晉爲大國，《春秋》大國三而已。疏大國《穀梁》作中國。中國對夷狄言，與遠國對文；《傳》則言大以包小，舉遠以包近。遠國言江、黄，舉遠以包近，言遠國則近者無不在。則以其餘爲莫敢不至也。以此明《春秋》隱見之例。《王制》天下千七百餘國，春秋見《經》、《傳》者特二百餘國；會盟累數，備言則不可勝言，故唯見十九國，此常辭也。二伯桓公爲盛，極爲盛辭。十九國唯舉齊、宋，而遠國舉江、黄，變常以見其畢至。所序愈少，所包愈多，此《春秋》以所見起所不見，當就所書以推之。《左傳》亦有此例。非以在會書若干國，實止若干國也。疏按，《左傳》有緣經立説之例，以爲《經》見若干國則統言之，有異《經》見義例；《經》不見之國時偶見之，以爲隱見之實據也。

冬，十月，不雨。

何以書？記異也。

楚人侵鄭。稱楚侵者獨楚與？以爲荆州之國皆在也。何以知其爲荆州之國皆在？以會盟見方伯，爲一州皆在之辭。餘例從同。疏言侵者，畧之，避齊桓也。

三年

春，王正月，不雨。首時書不雨，以包下二月。此月以計時，不爲例。

夏，四月，不雨。《穀梁》：「一時言不雨者，閔雨也。閔雨者，有志乎民者也。」疏此與文公篇對文起例。

何以書？記異也。不言旱、饑，非災。

徐人取舒。舒者，夷也，《詩》曰「荆舒是懲」。徐取舒，則舒亦徐州之夷，徐大舒小。疏徐不獨記事，此獨記者，徐爲州名，故獨記，與梁亡同。《春秋》九州舉名者，荆、徐、梁是也。

其言取之何？據舒爲國，當言滅，入邑乃言取。易也。取者，滅辭。不言滅而言取，易辭也。曷爲易之？以夷狄取夷狄，故畧之。《補例》：徐者何？州舉之也。何爲州舉之？舊本夷狄，《春秋》用夏變夷，以爲九州國，明進之也。何爲獨舉荆、徐、梁？陜以東之國也。中國不待舉，舉三州以開南服。夷狄四州，何以不舉揚？隔于徐也。獨多三州者，斷長補短，西南不置州，東南多置徐州也。疏《左傳》云：「凡克國，不用師徒曰取。」國舊誤作邑。又曰：取，易辭也。與《傳》例同。

六月，雨。以月計時。

其言六月雨何？據上首時過三月一書不雨，不書災，知有小雨。上雨而不甚也。小雨故《經》不言，此乃得大雨，故特書之。

秋，齊侯、宋公、江人、黄人會于陽穀。《穀梁》：「陽穀之會，桓公委端搢笏而朝諸侯，諸侯皆喻乎桓公之志。」所以不言盟也。

此大會也，與貫澤同，諸侯畢至。曷爲末言爾？末者不備，但言會，不言盟。據貫澤言盟。桓公曰：「無障谷，無贮粟，無易樹子，無以妾爲妻。」《孟子》：「五伯，桓公爲盛。葵丘之會，諸侯束牲載書而不歃血。初命曰：誅不孝，無易樹子，無以妾爲妻。再命曰：尊賢育才，以彰有德。三命曰：敬老慈幼，無忘賓旅。四命曰：士無世官，官事無攝，取士必得，無專殺大夫。五命曰：無曲防，無遏糴，無有封而不告。曰：凡我同盟之人，既盟之後，言歸于好。」按：《傳》引盟辭有脱文，故引《孟子》舊説以補之。**疏**《穀梁》、《孟子》同以五命爲葵丘事，《傳》以屬此會者，蓋此會實有命辭。葵丘則所謂讀盟書，加于牲，上文不備耳，非有異也。

冬，公子友如齊莅盟。

莅盟者何？據不言會、及。往盟乎彼也。莅猶臨也。據有如文。其言來盟者何？據來盟如内之莅盟。來盟於我也。内之莅盟，即外之來盟也。比事而觀，其事相同。

楚人伐鄭。中國言侵伐，夷狄亦曰侵伐何？美惡不嫌則同辭也。**疏**不言戰者，畧之，辟齊桓也。再于冬末言之，亦畧之也。

四年

春，王正月，公會齊侯、宋公、陳侯、衛侯、鄭伯、許男、曹伯侵蔡，蔡潰。不以諸侯潰之爲文，重出蔡，與梁亡同。侵爲嘉蔡，潰爲惡蔡，録義各異也。

潰者何？下叛上也。以下叛上，魚爛而亡。國曰潰，凡一國之人皆叛則言潰，如蔡潰，莒潰是也。邑曰叛。凡一邑叛則言叛，如以邑叛是也。以上下之分。內運潰，則有國辭，內外例也。

遂伐楚，次于陘。

其言次于陘何？有俟也。孰俟？俟屈完也。

夏，許男新臣卒。許卒皆日，不日者，在外也。《穀梁》：「諸侯死于國不地，死于外，地。死于師何以不地？内桓師也。」《左傳》：「許穆公卒于師。」

楚屈完來盟于師，盟于召陵。以魯爲主，内本國也；以齊爲主，内諸夏而外夷狄也。齊伯，楚來盟，所謂一匡天下也。言師者，以公爲主；言召陵，以桓爲主。

屈完者何？據稱氏，又不言使。楚大夫也。據《譜帙》世族，知爲楚大夫。**疏**凡外州大夫初見皆不氏，後漸進乃氏。楚大夫至文、宣猶有不氏，此初見即氏者，爲桓公敵，成之爲大夫也。何以不稱使？據小國無大夫，乃不稱使。尊屈完也。尊異之，如自主之辭。曷爲尊屈完？《春秋》大夫賢之猶不氏。以當桓公也。尊桓公之敵，即所以尊桓公。據常辭，當如椒、術、札不氏；如云楚子使屈完來盟，則是齊伯而京師楚，故不云使，以辟其下臨之辭，加氏以成其尊也。其言盟于師、盟于召陵何？言盟師已明，今地師，又地召陵，兩見其文。師在召陵也。師答以師在召陵，師與召陵一也。師在召陵，則曷爲再言盟？師既在召陵，則盟師盟召陵一事也。既言盟于師，可以不再言召陵。喜服楚也。因喜其事，故內外兩主之。**疏**言師者以我主之，言召陵，以桓主之也。何言乎喜服楚？伯者天下皆服，何獨喜服楚。楚有王者則後服，無王者則先叛，荆本《禹貢》九州之地，周衰，則不奉王化，先自立爲王。先諸侯叛齊，亦是也。此荆楚風俗，義詳《春秋緯》。**疏**按，《春秋》于外州國先見荆，而秦、徐、吴皆在其後，既褒之爲大夷，不應獨惡之深。其言先叛後至者，對中國言之，非對夷狄而言。夷狄則《春秋》吴獨後也。夷狄也，《春秋》引楚爲中國。以夷狄爲言者，春秋以前，外四州皆夷狄也。而亟病中國。中國，指鄭、陳、宋而言青、兖、冀、豫。**疏**論《禹貢》九州之義，則侯、綏爲中國，要、荒乃爲夷狄；《春秋》之義，則以見陽卦之位爲中國，陰卦之位爲夷狄。三《傳》于楚、徐、秦、吴皆目之爲夷狄，是也。南夷與北夷交，南夷楚，北夷晉。不言東、西者，《春秋》四裔，東西無患，有夷戎，有真狄。中國不絶若綫。中國四州，南北交侵，不足以自存，危亡之甚也。**疏**楚侵伐中國，莊以前不見《經》，《傳》蓋據事實言之，如《左傳》、《世家》所言也。桓公救中國而攘夷狄，攘，卻也。伐山戎，攘楚，是也。卒帖荆，帖，服也。《春秋》夷狄以楚爲大，服楚，故特喜也。以此爲王者之事也。《傳》云王者之事，即《孟子》所謂天子之事也。《春秋》以明王法爲主，王者文王，先立周、召二伯以分其治，故以二伯之功歸之天子。事猶功也，《孟子》曰：「其事則齊桓、晉文」，又引《詩》云「周公東征，四國是皇」。服楚則用夏變夷，如《周南》之化行江、漢也。**疏**王有二伯，皇亦有二伯：「獲麐」《傳》樂道堯舜之道，堯舜者，皇之二伯也。天下大勢有分有合，而分在合先，六經之作皆先分而後合，如《詩·頌》爲皇大一統，而先之以《尚書》堯舜、周公之二伯；《尚書》三代爲王之小一統，而先之以《春秋》之二伯。由伯而王，由王而帝，由帝而皇；所合愈多，則幅隕愈大，而終以《春秋》爲基礎。《帝典》「乃命羲和」爲皇之二伯，中分天下，各統方六千里者，十二州内四岳：羲仲東帝，羲叔南帝，和仲西帝，和叔北帝。有四正之四帝，加以四隅之四帝，爲羲伯、羲季、和伯、和季。《論語》周有八士之二伯、二仲、二叔、二季，即周皇之八伯，如《春秋》之魯、衛、陳、蔡、鄭、秦、吴、楚。每方三千則大于《春秋》三十六倍，方六千里一州之皇幅也。《尚書》「帝曰：咨！女羲暨和，期三百有六旬有六日」，則爲帝之羲和也。《楚語》「南正重司天，北正黎司地」，《周禮》之天、地二官是也。以黄帝言，則六合天地爲二伯，四方爲四岳；以《帝謨》言之，皋陶與禹爲二伯，《大戴禮》謂舜左皋陶右禹，不下堂而天下治，即《大雅》之「文王陟降，在帝左右」之帝伯。五帝以三千里爲一州，即鄒衍海外九州之説。一帝方萬三千四百里，一帝必有二伯，《月令》、《王居明堂禮》所言五方五神，一神一方以佐帝，如齊桓一匡爲大五帝二伯，共有五二伯，合爲五神，分爲十伯。又，從赤道中分，南北各五帝，爲小五帝；每帝得方千里者九十，開方爲方九千里强。方二千里爲一州，一帝二伯，又爲二十帝伯，即「文王陟降在帝左右」之二伯。以帝臣皇，以王臣帝，以伯臣王，合天下爲三十六《禹貢》，推之爲二十五大《禹貢》，則當有二十四大王。以《春秋》九千里當《禹貢》，則内外二十四州，如晉、楚者當有四十八人。古之皇、帝、王、伯爲升降不同時，後之皇、帝、王、伯則同時並見。合天下爲一皇、二帝、内八大王、外十六州，又十六牧亦爲王，如《春秋》之世界，當有二十四局皇、帝、大王。所言道德仁義固爲高遠，非《春秋》所有，同時之四十八伯則皆奉《春秋》爲依歸。《論語》「舉一隅以三隅反」，細分之，則爲舉一隅以二十三隅反也。立《春秋》以爲準，則二十三二伯皆據《春秋》損益因革，以輔其王。合諸小以成巨觀，即鄒子驗小推大之説所由起。故讀《春秋》有比例，有擴充，由王之伯以推帝伯，帝大王小，此擴充之學也；以一《春秋》反隅二十三《春秋》，此比例以觀。此治天下之道統以《春秋》，莫能外矣。

其言來何？據在内乃言來，召陵不得言來。與桓爲主也。以從内文，知與桓公爲天下霸主。前此者有事矣，《左傳》所謂北伐山戎是也。後此者有事矣，東署淮夷是也。則曷爲獨于此焉？與桓公爲主，前後皆有攘卻夷狄之事，乃獨于此主桓。序績也。序，《鹽鐵論》引作「齊」。桓公之功莫大于服楚，故于其重者言之，前後事輕，不足舉。績猶功也。**疏**春秋以前，疆土不足以成九州三千里之治。《春秋》之作，專以用夏變夷，補時所不及，而楚爲夷之最大最强者，桓公于此引而近之。其言來盟者，謂受我中國之約束而去，以是皆可以中國之法度繩之，故其後于楚遂有中國辭，且假以二伯之禮。自此以後，王者之法乃成，此《春秋》之大例也。

齊人執陳袁濤塗。

濤塗之罪何？言執皆有罪之辭。辟軍之道也。其辟軍之道奈何？舊傳《春秋》皆詳事實，古文《春秋》、《國語》皆先師事實傳。師之所懷，因弟子問乃詳之，不問則不言，不言者遂無事實。濤塗謂桓公曰：「君既服南夷矣，何不還師濱海而東，服東夷且歸？」**疏**《左傳》云：「陳轅濤塗謂鄭申侯曰：『師出于陳、鄭之間，國必甚病，若出于東方，觀兵于東夷，循海而歸，其可也？』申侯曰：『善。』塗以告，齊侯許之。」桓公曰：「諾。」於是還師濱海而東，大陷于沛澤之中，顧而執濤塗。執者大國乃有執文。曷爲或稱侯、或稱人？此謂諸侯執大夫之例，諸侯執諸侯與此不同。稱侯而執者，伯討也；稱人而執者，非伯討也。伯討謂二伯專征之義。《傳》凡單言伯者，皆謂二伯。以諸侯執大夫稱侯者，以尊臨卑，是伯討之辭。若稱人，則微而非伯，有貶辭，爲非伯討。若執諸侯，則以稱人爲伯討，稱侯爲非伯討。稱人者，衆辭。《孟子》曰：「民爲貴，君爲輕」，「天視自我民視，天聽自我民聽」是也。稱侯則諸侯自相執，所謂「摟諸侯以伐諸侯」，是非不明，不得爲伯討矣。此執有罪，何以不得爲伯討？既有辟軍之罪，當稱齊侯以執。古者《公羊》大一統，凡言「古者」，皆謂皇帝之學。周公東征則西國怨，西征則東國怨，《詩》云：「周公東征，四國是皇。」周、召爲文王之二伯，《詩》《周南》、《召南》是也。周公爲二伯，討罪而天下服之。言此以見齊桓之不如周公也。《傳》言天王以文王爲説，言二伯以周公爲比，皆以《詩》説《春秋》之義。**疏**周、召爲武王二伯，此小統説，實則《尚書》之周公非姬旦，乃百世下之皇佐，即《論語》孔子所夢之周公，其爵秩與堯舜皇佐正同。公爲二鳩，故以王爲孺子，即《詩》之「四方之①子」；《尚書》之周公，即《詩》之二《南》。以《詩》言皇帝，無徵不信，故以二《南》事實先見《尚書》以證。明其例，知二《南》則知全《詩》，庶不流爲悠蕩。然則《周》、《召》篇者，全《詩》之起例②。又，《豳風》爲大統説，「四國是皇」即皇佐。又，周、召非平行，周爲皇佐，比帝；召爲王佐，比伯。周、召猶周、魯。《論語》「周公謂魯公」謂皇佐訓誨王佐，皇佐帝、后，王佐二小伯，均非父子之事。二《南》《周》官府、《召》邦國，《邶》都鄙，故《周》有周之子孫四方，《召》有召之子孫四方，《邶》又有邶之五土③一十二風教。故《公羊》先師假大統以説《春秋》，以天下大小一九州盡之。鄒子驗小推大，即《春秋》彈丸之九州，世界環海所不能外，將用《大統春秋》時不必再作，即由小以推大，即是。此《公羊》先師引《詩》説《春秋》爲千古巨識，不可以爲皮附，謂非古《傳》家法也。桓公假途于陳而伐楚，則陳人不欲其反由己者，據《左傳》，因供億不堪，恐國病，乃詐令東出。師不正故也。齊侯與周公爲二伯同，討罪亦同；然周公之師人望之來，齊侯之師人望其去，其病人國實甚。故濤塗不欲齊再出陳。不修其師而執濤塗，但當自反，不擾動于途，不必罪濤④塗矣。古人之討則不然也。以周公之伯比齊桓，明二伯當法周公也。**疏**按，稱伯爲二伯，三《傳》

---

① 「之」下原衍一「之」字，今删。

② 起例：「例」原作「似」，據文意改。

③ 五土：原作「五士」，據文意改。

④ 濤：原誤作「擣」。

皆同此例。

秋，及江人、黄人伐陳。《穀梁》：「不言其人及之者何？内桓師也。」禮：賜弓矢得專征，齊二伯也，何以不言征？無王命也，故終《春秋》不言征。《孟子》：「征者，上伐下也，敵國不相征也。」既曰專征，雖無王命可也。專者急事，惟討賊救亡，緩事不得專也。《春秋》急事亦不曰專征何？齊、晉非受命伯，《春秋》託之也。當時實無二伯、方伯、卒正統制挾馭之事，孔子因桓建復此制，故六藝皆同之。

八月，公至自伐楚。月者，公出歷三時之久。

楚已服矣，何以致伐？據得意當致會。楚叛盟也。下滅國伐許是也。

葬許繆公。許葬何以皆時？小國時葬，正也。許卒皆日，葬皆時，卒正以下正例也。許有正無變者何？因不變例以見其變也。疏邾婁、滕、薛葬皆時，亦從此例。

冬，十有二月，公孫慈帥師會齊人、宋人、衛人、鄭人、許人、曹人侵陳。公孫慈者，叔牙之子也。三家之勢成于僖公，記慈以見叔孫之始也。二伯之大夫何以不見？歸功于君，臣子之義也。《春秋》凡書大夫，皆譏也；不爲弑逆之先見，即不能保位。與譏世卿也。孔子所稱許者多不見《經》，公子友、甯武子見《經》，皆以譏世卿。雖其前日有功業，子孫亦不得世，世則有世族之禍。弑逆與殺奔，各于本事詳之。

五年

春，晉侯殺其世子申生。晉者何？北方之伯也。何以至此乃見？齊桓一匡，故不見晉。齊已衰，晉、楚分伯，蓋一北一南。齊爲一匡天下，晉楚爲中分天下。

曷爲直稱晉侯以殺？據殺或稱國稱人，不目君。殺世子、晉、宋殺世子，稱晉侯、宋公。母弟天王、鄭伯、秦伯、衛侯，因兄弟殺、克、奔而目之。直稱君者，非世子、母弟稱國稱人，不目君。甚之也。甚謂比凡殺加一等也。世子母弟從君而一，因于親親之義有傷，故爲大惡。

杞伯姬來朝其子。曹世子來朝三譏之，此更四譏之矣：杞伯一、伯姬二、其子三、内四。因係于母，故不言世子，實則世子也。疏董子《順命》篇：「獨陰不生，獨陽不生，陰陽與天地參然後生。故曰母之子也可，天之子也可；尊者取尊號，卑者取卑號。」母之子即此。泰西一視同仁，皆父天，不詳姓氏之學，《春秋》乃立人倫，詳姓氏。記曰：野人不知父，都人則知尊祖。用夏變夷，姓氏其一也。

其言來朝其子何？據曹伯使其世子射姑來朝稱使。稱世子，曹伯不自來。内辭也，本是杞伯姬使其世子來朝，母不通，故使。内文諱其事。與其子俱來朝也。母不通，不得言使，故辭如與其子同來而行朝禮者。然已于内有親親之義，故求婦、逆婦與朝其子皆可書。

夏，公孫慈如牟。牟者附庸，此一見例。明方伯于附庸亦通使命而有①恤小之禮也。疏内臣如不繫事者皆聘。

公及齊侯、宋公、陳侯、衛侯、鄭伯、許男、曹伯會王世子于首戴。世子即《周禮》之孤，上異五玉之君，下異五牲之臣，間二者之間，儀文獨異。

曷爲殊會王世子？據王臣雖不盟，然不殊會。吴殊會爲外之，與王世子不類。世子貴也。殊會吴，爲内諸

① 有：原脱，據文意補。

夏外夷狄。世子與王臣不同，以其貴尊異之。如小國無使，而世子獨言使。疏 吴以中外不同殊之，王世子以尊卑不同殊之。所謂《春秋》無達辭，決嫌疑，別同異，莫近於《春秋》。世子，猶世世子也。父子相繼爲世，上世作世及之世讀，所謂言將自是爲君。《穀梁》云：世子「唯①王之貳也。」疏 禮：孤降其君一等。大國之孤不與諸臣同幣，尊之也。

秋，八月，諸侯盟于首戴。何以先王而後盟？辟盟王世子。《春秋》尊王：《周禮》主約。盟約之官專以治諸侯，爲息兵和好之大政由天子主之，若王則無所用盟。故《春秋》有王臣多別盟，不但王世子也。

諸侯何以不序？據辟盟王世子，序之尤順。一事而再見者，出月言盟，如別一事者，然所以辟盟王世子也。《傳》以一事爲説者，就本事言之。《穀梁》中無間事而再舉諸侯，「尊王世子，而不敢與盟也。」前目而後凡也。此《春秋》大例，非散辭之比。疏 諸侯有不協奉王世子命自相盟。王者操九伐之權，不用命者征之可也。無所用盟。

鄭伯逃歸不盟。逃義曰逃，羞辱之辭。

其言逃歸不盟者何？據會時有鄭伯。不可使盟也。據《左傳》，王使周公召鄭伯不必盟。蓋由王不欲立太子，齊侯謀立之，故王與齊有隙。不可使盟，則其言逃歸何？據陳侯但言逃歸，齊侯言弗及盟，不盟則但言不盟可也。魯子曰：此先師傳《春秋》之學者。「蓋不以寡犯衆也。」逃爲惡辭。因其懷貳心，背衆不盟，

---

① 唯：原作「爲」，據《穀梁傳》改。

藉故而歸，故以逃目之。

楚人滅弦，弦子奔黃。其不日，微國也。外州卒正國不日，内小國則月；界于夷狄者，乃日以明之。

九月，戊申朔，日有食之。董子說：「先是，齊桓行伯，江、黃自至，南服彊楚；其後不内自正，而外執陳大夫，則陳、楚不附，鄭伯逃盟，諸侯將不從桓政，故天見①戒。其後晉滅虢，楚圍許②，諸侯伐鄭，晉弑二君，狄滅温，楚伐黃，桓不能救。」**疏**《春秋》記日食，以正史法③、明天道，不爲災異休咎而言。皇帝法天，日月星辰皆爲天使號令，皇帝之政事法天而行，天不言，即以日月星辰爲命；如《月令》言日月星紀，即爲天命。天子因而變改政事，即皇王奉天之事。董子：「人之於天也，以道受命。」以下誥命百姓之辭，則王者奉天以命民，爲董子「人之于人，以言受命」。

冬，晉人執虞公。目虞公之執，國亡身辱，罪在一人之辭。

虞已滅矣，據滅後乃執之。其言執之何？據執皆存國之辭，滅國皆言以歸。不與滅也。不以正滅辭言之，故不以歸，並不言滅。曷爲不與滅？滅亡非美辭，何吝不與。滅者，亡國之善辭也。稱滅者爲亡國正辭。梁亡、執虞公，皆非正辭。滅者，上下之同力者也。虞公自取滅亡，與力不足者不同，故不以正滅與之。

疏此句後師記識，所以解上句者，中國春秋以前與泰西同，上下無別，弑殺之事不絕于史。《春秋》立其則，防微杜漸，以消亂萌。太平之世，當更改進步。

---

① 原刻脱「見」字，據《漢書》二七下《五行志下》補。

② 許：原作「言」，據《漢書》二七下《五行志下》改。

③ 史法：原作「吏法」，據文意改。

六年

春，王正月。

夏，公會齊侯、宋公、陳侯、衛侯、曹伯伐鄭，圍新城。新城者，新作之城。齊侯之信已著，不服善而勞民。新城以自固。目新城以譏之。

邑不言圍，據下圍許，諸侯重師，非一邑所敢當，故惟國乃言圍。此其言圍何？圍爲國辭，《穀梁》：「伐國不言圍邑。」彊也。新作城小而固，《左傳》：「圍新密，鄭①所以不時城也。」按，彊者彊梁，以不時修城，言此以惡鄭也。

秋，楚人圍許。鄭、許皆在中州，圖伯者所必爭。齊方圍新城，楚即圍許。圍許所以救鄭，比書而義自見。**疏**許篤從楚，圍許唯此一見也。

諸侯遂救許。善救許也。圍許以救鄭，救許所以攘楚。

冬，公至自伐鄭。《穀梁》：「其不以救許致，何也？大伐鄭也。」

---

① 鄭：原作「城」，據《左傳》改。

七年

春，齊人伐鄭。伐者重事，何爲使微者？大夫也，何以不名氏？以君命也。凡帥師，襄以前大夫稱人者，君命也。見名氏者，譏專兵也。疏齊桓伯之最盛，事迹《傳》不詳；《管子》所載，伏事兵謀備矣。

夏，小邾婁子來朝。附庸亦稱子者，貴賤不嫌則同號。小邾婁，附庸也，附庸何以稱小邾婁？不能以其名通，附于大國也。何以附邾婁？以邾婁爲卒正也。附庸附卒正之禮奈何？一州封二百一十國，餘方①百里者十，方十里者六十，以爲附庸閒田。方伯方三百一十六里，爲方百里者十，餘方百里者一，方十里者六十，以爲附庸之地。附庸歸卒正、連帥、屬長所統，附庸所出，以補卒正、連帥、屬長公費。然則一州附庸之數奈何共六十也？方十里者百六十，封方三十里者六，爲方十里者五十四；封方二十里者十八，爲方十里者七十二；封方十里者三十六，爲方十里者三十六。七卒正，何以附庸以六？方伯所統之卒正取之閒田，不以附庸輔之。何以知方伯所統卒正不以②附庸？以《經》言六卒正之有附庸者六也。

鄭殺其大夫申侯。申侯者何？申國之君也。何以稱大夫？以寓公而臣鄭也。先臣于楚矣，何復以寓公言之？與滅國、繼絶嗣，《春秋》之大義也；寓公不臣于諸侯，稱國以殺，譏鄭也。義詳《白虎通義》。疏③

---

① 方：原脱，據文意補。

② 以：原作「方」，據文意改。

③ 原刻如此。其下當有闕文。

其稱國以殺何？稱國以殺者，君殺大夫之辭也。無罪辭。

秋，七月，公會齊侯、宋公、陳世子欵、鄭世子華盟于甯毋。兩言世子，與王世子相起。《左傳》：「謀鄭故也。」鄭世子華後不見，鄭殺之而不書。

曹伯般卒。曹卒何以不日？由日而月，由月而時，以漸降之也。曷爲以升降見？明《春秋》之禄秩也。例以三而窮，故下又從月而日也，周而復始，更積于月也。曹卒循環，惟昭世三見月例，積于月也。

公子友如齊。如齊何以不繫事？聘也。在外言來聘，内言如而已。

冬，葬曹昭公。小國正例。不言當時不當時者，畧之也。

八年《年表》：曹共①公襄元年。

春，王正月，公會王人、齊侯、宋公、衛侯、許男、曹伯、陳世子欵、鄭世子華盟于洮。凡會，有王臣在者以王臣爲主。齊桓一匡，又主王人，如二伯之辭。洮者，内邑也，齊會多在魯地。**疏**陳、鄭世子敘許、曹下，即《周禮》公之孤、諸侯適子執皮帛以繼子男之後也。泰西外交僅恃公法，實則强國以私意自利，《春秋》張明王道，以王②長盟約，分定禮制，足爲大統基礎。

---

① 共：原作「失」，據《史記》卷一四《十二諸侯年表》改。

② 王：原誤作「五」，據文意改。

王人者何？據子突繫人。疏《傳》王臣例：人不如名，名不如字，字不如子。微者也。直實微者，謂下士以下。此大會也，何爲使微者？非微者，《春秋》微之，以見王人雖微，在諸侯之上耳。曷爲序乎諸侯之上？疏稱人則爲下士。天子卿視侯、大夫視伯、元士視子男，下士當在諸侯下。先王命也。奉王命而來會，尊王人所以尊天王。《穀梁》：「貴王命也。周室雖微，必先諸侯。」疏何以不別盟王人？微也。蔡不序，從楚見。四方伯楚、蔡、秦、吴，從楚國，畧之不言。

鄭伯乞盟。上言逃歸，此言乞盟，皆以譏鄭伯。

乞盟者何？據師乃言乞。處其所而請與也。《左傳》：「鄭伯乞盟，請服也。」以未序知未來。其處其所而請與奈何？不至則不別與盟。蓋酌之也。蓋，鄭伯辭，以故酌血而寄盟之也。疏言乞者，病之也。棄中國而從夷狄，故病之也。

夏，狄伐晉。晉滅邢、衛，《春秋》諱之言狄。此何以不言齊伐狄？言伐狄，則不見狄之爲晉也。前狄晉，後狄齊，辟二伯以相起也。夷狄侵伐中國不志，此何以志？非實狄也。《左氏》説以爲真狄者，師説早失。又，傳者據《經》立説故也。狄者何？齊也。齊伐晉，故諸侯來會。葵丘之盟，事詳《國語》。疏何以不言齊伐之也？以二伯伐二伯，不可言，故辟之，使如夷狄然。凡單言狄者，多託號。

秋，七月，禘于太廟，用致夫人。言禘者，夏祭也。祫祭稱有事，大祫稱大事；此稱禘者，犆祭也。犆禘不于太廟行事，何以獨目太廟？以周公臨之之辭也。何以知禘爲犆？以吉禘于莊公知之。有事爲祫祭，何以祫祭于武宫？武宫别立，待以太廟之禮，譏之也。疏《經》之禘皆時祭，大禘《經》無其文，不王不禘也。國之大事在祀與戎，泰西除天以外皆不祀，祖宗地元不立壇廟；《春秋》引而進之，乃詳祭典。

用者何？據致不加①牲幣，不當言用。用者，不宜用者也。與用郊同。致者何？據常辭言至自。致者，不宜致者也。如行父致女之致。禘用致夫人，非禮也。夫人者，據《穀梁》以爲成風也。時因祭祀，與哀姜並至致，立之爲夫人。不言氏者，因兩夫人，不可言氏。疏 夫人，《穀梁》以爲成風，《左傳》以爲哀姜，今合言之。月致二母，一亡一存。因有兩夫人，故不稱氏。夫人何以不稱姜氏？哀姜本爲夫人，致之當稱姜氏。疏 《傳》專説哀姜，與《穀梁》互文見義。貶。謂致者，貶之。曷爲貶？子不能貶母。譏以妾爲妻也。因妾爲妻貶，故不氏。疏 哀姜妻，成風妾。先成風，後哀姜，是以妾爲妻；如躋僖公之祖、禰易位。其言以妾爲妻奈何？問妻妾易位之事實。蓋脅謂僖公私尊己母，脅哀姜。于齊媵女之先至至讀作致。時僖公以哀姜爲有罪，尊己母先于哀姜。先致生母，後致哀姜。者也。成風爲哀姜媵，故曰齊媵女。因欲立成風爲夫人，並致哀姜于廟，而使成風在先。疏 按：致夫人舊爲三《傳》異説。《左傳》以爲哀姜，《穀梁》以爲成風，本《傳》以爲楚女爲妻，今合同之。僖公婚于楚于古無徵，《經》亦不言其事，《傳》云「蓋」者，疑辭。《解詁》張皇此事，屢以爲説，非也。

冬，十有二月，丁未，天王崩。立二十五年崩。疏 《周本紀》：「釐王崩，子惠王閬立。初，莊王有嬖姬姚生子頽，頽有寵。及惠王即位，奪其大臣園以爲囿，故大夫邊伯等五人作亂，謀召燕、衛師伐惠王，惠王奔温，已居鄭之櫟，立釐王弟頽②爲王，樂及徧③舞，鄭、虢君怒。四年，鄭與虢伐周王子頽，復入惠王。惠王十年，賜齊侯爲伯。廿五年，惠王崩，子襄王

① 加：原作「如」，據文意擬改。
② 頽：原脱，據《史記》補。
③ 徧：原誤作「偏」，據《史記》改。

鄭立。」

九年

春，王三月，丁丑，宋公禦説卒。疏《宋世家》：「三十年，桓公病，太子慈甫讓其庶兄目夷爲嗣。桓公義太子意，竟不聽。三十一年春，桓公卒，太子慈甫立，是爲襄公。以其庶兄目夷爲相。」

何以不書葬？爲襄公諱也。不書葬者，宋三世無大夫，故三世不葬也。宋目夷至處臼五世不葬，除前後二弑不討賊不葬，爲宋三世不葬。

夏，公會宰周公、齊侯、宋子、衛侯、鄭伯、許男、曹伯于葵丘。特見宰周公，以明冢宰攝政三年不言之制。《穀梁》：「天子之宰，通于四海。」北南分伯，會盟由主。會而分晉之同盟爲外楚；有劉子在，會則爲一匡，不以晉分伯言。周公、齊桓爲二伯，不敘南方諸侯，以謀楚也。疏《齊世家》：「桓公三十五年夏，會諸侯于葵丘。周襄王使宰孔賜桓公文武胙、彤弓矢，命無拜；桓公下拜受賜。」

宰周公者何？據出奔不言宰。《左傳》：伐鄭，周公謀父①將左軍，虢公將右軍，一內諸侯，一外諸侯，合爲二伯。此會出周公、齊桓，如伐鄭之周公、虢公。天子之爲政者也。冢宰不常置，因喪事乃命；爲王攝政則言宰，出喪

---

① 周公謀父：據《左傳》桓公五年，當爲「周公黑肩」。

事則否。故出奔不稱宰。此爲冢宰，與渠伯糾太宰有別。疏何以爲天子之①爲政？王在喪也。子張曰：「高宗諒闇，三年不言，何謂也？」子曰：「何必高宗！古之人皆然。君薨，百官總己以聽于冢宰三年。」宋其稱子何也？未葬之辭也。禮：柩在堂，孤無外事。今背殯而出會，稱以宋子，當無哀矣。

秋，七月，乙酉，伯姬卒。《白虎通義》：「伯姬卒，其娣改嫁于鄫。」此不書者也，書之以見季姬改嫁之事，謂因伯姬卒，故子叔姬以夫人禮嫁于鄫也。

此未適人，據無歸文，又不繫國。何以卒？據卒者皆外夫人。許嫁矣。許嫁于邾婁。婦人許嫁，字而笄之，許嫁乃稱字，言伯姬是許嫁。死則以成人之喪治之。姑姊妹死在室，當爲之制服。有服，故《檀弓》：「齊告王姬之喪，魯莊公爲之服大功。」有服則書。疏此許嫁邾婁，未嫁而死，當以娣季姬攝而往；季姬改嫁于鄫，故鄫子見執于邾婁。爲下張本。

九月，戊辰，諸侯盟于葵丘。西方之會。《穀梁》以此會爲盛，與《孟子》同。此桓公最盛之會也，《傳》以爲衰者，與《左傳》、《世家》同。所謂盛極則衰，從消息本末言之也。疏《左傳》：「秋，齊侯盟諸侯于葵丘，曰：『凡我同盟之人，既盟之後，言歸于好。』宰孔先歸，遇晉侯，曰：『可無會也。齊侯不務德而勤遠畧，故北伐山戎，南伐楚，西爲此會也。東畧之不知，西則否矣。其有亂乎！君務靖亂，無勤于行。』晉侯乃還。」

桓之盟曰諸侯盟，避盟周公也。王世子不敢盟會，以下別出諸侯盟，周公主會亦別盟，稱諸侯以避盟周公。惟王人微，乃不別盟。不日，此何以日？危之也。《穀梁》以爲美之，二義皆通。陰陽消息，盛極必衰：夏至陽盛，

① 之：原脱，據正文補。

一陰已生；冬至陰盛，一陽已生。損益循環，盛衰迭更，勢所必然。何危爾？據此會爲盛。貫澤之會，桓公有憂中國之心，不召而至者，江人、黄人也；葵丘之會，桓公震而矜之，叛者九國。《傳》：「逆祀去者三人，從祀叛者五人」，與此同意。三、五、九皆舉多之義，九國言其多，非實數也。陽穀爲偏至之辭，則諸侯多矣，如數僅九國，當不足爲異。**疏**《齊世家》：「秋，復會諸侯于葵丘，益有驕色。周使宰孔會，諸侯頗有叛者。」震之者何？猶曰振振然。矜之者何？《論語》：「君子矜而不爭。」猶曰莫我若也。董子說：「齊桓挾賢相之能，用大國之資，即位五年，不能致一諸侯。於柯之盟，見其大信，一年而近國之君畢至，鄄、幽之會是也。其後二十年之間亦久矣，尚未能大合諸侯也。至于救邢、衛之事，見存亡繼絶之義，而明年遠國之君畢至，貫澤、陽谷是也。故曰：親近者不以言召，遠者不以使，此其效也。其後矜功，振而自足，而不修德，故楚人滅弦而志弗憂，江、黄滅陳而不往救，損人之國而執其大夫，不救陳之患而責陳不納，不復安正，而必欲迫之以兵，功未見成而志已滿矣。故曰：『管仲之器小哉。』此之謂也。自是日衰，九國叛矣。」

甲戌，晉侯詭諸卒。董子說：先晉獻公之卒，齊桓葵丘之會再致其集。**疏**《晉世家》：「獻公二十六年，病甚，乃謂荀息曰：『吾以奚齊爲後，年少，諸大夫不服，恐亂起，子能立之乎？』荀息曰：『能。』於是遂屬奚齊子荀息，荀息爲相，主國政。秋九月，獻公卒。」

冬，晉里克弒其君之子奚齊。不葬者何？無臣子也。董子說：晉獻公行逆禮，殺世子申生，以驪姬立奚齊，卓子皆殺死，國大亂，四世乃定，幾爲秦滅，以驪姬起也。**疏**《晉世家》：「獻公卒，里克、邳鄭欲内重耳，以三公子之徒作亂。十月，里克殺奚齊于喪次。獻公未葬也。」

此未踰年之君，春秋嫡庶争國，每禍流數世，晉獻、齊桓其最著者。《春秋》乃改爲不再娶，撥亂反正，所以絶亂原，使亂臣賊子無所憑藉以爲亂。故曰：《春秋》成而亂臣賊子懼。非懼褒貶，謂絶亂原也。其言弒其君之子奚齊何？據齊荼言弒君。弒未踰年君之號也。在内未葬稱子某，既葬稱子。此未葬也，不可言其子；其不成之，又不可言其君。此乃外弒。未踰年君正稱，至于荼成之，乃稱君。疏君之子者，國人不子之辭。雖爲正辭，然不成之者，申生賢被殺尤正，故惡驪姬。

十年

春，王正月，公如齊。如齊不言事者，朝齊也。在外曰來朝，在内曰公如，此方伯事二伯之禮也。書公如者始此。月者，起桓伯衰，爲公危之。疏公何以獨如齊？齊①、晉二伯也。齊、晉何以爲二伯？中分天下以爲左右，各主其一也。齊一匡後退齊爲方伯，晉伯北方，魯、衛、齊、鄭主之是也。楚伯南方，秦、吴、陳、蔡主之是也。

狄滅温，温子奔衛。狄者何？晉也。晉爲二伯，又齊桓不能治，故避諱之。後温入于晉，是爲晉滅之證。王師敗于貿戎，《穀》以貿戎爲晉，是也。温不記者，此其記何？爲晉記之也。且記奔衛，則不得不先言滅也。狄在北方，與晉近，故晉《春秋》多詭號爲狄。

晉里克弒其君卓子，及其大夫荀息。殺世子以立不正，《春秋》之所不許。二子見殺，獻公私愛適所以害。憲法

① 齊：原脱，據文意補。

上下所共守，里克弑二君，不以賊討之者，不許諸侯違正立不正。疏《晉世家》：「荀息立卓子而葬獻公。十一月，里克弑卓子于朝，荀息死之。」

及者何？累也。弑君多矣，疏《春秋》二百四十年十八國中，弑君三十六，以九州一千七百國計，當百倍于此，是九州内年不止弑一君，推之外州，則每年弑者當三四見。今中國不止五千里，弑逆事不一見，以《春秋》立制絶亂原也。泰西弑事多于春秋，以春秋以前之中國正如今泰西。必用《春秋》之法，而後弑殺之風可止息。舍此無累者乎？曰：「有，孔父、仇牧，皆累也。」舍孔父仇牧無累者乎？曰：「有。」公叔惠伯，不見《經》。有則此何以書？賢也。何賢乎荀息？荀息可謂不食其言矣。不食言者，惡荀息之辭。《春秋》大居正，不信邪命；君有邪志，非有亂臣從之不能行。辭雖與孔父、仇牧同，美惡不嫌則同。其不食其言奈何？奚齊、卓子者，驪姬之子也，以下所言事實與《左傳》、《世家》皆同。荀息傅焉。驪姬者，國色也，獻公愛之甚，欲立其子，於是殺世子申生。申生者，里克傅之。獻公病將死，謂荀息曰：「士何如則可謂之信矣？」《論語》：「如何則可謂之士矣。」荀息對曰：「使死者反生，生者不愧乎其言，則可謂信矣。」久要不忘平生之言。獻公死，奚齊立。里克謂荀息曰：「君殺正而立不正，廢長而立幼，如之何？《傳》言此，所以深責荀息從亂命，固寵求合，以亂晉國。願與子慮之。」荀息曰：「君嘗訊臣矣，臣對曰：「使死者反生，生者不愧乎其言，則可謂信矣！」陳乞爲食言。里克知其不可與謀，退弑奚齊；惠伯《傳》與弑及《傳》同文。荀息立卓子，里克弑卓子，荀息死之。荀息可謂不食其言矣。陳乞立子舍與荀息同。景公死，首迎陽生，弑荼①，反覆無常，奸滑之尤；若荀息者，可以愧陳乞與！孔父、仇牧同辭者，美惡不嫌也。

夏，齊侯、許男伐北戎。何以或言伐，或言敗？互文以見義也，故齊不言治狄，晉不言治戎也。齊桓何爲獨與許伐北戎？大國言齊，外卒止言許，諸侯皆在之辭。曷爲或言山戎、或言北戎？同實而異名也。曷爲異名？始畧而後詳也。齊三伐戎，三異其名，或言戎、山戎、北戎也。**疏**北戎者，北方之戎。西曰戎，《春秋》不見西戎，言戎皆在北方，此名從主人也。

晉殺其大夫里克。皆殺也，曷爲或言弑、或言殺？下殺上曰弑，上殺下曰殺，別尊卑也。《春秋》辨名分之書，君死曰滅，大夫生死皆曰獲，以弑、殺分，亦此例也。**疏**此以討見。以下不見里氏者，子孫當絶，同罪而誅。重討之，以見君臣之大義。

里克弑二君，此非君也，曰君者，貴賤不嫌則同號。克討不正，其以弑言者，美惡不嫌則同辭。則曷爲不以討賊之辭言之？討賊則不得稱大夫。**疏**《傳》以惠公立説，以責惠公殺②里克。獻公殺申生而立孽子，《春秋》之義所當討，里克爲申生復仇，君子所不責。故里克之殺不以討賊言之。惠公之大夫也。簒立已定，晉國君臣合爲一體，無所復責，故《經》見大夫，若曰此乃惠公之大夫，故不用討賊之辭。**疏**此傳惠公無道，雖非惠公，亦不以討賊辭。然則孰立惠公？里克也。據事實。里克弑奚齊、卓子，逆惠公而入。惠公避難在外。里克逆惠公，則惠公曷爲殺之？惠公曰：「爾既殺夫二孺子矣，《尚書》：「孺子王。」孺子輕賤，非

---

① 荼：原誤作「茶」，據《左傳》哀公六年經改。

② 殺：原誤作「赦」，據文意改。

臣下稱君之辭。又將圖寡人。恐己以失德見討。爲爾君者，不亦病乎！」於是殺之。惠公自以私意討之，恐其引文公圖己。然則曷爲不言惠公之入？《左傳》：「夏四月，周公忌父、王子黨會齊隰朋立晉侯。」晉之不言出入者，據晉惠之出入不書，晉文之出入亦不書。踊爲文公諱也。《左傳》以爲，晉不告者，即諱之之意。齊小白入于齊，則曷爲不爲桓公諱？二伯異辭。桓公之享國也長，《孟子》：「歷年遠，施澤于民久。」美見乎天下，疏《孟子》：「二伯桓公爲盛。」二伯今本誤作「五霸」，流俗所改。故不爲之諱本惡也。本者，得國之事。二君皆非正嗣，因難而立，所謂逆取順守。文公之享國也短，《孟子》：「歷年少，施澤于民未久乎。」美未見乎天下，故爲之諱本惡也。義詳《解詁》。疏《論語》：「桓公正而不譎，文公譎而不正。」正讀爲匡，譎讀爲別；合爲匡，分則言別。

秋，七月，雹。《月令》、天文家說，皆以政事干時則災變立見，又言天象變異則有災厲，皆謂人事異天而①。

冬，大雨雹。災變，指政事言。疏《五行志》：「《公羊經》曰『大雨雹』，董子說：公脅于齊桓，立妾以爲夫人，不敢進羣妾；故專壹之象見諸雹，皆爲有所漸脅也，行專壹之政云。」何以書？據雹當爲災，又非時。記異也。記陰陽異常。疏雹而大，所以爲異。

---

① 而：疑係「耳」字之誤。

十有一年

春，晉殺其大夫丕鄭父。凡言大夫、殺者，兩譏之也。此無罪乞，以譏大夫。邦有道則仕，無道則止；仕亂朝而見殺，其於明哲之道獨未盡也。治世以諫而死，《春秋》猶譏之，則凡見殺於亂國者，譏其有取殺之道也。

夏，公及夫人姜氏會齊侯于陽穀。姜氏者何？僖公之夫人。何以不言逆？無所見則不書。此娶母黨，何以不譏？桓、莊皆有女禍，惡其大，不譏其細。夫人不會已前見，此何以書？以見雖同公亦不可會文姜。抗不言及，兼以明其正。

秋，八月，大雩。

冬，楚人伐黄。討其會桓也。伐而後言滅，起桓公不能救，以其遠也。**疏**黄者，荆州國也。不以爲夷狄而以爲遠國者，外四州小國稱夷狄，不引而進之也。

十有二年

《年表》：齊桓公使管仲平戎于周，以上卿禮饗管仲。管仲讓，受下卿。

春，王三月，庚午，日有食之。按，記日食所以明曆法。食宜在朔，今食二日，失之後。《傳》食二日也，「失之前者，朔在前也」。董子說：是時楚滅黄，狄侵衛，鄭、莒滅杞。

夏，楚人滅黄。記黄之滅，以見齊桓不用管子之言之失謀。**疏**滅國詳書者何？重事，兼以見卒正之數。泰西言富强亦迫時局，文明進自銷兵。《周禮》三典分三國，進步最速。一時之制，不足爲典要。

秋，七月。

冬，十有二月，丁丑，陳侯處臼卒。諸侯有移封遷徒黜陟升降例，故爲伯爲牧，在此在彼，隨時不同。**疏**《陳世家》：「四十五年，宣公卒①，子欵立，是爲穆公。」

十有三年《年表》：陳穆公欵元年。

春，狄侵衛。狄者何？晉也。北方曰狄。晉師多有狄，善則曰晉，惡則目狄，爲晉諱也。晉滅衛稱狄，故使其與要荒同名，《春秋》不治要荒，見蠻夷則知戎狄夷非要荒也。

夏，四月，葬陳宣公。月葬，正也。四月，可以葬。

公會齊侯、宋公、陳侯、衛侯、鄭伯、許男、曹伯于鹹。齊、晉在宋上者何？天子三公也。齊在兖州，晉在冀州，其國何以別有方伯？東周爲行所，齊、晉亦爲代巡所，豫非王都，青、冀故別有方伯。何爲以内臣言之？孔子曰「其事則齊桓晉文」，其事實在二州以爲内臣，所謂竊取之。此經義事實之分。**疏**定、哀之世，齊、晉亦爲方伯，以王臣劉子爲伯，鄭、秦爲之輔，亦侯國，同爲方伯。

秋，九月，大雩。

---

① 卒：原誤作「辛」，據《史記》改。

冬，公子友如齊。言公子友如齊者，見公子用季子而國安。至公子卒，而政衰矣。

十有四年疏《年表》：秦①饑，請粟，晉倍之。楚滅六、英。

春，諸侯城緣陵。杞者小國，城衛不言衛，城邢言邢，大小殊也。此不言杞，王後如大國也。孰城之？無名。疏之字疑衍。城杞也。據地圖，知緣陵杞，王後國。曷爲城杞？滅也。存三亡國，杞其一。孰滅之？上不見伐。蓋徐、莒脅之。蓋者疑詞。徐、莒皆夷狄。曷爲不言徐、莒脅之？爲桓公諱也。《春秋》滅王後事重，故諱之。曷爲爲桓公諱？上無天子，下無方伯，天下諸侯有相滅亡者，桓公不能救，則桓公恥之也。然則孰城之？言諸侯，指鹹會之國。桓公城之。齊主其事。曷爲不言桓公城之？宜歸功于伯主齊。不與諸侯專封也。賜弓矢可專征，封則須天子命，下不得專。故不敢目齊侯。曷爲不與？實與而文不與。文曷爲不與？諸侯之義，不得專封也。諸侯之義不得專封，則其曰實與之何？上無天子，下無方伯，天下②諸侯有相滅亡者，力能救之，則救之可也。義詳《解詁》。

---

① 秦：原作「齊」，據《史記》卷一四《十二諸侯年表》改。末句「六」字據上引補。

② 天下：原誤作「天子」，據《春秋公羊傳》改。

夏，六月，季姬及鄫子遇于防，使鄫子來朝。遇者，諸侯相見之辭。男女無別，非所遇而曰遇，譏之。《白虎通義》云：季姬者，伯姬之娣也；伯姬死，改嫁于鄫。蓋伯姬許娶于邾婁，因遇鄫子，乃謀改嫁。《左傳》云：鄫季姬來寧，公怒，止之。以鄫子之不朝也。夏遇于防而使來朝，謂《經》之書法如此。《春秋》定禮，男女非有行媒不相知名，非受幣不交不親，必無男女自定婚姻之事。必本爲夫婦，《經》乃如此書之耳。疏《春秋》以前禮制未備，男女本有面訂婚姻之事，如今泰西通行之制。《經》以其不可爲訓，故書法如《左傳》所云，非初許婚，乃歸寧見止耳。

鄫子曷爲使乎季姬來朝？據曹伯使射姑來朝，父乃使子，今以內女使諸侯，非常。疏此《春秋》典禮，泰西衣服拜跪親親尚白禮儀風俗，即師説之質家，大同可以不改，若《春秋》之于綱常，不在宜俗例①，地球諸國所當全守。又，泰西講進步，以爲初蠻野後文明，正合《經》、《傳》，惟臆斷無依據，不免背道而馳。今以《春秋》端其趨向，事半功倍。開來之盛，不尤美速乎！內辭也，季姬嫁于鄫，當日本面定婚，改嫁于鄫。《經》之書使來朝，辭如《左傳》所云者，乃內諱之辭。此時實非夫婦，非來朝。非使來朝，據朝不言使。下年秋乃歸，爲新嫁辭，則本非夫婦辭。使來請己也。面訂婚娶，不可爲訓，故以使朝言，如《左傳》所云。疏説者多據《左傳》以駁二《傳》，不知下年秋書歸爲初嫁，則以前之非夫婦可知。或疑諸侯女不應淫泆如此，此據以後之風俗以疑春秋以前，據《左傳》所記微文佚事，當時實同今泰西，無《儀禮》之六禮。《禮經》與《春秋》同出孔子，若當時風習，則父納子妻、姑姊妹不嫁者數人；《左傳》記鄭事，亦有使女自擇壻之事。不能以春秋以後之事疑之。

秋，八月，辛卯，沙鹿崩。此晉邑也，何爲不繫之晉？與地震日食同，不使晉獨主之。董子説以爲「臣下皆叛，散落

---

① 例：原誤作「倒」，據文意改。

不事上之象也。先是，齊桓行伯道，會諸侯，事周室。管仲既死，桓德日衰。天戒若曰：伯道將廢，諸侯散落，政逮大夫，陪臣執命，臣下不事上矣。桓公不寤①，天子蔽晦。及齊桓死，天下散而從楚。王札子殺二大夫，晉敗天子之師，莫能征討，從此陵遲」。疏《周禮》大傀災異，大傀即地，如地震與麓崩皆爲地記異。泰西地質學因火山推考：地初爲流質，面殼漸②成堅實，因火氣衝發，山川改變，有陷崩城邑島嶼之事。聖人生知③，多詳空理，泰西寸度銖量，惟恃目耳推測。空理無窮，今畧啓其端，詳明當在數百年後。

沙鹿者何？據麓爲山麓。河上之邑也。《五行志》：「《公羊》以爲沙鹿河上邑也。」《穀梁傳》曰：「林屬于山曰麓，沙，山④名也。」《左氏》沙麓晉地，內崩也。疏按：此小節，時有異同，以《經》無明文可據也。此邑也，其言崩何？據邑無崩道。襲邑也。地陷也。沙鹿崩，何以書？據梁山以壅河不流書。記異也。地陷與地震同。疏今地學考地無時不變，《雅》詩「高岸爲谷，深谷爲陵」，火氣衝裂而改狀，事所常有。外異不書，晉爲外州伯，例不記異。此何以書？據書又不繫國。爲天下記異也。與日食地震同爲大異，關天下，非止方隅，故不繫國，同爲天下記異也。疏書此以明地體地學。《周禮》立官以掌地慝、地求、地形諸事，今外國猶存古法。

狄侵鄭。託言狄，爲晉諱也。中國記夷狄之伐，內中國也；外州不言夷狄之伐，外外州也。疏夷狄相伐不志。《春秋》夷

---

① 寤：原作「與」，據《漢書》卷二七下《五行志下》改。

② 漸：原作「事」，據文意擬改。

③ 生知：原作「生安」，據文意改。

④ 原刻脱「山」，據《穀梁傳》補。

狄伐吴、楚、秦、蔡皆不書者，畧之。

冬，蔡侯肹卒。不葬者，從楚。**疏**《蔡世家》：「二十九年，繆侯卒，子莊侯甲午立。」

十有五年

《年表》：蔡莊侯甲午元年。秦伐晉，虜惠公，復立之。

春，王正月，公如齊。月者，危公也。齊、魯皆封，魯何爲朝齊？《春秋》朝之也。**疏**《春秋》因齊桓託之爲二伯，故有朝事。周制魯不朝齊，古傳以朝爲言，據《春秋》説之。

楚人伐徐。稱楚人者，貶之。伐徐者，從中國國之。言楚伐徐，以起下諸侯之救。

三月，公會齊侯、宋公、陳侯、衛侯、鄭伯、許男、曹伯盟于牡丘。

遂次于匡。諸侯救徐，畏楚不敢進。次匡，而使大夫救之，致徐敗于楚。言次以譏諸侯也。

公孫敖帥師及諸侯之大夫救徐。諸侯之大夫何以不敘？惡之也。何爲惡之？外大夫之專兵自此始，故惡之也。外大夫專兵以前不見。諸侯在而大夫救，大夫專征伐之漸，故言大夫也。禮之要，在于決嫌疑、别同異，今泰西近之，非禮不行，故外交内治漸用儀文，此亦進化之一端。

夏，五月，日有食之。日食不言朔，明曆失也。《詩》所謂「不弔」。**疏**董子説：是後「秦獲晉侯，齊滅項，楚敗徐于婁林」。

秋，七月，齊師、曹師伐厲。此次匡之師，何以伐厲？伐厲所以救徐也。不救徐援而伐厲，致徐敗于楚，所以譏諸侯也。不言齊侯者，不足乎揚也。《地理志》「南陽郡厲鄉，故厲國」。厲者，荆州之國也。

八月，螺。蟲災例時，此何以月？災重也。從時而月，重之也。凡月從同。

九月，公至自會。

桓公之會不致，此何以致？久也。

季姬歸于鄫。《白虎通義》：季姬，伯姬之娣。伯姬卒，改嫁于鄫。記防之遇，以明改嫁之由，故前年定約，十五月乃嫁。使歸寧，見止來朝，當同歸，即後歸亦常事，不在見《經》之例。書此以正婚禮，以絶亂原。百姓日用而不知，今反以《春秋》之事爲可怪矣。疏 按，《傳》以前使朝爲内辭，謂内避諱。以可訓者言之，《左傳》之説即就内諱言之。二《傳》詳事實，《左氏》詳《經》書諱之意，不相防也。

己卯晦，震夷伯之廟。舊説以夷伯爲季氏家臣。按，陽虎書盜，不應陪臣稱字。考天子大夫爲監者稱字，王臣有夷妘諸，則夷伯亦天子大夫，爲監于魯，死而立廟于閒田者也。書葬原仲，明監者之葬禮；書震夷伯之廟，明監者之廟禮。

晦者何？凡月盡爲晦，始爲朔。此問晦名義。冥也。晦，日月光盡，故因以爲名。以異書晦，與隕石以異書朔同。日食在晦不言晦，此言晦者，事在晦，惟日食乃不言。疏 舊説誤讀「不言晦」之傳，以晦冥爲異者誤。震之者何？據地震。雷電擊夷伯之廟者也。雷即電。凡室廟高大，易于引電；以高，又多引電之物。夷伯者，曷爲者也？問其人品秩。季氏之孚也。《穀梁》：「夷伯，魯大夫也。」孚讀如郛，謂外臣也。魯爲方伯，大國①有三卿九大夫二十七上士，閒田亦有三卿九大夫二十七上士；夷伯爲卿，正與季氏相等。以季氏比之，則爲外臣

① 大國：原誤作「外國」，據《春秋繁露》改。

也。季氏之孚則微者，季氏之比，尚在大夫例，以稱伯較，則爲微。其稱夷伯何？據方伯大夫不稱伯。或目其氏，稱夷氏。大之也。內之季氏稱名，監者則稱伯，尊大之，故加于季氏。曷爲大之？問所以大之之義。天戒之，謂天災其廟。故大之也。因廟不得不稱伯。微者不得立廟，有廟亦不見《經》。疏按：監者之説如祭仲、夷伯，先師偶失其義，故不得正解；自《傳》以下，董子、何君多誤。今據單伯《傳》正之，蓋亦傳義所自有，非但據《王制》也。

冬，宋人伐曹。宋屢伐曹者，曹近也。後滅于楚。

楚人敗徐于婁林。董子：「小夷避大夷不言戰。」直敗之而已。如內之于外、大國之于小國不言戰，直書敗而已。楚大夷，徐小夷，故用其例。諸侯不能救，致敗于楚，直書其事而失自見。疏徐者何？州舉之辭，亦如荆。凡州初見，久乃舉國，又久乃有君。荆先徐後，楚爲大夷，徐爲小夷，故小夷避大夷不言戰。

十有一月，壬戌，晉侯及秦伯戰于韓，獲晉侯。秦，梁州方伯也。至此始見者，新建四州稱伯，從王臣例。天子大夫不名，故秦見亦不名。秦本爲雍州居守伯，假爲梁牧，定、哀王官爲伯，齊、晉、楚、吴同降爲岳牧。秦、鄭以稱伯，又入爲王臣，以輔劉子，故從大夫稱伯。秦卒三不名，此《春秋》諸侯三世異辭、升降遷移之例。疏《秦本紀》：「穆公十二年，晉旱，來請粟。丕豹説穆公勿與，因其饑而伐之。穆公問公孫枝，枝曰：『饑穰更事，不可不與。』問百里奚，奚曰：『夷吾得罪于君，其百姓何罪？』于是與之粟。以船漕車轉，自雍相望至絳。十四年，秦饑，請粟于晉。晉君謀之羣臣，虢射曰：『因其饑而伐之，可有大功。』晉君從之。十五年，興兵將攻秦。繆公發兵，使①丕豹將，自往擊之。」

① 使：原脱，據《史記》補。

此偏戰也，人戰君獲。何以不言師敗績？據華元言敗績，楚子傷言楚子敗績。疏不言帥師，如二君手搏者然。君獲，不言師敗績也。師不救君之辭。晉侯無信、失援、輕戰，書以譏之。《穀梁》以爲責諸侯之失民，師未敗而見獲；《傳》以爲君獲不言敗績，舉其重者。文例小異。疏事詳《左》、《史》。

十有六年

春，王正月，戊申朔，霣石于宋五。此大異，故日之。言朔者，朔有事則書，《左傳》所謂「在朔言朔」也，《春秋》以爲此日例之大凡也。疏天空流質相摩生熱，有光如星，墜地而爲石。在空中非星，霣地乃成石，故不曰石霣而曰霣石。曷爲先言霣而後言石？據鷁退飛先言鷁，石霣當先舉石。不先舉石，則霣無所繫也。疏不先舉石者，實非石，霣于地而後化石。霣石與下鷁飛記見對文。記聞，《穀梁》所謂耳治也。《春秋》之事不外聞見，以石、鷁爲聞見之大凡也。聞其磌然，先聞霣聲，不知其物，故先言霣。視之則石，故先言霣而後言石。察之則五。徐察所霣之石，數之得五，故五在其下。與下記六鷁事全反，以聞與見異也。《春秋》所記，其詳審如此。董子：「《春秋》辨物之理，以正其名，而物如其真，不失秋毫之末。故名霣石則後其五，言退鷁則先其六，聖人之謹于正名如此。『君子於其言，無所苟而已矣』，五石六鷁之辭是也。」又云：「《春秋》別物之理，以正其名，名物必各因其真。真其氣①也，

① 氣：據《春秋繁露》卷一〇《實性》作「義」。

真其情也，乃以爲名。霣石則後其五，退鷁則先其六，聖人于言無所苟而已矣。」

是月，六鷁退飛過宋都。是月如《月令》之是月，即正月。《春秋》小異以月爲正例大凡，日不相蒙。兩書丙戌以見例，而欲見月不相蒙，故同月再出月以明之。鷁飛爲月例，欲言正月，則正月已前見；欲不言月，則蒙上日。辭窮起例，以是月言，謂正月有是事，故與《月令》「是月」同。《穀梁》以爲「決不日而月」，是也。

是月者何？《經》無言是月者，故據以問。**僅逮是月也。**包正月一月之辭。**何以不日？**據上出日。**晦日也。**師宜云：小異月，不言日。是月統謂正月。不曰其日，以爲專注晦日，非。**晦則何以不言晦？**《春秋》之例，在朔言朔，在晦言晦。上己卯晦已言晦。**疏** 晦、朔一也，《春秋》託事，兩言朔、兩言晦，使此爲晦，當曰某日晦。**《春秋》不書晦也。**此舊傳文專説日食例，引以説此條。《春秋》託事，晦、朔兼言，兩見晦、朔是也；惟于日食則在朔者言朔，食在晦者不言晦。蓋日本朔日食，今食晦日，是朔遲一日，曆官之失，《傳》所謂「失之在前」者是也。日食之晦，即當爲朔，故不可言晦日食。《公羊》食晦日二，皆不言晦。**疏** 此傳爲書日食之專條，以爲記事，則非例。《經》言甲午、己卯晦，二事與言朔同，《左傳》以爲事在晦言晦，是也。**朔有事則書，**此説與二《傳》同，舊義也。**晦雖有事不書。**董子：「象宋襄公欲行伯道，將自敗之戒也。石，陰類；五，陽數。自上而霣，此陰而陽行，欲高反下也。石與金同類，色以白爲主，近白，祥也。鶂，水鳥；六，陰數。退飛，欲進反退也。其色青，青，祥也。屬於貌之不恭，天戒若曰：『德薄國小，勿持炕陽，欲長諸侯，與彊大争，必受其害。』襄公不寤，明年齊桓死，伐齊喪，執滕子，圍曹，爲盂之會，與楚争盟，卒爲所執。後得反國，不悔過自責，復會諸侯伐鄭，與楚戰于泓，軍敗身傷，爲諸侯笑。」**疏**《經》有二晦，《左傳》以爲晦日，是也。武、宣以後，經師多言災異以趨時尚，諸經皆比附緯讖以説時事，經文二晦皆改爲冥晦，歸入異例，不以爲晦。《穀梁傳》于二晦一同《左傳》，一同《公羊》，而《五行志》引劉子説，則以二晦皆以異改從

《公羊》。據劉説，是無言晦日之例。今幸《穀梁》非劉本，猶存古義，得以考見先師改易舊説之迹而正之。曷爲先言六而後言鷁？據當先舉鷁，石數不先舉。六鷁退飛，記見也，《穀梁》所謂「目治」。記目見與耳聞不同。視之則六，初但見空中六鳥，不知爲鷁，故首先記六。察之則鷁，審察然後知爲鷁，故次記鷁。徐而察之，則退飛。再察然後知其退飛，故末乃言之。以霣石例之，則當先言退飛，次言鷁，次言六；今文字相反如此，而繪形肖物，各盡其情，不能有所損益于其間，所謂「游、夏不能贊一辭」者也。《春秋》以此爲大凡，言日月例者必如二條之精嚴，言人事者必如二條之切實。二百四十年中，筆削加損，如明鑑之取影，畫工之肖物。能盡其事于《春秋》，思過半矣。五石、六鷁何以書？記異也。石爲大異，鷁爲小異。外異不書，此何以書？外州國絶不書異。爲王者之後記異也。以爲内州王後大國，乃書之。

三月，壬申，公子季友卒。三桓兄弟之序，則季居下，次兄叔，再長仲。以行誼言，則季最賢，叔小惡，仲大惡。故三桓子孫以行誼爲官次，季爲上卿，叔爲次卿，仲爲下卿，與兄弟之序正相反。疏《魯世家》：「季友母陳女，故亡在陳，陳故佐送季友及子申。僖公元年，以汶陽田封季友。季友爲相九年卒。」

其稱季友何？據大夫卒，名不與字並見。賢也。與公弟叔肸同。言名又言字，因賢而褒進之稱字。其後有世卿之禍，足見祖、父雖賢，子孫世禄可，世卿則不可也。

夏，四月，丙申，鄫季姬卒。外夫人不卒，此何以卒？卒繫鄫，以見初遇不繫鄫之未嫁也。鄫季姬三年之中三見《經》，十四年六月書其遇鄫子，十五年九月歸于鄫，至此而紀卒。始終詳其事，以見其遇之非正。内女嫁諸侯，有大功之服。

秋，七月，甲子，公孫慈卒。大夫日卒，正也。不字以見，賢季友也。

冬，十有二月，公會齊侯、宋公、陳侯、衛侯、鄭伯、許男、邢侯、曹伯于淮。東方之會。地淮，淮夷在會之辭。楚主會敘淮夷，此不敘者，桓會不敘夷狄，中國主會。又，此事不詳夷狄。邢侯者何？冀州之國也。冀州之國不序，序者一見以明之。其在曹上者，以稱侯也。**疏**事詳《國語》。

十有七年

春，齊人、徐人伐英氏。稱人者何？貶之也。何爲貶之？爲其摟諸侯以伐諸侯也。英何以稱氏？夷狄也。國不如氏，凡州國氏，皆夷狄也。人名子，皆附庸。外州不見夷狄，此何以見？有國辭，引而進之也。此何以獨序徐？大國言齊，遠國言徐，諸侯皆在之辭也。**疏**按：下滅項之師即此師也。英與項近，承伐英而滅之，與楚滅厲同。

夏，滅項。《穀梁》同以爲齊滅。《左傳》云：「師滅項。淮之會，公有諸侯之事，未歸①而取項。齊人以爲討而止公。」杜氏誤據《傳》意，遂以此爲魯滅項。公尚未歸，滅者何人？且項在汝陰，去魯甚遠，勞師千里，取不能守，亦非情理。按，《左傳》所謂師者，即伐英氏之師也。伐英《經》書齊、徐，魯人亦在師中，滅項非齊侯意，因公有事未歸，遷怒諸侯，故留公耳。實非魯自出師取之，如取鄟之事也。

孰滅之？不繫，疑內滅。**齊滅之。**即伐英氏之師，故不再言其人。齊侯與公在會，別使諸侯伐英，項在汝陰，亦楚與國。滅以齊爲主，桓公雖不在師，仍當目桓公也。**曷爲不言齊滅之？**承上伐英之文，本不必再出齊，弟子以爲此別一事，宜再出齊侯。**爲桓公諱也。**因諱再不言。齊侯本不在師，伐英之諸侯滅之，不能目諸侯，因亦

---

① 歸：原作「在」，據《左傳》及下文「公尚未歸」改。

爲桓諱也。《春秋》爲賢者諱，二伯爲賢，以救患存亡爲主。此滅人之國，何賢爾？滅國則失伯道。雖英、項有罪，究不當滅。君子之惡惡也疾始，善善也樂終。桓公嘗有繼絶存亡之功，故君子爲之諱也。義詳《解詁》。疏此傳自杜氏誤解《左傳》，説者遂以爲三《傳》不同。按：此時公不在魯，尚未專權，且項與魯遠，何爲别出師滅之？皆在情理之外，知當以齊滅爲主。昭公時，公未歸，季子取鄆，猶爲大國所討；鄆爲魯邑，時勢迴殊，猶尚如此，安得此時遂有公不在而别遣師千里滅人之國耶？

秋，夫人姜氏會齊侯于卞。與文姜同，所以釋前事也，以爲上譏會而不譏淫也。何爲會齊侯？因同公還而送之也。

九月，公至自會。桓月不致，此其月何也？婦人無外事，因爲夫人月。公不在而出，内政不修也。因夫人事危公，所以失治家之道。

冬，十有二月，乙亥，齊侯小白①卒。一匡天下，爲《春秋》正伯，因其存中國、尊周室，故託之爲伯。《左傳》以爲受命爲左卿士者，緣《經》立説。《春秋》二伯之義，莊、僖爲一匡，文以下爲中分，至昭止，定、哀南北無伯，反之王臣劉文公。故晉、楚亦有爲方伯時，秦、鄭亦有純爲王臣時。此《春秋》大例。疏《齊世家》：桓公南伐至召陵望熊山，北伐山戎、離枝、孤竹，西伐大夏，涉流沙，登大行至卑耳山。兵車之會三，乘車之會六，九合諸侯，一匡天下。桓公好内，多内寵，如夫人者六人。管仲卒，五公子皆求立。冬十一月乙亥，齊桓公卒。易牙入，與豎刁因内寵殺羣吏，而立公子無詭爲君，大子昭奔宋。

① 白：原作「伯」，據《公羊傳》改。

十有八年

春，王正月，宋公、曹伯、衛人、邾婁人伐齊。何爲稱君人？以曹屬宋也。宋爲王後，《春秋》不以爲伯，今乃求諸侯，欲紹齊桓之績，謀事不成，故《經》獨使其伯曹，《左傳》所謂「曹、莒、邾，吾役也①」，若他諸侯，則非宋所有矣。伐齊者何？立孝公也。疏 板本「宋公」下有「會」字，誤衍。

夏，師救齊。救者何？善辭也。此非善事，其以救言何？美惡不嫌，則同辭也。據非伐喪，知善救者。

五月，戊寅，宋師及齊師戰于甗，齊師敗績。此納孝公也。不言納者，正得立也；獨言宋、齊者，諸侯之師未戰也。

戰宋與齊戰。不言伐，上《經》宋、衛、曹、邾婁言伐。此其言伐何？舉重例戰，人于伐言戰，伐爲略。宋公與伐而不與戰，故言伐。戰者獨宋耳，衛、曹、邾婁與伐而不戰，故必分書之。《春秋》指大傳所載經例。伐者伐人者由地，地可考。爲客，凡戰敘在下，使主國及之戰，爲賤惡辭。伐者被伐者。爲主。主序在上，有以尊臨卑辭。疏 小大同者，伐者爲客，見伐者爲主。主得及客，所以惡也。孟子曰：「春秋無義戰，彼善於此則有之矣。征者，上伐下也，敵國不相征也。」曷爲不使齊主之？據齊、宋大小同，當以齊及宋，不當以宋及齊也。與襄

---

① 校案：《左傳》唯見「滕、薛、郳吾役也」一語，在定公元年。

公之征齊也。與宋征之，故序上，不使齊及之。曷爲與襄公之征齊？伯者之後。疏《穀梁》以爲「惡宋」。桓公死，豎刁、易牙争權不葬，事詳《世家》。爲是故伐之也。孝公立得正，豎刁、易牙爲亂，當得討之，不以伐喪爲嫌。如避伐喪，則亂臣肆志矣。疏《齊世家》：「桓公病，五公子各樹黨争立。及桓公死，遂相攻。以故宫中莫敢棺，桓公尸在牀上六十七日，尸蟲出于户。十二月乙亥，無詭立，乃棺、赴。辛巳夜，斂、殯。」以亂故，孝公元年八月乃葬桓公。

狄救齊。圍、救皆大國之辭，狄何以得言救？楚可以言圍，狄即可以言救也。救，善辭也。方許宋公，何爲以救言之？既已狄之，可以言救也。疏狄者，楚也。楚與宋争伯，故救齊。

秋，八月丁亥，葬齊桓公。桓之伯也，王禁明而王臣不下聘者六十年，盟會同而諸侯無私争者三十年。師次召陵而荆楚服矣，陳旅聶北而狄退矣，獻捷過魯而戎弭矣。貫盟以下，葵丘以前，衣裳不歃血，兵車不大戰。仲尼稱其一匡，孟子歎其爲盛。故身死之後，其功德及遠近，而邢狄救之。然内寵外亂，自管仲死後不復振，卒有尸見之禍，亦不幸矣。疏《齊世家》：「桓公十有餘子，要其後立者五人。無詭立三月死，無謚；次孝公，次昭公，次懿公，次惠公。」按：五世亂乃定，故葬日也。

冬，邢人、狄人伐衛。狄者何？楚也。楚未嘗與中國累數，此累數之始，故狄之也。邢何以先之？以大國之夷不如小國之尊也。

十有九年

春，王正月，宋人執滕子嬰齊。何爲執之？以其不從伐齊也。其名何？絶之也。何爲絶之？以國君而見執于人，既不能令，又不受命，辱國失尊，宜絶之也。

夏，六月，宋人、曹人、邾婁人盟于曹南。以曹、邾婁與宋盟，諸侯皆不在之辭。宋伯不成，故託王後不爲伯之義以阻之，若曰惟二國乃宋之屬耳。疏曹南者何？邾婁也。邾婁則其書曹南何？使之如二事然，所以避一會執二君也。

鄫子會盟于邾婁。齊、晉有伯辭，會盟如會者陳、鄭大國；宋主盟而鄫會之，不成爲伯之辭。疏會盟者何？猶言如會也。盟在曹南，何以又地邾婁？曹南即邾婁也。言盟又言邾婁，使如二事也。

其言會盟何？據與陳如會、鄭乞盟同辭。後會也。此設爲後會之辭，以與齊、晉不同。小會小盟，非齊、晉之比。

己酉，邾婁人執鄫子用之。大國言執，此微國也，其言執何？宋公執之也。宋執則曷爲以邾婁言之？一事而執二君，爲中國諱，故分惡于邾婁也。鄫子何以不名？無罪也。

惡乎用之？《春秋》書「用人」者不一事，昭十四楚師滅蔡，執世子友而以歸，用之。用之社也。相傳用于次睢之社。疏《左傳》：「夏，宋公使邾文公用鄫子于次睢之社，欲以屬東夷。」其用之社奈何？問其用法，不能以人爲牲。蓋叩其鼻以血社也。《春秋》惡用人，如以人爲牲，所以深惡而痛絶之，以爲有夷狄行。疏劉子曰：天子太社、王社，諸侯國社、侯社，制度奈何？曰：社皆有垣無屋，樹其中以木，有木立社，土生萬物。萬物莫善于木，故樹木也。

秋，宋人圍曹。曹從伐齊，又盟于曹南，乃從而圍之，宋惡甚矣。直書其事而罪惡見。

衛人伐邢。衛獨伐邢，以見邢爲衛屬之卒正。凡大國獨治小國，皆屬之卒正。**疏**此報前伐也。稱衛伐者，獨衛人與？以爲一州之國皆在也。何以知爲一州之國皆在？以序會盟言衛者，一州皆在之辭也。此一言之，其餘從同。衛篤從中國，故不與齊之盟。齊與魯、陳、蔡皆從楚，宋、衛所以弱也。

冬，公會陳人、蔡人、楚人、鄭人盟于齊。伐衛既以畧數，此故直言楚，以稱人貶之。如初稱荆、後稱人也。此皆君也，其言人何？貶之也。陳、蔡、鄭三君何以皆不葬？以其從夷狄，故皆不葬也。不言齊者，不以齊與楚盟，争二伯也。公盟何以不日？畧之也。

梁亡。梁亡者，秦滅之。梁不獨記事，此記者，爲梁爲州名，與徐、楚、舒同。梁爲《禹貢》州名，秦有梁地，明封秦于梁也。梁者何？州舉之也。孰滅之？秦也。梁州何以不見方伯？秦是也。先言梁而後言秦，先舉州而後見方伯也。秦在雍州，何以爲梁州方伯？《春秋》存西京，使秦如以梁州方伯，入爲卿士者然，故與鄭同稱伯也。鄭在冀州，秦在梁州，其意同也，何以獨見荆、徐、梁？陝以東也。

此未有伐者，其言梁亡何？據梁入于秦，當言秦伐。自亡也。與敗績同。其自亡奈何？問事實。魚爛而亡也。董子説：「梁内役其民無已，其民不堪。使民比地爲伍，一家亡，五家殺刑。其民曰：先亡者封①，後亡者刑。君者將使民以孝于父母，順于養老，守丘墓，承宗廟，世世祀其先。今求財不足，刑罰如不勝，殺戮如屠仇，其爲魚爛而亡，國中盡空。《春秋》曰『梁亡』，亡者，自亡之也，非人亡之也。」

① 封：原作「刑」，據《春秋繁露》卷四《王道》改。

二十年

春，新作南門。言新修舊，言作加大，故特譏。有古常。

何以書？小工作，不必書。譏。何譏爾？門有古常也。棄古反常，即屬加大之意。修舊可，加大則爲之棄古矣。

夏，郜子來朝。伏、董説皆云諸侯初封有采地，後國雖滅，子孫猶食采地。郜亡已久，猶稱郜子，食采之君也。今外洋諸侯凡滅國，不滅其主封之數邑，食其所出；故國有滅數百年，而猶有國主，正此例也。朝一見，不朝者也。疏此所謂滅人之中又有禮焉。今泰西所滅諸國不絶其嗣，與春秋相同。

郜子者何？知爲亡國，又言朝。失地之君也。據郜大鼎。何以不名？亡則宜名，名則失其爲大夫。兄弟辭也。説詳《解詁》。

五月，乙巳，西宮災。《春秋》有筆、削，諸所興建，每因災毁修作見之。繙經立教，原有之名目制度不必如此。疏《穀梁》以爲閔宮，《傳》以爲小寢，與《左傳》同。《穀梁》以昭穆分東西，《傳》則因東西分昭穆，特有廟、寢之別耳。

西宮者何？小寢也。疏《五行志》：董子説：「西宮者小寢，夫人之居也。若曰：『妾何爲此①宮？』誅去之

---

① 「此」上原有「居」字，據《漢書》删。

意也。以天災之，故大之曰西宮也。」小寢則曷爲謂之西宮？據公羮言小寢。有西宮則有東宮矣。東、西宮，猶言左、右路寢。路寢爲男子所居，小寢爲婦人所居。一代居東，一代居西，如廟之有昭穆然。言西以見三宮之制。魯子曰：「以有西宮，亦知諸侯之有三宮也。」三路寢《經》有其文，以路寢推之也。疏三宮如三路寢，始封之夫人居中宮，姑居東，則婦居西，如路寢之制，非一君居三宮也。三宮，夫人總言之耳。西宮災，何以書？記災也。備災未具，以致成災；又因災作，以見禮制。

鄭人入滑。滑者，冀州之國也。入者何？得而不居也。入小國不書，此何以書？記禍亂之源也。此何以爲禍亂之源？王請滑，鄭人執王使以入，有狄難也。事詳《國語》。疏《鄭世家》：「三十七年秋，鄭入滑，滑聽命。已而反與衛，于是鄭伐滑。」《周本紀》：「襄王十三年，鄭伐滑，王使游孫伯犕請滑，鄭囚之。」

秋，齊人、狄人盟于邢。外離盟不書，此何以書？邢主盟也。疏上言楚人盟于齊，此何以言狄人？齊人楚人盟于邢，則兩伯之辭也；避其辭，故以狄目之也。

冬，楚人伐隨。此記南服事。楚伐隨，屬隨，以楚爲荆牧，許其伐，與侵衛不許相對。《春秋》分記北方南方事，中外文野之分，至于太平，乃中外一統，以成九州，合爲《禹貢》，爲大九州之起例。疏侵衛稱狄人，伐隨何以稱楚？不與夷狄憂中國也。隨，荆州之國，《經》言楚伐之，以方伯治屬國也。衛爲内方伯，不可以外治之，故狄之而已。隨，荆州國，不以夷狄爲説；楚以僭王狄之，餘國引而進之也。

二十有一年

春，狄侵衛。爲盟邢爲齊邢報怨。狄侵衛者，不以夷狄憂中國，故狄與楚名號互見以起例。録楚之侵衛，所以見楚之强，與宋争諸侯也。衛有兵事，故鹿上、霍皆不在。

宋人、齊人、楚人盟于鹿上。宋襄公爲鹿上之盟以求諸侯。上避稱齊人狄人，此則直言楚人矣。諱其始而見于終，以爲宋在上猶可言也。此皆君也，稱人者，貶之也。此諸侯皆在，獨見大國者，以大國臨之，不以中國從楚也。吴在會皆殊楚，不殊者，楚以稱荆見，吴以殊會見也。此見齊，下不見齊者，下有執事，不可言齊，故此見齊，不言餘國；下言諸國，不言齊。互文以相起也。**疏**《宋世家》：「襄公八年，欲爲盟會。十二年春，襄公爲鹿上之盟，以求諸侯于楚，楚人許之。公子目夷諫曰：『小國争盟，禍也。』公不聽。」

夏，大旱。董子說：「齊桓既死，諸侯從楚，僖尤得楚心。楚來獻捷，釋宋襄公，外倚彊楚，炕陽失衆；又作南門，勞民興役。」諸雩、旱而不雨，說畧皆同①。**疏**按，旱、水、雩言大者，懼災也。亦以小者不志。

　何以書？記災也。旱，時正也。小旱成災，備災之道未盡。

秋，宋公、楚子、陳侯、蔡侯、鄭伯、許男、曹伯會于霍，執宋公以伐宋。此南北會同之初見者。初，齊在北一匡，屈完曰「君處北海，寡人處南海」，即南北分封之說，《左傳》屢言北方諸侯、南方之諸侯。文以下晉、楚分伯，爲夾輔

---

① 說略皆同：當據《漢書·五行志》作「略皆同說」。按，「諸雩旱」云云係班固語，非董仲舒所言。

周室，犾主齊盟。故晉會北方諸侯，言同盟以外楚，晉會吴則會。又，會以殊别之，惟宋之盟爲晉、楚之從者交相見，前此齊桓一匡。此中外交相見之小者，宋爲相見之大者，終于劉子召陵之會，則王臣合一匡爲大會矣。疏《宋世家》：「襄公八年秋，諸侯會宋公盟于盂。公子目夷曰：『禍其在此乎！君欲已甚，何以堪之！』于是楚執宋公以伐宋。冬，會于亳，以釋宋公。」

孰執之？不見執者主名。楚子執之。據伐宋。宋既執于楚，何又先楚？中外例也。曷爲不言楚子執之？據諸執皆詳執者，楚大國，得言執。不與夷狄之執中國也。君子不親惡，以宋公親楚子者惡，宋公自引之也。夷狄會不敘諸侯，敘者，一見以起其餘。楚稱王，其曰子何？蠻夷雖大曰子。王者尊稱，子者卑稱，以夏變夷，故去其夷狄之號而引之中國。爲方伯稱侯，何以不稱楚侯？侯者，中國之稱，楚荆州方伯，不可以稱侯也。小國稱伯、子、男，此楚大國稱子者，不嫌也。

冬，公伐邾婁。邾，魯之近屬。不能懷柔，玉帛相見，而以兵戈，譏内也。疏邾婁滅須句，故公爲之伐也。此記魯、邾婁交兵也。自桓公以後，此初用兵。

楚人使宜申來獻捷。楚無大夫，言宜申者，因其來録之。録猶不氏，如小國辭也。

此楚子也，據會有楚子。其稱人何？人，又不言使。貶。曷爲貶？爲執宋公貶。因執公貶。曷爲爲執宋公貶？宋公與楚子期以乘車之會，公子目夷諫曰：「楚，夷國也，彊而無義。請君以兵車之會往。」備司馬，如魯會頰谷之事。所謂有文事者必有武備。宋公曰：「不可。吾與之約如今保約。以乘車之會，自我爲之，自我墮之，曰不可。」終以乘車之會往。《傳》美宋公之不欺。楚人果伏兵車，執宋公執不爲宋公諱，篤信守正，所恥殺也。以伐宋。夷狄無義信。宋公謂公子目夷曰：「子歸守國矣。國，子之國也。以社稷爲重。吾不從子之言，以至乎此！」公子目夷復曰：「君雖不言國，國固臣之國也。」君臣皆明國與君之義。於是歸，設守械而守國。《孟子》曰：「民爲貴，社稷次之，君爲輕。是故得乎丘民而爲天子，得乎天子爲諸侯，得乎諸侯爲大夫。諸侯危社稷，則變置。犧牲既成，粢盛既潔，祭祀以時，然而旱乾水溢，則變社稷。」按：君重矣，與社稷則國重君輕。君國不能兩存，存國亡君可也。楚人謂宋人曰：「子不與我國，吾將殺子君矣！」宋人應之曰：「吾賴社稷之神靈，吾國已有君矣。」疏明北狩，于忠肅用此《傳》義以拒敵。楚人知雖殺宋公猶不得宋國，國乃天子封土，祖宗所遺；君可更置，國不因君一人而亡之。古傳義甚明。於是釋宋公。立君拒守，所以請公。蓋拒之乃直所以請之。疏宋已更立，則公一匹夫耳，無所夾持，故釋之。戰國用此術者多。宋公釋乎執，走之衛。義不反國，宋公正義。公子目夷復曰：「國爲君守之，立君本爲請公。君曷爲不入？」必求公入。然後逆襄公歸。君臣交許之。惡乎捷？據齊侯有戎，此不目國。捷乎宋。執宋公以伐宋所得者。曷爲不言捷乎宋？捷與寶例目國。爲襄公諱也。宋公守正，爲楚一誤，惡楚深，故不許楚捷宋，以爲宋諱。此圍辭也。據執君伐國，必圍都城以求國。曷爲不言其圍？但目伐而已①。爲公子目夷諱也。深許目夷前能見後，能設術拒敵，國危而不亡，君執而得反。愛目夷，不言圍，不以危急加所愛。疏諱不言不皆惡事。爲賢者乃諱，惡尊親之爲敵敗。

① 而已：原誤作「而矣」。

十有二月，癸丑，公會諸侯盟于薄，釋宋公。獨出公者，歸其功于公一人。不與楚執，亦不與楚釋，所以尊中國。**疏**《楚世家》：「成王三十三年，宋襄公欲爲盟會，召楚。楚王怒曰：『召我，將好往襲辱之。』遂行。至盂，遂執辱宋公。已而歸之。」

執未有言釋之者，釋不書，故諸有執無釋。此其言釋之何？變文必有所起。公《傳》王者之後稱公。宋與魯同爲王後，同稱公；因同稱公，故書釋宋公。與爲爾也。《春秋》從《詩》例故宋王魯，以魯、宋爲二王後，同稱公，同居青州，故曹、莒、邾又爲宋役。《春秋》三繫事皆在宋，釋宋公、成宋亂、宋災故是也。公與爲爾奈何？實楚自主。魯弱楚強，不能聽公命。公與議爾也。公與其議，故主善以內。**疏**此楚釋之，不言楚者，《春秋》不與夷狄主中國也。董子云「書事時詭其實」是也。

二十有二年

《年表》：周叔帶復歸于周。晉太子圉質秦，亡（秦）歸。

春，公伐邾婁，取須朐。言公伐者，權在諸侯；文以下，則大夫專兵。**疏**《春秋》引鄙野南四州以進文明，于內外一視同仁，非有好惡善惡于其間。故莒、邾皆夷，待之如內；不如宋、元以後説，以《春秋》爲惡夷狄。

夏，宋公、衛侯、許男、滕子伐鄭。伐鄭者，求諸侯也。宋非二伯，何以求諸侯？非實事也。宋不成其爲伯，故《春秋》以齊、晉當之。

秋，八月，丁未，及邾婁人戰于升陘。日者，公在師內。及外不言戰，言戰則敗。不言其人，因敗爲內諱。于內諱敗不諱敵，親親之義。

冬，十有一月，己巳朔，宋人及楚人戰于泓。宋師敗績。**疏**《楚世家》：「成王三十四年，北伐宋。敗之泓，射傷宋襄公，襄公遂病創死。秋，楚人伐宋以救鄭，襄公將戰，子魚諫，不聽。」

偏戰者日爾，外大戰例日。此其言朔何？朔爲日食而出，兵事不必及朔。**疏**此戰言朔，泓之戰言晦，戰大事，言晦朔正也。後師以爲言朔不言晦，言朔又以爲繁辭，不可泥。《春秋》辭繁而不殺者，日可矣，兼志朔，此爲繁辭，如文字之繁文媘文。正也。此詳録伯姬之傳，先師引以説此事。何正爾？二《傳》皆不與宋襄。宋公與楚人期，戰于泓之陽。《經》不及陽。楚人濟泓而來，有司公子魚。復曰：「請迨其未畢濟而擊之。」宋公曰：「不可。吾聞之也：君子《春秋》二伯正稱君子。不危人。吾雖喪國之餘，宋爲王者之後，《傳》所謂王者之後稱公。二伯爲大國，王後亦大國。言此以明宋不爲伯，而尊同伯。寡人不忍行也。」欲求伯。既濟，未畢陳，有司復曰：「請迨其未畢陳而擊之。」宋公曰：「不可。吾聞之也：君子不鼓不成列。」《司馬法》，古説。已陳，然後襄公鼓之，宋師大敗。公傷兩股。故君子大其不鼓不成列，不鼓不成列。臨大事而不忘大禮，守經，不計利害。有君而無臣，其所以敗，非專爲守正，不以詐戰，正宋公之長。平日不修軍實，輕與强國戰，無臣，失交鄰謀國之道。以爲雖文王之戰先師多用《詩》説。宋，商後，《商詩》稱爲武王，故以文王爲比。**疏**齊桓比周、宋襄比王者，宋王後，禮待不同。亦不過此也。司馬遷《宋世家·贊》與《傳》同。《春秋》以文王爲主，故舉文王以爲法。宋襄公之事，《穀梁》非之，則守一正之説；《公羊》是之，則行權之説。義均可通。**疏**按，合于道不合于時者，《春秋》譏之。如宋公守常訓而敗于楚，雖反于正，而合于時，《春秋》許之。如築館于外、大夫城杞、會王世子，《傳》以爲得變之正，是也。晉文曳柴以敗楚，《春秋》猶伯之，但取攘夷之功，不責用兵之詐。今楚强宋弱，必雖多謀善將乃能勝之，守常不變，泥古不通，卒使楚横中國，幸晉文起而制之，中國乃定。事有反經合道，此類是也。

二十有三年

春，齊侯伐宋，圍緡。言伐言圍，明取緡也。伐、圍不言取邑，此其言圍緡何？爲楚圍緡見也。疏《齊世家》：「六年春，齊伐宋，以不同盟于齊也。」

邑不言圍，圍多在國。此其言圍何？疾重故也。宋已敗于楚，齊又從而圍伐，故重也。

夏，五月，庚寅，宋公慈父卒。宋何以三世不書葬？三世無大夫也。此何以無大夫？有君而無臣也。疏《宋世家》：「襄公病傷于泓而竟卒，子成公立。」

何以不書葬？本三世不葬，此但據本條。盈乎諱也。義詳《解詁》。疏宋三世不葬爲大例，此就一世分言之，爲小例。

秋，楚人伐陳。陳已從楚，又伐之，所以惡楚。中國四方伯皆有楚患，所以美晉文之績也。疏霍會陳已從楚，故伐鄭不敘陳。既敗宋，又伐陳，惡之也。《春秋》于楚初州舉，繼稱國，久之稱人稱君；引而進之，以成中國九州。亦如今日修《大統春秋》，則當引進澳、非、南美羣島，以成大九州。因其晚出，不如中國之文明，又以在赤道南，中分天下，二伯分屬，如屈完所云「君處北海，寡人處南海，不虞君之涉吾地也何故」，原不許南伯越俎代庖，干涉北事。故《春秋》外楚，非如宋以後深惡夷狄之說，不過各國自分差等。

冬，十有一月，杞子卒。滕、薛、杞始卒皆不名，卒正下等也。始卒月，下即日者，杞王者後，雖殿末，禮優于滕、薛也。至此乃卒者，黜杞，以小國例也。**疏**《杞世家》：「靖公立二十三年卒，子共公立。」

二十有四年

疏《年表》：晉文公元年，宋成公王臣元年。

春，王正月。

夏，狄伐鄭。此王與狄伐鄭，何以不言王師？不可言王主伐，故託之狄也。王征而不伐，此其言伐何？從狄言之也。何爲不言王師？爲天王諱也。天子伐同姓，後有禍又出奔鄭，故爲之諱也。**疏**《鄭世家》：「滑聽命，已而①反與衛，鄭于是伐滑。周襄王使伯犕請滑，鄭文公怨惠王之亡在櫟，而文公父厲公入之，而惠王不賜厲公爵祿，又怨襄王之與衛、滑，故不聽襄王請而囚伯犕。王與狄人伐鄭，弗克。冬，狄攻伐襄王，襄王出奔鄭。」

秋，七月。

冬，天王出居于鄭。昭公在鄆曰「公居于鄆」，居乾侯曰「公在乾侯」，蓋不踰竟曰居，踰竟曰在。王所在，諸侯不敢有其國；雖曰鄭猶曰居，諸侯言在則不得言居。**疏**《周本紀》：「襄王十六年，王絀翟后。翟人來，誅殺譚伯。初②，惠后欲立王

---

① 而：原刻脱「而」字，據《史記》卷四二《鄭世家》補。下「王怒」之「怒」字同。

② 初：原作「故」，據《史記》卷四《周本紀》改。

子帶，故以黨開翟人。子帶立爲王，取襄①王所絀②翟后，與居温。」

王者無外，此其言出何？《曲禮》：「天子不言出。」禮，天子適四方無客禮，以諸侯不敢專地。疏按，出者失天下辭，起晉伯一見例。大叔逐王自立，王避居于鄭；言出，明不能蒸乂母弟，保守四海，失天下，當絶。狄泉不言出者，簒統非立，後乃失，故其辭不同。不能乎母也。據事實而言。朝廷之治，以義掩恩；此以母見絶者，襄王行多失道，初寵母弟，後乃不以弟待，因以懟母，故以母命責之。魯子曰：「是王也，與是子也對文。是子爲天子，是王爲天王。不能乎母者，此舊傳之説。其諸此之謂與！」魯子引舊傳以説此傳，不敢直言，蓋其審也。按，顔、嚴古説以襄王爲天囚，天囚者，謂王行逆乎天道，天絶之也。董子云：「不合乎道者，天絶之。」《春秋》之法以天爲主，以天治天王，故得以因言之。

晉侯夷吾卒。凡卒皆記本赴日月，夷吾卒于本年冬，故于此録之。何以不葬？絶也。失道嗣子，義不得立，絶夷吾以見晉文之得立。疏《晉世家》：「十四年九月，惠公卒，太子圉立，是爲懷公。子圉之亡，秦怨之，乃求公子重耳，欲納之；子圉之立，畏秦之伐也。」其後③「殺狐突，秦穆公乃發兵送納重耳。使人④告欒郤之黨爲内應⑤」，殺懷公于高粱，入重耳。重

---

① 「人」至「襄」八字，原刻脱，據《史記》補。
② 絀：原作「出」，據《史記》改。
③ 其後：原作「其下」，據文意改。
④ 人：原作「之」，據《史記》卷三九《晉世家》改。
⑤ 應：原刻脱，據《史記》補。

耳立，是爲文公。重耳①，獻公之子也②。自少好士。年十七，有賢士五人，曰趙衰，狐偃（咎③犯，文公舅也），賈佗，先軫，魏武子。」

二十有五年

春，王正月，丙午，衛侯燬滅邢。《曲禮》「諸侯不生名」，滅同姓名。邢周公之後，與魯最親。

衛侯燬何以名？諸侯不生名。絶。凡名，皆誅絶之罪。曷爲絶之？據滅國不絶。滅同姓也。同姓有親親之義，滅之則絶其嗣。絶先公之嗣，失本根之道，以爲有王者作，必誅殺。罪滅同姓，舊義。**疏**《春秋》之義，見者不再見。滅同姓名，例取最著一事以見義，以下不再見。或欲以此推全《經》，是不知不再見，無達辭之旨。

夏，四月，癸酉，衛侯燬卒。此以卒名。或疑上名因此誤衍者非。**疏**《衛世家》：「文公初立，輕賦平罪，身自勞，與百姓同苦，以收衛民。立二十五年卒，子成公鄭立。」

宋蕩伯姬來逆婦。諸侯嫁女于大夫，使大夫同姓主之。言來接于我，非之也。言婦者，譏娶母黨也。**疏**伯姬嫁宋公子蕩，後以蕩爲氏。伯姬生蕩意諸及公子壽，意諸又娶于魯，爲三世内娶。下殺大夫蕩意諸即其夫，故避其名氏，而以孫爲氏。

---

① 重耳：二字原無，據《史記》補。

② 之子：原誤作「之世子」，據《史記》删「世」字。

③ 咎：原刻脱，據《史記》補。

宋蕩伯姬者何？伯姬適宋公子字蕩，至其孫蕩澤乃以蕩爲氏，此時不應稱蕩。蕩氏之母也。伯姬孫蕩澤乃以蕩爲氏。母謂祖母，女嫁于公子不可稱宋，又不可稱公子，故以子之氏追係之。此爲母以孫氏。疏不曰蕩氏之妻，而曰蕩氏之母，是當時尚無蕩氏。辭窮，以孫氏氏。其言來逆婦何？婦人無外事。逆女，無婦人行者。疏伯姬生意諸、公子壽，下來納幣者。相去五十二年，此當爲其兄意諸娶婦。兄弟辭也。外逆女皆不以婦人行事，内女乃有其事。以伯姬于公爲兄弟行，乃以婦人言之。其稱婦何？據疑當言女，或以叔季見。疏下「三世内娶」謂宋蕩氏三世娶于魯，内謂魯①也。此已二見，蕩澤娶事不見《經》、《傳》。有姑之辭也。對姑稱婦，此從伯姬稱之也。外屬大功以上姻媾不通，言婦皆譏娶外屬。疏《白虎通義》：「《春秋傳》曰『譏娶母黨也』。」當爲本《傳》佚文。今西人種學以爲，凡血氣相同，所生子女常有廢疾、愚昧，久必絶滅；即《左傳》所謂「男女同姓，其生不殖」，《春秋》于二千年前已禁同姓相娶，并禁娶母黨。考《日本國志》初制尊卑不相爲禮，男親王與女親王匹耦，再從與再從匹耦；今叔姪從弟兄相娶之風猶熾。以此見神明之制早見于三千年前，固非今世所能及。

宋殺其大夫。據《傳》以蕩氏爲説，則此大夫當屬公子字蕩，即伯姬之夫。當時無氏，以孫氏稱，《春秋》之例。大夫比公子，因爲伯姬之夫，痛哀，故不目名氏。疏《左傳》後有公子蕩，當非伯姬之夫。以蕩爲字，而非名。

何以不名？據下殺大夫山不氏，此並無名氏。宋三世文八年司城來奔，成十五年殺大夫山，于内更三世。無大夫，此爲大例，故文五年殺大夫不名。《左傳》以爲公子昂者，亦在此例。下傳乃專就蕩氏言，爲小例。疏無者，

① 内謂魯：原作「内謂内」，據文意改。

謂《經》不見其名氏。因蕩氏爲内外甥，有恩遇禍，諱，不忍録其名氏。**三世内娶也。**方記伯姬以夫字爲氏，下連書其夫之名氏。《左傳》此殺無傳文，七年司城來奔，成十五年殺山，皆爲蕩氏。内爲魯，《傳》之通例。伯姬一今來逆，二下殺，蕩澤不氏，是三世皆娶于魯。**疏**按《公子表》，公孫壽、蕩意諸之蕩澤爲壽之子。成十五年《傳》：「蕩澤弱①公室，殺公子肥。」《宋世家》作「司馬唐山攻殺太子肥」。《經》「宋殺其大夫山」，《公羊》無傳。《左傳》云：「華元使華喜、公孫師率國人攻蕩氏，殺子山。」是成十五年不氏之山爲蕩澤，爲伯姬子孫，諱而不氏。此則大夫之不氏者②確爲蕩氏之祖，故傳以《經》于宋三世不名氏大夫，皆因三世内娶之故。伯姬之夫與子孫見殺，以殺諱而不言，避蕩氏，故《傳》記蕩氏事獨詳。

秋，楚人圍陳，納頓子于頓。頓者何？豫州之國也。陳爲方伯，故圍陳以納頓子也。

何以不言遂？公如京師、伐秦，猶言遂。**兩之也。**圍用師，納亦用師，二師同時而行，故不言遂。

葬衛文公。方伯例月，時者畧之。

冬，十有二月，癸亥，公會衛子、莒慶盟于洮。洮，内邑。衛喪稱子不嫌。莒無大夫，其目莒慶何也？以公之會目之也。**疏**此與向盟所敘相比。衛子在喪，加于莒慶，莒子雖小，猶在甯遫之上，示君臣之等次。

---

① 弱：原作「溺」，據《左傳》成公十五年改。

② 不氏者：「者」字原無，據文意擬補。

二十有六年《年表》：衞成公鄭元年。

春，王正月，己未，公會莒子、衞甯遬盟于向。公不會大夫，其曰甯遬何也？以其隨莒子之後，可以言會也。

疏 向，內邑。洮之會，衞君而莒臣；向之會，莒君而衞臣。互文以見例也。

齊人侵我西鄙。《春秋》侵伐有本國之事、二伯之事。凡言鄙者，本國疆埸之事也。用兵于本州內，不連結外師，此方伯之事也。連結外州諸侯以侵伐外州國，此二伯之事也。齊與我西北接壤，故言鄙也。內見侵伐言鄙者，輕之也。何爲輕之？遠此辱也。

公追齊師至嶲，弗及。追者內辭。以爲齊不敢抗，反奔，追之而已。疏《詩》「六師及之」，「每懷靡及」之及同此弗及。畏齊，不敢進，故下又伐北鄙。

其言至嶲嶲即西鄙邑名。弗及何？據公追戎于濟西不言弗及。追者，輕師急進，宜可及。侈也。以鄙爲遠之甚，至嶲已遠，乃弗及。所以爲誇大，實則不敢追也。

夏，齊人伐我北鄙。此取穀不言取，見者不復見。以下取穀知此失穀，無所見，乃言圍，如台、成是。

衞人伐齊。方伯不言侵。伐齊所以尊齊。何爲以衞伐齊？衞事中國專，不嫌也。惟其不嫌，故衞一言伐齊，一言伐晉也。餘不言者，削之。文以前大夫侵伐皆稱人，存征伐于諸侯，非盡貶之。

公子遂如楚乞師。先言如而後言乞師，公命也。禮受命不受辭，以乞師爲公命。疏《楚世家》：「成王三十九年，魯僖公來請兵以伐齊。」

乞師者何？重于告求。卑辭也。楚强大，内以事大禮乞救。曷爲以外内同若辭？晉于魯，致命而已，乃亦言乞。**疏**凡内外例彼此稱號不同，乞師則一。重師也。因重師，故大國于内亦言乞。曷爲重師？求金、求車、請糴，獨師言乞。師出不正反，戰不正勝也。兵乃凶事，以殺人之事請人助己，不得不用卑辭以譏之①。**疏**正當爲必，篆形之誤。義詳《白虎通義》。

秋，楚人滅隗，以隗子歸。隗，徐州國。不以夷狄言者，在九州内。梁州不見夷狄者，外四州，略也。以歸猶愈乎執也。隗，二《傳》作夔，音近。**疏**《楚②世家》：「成王三十九年滅夔③，夔不祀祝融、鬻熊故也。」

冬，楚人伐宋，圍緡。此遂乞④楚之師也。何爲伐宋？爲宋取緡也。齊已取緡，何爲不言伐齊、取緡？不許齊取緡，且從楚志也。牟婁何以不繫杞？久也。故再言伐宋圍緡，以明其爲一事也。邑不言圍，伐國不言圍邑，舉重也。此其言圍何？刺道用師也。以救魯之師在道生事，伐宋圍緡本不在伐宋，故圍、伐並見。

公以楚師伐齊，取穀。董子説：「先齊孝公卒之一年，魯僖乞師取穀。」穀者何？侵地也。伐、圍不言取邑，從公，故言取之也。取緡何以不言公？以非公志也。穀歸于我，緡歸于楚，故異之。類言之者，明圍緡與取穀一也。**疏**《楚世家》：「三十

---

① 譏之：疑當作「請之」。
② 楚：原作「其」，據《史記》卷四〇《楚世家》改。
③ 「夔」上原衍「楚」字，據《史記》删。
④ 「乞」上原衍「救」字，據文意删。

九年，魯僖公來，請兵以伐齊。楚使申侯將兵伐齊，取穀，置齊桓公子雍焉。桓公七子皆奔楚①，楚盡以爲上大夫。」

公至自伐齊。

此已取穀矣，得意。何以致伐？據二伯事，得意致會，不得意致伐。未得乎取穀也。未得取穀。曷爲未得乎取穀？既曰取，曷爲以未得言。曰：「患之起，必自此始也。」齊大國，中國近鄰。遠乞外楚，以求勝鄰大國，謀之不臧，以此爲至矣。疏此《春秋》謹得失禍福之例也。

二十有七年

春，杞子來朝。

夏，六月，庚寅，齊侯昭卒。疏《齊世家》：孝公十年卒，孝公弟潘，因衛公子開方殺孝公子而立潘，是爲②昭公。昭公，桓公子也。

秋，八月，乙未，葬齊孝公。《傳》以不及時爲渴葬也。大國日葬，正也。疏于齊新有兵事而記齊喪者，孔子據百二十國寶書之文，非但據魯史，故《經》多魯史例有不書之事，如沙鹿崩、鄭棄其師之類是也。

---

① 奔楚：原作「奔齊」，據《史記》改。

② 是爲：原作「爲爲」，據《史記》改。

乙巳，公子遂帥師入杞。入杞不日，此何以日？惡之也。入者不名，此何以名？惡之也。桓公入杞，不日不名。**疏**三《頌》爲絀杞本例，《春秋》亦用之，故宋稱公，杞稱子、伯。此並見入杞圍宋，魯與楚同淩二王後。以遂與楚子比，皆惡人，《經》不許。

冬，楚人、陳侯、蔡侯、鄭伯、許男圍宋。人楚子所以人諸侯也。陳、蔡、鄭之君不葬，許不卒，列序諸侯而圍宋，見楚之强，所以明晉文攘楚之功。**疏**《晉世家》：「四年，楚成王及諸侯圍宋，宋公孫固如晉告急。先軫曰：『報施定伯，于今在矣！』狐偃曰：『楚新得曹而初婚于衛，若伐曹、衛，楚必救之，則宋免矣。』于是晉作三軍，趙衰舉郤穀將中軍，郤臻佐之；使狐偃將上軍，狐毛佐之；命趙衰爲卿，欒枝將下軍，先軫佐之；荀林父御戎，魏犨爲右，往伐。冬十二月，晉兵先下山東，而以原封衰。」

此楚子也，以大九州論，楚如今之非州國；今非州尚無名國，正如隱、桓之世不見外州。大約以《春秋》一年當今十年，隱、桓廿九年，當爲二百九十年，則非州必有名國起，以應炎帝之符。故《經》徐引外州，進以中國，用夏變夷，推魯國以容天下。定、哀之世有天下辭，爲皇之大一統，則大九州每州方萬里世界成矣。其稱人何？據下四國皆君，知必楚子。貶。子下于人三等。曷爲貶？疑貶本事。爲執宋公貶，事在廿一年。故終僖之篇貶也。僖世楚尚無君，不稱子。霍之會以序在諸侯中，不可以稱人，此在諸侯首，可以稱人，非終僖篇貶之，前後不貶也。誤用隱傳中語補《傳》。楚稱人，貶也。曷爲獨貶楚？人楚子所以人諸侯也。**疏**陳、蔡、鄭之君何以皆不葬？罪同也。曷爲罪同？從夷狄以圍中國也。齊伯方衰，諸侯遂從夷、圍王後，所以深惡之。

十有二月，甲戌，公會諸侯盟于宋。諸侯者何？圍宋之諸侯也。何以不言公會圍？辟圍宋，故以盟言之也。

二十有八年

《年表》：齊昭公潘元年。晉侵曹伐衛，取五鹿，執曹，伯諸侯，敗楚而朝河陽。周命賜晉土地。

春，晉侯侵曹，晉侯伐衛。此皆從楚之國，以救宋也。疏《晉世家》：「五年，晉文公欲伐曹，假道于衛，衛人弗許。還，自河南渡，侵曹伐衛。正月，取五鹿。二月，晉侯、齊侯盟于斂盂①。衛侯請盟晉，晉人不許，衛侯欲與楚，國人不欲，故出其君以説晉，居襄牛。」

曷爲再言晉侯？據楚子圍陳納頓兩之，疑此再出晉侯亦兩之。非兩之也。本一事，紀其本末，非實有兩事。疏本欲伐衛，乃因伐曹而起。再言晉侯，以見其多怨。然則何以不言遂？侵蔡遂伐楚是也。未侵曹也。尚未侵曹，與圍陳不同。未侵曹，則其言侵曹何？未行師，則宜直書伐衛。致其意也。猶紀事本末。伐衛之事由伐曹而起，不得不先言伐曹。其意侵曹，則曷爲伐衛？以屬兩國，又不在一州。晉侯將侵曹，假塗于衛，衛曰「不可得」，則固將伐之也。此晉侯創伯報怨之謀略，師出無名，借假道以爲名，此所以爲伯。

公子買戍衛，不卒戍，刺之。戍衛者，從楚也。不卒戍者，畏晉也。刺之以解于晉、楚，非罪買也。疏戍者，留師代守其地，如今之保護。楚强命諸侯戍衛，則天下諸侯不折入于楚者少矣。

不卒戍者何？公命戍，買不終其事，蓋畏晉逃歸。不卒戍者，以買爲不用命。内辭也，自内言之則如此，

---

① 盂：原誤作「孟」，據《史記》改。

實則不然。不可使往也。師實未行。不可使往，則其言戍衛何？命既未行，不必言戍。遂公意也。不可寢公命，故書戍，君臣之大防也。刺之者何？內二見，外不言。殺之也。即外辭之殺。殺之則曷爲謂之刺之？通義：內殺大夫謂之刺。內諱殺大夫，殺大夫有罪，故諱之。謂之刺之也。內外異義例。

楚人救衛。救衛非微者，曷爲稱人？貶之也。救者善辭，曷爲貶之？不與夷狄之憂中國也。曷爲不與夷狄之憂中國？禍之所由起者，楚也。救者二伯之正辭，楚何以言救？楚强也。既已言圍，則亦得言救也。疏《晉世家》：「公子買守衛，楚救衛，不卒。」

三月，丙午，晉侯入曹，執曹伯，畀宋人。非大國不言執，言執者伯辭。疏《晉世家》：「晉侯圍曹。三月丙午，晉師入曹，數之，以其不用釐負羈言，而用美女乘軒者三百人也。令①軍無入釐負羈宗家以報德。」畀者何？問其訓詁。與也。《爾雅》畀與也。其言畀宋人何？據下執衛侯言歸之于京師。與使聽之也。言歸者，以下奉上之辭。晉與宋平行敵國，晉猶序在宋上，言畀者，以下臨上之辭。不言宋公而稱人者，所以成晉侯之尊。曹伯之罪何？言執，有罪之辭。甚惡也。以侯執曹伯爲伯討辭，故知惡甚。其甚惡奈何？不見《經》。不可以一罪言也。不用賢、美女乘軒之類，不一而足。疏曹失禮于晉文出亡時，平日又無治法，以至國破身執，爲世大辱，有國者所當鑒。

---

① 令：原誤作「今」，據《史記》改。

夏，四月，己巳，晉侯、齊師、宋師、秦師及楚人戰于城濮，楚師敗績。不序陳、蔡，皆從楚也。諱以中國從楚，故獨以楚當之。凡中國從楚無所見，皆不敘于①城濮。

此大戰也，晉、楚北南争伯，晉文擯楚以存中國，全出一戰。《春秋》大戰可指數。曷爲使微者？稱人。子玉得臣也。卿，非大夫以下。疏《晉世家》：「楚圍宋，宋復告急。晉文公欲救，則攻楚，爲楚嘗有德，不欲伐也；欲釋宋，宋又嘗有德于晉。患之。先軫曰：『執曹伯，分曹、衛地以與宋，楚急曹、衛，其勢宜釋宋。』于是文公從之，而楚成王乃引兵歸。楚將子玉曰：『王遇晉甚厚，今知楚急曹、衛而故伐之，是輕王。』王曰：『晉侯亡在外十九年，困日久矣。果得反國，險阨盡知之，能用其民，天之所開，不可當。』子玉請曰：『非敢必有功，願以間執讒慝之口也。』楚王怒，少與之師。于是子玉使宛春告晉。己巳，與楚兵合戰。楚兵敗，得臣②收餘兵去。」子玉得臣，則其稱人何？楚初進，疑大夫正稱人。貶。已許楚中國方伯，有大夫，故稱人爲貶。曷爲貶？疑以侵中國。大夫不敵尊者諱敵不諱敗。君也。内公不諱會小國大夫，會大國大夫則不出公，決嫌疑也。楚大國，大夫特下晉侯一等，故不可以得臣敵晉侯。

楚殺其大夫得臣。志得臣之殺，爲中國喜也。得臣何以不氏？楚無大夫也。後何以有大夫？進也。楚至此猶以小國禮待之，未統于中國也。文以後乃待以方伯之禮，爲荆州録之。疏《晉世家》：「子玉之敗而歸，楚成王怒其不用其言，貪與晉戰，責讓子玉，子玉自殺。晉文公曰：『我擊其外，楚誅其內，內外相應。』于是乃喜。」

---

① 于：原誤作「把」，據文意擬改。

② 得臣：原誤作「得成」，據《史記》改。

衛侯出奔楚。《傳》曰文公逐衛侯而立叔武。出奔楚者，楚有奉焉爾。諸侯爲臣所逐，以自奔爲辭者，諱不可言也。《春秋》人君出奔，不得保其社稷者不可勝數，著此以爲戒也。疏《衛世家》：「成公三年，晉欲假道于衛救宋，成公不許。晉更從南河渡救宋①。徵師于衛，衛大夫欲許，成公不肯。大夫元咺攻成公，成公出奔。晉文公伐衛，分其地予②宋，討前③過無禮及不救宋患也。」

五月，癸丑，公會晉侯、齊侯、宋公、蔡侯、鄭伯、衛子、莒子盟于踐土。諱會天王也。《經》、《傳》諱例非文過飾非，改制維新，從諱見之。如召天王改爲王狩，以爲後世法，召王之事，由此遂絶。衛子者何？叔武也。傳曰叔武辭立而他人立，則恐衛侯之不得反也，故于是己立然後爲踐土之會，治反衛侯，衛侯得反。其稱子者，在喪之詞。君叔武所以絶衛文也。疏《晉世家》：「甲午，晉師還至衡雍，作王宫于踐土。初，鄭助楚，楚敗，懼，使人請盟，晉侯與鄭伯盟。五月丁未，獻楚俘于周，駟介百乘，徒兵千人。天子使王子虎命晉侯爲伯，賜大輅，彤弓矢百、旅弓矢千、秬鬯一卣、珪瓚、虎賁三百人，晉侯三辭，然後稽首受之。周作《晉文侯命》：『王曰：父義和！丕顯文、武，克慎明德，昭登于上，布聞在下。維時上帝，集厥命于文、武，恤朕身，繼予一人，永其在位。』於是文公稱伯。」

陳侯如會。南北中分，此爲北方大會，内四州諸侯皆在之辭。前所列，晉冀、齊衛兖、魯宋莒青、衛蔡鄭許豫，常敘之國所不書者，陳耳，故補書如會。《春秋》諸名國多在豫州，陳、蔡、衛、鄭本爲四州方伯，乃國皆聚于千里内，豫爲中國中，亦如歐

---

① 宋：原刻脱，據《史記》卷三七《衛世家》補。

② 予：原誤作「于」，據《史記》改。

③ 前：原刻脱，據《史記》補。

亞爲大地中，故世界名國亦叢集其間。以《春秋》移封遷國推之，南服諸州無名國，當移封各國于屬地，以見一州一牧之義。

其言如會何？諸侯聚而後稱會。既曰如會，則會成在先。**疏**外不言如，言如，從內辭。後會也。後會者，篤于從夷。天子在踐土而懷疑不至，惡之也。凡如會乞盟，皆惡事也。

公朝于王所。王所即踐土，朝即會。朝不言所，言所，非其所也。《異義》「《公羊》說：諸侯四時見天子及相聘皆曰朝，朝以朝時卒禮①。而相遇于路曰遇。」**疏**《周禮》朝分四時，《經》則不論四時，皆曰朝，蓋《周禮》皇帝之書。四時謂四帝、四極，各異其名，即《方言》繙譯例。中國正爲《周禮》東方之春，四時皆曰朝，即所謂春見諸侯曰朝。

曷爲不言公如京師？天王六軍所駐稱京師，《春秋》存西京，故于東都常稱京師。《傳》以「京，大也」、「師，衆也」釋之。京師乃行在之名，下執衛侯歸于京師，京師即河陽。然則天王在踐土，踐土亦京師，即係朝事。曷爲不從常文，而曰公朝于王所。天子在是也。在者行在，非常居。如公在運内曰居，踰運曰在乾侯。非常辭，故變文稱王所。天子在是，是，踐土也。「在是」與下「狩于河陽」同。則曷爲不言天子在是？如下文書天王狩于河陽。不與致天子也。晉爲伯，當帥諸侯朝于京師，因力有不及，乃作王宮于踐土，仿營洛會諸侯事。使天王來就諸侯受朝，非正，故稱王所，以見王失所。《經》之書此，亦實與而文不與之例。

六月，衛侯鄭自楚復歸于衛。自楚，楚有奉焉爾。鄭之名，失國也。復歸者，出惡歸無惡，叔武啟之，故無惡辭。

衛元咺出奔晉。《傳》曰：「衛侯得反，曰：『叔武篡我。』元咺爭曰：『叔武無罪。』終殺叔武，元咺出而走。」何以不書？爲叔武諱也。又曰：「元咺之事君也，君出則己入，君入則己出，以爲不臣也。」此何以無貶辭？美惡不嫌也。

---

① 朝、禮：原刻脱此二字，據四庫本《駁五經異義》補。

陳侯款卒。 不書葬者，爲從楚也，陳、蔡、鄭皆不葬也。不日者何？不正也。何以不正？爲主乎殺世子禦寇也。疏《陳世家》：「十六年，穆公卒，子共公朔立。」

秋，杞伯姬來。 《傳》「直來曰來」。此小事，何以書？譏。何譏爾？婦人既嫁不踰竟，踰竟非正也，書之以見禮制也。

公子遂如齊。 言如齊者，見晉雖伯，魯事齊謹也。録遂者，弑君之先見也。

冬，公會晉侯、齊侯、宋公、蔡侯、鄭伯、陳子、莒子、邾婁子、秦人于温。 温與踐土同，皆先會而後言朝王所，實則當以朝王召諸侯，不曰會。《春秋》以非朝之正，故不許召王之朝，而先會後朝，以諸侯相會適遇王狩，乃相帥而朝之，則召王之迹隱矣。温與踐土同，踐土不言狩，温言狩，以温近而踐土遠也。疏陳，何序鄭之下。諸侯在喪稱子，皆序成君下，以年相序，長幼之義也。《穀梁傳》「年同爵同」，是諸侯之序有以年爲序之例。不言陳、蔡者，從楚也。

天王狩于河陽。 河陽即温，諸侯會曰温，天子狩曰河陽。會在一邑，狩則非一邑所專，故曰河陽。河千里一曲，九曲爲九州；狩曰河陽，水北曰陽，徧狩九州之辭也。疏《晉世家》：「冬，晉侯會諸侯于温，欲率之朝周，力未能，恐其有畔者，乃使人言周襄王狩于河陽。壬申，遂率諸侯朝王于踐土。孔子讀史記至文公，曰：『諸侯無召王。』『王狩于河陽』者，《春秋》諱之也。」

狩不書， 内狩不常書，外絶不見。**此何以書？** 必非事實。**不與再致天子也。** 非踐土較輕于温，不許致王，温輕踐土重，故此通言之。疏《周本紀》：「二十年，晉文公召襄王會河陽踐土，諸侯畢朝。書諱曰：天王狩于河陽。」**魯子曰：** 此答問温出天王狩、踐土不言天王狩之故，即上傳「天子在是」，踐土不言。**「温近而踐土遠也。」** 以踐土與温比，前後同，惟温見王狩，温在河北，近天子居，事輕恥殺，尚可言，故言之。疏河陽即温，何爲或言温、或言河陽？温小而河陽大，天子狩，故以河陽言之也。

壬申，公朝于王所。 日統于月，無月而日，猶《春秋》之有王無皇、帝。《尚書》云：「王省惟歲，卿士惟月，師尹維日，庶民惟星。」

其日何？據上朝不日。録乎内也。諸侯曰朝。舉善目内，又以辟召王，故諸侯主會。以朝專屬之内，則召致之迹泯矣。

晉人執衛侯歸之于京師。京師即河陽。行在之所稱京師，猶諸侯之如師。諸侯曰師，天王加京，爲大師。天王六軍，大于方伯十倍。此存西京之起文。温與衛近，如在天王之側。

歸之于者何？歸于者何？據執曹伯言歸于，無之字。歸之于者，罪已定矣；加之者緩辭。歸于者，急辭。罪未定也。未定，急歸以求定。罪未定，伯不定，歸于天王。則何以得爲伯討？二伯專征，宜可自定。歸之于者，本事。執之于天子之側者也，伯在王之左右，亦可謂側。凡《經》、《傳》言伯者皆爲二伯。《關雎》三言左右，皇之二伯二鳩二后，即《帝典》「乃命羲和」之皇佐。曰帝，《文王》之「文王陟降，在帝左右」，爲帝之二伯，《尚書》「帝曰咨女羲及和」，《國語》所謂「唐虞所命南正重司天、北重黎司地」，爲帝之佐。王之佐亦曰二伯，《春秋》之桓、文。《尚書》「王曰父義和」即《晉世家》以爲命晉文之辭者。故《尚書》有三羲和，以分皇、帝、王。罪定不定已①可知矣；衛侯。歸于者，非執之于天子之側者也，曹伯在。罪定不定未可知也。故不言之。衛侯之罪何？殺叔武也。事詳《世家》。何以不書？爲叔武諱也。賢而見害，傷之，不忍言。《春秋》爲賢者諱。何賢乎叔武？讓國也。其讓國奈何？文公逐衛侯而立叔武，叔武辭立而他人立，則恐衛侯之不得反也，故於是己立，《傳》推叔武本意，與魯隱同。然後爲踐

① 已：原脱，據《春秋公羊傳》補。

士之會，《經》書衛子。治反衛侯。衛侯得反，在六月。曰：「叔武篡我。」元咺争之曰：「叔武無罪。」終殺叔武，元咺走而出。即上出奔晉。此晉侯也，其稱人何？貶。人賤，不爲伯討。曷爲貶？鄭有罪。衛之禍，文公爲之也。事由晉文所致。文公爲之奈何？文公逐衛侯而立叔武，使人兄弟相疑，放當作至。乎殺母弟者，文公爲之也。天子在河陽，曷爲歸衛侯于成周？河陽也。河陽何以謂天子？六軍之所在也。成周何以稱京師？亦以天子行在目之也。何爲以行在目之？《春秋》存西京也，以天子巡狩而出，駐蹕東都，故稱京師，其都則在西京也。

衛元咺自晉復歸于衛。《衛世家》：「立公子瑕。」

自者何？歸不皆言自。有力焉者也。晉助之，乃將歸，别立君。此執其君，既執君。其言自何？又助其臣歸。爲叔武争也。以元咺忠于叔武。君臣之獄，晉文致之。

諸侯遂圍許。許者從楚之國。霍之會，陳、蔡、鄭、許從楚，上會已得陳、蔡、鄭，唯許獨不見序，故于此圍之。此争伯争敘之例。《補例》：諸侯者，會温之諸侯也。可以言遂救許，亦可以言遂圍許也。中有間事，何以不敘？見一事也；言王狩、朝王、執衛侯皆在會一時之事，非别事不敘。**疏**《晉世家》：「丁丑，諸侯圍許。」諸侯有遂事，言遂，譏其一年三用師。

曹伯襄復歸于曹。復歸者，出惡歸無惡也。晉侯既以圍許矣，孰歸之？天王歸之也。未歸于曹，何爲以歸言之？張天王之命也。**疏**《晉世家》：「曹伯臣，或説晉侯曰：『齊桓公爲會而封國異姓，今君爲會而滅同姓。曹，叔振鐸之後，晉，唐叔之後；合諸侯而滅兄弟，非禮也。』晉侯悦，復曹伯。」

遂會諸侯圍許。天子使曹伯服罪于晉，其以圍許言者，爲晉文諱也。服罪于晉，則未歸曹也。其以歸言者，明天子釋之則得歸，不使晉專其事，故以圍許言也。

二十有九年

春，介葛盧來。《穀梁》以爲微國，《傳》以爲夷狄者，初從夷狄以爲附庸也。

介葛盧者何？夷狄之君也。夷狄不言君，此名葛盧，夷狄未合于中國者也。何以不言朝？不能乎朝也。故不言朝。夷狄來朝不書，書者，譏其亟也。疏《左傳》有識牛鳴事，《列子》亦引之。以爲此乃偏至，不能推類于別畜，若皇、帝，則能徧①識禽獸之語而通其意，鳳皇來儀，百獸率舞，固《尚書》之明言也。

公至自圍許。《傳》「不②得意致伐。」致圍許者也，得許也。

夏，六月，公會王人、晉人、宋人、齊人、陳人、蔡人、秦人盟于狄泉。秦，方伯也。至此乃見者，封于梁，南服新建之國也。此皆君，其稱人何？貶之也。曷爲貶之？爲盟王人貶也。曷爲獨于此貶？盟天子不可言，盟王人猶可言也。齊在宋下者，宋大國，壹見以明之。二伯，公也，王人微者，何以在二伯之上？齊、晉非三公，以事受之也。疏秦在西，《詩緯》以當西位，《周禮》之川澤以龍爲節，比于今，爲美州。《周禮》以中國爲原隰，故以西爲東；西數九，東曰夷，「子欲居九夷」，反西爲東，故曰九夷。《詩》主西皇，以鳥名官，故以爲居。

---

① 徧：原作「偏」，據文意改。
② 不：原刻脱，據《公羊傳·莊公六年》補。

秋，大雨雹。皇、帝之學，以均平天下、調和陰陽爲主。《月令》之説是也。凡四時節候失和，皆由人事所致；凡雹雪①寒冰之類，每地不同，皆由各國行政逆時令所致也。

冬，介葛盧來。禮五年一朝，一年而再朝，非禮也。諸侯不言一年再來，介言者，夷狄禮略也。此夷狄也，何爲國之？合于中國者也。凡中國夷狄皆國之，純於中國者則中國之，不離乎夷狄則夷狄之。

三十年

春，王正月。

夏，狄侵齊。狄何以遠侵齊？非狄也，我侵之耳。我侵則何以言狄？不可言我，故託之狄也。齊者二伯也，有桓公之德，我因晉之强，不事齊而侵之，以小敵大，不可言我，故避之也。僖再侵，文三侵，《經》皆託之狄，其義同也。我恃晉侵齊，故僖如、致皆月文，無如齊之文也。

秋，衛殺其大夫元咺及公子瑕。《衛世家》：「已而周爲請晉文，卒入之衛而誅元咺，衛君瑕出奔。」衛瑕出，而繼以殺，及言之者，奔、殺一也。以咺及瑕，故從殺及之。

衛侯未至，其稱國以殺何？據當目殺者之名，如王札子是也。道殺也。《穀梁》：「待其殺而後入也。」公子瑕已立，其言及何也？言及者，累也，以咺主之，明其意不當也。

① 雪：原誤作「雲」，據文意改。

衛侯鄭歸于衛。疏《晉世家》：「六月，晉人復入衛侯。」此殺其大夫，其言歸何？殺而後歸，則有内難，當曰入，歸則易辭。歸惡乎歸者，以諸侯之惡歸并之。《論語》：「天下之惡皆歸焉。」元咺也。天王命釋則可歸，元咺拒之，爲不奉王命，而以伯抗。惡元咺以伸王命，故爲易辭。曷爲歸惡乎元咺？元咺之事君也，初奉叔武，後奉瑕，以與衛侯爲難。君出衛侯見執。則己入，自晉歸元①。君入衛侯自楚歸。則己出，奔晉。以爲不臣也。衛侯名罪亦維均。君臣之獄，《春秋》所不許。伸主命以黜伯命。

晉人、秦人圍鄭。鄭何以言圍？大國言圍，正也。秦非大國，何以言圍？從鄭言之也。秦者何？梁州方伯也。國在雍州，何以爲梁州伯？《春秋》存西京，不使秦主雍州，故外于梁，使如諸侯入爲卿士者然，故稱伯也。何以至此乃見？南服國也。何以見其爲方伯？稱使也。何以不記災、不見監者？大夫不氏，禮殺于中國也。此晉侯秦伯也，其稱人者，貶之。曷爲貶？私忿用兵也。疏《秦本紀》：「繆公三十年，繆公助晉文公圍鄭。鄭使人言繆公曰：『亡鄭厚晉，于晉爲得矣，而秦未有利。晉之强，秦之憂也。』繆公乃罷兵歸，晉亦②罷兵去。」《鄭世家》：「四十三年，晉文公與秦繆公共圍鄭，討其助楚攻晉及文公過時之無禮也。初，鄭文公有三夫人，寵子五人，皆有罪早死，公怒，概逐羣公子。子蘭奔晉。從晉文公圍鄭，時蘭事晉文公甚謹，愛幸之，乃私于晉，以求入鄭爲太子。晉文公欲入蘭爲太子，以告鄭，鄭大夫石癸曰：『吾聞姞姓乃

---

① 自晉歸元：疑當作「元自晉歸」。

② 亦：原脱，據《史記》補。

后稷之元妃，其後當有興者，子蘭母①其後也。且夫人子盡已死，餘庶子無如蘭賢。今圍急，晉以爲請，爲利孰大焉！』遂許晉與盟，而卒立子蘭爲大子，晉兵罷去。」

介人侵蕭。《春秋》非十八國不專書，此何以專書？一見以明乎削也。削者多矣，何爲獨記乎此？介、蕭皆常朝于我者，故記之也。**疏** 介爲夷狄國，蕭爲魯附庸，此與狄伐邢同爲一見例。明《春秋》舊書孔子多修之，乃專記十九國事矣。

冬，天王使宰周公來聘。天子之宰通于四海，冢宰出喪②不得言宰，此何以言宰？譏之也。何譏爾？使者大夫之事，以三公而爲使聘，非禮也，故繫宰以著其尊。周、召皆邑也，西京有周、召，東周稱周召，此非僑置與？非僑置也，《春秋》存西京也。王臣食采一仍成、康之舊，以爲天子巡狩，王臣扈從，駐在東都，仍食西都。豫州爲陳封國，天子不得兼有一州也。

公子遂如京師，遂如晉。此爲内臣如晉之始。至晉當過周，若言如晉，嫌使從京師過而不如京師，是叛上也。《春秋》謹始，因其過周加以如文，未如而言如，以明不叛之義，爲尊親諱也。來朝之國不見大夫聘，我亦朝晉，何以録？大夫之聘自我録之也。《春秋》見者不復見③。何以亟言大夫之如晉？備始末也，有事則亦書。凡大夫往來，如有名言異言足爲法戒者，則亦録之。如《左傳》所言諸條，因其事乃書之。

大夫無遂事，此其言遂何？公伐秦不敢過天子，先言如京師，遂伐秦。大夫如晉聘伯國，本不如京師，亦先

---

① 母：原脱，據《史記》補。
② 喪：疑爲「使」字之誤。
③ 不復見：「復」字原脱，據文意補。

言如京師而後言遂。君臣比屬以觀，其事本同；惟大夫無遂事，《春秋》大例。諸侯可由京師奉命遂事，大夫則不棄君命，而以天子命爲辭。如奉君命，則當兩書之。公不得爲政爾。見如二者皆遂。以爲公子專命，京師與晉之如，二事皆遂。目無公，所以見大夫之專。

三十有一年

春，取濟西田。言取田者，如曹舊有功，以閒田録之；今有罪奪地，以歸于餘田，故不繫曹，所以避侵地之事。取、歸皆言田者，田可言也。疏《魯語》云：晉文公解曹地以分諸侯。

惡乎取之①？上無主名。取之曹也。據師説。曷爲不言取之曹？同爲卒正，據伐莒取向。諱取同姓之田也。莒異姓，曹同姓；内與曹，不見兵事。諱同姓，故莒、邾不諱。此未有伐曹者，則其言取之曹何？取向先言伐莒。晉侯執曹伯，班其所取侵地《經》不見内與曹。兵事而有侵地，則知濟西戎即曹。于諸侯也。閒田慶削，二伯主之，故魯之邑田黜陟皆屬之齊、晉，以方伯之田由二伯加績。晉侯執曹伯，班其所取侵地于諸侯，本魯地，爲曹所侵。則何諱乎取同姓之田？義無所嫌。久也。因久乃諱之。莊世追戎濟西，即取田事。有天子存，諸侯不得專地，此言取田何？禮也。禮：諸侯削地者歸之閒田。此如削曹卒

① 之：原脱，據《春秋公羊傳》補。

正地，以歸于魯方伯之閒田，故不諱取也。禮：諸侯有功者取于閒田以禄之。閒田可以歸于諸侯，故外取稱歸田，亦不諱也。

公子遂如晉。常事書者。凡如或爲聘問，爲有慶弔；及新盟約、改訂條約，《經》得備書，以見外交公法。《傳》不甚詳，《周禮》、《左傳》之説甚備。

夏，四月，四卜郊不從，乃免牲，猶三望。免牲，則不郊可知。孟獻子説魯郊以正月爲期，卜正月上辛，不吉則改卜二月，二月不吉改卜三月，三卜不吉則止。今卜四月，是四卜矣。卜在四月前，因四月不郊，乃追書四卜，以三望在四月後。**疏**當時未有典禮，《經》立此標本，以爲後聖法。今日名臣宿儒震于泰西維新之説，革舊改良，日新不已；前數年稱新者今日已不用，今所稱新，不能保日後之不改。若六經在三千年前，古不可治今，小不可治大，若經學不厭精，固以爲經在可廢例。即《勸學篇》與東南士大夫亦倡言中人好古，不如西人喜新，尼山之席，必爲基督所奪。蓋諸家誤從古文説，祖周公，謂經、傳爲古史，謂中國古盛于今，黄帝以前大同，堯舜以後疆宇雖廣①，不及前政治休明，每況愈下；故經、傳如禹鼎湯盤，徒爲骨董家玩物，摹挲把弄，不過資行文之點染。以爲信如是説，則經之宜亡也久矣，何以至今存也。《列》、《莊》芻狗陳迹，切矣！王不襲禮，帝不沿樂，經百年數十年已爲廢物，況遠在五千年上之檔册誥令乎！必知經爲孔子俟聖而作，小統指中國，大統包全球，如《周禮》土圭三萬里、車轂三十輻，《大行人》九畿九九八十一州，與《詩》「海外有截」、「九有有截」，固爲古所未有。即以《禹貢》言，至今五千年，尚未能盡其美備；獸蹄鳥迹相交之中國，典章文物不過遠過漢、晉，並在唐、宋上。即以《春秋》論，去禹二千年，疆宇日闢，教化宜日新，乃禹九州半爲夷狄，斷髮文身，篳簬藍縷，三《傳》同以南方四州爲夷狄；以典禮論，諸侯雄長，妄稱尊號，射王中肩，執君，君臣相質，以臣召君，不得不稱爲亂世；以倫禮而論，上烝下報，不行三年

① 廣：原脱，據文意擬補。

喪，居喪不失官，同姓婚，凡人皆稱天子，世卿竝嫡，弒殺奔亡，史不絶書。凡《春秋》所譏，皆爲當時通行之公法通例，直與今泰西相同。故必知春秋中國文明程度適同今日西人，孔子作新經，撥亂世，由九州以推海内，由海外以推大荒。大抵經義由《春秋》起點，爲六經基礎，由是而《書》、《禮》，而《詩》、《樂》，而《易》，自堂徂基，自羊徂牛；時至今日，小統之中國可稱及半，大統之海外，尚當再用《春秋》撥亂世之法，以繩海外諸侯，隱隱如《公羊》大一統《春秋》之勢。今日小統初終，大統攸始，西人求新不已，不過如淩空寶塔初級之一磚一石，非種數百千萬年數千萬億名君賢相、鴻儒碩士，不能完此寶塔之功能。故六經者非述古，乃知來，非專中國，乃推海外。以《王制》、《周禮》爲中外立一至美至善之標準，君相師儒層累曲折，日新不已，以求赴的，其任重，其道遠。今西人尚①在亂世，雲泥霄壤，一時不能望其門牆。以後視今，則所稱新理新事者誠爲塵羹土飯，芻狗糟粕，不轉瞬已成廢物，《經》則日月經天，江河行地，萬古不失，與地球相終始。世界必大同，尊親必合一。世之談士彙能言而折中，儒術少所發明；不知經，故以經爲勢在必廢。苟芟鋤莽、歆邪説以讀經，則必不作此瞽語。

曷爲或言三卜，以二月卜三月。或言四卜？以三月卜四月。三卜，禮也；《曲禮》卜筮不過三。四卜，非禮也。已踰春時入夏。三卜何以禮，四卜何以非禮？求吉之道三。三月而止。禘、嘗人鬼宗廟。不卜，《異義》：「《公羊》説：初，宗廟筮而不卜，傳曰：禘祫不卜。」郊天神。何以卜？魯有卜郊禮，周則無之。卜郊非禮也。《異義》：「《公羊》説：禮郊及日皆不卜，常②以正月上丁也。魯與天子並事變禮③。今成王命魯使卜，從乃郊，不從即已，下天子也。魯郊以上辛，不敢與天子同也。」卜郊何以非禮？疑因卜以爲

---

① 尚：原作「向」，據文意改。
② 常：原誤作「帝」，據《駁五經異義》改。
③ 禮：原刻脱，據《駁五經異義》補。

非禮。**魯郊**王之郊自不卜。**非禮也。**記云：魯之郊禘非禮也，周公其衰矣。**魯郊何以非禮？**周公代①武王爲天子，實爲王，故魯可升入《頌》。後周公返政，不以爲立而以爲攝；孔子成其意，稱之爲公，不以爲王，其用王者禮樂，以與宋同爲王後。其云非禮，則後周公不自以爲王，而返政葬于豐之説，因成周公之意，降于天王一等。卜吉則郊，不吉則否。**疏** 周公實爲王，魯既可《頌》，則與宋同爲王後，可用天子禮樂。**天子祭天，**惟王乃祭天，周公既不自以爲王②，則魯之王後不敵于宋，故降下天子，用上辛、用卜。**諸侯祭土。**《春秋》以魯爲方伯，猶三軍、八佾；則當用方伯制，從諸侯秩。**疏** 天子祭天地祭四方祭山川祭五祀，歲徧；諸侯方祀，祭山川祭五祀，歲徧；大夫祭五祀，歲徧；士祭其先。此明諸侯不得祭天，則魯之郊禘爲非禮。**天子有方**四方四帝。**望之事，無所不通，**望者，不在畿內，望而祭之。**諸侯山川有不在其③封内者，則不祭也。**天子乃可望祭，諸侯不得望祭。魯言望，皆譏也。既不郊，望可已矣；若郊，則不譏望，以郊重于望。此皆孔子所制，名家正名分，禮家别等差，全出于孔子也。**曷爲或言免牲？或言免牛？**問牲、牛之異。**免牲，禮也；**凡祭，有其廢也，莫敢舉之；有其舉之，莫敢廢也。非其所祭而祭之，名曰淫祀，淫祀無福。天子以犧牛，諸侯以肥牛，大夫以索牛，士以羊豕。**免牛，非禮也。**《穀梁傳》：「免牲者，爲之緇衣熏裳，有司玄④端奉送，至于南郊。免牛亦然。」**免牛何以非禮？傷**

---

① 代：原誤作「伐」。

② 王：原誤作「立」，據文意改。

③ 其：原刻脱，據《公羊傳》補。

④ 玄：原作「元」，清人避康熙諱改，今回改。下同。

者曰牛。牛既有傷，天已不享，不須再行免禮。三望者何？與六宗五帝同，以數記名，必非三。望祭也。地亓遠，望而祭其亓，不必在境内。然則曷祭？問三者之名。祭大山、一。河、二。海。三。曷爲祭大山河海？不遺官分祭于其地，而于京師君親祭之。山川有能潤于百里者，山能致雨，故亦言潤。天子魯用王後禮。秩而祭之。《尚書》：「咸秩無文。」疏《春秋》經制如此。當時禮制未詳，或不祭别神，或祭則無等差，如季氏旅大山。觸石而出，膚寸而合，不崇朝而徧雨乎天下者，《周禮》皇帝專書，動言天下，《王制》則否。全球四岳，惟太山在中國。惟大山爾。言祭大山之功。疏孔子登泰山而小天下，皇帝封禪舊説皆屬之泰山，而其餘不在其例。以合天下而定大州五岳，泰山仍在東爲岳，餘四岳均在海外。河海海外山河同此例。潤于千里。河潤百里，海潤千里，此兼言之。猶者何？或言乃而。通可以已也。郊者天神，望爲地亓。何以書？書以明禮之得失。譏不郊而望祭也。郊尊而望卑，郊卜而望不卜，蓋從事也。今既不郊，尊不行則卑可以止，乃復三望，譏其卑不從尊。凡《傳》言猶，皆可已之辭，即《論語》「獲罪于天無所禱」之義。然不郊可以不筮，既郊則不譏三望，不獲罪于天，奥、竈未嘗不可祀。疏西人專主天，不祀别神，蓋本此意；然天神地亓人鬼通不祀，惟祭一天，非三本之義。《荀子》有《禮三本》篇，由一本以推三本。董子《立元神》篇云：「何謂本，曰：天、地、人萬物之本也。天生之，地養之，人成之。天生之以孝弟，地養之以衣食，人成之以禮樂，三者相爲手足，合以成體，不可一無也。無孝弟則亡其所以生，無衣食則亡其所以養，無禮樂則亡其所以成。三者皆亡，則民如麋鹿，各從①其欲，家自爲俗；父不能使子，君不能使臣，雖有城郭，名曰虚邑。是故肅慎三本，郊祀致敬，共事祖禰，舉顯孝弟，表異孝行，所以奉天本

① 從：原誤作「縱」，據《春秋繁露》改。

也；秉耒①躬耕，採桑親蠶，墾草殖穀，開闢以足衣食，所以奉地本也；立辟雍庠序，修孝悌敬讓，明以教化，感以禮樂，所以奉人本也。三者皆奉，則民如子弟，不敢自專；邦如父母，不待思而愛，不須嚴而使。」

秋，七月。以時統月，猶以帝統王。小五帝治方千里九十，以方二千里爲一州，立二十三州，內八伯亦爲王。

冬，杞伯姬來求婦。此二世內娶。蕩有三世，此不稱三世，或二世而止。言婦，譏取外屬。取婦不言求，言求亦兩譏之。疏諸侯以國氏，大夫以族氏。蕩伯姬爲大夫辭。

其言來求婦何？據蕩氏三世內娶，初言逆，此言求。疏諸侯嫁女于大夫者，使同姓大夫主。非諸侯不接于上，求者，接上之辭，但言逆，如逆同姓大夫之女子。說詳《白虎通》。兄弟辭也。婦人無外事，因爲內女，乃言來言求。其稱婦何？據在室，當言女。有姑之辭也。譏娶母黨也，外屬大功不得娶。方云兄弟，忽言婚姻，譏非禮也。此小事，何以書？備禮。何以備禮？因以見婦人不踰竟與譏娶母黨也。疏一傳以稱婦爲在塗者，誤衍之文。婦專以譏娶母黨，內外所同。

狄圍衛。大國乃言圍，狄何以言圍？晉也。不可言晉，故狄之。何爲不可言晉？天子已許其歸，以狄怒而圍之，是逆天子，不可以言晉。疏圍者所傷重，《傳》曰「入不言圍」。閔「入衛」之狄爲晉，此亦晉，二事前後相起。

十有二月，衛遷于帝丘。遷者，避晉難也。帝丘者，顓頊之墟，地應玄枵，故《春秋》後以衛遷，爲北州伯。疏《周禮》專爲皇帝之書，《春秋》、《王制》則爲王伯之學。然大道不已，小可推大，故《春秋》雖止三千里，兼通大統之義，所以出帝丘以

① 耒：原誤作「來」，據《春秋繁露》改。

明帝學。考皇輻方三萬里，五帝平分，各得方萬二千四百里，以爲二十一州，每州方三千里，即鄒衍所謂九九八十一州①。《大行人》所稱九州之外爲藩國，考大五帝平分天下，分司五極，太昊在東，炎帝在南，黄帝在中，少昊在西，顓頊在北。《月令》、《王居明堂禮》之五帝分司五極，齊桓一匡從此例。《經》用伯道，以《春秋》立名，春天皇，秋地皇，平分天下，各統四帝；如晉、楚之各統四牧，故十分。地球從赤道緯線中分，南北各一皇四帝，黑帝在寒道向南，炎帝在赤道向北，中皇與東西二帝居黄道，各分司方千里者九十，以方二千里爲一州，内九州三十六方千里，外十四州五十二方千里，《詩》所謂「九十其儀」。顓頊爲大五帝之終，又爲小五帝之始，加以帝嚳、堯、舜、禹，合爲小五帝；孔子論五帝德，包大小而言，共爲六人，大帝見黄帝、顓頊，小帝合禹爲五。北半球有一皇四帝，南半球亦有一皇四帝，天有十日，五玘、五猣、五司均合爲十，即天地兩皇平分天下之事。《尚書・顧命》爲王法，而見「皇后憑玉几」之文，小中見大。《春秋》之言帝丘，即《尚書》言皇后之義；驗小推大，所謂以《春秋》容天下。遷者，即易爲依遷國，《春秋》陳、衛、蔡、鄭四大方伯皆在豫州，亦如今歐洲多名國，以居地勢之中。記衛、蔡之遷，衛居北，蔡居南，鄭以伯居冀，則豫州僅陳爲居，著方伯矣。

三十有二年《經》以年比皇統，三統説以元爲皇。按：元朔有皇古説，然年由次迭加，非獨繫元下，故用年，不主元。

春，王正月。春如乾，爲天皇，東北，主龍②；秋爲坤，如地皇，西南，主鳳。以春、秋爲名，託伯道中分天下。

---

① 州：原脱，據文意補。

② 主龍：原無「主」字，據下文言「主鳳」補。

夏，四月，己丑，鄭伯接卒。不書葬，爲圍宋。凡陳、蔡、鄭三國君皆不葬，狄之。諸侯何以或卒葬或不卒葬？常敘盟會者乃記卒葬，故十九國記卒葬①也。楚、吴、莒何以不卒②葬？夷狄也。小邾婁常敘盟會，何以不卒葬？附庸也。

疏《鄭世家》：「四十五年，文公卒，子蘭立，是爲繆公。」

衛人侵狄。中國不言侵伐狄，此言侵伐何？《春秋》惟此一言侵狄，蓋侵晉。《春秋》録侵伐詳者，惡戰也。侵伐皆録與？不盡録。何爲不盡録？十九國而已，其餘不可勝録，故削之。

秋，衛人及狄盟。稱人者，微之。侵而以盟終，始與晉成。

冬，十有二月，己卯，晉侯重耳卒。《論語》：「齊桓公正而不譎，晉文公譎而不正。」《孟子》「其事則齊桓晉文」，《春秋》之主人也。《晉世家》：「九年冬，晉文公卒，子襄公歡立。」疏《論語》「齊桓公正而不譎，晉文公譎而不正」，正即中天下而立；大統三皇例，泰皇以赤道爲中，統南北二極。《秦本紀》「博士議：古有天皇、地皇、泰皇」，獨尊天皇。地皇即《詩》之上方下方，以南北黄道爲尊，割剖泰皇京師以爲邊鄙。隱、桓之世見青豫二州國，爲禹州中線，故謂之中國，比于地球之赤道地中。當時南北二州之國通不見《經》，惟詳中國，所謂正京師，比於居中立極。齊桓身居京畿，不如晉、楚之偏于南北，如周、召以三公爲伯，託于一匡天下，南北諸侯皆歸一人統轄，心廣體胖，天君泰然，百體從令，故曰「正而不譎」。晉居北方，如全球之北黄道，楚居南方，如全球之南黄道，比于身體，則爲股肱。晉與楚狎主齊盟，從邊鄙立國，以牽連中州諸國，青、豫二州諸侯不南折于楚，則北朝于晉，《傳》所謂南夷北狄交侵中國，隱、桓以上所見齊、魯、宋、陳、衛、蔡、鄭爲中國。南夷北狄，

① 葬：原脱，據文意擬補。
② 卒：原無，據文意擬補。

晉、楚之謂也。晉、楚强，宋、衛、齊、魯附于北，陳、蔡、鄭、許附于南。支體强而中心分散，晉文又只能統率北方諸侯，不能及南，不似齊桓合南北一匡天下，故曰「譎而不正」。正就其國、地言之，譎爲中分，不譎則一統，晉之「譎而不正」包楚言之。此《春秋》中外之分。

三十有三年僖以三十三年爲九旨之三世，託古之三王。《春秋》何以十二公？法歲之十二月，天之十二舍，地之十二土。何以二百四十二年？以《春秋》比天皇、地皇中分天下，各有十二月，故爲二百四十二年。

春，王二月，秦人入滑。秦稱人，貶之。因此事留禍中國，惡其始，故貶之。**疏**《秦本紀》：「鄭人有賣鄭于秦曰：『我主其北門，鄭可襲也。』三十三年春，秦兵遂東。更晉地，過周北門，兵至滑。鄭販賣賈人弦高持①十二牛將賣之周，見秦兵，恐死虜，因獻其牛，曰：『聞大國將誅鄭，謹修守禦，備使臣，以牛十二勞軍士。』秦三將軍相謂曰：『將襲鄭，今已覺之，往無及也。』滅滑。滑，晉之邊邑也。當是時，晉文公喪尚未葬，太子襄公怒曰：『秦侮我孤，因喪滅我滑。』遂墨衰經②，發兵遮秦兵于殽，擊之，大破秦軍焉。」《年表》：「鄭繆公蘭元年，晉襄公歡元年。」

齊侯使國歸父來聘。董子説：「晉文之盛，天子再致③。先卒一年，僖公之心分而事齊。」言如齊者，見晉雖伯，而事

---

① 持：原誤作「特」，據《史記》改。
② 經：原誤作「紀」，據《史記》改。
③ 天子再致：原作「再致天子」，據《春秋繁露》卷五《隨本消息》乙。

齊不衰也。齊桓公爲伯，此非齊桓，何以得有伯辭？伯由晉文，託其事于齊、晉也。齊伯暫而晉文久何？齊一匡，治中國易；晉分伯，治夷狄難。由襄而後，四州成八伯位，十八國治也。

夏，四月，辛巳，晉人及姜戎敗秦于殽。 疏 姜戎者何？冀州夷也。

其謂之秦何？舉國，不言師。夷狄之也。與夷狄同詞。秦爲梁州方伯，有狄詞。不爲襲鄭而狄之，《傳》偶以爲説耳。曷爲夷狄之？據城濮稱師有功，又會狄泉。秦伯將襲鄭，百里子與蹇叔子諫曰：「千里而襲人，未有不亡者也。」亡，猶貶也。秦伯怒曰：「若爾之年者，冢上之木拱矣！爾曷知？」師出，百里子與蹇叔子送其子而戒之曰：「爾即死，必于殽之嶔巖，是文王之所避風雨者也。吾將尸爾焉。」子揖師而行，百里子與蹇叔子從其子而哭之。秦伯怒曰：「爾曷爲哭吾師？」對曰：「臣非敢哭君師，哭臣之子也。」弦高者，鄭商也，遇之殽，矯以鄭伯之命而犒師焉。或曰「往矣」，或曰「反矣」，然而晉人與姜戎要之殽而擊之，匹馬隻輪無反者。失地陷險，故大敗。其言及姜戎何？姜戎，微也。微，較晉微甚。晉爲二伯，尊異之，故言及。秦已狄之，與赤狄①白狄相近，故不言及以明之。稱人，亦微者也。非大夫。何言乎姜戎之微？據將卑則其分相等。先軫也。先軫，晉大夫。尊，故言及。或曰此存異師説。襄公親之。與《穀梁傳》同，君與將同在。襄公親之，則其稱人何？當稱晉侯或晉子。貶。貶晉君。曷爲貶？兵革不避。君在乎殯而

① 赤狄：原無「赤」字，據文意補。

用師，背殯出戰。危不得葬也。此責其背殯而出，如宋子。葬之書日不爲①。此大國，葬例日。詐戰此②結日。不日，略之。此何以日？盡也。晉、秦之禍由此而起。晉亦不禦楚，秦爲之，故詳録其事，以爲大戰之一。疏秦在干畿，曷爲狄之？從梁州，故得狄之。姜戎者，冀州之夷。何以知爲冀州？王畿地不見夷狄也。

癸巳，葬晉文公。齊、晉二伯葬，齊日晉月，與卒楚日吴月同分同等之尊卑。舊説以日爲危不得葬，今以爲從大國例，獨曰文公敗秦而曰葬，背殯已明，不須用日也。又，齊、晉同爲二伯，晉禮制每不及齊之優，齊葬正例日，變乃月；晉葬正月，變乃日。以葬言，晉猶次國例。故《傳》稱叔父禮待不及齊之重，文乃一日之。疏《晉世家》：「襄公墨衰經③敗秦師，虜秦三將以歸，遂墨以葬文公。」桓、文④同稱而《春秋》重桓。蓋桓二十餘年積威養晦，乃能服楚；文公一駕，而城濮之功多于召陵。桓公屢盟數會，遲暮始會宰周公；文公首會，而温之事敏乎葵丘，然功多而罪鉅，事數而道慎：召天王、執諸侯、亂人君臣之分，鶩于大戰以争功亡信，非桓之比也。

狄侵齊。託狄也。我侵不可言我，託之狄侵。

公伐邾婁，取叢。取叢何以繫于伐？不繫則不見爲邑，並無以見爲邾婁也。若不繫，見不見，舊説誤也。三伐取，惡内也。

---

① 「爲」下當有訛奪。
② 此：原作「北」，據文意改。
③ 經：原誤作「經」，據《史記》改。
④ 桓文：原作「桓公」，據文意改。

秋，公子遂率師伐邾婁。夏，君取邑，狄大夫又伐，惡内也。言遂伐，譏其亟。《春秋》公伐邾婁者八，内大夫伐邾婁者七，伐莒者一而已。

晉人敗狄于箕。箕者狄地，太原賁泉者何？亦狄地也。此非託號與箕地之狄也。《春秋》中國見夷狄者以地繫之，不在九州者不見，在外州者亦不見也。此爲華夷間居，如今土司之夷。地在中國。用夏變夷，故記之，欲化之，如改土歸流之事也。**疏**不言戰者，内諸夏而外夷狄也。晉三言敗狄。

冬，十月，公如齊。

十有二月，公至自齊。往致何以皆月？危之。公再侵齊，於此如齊，故往致皆危之。

乙巳，公薨于小寢。小寢，非正也。男子不死于婦人之手。**疏**《魯世家》：「三十三年，釐公卒，子興立，是爲文公。」

隕霜，不殺草，與隕霜殺菽對。不可以殺而殺，舉重；可以殺而不殺，舉輕。**疏**赤道下且無霜雪，草木四時和泰。志此以見地球寒暖有變遷，暑寒者即皇帝之學①。

李梅實。建亥之月，華木當枯剝，今反實，則與赤道下無異。過燠，以刑政傷冬令，詳《月令》。**疏**非司曆失閏之過，則刑政失平。《韓非子》説，以見失之寬。

何以書？記異也。不爲災異者，本有其物其事，特中人囿于聞見以爲異。凡《春秋》之異，今皆爲常矣。**疏**《春秋》之記異如今格致學，又如博物賽奇之義，不專言天變，特以爲中國所無。如記鸜鵒蜚蜮，在外國即爲常物。或本中國所有，因不當時而異之，如大雨、雪、雹、隕霜殺菽不殺草、李梅實，爲中國常有之事，特以非時異之。何異

①「暑寒」句：此句疑有訛奪。

爾？亦常事。據赤道下四時草木不枯，且無冬令酷寒，則不殺草、李梅實爲常事。不時也。應殺不殺，不應實實①，過燠也。于此爲不時，于彼正爲時。言此以明地球分十二次，有十二月之異同，皇帝大同之學必使大地寒暑皆平，乃爲平天下。疏《經》記災異，自儒者附會經義，遂爲世所詬病。西人精于步推，以日食彗星皆出于一定，山崩地震別有因由，或疑中古未精步推所致。考緯書爲羣經秘鑰，乃言災異者十有七八，此經傳大疑，不能以言語争者也。且就《月令》考之，五害皆有一定占應，然人事與天災不能截然相應，少一參差，動爲笑柄；則不獨《春秋》可疑，即《月令》亦可疑矣。因考《詩》中義例，始悟五害專就政令立説，由政事而言，不必拘以天象實事。考弧矢三角爲測天要法，《考工記》輈人大車四方三十游，上爲弧弓枉矢。《詩》云「昊天不弔」、「喪亂弘多」，「神之弔矣，詒爾多福」，《緯》云「枉矢西流，天降喪亂」；蓋帝王法天，政令須密合天度，如以人違天，《經》不以爲人事之差舛，而以爲天行之變亂，以人不應反天而行也。如五星應四時，春爲歲星，夏行春令即歲星犯熒惑，秋行春令即歲星犯大白，冬行春令即歲星犯鎮星。又如孟春行秋令即爲正月繁霜，必時至繁霜乃行秋令，因行秋令即目爲繁霜；以帝王法天，萬不能當春而行秋令，必係天行愆度所致。此經傳之災異所以專指政事，不必災異瞬息相應，而日食彗星果可退舍潛消也。故緯書所言災異皆指政令違天，禍亂應時而至，違天即所謂「枉矢西流」，「喪亂弘多」即所謂「天降喪亂」也。弔字於文從弓從丨，即弧矢。枉矢爲測天之儀器，密合則爲弔，差舛則爲不弔；合天則「詒爾多福」，違天則「喪亂弘多」。喪福之原，由于天行之弔與不弔，此弧矢枉矢所以在大車之上。而《經》、《傳》災異皆指時政違天，因致②禍亂，所以儆戒人君法天之制。必如此説，而後羣疑可通，經義愈顯。

---

① 實實：下「實」字原無，據文意擬補。

② 致：原誤作「政」。

晉人、陳人、鄭人伐許。此皆大夫也，不言者，存王政于諸侯也，文以後不可言矣。孔子曰：「天下有道，則禮樂征伐自天子出。天下無道，則禮樂征伐自諸侯出。自諸侯出，蓋十世希不失矣。自大夫出，五世希不失矣①。陪臣執國命，三世希不失矣。天下有道，則政不在大夫。天下有道，則庶人不議。」疏 陳、鄭皆貳于晉者，今從伐許，以起晉襄繼伯也。伐許者，從楚也。許地與楚近，因爲楚所制。十九國惟許事楚篤，故下詳四遷，爲特例也。

① 此「矣」字原脱，據《論語·季氏》補。

公羊春秋經傳驗推補證第五

文公名興，僖公子。《春秋》惡文公。**疏**《魯世家》：「釐公三十三年卒，子興立，是爲文公。」按：「文無天」，爲屢言王不言天，爲無天而行。

元年文公元年，周襄王二十六年，齊昭公七年，晉襄公二年，宋成公十一年，衛成公九年，陳共公六年，蔡莊公二十年，鄭穆公二年，秦穆公三十四年，楚成王四十六年，曹共公二十七年，燕襄三十二年。

春，王正月，公即位。繼正即位，正也，殯已即位也。何爲於此再言即位？緣終始之義，一年不一君，故于逾年乃言之也，實殯時即位。《春秋》明改元建始之義，乃于逾年言之耳。**疏**《顧命》詳康王即位事，設玉几御王，册命曰：「皇后憑玉几，道揚末命，命汝嗣訓，臨君周邦。」王者傳受必本于皇、帝，亦如諸侯之受命于王，所謂「皇后」即《論語》所謂「皇皇后帝」，皇爲天皇，后則皇佐二伯也。

二月，癸亥朔，日有食之。董子説：「先①是，大夫始執國政，公子遂如京師，後楚世子商臣弒父，齊公子商人弒君，

---

① 先：原刻脱，據《漢書》卷二七下《五行志》下補。

皆自立，宋子哀出奔，晉、楚滅江滅六①，大夫公孫敖②、叔彭生并專盟會。」

天王使叔服來會葬。**疏**叔服，《左氏》以爲内史，《公》、《穀》舊説以爲王子虎，實則經傳無明文，今故仍從《左氏》説。

其言來會葬何？據内惟小國書來會葬，疑非禮。會葬，禮也。會葬何以爲禮？所以明賜謚之禮也。《白虎通義》：葬乃謚之者，「諸侯薨，世子告喪于天子，天子遣大夫會其葬而謚之。幼不誄長，賤不誄貴」，故既葬稱謚。

夏，四月，丁巳，葬我君僖公。葬稱公，舉上也。葬我君，接上下也。僖公葬而後舉謚，所以成德也。于卒事乎如之矣。

天王使毛伯來錫公命。此世子繼立還珪之禮。禮當往受命，言來錫，以譏天王。**疏**禮：新君初立，天子必錫命，如《左傳》晉侯「受玉惰」是也。

錫者何？《周禮》錫、命並見，錫、命合十八等。賜也。禮有九錫。《王制》：「天子賜諸侯樂，則以柷將之，賜伯子男樂，則以鼗將之。諸侯，賜弓矢然後征，賜鈇鉞然後殺，賜圭瓚然後爲鬯。末賜圭瓚，則資鬯于天子。」《白虎通》：「《禮》説九錫，車馬、衣服、樂則、朱户、納陛、虎賁、鈇鉞、弓矢、秬鬯，皆隨其德，可行而次。能安民者賜車馬，能富民者賜衣服，能和民者賜樂則，民衆多者賜朱户，能進善者賜納陛，能退惡者賜虎賁，能誅有罪者賜鈇鉞，能征不義者賜弓矢，孝道備者賜秬鬯。以先後與施行之次自不相踰，相爲本末然。安民然後富足，富足而後樂，樂而後衆，乃多賢，多賢乃能進善，進善乃能退惡，退惡乃能斷刑。内能正己，外能正人。内外行備，孝道乃生。能安民，故賜車馬，以著其功德，安其身。能使人富足衣食，倉廩實，故賜衣服，以彰其體。能使民和樂，故賜之樂則，以事其先也。《禮》曰：『夫賜樂者，得以時王之樂事其宗廟也。』朱盛色，户所以紀民數也，故民衆多賜朱户也。古者人君下賢，降階一等而禮之，

---

① 此句《漢書》作「晉滅江，楚滅六」。

② 敖：原作「固」，據《漢書》改。

故進賢賜之納陛以優之也。既能進賢，當能戒惡，故賜虎賁；虎賁者，所以戒不虞而拒惡。拒惡當斷刑，故賜之鈇鉞；鈇鉞所以斷大刑。刑罰中，則能征不義，故賜弓矢；弓矢所以征不義、伐無道也。圭瓚秬鬯，宗廟之盛禮，故孝道備而賜之秬鬯，所以極著孝道。孝道純備，故内和外榮，玉以象德，金以配情，芬香條鬯，以通神靈。玉飾其本，君子之性，金飾其中，君子之道。君子有黄中通理之道美素德。金者精和之至也，玉者德美之至也，鬯者芬香之至也。君子有圭瓚秬鬯者，以配道德也。其至矣，合天下之極美以通其志也，其惟圭瓚秬鬯乎！車者，謂其有青有赤之蓋，朱輪，特能居前，左右寢米，庶以其進止有節，德綏民，路車乘馬以安其身。言成章，行成規，衮龍之衣服表顯其德。長于教誨，内懷至仁，則賜時王樂以化其民。尊賢達德，動作有禮，賜之納陛以安其體。居處修治，房内節，男女時配，貴賤有別，則賜朱户以明其別。威武有矜，嚴仁堅强，賜以虎賁以備非常。喜怒有節，誅罰刑當，賜以鈇鉞使得專殺。好惡無私，執義不傾，賜以弓矢使得專征。孝道之美，百行之本也，故賜之圭瓚使得專爲鬯也。故《王制》曰：『賜之弓矢，然後專征』，又曰：『賜圭瓚，然後爲鬯；未賜者，資鬯于天子。』《王度記》曰：『天子鬯，諸侯薰，大夫芭蘭，士蒹，庶人艾。』車馬、衣服、樂則三等者賜與其物。《禮》：『天子賜侯氏車服，路先設，路下四亞之』，又曰：『諸侯奉篋服。』《王制》曰：『天子賜諸侯樂，則以柷將之。』《詩》曰：『君子來朝，何錫予之？雖無與之①，路車乘馬。又何予之？玄衮及黼。』《書》曰『明試以功，車服以庸。』朱户、納陛、虎賁者，皆與之制度；而鈇鉞、弓矢、玉鬯者，皆與之物，各因其宜也。秬者，黑黍，一稃二米；鬯者，以百草之香鬱金合而釀之，成爲鬯。陽達于牆屋，陰②入于淵泉，所以灌地降神也。

---

① 雖無與之：原刻脱，據陳立《白虎通疏證》補。

② 陰：原刻無，據《白虎通疏證》補。

圭瓚者，器名也，所以灌鬯之器也。以圭飾其柄，灌鬯貴玉氣①也。」《禮緯含文嘉》：「禮有九錫，一曰車馬，二曰衣服，三曰樂則，四曰朱户，五曰納陛，六曰虎賁，七曰弓矢，八曰鈇鉞，九曰秬鬯，皆所以勸善扶不能。」四方所瞻，臣子所望。**疏**魏宋均注《禮緯含文嘉》：「諸侯有德，當益其地，不過百里。後有功，嘉以九錫，進退有節」至「賜以秬鬯，使之祭祀」，皆與《白虎通》同。「如有德則陰陽和，風雨時，四方所瞻，臣子所望，則有秬鬯之草，景星之應也。」九錫者，乃四方所共見，公侯伯子男所希望。**命者何？**九命與錫同見，問其同異之故。**加我服也。**錫有儀物，命則册書。

晉侯伐衛。晉屢伐鄭，何以一伐衛而已？衛以後事，晉事也。定以後何以三侵衛？大夫主政也。

叔孫得臣如京師。來錫命，非禮。君不自朝而使卿報聘，宜諱之；不諱者，以在喪也。京師非干城，其以如言之何？師可言如，諸侯曰師，天子曰京師；夫人如齊師，許男卒于師，是也。

衛人伐晉。晉何以有伐無侵？晉大國也，兵事以重者言之也。中國方伯不言伐晉，此何以言衛伐晉？因其篤從中國，可以言伐也。唯齊、秦與狄言伐晉，至于陳與鄭，從晉不篤，有兵事皆當諱言之。**疏**《年表》：晉伐衛，衛亦伐晉。

秋，公孫敖會晉侯于戚。何爲不言伐衛？內衛。何爲不敘諸侯？亦內衛。敘諸侯則初無衛後乃有衛，不言諸侯，則有衛之辭，所以掩伐衛之迹。

冬，十月，丁未，楚世子商臣弑其君髡。以子弑父，商臣之惡極矣。楚子亦失道也。桓公之盟曰：「無易樹子，無以妾爲妻。」楚卒何以皆日？大夷也。與吴月相起，故有正無變也。**疏**《楚世家》：成王四十六年，將以商臣爲太子，令尹子上諫，不聽。立之，又欲立子職，商臣聞之。十月，商臣以宫衛兵圍成王，成王請食熊蹯而死，不聽。丁未，成王自縊，商

---

① 氣：原作「器」，據《白虎通疏證》改。

臣代立，是爲穆王。

公孫敖如齊。記如齊者，見公之兼事二伯，所以惡宣也。小事不書，書者，交鄰事大，禍福之由也。**疏**齊立宣，宣專事齊，不事晉文。公兼事齊、晉，内臣四如齊，五如晉。初一如齊，後則與齊絶。

二年《秦本紀》：「三十四年，穆公復使孟明視等將兵伐晉，戰于彭衙。秦不利，引兵歸。」**疏**《年表》：楚穆王商臣元年。

春，王二月，甲子，晉侯及秦師戰于彭衙，秦師敗績。彭衙者，晉地也。晉主秦客，晉大秦小，以晉及秦，正也。此言日言敗，下不言者，甚之也，以晉、秦之戰爲已亟矣。**疏**秦、晉自殽之後凡十二交兵，秦以後不專記事，惟一言入鄀，一言來聘，一言滅庸，一書會蜀，一書出奔而已。

丁丑，作僖公主。《異義》：「《公羊説》：祭有主者，孝子以主繫心。夏后氏以松，殷人以柏，周人以栗。」**疏**作主功程淺，日者，重之也。先君之主至重，如先君也。

作僖公主者何？爲僖公作主也。《穀梁》云：「作，爲也，爲僖公主也。」義同。主者曷用？問其木。虞主用桑，練主用栗，《異義》曰：「主者神象也。孝子既葬，心無所依，以①虞而立主以事之。唯天子諸侯有主，大夫無主，尊卑之差也。卿大夫無主者，依神以几筵，故少牢之祭，但有尸無主。三王之代，小祥以前主用桑者，始

---

① 以：原作「所以」，據《駮五經異義》删改。

死尚質，故不相變。既練易之，遂藏于廟，以爲祭主。」用栗者，藏主也。嚴氏說：主藏太廟室西壁中，以避火災。馮君《章句》：正廟之主須藏太廟西壁之中，遷廟之主于太祖太室北壁之中。作僖公主，何以書？常事不書。譏。直書其事而美惡見。何譏爾？不見失禮。不時也。此栗主也，後時三月。《左傳》云：「作僖公主，書不時也。」其不時奈何？問其過時不及時。欲久喪而後不能也。《穀梁傳》云：「作僖公主，譏其後也。」班氏說：僖公薨二十五月乃作主。按：《傳》譏其後，踰六月乃又吉禘于太廟，作主太遲，禘又太早，以爲其初欲久喪而後不能者，然非文公果欲服喪三十六月也。

三月，乙巳，及晉處父盟。諱去氏者，貶之也。使如微者，非謂得其君之辭。大國大夫尊，故嫌之；貶則如小國大夫，微不嫌矣。

此晉陽處父也，何以不氏？據下稱氏。諱與大夫盟也。《穀梁傳》云：「不言公，處父伉也，爲公諱也。何以知其與公盟？以其日也。如晉，所恥也。出不書，反亦不致也。」晉大夫何以不稱子？內齊而外晉也。《春秋》二伯一也，內大而外小；內方伯一也，陳、衛大而鄭小；外方伯一也，楚大而吳小；內卒正一也，曹、莒、邾大而滕、薛小；王後一也，宋大而杞小。于同之中又有異焉，大小之中，又各分細例，詳見各條之下。

夏，六月，公孫敖會宋公、陳侯、鄭伯、晉士穀盟于垂斂。扈之盟不敘不名，此何以敘、名？垂斂遠而扈近也。七年會盟扈，不序、名。扈，晉邑。晉君不出而使大夫會，非之也。此遠猶可。言不敘衛者，此爲討衛會也。疏士穀九年見殺，此亦先見也。伯者，大夫始專會盟，至襄三年，而諸侯失政矣。不日者，以臣會君，不以信許之，疾始之義也。

自十有二月不雨，至于秋七月。據僖公，則當言春王正月不雨、夏四月不雨、秋八月雨。疏夏侯勝曰：天久陰不雨，臣下有謀上者。文公之篇末不雨者三，卒致仲遂逆謀，嗣子遭禍，此其效也。沛然自大，躋僖公主，大夫始專事。

何以書？記異也。不爲災矣。大旱以災書，此亦旱也，久不雨，知爲旱。曷爲以異書？旱災必有傷。大旱之日短不及此八月之久。而云災，《經》書飢、旱。故以災書；書旱。此不雨之日長而無災，《經》不雨，不見災文。故以異書也。故師以此歸入異例，不爲災矣。《傳》與僖公事皆以爲異，《穀梁》以此與僖相起，以見其憂民與無志于民。

八月，丁卯，大事于大廟，躋僖公。《五行志》：「先是，僖公薨，十六月乃作主，後六月，又吉禘于大廟而致僖公，《春秋》譏之。《經》曰：『大事于大廟，躋僖公。』」疏案：禮家以祫與禘爲重祭，説《公羊》者用之，亦以禘祫對言，不知《公羊》、《經》之所謂禘皆時祭，非大祭之名；祫亦與犆對文，皆非不王不禘之禘。

大事者何？據與有事異。大祫也。祫中之大者，故加大。大祫者何？祫爲合祭，又加大，其禮爲重。合祭也。與特祫同。《王制》禮：「諸侯一犆一祫。」祫非祭名，特爲合祭之名耳，後人誤以祫爲大祭也，不知四時祭有祫者，于大廟行之；未毁廟之主升而合食，毁廟之主不至一層。故解大事、有事不同也。其合祭奈何？問其加大之義。毁廟之主陳于太祖，此大祫乃行之，《經》故加大。未毁廟之主皆升，合食于太祖。未毁合食乃祫祭之常禮，《經》書「有事于太廟」是。五年而再殷祭，《王制》天子四祭、時祭皆祫，諸侯則一祫一犆，此《經》「有事」之禮。此五年再行，當是時祭外于閏年行之。大祫者，時祭祫特之外更爲重禮，《王制》不言其事。此禮每閏年一舉行，天子之小祫則一年四行，諸侯之小祫亦踰年一行，與五年再舉之禮不同。疏祭祀之禮，諸經所説各異，莫能折中，蓋祭祀典禮繁重，名目①衆多，諸經傳記不能詳舉，各言一端。必須會萃乃成。先師抱殘守缺，各據所聞，凡所不傳，斥爲異説，故多齟齬。今立隱見、參差二例，以彙集異同。祭有五年再舉、三年一舉者，大祫是也；有一年四舉者，時祭是也；有一月一日之獻，日祭月享是也。此皆宗廟之禮，惟古多同名異實，以致紛紜。今以實禮爲主，不拘其名，舉衆説而通之，乃成全美也。躋者何？據下言從祀。升也。但言僖公從下升上。何言乎升僖公？從祀言先公，不目僖公。譏。目僖以譏之。何譏爾？逆祀也。據下從祀先公知逆。其逆祀奈何？先禰而後祖也。疏《魯語》曰：「夏父弗忌爲宗伯，蒸，將躋僖公。宗有司曰：『非昭穆也。』曰：『我爲宗伯，明者爲昭，其次爲穆，何常之有！』有司曰：『夫宗廟之有昭穆也，以次世之長幼，而等冑之親疏也。夫祀，昭孝也，各致齊敬于其皇祖，昭孝之至也。故工史書世，宗祝書昭穆，猶恐其踰也。今將先明而後祖，自玄王以及主癸莫若湯，自稷以及王季莫若文、武；商、周之烝也，未嘗躋湯與文、武，爲不踰也。魯未若商、周而改其常，無乃不可乎？』弗聽，遂躋之。展禽曰：『夏父弗忌必有殃。夫宗有司之言順矣，僖又未有明焉。犯順不祥，以逆訓民，亦②不祥，易神之班亦不祥③，不明而躋之亦不祥。犯鬼道二，犯人道二，能無殃乎！』侍者曰：『若有殃，焉在？抑刑戮也？其夭札也？』曰：『未可知也。若血氣强固，將壽寵得没。雖壽而没，不爲無殃。』既其葬也，焚，煙徹于上。」

冬，晉人、宋人、陳人、鄭人伐秦。□□與三國以伐秦見餘□□《經》□記侵伐，亦如今西國戰事交鄰自强有道。周書別有史記。記興亡者，史學也，《傳》不盡詳。當引古籍，取近事，相比見例者也。

---

① 名目：「名」原誤作「民」，據文意改。
② 亦：原作「又」，據徐元誥《國語集解》改。
③ 「易神之班」句：原刻脱，據徐元誥《國語集解》補。

公子遂如齊納幣。禮也。納幣，卿將事。納幣不書，此何以書？譏。直書其事而義見。何譏爾？納幣，禮。譏喪娶也。因喪乃譏。娶在三年之外，四年乃逆婦姜。則何譏乎喪娶？娶時已出喪。三年之内不圖婚。娶雖晚，媒妁徵聘則在喪中。吉禘于莊公，譏。然則曷爲不於祭焉譏？謂吉禘譏，僖八月大事大廟亦喪祭，何不著吉譏之。三年之恩疾矣，非虚加之也，以人心爲皆有之。三年之喪順人情而立。以人心爲皆有之，則曷爲獨於娶焉譏？下譏祭專重于娶。娶者大吉也，非常吉也。祭猶可，娶則不可。其爲吉者主于己，謂娶妻圖婚事無別解，專由公定，可以自由。以爲有人心焉者，則宜于此焉變矣。説詳董子。

三年

春，王正月，叔孫得臣會晉人、宋人、陳人、衛人、鄭人伐沈。沈潰。此皆大夫也，何以不敘？惡大夫之專兵也。至于陽父始言者，存其政于諸侯也。沈者何？豫州國也，從楚，故伐之也。此已得衛，從楚者蔡、許而已。疏陳爲豫州方伯，沈在其州，何以不使陳主之？二伯得主天下兵也。

夏，五月，王子虎卒。《春秋》諸侯大夫絶不一卒，不因事而變其例，至于王臣三記卒。王臣尊與諸侯同，例得卒者也；例本得卒，不全卒而卒此三人，各有細例以説之可也。若以本不得卒，因事乃卒之，則非矣。此與記災、小國大夫，舊説多誤，當以尊卑爲定者也。

王子虎者何？據天子大夫不名。天子之大夫也。名者卒，從正也。諸侯猶名之，則王臣自不能不名。王子如公子，亦從大夫例。外大夫不卒，外讀如外州之外，外州大夫通不卒。此何以卒？問所以書之意。新使乎我也。言因天王新命叔服毛伯來會葬錫命，故亦卒虎，非定以虎爲叔服。疏此當爲細例：「王臣不卒者多，獨卒此者，因有新使」。王臣不盡卒，此卒者爲王子猛也，以起書王子猛卒之爲臣下辭，不與其當未踰年君也。

秦人伐晉。方伯不言伐二伯，秦何以言伐晉？秦夷狄，故可言。六伐四言人者，貶之也，不言秦伯者，皆從稱人見矣。《補例》：秦居雍州，雍州何以不見小國？雍州者，王畿也。畿内封國九十三，皆王臣，故不見外諸侯也。周東遷，王臣已食東周田，何爲再以西周與之？《春秋》存西京，使秦爲天子留守。不見小國，以爲天子返蹕，諸臣仍食其田也。疏《秦本紀》：「秦穆公三十六年，復益厚孟明等，使將兵伐晉。渡河焚船，大敗晉人，取王官及鄗，以報殽之役。晉人皆城守不敢出，穆公乃自茅①津渡河，封殽中尸，爲發喪，哭之三日，乃誓于軍。君子聞之，皆爲垂涕，曰：『嗟乎！秦穆公之與人周也，卒得孟明視之慶。』」

秋，楚人圍江。大國乃言圍，楚彊，故有大國辭。江者荆州國，一方伯楚，六卒正隨、江、黄、申、弦、麇是也。《春秋》荆、梁、徐三州舉，正如今南美、非、澳三洲舉，後乃有國有君有小國，引而進之中國，成九州；亦如今引進西國，成大九州。疏言圍者，滅之漸。圍江者，閔江也。

雨螽于宋。

雨螽者何？據螽爲實物，不如霜雪，當先言螽。死而墜也。《左傳》作「墜而死也」，謂墜地皆死螽，與《傳》「死

① 「茅」上原衍「津」字，據《史記》删。

而墜」文異義同。因其已死，故以雨先之。何以書？死則非災。記異也。宋記異三，大國，又王後也。外異不書？外當讀爲中外之外，謂凡外州國通不記災異耳。此何以書？問此所以異于外者何在。爲王者之後記異也。宋爲王後，特異之。

冬，公如晉。公何以如晉？朝二伯也。天子二伯齊、晉，何以分？齊爲召公，主陝以西；晉爲周公，主陝以東也。晉何以後見？陝以東諸侯皆後見也。晉何以不記災？陝以東諸侯皆不記災也。晉何以久伯？周公勞而召公逸也。齊大夫有高子，晉何以無之？二公禮有隆殺也。魯何以事晉？二公亦得通主天下也。疏《魯世家》「文公三年朝晉襄公」，此從告廟記之也。繫事者一見例。

十有二月，己巳，公及晉侯盟。何以不地？在國也。公如不繫事，此繫事者，一見例也。疏此與盟于長樗同。彼盟在外，此在國也。

晉陽處父帥師伐楚救江。出陽處父，兼爲下殺見。

此伐楚也，其言救江何？救，急事，不當兩之，師又不通江。爲諼也。非正兵。兵出于此，意別有在。其爲諼奈何？疑以爲詐而譏之。伐楚爲救江也。由其救之善意。不言救，則但言伐而已。

四年

春，公至自晉。正月不存公者，内中國也。公在晉不存，在楚則存者，内中國，外夷狄也。疏此公如繫事而後盟，與來聘盟同，故以如晉致。

夏，逆婦姜于齊。其言婦姜者，有姑之辭，然則四世内娶矣。《傳》言三世者，就見逆者言之。疏按：三《傳》同以爲略傳。高子以爲娶大夫，《穀梁》以爲①成禮于齊，《左氏》以爲卿未行，皆于《經》無明文，各以意爲説。其言略之，意則同也。

其謂之逆婦姜于齊何？不稱夫人，不言氏，不言逆者。略之也。何爲略之？三世内娶也。何爲于始焉略之？疾始也。《傳》以爲宋，今據《經》三言逆婦，移屬魯事。高子曰：《孟子》「固哉高叟爲詩」，又，「以禹之聲尚文王之聲」，是經師兼通六藝矣。「娶乎大夫者，略之也。」按：此先師一家説，故出姓氏。大夫卑，故略之，不如諸侯之禮。疏按：高子，先秦以前先師，《人表》列之孟子後，董子已用其説。

狄侵齊。疏狄者晉也，避二伯相伐，故託之於狄也。

秋，楚人滅江。《春秋》亡國五十二：虞、虢、邢、鄅、温、滑、戴、許、梁、巴、隗、麇、徐、沈、頓、胡、申、項、弦、譚、遂、宿、郭、萊、巢、州來、厲、舒、六、江、黄、蓼、舒、鳩、鄀、紀、成、極、蕭、州、穀、鄧、邿、盛、專、偪陽、陳、蔡、潞氏、陸渾戎、甲氏、留吁，備書以示戒，不能守其宗廟以事其先君，不知《春秋》之義者也。《春秋》大則以王，小則以伯，亡國之戒莫不先見也。不日者，遠國也。按：在内州者月，遂、譚之類是也；在外州者時，隗、舒、江、黄是也。惟間于中外之間者日，沈、頓、胡是也。疏《楚世家》：「穆王三年滅江。」

晉侯伐秦。秦伐稱人，晉伐稱侯者，尊晉也。以尊臨卑，所以惡秦也。疏《晉世家》：「襄公五年，晉伐秦，取新城，報王官之役也。」

---

① 爲：原脱，據上下文補。

衛侯使甯俞來聘。記衛之使聘，明其爲方伯也。出甯俞者，以見世卿之禍也。**疏**言來聘者，明衛事晉，與楚絶也。衛二言來聘。

冬，十有一月，壬寅，夫人風氏薨。按：妾母在孫世不見，如見，當從母以子氏之例，卒亦當言「僖公風氏卒」。以僖用致夫人，故《經》書如夫人之儀，而特于外之，弗夫人見，其「秦人歸僖公成風之襚」是也。《春秋》不能改實，而于別條起例，有如此者。

五年

春，王正月，王使榮叔歸含且賵。土何以不稱天？以爲逆天也。以待人妻之禮待人妾，以妾爲妻也。不若于天，故去天也。下去天者，以同一事也。

含者何？口實也。説詳《白虎通義》。其言歸含且賵何？言且爲異。兼之。二事，故言兼。兼之，非禮也。不言來，不及事也。《穀梁》云：「賵以早而含以晚。」含與賵不一時，言「且」以譏之。**疏**據含爲斂具，王使致含，遠國多在已殯之後，本不以及事爲禮，然終不當以「兼」，使君子情稱文。既已過時，則歸賵而已，可不須含也。

三月，辛亥，葬我小君成風。九年秦人乃歸襚，故《傳》以爲兼，以爲僖公、成風兼襚。

成風者何？僖公之母也。成者謚也。子已立，得有謚。

王使召伯來會葬。來會葬使人，禮也。諸侯奔天子喪必親之，天子使人。《穀梁傳》曰：「周人有喪，魯人亦有喪，周人弔，魯人不弔。周人曰：『魯，吾臣也，使人可也。』魯人曰：『周，吾君也，親之者也，使大夫則不可。』故周人弔，魯人不弔。」

《補例》：王何以不稱天？不若于天也。以待人妻待人妾，以爲逆天而行，故去天也。會葬之禮于鄗上，譏其遲也。已葬而後至，則葬時尚在鄗上，知不及期，先使人致謚命，故葬稱成，有謚。言此以譏其遲。

夏，公孫敖如晉。記大夫之如晉，見文之不欲事齊也。四年侵齊，與齊相仇。

秦人入鄀。鄀者何？梁州國也。楚避吳遷于鄀，別一地。疏《左傳》云：「鄀初叛楚即秦，又貳于楚。夏，秦人入鄀。」鄀在梁州，故秦入之。蜀有若水，《世本》昌意之後降居若水，鄀即其後。《秦本紀》：穆公卒，葬雍。其太子罃①代立，是爲康公。

秋，楚人滅六。《杞世家》：六，皋陶之後，《譜》不言，故不能詳其世家。《補例》：六者何？徐州之國也。滅六者，譏不事大以致滅亡也。疏《楚世家》：「穆王四年滅六、蓼。六、蓼皋陶之後。」《地理志②》「六安國」「六」下：「故國，皋陶後，偃姓，爲楚所滅③。」

冬，十月，甲申，許男業卒。許卒皆日，正也。以許立小國諸侯日卒之準。

六年疏《年表》：秦穆公三十九年薨，殉葬以人從，死者百七十七④人，君子譏之，故不言卒。按：《春秋》不

① 罃：原誤作「瑩」，據《史記》改。
② 地理志：原誤作「地里志」。
③ 所滅：「所」字原脱，據《漢書》補。
④ 百七十七人：原「七百十人」，據《史記·秦本紀》改。

書秦穆卒，三《傳》無説，文見《年表》，先師佚文也。

春，葬許僖公。以許立小國諸侯時葬之準。

夏，季孫行父如陳。如陳而又如晉，兼使也。兼使何以不言遂？致公命也。**疏**二伯、方伯國多三年一聘，若專使則不給，故可以兼使。禮不兼使者，謂有別事，遲早不同，不以一人兼二事；至于常聘，則不拘也。上方譏兼事，此即明兼事，辨同異，明是非也。

秋，季孫行父如晉。季孫何以如晉？爲視晉侯之疾也。大國君有疾，使人視，禮也。事大之禮，當使視疾。**疏**此兼使也。再出大夫，明兼使也。兼使不言遂者，非君命也。其人自主①其事，故曰大夫不遂。去年入②聘，今又入聘，譏亟也。

八月，乙亥，晉侯讙卒。**疏**《晉世家》：「襄公卒，太子夷皋少，晉人以難，故欲立長君。趙盾曰：『立襄公弟雍。好善而長，先君愛之，且近于秦，秦故好也。立善則固，事長則順，奉愛則孝，結舊好則安。』賈季曰：『不如其弟樂。辰嬴嬖于二君，立其子，民必安之。』趙盾曰：『辰嬴賤班在九人下③，其子何震之有？且爲二君嬖，淫也。爲先君子，不能求大而出在小國，僻也。母淫子僻，無威；陳小而遠，無援。將何可乎？』使士會如秦逆公子雍，賈季亦使人召公子樂于陳。趙盾廢賈季，以其殺陽處父。十月，葬襄公。十一月，賁季奔狄。」

---

① 自主：原作「自生」，據文意改。

② 入：原誤作「大」。

③ 下：原刻脱，據《史記·晉世家》補。

冬，十月，公子遂如晉，葬晉襄公。天子九月而葬，諸侯五月而葬，大夫三月而葬，士庶逾月而葬，禮也。取卒之月加于如上，見以葬如也。文世方伯以上國通不葬，惟一葬晉何？以無時，大國葬也。月在如上者，此同月也。大國正例日，月者二月葬，譏不及禮。疏《晉世家》：「十月，葬襄公。」如晉會葬，事二伯之禮。事二伯必會葬，不會葬者，諱也。有所起。

晉殺其大夫陽處父。此譏處父剛愎，取殺身之禍也，《補例》：此射姑殺，歸其罪于君者，兩下相殺，不志于《春秋》也。疏據《世家》、《左氏》，殺在葬前，此敘在葬後者，殺、奔連文，以見射姑殺之也。

晉狐射姑出奔狄。殺陽處父後出奔，起非晉殺。射姑①，狐偃之子。狐氏止于此。

晉殺其大夫陽處父，則狐射姑曷爲出奔？據狐射姑非黨，又非兩下相殺辭。射姑殺也。據史文而知，非推例得之。射姑殺則其稱國以殺何？兩下相殺，微者稱人，尊則出殺者名氏。君漏言也。其漏言奈何？君將使射姑將，事在文六年。陽處父諫曰：「射姑民衆不悅，不可使將。」于是廢將。陽處父出，射姑入，君謂射姑曰：「陽處父言曰：『射姑民衆不悅，不可使將。』」射姑怒，出刺陽處父于朝而走。《傳》終言之，事不在一時。刺即殺，走謂出奔也。《補例》：殺大夫何爲或言大夫、或不言大夫？不言大夫者，討賊之辭也，言大夫專殺大夫之辭也。何以言狄？言奔者，真狄也。逃難于狄，赤狄之類。

閏月不告月，猶朝于廟。《春秋》閏月皆在十二月之後，故但言閏月，不復别之。疏周閏月據中氣，不皆在歲末，《春秋》改制，乃以歸之歲末羣月之後，《周禮》所謂終月，《左傳》謂歸餘于終，是也。此制至今尚未遵行。

---

① 射姑：原誤作「射始」。

不告月者何？據禮，告朔不告月。**不告朔也。**據言閏月知告月即告朔。疏《異義》：「閏月不以朝者，歲遣大臣之京師，受十二月之正，還藏于太廟。月旦朝廟存神，有司因告曰：『今月當行某正①。』至于閏月分之朔，無正，故不以朝。《經》書閏月朝廟者，譏之。」**曷爲不告朔？**不下當有言字。閏亦有朔也。**天無是月也。**天十二次二十四中氣，無十三，《月令》只十二。或有或無，非四時一定之月。**閏月矣，**歲星一周，因取月圓缺立閏月。今泰西尚用閏日法。**何以謂之天無是月？**月一週，禮亦謂之月數之奇零，然終不得謂之非月。**非常月也。**一年十二月，頒十二次朔。至于閏，則在年終，無政可頒，故不告朔，如此是月者然。**猶者何？通可以已也。**《異義》：「《公羊》説：每月告朔朝廟，至于閏月不以朝者，閏者，殘聚②餘分之月③，無正，故不以朝。《經》書閏月猶朝廟，譏之。」疏聖人生知安行，閏月法早定二千年前。泰西閏日法全失月體，或乃以西曆勝中曆，誤矣。

七年

疏《年表》：晉靈公夷皋元年，趙盾專政。秦康公罃④元年。

春，公伐邾婁。六言公伐邾婁，譏其亟也。直録其事，譏邾婁之不事大而内之，惡亟矣，故下避取。不言其爲内，諱深

---

① 某正：原作「其政」，據《駁五經異義》改。
② 聚：原誤作「衆」，據《駁五經異義》改。
③ 月：原刻脱，據《駁五經異義》補。
④ 罃：原誤作「瑩」。

矣。疏季氏伐顓臾，孔子譏之。邾婁與魯近，乃伐取不已，罪惡見矣。

三月，甲戌，取須朐。三伐取邑，惡内也。此再取也。

取邑不日，此何以日？據僖取須朐不日。内辭也，爲内諱。使若他人然。如滅項之比。以爲他人取之，非魯，故出日月以見其事。《補例》：已取須朐矣，曷爲再言取邾婁？伐取之也。曷爲不言邾婁之伐、圍？見者不復見也。因齊取，知邾婁伐取。

遂城郚。齊邑也。其言城何？取之齊也。何爲不言伐齊取郚？方深其怨于邾婁，又啟釁于齊，所以致下伐也。我有自取之道，故不言伐取，亦不言齊伐也。爲内諱其事，使若内自城，不爲①狄伐者然。疏齊邑，遷紀因取邾邑，并取郚。

夏，四月，宋公王臣卒。宋何以三世不葬？三世無大夫也。葬者臣子之事，不葬者無臣子之辭。故賊不討不葬，以爲無臣子也。不日者，不正也。立君以嫡，得命爲正，非嫡得命爲不正。世子不得命，猶以不正言之，蒯聵是也。不葬者，危之也。嗣子弱，權下移，卒有弒亂之禍。疏《宋世家》：「十七年，成公卒，成公弟禦殺太子及大司馬公孫固，而自立爲君。宋人共弒君禦，而立成公少子杵臼，是爲昭公。昭公四年，宋敗長狄緣斯于長邱。」

宋人殺其大夫。宋殺大夫不名，與曹殺大夫不名比，一尊一卑皆不名。若方伯大夫，無不名者矣。疏《左傳》以爲穆襄之族帥國人攻公，殺公孫固、公孫鄭于公宫，非其罪。

何以不名？宋三世無大夫，宋殺大夫何以不名？言大夫而不名，非大夫也。方伯之大夫乃名。王後于其國用天子禮樂，其臣尊于列國，故不名也，方伯則皆名矣。曹何以不名？微也。尊卑俱不名也，以見非大夫。而言大

① 不爲：原作「下爲」，據文意改。

夫者不名，主書者何以明尊卑也。三世内娶也。内娶婦于魯，僖篇「蕩伯姬來逆婦」。下言宋殺大夫不名，已據三世爲説，專爲蕩氏立此專説。下蕩意諸來奔，殺蕩山，專爲蕩氏事。據《左傳》，此殺乃固、鄭。蓋後師推此小例以遍説魯事。

戊子，晉人及秦人戰于令狐。晉先眜以師奔秦。《穀》、《左》無以師字。疏《晉世家》：「靈公元年四月，秦康公曰：『晉文公之入無衛，故有吕、郤之患。』乃多與公子雍衛。太子母繆嬴日夜抱太子以號泣于朝，曰：『先君何罪？其嗣亦何罪？舍嗣而外求君，將安置此？』出朝，則抱以適趙盾所，曰：『先君奉此子而屬之子，曰：「此子才，吾受其賜；不才，吾怨子。」今君卒，言猶在耳而棄之，若何？』趙盾與諸大夫皆患穆嬴，且畏誅，乃背所迎，而立太子夷皋。是爲靈公。發兵以距秦送公子雍者。趙盾爲將往擊，秦敗之令狐。先蔑、隨會亡奔秦。」

此偏戰也，以結日而戰。何以不言師敗績？據《左氏》「敗秦師于令狐」。敵也。謂晉秦戰互有勝敗，略之不言。此與十四年《傳》同。此晉先眜也，據《左氏》，文時趙盾將中軍，而先蔑將下軍，故弟子據以爲説，以爲非其尊也。其稱人何？不惟趙盾不當稱人，即先蔑亦非尊。貶。師以稱人爲貶趙盾耳。舊説誤以《傳》之晉人即先眜，奔、戰爲一人。考《左傳》説，戰者爲趙盾；先眜雖有軍位，已先在秦，人當以趙盾爲主，不當主先蔑也。曷爲貶？曷爲貶趙盾。外也。太子在而外求君。其外奈何？其外爲何事。以師外也。本求君于秦，因内變而以敗之，首尾兩失。何以不言出？此乃問先蔑之事。遂在外也。先蔑受命逆公子雍，從師而奔，故不言出。疏按：三《傳》大事無不相同，此亦大事也，何以獨異？且晉已勝，先蔑爲主將，何以反奔秦？《史記》以上古書皆同《左傳》，則《左傳》事不誤可知。考《左傳》，先蔑奉使于秦，乃起師禦秦則序先蔑將下軍，是先蔑雖不在師，其佐貳實從師、當戰事。雖潛師事起倉卒，然敗後則先蔑當歸晉，《穀梁》以逃軍譏之，《公羊》以稱人爲先蔑，皆從《左傳》先蔑將下軍之文而起。至于《公》、《穀》皆云不言出在外，則與《左傳》迎公子雍于秦之説相同，非謂從師而奔不言出也。如使先蔑身爲主將而出奔秦，則秦以前古書無是説。《公羊》後師不主事實，時有誤者。至于先師，當不如此。

狄侵我西鄙。戎狄但言追諸侯，不言侵伐。狄何以言侵？非狄也，齊也。何以知爲齊？以言西鄙也。失倚于齊，伐取其邑，因是而見侵伐，故諱不言齊，託之戎狄而已。故伐取不書齊伐，亦避之也。凡單言戎狄者皆託名，此起例。疏狄者何？齊也。齊乃言鄙不言齊者，爲内諱也。以此之狄齊，起餘之狄魯，文世齊四伐我，狄亦四侵齊，相起以見意。《左氏》以爲真狄者，後師説，抑或齊師連綺赤狄以爲聲援也。

秋，八月，公會諸侯、晉大夫盟于扈。《傳》與《左氏》皆就事實言之，實則略諸侯也。趙盾以一大夫主諸侯，不可爲訓，故略之。不可詳序諸侯，以主大夫也。疏《晉世家》：「秋，齊、宋、衛、鄭、曹、許君皆會趙盾，盟于扈。以靈公初立故也。」

諸侯何以不序？據齊、宋、衛、鄭、曹、許新城諸侯。大夫何以不名？新城趙盾名，此亦當名。公失序也。《左傳》：「公後至，故不書所會。」按：公失序即後至之義，謂公後至，不得序于會。公失序奈何？問人之若①。諸侯不可使與公盟，據陳袁僑後至于會，諸侯已盟，別序袁僑，以已盟不可再盟也。眣晉大夫使與公盟也。此如諸侯大夫及袁僑盟例也。趙盾主盟，公後至，不可與諸侯盟，乃自與趙盾盟耳。辭則如公與諸侯大夫盟者然。

冬，徐伐莒。徐者何？州舉之也。徐不記事，爲莒記之也。

公孫敖如莒莅盟。

---

① 此注義未詳。

八年《年表》：宋昭公杵臼元年。襄公之子。

春，王正月。《月令》爲全地節令。五帝分司五極，各主三月，合則爲皇，故《洪範》曰：「王省維歲，卿士維月。」《春秋》首時則書，順時奉天，兼寓五極之義。故《詩》篇有爲「正月」「四月」「七月」「十月」，又有「六月」，則黄帝王長夏也。

夏，四月。古有五曆六曆之説，正月魯曆，七月殷曆，四月夏曆，十月顓頊曆，中央爲周曆、大統曆。《春秋》之首時，于地球爲五極分司，各主一時。三皇之制，兼用五曆。

秋，八月，戊申，天王崩。疏《周本紀》：「三十二年，襄王崩，子頃王壬臣立。」

冬，十月，壬午，公子遂會晉趙盾，盟于衡雍。内大夫盟皆專盟也。此有諸侯大夫，不言者，略之也。

乙酉，公子遂會伊雒戎，盟于暴。伊雒戎者，以地繫之也。西方曰戎，此豫州夷，故以地繫，以見非西方之戎也。《春秋》不言要荒，九州夷狄必以地繫之，所以别于外夷也。此遂事也，何以不言遂？以見公命也。夷狄盟不日，此何以日？不日則不見爲二事也。

公孫敖如京師，不至復。丙戌，奔莒。大夫奔例日，此奔上繫事，有罪則不日。有罪而日，則謹之也。

不至復者何？據遂言至乃復。不至復者，内辭也，不言所至，未往也。從内辭，故以不至言之。不可使往也。實不奉命而往。不可使往，則其言如京師何？既未往，則不言如京師、言復，但書其奔可也。遂公意也。尊君命可言不至，不可言①不如。何以不言出？遂在外也。與先蔑同。

蝝。《詩》「衆維魚矣」，衆即蝝古字。

宋人殺其大夫司馬。上言大夫，此言大夫而兼言官何？明司馬即其大夫也。不名者何？以爲其官尊也。天子大夫以上不以名氏見，士乃言名氏。此言官不名，知以尊故。疏《左傳》以爲公子卬②。

宋司城來奔。文世詳宋大夫，類序之例也。疏《左傳》以爲蕩意諸，爲司城。

司馬者何？司城者何？據司馬、司城非名氏。疏司馬、司空合爲二伯。《詩》睢鳲二鳩，睢爲司馬，鳲爲司空，《詩》見二鳩，《春秋》之司馬、司城。專詳二伯。皆官舉也。司馬、司空，天子之三公也。宋何以言司馬、司城？宋王後，用天子禮樂，尊與諸侯異，故于宋言之也。天子大夫言采言字，不以名氏也，唯士乃名氏，如石尚是也。諸侯大夫如天子元士，故以名氏，大國尊不同列國，故不見名氏，言官而已。宋如天子三公，其臣得比天子大夫，故不名。疏以官名舉之，見三官之名也。大司徒、大司馬、大司空皆三公官名也。王朝見宰周公、祭公，不見司馬、司城，以起之。三公之名于宋見者，明宋變司空以爲司城。曷爲皆官舉？據殺不舉官。宋三世無大夫，故稱官。《補例》：舉官而不名，明其尊也。何爲明其尊？見王後之禮異也。奈何不以名氏見？天子之公卿或以官舉，或以國舉，或以字舉，皆不以名氏見也，唯諸侯命卿以名氏見。宋大夫何爲以有名氏見？有譏世卿也。不言名氏，不見世卿也。此何以不名氏？一見以明其例。一見則其累言之何？三舉乃明也。司城者何？司空也。司空則謂之司城

---

① 此「言」字原在上句「可言」下，據文意乙。

② 卬：原誤作「印」，據《左傳》文公八年改。

何？宋以武公廢司空。名者，不以國，不以官，不以山川，不以隱疾，不以畜牲，不以器幣①。以名廢官，譏之也。三世内娶也。蕩意諸爲蕩伯姬子，魯外甥，又爲壻，有家難。《經》不氏蕩，故《傳》以三世内娶説之。疏意諸，杜以爲公子蕩孫。按：七年公子蕩爲司城，九年司城出奔，且蕩乃字，公子蕩乃不當字，疑公子蕩即蕩意諸。下壽納幣事隔四十餘年，乃爲意諸，伯、叔字有誤耳。《解詁》以爲宋自娶，其因伯，尤誤。

九年

春，毛伯來求金。不稱使者，天子當喪不稱使。禮：天子居喪，諒陰三年，使冢宰攝政。故三年中不言使，則不稱天王。《論語》：「子張問曰：『高宗諒陰三年，何謂也？』子曰：『古之人皆然。君薨，百官總己以聽于冢宰三年。』」疏《年表》：「襄王崩，王使衛來求金以葬，非禮。」

毛伯者何？天子之大夫也。據下殺文。何以不稱使？據王臣來，非監，例言使。當喪未君也。如諸侯未成君。踰年矣，何以謂之未君？據諸侯踰年稱爵不稱子。即位矣，殯已即位，踰年而言之耳。而未稱王也。三年然後稱王。未稱王，何以知其即位？内稱公然後即位，不稱王不足以見即位。以諸侯之踰年即位，即諸侯之即位以見天子之即位。此互文相起也。亦知天子之踰年即位也。其禮上推于天子。

① 器：原作「罪」，據《左傳·桓公六年》改。

以天子三年然後稱王，《經》特于此著三年稱王之禮，以起諸侯之當從同也。亦知諸侯于其封内三年稱子也。此一見例也。正天子以正諸侯也。諸侯多，名號紛繁，故以踰年正稱。獨于天子見三年之制，知天子如此，而諸侯可知矣。此《經》例也，《經》于先君之年稱子，雖即位，不稱公，明一年不二君之義也。于封内三年稱子，而《經》踰年稱公者，不可曠年無君，特著有君焉耳。踰年稱公矣，《經》有明文。則曷爲于其封内三年稱子？《經》與事實出于兩歧。緣民臣之心，不可一日無君；此説是實于殯後即位，二君相繼不絶，未嘗一日無君。此《顧命》之説也。緣終始之義，一年不二君，此説《經》例也。《經》于先君之年稱子，雖即位，不稱公。明一年不二君之義也。不可曠年無君。雖于封内三年稱子，而《經》逾年稱公者，不可曠年無君。此《經》例之説也。緣孝子之心，言孝子之心者，以見與事實不同。則三年不忍當也。此又三年不稱天王之例也。毛伯來求金，何以書？據譏求已見。譏。何譏爾？王者無求。此古《傳》説，先師引之。求金，非禮也。《穀梁》：「求車猶可，求金，甚矣。」然則是王者與？師先言非王，此又引王者無求應。問果王者與。曰：「非也。」在喪仍非王。非王者，則曷爲謂之王者？非王，則不得以無求説治之。王者無求，師自説引王者無求之意。曰：「是子也。本爲子，非王。繼文王之體，爲文王子孫。守文王之法度。宜用文王之法。文王之法，無求而求，王者無求而求。故譏之也。」《春秋》之王，如周字文王，爲周始祖。故《公羊》以王屬之文王，言王主文王，言二伯主周、召。

疏 以其繼體爲王，可以王法治之，非此時遂正王稱也。

夫人姜氏如齊。此何以書？明夫人奔喪之禮也。何以不言公？不可言也。何以不可言？有天王喪不奔喪，而奔妻父母之喪，以文公之行爲已慎也。如不書致、不言者，諱之也。疏 公同如齊也。不奔天王喪，而同婦人如齊，譏之也。

二月，叔孫得臣如京師。 記大夫如，所以見公之不如也。使人，非禮也。**疏**葬同月也。日在下者，繫本事。

辛丑，葬襄王。 天王尊，葬以時爲正例，此與大國同者。天子以不葬爲例。

王者不書葬，此何以書？不及時書； 簡、匡、景王是也。**過時書；** 桓王是也。**我有往者則書。** 當時則我有往，亦書，如此是也。天子崩，公當親奔喪會葬，言此譏失禮也。《異義》：「《公羊説》：公會其葬。又云：天王喪，赴者至，諸侯哭。雖有①父母之喪，越紼而行事。葬畢，乃還。」《白虎通》曰：「王者崩，諸侯悉奔喪何？臣子悲哀慟怛，莫不欲觀君父之棺柩，盡悲哀者也。又爲天子守蕃，不可頓空也，故分爲三部：有始死先奔者，有得中來盡其哀者，有得會喪奉②送君者。七月之間，諸侯有在京師親供臣子之事者，有號泣悲哀奔走道路者，有居其國哭③痛思慕，竭盡所供以助喪事者。是四海之内咸悲，臣下若喪考妣之義也。葬有會者，親疏遠近盡至，親親之義也。童子諸侯不朝而來奔喪者何？臣子于其君父非有老少也。」又曰：「諸侯有親喪，聞天子崩，奔喪者④何？屈己。親親猶尊尊之義也。《春秋傳》曰：『天子記崩不記葬者，必其時葬也。諸侯記葬，不必有時。』諸侯惟有天子喪當奔，不得必以其時葬也。」

晉人殺其大夫先都。 稱人以殺，殺有罪也。**疏**據《左氏》，此箕鄭父、先都、士穀、梁益耳。蒯得作亂，殺先克，此晉人討罪而殺先都也。不書先克之殺者，兩下相殺不志。此殺有梁益耳，不書者，非卿。別出先都，不與下士、箕累數者，罪尤

---

① 有：原作「爲」，據《駁五經異義》改。
② 奉：原刻脱，據《白虎通疏證》卷二《崩薨》補。
③ 哭：原刻脱，據《白虎通疏證》補。
④ 者：原脱，據《白虎通疏證》補。

重，以同族相殺，故別出之也。

三月，夫人姜氏至自齊。奔喪。公與夫人同至齊，此以夫人致，不致公也。諱，不可言公，故不出公。**疏**夫人歸不致，致者，爲公同行也。何以知公同行？以致知之也。

晉人殺其大夫士穀，及箕鄭父。稱人以殺，誅有罪也。小國不得專誅大夫，晉大國，何以書？大夫尊，不得專殺也。凡書殺大夫，惡君也。此方有罪，其惡之何？《春秋》之義，刑不上大夫，有罪放之，所以盡君臣之禮。大罪歸于天子治之，不得專殺大夫也。**疏**此與先都同罪，何爲別出之？先都同族，故獨異之。言者士穀，尊也。蒯得不書者，非卿也。

楚人伐鄭。有鄭公子堅、公子尨及樂耳。鄭及楚平，不書者，爲中國諱也。楚子師于狼淵，不序從國，亦爲中國諱也。

疏鄭穆公蘭元年。

公子遂會晉人、宋人、衛人、許人救鄭。善救鄭也。此大夫，何以不稱名氏？不以征伐與大夫也。**疏**晉率諸侯救鄭，此晉趙盾、宋華耦、衛孔達、許大夫也。稱人者，至此會伐，猶不列也。《傳》不言善救者，楚稱人已明。

夏，狄侵齊。此狄內何？上方狄齊，此故狄內。如是而稱乎？前事亦如內與曹同言戎。莊世內與曹同託戎，文世內與齊同託狄，二文相起。

秋，八月，曹伯襄卒。曹卒何以月？由時而日，循環以見例也。**疏**《曹世家》：「三十①五年，共公卒，子文公壽立。」

九月，癸酉，地震。劉子說：「《春秋》地震，爲在位執政盛也。」又：「先是②時，齊桓晉文魯釐二伯賢君新沒，周襄王失

---

① 十：原誤作「牛」。

② 先是：原作「是先」，據《漢書》卷二七下《五行志下》乙。

道，楚穆王弑父，諸侯皆不肖，權傾于下，天戒若曰：臣下①强盛者將動爲害。後宋、鄭、魯、莒、齊、陳皆弑君也。」

地震者何？地運轉無已而人不覺。動地也。有物以動之，即西人火山之説。何以書？記異也。地質學：大塊空、成、住、毁，亦如歸息耳。疏王莽説地本動物，震乃爲異，動則否。

冬，楚子使椒來聘。言楚聘，明文得楚心也。莊二十三年聘稱荆人，此進稱椒，下秦歸襚稱秦人，十二年聘稱遂楚，爲大夷，秦與吴皆從小夷之例。此方伯之等著者也。疏椒，一本作萩。

椒者何？楚大夫也。楚無大夫，據荆人來聘，聘下不言大夫。此何以書？始有大夫也。入文公始録。大夫以聘言之，純待以方伯之禮。《補例》：楚夷狄，何以有大夫？《春秋》用夏變夷，合于中國則中國之也。言聘者必出名氏，而不氏，非實聘也。非聘而記聘，以見外方伯大小進陟之差等也。何以知其非實來？以内無聘文。蔡不言來，亦無如文，可知也。何以知其非略而不言？以大國往來當一見以明之，不可略也。始有大夫，則何以不氏？據《左氏》，椒氏鬬②越，所稱鬬越椒是也。許夷狄者，不一而足也。楚何以稱使？明其爲方伯也。方伯大夫氏，此何以不氏？始進也。始無大夫，後有大夫者，再進之也。方伯何以不記災？陝以西之國也。楚夷狄，何以謂之方伯？《春秋》立九州之制，新收四州用夏變夷，《春秋》之大例也。疏引外四州以成九州，亦如今引西南諸國以成大九州。

秦人來歸僖公、成風之襚。僖公、成風其葬已久，來歸襚者，蓋以見非實事也。何以獨記秦？以見漸進之義也。此

---

① 臣下：「下」原誤作「不」，據《漢書·五行志下》改。

② 鬬：原誤作「闞」，據《左傳》改。下句「鬬」字同。

與上書椒相起，方伯以上乃言歸。疏 歸與聘同。當稱君言使，其不稱君言使者，明實未歸也。未歸而曰歸，待以外方伯禮也。《春秋》大楚小秦，進楚言使，秦歸稱人，以明大小之義。秦不與諸侯通逾年，今始歸襚，借以見成風之不正，亦以起非實事也。

其言僖公、成風何？ 惠公仲子，爲母以子氏。 兼之。 成風之薨已五年，僖公則九年，如以爲母以子氏，爲成風專使，不應遲至五年之久。魯、秦不通，新通來使，故兼襚母子二喪。 兼之，非禮也。 禮，使不兼。此因久而始通。 曷爲不言及成風？ 男、女當及。 成風尊也。 夫可及婦，子不及母，故爲尊。

葬曹共公。 文世内小國惟此一記葬。疏 小國葬時，正也，不以月見。當時不時，略之也。

十年《年表》：曹文公壽元年。

春，王三月，辛卯，臧孫辰卒。 此魯卒大夫也。三家爲三卿，外皆大夫也。大國三卿，非卿不書，則臧叔諸氏皆不得書。蓋方伯之國本國三卿其位尊，故得卒大夫，抑又因賢而書也。

夏，秦伐晉。 秦者，狄之。疏《晉世家》：「靈公四年，晉伐秦，取少梁。秦亦取晉之北徵。」

楚殺其大夫宜申。 楚稱王，其臣稱王子，而曰公子、大夫，何也？ 辭尊居卑，引之中國也。《傳》曰：物從正，名從主人，此亦物也。 據我言之，則爲公子大夫也。舍尊而稱卑。何以猶不氏？ 曰：夷狄之王比于中國之子、男，所以尊中國也。此闕宜申也，不氏者，猶從小國例。至于宣、成，有大夫矣。公子側稱大夫，是也。疏 稱大夫而不氏者，漸進也。此何以書？ 明楚之執政臣也。據《左氏傳》，此不氏，賤之也。

自正月不雨，至于秋七月。《春秋》嘉僖公勤雨，責文公不勤雨。二事相起。

及蘇子盟于女栗。蘇子者何？天子之卿也。及者何？不言其人，爲内諱也。何以爲内諱？諱與天子盟也。據與單子、尹子同。《詩》曰蘇公，即此。疏《左傳》：「秋七月，及蘇子盟于女栗①，頃王立故也。」然則盟者不必魯一國，因諱其事，通無主名。

冬，狄侵宋。狄一侵宋。狄言侵而不言伐。疏狄者，楚、蔡也。蔡何以言狄？從楚伐宋，故狄之也。

楚子、蔡侯次于屈貉。侯何以在子下？狄之也。中國從夷狄不書，此何以書？一見以明之。此有陳、鄭、宋，何以不書？爲中國諱也。何以獨見蔡？以蔡爲徐州國，故言之也。疏將伐宋，宋逆之，遂爲孟諸之田也。

十有一年

春，楚子伐圈。圈者何？梁州國也。梁州之國奈何？秦爲方伯，梁、蜀、巴、庸、隗、鄀爲卒正，一州共見七國。舉其大而略其細也。疏圈，二《傳》作麇。楚兼有梁、豫、徐、揚之地，所以爲大國也。

夏，叔彭生會晉郤缺于承匡。蔡、許、陳、鄭、宋皆從楚，唯内與會，謀楚也。疏此大會也，何爲獨見二大夫？以諸侯貳于楚也。《左傳》：「夏，叔仲惠伯會晉郤缺于承匡，謀諸侯之貳于楚者。」

---

① 盟于女栗：原作「女栗盟」，據《左傳》乙改。

秋，曹伯來朝。**疏**來朝常事不志，志者，曹伯未畢喪而行嘉禮。衰麻不可以接冠冕，故譏之。且不①合五年之期。

公子遂如宋。言大夫而不言公如，明王後之禮也。

狄侵齊。

冬，十月，甲午，叔孫得臣敗狄于鹹。古大地有異種，如《山海經》所列，劣敗優勝，今大地惟存五種。《經》記此事，以明種學。《詩》曰：「周餘黎民，靡有孑遺。」故今惟傳五類。**疏**《魯世家》：「十月甲午，魯敗狄于鹹，獲長狄喬如，富父終甥舂其喉，以戈殺之，埋其首于子②駒之門，以命宣伯③。」

狄者何？據狄遠于魯，不能來伐，詭名詭實。戎狄單舉，多爲中國。長狄也。異種，即東方大人國。兄弟三人，自我以形狀目之爲兄弟。一者之齊，《左傳》以爲在齊襄二年，又以榮如爲僑如弟。考之時代，恐有脱誤。一者之魯，一者之晉。《左傳》作宋事。其之齊者，王子成父殺之；其之魯者，叔孫得臣殺之；本經。則④未知其之晉者也。《穀梁傳》文同。據二《傳》，之晉時代當去不遠，《左傳》以爲在宋武公之世，《春秋》以前，二説不同。其言敗何？據殺一人不得言敗。大之也。大之言敗，如伐凡伯一人言伐之比。

---

① 「不」下原衍一「不」字，兹删。
② 子：原作「孑」，據《史記》卷三三《魯世家》改。
③ 宣伯：「伯」原誤作「白」，據《史記》改。
④ 「則」下原衍一「則」字，據《春秋公羊傳》删。

其日何？據與敵國戰，敗乃日。大之也。義兼大一統，皇帝之學。其地何？據兩師臨陣乃地。大之也。記其侵入中國之亡。其本類之自相消滅，不盡詳。何以書？記異也。其長逾常人，是爲怪異。疏海外掘地多獲異種。天演物競，劣敗優勝，惟善者存。

十有二年

春，王正月，盛伯來奔。內之奔如來朝之例，非小國不言來奔。然來奔僅三見，惟此及莒、邾婁而已。盛伯者何？據大國不言來奔，惟卒正言來奔。失地之君也。盛，二《傳》作郕。盛爲亡國，郕非亡國也。據《左傳》以地來奔，內已立君。此爲失地，如世子忽。何以不名？失地例名。地受之先君，不能保守，失君道，當誅。兄弟辭也。貴者無後，待之以初。

杞伯來朝。杞伯者，周之王後也，曷爲朝魯？《春秋》朝之也。曷爲《春秋》朝之？《孟子》曰：「《春秋》天子之事也。」是故孔子曰：「知我者，其惟《春秋》乎！罪我者，其惟《春秋》乎！」何以敘卒正之後？① 以宋始，以杞終，同者異之也。疏《春秋》已明者不再見，此何以書？明不合五年之期也。

二月，庚子，子叔姬卒。內女卒，皆以許嫁于諸侯故也。

---

① 按：據上文，此句似當作「何以敘王後」。

此未適人，何以卒？許嫁如適。矣。婦人許嫁，字而笄之，死則以成人之喪治之。其稱子何？貴也。其貴奈何？母弟也。一時何以有兩叔姬？字積于叔也。一見以明其制。內女不卒，卒者，爲子叔姬見也。何爲爲子叔姬見？明娣攝夫人以往也。《白虎通義》：「質家所以積于仲何？質者親親，故積于仲。文家所以積于叔何？文家尊達，故積于叔。即如是。《論語》曰：『周有八士：伯達、伯适、仲突、仲忽、叔夜、叔夏、季隨、季騧。』不積于叔何？蓋以兩兩相生故也。不積于伯、季，明其無二也。文王十子，《詩》傳曰：『伯邑考、武王發、周公旦、管叔鮮、蔡叔度、曹叔振鐸、成叔處、霍叔武、康叔封、南季載。』所以或上其叔、季何也？管、蔡、曹、霍、成、康、南皆采也，故置叔、季上。伯邑考何以獨無乎？蓋以爲大夫者，不食①采邑也。」

夏，楚人圍巢。巢者何？徐州國也。徐州之國奈何？蔡爲方伯，徐、鄅、六、蓼、厲、項爲卒正，一州共見七國，舉其大而略其細也。圍巢而巢服，爲下吳子伐楚得巢卒張本。

秋，滕子來朝。常事不書，此何以書？爲秦聘書也。何以爲秦聘書？卒正朝而不聘，方伯聘而不朝，故同見以起之也。凡此皆爲禮制見也。疏此記滕子來朝之始。《春秋》滕與曹內無兵事，以明盡禮，惟苦于宋兵。

秦伯使遂來聘。來歸稱秦人，此稱遂者，進之也，如前楚椒之例。秦無大夫，其稱使者，明其爲梁州方伯也。何以知爲梁州方伯？《春秋》陝以東國皆稱使不氏。南州何以獨見三國？蔡亦南國也。蔡在豫州，何以爲南國？遷乎徐也。何以不見內臣之如秦？以不言內臣之如秦，蔡不言聘，內不言如也。吳、秦有來聘而亦無如文者何？實以見非真聘也。鄭來聘不言如者，以如晉由鄭，略之不言也。疏遂，《左》、《穀》作術。

① 不食：《白虎通義·姓名》作「不是」，當從。

遂者何？秦大夫也。南服四州，秦、楚、吴同有此例。秦無大夫，此何以書？秦大夫不見盟會。賢繆公也。時繆公死已久，因賢繆公悔過，乃進秦。何賢乎繆公？此康公事，因其父進其子。以爲能變也。《荀子》：《春秋》進秦繆公，善其能變也。其爲能變奈何？惟諓諓善竫言。今《尚書》作「惟截截善諞言」。俾君子易怠，今《尚書》作「君子易辭」。而況乎我多有之。今《尚書》作「我皇多有之」。惟一介斷斷焉無他技，今《尚書》作「如有一个臣，斷斷兮無他技」。其心休休能有容，今《尚書》作「其心休休焉其如有容。人之有技，若己有之；人之彦聖，其心好之，不啻如自其口出。是能容之，以保我子孫黎民，亦職有利哉！人之有技，冒嫉以惡之，人之彦聖而違之，俾不通。是不能容，以不能保我子孫黎民，亦曰殆哉！」是難也。按：此用《尚書·秦誓》文也。《傳》引《書》每多與本文有異同者，先師齊人，引《書》各由譯解故也。

冬，十有二月，戊午，晉人、秦人戰于河曲。此秦伐晉。

此偏戰也，何以不言師敗績？據此爲敗晉，當言晉師敗績。敵也。晉、秦連戰不休，互有勝敗，略之不言，但以内外辭言之。疏按：令狐秦敗，此戰晉敗，《傳》同。曷爲以水地？以水地者多矣，此乃言河曲。又，河曲，爲大之。河曲疏矣，疏猶遠也，謂河緣秦北境甚遠。河千里而一曲也。方千里一曲，方九千里入海，則海曲即大九州。方九千里，故河圖爲括地之書。戰于河曲之地，故以河曲地。何君以爲兩曲，非。

季孫行父帥師城諸及運。此取之莒，故帥師。諱不言者，疆埸之間，一彼一此，故諱之。言及者，諸大運小。稱師取之，外諱不言耳。疏運，《穀》、《左》作鄆。

十有三年

春，王正月。

夏，五月，壬午，陳侯朔卒。

邾婁子籧篨卒。

自正月不雨，至于秋七月。不雨有四部，此其一也。《春秋緯·考異郵》：「桓五年秋大雩，説雩禮，是一部也；僖二年冬十月不雨，僖三年正月不雨、夏四月不雨，説禱禮，是二部也；文二年、十年、十三年，皆云正月不雨至于秋七月，説旱，是三部也；僖十一年秋八月大雩，十三年秋九月①大雩，成三年秋大雩，襄五年秋大雩，八年九月大雩，十六年秋大雩，十七年秋九月大雩，二十八年秋八月大雩，昭三年八月大雩，六年九月大雩，八年秋大雩，十六年秋九月言大雩，二十四年秋八月大雩，二十五年秋七月上辛大雩，季辛又雩，定元年秋九月大雩，七年秋大雩，九月大雩，十二年秋大雩，説旱氣所由，是四部也。」

世室屋壞。不言日月者，不可以日月計也。

世室者何？據始封稱太廟，羣公稱宫。魯公之廟也。稱魯公者，始封于魯之公。不言謚法而以魯稱，以其爲始封也。周公始祖。稱太廟，魯以周公爲始封。稱太廟者，周公廟。太廟有定，故在五廟之數。魯公稱世

---

① 九月：原誤作「九年」，據《考異郵》改。

室，世室者，太廟之夾室也。如周之文、武二世室，此宗也。宗廟不在常廟之數，《經》只一宗，《明堂位》以爲二宗。《王制》不言世室，文不備也。羣公稱宮。如桓宮僖宮是也。此魯公之廟也，曷爲謂之世室？據室卑于廟何以魯公宜卑稱。世室，猶世室也，世世不毁也。稱太廟之室也。稱世室者，取不毁之義。疏《異義》：「《公羊》：御史大夫貢禹①說：王者宗有德，廟不毁。宗而後毁，非尊德之義。」按：《左傳》說前堂爲太廟，重廟爲世室，是一廟異名；《公羊》說以爲魯公之廟，與親廟異，即所謂五宗也，親盡不毁，與劉歆語同。周公何以稱太廟于魯？禮：始封之君爲太廟。魯公始封，當以魯公爲太廟，不當祖周公。疏《異義②》引載記：「《郊特牲》云：諸侯不敢祖天子，大夫不敢祖諸侯」，又匡衡說：「支庶不敢薦其禮③下士，諸侯不敢專主于王。」封魯公以爲周公也。封魯爲周公，故以周公爲祖廟。周公魯公有父、子之說，亦有皇佐王、伯之分。周公拜乎前，魯公拜乎後，《詩》曰「王曰叔父，建爾元子，俾侯于魯」是也。《明堂位》曰：「封周公于曲阜，地方七百里，革車千乘。」疏按：出千乘，當方三百一十六里，舉四百里者，成數也。班《書》以爲齊、晉皆四百里，即指出車千乘之制。七當爲四，聲之誤也。曰：「生以養周公，以魯禄養周公。死以爲周公主。」據周公子封者七國，特以魯主周公祀。然則周公之魯乎？據生以魯爲養。曰：「不之魯也。」周者畿内地，故魯公稱魯。封魯公以爲周公

①　貢禹：原誤作「賢禹」。
②　異義：原作「義異」，今乙。
③　禮：原作「禄」，據《駁五經異義》改。

主。然則周公曷爲不之魯？如諸侯不爲卿士，當就養本封。欲天下之一乎周也。明周公爲周之公，不使魯一國有之。魯祭周公何以爲牲？據周公主天下、攝政，不當祭以侯禮。周公用白牲，魯公用騂犅，羣公不毛。魯祭周公何以爲盛？周公盛，魯公燾，羣公廩。義詳《解詁》。世室屋壞，何以書？譏。何譏爾？久不修也。《穀梁》云：譏不修也。《左傳》云：書不共也。疏屋非歲月可能壞，譏公最切。而先君之不修，亦在所譏。

冬，公如晉。董子説：「文公不事晉。先齊侯①潘卒②一年，文公如晉，衛侯、鄭伯皆不期而來。齊侯已卒，諸侯果會晉大夫于新城。」公如者何？朝也。在外曰來朝，在內曰公如。此方伯事二伯之禮也。

衛侯會公③于沓。過衛，在衛相會。沓，衛地也。疏沓者，衛邑也，公在衛。何以不言公如衛？尊卑同則不可以言如也。何以不言公及衛侯遇于沓？衛爲主也。在內曰公及，不言來；在外曰會公，不言如也。

狄侵衛。狄者，晉也。

十有二月，己丑，公及晉侯盟。盟在晉都。凡公如多有事不言，此言者，因會盟三國，且起處父伉也。

還自晉。

還者何？善辭也。以還爲善，全《傳》通例。何善爾？往黨衛侯會公于沓，《左傳》説，「衛侯會公于

---

① 侯：原刻脱，據淩曙《春秋繁露注》卷五《隨本消息》補。

② 卒：原作「之」，據《春秋繁露注》改。

③ 公：《公羊傳》無「公」字，爲廖氏所加。按，《左傳》則有「公」字，不必視爲衍文。

沓，請平于晉。」至得與晉侯盟。不如前與處父盟。反黨鄭伯會公于斐，《左傳》：「公還，鄭伯會公于斐，亦請平于晉，公①皆成之。」故善之也。

鄭伯會公于斐。斐者何？鄭邑也。公已至鄭，何不以鄭言之？避朝文，不言也。疏還從鄭，鄭又與公會。大小同，絶往來之文。

十有四年《年表》：楚莊王侶元年，陳靈公平國元年。周頃王崩，公卿争政，故不赴也。疏頃王六年崩，子匡王班立。

春，王正月，公至自晉。一事而詳録之，因正以明事變也。何以再以晉致，不以公如？鄭之辭也。公本事晉，《經》故仍以晉致，明本意也。

邾婁人伐我南鄙。邾婁在我南，故言南鄙。以小犯大，惡邾婁也。

叔彭生帥師伐邾婁。內伐皆有事，記以明得失。

夏，五月，乙亥，齊侯潘卒。不葬者，舍無臣子之辭也。疏《春秋》惡其敗先人之業，啟夷狄之禍。詳《穀梁》注。

六月，公會宋公、陳侯、衛侯、鄭伯、許男、曹伯、晉趙盾。癸酉，同盟于新城。同者，同欲也。何欲

---

① 公：原脱，據《左傳》本年補。

爾？同外楚也。何以外之？所會皆中國國，不與之同也。扈不敘諸侯，大夫不名，此不然者，扈謹始，此從實録之。陳、衛、蔡、鄭皆在豫州，何一州見方伯之國四？居中國之中也。今地中海間居亞歐之中，亦多名國，《大統春秋》亦當遷封之，列於各國，以主澳、非也。

秋，七月，有星孛入于北斗。董子謂：孛者，惡氣之所生①也。謂之孛者，言其孛孛有所防蔽，以爲不明之象也。北斗，國君；後齊、宋、魯、莒、晉皆弒君。**疏**星異不日者，不可以日計也。非一日之事，故以月計也。

孛者何？彗星也。彗星亦有軌道。詳其入臨之地，弓矢之學。其言入于北斗何？據孛下地無入字。北斗有中也。有中可容物，故言入。何以書？記異也。義詳《解詁》。

公至自會。

晉人納接菑于邾婁，弗克納。捷菑，失嫌也。以母言之。蓋貜且之母貴于接菑，對晉言，故但言其長幼。使非母貴，則《傳》明言立子以貴不以長矣。齊、晉不同姓，此媵不合禮者也。

納者何？據君臣同有納。入辭也。其言弗克納何？據葬不克言不納糾，不言弗克。大其弗克納也。弗者内辭，言弗克納與不言不而言弗者，皆大之也。何大乎其弗克納？據弗克事不成，何故大之。晉郤缺**疏**按：《穀梁》以爲郤克，《左傳》以爲趙盾，據前後文，當以《左氏》爲正。帥師革車八百乘，《左傳》作趙盾以諸侯之師八百乘，《穀梁》作長轂五百乘。此作革車八百乘，與《左氏》傳相合也。以納接菑于邾婁，力沛

---

① 所生：「所」字原脱，據《漢書·五行志下》補。

若有餘而納之。邾婁人言曰：「接菑，晉出也；貜且，齊出也。子以其指，則接菑也四，貜且也六。《穀梁》：「貜且，正也，捷菑，不正也。」《左傳》齊出貜且長。四、六者，蓋言一正一不正。子以大國壓之，則未知齊、晉孰有之也。貴則皆貴矣，雖然，貜且也長。」《傳》立適以長不以賢，立子以貴不以長。蓋貜且母既貴，身又長。郤缺曰：「非吾力不能納也，義實不爾克也。」引師而去之。故君子大其弗克納也。因其知義，故大之。此晉郤缺也，其稱人何？據大之，宜書卿。貶。曷爲貶？大，曷爲貶。不與大夫專廢置君也。言置君既不可專，師去又爲廢君命。曷爲不與？據義不當納，則自專可也。實與故大之。而文不與。故稱人。文曷爲不與？大夫之義，不得專廢置君也。《穀梁》云：「至城下然後知，何知之晚也！」不早計其得失，臨事廢君命，皆非也。

九月，甲申，公孫敖卒于齊。奔大夫不言卒，而言卒何也？爲受其喪，不可不卒也。其地何？于外也。

齊公子商人弑其君舍。不日者，未成君也。商人不以國氏，不以嫌代嫌也。疏按：《史記》言子叔姬，與《左傳》同。齊方弑君，魯不應即送子叔姬嫁于商人。《經》叔姬歸齊之文，何君以爲新嫁者，無所據也。此未踰年之君也，其言弑其君舍何？據奚齊言君之子。疏不書葬者，未踰年君，又屬不正。已立之，已殺之，里克之弑由荀息，商人狥君意而立之，既立，又①以不正弑之。成死者而賤生者也。成舍之爲君，所以重商人之弑。疏據《公羊》説，弑未踰年君無正辭。奚齊責獻公，舍責商人，皆有所爲之言也。

---

① 又：原作「人」，據文意改。

宋子哀來奔。

宋子哀者何？無聞焉爾。

冬，單伯如齊。如齊者，爲謂子叔姬也。禮，監者專掌閒田方伯事，不及方伯本國事。此因請命于王乃使之。不言者，有所避，不言也。

齊人執單伯。言監者之見執，明天下之伯衰也。疏《左傳》：「襄仲使告于王，請以王寵求昭姬于齊，曰：『殺其子焉，用其母？請受而罪之。』冬，單伯如齊請子叔姬，齊人執之。又執子叔姬。」

齊人執子叔姬。子叔姬者，上子叔姬之娣也。一時有兩子叔姬者，字積于叔也。疏子叔姬早嫁于齊，舍之母也。單伯請叔姬，齊人許之。歸，于道淫，齊人乃執之。非初嫁于齊于道淫也。

執者曷爲或稱行人、或不稱行人？內、外皆或稱行人，或不稱。稱行人而執者，以其事執也；二十三年叔孫舍是也。不稱行人而執者，以己執也。單伯是也。單伯之罪何？道淫也。單伯以王命請于齊，齊人許之。歸而道淫，齊怒，因而執之。使初嫁于齊，當有歸文，單伯亦當言送也。惡乎淫？淫乎子叔姬。以同執知之。然則曷爲不言齊人執單伯及子叔姬？同罪當連文以起之。內辭也，使若異罪然。不言及者，別異其事。單伯見《經》久，何爲道淫？以字稱也，又一單伯也。仍以字見，稱伯也。道淫之人不可言，故託于單伯，以明監者之制也。疏《左傳》詳子叔姬爲舍母事，而不詳道淫；二《傳》詳道淫事，而不詳爲舍母。今合史記、通三《傳》乃明。

十有五年周匡王元年，齊懿公商人元年。

春，季孫行父如晉。行父專行，政在大夫也。有天王喪，不如京師而如晉，失正也。疏《魯世家》：「十五年，季孫行父使于晉。」《左傳》：「爲單伯與子叔姬故也。」

三月，宋司馬華孫來盟。華孫者，華耦也。稱孫者，明爲督之孫也；稱司馬者，明鮑殺文公之司馬，而以司馬授孫也。文公無大夫，此有大夫者，從鮑録之。言來盟者，避使文也。疏《左傳》：「公與之宴①，辭曰：『君之先臣督得罪于宋殤公，名在諸侯之策。臣承其祀，其敢辱君！請承命于亞旅。』」按：《左傳》所言即《經》稱華孫。師説。

夏，曹伯來朝。禮，天子無事，諸侯相朝。天子有喪，諸侯相朝，惡之也。疏于文世再言朝矣。

齊人歸公孫敖之喪。大夫卒于外言歸，喪于竟内不言。

何以不言來？內辭也。脅我而歸之，筍將而來也。《左傳》云：「齊人或爲孟氏謀，曰：『魯，爾親也，飾棺寘諸堂阜，魯必取之。』從之。卞人以告。惠叔猶毀以爲請，立于朝以待命。許之。取而殯之。齊人送之。書曰：『齊人歸公孫敖之喪。』爲孟氏，且國故也。」

六月，辛丑朔，日有食之。鼓用牲于社。《年表》：「六月辛丑，日蝕。」疏《左傳》以爲非禮，二《傳》同②。用者，

---

① 宴：原作「晏」，據《左傳》改。

② 同：原刻無，據文意補。

不宜用者也。鼓以鼓兵，則牲可已矣。

單伯至自齊。致者，内臣例也。疏《左傳》：書者，貴之也。

晉郤缺帥師伐蔡。戊申，入蔡。蔡篤心從楚，故諸侯共入之。不敘諸侯會，不忍言也。入不言伐，此舊傳文，言舉重也。言入則可省伐。此其言伐何？此一見例。至之日也。據日在入上。兵至即入，故伐、入並舉。其日何？據公子舍入陳日在上。至之日也。因以至之日入，故以日加于入上。疏《左傳》：「戊申，入蔡，以城下之盟而還。凡勝國，曰滅之；獲大城焉，曰入之。」

秋，齊人侵我西鄙。其言人，微之也。疏鄙，邊遠屬地。春秋時諸國亦如今西人，皆有屬地。

季孫行父如晉。行父，執政者也。如晉者，文不事齊也。以此如晉，見下之如齊也。

冬，十有一月，諸侯盟于扈。《左傳》：「諸侯盟于扈，無能爲故也。凡諸侯會，公不與，不書，諱君惡也。與而不書，後也。」其曰諸侯，略之也。蓋諸侯會趙盾于扈，公不在，故更略之。不言大夫，異行父，惡君臣錯盟也。不日者，惡盟，略之也，若以爲外盟也。疏扈者何？晉邑也。諸侯同盟于扈，行父往會之；殊會行父，別異大夫與諸侯也。諸侯者，新城之諸侯也。不敘者，已見，從略。

十有二月，齊人來歸子叔姬。女子以夫爲家，故嫁曰于歸。出則絶于夫家，以母家爲家，故曰來歸。《左傳》：「齊人來歸子叔姬，淫①故也。」

① 淫：《左傳》作「王」。

其言來何？據上出齊人，當言以來。出者，但自言來歸。閔之也。以歸則爲罪辭。此如出文，猶云不得于夫家耳。此有罪，何閔爾？父母之于子，雖有罪，猶若其不欲服罪然。義詳《解詁》。

齊侯侵我西鄙。齊之侵我亟矣，何以無報伐之師？託之于狄，故文世不言伐侵齊也。疏《左傳》：「謂諸侯不能也。」

遂伐曹，入其郛。曹在我西。遂者繼事，不得志于我，移兵伐曹，入其郛也。疏《左傳》：「討其來朝也。」

郛者何？恢郭也。據内言城、郛，此加其。入郛書乎？曰：「不書。」外惟入國乃書，入郛小，不書。動入郛不書，此何以書？特書，必有所見。動我也。因侵我，移而伐曹。入郛，如入我郛者然，故動我。動我者何？内辭也，其實我動焉爾。義詳《解詁》。

十有六年

春，季孫行父會齊侯于陽穀，齊侯弗及盟。文公不事齊，故見拒于齊。疏《左傳》：「公有疾，使季文子會齊侯于陽穀。請盟，齊侯不肯，曰：『請俟君間。』」

其言弗及盟何？據弗及内辭，外言不見公。不見與盟也。弗者内辭，齊得内辭，見我之失，行父執政。不得盟者，不與我平也。

夏，五月，公四不視朔。舉數不過三，四卜爲失禮。言四卜，譏之也。因其有疾，故以四數起之。疏《左傳》史例言公舉必書，不知者誤以爲《經》例，使《經》例如此，則視朔當書，無或遺漏，而不視朔則公不舉，不當書矣。可知乃《傳》明史例，與《經》異，非以爲《經》例如此。

公曷爲四不視朔？公有疾也。以書公之有疾。疏《左傳》：「公四不視朔，疾也。」何言乎公有疾不視朔？有疾不視朔，此常事，不必書。自是公無疾不視朔也。然則曷爲不言公無疾不視朔？有疾猶可言也，但言四有疾辭。無疾不可言也。故以四止。

六月，戊辰，公子遂及齊侯盟于犀丘。犀丘，《穀梁》作師丘，《左傳》作郪丘。疏大夫盟例日。見公子遂者，起下弑也。

秋，八月，辛未，夫人姜氏薨。

毀泉臺。

泉臺者何？郎臺也。即莊築于郎者。郎臺則曷爲謂之泉臺？前後異稱。未成，爲郎臺；但以地目之，爲築于郎。既成，爲泉臺。毀泉臺何以書？譏。何譏爾？築之譏，毀之譏。先祖爲之，己毀之，不如勿居而已矣。《穀梁》居作「處」。

楚人、秦人、巴人滅庸。巴者何？梁州卒正也。庸者何？梁州卒正也。楚、秦合兵以滅庸者，梁在荆、雍之間也。滅國多矣，此何以書？收南服，立梁州也。此皆夷狄也，何爲以中國待之？用夏變夷，合于中國則中國之也。何以不見夷狄國？新建州，待之，略。疏《年表》：「楚滅庸。」

冬，十有一月，宋人弑其君處臼。《左傳》：「書曰：『宋人弑其君杵臼』，君無道也。」此鮑弑也，何爲不言鮑？以一國之人皆從鮑也。明與前殺大夫稱人同也。文公弱，不勝君道，不能庇其臣子，至于殺身，故特筆書以明之。疏《宋世家》：「昭公出獵，夫人王姬使衛伯攻殺昭公杵臼，弟鮑革立，是爲文公。」

弑君者曷爲或稱名稱名謂當國不氏者，州吁、無知及御者萬辟氏督是也。氏，名、氏並見，如里克、趙盾。或不稱名氏？有稱人稱國二例。大夫弑君稱名氏，大夫有大國小國之分，大國大夫稱名氏爲正例。賤者窮諸人。賤者衆辭，大國稱人，則爲衆討之辭。是君無道稱國不稱人，無道之尤，稱閽、盜殺者，純其君臣之辭。**疏**小國無大夫，故會盟以稱人爲正辭。故小國弑君不稱名氏稱人，莒人弑其君是也。小國以稱人爲衆辭。二句弑君之例。大夫相殺此以下大夫相殺例。稱人，大夫相殺以稱人爲正辭。如討賊之衛人，齊人殺州吁、無知是也。賤者窮諸盜。如盜殺衛侯之兄輒是也。小國無大夫殺、盜殺之文。

十有七年《年表》：宋文公鮑元年。昭公弟晉率①諸侯伐我。

春，晉人、衛人、陳人、鄭人伐宋。事詳《晉語》、《世家》。**疏**此討弑者，曷爲稱人？不能正其罪也。

夏，四月，癸亥，葬我小君聖姜。聖，謚也。九月乃葬，過時也。**疏**聖，《左》、《穀》作「聲」。

聖姜者何？文公之母也。僖公之夫人。書此以見三世内娶于齊也。

齊侯伐我西鄙。用兵不已，失衆無道，此弑之先見也。**疏**言齊伐北鄙，復言西鄙何？齊地包我西北也。

① 率：原作「卒」，據《史記》卷一四《十二諸侯年表》改。

六月，癸未，公及齊侯盟于穀。盟者，公始與齊通也。因伐而盟。出穀者，避城下之盟也。

諸侯會于扈。言諸侯者，公不在之辭也。疏扈者何？晉邑也。此大會，曷爲不敘？畧之也。曷爲畧之？不能討賊。一年之內，齊、魯、莒三弒君，二伯之恥，故不敘以爲之病也。

秋，公至自穀。穀者何？邑也。致穀，明扈會公不在也。

冬，公子遂如齊。以前有犀丘之盟。結齊謀弒也。目遂之如齊，弒君之先見也。疏《左傳》：「襄仲如齊，拜穀之盟。」

十有八年

春，王二月，丁丑，公薨于臺下。《繁露》：「文公不能服喪，不時奉祭，三年又以喪娶，娶于①大夫，以卑宗廟；亂其羣祖，以逆先公。小善無一，而大惡四五，故諸侯弗與會，大夫弗爲使，是惡惡之徵，不臣之效也。出侮于外，入奪于內，無位之君也。孔子曰：『政逮于大夫四世矣。』蓋文公以來之謂也。」

秦伯罃卒。疏罃者何？康公也。至此始卒者，進小夷也。秦何以稱伯？天子之大夫也。周都西京，《春秋》存之，如王巡狩在外，秦以卿士留守者，故與鄭同稱伯。一守一從，皆外伯也。

夏，五月，戊戌，齊人弒其君商人。惠公，桓公子也。其母衛女，曰少衛姬。辟齊亂，故在衛。弒舍而立，四年遇

---

① 于：原作「以」，據《春秋繁露·玉杯》改。

弑。按：不葬者，賊未討。疏商人弑君，賊未討，此何不以討賊之辭言之？其已君之，《春秋》以正治亂，不以亂治亂。亂賊之臣子仍以臣子之道治之，所以嚴君臣之義也。

六月，癸丑，葬我君文公。

秋，公子遂、叔孫得臣如齊。何爲同行？同謀也。同謀者何？謀殺赤而立宣也，齊主立宣，故宣獨事齊也。《左傳》：「襄仲、莊叔如齊，惠公立故，且拜葬也。」

冬，十月，子卒。班氏曰：「既葬稱子。」子即尊之漸也。疏《魯世家》：「冬十月，襄仲弑①子惡及視，而立倭。是爲宣公。」

子卒者孰謂？據不名不日。謂子赤也。以既葬稱子。疏說《春秋》以詳事實。先師以子爲赤，與《左》、《史》諸書皆同。或乃以爲不當言赤，並先師之說事實者，亦欲滅其跡過也。何以不日？隱之也。《左傳》：「書曰『子卒』，諱之也。」何隱爾？弑也。弑則何以不日？不忍言也。《傳》：「文公死，子幼，遂謂叔仲惠伯曰：『君幼，如之何？願與子慮之。』叔仲惠伯曰：『吾子相之，老夫抱之，何幼君之有！』公子遂知其不可與謀，退而殺叔仲惠伯，弑子赤而立宣公。」

---

① 弑：《史記》作「殺」。

夫人姜氏歸于齊。董子《決事》云：《春秋》之義，言①夫人歸于齊，言夫死無男②，有③更嫁之道也。疏《左傳》：「夫人姜氏歸于齊，大歸也。」

季孫行父如齊。不討賊而結齊，所以惡行父也。立庶則臣專，行父利其弑，故不討之。不葬子赤，以爲無臣子也。

莒弑其君庶其。此莒太子僕弑君也。稱國者，君無道也。不出世子者，以來奔爲之諱也。疏一年之中，中國三弑君，天下之亂極矣！董子曰：「中國亦新夷狄④。」此之謂也。事詳《魯語》。

稱國以弑何？據大國稱人爲衆辭。稱國爲君無道之甚，當與此有異焉。稱國以弑者，小國大夫不名、氏稱人，此稱國，非大夫。衆弑君之辭也⑤。《傳》例「賤者窮諸人」，蓋大國大夫直言姓名，稱人弑，則君無道之辭。小國則變其例。小國無大夫，凡大夫稱人，如大國之名、氏。衆弑稱國，如大國之稱人，故《傳》以稱國爲衆辭，如大國之稱人也。《解詁》失之。疏莒在邾婁上，邾婁七記卒，莒何以四記卒？夷狄，略之也。此不卒者，因弑乃卒之，故不月也。

---

① 言：原刻脱，據《太平御覽》卷六四〇《刑法部》六補。

② 男：原作「由立」，據《太平御覽》改。

③ 有：原作「宿」，據《太平御覽》改。

④ 校案：《公羊傳·胎公二十三年》：「中國亦新夷狄也。」此云「董子曰」，未審何據。又，「夷狄」上原衍「責」字，亦據删。

⑤ 《春秋公羊傳》無句末一「也」字。

公羊春秋經傳驗推補證第六

宣公

宣公宣弑子赤而自立，事詳《世家》。宣年在《春秋》之中，九世例至此爲中心點，前後異辭者多。説詳《異辭表》。

疏《魯世家》：文公次妃敬嬴，嬖愛，生子俀。襄仲殺視及惡而立俀，是爲宣公。

元年《年表》周匡王五年，齊惠公元年，晉靈公十三年，宋文公三年，陳靈公六年，衛成公二十七①年，蔡文公四年，鄭穆公二十年，曹文公十年，秦共公元年，楚莊王六年。

春，王正月，公即位。

繼弑君不言即位，此其言即位何？如其意也②。疏與桓公同。

公子遂如齊逆女。此等小事事實，《傳》多不傳，《經》書之者，不爲明禮制，則因以見其人。此書小事之例也。逆女言遂者，與弑之辭也。不譏喪娶，不足譏也。女在國稱女，因齊稱女，入國稱夫人。

---

① 七：原作「九」，據《史記》卷一四《十二諸侯年表》改。

② 如其意也：《春秋公羊傳》作「其意也」。

三月，遂以夫人婦姜至自齊。夫人至例時，月者，重録之。謹之則月，再甚則日。

遂何以不稱公子？據不氏有貶例。疏《左氏》以爲「尊夫人也」。一事而再見者，卒名也。據凡致皆名，不氏。夫人何以不稱姜氏？有婦無氏。貶。《穀梁》：「其不言氏，喪未畢，故略之。」此《傳》以略爲貶。曷爲貶？譏喪娶也。未出喪。已見再見者，爲起遂弑也。喪娶者公也，則曷爲貶夫人？公爲主，女子從人者，不當貶之。內無貶于公之道也。內大夫不氏爲貶，公無貶例。內無貶于公之道，則曷爲貶夫人？夫人不稱姜氏及不稱氏，皆貶。公唯不見，公內，自無貶公之文。夫人與公一體也。夫妻榮辱共之，貶夫人即以貶公。其稱婦何？有姑之辭也。謂其姑亦齊女姜氏，上「夫人歸于齊」是也。疏何言乎有姑？譏內娶也。魯三世內娶，故言婦以譏之。

夏，季孫行父如齊。斥言行父如齊，所以惡行父也。疏明季孫賂齊之本末也。魯由宣弑自立，三家權重，凡見皆譏世卿，著其禍亂。

晉放其大夫胥甲父于衛。分封之世放之鄰國，一統則放之外州荒徼，如四凶是也。

放之者何？與書出奔異同。猶曰無去是云爾。《尚書》放四凶族，放者置之外，孟子所謂「又先之于其所往」是也。然則何言爾？事輕于奔，《經》又只一見。近正也。不言正而言近正者，對殺、奔言之也。《春秋》之書，有爲戒者，亦有爲法者。如譏累盟而一見胥命，譏奔殺而一見放是也。此其爲近正奈何？不曰正而曰近正，問其典禮也。古者言古者，託于古，實新制也。託禮于古，足見當時未有此典禮。此爲法古例。大夫已去，三年待放。三年不仕于異國，待君放錮之。君放之，非也。孟子：「今也爲臣，諫則不行，言則不聽，膏澤不下于民，有故而去，則君搏執之，又極之于其所往。」按：君臣以義合，有故而去，當待之以恩義，乃錮禁之，是失君德。大夫待放，正也。君雖不當放，而臣則不仕待放，尊君卑臣，以下事上之義。《經》書晉放，是君放之，故不當爲正，而曰近正也。疏以上説放禮。古者臣有大喪，則君三年不呼其門。禮：父母之喪，三年不從政。已練，可以弁冕，服金革之事。至親以期斷，因已練，有大故，以君命奪其私，親弁冕而治軍事。此爲正禮，如臣待放之禮。君使之，非也。君不當奪其情，亦如放之。臣行之，禮也。君雖不以放爲正，然必待之三年，亦如奪情非禮，君命不能違之也。疏周時不丁憂去官，故特以爲古禮，猶云文武之制耳。此禮爲孔子制，至今遵奉之，所以百世以俟聖人而不惑。閔子要經而服事，已練而服兵事。既而曰：「若此乎古之道！不即人心。」退而致仕。義詳《解詁》。疏孔子所定之制當時已多奉行。弟子因師法，時君名卿亦多主之。子貢云：「立之斯立，道之斯行，綏之斯來，動之斯和。其生也榮，其死也哀。」是也。孔子蓋善之也。以上説居喪之禮，借以證放禮之正不正。

公會齊侯于平州。平州、陽州皆齊地名。言公會齊侯，明公事齊也。疏《左傳》：「會于平州，以定公位。東門襄仲如齊拜成。」

公子遂如齊。遂者，爲宣弑而立者，與翬同。略言遂事，明逆黨執政也。

六月，齊人取濟西田。疏《左傳》：「爲立公故，以賂齊也。」

外取邑不書，此何以書？邑猶不書，則田可知。所以賂齊也。此非齊取，實魯賂之。故書以著其惡。

曷爲賂齊？爲弑子赤之賂也。《補例》：田繫于邑，言田則有邑，不言邑者，田可言，邑不可言也。田何以可言？田有閒田也，進讓得加削之。故内辭皆託之田也。疏凡外取于内，及内取于外，多以田爲言。

秋，邾婁子來朝。疏來朝惡人，與朝桓同。不加貶絶，其失自見。

楚子、鄭人侵陳。此有蔡、許，不詳序，獨序鄭，以明其下伐鄭。疏《陳世家》：靈公六年，楚伐陳。

遂侵宋。遂，繼事也。侵陳侵宋者，爲其服晉也。

晉趙盾帥師救陳。善救陳也。

宋公、陳侯、衛侯、曹伯會晉師于斐林，伐鄭。

此晉趙盾之師也，據上救陳帥師。曷爲不言趙盾之師？將尊師衆，以將爲主，當目趙盾。君不會大夫之辭也。會者，主會也。以諸侯而主大夫，故避盾而目師。以大夫主諸侯，不可爲訓者也。

冬，晉趙穿帥師侵柳。柳者，秦邑也。劉子云：周畿内千里，爲諸侯所侵，故其分地小也。疏柳，二《傳》作崇。

柳者何？其國無文，欲以爲邑，不繫。天子之邑也。以不繫而言侵，知爲天子邑。此西京近秦之邑，《春秋》存西京，故不以爲秦邑，而爲天子邑。《左傳》：「晉欲求成于秦。趙穿曰：『我侵崇，秦急崇，必救之。吾以求成焉。』冬，趙穿侵崇，秦弗與成。」疏劉向説：周東西通畿，故周公營洛邑，《尚書·洛誥》篇是也。曷爲不繫乎周？《經》雍州不見國。秦稱伯，王臣食舊采，皆爲存西京。存西京則柳爲天子邑，當先言侵王，而後言圍柳。不與伐天子也。伐天子不可言，故不能繫柳于王。且東遷以後，周京且屬之秦，竝非天子邑。不過《經》存西京，乃謂之天子邑。實則晉特爲秦侵，非侵王也。疏《補例》：言趙穿，起下弑爲趙穿也。司馬子曰：「《春秋》者，記君不君臣不臣父不父子不子非一日之事也，有漸以致焉。」①邑不言侵，言侵者，國之也。何爲國之？畿内之國也。西京既已屬秦，其國之何？存西京也。

晉人、宋人伐鄭。獨出宋者，爲下見大棘之役也。疏據前救陳，知此救宋。

二年

春，王二月，壬子，宋華元帥師及鄭公子歸生戰于大棘。

宋師敗績，獲宋華元。大棘者何？宋地也。何爲以宋及鄭？以大及小，以主及客也。疏《鄭世家》：繆公二十一年，「宋華元伐鄭。華元殺羊食士，不與其御羊斟。羊斟怒，以馳鄭，鄭囚華元。」

秦師伐晉。不言戰敗者，畧之也。

夏，晉人、宋人、衛人、陳人侵鄭。稱人者皆大夫也，何以貶？非貶也，存其政于諸侯，不列數大夫之專兵也。疏《鄭世家》：「晉使趙穿以兵伐鄭。」鄭伐宋，宋敗，華元被獲，故共侵之。此得鄭也，《左傳》云「以報大棘之役」。

秋，九月，乙丑，晉趙盾弒其君夷皋。説詳下《傳》。

冬，十月，乙亥，天王崩。以天統王，推其説，則皇一統爲皇天，其帝、后爲天子正稱。故《詩》曰：「王于出征，以佐天

---

① 按：「《春秋》者」云云，乃劉向《説苑》記子夏之語。

子。」八大伯稱天王，十六二伯稱天吏，七十二小伯稱天牧。皇、帝、王、伯與牧皆統于天，所謂「以道受命」，「天工人其代之」。

疏《周本紀》：「匡王六年崩①，弟瑜立，是爲定王。」

三年泰西恃人謀，不言卜筮；《經》、《傳》主天，人謀已極，又折中于天。泰西教敬天，政不言天；《經》、《傳》統以天爲準。

春，王正月，郊牛之口傷，改卜牛。牛死，乃不郊，猶三望。禮有九天，大九州各郊一天，合計大地九洛當九郊。《春秋》之禘皆時祭大禘，重于郊，皇、帝乃行之。王、伯小統，有郊無禘，「禮不王不禘」，王讀作「皇」。《論語》所論之禘即大禘。《左》、《國》所以皆曰禘。郊，董子云：「《春秋》之法，王者歲一祭天子郊，四祭于宗廟。宗廟因于四時之易，郊因②于新歲之初，聖人有以起之，其以③祭不可不親也。天者百神之君也，王者之所最尊也，明最尊之天，故易歲即以其初郊。郊必以正月上辛者，言所尊，首一歲之事。每更紀④者，以郊祭首之，先賢之義，尊天之道⑤也。」疏此記牛禍之始。言正月，記時也。至此記災。以順行而言，則世降災愈重，天怒愈甚；以逆行而言，則先承天怒，而後及小災也。其言之何？據食角不言之。緩也。之，緩詞。謂傷自牛作。曷爲不復卜？牛傷改卜牛，牛死可以再卜，

---

① 崩：原脱，據《史記》補。
② 因：原作「易」，據淩曙《春秋繁露注》卷一五《郊義》改。
③ 其以：原作「以其」，據《春秋繁露注》乙。
④ 紀：原作「記」，據《春秋繁露注》改。
⑤ 道：原作「樂」，據《春秋繁露注》改。

今乃不然。養牲養二，一帝牲，一稷牲，其二牲而止。卜帝牲不吉，帝重于稷，卜郊先重者，舉帝牲卜之，如卜不吉。疏王者所郊九天之一，東方蒼天稱天子者，獨舉一天主之。《傳》稱帝者何？五天配五帝，非皇天，故不稱天而代以帝。《經》所言帝則人，非神元。則扳稷牲而卜之。則以稷牲改爲帝牲而卜之。如吉，則以稷爲帝。帝牲在于滌三月，帝、稷二牲在滌皆三月，獨言帝者，謂改卜禮。於稷者唯具是視。帝牲稷牲禮在滌三月，臨祭卜帝牲不吉，則改用稷牲。然稷牲既用于帝，則是無牲，故別選一牲充之，不必養滌三月。至于帝牲，則必三月。故二牛不吉，則不復卜也。郊則曷爲必祭稷？稷，后稷，周始祖。王者必以其祖配。配，郊祀后稷以配天。人、鬼配天、地。說詳《白虎通》。王者則曷爲必以其祖配？問配饗之禮。自内内爲主人，如禮迎賓。出者，謂祖人、鬼。無匹不行；無有所匹敵則不出，如無客則主人不出。故郊天神必配以祖，外客乃留。非郊有尊客至，祖亦不出受享。自外至者，客自外至。無主不止。外請天神來享于人。無有爲之主者，則不能留止。故郊天必以祖配食，取留賓侑食之義。其祖別有本祭。《王制》不詳配天者，文不具也。義詳董子。疏《左傳》：「不郊而望，皆非禮也。望，郊之屬也，不郊，亦無望可也。」「自内」四句，《莊子》亦有，文小異。

葬匡王。此正例也。天王葬已爲變，故不日之。疏葬，危之也。在位六年，事不見《經》。

楚子伐賁渾戎。賁渾戎①者，豫州之夷也。夷狄相伐不志乎《春秋》，此何爲志之？地近京師也。地近則志之何？觀

①　戎：原誤作「成」。

兵于周，問鼎大小也。此書者，惡楚子也。疏《楚世家》：「莊王①八年伐陸渾戎，遂至洛，觀兵于周郊。」

夏，楚人侵鄭。去年鄭從晉，故于此争鄭，鄭從楚。楚稱人者，貶之也。中國序從國，夷狄不序者，内諸夏而外夷狄也。

秋，赤狄侵齊。赤狄在冀州，與晉接壤，後滅于晉，地爲晉有。不可言晉伐齊，故以赤狄目之。存晉伐齊之文者，一見例也。《春秋》不以小侵大、外侵内，若果赤狄伐二伯，則在所諱，不當書也。赤狄何爲遠伐齊？晉伐之也。以二伯伐二伯，不可言，故託之赤狄也。疏宣不事晉，文不事齊，以二事相起。

宋師圍曹。《年表》：「宋華元亡歸。圍曹。」疏惡其侵鄭不從晉。曹近宋，後滅于宋，譏曹不事大也。《春秋》小國兵事不書，此何以書？曹，小國之首也，一見以明其餘皆不書也。宋言圍者，宋三年圍，滅曹之先見。

冬，十月，丙戌，鄭伯蘭卒。疏泰西不詳喪葬，與中國古世相同。凡屬草昧，類皆如此。生養已足，自當徐理倫常，《孝經》之説，可徐徐引而進之，以自變其鄙野。事詳《世家》。

葬鄭繆公。不及五月而葬，渴也。疏據《左傳》，葬之早遲以起有故無故。多爲《經》例，不盡關時事。

四年 皇省爲歲，每方帝輻二百二十五方千里，爲《春秋》九州者二十五，爲《禹貢》者九，則一帝輻有九《禹貢》。

春，王正月，公及齊侯平莒及郯，莒人不肯。此公法所謂判斷干涉。齊二伯，魯方伯，莒卒正，郯連師四等；

---

① 王：原誤作「公」，據《史記》改。

莒、郯有争，齊、魯秉公平決，亦息兵平和宗旨。不肯，可以肯也。

公伐莒，取向。莒、邾婁、杞有兵事，曹、滕、薛不言何？曹爲同姓卒正上等，滕、薛則無大夫卒正也，莒、邾婁則爲異姓，故曹、魯獨辟言兵事。此非莒邑，其繫之莒何？地之與人則不然，俄而可以爲其有矣。

此平莒也，郯爲莒屬，亦如莒之屬魯，魯之屬齊。今以二伯方伯之尊，下平二國相争之事，當無不從命也。**其言不肯何？**言平者，爲有侵伐之事，必有兵事，乃爲違反。今但云不肯，非實有罪之辭。**辭取向也。**公自欲取向耳，唯上有二伯，下有連帥，以方伯伐卒正而取邑，不可爲訓，故以不肯爲之辭，謂莒以違命，乃伐取之也。

秦伯稻卒。不日者，外之也。《春秋》之秦如今美洲之國，在西方梁州，入爲留守，故君居留京，而國有夷辭。以梁、荆、徐皆有州舉之例。疏《秦本紀》：「共公立五年卒，子桓公立。」秦伯不名，此何以有名？不葬也。葬則不名，不葬則有名也。不葬則何以有名？不備其禮而奪其名，疑與滕、薛同也。

夏，六月，乙酉，鄭公子歸生弑其君夷。不書葬者，賊未討。此公子宋主弑，何爲不以宋主之？權在歸生也。然則非賊與？書其重者，其徒從同，所以明討賊之義也。

赤狄侵齊。晉再侵齊。疏齊不與晉盟會，故晉再侵齊。不言晉，避之也。不序諸侯，亦避之也。齊、晉不常見兵事者，諱之也。蓋文明舉中國，蠻野則目外夷。當時萊、貉、戎、曼嘗從霸國兵事，故曰無役不從，則《經》變文目夷狄，以當曰軍中實有部落酋長。

秋，公如齊。爲齊所擁庇，數如齊，譏之。

公至自齊。致者，危公也。

冬，楚子伐鄭。前侵未得志，故楚子復伐之。目楚子，荆州國盡在之辭也。中國從國，諱之不言也。疏《年表》：「若敖氏爲亂，滅之①。伐鄭。」

五年《年表》：鄭襄公堅元年。靈公庶弟。

春，公如齊。去秋如齊，今又如齊，所以譏恃外也。

夏，公至自齊。

秋，九月，齊高固來逆子叔姬。不言逆女。言子叔姬者，不與以夫婦辭，與《穀》傳同。**疏**《左傳》：「齊高固來逆女，自爲也。故書曰『逆叔姬』，卿自逆也。」

叔孫得臣卒。大夫卒不日，惡也。**疏**隱、赤見弒不討賊；桓、宣皆不卒大夫；桓死于外，仇不報，亦不卒大夫。閔弒賊已討，故僖世卒大夫。

冬，齊高固及子叔姬來。《左氏》以爲「反馬」，《傳》譏之，先儒遂以爲反馬不躬至，歸寧無並行，非也。此爲以大夫接，内君臣相亂，故譏之。非諸侯，尊同相敵，亦譏之也。**疏**按：禮緣人情，夫婦同往婦家，不爲非常之事；壻終身不見婦翁，亦出于情理之外。此以知《左》說不誤。

何言乎高固之來？據禮，婦人歸寧必與夫偕。嫁于諸侯者，《經》言内女來，不兼言其夫，從省文可知；惟此嫁

---

① 滅之：原作「楚滅」，據《史記》刪補。

于大夫者，獨言高固來。言叔姬之來而不言高固之來則不可。當時高固别藉使事，本當書來，因來書及，不得因事反不見高固。嫁于諸侯，尊同，可以相接，故從省文；此特出高固，以見譏文，故兼言之。不可以大夫與諸侯同，故必兼言之。子公羊子曰：公羊，《藝文志》、《人表》皆不言其名，戴弘①序乃言其名，並且及其五世；皆晚近所造，非也。「其諸爲其雙雙譏，兼譏以大夫接君。而俱至者與！」尊同者單言來，大夫乃雙雙而至，言此以見《經》意，非以壻不可同往婦家也。

楚人伐鄭。《晉世家》：「成公三年，鄭伯初立，附晉而棄楚。楚怒，伐鄭，晉往救之。」疏陳師不序者，不以中國伐中國也。

六年

春，晉趙盾、衛孫免侵陳。侵陳者，陳從楚也。疏《年表》：秦桓公元年。晉與衛侵陳。

趙盾弒君，此其復見何？弒賊宜誅絶，凡弒有明文者，無以别事直見之例。親弒君者，與受弒名對文。趙穿也。據史知之。親弒君者趙穿，則曷爲加之趙盾？不討賊也。何以謂之不討賊？晉史書賊曰：《傳》言書法，多以孔子筆削説之。此歸于晉史，與《左氏》同。「晉趙盾弒其君夷獋。」《左

① 戴弘：「弘」原作「宏」，避乾隆諱也，因回改。以下徑改，不復出校。

傳》：大史書曰「趙盾弑其君」，以示于朝。**疏** 此言晉史書，明《春秋》據百國寶書，不獨記魯史。趙盾曰：「天乎！無辜。吾不弑君，誰謂吾弑君者乎！」史曰：「爾爲仁爲義，盾爲賢大夫，爲忠臣。人弑爾君，而復國不討賊，此非弑君而何？」《左傳》作「亡不越竟，反不討賊，非子而誰」。趙盾之復國奈何？更問所以復國。靈公爲無道，使諸大夫皆内朝，然後處乎臺上，引彈而彈之。《左》但云「彈人」，不詳其爲諸大夫。已趨而辟丸，是樂而已矣。趙盾已朝而出，與諸大夫立于朝，外朝。有人荷畚自閨而出者，趙盾曰：「彼何也？夫畚曷爲出乎①閨？」呼之不至，曰：「子，大夫也。欲視之，則就而視之。」趙盾就而視之，則赫然死人也。趙盾曰：「是何也？」曰：「膳宰也。熊蹯不熟，公怒，以斗摮而殺之。支解，將使我棄之。」趙盾曰：「嘻！」趨而入。靈公望見趙盾，愬而再拜，趙盾逡巡，北面，再拜稽首，趨而出。靈公心怍焉，欲殺之。于是使勇士某者《左》作鉏麑。往殺之。當時諸侯皆專殺大夫，無所畏制，《春秋》乃主不專殺之制。小國大夫有罪，歸于大國治之；大國大夫有罪，歸于天子治之。不能專殺。《春秋》所書，無論有罪無罪，凡殺皆譏。勇士入其大門，則無人門焉者；入其閨，則無人閨焉者；上其堂，則無人焉。俯而窺其户，方食魚飧。勇士曰：「嘻！子誠仁人也。吾入子之大門則無人焉，入子之閨則無人焉，上子之堂則無人焉。是子之易也。子爲晉國重卿而食魚飧，是子之儉也。君將使我殺

① 乎：原脱，據《春秋公羊傳》補。

子，吾不忍殺子也。雖然，吾亦不可復見吾君矣！」遂刎頸而死。《左》作「觸槐而死」。靈公聞之怒，滋欲殺之甚，衆莫可使往者。于是伏甲于宮中，召趙盾而食之。趙盾之車右祁彌明者，《左》作提彌明。國之力士也，仡然從乎趙盾而入，放乎堂下而立。趙盾已食，靈公謂盾曰：「吾聞子之劍，蓋利劍也。子以示我，吾將觀焉。」趙盾起，將進劍，祁彌明自下呼之曰：「盾！食飽則出，何故拔劍于君所？」趙盾知之，躇階而走。靈公有周狗，謂之獒，呼獒而屬之，獒亦躇階而從之。祁彌明逆而踆之，絶其頷。趙盾顧曰：「君之獒不若臣之獒也。」《左傳》提彌明死于此。然而宮中甲鼓而起。有起于甲中者，抱趙盾而乘之。趙盾顧曰：「吾何以得此于子？」曰：「子某時所食，活我于暴桑下①者也。」《左傳》：「初，宣子田于首山，舍于翳桑，見靈輒餓，問其疾。曰：『不食三日矣。』食之。」趙盾曰：「子名爲誰？」曰：「吾君孰爲介？子之乘矣，何問吾名！」趙盾驅而出，衆無留之者。趙穿緣民衆不悦，無道則稱人以弒。起弒靈公，然後迎趙盾而入，與之立於朝，不討賊。然後穿不再見矣。而立成公黑臀。此不討賊，所以加大惡之名也。疏《傳》所記事與《左傳》詳畧互見。

夏，四月。南方炎帝所司，三月。

秋，八月，蝝。一年但記二事，爲畧之至。

① 下：原作「之下」，據《春秋公羊傳》刪改。

冬，十月。北方黑帝所司，三月。

七年

春，衛侯使孫良夫來盟。良夫者，免之子也。在喪而使，非禮也。**疏**《左》：「衛孫桓子來盟，始通。且謀會①晉也。」

夏，公會齊侯伐萊。萊者何？青州之國也。淮夷言夷，此不言夷何？離乎夷狄，《春秋》進之也。**疏**《尚書》「萊夷作牧」，稱萊亦進之，遠于夷也。萊屬青州，爲卒正。

秋，公至自伐萊。伐萊得意。何爲致伐？離不言會也。

大旱。與齊伐萊之應。

冬，公會晉侯、宋公、衛侯、鄭伯、曹伯于黑壤。此晉君初立，出會諸侯。陳、蔡從楚，故不序。

---

① 會：原刻脱，據《左傳》本年補。

八年

春，公至自會。

夏，六月，公子遂如齊，至黄乃復。

其言至黄乃復何？據與公孫敖異文。有疾也。據下卒，知有疾。何言乎有疾乃復？據公有疾言有疾，此不言。譏。具與事以示譏。何譏爾？君有疾有明文，此因何譏之。大夫以君命出，聞喪徐行而不反。不反者，不專公命也。以聞喪事，重喪猶不反，則疾可知。疏君出專命，有疾可以自反。大夫以君爲重，雖死于使，亦用遭喪之禮，以不廢君命。安得因小有疾而遂自反也乎！

辛巳，有事于太廟。凡于太廟祭皆祫也，《王制》「夏曰禘」，又，「禘一祫一犆」。此夏祭，禘于太廟，祫禘也。此未毁廟之主合祭于太廟。《經》書大事者，則毁廟之主亦祫于太廟。此兩年一行之大典也。疏按：《經》有大事有事之分。大事，禮云未毁廟之主與毁廟之主同合食于大祖。夫既有既毁未毁皆合食之禮，則必有有既毁不至，專以未毁主合食之禮，故《經》以有事當之，以此爲間年一行之典也。

仲遂卒于垂。

仲遂者何？以爲公子遂，則氏仲非卒名。公子遂也。以其子孫氏仲知之。何以不稱公子？既氏不當言公子，不應以孫氏加于祖。貶。貶當讀如疏。疏《穀梁》：「其曰仲何也？疏之也。」曷爲貶？嫌爲廢君命于疾疏之。爲弑子赤貶。罪同得臣。然則曷爲不于其弑焉貶？謂當于文十八年弑時貶之。于文如翬貶于隱之世。則無罪，遂弑嫡立庶，與翬之弑隱公者不同。于子謂得罪于子則于子世貶之。則無年。一年不二君，子卒之年，于文不別爲編，故特于卒貶之。如哀姜以喪至貶之也。

壬午，猶繹。萬入，去籥。于辛巳日不變者，其卒已晚，故惟于壬午。譏。繹者何？祭之明日也。文見《尚書》。萬者何？以萬言入，如人名。干舞也。干，盾也。萬，干舞，無聲。籥者何？據萬入，去籥爲別一事。籥舞也。籥，管竹之聲。其言萬入去籥何？二者不可偏廢。去其有聲者，籥是也。廢其無聲者，廢，置也。置者，不去也。此齊人語。存其心焉爾。直録其事，如見其心。存其心焉爾者何？何以表其心迹。知其不可而爲之也。《穀傳》云：「以其爲之變譏之也。」猶者何？通可以已也。《檀弓》：仲尼曰：卿卒繹，非禮也。**疏**《左傳》：「有事于大廟，襄仲卒而繹，非禮也。」

戊子，夫人熊氏薨。

晉師、白狄伐秦。白狄者，赤狄之別種，冀州之國也。北州詳録夷狄，南州則不詳。**疏**姜戎言及，此白狄不言及。狄，晉也，故以晉與狄列數之也。狄伐秦不見，見者，從晉録之也。

楚人滅舒蓼。蓼者何？舒之別種也。何以不日？滅夷狄不日。**疏**《春秋》舒有三種，舒庸、舒鳩及此。

秋，七月，甲子，日有食之，既。言日不言①朔，食二日也。既者何？盡也。**疏**《年表》：「七月日食。」

---

① 不言：原作「下言」，據文意擬改。

冬，十月，己丑，葬我小君頃熊。雨，不克葬。庚寅，日中而克葬。不克葬者，可以克葬也。言不克者，譏之也。《王制》葬不爲雨止，與《經》合。《公羊》舊本與《穀》同，後師乃以爲卿大夫以下乃不爲雨止，此末流之誤也。《左氏》云：「雨不克葬，禮也。卜葬先遠日，辟不懷也。」蓋雨不克葬本爲禮文，惟冬月非大雨之時，何致不克葬？此譏不備雨具也。三《傳》意皆同。

頃熊者何？宣公之母也。而者何？難也。譏不得葬，而爲難詞。乃者何？而既爲難，乃又爲何。難也。亦爲難詞。曷爲或言而或言乃？乃難乎而也。日中猶早，故言而。日下昃已晏，故言乃。皆難詞，乃較而爲甚。疏《傳》云：「卒赴而葬不告。」謂赴以日也。古人葬不拘日，其日不定，故赴葬時不先以日也。

城平陽。《左》云「書時也」。

楚師伐陳。《年表》：楚伐陳，陳從晉故。明年，晉復伐陳。疏曷爲或稱師或稱人？師較人重也。

九年

春，王正月，公如齊。公如不月，此何以月？爲有母喪也。妾母不得體君，何爲與母同？宣既夫人之矣，得與母同也。月者，起其失禮。有母之喪，宜哀痛于心，如齊行朝會，非禮尤甚，故譏之。

公至自齊。

夏，仲孫蔑如京師。凡出使皆行人。不言行人者，内不言行人也。

齊侯伐萊。疏 萊者，青州夷狄。進之，有國辭。今北五州亦多夷狄，《大統春秋》亦必用夏變夷，改土歸流，以備卒正之數。

秋，取根牟。內滅言取，諱大惡也。知非齊取萊邑也。《左傳》言蒐紅自根牟至衛，即此也。

根牟者何？邾婁之邑也。曷爲不繫乎邾婁？諱亟也。根牟，國也。疏 魯之屬國，備連帥之數者。《傳》以爲邾婁邑，一家之説。

八月，滕子卒。滕卒何以稱子？子伯託號也。何以不名？微國也。世家不可譜，故不名也。薛初卒亦不名也。何爲至此乃卒？畧之也。昭以下乃名，世係詳矣。月者，與薛伯初卒同也。《左傳》以爲滕昭公。

九月，晉侯、宋公、衛侯、鄭伯、曹伯會於扈。謀伐陳也。陳因楚伐從楚，故晉爭陳。不序公，公從楚。疏《春秋》豫州多名國，陳、衛、蔡、鄭四方伯同在一州，如今歐州多名國，外州多爲歐州屬地，必移封歐國於外州，以爲大州方伯，而後九州成。各方伯歸于封國，則大九州之制成矣。

晉荀林父帥師伐陳。諸侯會而使大夫伐，見上之失政也。不出諸侯之大夫，存其政於諸侯也。

辛酉，晉侯黑臀卒於扈。《春秋》二伯，北見齊、晉，南見楚、吴。英如齊，美如晉，俄如秦，德如楚，法如吴。疏《晉世家》：「七年，成公會諸侯於扈。陳畏楚，不會。使中行桓子伐陳，因救鄭。與楚戰，敗楚師。」

扈者何？晉之邑也。今外國盟會多矣，《十八九世大事表》即如《大統春秋》，有經無傳，每因地名可以考見其主客會盟之所由起。故治《春秋》者不可不知輿地之學。諸侯卒其封内不地，此爲正例。疏 今日海外盟會多矣，諸國君亦有在會盟而病故者。此何以地？變必有所異。卒於會，因時有諸侯之會。故地也。不地則不見在會而卒。未出其地，故不言會也。曹伯卒言會言師，故日。踰竟則不日也。疏 不書葬者，不討穿爲篡，下遺趙盾子孫之禍。

冬，十月，癸酉，衛侯鄭卒。何以不書葬？失德也。何以失德？失國出奔，又殺叔武也。疏禮，王者三年黜陟，有更替升降之事。《春秋》二伯、方伯、卒正何以不升降黜陟？《春秋》託列國以見王制，數變則不明，故其尊卑終《春秋》均從同也。其有以見升陟之制者，則褒進是也；有以見黜陟之制者，則貶退是也。變其細而不改其大，恐尊卑之禮亂也。

宋人圍滕。宋人者，貶之也？何爲貶之？伐喪也。疏春秋宋累用兵於滕。《左傳》云滕爲宋私，蓋時宋有屬國，《經》奪之，不與以屬，尊之以客而已矣。故滕爲魯屬，而實則爲宋所屬也。

楚子伐鄭。楚争鄭也。此公與陳、蔡、許皆在，不序者，諱也。疏扈會不敘之諸侯皆從楚。

晉郤缺率師救鄭。帥師何以不言使？晉侯不能行其意。自凡大夫帥師皆有所起，此爲殺三郤見也。疏《左傳》：「晉郤缺帥師救鄭。鄭伯敗楚師於柳棼。」

陳殺其大夫泄冶。世冶諫而身弒，身弒而國亡。不非泄冶者，旌直忠也。與凡殺無罪者，事亂國、失明哲之道也。《穀梁》：「稱國以殺其大夫，殺無罪也。」

十年

桓伯以中國馭南北，晉如俄，楚如南州新國；南北争長，則瓜分中州，故鄭、陳、蔡、衛向背不一。

春，公如齊。宣世公五如齊，一如晉。成世公不見如齊。

公至自齊。春秋魯在正東，今中國亦在正東，《春秋》據魯而作，以魯容天下；如《大統春秋》，亦當以①中國爲主，進退天

---

① 以：原脱，據文意補。

下，《詩》曰「進退維谷」是也。

齊人歸我濟西田。言田者，託之閒田也。疏《春秋》之義，諸侯不許專地專封，受之天子，不能與人，亦不能取之人。今時局取與侵奪不絶於史，張《春秋》之義，則皆在所絶。必天子乃可專，故以閒田取與託之齊、晉二伯。

齊已取之矣，其言我何？據歸田多不繫我。言我者，未絶於我也。諸不繫我者，皆已絶于我。曷爲未絶於我？齊已言取之矣，但有其説而已。其實未之齊也。魯猶自守，未服于齊。疏《左》云：「齊侯以我服故，歸濟西之田。」

夏，四月，丙辰，日有食之。不言朔食。晦日不言晦者，日食言朔不言晦，以正曆法。故《傳》以爲失之前。《公羊》以年、時、月爲大一統，食三十六，以應旬數，十度一記日食，如《易》上下經同合爲三十宫也。

己巳，齊侯元卒。如今海外大國之君多關係時局，凡其薨卒，《大統春秋》例得卒之。疏《齊世家》：「十年，惠公卒，子頃公無野立。」

齊崔氏出奔衛。此弑君之先見者也。班氏説：大夫不世位者，股肱之臣任事者也，爲其專權擅勢，傾覆國家，又慮子孫庸愚，不任輔政，防塞賢路。諸侯世位，大夫不世位。蓋以諸侯南面之君，體陽而行，陽道不絶；大夫人臣北面，體陰而行，陰道有絶。以男生内嚮，有留家之義，女生外嚮，有從夫之義，此陽不絶、陰有絶之效者也。疏《齊世家》：「初，崔杼有寵于惠公。惠公卒，高、國畏其逼也，逐之。崔杼奔衛。」

崔氏者何？齊大夫也。以下言崔杼，知爲齊大夫。其稱崔氏何？諸侯大夫無以氏見者，惟夷狄乃有氏。貶。氏不如名，知從貶例。曷爲貶？據貶不以氏。譏世卿。譏世卿爲舊《傳》文，先師相傳。疏以氏爲貶，此後師之言。蓋《經》之書氏當爲氏族正稱，不入貶進之例。氏爲氏族，故稱氏即爲世卿。上云貶，下云譏，則後師說與先師小異。世卿疏海外有世族政治法，即世卿。海外大邦文明較勝於春秋諸國，故改封建之弊，申重民之說，以大統政治風俗固當勝於小統。非禮也。春秋世卿多矣，何爲獨譏乎此？不可勝譏，故舉一以見例。王臣言尹氏，諸侯言崔氏，其餘皆從畧。譏世卿者何？明當立選舉之制也。立選舉之制奈何？先開學校也。周世無學校選舉之制，立之者，《春秋》也。然《春秋》預定王制矣。後代文質損益，有此循環之制，孔子所謂百世可知。三代改制，可由此而推。疏傳記所言三代，多虛擬三統之說，非直是三代之禮也。

公如齊。此奔喪也。言如者，諱之也。公如、至何以不日？不可以日計也。不可以日計者，雖重亦不日也。疏《左傳》：「公如齊奔喪。」

五月，公至自齊。今中國君不外會，獨尊體制，惟使重臣行鄰國慶弔，謀約盟誓。凡其往來，榮辱得失之所繫，又有安危生亡之慮，故于其出入必書之。

癸巳，陳夏徵舒弒其君平國。不以當國，言别立君，起下楚封。疏《陳世家》：「十五年，靈公與二子飲於夏氏。公戲二子曰：『徵舒似汝。』二子曰：『亦似公。』徵舒怒。靈公罷酒出，徵舒伏弩廄門射殺靈公。孔寧、儀行父皆奔，靈公太子午奔晉，徵舒自立爲陳侯。徵舒，故陳大夫也。夏姬，御叔之妻，徵舒之母也。」《左傳》「陳靈與孔寧、儀行父飲酒于夏氏。公謂行父曰：『徵舒似汝。』對曰：『亦似君。』徵舒病之，因殺之。」

六月，宋師伐滕。此稱師者起前，以伐喪貶也。疏比年再伐滕，故月以惡之也。

公孫歸父如齊。如齊會葬，禮也。禮，方伯事大國，公奔喪，大夫會葬。疏海外諸國慶弔之禮古今一致。

葬齊惠公。《傳》曰：「不及時而不日，慢葬也。」

晉人、宋人、衛人、曹人伐鄭。稱人者，大夫也。大夫何以不名？宣世不名也。疏《年表》：晉與宋伐鄭。自三年至此八年，鄭皆從晉，至此從楚，故晉伐之。不序公者，公從楚也。

秋，天王使王季子來聘。以後天王不言來聘矣。事詳《周語》定王八年。**疏**《春秋》王臣見二公四卿八大夫一元士，爲三公九卿二十七大夫八十一元士之正官。至于通佐大夫別爲一職，王子別爲一職。此以來魯，盡其親稱之，即四卿之劉氏也。

王季子者何？子與字並見。天子之大夫也。諸侯之兄弟比大夫，天子亦同。《經》言劉子，以卿禮待之。《傳》言大夫者，通稱之耳。其稱王季子何？王札子名，不稱季。貴也。季字貴于札名。其貴奈何？上言大夫不貴。母弟也。據與蔡叔許季同。不言其弟者，稱弟則當名也。天子之弟尊同諸侯，不可稱名，故與諸侯母弟異文。**疏**王季子者何？劉康公也。何以不氏劉？爲内辭，舉其貴者也。母弟食采于劉，此禄子弟之制。王臣不世，國由選舉也。

公孫歸父帥師伐邾婁，取蘱。即兵争侵取以志謀國得失。公孫歸父者，仲遂之子也。何以不疏之？爲下討見也。其父弑君，其子以帥師見，惡宣公也。**疏**蘱，二《傳》作繹。

大水。記災，譏不爲水備。農政修明，水不能爲災，記此以見當以新法養民，使水旱無虞。

季孫行父如齊。**疏**此如今中使適海邦，交涉往來屬外務部，於孔教爲言語科，聖門以交鄰馭外屬言語，春秋戰國排難解紛，有氏其學；唐宋以後一統，閉關自大，不貴使才，深斥縱横，故聖門四科遂絶其一。時下之談交涉出使，要不外言語一科宗旨。

冬，公孫歸父如齊。秋行父如齊，冬歸父又如齊，譏亟也。**疏**《左》云：「子家如齊，伐邾故也。」

齊侯使國佐來聘。聘言使，帥師何以不言使？兵非臣子所得專，奉命而使，禮也。此未踰年，何以不稱子？齊在喪不稱子，大國也。大國而稱侯稱子，則嫌與衛、陳同也。疏《左》云：「國武子來報聘。」按：彼此往來，事大字小，各有盟約。春秋盟辭，即今之公法條約。《春秋》見者不再見，乃于會盟使聘重疊錯見；此爲史派，中有事實典章、興衰得失。每事當著其原委，惟本《傳》于此門甚畧，謹發其例，事則詳于《左氏》。

饑。因前大水而饑也。何以書？于冬至此，而饑愈甚也。

何以書？以重書也。小饑不書，因重乃書之。

楚子伐鄭。陳、蔡、許皆從楚伐，不序者，諱之也。鄭因晉伐從晉，故楚來争之。疏《春秋》之世，内五州爲中國，外四州以州舉，爲夷狄。以今時勢推之，中國爲魯，赤道以北諸州爲文明，以南爲草昧，南美、非、澳亦在州舉例，必數千百年後乃有國君；故《經》進荆爲楚，由楚稱人稱君。以今時局言之，尚在隱、桓，赤道以南諸州尚不見《經》，必再數百年，然後有國有人有君有大夫。褒外州以成九州，小大相同。

十有一年

《年表》：齊頃公無野元年；陳成公午元年，靈公太子。

春，王正月。八州見六十四國，王畿十五，魯連師二十一，合爲百國。天下九百方千里，一國占一《春秋》。

夏，楚子、陳侯、鄭伯盟于辰陵。《穀梁》作夷陵。鄭邑，楚得陳、鄭。不日者，渝盟。疏子何以在侯之上？惡楚子也。貶之稱楚人，仰之在諸侯之下，前已見矣。至此盟而序其實，一見以明之，所以見楚强也。

公孫歸父會齊人伐莒。齊伯内牧，莒卒正。莒不服于内，告于齊國，伐之。三等尊卑之制詳矣。

秋，晉侯會狄于欑函。欑函，狄地。不救鄭而會狄，譏之。不言及，外之也。《春秋》于南四州不見蠻夷，從夷狄引而進之爲中國，以其相嫌，故不見之。內四州久爲名國，故錯處之。夷狄每州皆見，至今《春秋》九州內未盡歸流，則《禹貢》五千里化成俗，美其統，百世以後，立法非夏時，已果美備如此，明矣。**疏**中國不言會狄，晉大國，何以言會狄？不嫌也。《春秋》以晉治狄，故言會，如狄受命耳。

冬，十月，楚人殺陳夏徵舒。以后夏氏再見者，此已討，下非其子孫，故不當坐誅也。**疏**《陳世家》：「陳成公元年冬，楚莊王爲夏徵舒弑靈公，率諸侯伐陳。謂陳曰：『無驚，吾誅徵舒而已。』已誅徵舒，因縣陳而有之。」

此楚子也，其稱人何？據下討慶封稱楚子。**貶。曷爲貶？不與外討也。**外討謂夷狄討中國。**疏**《左傳》：「遂入陳，殺夏徵舒」與《穀傳》「入而殺」同，明此實入而討之也。**不與外討者，**《春秋》有鄰國討賊之義，今泰西以爲國事犯，專詳孟子「犬馬」「寇仇」之義，雖反畔，亦與常罪等；甚或無君，因緣謀弑鄰國之君。蓋草昧初開，深受封建之害，寇虐政體，不以人理待百姓，激而爲此。又，局將大同，所有天下積弊，例得一切蠲除，故以平等自由使黎氓得自呈利弊，以待聖王之採録；大一統後，仍改尊君親上。師用《公羊》「君親無將，將則必誅」之法，《周禮》有三國三典之分。今泰西新國，故用輕典，由新而進平，則不得不用常典。今之主持民權平等者，皆一時之言，不足與議長久也。**因其討乎外**屈完所謂北海南海之分。以南方之楚爲外。**而不與也，**因楚爲夷狄討中國，故不與之。此以中外立說。**疏**二伯中分天下，內四州之事責之齊、晉；楚爲夷狄，不當討中國亂。此爲大例。**雖內討**此謂楚討南方國，如滅六、蓼、江、黄之類。自中言爲外，自南言爲內。**亦不與也。**討，二伯辭。南方有方伯四，楚未賜弓矢，不能專征。南方四牧有罪，非有受命，亦不得討之。此從不專討立說，以明伯討之本例。**疏**或以內外字爲入陳未入陳之說，非也。**曷爲不與？**據上無天子，下無方伯，諸侯有罪不許楚討，則養惡矣。**實與**實與其止亂。**而文不與。**不公言許其得討，亦以明王法也。未受命專征伐，有亂則輒討之，是先自亂也。**疏**齊、晉亦非受命之伯，借以立法，乃假以二伯之權。楚非受命，或以爲伯以爲牧，亦《春秋》假以立法。以受命論，内外皆不得討。文曷爲不與？此討賊，宜與之。諸侯之義，不得專討也。桓爲二伯，責其專封不責其專討。楚未受命伯，故得以專討責之，禮制也。專討如專對，不奉天子命可自行，如今所謂全權。諸侯之義方伯正稱，七錫斧鉞，得專殺。不得專討，受命爲伯，受弓矢，如《文侯之命》，則得專討。則其曰實與之何？專討即爲僭越，是亦有罪矣，何以又實與之。上無天子，天子失權，不能命其討。下無方伯，中國方伯失道。天下諸侯則包南北言之。有爲無道者，犯天子命。臣弑君，如夏徵舒。子弑父，如蔡侯般。疏必大惡乃得討，輕事仍不得專討。力能討之，則以强人爲主。則討之可也。中國二伯既失道，不能討，則不能不望于夷狄之伯國，故亦實與之。文與二伯同，義則異也。疏文同二伯者，楚强，僭用其禮也。董子説以專討爲説者，不許楚以二伯之討也。

丁亥，楚子入陳。入者何？内弗受也。日入，惡入者。何爲弗受？不使夷狄爲中國也。

納公孫寧、儀行父于陳。納惡人所以惡楚子。從君子昏，國所以亂亡。此皆大夫也，其言納何？據爲諸侯公子乃言納。納公黨與也。納字爲公出，由公及臣，如兩下相殺。言殺弑及，則以弑及大夫。疏君無道，黨亦惡。入誅亂黨，所以絶亂原。

十有二年

春，葬陳靈公。《傳》曰：過時而不日，謂之慢葬也。疏討而復封，故葬以賢楚子。

討此賊者非臣子也，楚子討之。何以書葬？歸美臣子。君子辭也。《春秋》成人美。疏《論語》：「君子成人之美，不成人之惡。小人反是。」後世說《春秋》者妄以爲刑書，乃造爲責備①賢者之說，深刻慘酷，失其旨矣。楚已討之矣，臣子雖欲討之而無所討也。義詳《解詁》。

楚子圍鄭。大國言圍，楚何以屢言圍？楚强也。會盟爭諸侯，故假二伯之辭。公如齊，晉亦如楚也。《春秋》抑楚，何以言圍？大之，言如言圍而不以伯許之，乃以見抑楚也。疏《鄭世家》：「襄公八年，莊王以鄭與晉盟，來圍鄭。三月，鄭以城降楚，莊王爲卻三十里而後舍。楚羣臣曰：『自郢至此，士大夫亦久勞矣，今得國舍之，何如？』莊王曰：『所爲伐，伐不服也。今也服矣，尚何求乎！』卒去。」

夏，六月，乙卯，晉荀林父帥師及楚子戰于泌，晉師敗績。《春秋》記大戰者數，陟黜進退，即於此行之。鞌戰以後貶齊，入郢以後抑楚。晉楚屢敗，故不一例；楚勝晉，故楚以下純用伯辭。疏天下大勢有分有合，《春秋》爲分，《尚書》爲合；《詩》《大雅》爲合，《小雅》爲分；《易》大卦爲合，小卦爲分。六經以《春秋》治百世分争之天下，典章制度，其文明備。今日泰西諸國，文明程度與中國春秋以前優劣相同，《春秋》撥亂世反之正，凡當日通行典禮風俗，託譏貶以改其蠻野之化，而進于文明。考春秋時制，不行三年喪，居喪不去官，婚姻之禮簡略，君臣上下等威儀物混同，無甚區別，大旨與今泰西相同，所以多弑殺、嫡庶、世卿種種禍亂。《春秋》乃嚴上下之分，決嫌疑，別同異，譏世卿，開選舉，强幹弱枝，正婚姻之禮，杜朋黨之禍，以成文明之天下。故當時本狄猾夏，《春秋》乃用夏變夷，舉二伯以統諸侯，明王法以統二伯，舉天以統王。定制以後，秦、漢之君用博士說，以見之實事。泰西諸國列强角立，圖富强以自救危亡，正如漢高之馬上經營，時勢爲之。又，各

① 責備：原作「備責」，今乙。

邦朋黨，隱伏禍基，將來天心厭亂，竟歸統一，圖長治久安之策，是不得不取《春秋》，以塞亂原、圖平治。考今輿地，爲《春秋》禹州者百，百國各依據《春秋》，以爲立國之本；皇帝再以無爲之學經營于其上，立百國《春秋》而天下平。或以禮有程度，《春秋》之法可行于中國，未必可推諸海外，不知皇、帝三統五瑞之變法，所謂損益可知。至于《春秋》之綱常名教、典章制度，即百世不變，亦中外所同。凡服色、正朔、號令、時節，可以循環參差，不能齊一者，皆在《春秋》之外。萬國非各執一《春秋》不能上下相安，享大同之樂利。泰西今日正當亂世，去《春秋》程度尚在數百年後。每進愈上，變之不已，時會所趨，舍此無從，亦所謂困知勉行也。

大夫不敵君，大夫，臣。知禮法文明之國，則臣不當君。此其稱名氏以敵楚子何？如二君之辭，且以晉主。不與晉而與楚子爲禮也。楚莊有賢行，己由夷狄進中國，而中國蠻野，乃爲新夷狄。中外反對，故不以常例待之。曷爲不與晉中國，文明。而與楚子爲禮也？賤内進外，適與内諸夏外夷狄反。莊王伐鄭，勝乎皇門，放乎路衢。鄭伯肉袒，左執茅旌，右執鸞刀，以逆①莊王，曰：「寡人無良，邊垂之臣以干天禍，是以使君王沛焉辱到敝邑。君如矜此喪人，錫之不毛之地，遠荒。使帥一二耋老②卿稱老夫。而綏焉。請唯君王之命。」莊王曰：「君之不令臣奸臣。交易爲言，談爲謁言。是以使寡人得見君之玉面，而微至乎此。」微，無。莊王親自手旌，左右撝軍，退舍七里。遠郊。將軍子重諫曰：「南郢楚都。之與鄭相去數千里，地遠則師勞。諸大夫死者數

① 逆：原作「迎」，據《公羊傳》改。
② 老：原作「虎」，據《公羊傳》改。

人，廝役扈養死者數百人。當爲死者報怨。今君勝鄭而不有，如靈王縣陳、蔡。毋乃失民臣之力乎？」莊王曰：「古者杅不穿、皮不蠹，則不出于四方。是以君子篤于禮而薄于利，要其人而不要其土。此亦如今公法之言，禁暴改良而已，不貪土地。告從已服。不赦，不祥①。吾以不祥道民，災及吾身，何日之有！」既則讀作而。晉師之救鄭者至，曰：「請戰。」莊王許諾。將軍司馬。子重諫曰：「晉，大國也。王師淹病矣，君請勿許也。」莊王曰：「弱者鄭也。吾威之，伐也。强者吾辟之，是以使寡人無以立乎天下。」令之還師而逆晉寇。莊王鼓之，晉師大敗。晉衆之走者，舟中之指可掬也。莊王曰：「嘻！吾兩君不相好，百姓何罪？」令之還師而佚晉寇。按，《傳》記戰事甚詳。文與《左傳》異者，古人記述，多以己意潤色，不能相同；又多口授稱述之辭，故多質樸，不如《左氏》撰述典鉅繁博耳。**疏**《楚世家》：「夏六月，晉救鄭，與楚戰。大敗晉軍于河上，遂至衡雍而歸。」

秋，七月。

冬，十有二月，戊寅，楚子滅蕭。日者，蕭爲魯屬，附庸國。蕭者，蕭叔之國也。何爲日之？近于我也。據《左氏》，宋人救之，後其地爲宋邑。

晉人、宋人、衛人、曹人同盟于清丘。春秋齊桓一匡言同者，天下諸侯偏至之辭。晉言同，以爲北方諸侯皆至，特

① 祥：《春秋公羊傳》作「詳」。下句「祥」同。

南服諸侯未能交相見耳。故《穀梁》以桓同爲尊周，晉同爲外楚；謂中分天下，惟南服不至。晉新大敗于楚，書同以存晉伯。外盟不日，正也。此大敗而後盟。稱人者，貶大夫也。陳、蔡、鄭、許皆從楚，故不序也。不言公會，宜從楚也。疏《周禮》「時見曰會，殷見曰同」，三年爲時，内八州；殷者，要荒諸侯。内至曰會，要荒皆至曰同。時爲分方，三年；殷爲巡狩，十二年。

宋師伐陳。清丘之盟陳不在，伐陳，爲晉討也。伐稱師而救稱人，貶救者而伐得正可知矣。

衛人救陳。衛人者何？孔達也。爲何貶之？方盟于清丘，背盟而救陳，故貶之也。大國乃言救，此何以言救？著其志也。不當救而救之，譏也。救者，二伯之正辭也。疏詳記其事以見晉、楚與國彼此互異，謀國不臧，不能得諸侯之心。

十有三年 一年四記事，簡之至。

春，齊師伐衛。伐衛所以助晉也。疏衛，二《傳》皆作莒。《左》云「齊師伐莒，莒恃晉而不事齊故也」，審是，當以莒爲是。此蓋字之誤也。

夏，楚子伐宋。《左》云：「伐宋，以其救蕭也。」

秋，螺。記蟲災，譏農政不脩，捕除無法。《月令》雖有干時致災之説，《經》則專責養民無法。又以起冬蝝生。

冬，晉殺其大夫先縠。殺大夫，外之大事也，何以不日？君日而臣時，不日所以辟君也。疏《晉世家》：「先縠以首計而敗晉軍河上，恐誅，乃奔翟，與翟謀伐晉。晉覺，乃族縠。縠，先軫子也①。」先氏以後不見，見三人：先蔑、先都、先縠。

十有四年

春，衛殺其大夫孔達。刑不上大夫，不與專殺之義，已見前矣，何以累書不已？詳録之，以明禍原本末。

夏，五月，壬申，曹伯壽卒。曹卒何以日？由月而日，循環以見例也。曹歷循環以見日月無一同者，惟以下積于三見，以時卒終。疏《曹世家》：「文公二十三年卒，子宣公彊②立。」

晉侯伐鄭。爲郯之戰故也。疏《左傳》：「爲郯故也。」

秋，九月，楚子圍宋。圍何以月？重之也。伐時圍月，内諸夏而外夷狄也。晉省東方伯，楚與晉争，故惡之。

葬曹文公。小國時葬，正也。曹有月者，小國之同姓也。不書月則不見過時不及時，畧之也。小國比於天子大夫，禮文簡畧，不必如方伯以上也。

冬，公孫歸父會齊侯于穀。歸父何以不疏之？宣公之大夫也。言歸父會者，明公得齊也。疏下書仲嬰齊以疏之，此氏公孫，以起其爲三桓子。

---

① 也：原作「弋」，據《史記》卷三九《晉世家》改。
② 彊：原作「疆」，據《史記》卷三五《管蔡世家》附《曹叔世家》改。

十有五年

齊、楚二會，相比見義。屬辭比事之教，爲《經》大例。

春，公孫歸父會楚子于宋。言歸父會者，明公得楚也。不言公如楚者，諱公會也。

夏，五月，宋人及楚人平。**疏**《宋世家》：「文公十七年，楚以圍宋，五月不解，宋城中急，無食。華元乃夜私見楚將子反，子反告莊王，莊王問城中何如？曰：『易子而食，析骸而炊①。』莊王曰：『吾軍亦有二日之糧。』以信故，遂罷兵。」按，晉又失宋，唯衛從晉。

外平不書，此何以書？暨齊平，亦内事。大其平乎己也。己，謂子反持和局。何大其平乎己？據政不在大夫，當在于君。莊王圍宋，軍有七日之糧爾，盡此不勝，將去而歸爾。于是使司馬子反乘堙而闚宋城，宋華元亦乘堙而出見之。《左傳》作②「夜登子反之牀」，《傳》作「乘堙相見」，記録之互異。司馬子反曰：「子之國何如？」華元曰：「憊矣！」曰：「何如？」曰：「易子而食之，析骸而炊之。」司馬子反曰：「嘻！甚矣憊。雖然，吾聞之也，圍者被圍。拑馬③而秣之，

---

① 炊：原作「炘」，據《史記》卷三八《宋世家》改。
② 作：原誤作「昨」，誤。
③ 拑馬：原作「柑馬」，據《春秋公羊傳注疏》本年《校勘記》改。

使肥者應客。兵不厭詐，示整暇。是何子之情也？」以軍情語敵。華元曰：「吾聞之：君子見人之厄則矜之，小人見人之厄則幸之。吾見子之君子也，是以告情於子也。」司馬子反曰：「諾。勉之矣！吾軍亦有七日之糧爾，盡此不勝，將去而歸爾。」揖而去之。反于莊王，復闕城之命。莊王曰：「何如？」司馬子反曰：「憊矣。」曰：「何如？」曰：「易子而食之，析骸而炊之。」莊王曰：「嘻！甚矣憊。雖然，吾今取此然後歸爾。」司馬子反曰：「不可。臣已告之矣，軍有七日之糧爾。」莊王怒曰：「吾使子往視之，子曷爲告之？」司馬子反曰：「以區區之宋，猶有不欺人之臣，可以楚而無乎？是以告之也。」莊王曰：「諾，舍而止。雖然，吾猶取此然後歸爾。」司馬子反曰：「然則君請處於此，臣請歸爾。」莊王曰：「子去我而歸，吾孰與處于此？吾亦從子而歸爾。」引師而去之。故君子大其平乎己也。子反保持和平。此皆大夫也，其稱人何？宜兩氏。貶。人爲得衆辭。曷爲貶？方大而書之。平者在下也。大之以賞其不欺，貶之以防專己不□。

【疏】今海外政治家競言平權、自由，中士亦艷稱之。考平權之說出于封建苛虐以後，民不聊生，迫而爲此。蓋海邦開闢甚晚，荒陬僻島，酋長苛虐；通達不隱，實爲救時善策，國勢少壯，因之富强。然此乃初離蠻野之陳迹，與《經》說不可同年而語。貴民詢庶，經典之常言，即以中國論，大事交議，何常不以勤求民隱爲主！唯積弊實深，未能實行。主平權之說者，以爲囂囂然與上争權，《大學》「民之所好好之，民之所惡惡之」，又引《尚書》「如保赤子」，赤子不能自言其痛苦，父母能曲體其狀而撫育之，則呼籲之聲久已息絕。持平權之說，每以人君酷虐爲辭，不知大同之世民智較今更甚文明。天生聖賢，以爲君相，其德性道藝遠出臣民之上，鳥獸草木咸得其所，何況同類之黎庶？夫人之聖愚賢不肖，萬有不齊，縱使民智極開，其中亦有優劣純薄之分，元首聖明，迴非聾盲所可臆度。《詩》云「不識不知，順帝之則」，康衢民鼓腹而歌「于帝力何有」；平權之説，不啻滄海之一滴，泰倉之一粟。或乃以海邦之説出于《經》、《傳》之上，甚矣！本末之倒置也已。

六月，癸卯，晉師滅赤狄潞氏，以潞子嬰兒歸。董子説：「楚莊王卒之三年，晉滅赤狄潞氏及甲氏留吁」也。

疏《春秋》用夏變夷，進潞氏以爲冀州卒正，故稱子也。《左氏》以癸卯日敗，辛亥日滅潞，《經》書癸卯滅者，敗即所以滅也。

潞何以稱子？稱氏之國無君。潞子之爲善也。用中國則中國之。善其能爲中國，稱子。躬足以亡爾。獨于滅後稱子，子爲以歸出，故以爲善以自亡耳。雖然，君子不可不記也。能自勤于善，雖其術未至，不能自存，然《春秋》貴志，雖亡，不可不成之□。離于夷狄稱子是能離于夷狄。而未能合于中國，滅稱赤狄，是未能合于中國者，故不救之。晉師伐之，因其孤弱。中國不救，未能純于中國，故不待以中國而救之也。狄人不有，有助也。是以亡也。據《左傳》，晉討酆舒之罪而滅潞子，非亡道，故《春秋》賢之，所以惡晉也。楚莊王討夏氏猶不縣陳，晉討酆舒因而滅潞，晉、楚之不若也。**疏**《經》之夷狄皆在禹九州内，故春秋所治不出方三千里之外，皇輻大于《春秋》者百倍，《禹貢》者三十五倍，據《禹貢》以推，皇輻①方六千里一州，内九州外十六州，以合《禹貢》五服之制。皇輻既有外州，《春秋》何以獨用方三千里而不及要荒？考三皇起數各不相謀。五帝平分，各司一極，方萬三千四百里；以方三千里爲一州，是帝以王之九州爲一州也；地皇九分天下爲九州，《周禮》九畿，九千里以爲一州，每州方九千里，是合帝之九州爲一州。合王九州以爲帝州，又合帝九州以爲皇州，驗小推大，由帝而皇加百倍，則九州即可包天下、括寓内，故不必有外州也。

---

① 皇輻：原作「車輻」，據文意改。下句同。

秦人伐晉。不言戰敗者，畧之也。

王札子殺召伯、毛伯。不言及者，皆大夫也。疏事詳《左傳》。

王王，周號。當①句絶。札子者何？據母弟稱季子。長庶之號也。據《左》，札子稱王子捷。不加叔、季，直稱實字，非何疏②之不言王子者。庶子必以名，王爲周號，王子貴同大夫，不名。

秋，螺。螺，蝗子，《詩》「螽斯羽」，又「螺爲魚矣」；以螺比八伯，爲皇之子。《春秋》書螺者十一，合螽爲十二；二《南》之子以比螽斯，子孫衆多，共合爲十二，如定、哀十二諸侯③之義。《春秋》記物，以合比見義，地震、日食是也。

仲孫蔑會齊高固于牟婁。

初税畝。周實無公田助法，《春秋》擇善而從，即如龍子所云「莫善于助，莫不善於貢」，則《春秋》制作自應取助，而去徹與貢。疏税畝，即周人百畝而徹。《春秋》有立制之事，故以初税畝譏之。

初者何？始也。設以爲周本助，今乃初改。税畝者何？履畝而税也。不用公田，計畝取税。有公田，則取助力而已，不得爲税。初税畝何以書？税畝不必加「初」。譏。何譏爾？譏始履畝而税也。以爲改祖宗井田之成法。何譏乎始履畝而税？董子説：「税畝者，就民田畝，擇美者税其什一，是亂先

① 當：原誤作「啚」，據文意改。
② 「疏」上原有「母」字，茲删。
③ 「諸侯」下原衍「侯」字，茲删。

王之制①，而爲貪利之舉也。」古者《經》、《傳》所云「古者」爲依託例，如古蠻野後文明、天下公理公例。《傳》中文理似尊古抑今者，當以倒影法讀之，以百世下爲古，如《傳》以後之君稱堯、舜是也。什一而藉。《孟子》：「助者，藉也。」疏《孟子》云：「殷人七十而助，周人百畝而徹」，是周本税畝而不藉也。孔子定取民之制，以爲莫善于助，故于貢、徹中擇用助法，《詩》云「雨我公田」。《春秋》譏税畝，即乘殷輅之意。以文、武之政爲古，非成、康以後之法度也。

古者《傳》中古法多百世下乃能行者。曷爲什一而藉？龍子曰：「治地莫善于助。」什一者，天下之中正也。多乎什一，大桀小桀；寡乎什一，大貉小貉。説詳《孟子》「白②圭」章。什一者，天下之中正也。十一之法，孔子以爲經制，由一時以推百世，由一國以推天下，無有改異。什一行公田之法，徒爲經制，説始於孔子，於古實無徵。或謂商鞅壞井田者非。孟子以周無井田，又疑《大田》之詩有公田，以周亦有③公田，謂經制之周耳。後來言井田者皆致禍，惟今泰西各國言平等自由，貧富黨争競，勢不可遏，則公田行在數百年後。而頌聲作矣。《詩・頌》，大統皇帝説。將來公田行，即《大田》之詩，所謂皇帝典章也。疏泰西貧富黨必用公田，乃齊一。

冬，蝝生。冬非蝝生之時，此異也。因爲災物，時應又近，故仍以災目之。未有言蝝生者，夏時發生，蝝生之時無書蝝生。此其言蝝生何？有問無答辭，與下問複。蝝生不書。

---

① 「之制」二字，原刻脱，據《漢書》卷二七下《五行志中》補。
② 白：原作「曰」，據《孟子・告子下》改。
③ 亦有：「有」字原脱，據文意補。

凡物不爲災不書，必至螽，乃爲災也。此何以書？據秋已書螺，此又書蝝生。幸之也。冬非蝝生之時，因秋螺，見其子蝝冬時又生。《左傳》：「冬，蝝生，饑。幸之也。」與此同。幸者，喜幸之事。疏按，二問乃二家之異文，故二問一答，如以「蝝生不書此何以書」論①，《解詁》亦通。幸之者何？據災非所幸。猶曰受之云爾。受當爲「愛」，以天愛我，故書。受之云爾者何？有災何爲愛。上變古異常，秋方稅畝。疏《經》、《傳》災異之說，皆就政事上託之於天變，非果天變致災。即如天道萬古不變，今忽易常，不以爲人事之變古，而以爲天變之犯逆矣。應是而有天災，天即于冬降災，是天愛之，以災警惕之也。其諸則宜于此焉變矣。因有此災，則可以懼而改行。昔楚莊王因無災害則懼，以爲天之棄己也。說詳董子。

饑。因秋有螺，冬書蝝生，而不再書螺，當是生而旋死，故但著其生而異之。疏與明年大有年對文相比。

十有六年

春，王正月，晉人滅赤狄甲氏及留吁。甲氏、留吁者，赤狄也。曷爲言甲氏留吁？進之也。始略後詳，漸進也。月者，未如潞子也。言及者，以大及小也。

夏，成周宣榭災。成周者，成王所營建。樂器見焚，明失天命。《經》存西京，目成周宣榭以西京原有宣榭，特以此屬

① 論：原誤作「倫」。

之。成周已改，不用周公所制之樂，而當用《韶》也。疏 榭災，《左氏》作「榭火」。

成周者何？據國爲大，號不當言成。如是王所，又不稱京師。疏 不稱京師者，以宣榭不可繫于京師也。東周也。劉向云：《傳》曰成周，東周也。按，成王所營東都，謂之東周，對西京言之；然則稱王，西京之辭也。按，《春秋》存西京，不以東都爲王正居。故稱成周，不言王也。宣榭者何？疑榭以宣名。宣宫宣王之廟。之榭也。闕與觀之比。何言乎成周宣榭災？御廩災，爲譏不易災餘而祭①。樂器藏焉耳。樂乃書。疏 樂器災，如天意不用古樂而取新樂者然。三代以前，中國草昧，秦博士説所謂古之皇帝地方不過千里者是也。以方千里較皇輻，不過九百分中之一，《經》、《傳》所言皇帝之樂，如天地之無不覆載，古之皇帝安得有此？又，六經惟《樂經》不存，古所謂皇帝之樂亦亡，將來以樂移風易俗，將何所挾持？蓋樂由地生，疆宇大，樂器、樂語、樂德因之而大；疆宇小，亦因之而小。然則古無皇帝之大樂，至今海禁開通，必俟大一統之後功成作樂，然後乃爲皇帝之真樂，古實無此。故《經》、《傳》不能傳，非六藝之缺典。《經》、《傳》所言，皆爲百世以下言之。又，皇帝之學，分則主禮，禮主别以求異；合則主樂，樂求化異以爲大同。《關雎》合故聖經，爲俟後樂，所以爲大一統之規模，非王、伯所敢言者。成周宣榭災②一榭，外小災。何以書？疑因樂見，如陳火以存陳。記災也。仍在災例。外災不書，此何以書？外災以尊得書。然《春秋》以西京爲重，則東都之災可不書。新疏 六經分兩大例，一述往，一知來。故知來之經以新字爲標目。既曰新，則不可以舊説之。如舊有姬旦之周公，《經》之周公則百世下皇佐，故典禮皆同《周禮》；九洛九主首曰

---

① 祭：原誤作「察」。
② 災：原脱，據《春秋公羊傳》補。

「予小子新命于三王」，則新周公非舊周公也。周爲姬姓國號，大統以爲三皇之通稱，曰：「周雖舊邦，其命維新。」此示《大疋》、《小疋》皆繙譯之書，借古之舊名，繙百世以下之新事，故一切名物不可仍以舊事説之。如《詩》之文王、武王非父子，夏與商殷非指其人其國。故「新」字爲大統大例。**周也。**此借用《樂緯》、《周頌》説。新周對舊京而言，如西京與東周，對文也。西京雖天王舊都，然此亦東遷之新周都也。故從重而書災耳。**疏**新周王魯故宋絀杞出於《樂緯》，乃《詩》説《周頌》、《魯頌》、《商頌》之文。考《詩》以周爲皇國之號，所謂周禮、周知、周易、周游、周髀，皆謂萬世下之皇，非舊之姬周。故《詩》曰：「周雖舊邦，其命維新。」所目者爲萬世後大統皇帝，非古之姬周。此讀《詩》之大例。推《春秋》以合大統，則天王如皇，二伯如《易》乾、坤，上下八伯如《易》八卦方位之八風，所有小國以配廿四子息，以方萬里爲一州，合九州即三萬州。舉《春秋》以容天下，董子之説是也。

秋，郯伯姬來歸。其言來歸何？明絶于夫家，與在室之禮同也。禮，婦人有出之道，説詳《白虎通義》。**疏**伯姬者，長女爲夫人者也。嫁不書者，常事不書。來歸者，明婦人有出之道也。

冬，大有年。《易》之大有、同人合爲大人，又爲大同；年如泰皇，統二卦。記蝝比言大有，《詩》所云蝝兆豐年。

十有七年

春，王正月，庚子，許男錫我卒。許舊近鄭，春秋三遷，蓋以許亦在豫，如今各大國多在歐州之比。《經》以諸名國當方伯，不得不用推移之法，正如今歐州各國，《大統春秋》亦必以爲方伯，而推移于南方各州。故許雖小國，亦以三遷見。

丁未，蔡侯申卒。宣世不序蔡，惟此一見。不見者，爲從楚諱之也。**疏**《蔡世家》：「蔡文公立二十年卒，子景侯固立。」

夏，葬許昭公。許葬皆時，小國正例。

葬蔡文公。不日者，貶之，從小國例。與許同見以起之。不言當時不當時者，亦略之也。

六月，癸卯，日有食之。董子説：「後邾婁支解鄫子，晉敗王師于貿戎，敗齊于鞌。」

己未，公會晉侯、衛侯、曹伯、邾婁子同盟于斷道。董子：齊頃未嘗會諸侯，《左傳》會斷道，討貳也。盟于楚，從齊人，與董説合。**疏**五年再言同盟，存晉伯也。北方牧唯見魯、衛、陳、鄭、蔡皆從楚，不足以言同，故著同以存之。

秋，公至自會。宣惟此一會晉。

冬，十有一月，壬午，公弟叔肹卒。**疏**叔肹與季札、子臧①、公子鱄皆《春秋》所推許表張之人。《穀梁》説甚詳，《傳》此本偶缺，當據《穀梁》詳推之。

十有八年

中三公皆十八年，故宣八年爲《春秋》之中。

春，晉侯、衛世子臧伐齊。二伯相伐，諱之不書，此何以書？一見以明之也。從者多矣，何以獨敘衛？不以諸侯從伐二伯也。衛者同姓，篤從中國者也。**疏**世子，《周禮》所謂孤，中無小國，故直敘齊侯下，與齊世子光同例。後爲君，記卒。

公伐杞。滕、薛無侵伐者，略之也。杞在其下，何以言伐杞？明杞王后，黜，乃殿卒正，故異之也。

---

① 臧：原誤作「藏」。此子臧係曹宣公庶子。

夏，四月。

秋，七月，邾婁人戕鄫子于鄫。不日。鄫不卒者，月以謹之。**疏** 如今淩遲法，惡之。

戕鄫子于鄫者何？據戕字一見。殘賊而殺之也。與《穀》説同。**疏** 君殺于鄰國曰殺，陳陀是也。殺非其殺道曰戕，董子以爲支解是也。《左氏》君殺于外曰戕，亦言其大名而已。《春秋》諸國多以非理殺人，如以人當牲用于社，與淩遲作醢，其文明通不及今西人公法。《經》多以諱改其制。

甲戌，楚子旅卒。楚卒皆日，大夷也。**疏**《楚世家》：「二十三年，楚莊王卒，子共王審①立。」

何以不書葬？記卒例葬。吴、楚之君不書葬，辟其號也。單言君，王子則直稱公子，如見《經》則亦可以公易王也。夷狄不葬，故莒子終《春秋》不書葬。不盡辟王號，所以單提吴、楚，説從王辭，辟吴、楚之葬。辟内稱薨，故諸侯皆降一等稱卒，有辟也。**疏**《坊記》：「子云：『天無二日，民無二王，家無二主，尊無二上，示民有君臣之別也。《春秋》不稱楚、越之王喪。』」

公孫歸父如晉。宣世惟此一如晉。如晉者何？將謀三桓也。

冬，十月，壬戌，公薨于路寢。**疏**《魯世家》：十八年，宣公卒②，子成公黑肱即位。

歸父還自晉，至檉，遂奔齊。下《傳》云：「宣公死，成公幼，臧宣叔③者，相也，君死不哭，聚諸大夫而問焉。曰：

---

① 「審」上原衍「五」字，兹删。
② 「卒」下復衍一「卒」字，今删。
③ 臧宣叔：「臧」原誤作「藏」。

『昔者叔仲惠伯之事，孰爲之？』諸大夫皆雜然①曰：『仲氏也，其然乎？』于是遣歸父之家，然後哭君。歸父反乎晉，自晉至檉，聞君薨家遣，墠帷哭君成禮②，反命乎介。自是走之齊。」

還者何？據致言至。善辭也。《左傳》「書曰『歸父還自晉』，善之也。」疏按，《左》例以還爲善辭，如「師還，君子是以善魯莊公也」，與《傳》同。《穀梁》以爲事未畢就書「還」，與書「自③」分言之。何善爾？據見討。歸父使于晉宣公弑，歸父其黨也，故終始記其父子之使事。還，自晉至檉，內邑。聞君薨家遣，見討。疏《經》書「至檉遂奔齊」，不記其聞。以記聞爲師說，《經》不以聞書。據此，則晉伐④齊至穀，聞齊侯卒乃還，《經》當云「至穀乃還」，師說所以還之，又曰「聞齊侯卒」，與此同。則「聞齊侯卒」四字乃師說，非《經》可知。墠帷哭君成踊，反命乎介，不敢棄命。自是走之齊。專言此，以終宣弑。疏《左傳》：「子家還自晉，及笙，壇帷，復命于介。既復命，袒，括髮，即位哭，三踊而出，奔齊。」《公羊》舊有「三科九旨」之例，董子有「三而變九而變」之說，《傳》云所見所聞傳聞，三言異辭，是由三分九，三科爲始、中、終；隱、桓爲遠，莊以下爲近，定、哀爲立。若九旨則必用九疇法，從中五立極以馭八方，如《洪範》之法，不能由隱、桓上推定、哀⑤遞分爲九。《春秋》「九旨」必以宣公居中，上推隱、桓如述古，下

---

① 雜然：原作「難」，據《春秋公羊傳》改。

② 哭：原作「矢」，據《春秋公羊傳》改。禮：《春秋公羊傳》作「踊」。

③ 自：原作「至之」，據《春秋穀梁傳》本年改。

④ 伐：原誤作「代」。

⑤ 隱桓上推定哀：據文意，似當作「定哀上推隱桓」，或「上」當作「下」。

逮定、哀如知來。《尚書》由《典》、《謨》至《洪範》爲古之皇、帝、王、伯，《金縢》至《秦誓》爲後之皇、帝、王、伯。《春秋》隱、桓與定、哀同爲二十九年，同爲皇太平之世；莊、昭同爲三十二年，爲帝世；僖、襄同爲三十三年，爲王世；文與成同爲十八年，合爲三十六，同爲伯世；宣公居二百四十二年之中，隱、桓如三皇，莊如五帝，僖如三王，文如齊、晉二伯。此古之皇、帝、王、伯，如九宫法一二三四之生數，此孔子述古也。成如秦、漢，伯、王雜用；襄如唐、宋，盡闢中國；昭如明至今，中外交通；定、哀則數千百年後鳳鳴麐遊，爲皇之大一統，納往古來今于二百四十二年之内。此董子「九皇九易」，三科與九旨之例所以不同。

公羊春秋經傳驗推補證第七

成公

成公名黑肱，宣公子。「九旨」成以下爲知來，成爲後來伯，如秦、漢。疏《魯世家》：「宣公卒，子黑肱立，是爲成公。」

元年《年表》：周匡王十七年，齊頃九年，晉景十年，宋文公十一年，陳成九年，蔡景二年，衛穆十年，鄭襄十五年，曹宣五年，杞桓四十七年，秦桓十四年，楚共王審元年。

春，王正月，公即位。先君未葬而稱公者，踰年則得稱公也。疏《夏小正》稱小者，有三正，小三正皇爲大，帝、王爲小。《管子・幼官》篇十二節氣有小卯，小卯之袥十二土十二風，各有一立春冬至。小卯以地球十二土各有二十四小節候也。故《夏小正》爲中國之曆，故稱小正。

二月，辛酉，葬我君宣公。

無冰。八邦國十二壤，節候寒煖各不相同。記冰之有無，明節候即知治法。疏古有六曆之説，以五帝分則爲五曆。皇極居赤道中，無寒暑晝夜長短，爲渾天；東北子丑寅三次爲北蓋天；西南午未申三月爲白帝南蓋天；東南夏三月、西北冬三月爲南北宣夜。以四隅寒暑晝夜全相反。

三月，作丘甲。

何以書？譏。何譏爾？譏始丘使也。丘者何？方四里也。譏始丘使者何？明丘出乘也。**疏**說詳《漢書·刑法志》。

夏，臧孫許及晉侯盟于赤棘。赤棘之盟，背齊而事晉也。**疏**公篤事晉。

秋，王師敗績于貿戎。《春秋》書法如此。《國語》言王師敗績于姜戎者，倣《春秋》書之。**疏**貿者何？即柳也。貿戎者何？晉也。不可言晉，故託之于貿戎也。

孰敗之？蓋晉敗之，董子云：「《春秋》之書事時詭其實，以有辟也；其書人時易其名，以有諱也。說《春秋》者入其詭辭，隨其委曲，而後得之。」**疏**此一師說。或曰貿戎敗之。以爲實戎，以貿戎在師也。**疏**又一師說。然則曷爲不言晉敗之？此問有二意：言既以戎主，何爲不言王師與貿戎戰而敗；又以實晉敗之，何以辟不言晉也。王者無敵，莫敢當也。《穀梁》「爲尊者諱敵不諱敗」是也，不可以晉與王師相敵並稱。又，晉爲伯，當辟天子，故不敢直言晉也。**疏**《傳》有二說，爲後來弟子附益之傳。

冬，十月。

二年 **疏**歲陰與歲星順逆異行，歲星十二年一周天，故皇帝十二年巡狩殷國。《春秋》分野在東北寅次，故用夏正。歲星二月見于東方，即中國也。

春，齊侯伐我北鄙。鄙即《周禮》「都鄙」，《國語》「參其國而伍其鄙」。今泰西屬地，即古之所謂鄙。**疏**《魯世家》：「二年春，齊伐我，取隆。」

夏，四月，丙戌，衛孫良夫帥師及齊師戰于新築。衛師敗績。衛小齊大，齊①以衛及。《春秋》「伐者爲主，戰者爲客」，主得及客也。又，惡頃無君人之度，專好戰也。**疏**事詳《左氏》。

六月，癸酉，季孫行父、臧孫許、叔孫僑如、公孫嬰齊帥師會晉郤克、衛孫良夫、曹公子手，及齊侯戰于鞍。齊師敗績。公孫嬰齊者何？叔肸之子也。譏作三軍何？爲列數四卿一大夫也。三卿一大夫不言及者，略之。此非譏與？非譏也。百里三卿，方伯則得有六卿矣。何以譏三軍？託禮也。以七十里之制託于魯，則得譏三軍矣。**疏**《齊世家》：「晉使郤克以車八百乘救魯、衛，伐齊。癸酉，陳于鞍。齊師敗。晉軍追至馬陵，令反魯、衛之侵地。」

曹無大夫，曹大夫會盟稱人，不言大夫。公子手何以書？凡戰與會盟同例，小國大夫例書人。憂內也。內敘四卿，故亦詳録手也。**疏**《晉世家》：「十一年春，齊伐魯，取隆。伐衛，衛與魯皆因郤克告急于晉。晉乃使郤克、欒書、韓厥以兵車八百乘與魯衛共相伐齊。夏，與頃公戰于鞍。齊帥敗走，頃公與逢丑父易位取飲，得脱去。晉兵追至馬陵。頃公獻寶器以求平，不聽；請復戰，乃許與平而去。」

秋，七月，齊侯使國佐如師。大夫在師曰師。言師者，以魯爲主也。**疏**如今泰西兵敗，遣全權使臣議賠兵費割地，並議以後交涉條約。國佐如普法戰後之特侯法相，又如馬門之特侯大臣。

君不使乎大夫，稱君稱使，皆予公之辭。此其行使乎大夫何？內四大夫在師，公不在齊，乃使如師。佚獲也。敗績逃佚，幾乎見獲。其佚獲奈何？問事實。師還齊侯，還，圍也。晉郤克投戟，逡巡再

① 齊：原作「其」，據文意擬改。

拜，稽首馬前。戰亦有禮節。逢丑父者，頃公之車右也，面目與頃公相似，衣服與頃公相似，軍中主帥多不建旗鼓，恐爲敵所識。代頃公當左。御者在右。使頃公取飲，頃公操飲而至，堅敵。曰：「革取清者。」頃公用是佚而不反。逢丑父曰：「吾賴社稷之神靈，吾君已免矣。」郤克曰：「欺三軍者，其法奈何？」曰：「法斮。」于是斮逢丑父。初欲斮之，後未行刑。

己酉，及齊國佐盟于袁婁。敗後條約，償兵費並後來交涉利益。

曷爲不盟于師而盟于袁婁？據屈完來盟，于師、于召陵並見。前此者，晉郤克與臧孫許同時而聘于齊。事在宣公時。蕭同姪子者，蕭同姪子，齊侯之母號也。疏《左傳》作蕭同叔子。齊君之母也，踊于棓而闚客，則客或跛或眇，于是使跛者迓跛者，使眇者迓眇者。所記與《左傳》小異。二大夫出，相與踦閭而語移日，然後相去。齊人皆曰：「患之起必自此始。」交鄰國之大事，以婦人笑客遺禍，言頃公無道也。二大夫歸，相與率師，爲鞍之戰。亦由齊侯始禍。齊師大敗。齊侯使國佐如師，郤克曰：「與我紀侯之甗，滅紀所得。反魯衛之侵地，屢侵二國所得。使耕者東畝，謂齊取征于民者轉輸之晉，如今賠兵費之事。且以蕭同姪子爲質，則吾舍子矣。」國佐曰：「與紀侯之甗，請諾。反魯、衛之侵地，請諾。使耕者東畝，則是土齊也，如齊爲晉屬地。晉廣其土地，以賦①于民。不可。蕭同姪子者，齊君之母也，齊君之母，猶晉君之母也，不可。請戰，壹戰不勝

① 賦：原作「賊」，據文意改。

請再，再戰不勝請三，三戰不勝，則齊國盡子之有也，何必以蕭同姪子爲質！」揖而去之。郤克眣魯、衛之使，使以其辭而爲之請，齊大國，幸勝。恐激怒齊人，待戰則敗。然後許之。逮于袁婁而與之盟。許國佐不辱君命。轉敗爲功，不失國體，息兵講和而退。

八月，壬午，宋公鮑卒。此不正者，其日之何也？不正，前見矣。

庚寅，衛侯遬卒。《衛世家》：「十一年，穆公卒，子定公臧立。」

取汶陽田。疏《魯世家》：「夏，公與郤克敗齊頃公于鞍，齊復歸我侵地。」

汶陽田者何？侵地當言田邑。鞍之賂也。田者何？閒田也。汶陽田者何？棘也。辟棘而言田，重失邑也，而取從同矣。此辟取邑，爲下歸于齊也。疏方伯閒田，二伯得進退之。齊取之，以晉命還之，齊、晉皆二伯也。鄭易許田，鄭莊爲卿士。

冬，楚師、鄭師侵衛。此公子嬰齊之師也，不稱公子，貶也。曷爲貶？伐喪也。貶楚因亦貶鄭也。

十有一月，公會楚公子嬰齊于蜀。《左傳》以此蜀爲魯地，蓋會在魯地，所謂於是乎有蜀之役，盟則在梁州之蜀。丙申不必在十一月，因貫盟，於《經》連書二事以殺恥，如會盟同地者然。疏以夷狄主中國，《春秋》所不忍言，偶一見以起例，其實亦爲一見例也。

丙申，公及楚人、秦人、宋人、陳人、衛人、鄭人、齊人、曹人、邾婁人、薛人、鄫人盟于蜀。前楚、秦共滅庸，此會秦、楚相通，愈爲中國患，故貶諸侯稱人也。何以知爲諸侯？以齊敘鄭下也。大國既君，小國亦君矣，何以齊君敘曹君之上也？曰：齊人者，世子也，世子光，故序諸侯之次矣。楚以臣主公，後其君乃與諸侯盟，貶其君稱人，故不嫌與其臣會。鄫不序盟會，此序者，明爲魯卒正，從夷狄主會録之。秦不與中國序，序宋上者，亦以夷狄之會言之也。疏《年表》：秦竊與楚盟。

此楚公子嬰齊也，其稱人何？據會盟一處，疑爲一人也。得壹貶焉爾。壹貶，謂貶其君；一貶其君以見例，不謂貶嬰齊也。楚初會中國，貶之稱人，此與秦通主會，爲患爲巨，故再貶之。此爲秦通之始，一貶以見例，下從正辭矣。蜀者何？梁州，所謂巴蜀是也。前會之蜀魯地，何以知此蜀爲國？因匱盟。使若異地，《春秋》會盟，中無閒事不再地，此再言蜀，知非一地。考蜀之役秦不在師，秦自與晉迕，師不出關，無緣至魯而盟，故《左傳》以爲「畏晉，竊與楚盟」，故書二蜀以殺恥。疏按，十一月會于蜀，于蜀中結盟多在師之國，蜀去魯遠，往反須時，正月公又會晉伐鄭，則丙申必非去年冬事，《經》連二蜀書之以殺恥。大約盟事在三年中。

三年

春，王正月，公會晉侯、宋公、衛侯、曹伯伐鄭。此衛子背殯而出也，故下日葬。陳、蔡、許皆從夷。疏公會晉、宋、衛、曹伐鄭。晉置六卿，率諸侯伐鄭。

辛亥，葬衛繆公。《傳》當時而日，危之也。疏方伯日葬，危之也。日者，蜀之盟，衛子背殯而出，遠會夷狄，故日以危之也。

二月，公至自伐鄭。疏此得鄭也。

甲子，新宮災，三日哭。《檀弓》：「焚其先人之室，則三日哭。」故新宮焚，亦三日而哭。」疏按，諸書稱邾皆直爲邾，惟

《檀弓》稱婁，是《檀弓》亦齊學。

新宮者何？據宮廟不得有新舊稱。宣公之宮也。以宣新入廟知之。宣宮則曷爲謂之新宮？宜直稱宣宮。不忍言也。初入廟哀痛，故不忍與常廟同。其言三日哭何？廟災，三日哭，禮也。說詳《檀弓》。新宮災，何以書？記災也。董子說：「成居喪無哀戚心，數興兵戰伐，故天災其父廟，示失子道，不能奉宗廟也。一曰：宣弒①君而立，不當列于羣祖也。」疏外災何以例時？輕之也。內災例日，重之也。內日則外不得不時，以見內外之例也。

乙亥，葬宋文公。宋葬何以不時？大國也。

夏，公如晉。公如齊、晉者，朝大國也。宋亦大國，何以不言如？王後也。疏成世公四如晉，不如齊。

鄭公子去疾帥師伐許。言率師，惡去疾專兵也。兵不盡親出，禮有命將，其惡之何？凡有君命者，皆目君也。禮：君出，一卿守，二卿從。凡目大夫，非君意者也。

公至自晉。疏凡致例，如今親王大臣出使絕遠外國，平安而歸，喜其事畢，故得書之。

秋，叔孫僑如帥師圍棘。棘者，汶陽之邑。魯邑失于齊，不可言失邑，故以取田言之，但言汶陽之田，辟棘也。圍棘未能取，下晉言歸之齊，故不言棘以田，則可取可歸之也。

棘者何？言圍，如國辭。汶陽之不服邑也。汶陽以水地名，不止一邑，此猶爲齊守。其言圍之何？

① 弒：據《漢書》卷二七上《五行志上》作「殺」。

如國辭。不聽也。本魯舊邑，爲齊所取，地歸舊主而邑人不服，以見魯之失政。畿內也。

大雩。龍見而雩。龍見爲天命，雩則人君奉天而行。

晉郤克、衛孫良夫伐將咎如。將，《穀》作牆。大夫執國命，凡目大夫者，非君意也，斥言郤、孫，世卿之亂也。**疏**將咎如者，赤狄之餘也。內州夷狄。

冬，十有一月，晉侯使荀庚來聘。聘朝往來，修會結盟，如今公法，條約久則修改，故使人專行。又，新有征伐大事，亦發專使於各國。于此可見古世公法。

衛侯使孫良夫來聘。同時來聘，先晉後衛者，尊大國也。彙敘以見例也。

丙午，及荀庚盟。來有先後，盟可同日。比日而分盟，二使各盟一事，不相同，故異日以見慎重。

丁未，及孫良夫盟。**疏**外事用剛日，盟亦外事，何以用柔日？比日連書，以明各異，故不辟柔日。

此聘也，其言盟何？不統言來盟，分二事記之。聘而言盟者，聘、盟非一事。尋舊盟也。事輕故兼使，事重則特使。故言盟不先言聘。

鄭伐許。目鄭者，狄鄭也。鄭冀州之國，其狄之何？以其變于夷也。《春秋》循名核實，近于夷者，則夷之也。

四年

春，宋公使華元來聘。宋爲客禮，何爲使人來聘？其臣得相聘也。**疏**此言聘，朝聘禮也。下言聘，爲婚事也。

三月，壬申，鄭伯堅卒。疏《鄭世家》：「十八年，襄公卒，子悼公立。」

杞伯來朝。杞王者後，而言朝即黜杞。《詩》三《頌》不言杞，直以魯代杞，所謂王魯黜杞。王魯黜杞于《詩》爲本例，先師借以説《春秋》。疏來朝時，正也，因正以見不正也。宣世不言朝，成世二言來朝。

夏，四月，甲寅，臧孫許卒。大夫也，卒者賢之。禮待如卿，亦賢之。

公如晉。《晉世家》：「魯成公朝晉，晉弗敬魯，怒去，背晉。」

葬鄭襄公。《傳》：不及時而不日，慢葬也。方伯葬月，時者略之也。

秋，公至自晉。

冬，城運。再城運矣。城者，董子説以爲「强私家」。不自修而飾城，飾城無益也，觀于入運，而知徒城非計矣。

鄭伯伐許。鄭在喪，何以不稱子？貴賤相嫌也。

五年

春，王正月，杞叔姬來歸。杞叔姬者，娣也。娣何以書？伯姬死，娣立爲夫人者，如紀季姬是也。

仲孫蔑如宋。王後爲賓客，于諸侯無統屬之義，故公與宋公無往來之文，見以客禮行也。此言内臣如宋何？明君無朝禮，臣得相通聘也。故四言如者，亦四言來聘。疏内臣如宋始此。

夏，叔孫僑如會晉荀秀于穀。秀，二《傳》作「首」。疏内邑也。大夫會不書，此何以書？會大國大夫也。政在大夫，故特書之。凡會方伯以下，大夫通不書也。

梁山崩。梁山者何？晉地。何以不繫乎晉？名山大澤不以封也。齊、晉尊同，晉何以不記災？陝以東國不記災，故晉不記災；陝以西國記災，故齊得記災。**疏**《晉世家》：「景公十四年梁山崩，問伯宗，伯宗以爲不足怪也。」

梁山者何？據非國，乃不繫。河上之山也。此爲河上山名。魏都大梁，即此《經》梁亡之梁。則在蜀爲州名，非山西地與晉近，秦不能滅而有之，當與此梁山異地。梁山崩何以書？外異不書，又不屬國。記異也。非災。何異爾？山有崩道。大也。所崩甚大，故異。何大爾？梁山崩，壅河三日不沵。因其大崩，壅河不流，故重而異之。外異不書，晉爲外州伯，外異《經》不書。此何以書？惟晉書二事，不出晉。爲天下記異也。言爲天下記者，不以梁山繫一國，則從天下言之。**疏**《周禮》「大傀異災」①，以地稱大，傀即《莊子》「大塊」。

秋，大水。水災何以無日例？非一日之事，不可以日計，故不日。火災以日計，故日之也。

冬，十有一月，己酉，天王崩。《本紀》：「定王二十一年崩，子簡王夷立。」

十有二月，己丑，公會晉侯、齊侯、宋公、衛侯、鄭伯、曹伯、邾婁子、杞伯同盟于蟲牢。大會于鄭地。**疏**晉、楚分伯，晉爲伯，魯、齊、衛、鄭爲四牧，新以齊降牧，故陳、蔡不敘亦言同。齊桓一匡，同爲大同，諸侯偏至之辭，《穀梁》以爲尊周。晉同盟專盟北方諸侯，故《穀梁》以爲外楚。言同有不同。

---

① 異災：原作「災異」，據《周禮·春官宗伯·大司樂》乙。

六年《年表》：簡王元年，吴壽夢元年。

春，王正月，公至自會。何爲以月至？在外聞天子喪，不奔喪而還，危之，故月也。蟲牢與京師相近，有天子喪，公不往，爲失禮。近便猶不往，深惡其失臣道，故月以謹之。

二月，辛巳，立武宫。工作不日，此何以日？重之也。疏春秋當日廟制未定，《春秋》乃定爲五廟，凡書廟制皆爲新制。《左傳》以爲有武德立宫，《傳》以爲武公之廟。蓋因武事立武公廟耳。

武宫者何？據立新作，近於文公。武公之宫也。武公者，成公九世祖也。《魯世家》：武公敖卒，子懿公戲立；懿公卒，弟孝公稱立；孝公卒，子惠公弗湟立；惠公卒，庶子隱公息立。自隱至武公六世。疏按，此足見傳者于《春秋》以前譜帙世系無不考核，則不言事何可以説《春秋》也。立者何？據立王子朝、立晉乃言立。立者，不宜立也。《明堂位》：「魯公之廟，文世室也。武公之廟，武世室也。」是魯公、武公不宜別立專廟。故武公雖不祧，而《傳》言不宜立也。立武宫，當時廟制不如經制，故興建無常。非禮也。禮：諸侯五廟，二昭二穆，與太祖之廟而五。武公本在世室，今侈勝齊後立之，非也。《春秋》有武、煬、僖毁廟復見之文，是當時隨立，不拘廟數，《經》故譏之也。

取鄟。不月者，卑之也。疏二《傳》皆以鄟爲國，《傳》本有滅國言取之例。以爲邾婁邑者，一師之説耳。

鄟者何？邾婁之邑也。曷爲不繫乎邾婁？諱亟也。説無依據，推餘丘傳耳，今不從之。

衛孫良夫帥師侵宋。同盟相伐，衛爲首戎，故惡之也。疏據《左氏》，此有晉、宋、鄭不書，爲晉諱也。

夏，六月，邾婁子來朝。記邾婁，與内和也。成世無兵事。朝時，此其月何？有天王之喪而相朝，非禮也。

公孫嬰齊如晉。不如京師而如晉，惡之也。

壬申，鄭伯費卒。不書葬者，有楚師也。有楚師則何以不葬？鄭初與楚伐人喪，今楚亦伐其喪，故不葬以見之也。疏《鄭世家》：「二年，楚伐鄭，晉兵來救。是歲悼公卒，其弟睔立，是爲成公。」

秋，仲孫蔑、叔孫僑如帥師侵宋。與衛和約伐宋者何？從晉命也。

楚公子嬰齊帥師伐鄭。此伐喪，何以不貶？鄭前從嬰齊伐，必如是而稱乎前事也。此有陳、蔡、許，未敘。□□而鄭服。疏《鄭世家》：「悼公二年楚伐鄭，晉兵來救。」

冬，季孫行父如晉。

晉欒書率師救鄭。正□□□□□舊□□□□□。疏今□□□□□事□□□□□。

七年

《年表》：晉成公元年。悼公弟也。

春，王正月，鼷鼠食郊牛角。改卜牛，鼷鼠又食其角，乃免牛。此畏天之異也。凡祭宗廟，小祭祀祭物小有變損不志，惟祀天之物乃志之，所以畏天也。董子：鼷鼠食郊牛角，蓋養牲不謹也。疏據《周禮》稱上帝。五帝固同爲大統君相之稱，而天分九野之説可推矣。《春秋》之王不過帝之一州，方三千里，故所郊爲東方蒼天，王爲大九州牧，故各郊九天而不言大禘。「禮不王不禘」，王當爲皇。皇、帝乃禘上天，故祭天禘大郊小，《春秋》有小郊無大禘，故祀天大禘不見《經》。《論語》「知禘之説可治天下」，《封禪》亦以禘爲皇帝治天下之學，非《春秋》所宜有也。

吴伐郯。 夷狄伐小國不書，書者，爲下晉伐郯。吴者何？揚州方伯也。何以知其爲方伯？以其言使也。方伯則何以不見監者湯沐邑？陜以東夷狄國新爲中國，故待之禮畧也。荆、徐、梁皆早見吴，何以晚見？隔于徐也。**疏** 吴者，狄之也。初見兵事從狄辭。郯者，我屬也。兵已近我，故録之，又爲下晉伐郯見。

夏，五月，曹伯來朝。 來朝不月，此何以月？有天王喪也。再踰年矣，何猶以喪言之？未大祥也。《春秋》見者不復見，此何以再見？以見喪必三年也。**疏** 邾婁子、曹伯二朝皆月，内見以明之。

不郊，猶三望。 言不郊與不視朔同。繼前牛災事，因牛災不郊，故不郊亦書。既不郊，則望可以免，猶之爲言，可以已之辭也。《論語》「獲罪于天無所禱」，皇、帝與王、伯皆奉天爲主，郊祀即親見天神受命；天統羣神，故不郊天則羣祀可已。《經》言猶，以諸專尊天以統羣祀。**疏** 泰西宗教以天爲主，《穀梁》「爲天下主者天也」，董子亦有主天之説。《春秋》天王天子皆主天，推而論之，止于至善，繼往開來，爲百世法。《經》合中外立極，各洲初闢，皆屬蠻野，淫殺酷虐，不受繩墨，豈能遽繩以繁文縟禮？故凡異教皆爲聖經前驅，先以博愛守貞止其殺淫，不致弱肉强食；已漸文明，然後徐引大中至正之道。中土如此，西國亦然。西教利于開荒，紛争戰鬭，力征經營，其教固合時宜，若大統以後，長治久安，專心文教，以絶亂源而臻上理，則西教固尚嫌簡陋。就西人①目前而論，固羣奉爲依歸，若欲推行無弊、積益求精，則當不僅路氏之改舊教已也。惡西教者皆云西人廢絶倫常，今案絶倫、平權兩約，絶無其説；至專尊一天，不祀諸神，西士未免主持太過。然其教傳于歐美，彼

① 西人：「西」字原脱，據文意補。

土外教，如一物一神，及土石禽獸各奉爲教主，以千百數，奉一天以推蕩羣教，天主二字，其功甚鉅。《論語》獲罪于天無禱，《春秋》譏不郊三望，禮喪中廢羣祀，唯祭天越紼行事，皆專崇一天之古義，西人因與佛①難，故攻之不遺餘力，非與孔教争也。《春秋》以天統王，《穀梁傳》曰：「爲天下主者，天也。」此天主二字之所本。又曰：「孤陰不生，獨陽不生，三合焉然後生。故曰天之子也可，母之子也可。」中國以君稱天子，《論語》「天生德於予」，庶人亦稱天生，此《春秋》尊天，以及天王，王臣雖微，在諸侯上。天地君親師五字出于《禮三本》，荀子之説曰：「禮有三本：天地生之本，先祖類之本，君師治之本。無天地焉生？無先祖焉出？無君師焉治？三者偏亡焉無安人。故禮上祀天，下祀地，尊先祖而隆君師，是禮之三本也。」蓋民生于三，事之如一，如但奉天，是一本也。考偏亡之説，是必中國古有專敬一天之教，聖人以地、君、親、師補足三本。又，《喪服傳》「臣以君爲天，子以父爲天，婦以夫爲天」，《孟子》「天視自我民視，天聽自我民聽」，《尚書》天命、天討、天工等説。蓋孔子未興以前，異教蜂起，故立祆教以正其趨；異教已絶，儀法宜昭，故又創立諸法，因舊教奉天，由其知以推其類，曰子天父、臣天君、孫天祖、婦天夫，由一天以化數天，即由一本以變三本。孔子改舊爲新之義往往見于《論語》，故舊教詳于自修，略于政治，《論語》則以道德歸之帝、王；禱以實不以文，則以禱久之説正禮拜之煩數；靈魂永生易流虚恍，則以未能事人知生歸諸實跡；泛愛易至摩、放，則以堯舜猶病杜其流弊；天使復生、靈跡近於誕，則不語怪力亂神；禍福之説中于人心，則歸之天命以杜忮求；人皆父天則愛無差等，故斥非鬼以示等威；奉天近於僧道不事事，則務民義、遠鬼神以求治法。《春秋》以外，凡《易》、《書》、《詩》、《禮》、《孝經》推本於天，至尊無上，其奉天之學則治曆明時，創爲月令、明堂之法，典章制度，立官發令，飲食衣服，各法天行，隨時更易，趨步法象；如子於父、臣於君，不僅立廟，號呼瀆請，罪囚自待。此中教古同西教，孔子改爲三本實義也。中國舊教，天生孔子以正之。西教開創，不能不主天以定一尊，由粗而精，由略而詳，則不必再生孔子，但

① 佛：原作「弗」，據文意擬改。

入中國，用禮三本之説譯改舊教，則中外今古、舊教新教，救弊補偏，同臻美富，又一定之勢局也。

秋，楚公子嬰齊率師伐鄭。《年表》：楚伐鄭。

公會晉侯、齊侯、宋公、衛侯、曹伯、莒子、邾婁子、杞伯救鄭。方伐而即救，明勤于諸侯也。疏 伐、救並言。晉敘齊、宋、衛，而楚不敘，内晉而外楚。内見一伯四牧，楚師有陳、蔡與秦、吴、許。

八月，戊辰，同盟于馬陵。同盟猶會盟也。曷爲或言會或言同？同重于會也。曷爲言會復言同？同重于會也。月在日上者，同月也。疏 有鄭則北方諸侯全矣，故爲同。同者，同外楚也。大國晉、宋，四牧齊、魯、衛、鄭。齊新貶爲牧，屬兖州。

公至自會。以會致者，得意之辭也。

吴入州來。入者滅之漸也，吴者揚州方伯也。陜以東國見荆、徐、梁，何以不見揚州？言二州而揚可知也。何以見三州？天子方千里者九，《春秋》絶長補短，西南不置州，東南增置也。言梁明滅，置不言揚者，從省可知。疏 吴初見，如澳、非、南美各州初無國無君，但稱州名而已，後乃漸進，稱楚稱吴，又久而稱子。《春秋》引外四州以成小九州，亦如今日引外大州以成《大統春秋》。

冬，大雩。冬而記雩，不時。

衛孫林父出奔晉。言林父出奔，著世卿之禍也。

八年《洪範》「王省惟歲」，故大統之學説專詳陰陽、五行、八風、十二教。周正何以建子？四仲中分，四隅之説故不言仲。東北春隅，艮；東南夏隅，巽；西南秋隅，坤；西北冬隅，乾。四隅節候不同，中分故不用四仲。《論語》舉一隅不以三隅反，舉中國以立法，以三隅反之。

春，晉侯使韓穿來言汶陽之田，歸之于齊。汶陽之田者，歸棘也。避不言棘，諸侯不得專地，故以田言之。田者，閒田也，可以取、歸矣。

來言者何？閒田進退，二伯司之。故言田以存天子禮制，與不許諸侯專地。內辭也。如奉天子命者然。脅我，使我歸之也。以威力迫脅。曷爲使我歸之？前已取之齊。鞍之戰，齊師大敗，齊侯歸，弔死視疾，七年不飲酒，不食肉。晉侯聞之，曰：「嘻！奈何使人之君七年不飲酒、不食肉？請皆反其所侵地。」義詳《解詁》。**疏**言歸田何？諸侯有功，取于閒田以禄之，禮也。主晉者何？二伯奉命黜陟，得行慶削也。因時事以見閒田之禮也。齊之閒田若何？方百里者九，千乘之國也。

晉欒書帥師侵蔡。録欒書之主兵，起其弑也。**疏**已得鄭，蔡篤于從楚，故侵之。蔡十年已不見《經》。

公孫嬰齊如莒。如莒者何？報其朝也。莒不言朝者，以起爲夷，非不朝也。**疏**公孫嬰齊者何？叔肸①之子也。內臣如莒者惟此一見。

宋公使華元來聘。來聘者，問名也。何以不言問婚？成不成未可知也。小事不書，書者，詳録伯姬也。孔子曰：「說之詳②，辭之複，其中必有善者焉。」

---

① 肸：原本誤作「盻」。

② 說之詳：據《公羊傳》僖公四年何注，作「書之重」；下「必有善者」，「善」作「美」。

夏，宋公使公孫壽來納幣。納幣，使人禮也。婚禮不稱主人，此正稱者，辭命雖有所託，史册自當君命，凡以婚禮行者，皆當稱君使。紀爲小國，乃不言使耳。

納幣不書，此何以書？録伯姬也。義詳《解詁》。**疏**董、何舊有《春秋》改文從質之説，以杞爲文、宋主質。今按，文、質乃《詩》説，改文即《羔羊》之「革」，《緇衣》「敝又改爲」。《詩》爲大統專説。夏東①木德，主文；商西金德，主質。先師舊説所列質家親親尚白等説，中國從無此派，證以泰西，最爲切合。《詩》主西皇，故改文從質，以緇爲素，乃爲後之夏、商而言，非古之中國已有文、質兩派。如以《春秋》救周敝改從質，久而敝，非再作救質從文之《春秋》不可。然則《春秋》非爲百世立法，乃一時救敝之書矣，今故以文。質立法改歸于《詩》，《春秋》則專于主文，爲中國小正之統。

晉殺其大夫趙同、趙括。稱國以殺，殺無罪也。不言及者，尊卑敵也。**疏**《晉世家》：「十七年，誅趙同、趙括，族滅之。韓厥曰：『趙衰、趙彌之功，豈可忘乎！奈何絶祀？』乃復令趙庶子武爲後，復與②之邑。」

秋七月，天子使召伯來錫公命。王者三代之舊稱，天王天子皆《春秋》之新名。經傳言天子多於天王，《春秋》治政之書，故一言天子以見例而已。**疏**《春秋》主天，故稱天王。考天下一家，例以皇爲祖，以祖配天，故曰「皇天上帝，先祖是皇」；文武帝、后爲皇佐，稱父母；八方伯稱王，爲二《南》之子；外十二牧爲公孫。天下雖大，如一家然。故皇稱天，所謂「克配于天」。帝佐皇，爲天子正稱，非王之本號，故《春秋》正稱天王，一見天子以示例。考天子本尊于王，《詩》曰「王于出

---

① 東：原脱，據下文「商西」擬補。
② 與：原脱，據《史記》補。

征，以佐天子」，《書》曰「天子作民父母①，爲天下王」，則非治一國之王矣。《尚書》「天工人其代之」，《穀梁》「爲天下主者天也」，董子以天爲主，故皇正稱皇天，于親爲祖；帝正稱天子，于親曰父母；王正稱天王，于親曰之子、公子；伯曰天吏，又曰天牧，于親爲公孫。凡經傳所云天下、天子皆謂大統而言，非以中國爲天下、王爲天子，而王一見，天子亦必在可以然之域。考《周禮》上帝與五帝並見，古有九天，《詩》于昊天、旻天分別最嚴；王爲東帝蒼天所統，則王所父之天爲東方一隅之天，故亦可稱天子。按，《經》之大夫有三等之別，大國大夫比于天子之卿，小國比于天子元士，惟方伯之卿乃比天子大夫，爲《經》書大夫正稱，天子爲帝正稱。《白虎通》説皇帝亦稱天子，上達下達，亦如大夫之有三等，而以方伯之卿爲正稱。

其稱天子何？正言天王、言王。《春秋緯》王、天王、天子爲一科三旨。疏《春秋》天子只此一見。**元年春王正月，**謂稱王也。疏王即周字號名。諸侯目國名，王不敢舉周，以王代。以諸侯比，則如齊、晉使大夫來或不目君，但稱國。**正也。**以王爲正稱。天王、天子，皆以天臨之。疏《春秋》文成數萬，其旨數千，紛繁淆變，不知所歸，故每言正例以起其變。不得其正，則變者不顯；且以正爲變，則無所取則。故有變例即有正辭，以爲之準，執正然後可以論變。《傳》于正一條每言「正也」以起之，當就其正以盡推其變也。**其餘皆通矣。**以稱王爲正②，其餘言天王言天子皆變文相通，别有所取。董子曰：受命之君，天命之所予也，故號爲天子者宜視天如父，事天以③孝道也；又引《傳》曰：「唯天子受命于天，天下受命于天子，一國受命于君。君命順則民有順命，君命逆則民有逆命。」此有功而加服，明黜陟之禮也。《春秋》三記錫命，一即位受命，一葬後追錫，此有功加封。疏班氏説：「天子者，爵稱也。爵所以

① 父母：「父」字原脱，據《尚書・洪範》補。
② 正：原誤作「王」。
③ 天以：原作「天者」，據文意擬改。

稱天子者何？王者父天母地，爲天之子也。故《援神契》曰：『天覆地載，謂之天子，上法斗極。』《鉤命決》曰：『天子，爵稱也。』帝王之德有優劣，所以俱稱天子者何？以其俱命于天，而王治五千里内也。《尚書》曰：『天子作民父①母，以爲天下王。』何以知帝亦稱天子？以法天下也。《中候》曰：『天子臣放勛。』《書·亡逸》篇曰：『厥兆天子爵。』何以皇亦稱天子也？以其言天覆地載，俱王天下也。故《易》曰：『伏羲之王天下也。』」

冬，十月，癸卯，杞叔姬卒。此不卒者，因下逆喪，故録之也。疏出者，與廟絶。叔姬已絶杞，不應再繫杞。繫杞者以不嫁，故下逆喪歸。

晉侯使士燮來聘。此謀伐郯，其言聘何？先聘而後伐也。因伐而聘，非禮也。不譏者，不待譏也。

叔孫僑如會晉士燮、齊人、邾婁人伐郯。郯小國也，晉何爲遠來伐之？爲吴事也。疏吴伐郯。郯從吴。此争郯也。

衛人來媵。據本傳，以娣、姪從，則媵者三姬良人之等也；于未嫁之先來媵，與夫人同嫁者也。此《春秋》新禮，以爲不再娶之制。《詩》曰「諸娣從之，祁祁如雲」者，《詩》與《春秋》同爲素王之制。

媵不書，先録同姓親國。魯、衛和協，故先録。**此何以書？**賤媵。内女嫁者多矣，不書媵。**録伯姬也。**因伯姬賢，故詳録其事，欲明其禮，故特丁此言之。

---

① 父：原脱，據《尚書·洪範》補。

九年

春，王正月，杞伯來逆叔姬之喪以歸。

杞伯曷爲來逆叔姬之喪以歸？出已絶于夫家，當由内葬之。内辭也，非禮制，以勢力壓之。脅而歸之也。婦出與廟絶，不可歸葬，葬于母家。此言以葬歸明失正，以起來歸不葬，于禮失之也①。

公會晉侯、齊侯、宋公、衛侯、鄭伯、曹伯、莒子、杞伯同盟于蒲。蒲者，衛邑也。《補例》：盟何以或言同或不言同？言同者，大會也。此言同何？中國諸侯皆在，是同心以外楚也。何爲外之？不欲其亂中國也。晉者東伯，何爲以外言之？使夷狄不侵伐中國者，二伯之職也。疏《公羊》舊有文質之説，文爲中國，質爲海外；文詳道德，質詳富强。二者偏勝爲弊，必交易互易，然後君子。見在時局，《公羊》大一統之先兆也。

公至自會。

二月，伯姬歸于宋。言歸于者，不親迎之辭也。故下有致女事。疏定昏禮，故詳録伯姬事以示例。

夏，季孫行父如宋致女。致者，致之于廟，如内用致夫人也。宋公不親迎，三月之時，伯姬不肯行廟見之禮，公乃使季孫勸其行。主書者以明伯姬之賢，交譏魯、宋。

---

① 于禮失之：原作「于失之禮」，據文意乙。

未有言致女者，内言用致夫人，亦與此異例。此其言致女何？《春秋》明親迎典禮特起之筆，非常辭。録伯姬也。事詳劉向《列女傳》。言女者，明未廟見成婦也。

晉人來媵。伯姬已嫁，猶未廟見，媵亦有待年之禮。《傳》曰「備娣姪」，媵亦三女，合本國與二媵九女，天子十二女，則得三國媵。**疏** 媵乃《春秋》新制，以防女禍。當時諸侯皆再娶，泰西風俗不二妻，頗有貴女之意，此《商易》之坤乾，聖人所以改爲乾坤。

媵不書，此何以書？録伯姬也。《傳》曰「二國來媵」之先録衛、晉，明媵必同姓之國也。二國同媵，以國大者爲尊，則晉女尊于衛女也。**疏** 禮制司徒所掌，海外不如中國。交易而退，各得其所，文質彬彬，所以爲君子。

秋，七月，丙子，齊侯無野卒。《春秋繁露》：「《春秋》記天下之得失，而見所以然之故，甚幽而明，無傳而著，不可不察也。夫泰山之爲大，弗察弗見，而況爲眇者乎！故按《春秋》而適往事，窮其端而視其故，得志之君子，有喜之人，不可不慎也。齊頃公親齊桓公之孫，國固廣大而地勢便利矣，又得霸主①之餘尊，而志加于諸侯。以此之故，難使會同，而易使驕奢，即位九年，未嘗肯一與會同之事。有怒魯、衛之志，而不②從諸侯于清丘、斷道。春往伐魯，入其北郊，顧反伐衛，敗之新築。當是時也，方乘③勝而志廣。大國往聘，慢而弗敬其使者。晉、魯俱怒。内悉其衆，外得黨與衛、曹，四國相輔，大困之鞍，獲其頃公，斮逢丑父。深本頃公之所以大辱身，幾亡國，爲天下笑，其端乃從懾魯勝衛起。伐魯魯不敢出，擊衛大敗之，因其氣

---

① 主：原作「王」，據《春秋繁露·竹林》改。

② 不：原刻無，據《春秋繁露·竹林》補。

③ 乘：原作「求」，據凌曙《春秋繁露注》改。

而無敵國以興患也。故曰：得志有喜，不可不戒。此其效也。自是後，頃公恐懼，不聽聲樂，不飲酒食肉，內愛百姓，問疾弔喪，外敬諸侯，從會與盟，卒終其身，家國安寧。是福之本生于憂，禍起于喜也。嗚呼！物之所由然，其于人切近，可不①省耶。」疏《齊世家》：「頃公朝晉而歸，弛苑囿，薄賦斂，振孤問疾，虛②積聚以救民，民亦大說。厚禮諸侯。竟頃公卒，百姓附，諸侯不犯。十七年，頃公卒，子靈公環立。」

晉人執鄭伯。稱人而執，非伯討之辭也。疏《鄭世家》：「成公三年，楚共王曰：『鄭成公，孤有德焉。』使人來與盟。成公私與盟。秋，成公朝晉，晉曰：『鄭私平于楚。』執之，使欒書伐鄭。」

晉欒書帥師伐鄭。鄭從楚也。疏鄭居中爲樞紐，兩大皆所必争，外交最爲難。故輯鄭事，爲鄭外交書。

冬，十有一月，葬齊頃公。大國例日，月者佚獲，故畧之。

楚公子嬰齊帥師伐莒。庚辰，莒潰。楚稱王子嬰齊，其曰公子者，地、物從中國，如繙譯之類。疏富强之學，中不如外。羣雄角立，兵戰時過。古人禮失求野，所當求益者。

楚人入運。入運者，伐我也。言入而不言伐，爲内諱也。楚師及我，其禍亟矣。疏兵學爲政治之最精，大抵一統則惰，分角則勤，《春秋》亦爲亂世，兵戰所必詳求。禮失求野，此當取法外人。

秦人、白狄伐晉。何爲白狄與秦人列數？狄秦也。晉與白狄伐秦，秦亦與白狄伐晉，明結夷爲戰之非也。此《春秋》之惡戰也。疏此伐晉起下伐秦之會。何以不言及晉？秦亦狄也。晉同白狄伐秦，今秦復從白狄伐晉。戎狄無信，不可信也。

---

① 可不：原誤倒作「不可」，據《春秋繁露·竹林》乙。

② 虛：原刻脱，據《史記》卷三二《齊世家》補。

鄭人圍許。大國乃言圍，此次國，其言圍何？許初爲鄭屬也。與陳人圍頓同。疏鄭、許皆從楚，此私怨也。農、工、商、賈諸學皆當取法外人，國勢强則外海自戢。凡被兵，皆不善謀國，不能自强者。

城中城。城中城者，非外民也。疏中城，内城。于城中別爲一内城。《春秋》再城中城。

十年《年表》：齊靈公環元年。

春，衛侯之弟黑背率師侵鄭。黑背者，公孫剽之父也。言帥師，亦逐君之先見也。疏爲晉侵。海外公法盟約，《春秋》尤爲休明。此當別輯一書，以明先王典制不如海外公法出于寒素，諸國取以爲國際交涉之準。《周禮》爲大同專書，外交之説尤備。

夏，四月，五卜郊不從，乃不郊。董子：「郊因先卜，不吉①不敢郊。百神之祭不卜，而郊獨卜者，郊祭最大者也。」《補例》：凡卜筮日，旬之外曰遠某日，旬之内曰近某日。喪事先遠日，吉事先近日。疏泰西詳于人謀，畧于天命。經傳重卜筮者，蓋民知文明以後，卿士上議，庶人下議，與泰西同。其術尤折中于天，議院朋黨諸弊不待言，當其時亦絶無諸弊。惟《經》以天立教，君相不能僅恃人謀，不求于天，故之卜筮。

其言乃不郊何？據七年不言乃。乃，難②辭。不免牲，故言乃不郊也。

---

① 吉：原作「言」，據淩曙《春秋繁露注》卷一五《郊祀》改。

② 難：原誤作「離」，據文意改。

五月，公會晉侯、齊侯、宋公、衛侯、曹伯伐鄭。伐不月，月者，謹之也。晉前執人君而伐人國，人不從不知自修省，急于又伐，月以譏之也。疏《鄭世家》：「四年春，鄭患晉圍，公子如乃立成公庶兄繻爲君。其四月，晉聞鄭立君，乃歸成公。鄭人聞成公歸，亦殺君繻，迎成公。晉兵去。」

齊人來媵。三媵九女，合本國得十二女，此天子之禮矣。媵只二國，三爲非禮。舉齊異姓，明諸侯之媵不得有異姓，天子十二女，乃得有異姓也。伯姬嫁于宋，二伯來媵，同姓之國衛最爲親，極著其禮盛。

媵不書，此何以書？録伯姬也。三國來媵，非禮也。傳曰：一國嫁女，二國媵之，三媵非禮。《王度記》：諸侯一娶九女，備娣姪以從。每國三女，合之本國，正得九女。若三國往媵，是十二女也。僭天子，當諱，此不諱不月者，宋王者後，亦得用天子之制，故《傳》譏之而《經》不變，亦互文見義也。曷爲皆以録伯姬之辭言之？據此非禮不必説伯姬，可別傳起之。婦人以衆多爲侈也。婦人以侈盛爲榮，伯姬以至賢爲榮。三國來媵，不足以累伯姬之賢。三媵十二女，僭天子矣，不譏者，王後也，賓客之禮異于諸侯也。殷制亦同于周者，三代共之也。

丙午，晉侯獳卒。不書葬者，公在晉送葬，諱之，不書也。會葬者，大夫之事也。疏《晉世家》：「十九年夏，景公疾，立其太子壽曼爲君，是爲厲公。後月餘，景公卒。」

秋，七月，公如晉。此公奔喪之禮也。不奔天王喪而奔大國喪，失禮矣。公如不月，月者，爲送葬謹之也。疏《魯世家》：「十年，公如晉。晉①景公卒。因景公卒，故留成公送葬，魯諱之。」今日外交宜立專門，以復言語科之旨。

---

① 此「晉」字原脱，據《史記》補。

十有一年《年表》：晉厲公壽曼元年。

春，王三月，公至自晉。正月不言公在晉者，中國不存公也。致何以月？爲葬事久留于晉，故月。

晉侯使郤州來聘。己丑，及郤州盟。厲公初立，使卿出盟諸侯，使不貳于楚而修先君之好，故先聘而後盟。在喪使聘不譏者，不親出，且爲王事。

夏，季孫行父如晉。成世大夫三如晉。

秋，叔孫僑如如齊。此言卿之如晉、齊，所以見二國之尊卑。晉正卿，齊次卿，齊失伯。**疏**成世大夫惟此一如齊。

冬，十月。

十有二年

春，周公出奔晉。天王、王子不言出，王臣奔則言出。寰內諸侯同。外諸侯不言宰者，出喪則罷，又見使尊也。

周公者何？前會諸侯繫宰。天子之三公也。上言天子執政，此言三公者，明不攝政則爲三公，以三公攝政則爲冢宰。冢宰非常置之官，去喪則罷。王者無外，王子出奔皆不言出。**疏**此大統《詩》說。王讀作皇，「思無邪」，「海外有截」，幅隕三萬里，故曰無外。《春秋》方三千里，曰無外，舉大以例小。此其言出何？王臣可以言出。問王子、王臣之分。疏《曲禮》：「天子不言出，諸侯不生名。」皆大傳文。自其私土而出也。私土，謂畿内封國也。天子之子弟從于王，無封，普天之下莫非所有，故不言出。王臣封國以百里爲界，餘非其有，故可言奔、出。

私土，明不得以天子例之，有封國，則言出。

夏，公會晉侯、衛侯于沙澤。據《左氏》會有鄭伯。不書，畧之。疏事詳《晉語》。

秋，晉人敗狄于交剛。再言敗，與齊伐越相起。

冬，十月。爲西、戌、亥三月，屬西北隅，爲北方黑帝所司，用顓頊曆，爲北宣夜法。中國之夏即其春，秋即其夏，冬即其秋。同在北半球，寒暑同節候，里差小異。

十有三年

春，晉侯使郤錡來乞師。爲伐秦來乞師。内外同言乞，重師也。

三月，公如京師。公不如京師，此如月者，非如也，明公爲伐秦過周而行朝禮，非實朝。《春秋》朝覲巡狩之廢久矣。

疏稱京師，存西京，以洛陽爲行在。《白虎通義》以京師爲周之定稱者誤。《詩》言「周京」、「京周」並見，變文以明三統。

夏，五月，公自京師，遂會晉侯、齊侯、宋公、衛侯、鄭伯、曹伯、邾婁人、滕人伐秦。秦者，楚之屬也。

《春秋》中分天下，東北爲中，西南屬外。如《易》陽卦所蒞爲中，陰卦三女所蒞之方爲夷。又如今地球分南、北、東、西。疏

《晉世家》：「厲公初立，欲和諸侯，與秦桓夾河而盟。歸而秦背盟，與翟伐晉。三年，使呂相讓秦，因與諸侯伐秦。至涇，敗

秦于麻隧①，虜其將成差。」

其言自京師何？據衛、鄭會于斐，沓不言自晉，惟致乃言自。公鑿行也。本未如朝，《春秋》加以朝文，如至京師受王命伐秦者然，故言遂。公鑿行奈何？鑿行即化我。公不朝，自以伯國命過天子，而《經》乃先言自。不敢過天子也。《經》不敢以存君臣之義。餘詳《解詁》。

曹伯廬卒于師。公在師，故稱師。師在秦，卒于秦地。疏《曹世家》：「宣公十七年卒，弟成公負芻立。」

秋，七月，公至自伐秦。往、至皆月者，爲見不朝也。疏《左傳》楚之有秦，猶晉之有齊，齊、晉、秦、楚爲《春秋》四方岳。《論語》：太師適齊，亞飯楚，三飯當爲秦，四飯當爲晉。説詳《白虎通義》。

冬，葬曹宣公。劉子云：「宣公與諸侯伐秦，卒于師。曹人使子臧迎喪，使公子負芻與太子留守。負芻殺太子而自立，子臧見負芻，告當立也。宣公既葬，子臧將亡，國人將從之。負芻立，是爲成公，成公懼，告罪，且請子臧，子臧乃反。」按，葬時，正也。不言當時與否，畧之也。

十有四年

春，王正月，莒子朱卒。莒子何以不葬？夷狄不葬。其不言朝何？夷狄不言朝也。卒何以月？莒卒例月也。此正卒也，至此以下皆月者，莒卒例月也。

---

① 隧：原作「墜」，據《史記》卷三九《晉世家》改。

夏，衛孫林父自晉歸于衛。自晉，晉有奉焉耳。**疏**劉子説：「林父奔晉，晉使郤犨爲請還，定公欲辭，定姜曰：『不可。是先君宗卿之嗣也，大國又以爲請，而弗許將亡，雖惡之，不猶愈于亡乎？君其忍之。夫安民而宥宗卿，不亦可乎！』定公遂從①之。」

秋，叔孫僑如如齊逆女。逆女不書，此書者，譏三世娶母黨也。

鄭公子喜帥師伐許。再伐許，故下許遷于葉。

九月，僑如以夫人婦姜氏至自齊。不書。書者，明三世娶齊非禮也。言婦姜者三，明三世娶母黨，外屬相婚也。

冬，十月，庚寅，衛侯臧卒。劉子云：「定公卒，立敬姒之子衎，是爲獻公。居喪而嬉，定姜既哭而息，見獻公之不哀也。不内飲食，曰：『是將敗衛國，必先害善人，天禍衛國也。夫吾不獲鱄也，使主社稷也。』孫文子自是不敢捨其重器于衛。」**疏**《衛世家》：「定公十二年卒，子獻公立。」

秦伯②卒。秦卒何以皆時？正也。楚例日，吴例月，秦例時，三等之敘也。秦何以禮卑于楚、吴？秦有葬，楚、吴無葬也。滕、薛、杞不名者，微也，秦伯何以三名三不名？不葬者有名，葬者無名，不嫌爲小國也。葬則何以不名？不名者，王臣大夫不名也。秦在西京，如天子居留大夫，外攝梁牧。昭以下反伯于劉子，以秦、鄭爲二大夫，從劉子。不名者，從大夫例。以伯本王臣，攝爲梁牧，乃反其大夫，不名。**疏**湘潭王氏説：《解詁》于昭五年乃言不名，是何君所見此秦卒本有名，後乃誤脱耳。《秦本紀》：「桓公立二十七年卒，子景公立。」

---

① 從：四庫全書本《古列女傳》卷一《偉姑定姜》作「復」。

② 「秦伯」下原刻衍一「口」字，今刪。

十有五年《年表》：秦景公元年，衛獻公衎元年。

春，王二月，葬衛定公。月，正也。四月葬，近禮。

三月，乙巳，仲嬰齊卒。公孫嬰齊，公子遂之子也。遂爲弒賊，當誅其身並及其子孫，魯人不討，《春秋》代討之，遂稱仲遂，以爲公子遂已誅，此別一仲氏，其子又稱仲，不許公子遂有後于魯。

仲嬰齊者何？當時有兩公孫嬰齊，疑一氏公孫、一氏仲以爲別。公孫嬰齊也。父子皆氏仲。公孫嬰齊則曷爲謂之仲嬰齊？當氏公孫。爲兄後也。魯人前既逐歸父，討賊之義明矣，不當更爲之立後，因氏仲以絶之。爲兄後則曷爲謂之仲嬰齊？據歸父之奔，氏公孫或因爲後之義，以王父氏。爲人後者，爲之子也。歸父之奔，討弒賊子也，又別立嬰齊，豈于子絶，于孫則可立。爲人後者爲其子，禮經文。則其稱仲何？變文以見討孫之義，與華孫同。孫以王父字爲氏也。《傳》非以後歸父當氏仲，謂遂氏仲孫又氏仲，如孫氏王父之辭。子既逐則別立之後，亦更當逐之。然則嬰齊孰後？後歸父也。歸父使于晉而未反，何以後之？奔有罪。叔仲惠伯，傅子赤者也，文公死，子幼，公子遂謂叔仲惠伯曰：「君幼，如之何？願與子慮之。」與里克語荀息同。叔仲惠伯曰：「吾子相之，老夫抱之，卿如二伯，自稱老夫。何幼君之有？」可謂中立不倚。公子遂知其不可與謀，較荀息不食言持義尤正。退而殺叔仲惠伯，不言弒及，爲内諱。弒子赤而立宣公。事在文十八年。宣公死，宣十八年。成公幼，臧宣公者，相也。臧氏大夫，使文稱相。君死不哭，聚諸大夫而問焉。曰：「昔者叔仲惠伯之事不目子赤目惠伯，亦内辭。孰爲之？」諸大夫皆雜然曰：「仲氏也，《經》書仲遂，故《傳》從之。其然乎！」於是遣歸父之家，然後哭君。歸父使乎晉，還自晉，至檉，《經》書如此。聞君薨家遣，墠帷，哭君成踊，反命于介，自是走之齊。見宣十八年《經》、《傳》。魯人徐傷歸父之無後也，此爲婦人之仁。歸父無後而立嬰齊，即以見仲氏不可有後，所以仲氏絕也①。於是使嬰齊後之也。公孫嬰齊而稱仲嬰齊，《穀梁》以爲疏之，是也。何爲疏之？子由父疏之。《春秋》惡惡止于其身，善善及其子孫，何爲由父疏之？弒君之賊也。《春秋》弒君者不復見，絕其子孫。仲遂，宜絕者也，既逐歸父，又使嬰齊爲之後，是失討也。《春秋》之所深惡也。再以仲氏，明當以仲遂罪絕之也。**疏**同時有兩公孫嬰齊者，《春秋》字名多通假，異字或偶然相同，或後師傳寫之誤，不可知也。三《傳》説均同。

癸丑，公會晉侯、衛侯、鄭伯、曹伯、宋世子成、齊國佐、邾婁人同盟于戚。皇、帝之學有大同，合皇輻三萬里爲大一統，由皇推帝，由大帝推小帝，由帝推王，由王推伯，由一匡推中分。晉之同盟降齊桓一等，下《周禮》之同蓋五六等。宋世子何以在曹伯之下？《周禮》大國之孤執皮幣繼子、男之後。戌非世子，其曰世子何？彼世子之，我可不世子之乎？**疏**諸侯適子即孤，在卿上，故稱孤卿。鄭君注以爲三孤，又誤以爲大國孤一人。

晉侯執曹伯，歸之于京師。此負芻也，爲殺太子篡立，故執之。《傳》言歸，于罪未定也；文公執衛侯歸之于京師言之，《傳》以爲罪已定。**疏**《曹世家》：「成公三年，晉厲公伐曹，虜成公以歸。已復釋之。」

---

①「絕也」原刻置正文「傷歸父之無」下，據文意移此。

公至自會。

夏六月，宋公固卒。月卒而日葬，輕重相反，故《穀梁》以爲不卒者。因卒葬伯姬，不可以不卒葬宋公。據①董子，國君之卒，總括生平爲之論□之，《春秋》知人論世古法，又以見謚之美惡。今不盡□，不悉補録。疏《宋世家》：「十三年，共公卒。華元爲左師，魚石爲右師。司馬唐山攻殺太子肥。」

楚子伐鄭。爭鄭而鄭從之。楚伐有從國，不敘陳、蔡、許者，爲中國諱。

秋，八月，庚辰，葬宋共公。二月而葬，不及時。庚當爲字誤，内事用柔日，不用剛日也。

宋華元出奔晉。宋公以庶子戍爲世子，致世子肥見殺，故《穀梁》以爲不卒葬。唐山，《左傳》作蕩澤。三世内娶，爲蕩氏一家言之。疏《宋世家》：「唐山攻殺太子肥，將殺華元，元乃奔。」

宋華元自晉歸于宋。華元宋之忠賢。自晉，晉有奉，以起下。疏《宋世家》：「華元奔晉，魚石止之，至河乃還。誅唐山，乃立共公少子成，是爲平公。」

宋殺其大夫山。此蕩山也，何以不稱氏？爲蕩伯姬諱。蕩氏三世娶于内，公子見殺，意諸見逐，山又見殺；三世不稱名氏，統爲伯姬諱，故《傳》曰「三世無大夫，三世内娶也」。弑事不書，殺去氏，以見討絶之義，又與華督不氏同也。

宋魚石出奔楚。記録世臣之出奔者，譏世卿也。奔楚者，惡魚石也，爲下楚封彭城惡之也。疏《宋世家》：魚石止元，請討罪人，許之。入而討山。魚石畏討，出奔楚。晉、楚敵也。

---

① 據：原誤作「拘」。

冬，十有一月，叔孫僑如會晉士燮、齊高无咎、宋華元、衛孫林父、鄭公子鰌、邾婁人會吴于鍾離。《穀梁》曰：「會又會，外之也。」《春秋》晉、楚中分，凡晉主會，同盟皆北方諸侯。此會一伯四牧一王後一小國，皆晉屬。吴爲揚牧，楚屬也，不附楚而從中國，故殊會外之。《傳》曰：內其國而外諸夏，上會也；內諸夏而外夷狄，下會也。疏《魯世家》：「十五年，始與吴王壽夢會于鍾離。」

曷爲殊會吴？據吴在九州爲揚伯。疏吴爲揚州牧。《地形訓》大九州名有揚州，《職方》東南仍爲揚州，鄒衍以中國爲神州，在正東，是東南乃爲揚州。《職方》、《地形訓》、《禹貢》皆東南，皆名揚州，《地形訓》神、揚互異耳。今澳州在東南，于《春秋》屬吴；揚州亦如澳州，開化甚晚。外吴也。中分天下，北方晉爲伯，統四牧。西南四牧屬南伯，故殊會以外之。疏《易》以八卦分配八方，陽卦爲《春秋》中國，陰卦爲《春秋》南服。曷爲外也？吴爲揚州伯，在《禹貢》九州之內，合九州不過方三千里。《山海經》《海外》四經、《大荒》四經乃爲外。《春秋》內其國而外諸夏，于北方國言「及」與「會」是內其國，而以會外北之諸侯。疏稱諸夏者，用《詩》説。夏者何？夏禹九州爲夏服。何以加諸？不止一禹服，故言諸。《詩》「日居月諸」，諸，衆也。考皇輻爲禹九州者百，帝輻方萬五千里，爲禹州者二十五，古有九主素王之説，伊尹以告湯，《莊子》九洛是爲上皇。《周禮》地中在赤道經度，赤道暑，故爲夏服；既因暑袗絺綌，又以禹州起例，故凡地中京師稱夏服。據五帝則五方三千爲夏，九分天下，爲九主九洛，洛當中，即爲夏，故稱諸夏。京師外爲邦國，邦國外爲都鄙，故以都鄙爲殷、商，《周禮》「十二年巡狩殷國」是也。內諸夏殊會之例，會在北方諸侯下，如內會外，是內諸夏。董子云「諸夏者，推而遠之則言外，引而近之則言內」是也。疏自四帝十二《國風》言之，以禹九州爲一州，爲帝畿，尚有邦國都鄙，故爲內。而外夷狄。吴在下會之下，如諸侯之于魯，故曰內諸夏外夷狄。以北爲諸夏，南服爲夷狄。《春秋》內外分三等，魯爲一等，北方三方伯衛、陳、鄭爲一等，四夷狄新方伯徐、楚、秦、吴爲一等。由近及遠，爲三大門；一等之中又有差次，如大楚小吴，夷狄中又有異。疏據帝畿，九州之外，藩、屏、垣、翰、寧、城六服爲夷狄。王者欲一乎天下，《春秋》新王，王者起，當王三千里，以爲一統。疏《詩》説王讀爲皇，統中國爲王，合天下則爲皇。《孟子》「天下有定，定于一」，九九八十一之一。凡言天、天下，皆皇、帝師説。曷爲以外内之辭言之？外十二州尚當引之，況九州方伯三千里内國。言自近者始也。以此明《春秋》内、外由遠近分也。以九州視十二州，則九州内，十二州外矣。于九州之中平分南北，明王化當由内及外。按，諸夏衛、鄭、陳是也；夷狄蔡、秦、吴、楚是也。何爲不殊會楚？楚大夷，其進已早，吴初見也。何以楚初見不殊楚？初見無會也。疏按，《春秋》從郟分二公，東北四州屬左，西南四州屬右，《顧命》「太保率東方諸侯入應門左，畢公率西方諸侯入應門右①」是也。今地球以赤道分南北，晉在北，吴在南；凡亞、歐、北美北部爲中國，赤道以南之澳、非、南美及南西洋諸島，于地位居陰卦者，皆爲外邦。既以地氣有别，又因開化有早遲，文明蠻野之分，即文質君子野人之所以别。學者據《春秋》推考今之時局，無不相合。知古知今，所謂以《春秋》容天下，《春秋》有臨天下之辭也。

許遷于葉。楚遷之也。以自遷爲文者，國未亡也。

十有六年《年表》：宋平公成元年。

春，王正月，雨木冰。月者，不可以日計也。疏《漢志》或曰今之長老名木冰爲木介。介者甲，甲，兵象也。是歲楚有

① 據《尚書·康王之誥》，太保率西方諸侯，畢公率東方諸侯。

鄢陵之戰，楚王傷目而敗。

雨木冰者何？雨而木冰也。劉向以爲，冰者陰之盛，而水滯者也，木者少陽，貴臣卿大夫之象。此人將有害則陰脅木，木先寒，故得雨而冰。何以書？記異也。義詳《解詁》。

夏，四月，辛未，滕子卒。此已日卒，不名者，非正卒也。非正卒何以日之？漸進也。滕、薛爲記卒之小國，故禮殺于宣，昭乃正卒也。

鄭公子喜帥師侵宋。鄭爲楚侵宋。

六月，丙寅朔，日有食之。《經》、《傳》所有天變多據時政而言，非實事。詳《羣經天異求微》。

晉侯使欒黶來乞師。爲楚事而來乞師。公不與戰，故見執。

甲午，晦。晉侯及楚子、鄭伯戰于鄢陵。楚子、鄭師敗績。此晦日也。以丙寅數之，得二十九日小餘，五月晦日也。戰事言晦，與泓戰言朔同，事在朔言朔，在晦言晦也。疏《晉世家》：「厲公六年春，鄭倍晉與楚盟。晉怒，欒書曰：『不可以當吾世而失諸侯。』乃發兵，厲公自將。五月，渡河，聞楚兵來救，范文子請公，欲還，郤至曰：『兵發誅逆，見彊辟之，無以令諸侯。』遂與戰。癸巳，射中楚共目，楚兵敗于鄢陵。」

晦者何？與己卯震夷伯之廟同。冥也。月初爲生明，後爲生魄。晦日光盡，故爲冥。與朔起。何以書？據日食在晦不言晦。戰事日之足矣，不必言晦。記異也。《左傳》：「甲午，晦，楚師壓晉軍而陳。」彼時偶爾冥晦，因記晦日。疏言日言晦爲戰出，與泓言朔同。舊刊本誤以「甲午晦」三字另行另傳，割裂經文，今正之。敗者稱師，楚何以不稱師？稱君敗績，一見例。王痍也。宋傷不目，此言晦，與泓言朔同。楚子中目與宋公傷股同。《經》故宋外楚，故著楚子痍，而爲宋公諱。王痍者何？傷乎矢也。爲郤錡所射。疏《鄭世家》：「十年，背晉盟，盟于楚。晉厲公怒，發兵伐鄭，楚共王救鄭。晉、楚戰于鄢陵，楚兵敗，晉兵射傷①楚共王目。俱罷而去。」然則何以不言師敗績？據師敗之外有君獲、君滅之文。王傷師敗，可兼言之。末言爾。從省文例。君重乎師，君痍較師敗尤重，亦舉重例。如君將不言帥師。

楚殺其大夫公子側。言大夫，又氏公子，楚進二伯也。楚稱王子，其言公子何？物從中國也。此楚之失政，記其殺以爲戒也。疏《楚世家》：「晉敗楚，射中②共王目。共王召③將軍子反。子反嗜酒，從者豎陽穀進酒，醉。王怒，射殺子反，遂罷兵去。」

秋，公會晉侯、齊侯、衛侯、宋華元、邾婁人于沙隨。不見公。自是以後，陳、鄭仍從楚不從晉。日會，致公意也。疏公見外于會，如今聯邦盟會，不認某同盟，不享萬世和平利益，在公法外。

公至自會。公未歸，致者，以避執也。致公安歸，所以仁季孫也。

不見公者何？據言會已見辭。公不見見也。不見者可以見，譏在晉也。公不見見，上不見公。大夫執，下執季孫。何以致會？《解詁》：扈會失序，不致。不恥也。義不受恥，故著會。曷爲不恥？失事

① 傷：原刻脱，據《史記》卷四二《鄭世家》補。
② 中：原刻脱，據《史記》卷四〇《楚世家》補。
③ 共王召：三字原刻脱，據《史記》補。

大交鄰之道，見屏盟會，國之大恥。公幼也。公幼，政在大夫。以下季孫主之，則公之致可不避，會不言。疏交際之法，不與童子爲禮。

公會尹子、晉侯、齊國佐、邾婁人伐鄭。此戰勝而伐。何以獨取三國？大國言齊、晉，小國言邾婁，諸侯皆在之辭也。鄭因楚子傷不從晉。尹子者，尹氏也。見其世卿，以起王室之亂也。疏列數五國，尊卑亦五等。尹子王臣，內伯，晉侯外伯，公方伯，國佐五錫卿，邾婁人小國大夫，合之爲九錫、八錫、七錫、五錫、一錫。

曹伯歸自京師。此與曹伯復歸于曹比，所以美子臧，爲下會奔張本。

執而歸者名，曹伯何以不名？而不言復歸于曹何？易也。晉文執歸言復言名，因有內外難，乃名乃言復。其易奈何？公子喜時在內也。衛侯鱄。則元咺在內，言復言名。公子喜時在內，則何以易？據衛侯鱄無易文。公子喜時者，仁人也，忠孝。內平其國而待之，如衛叔武。外治諸京師而免之。如衛甯俞。其言自京師何？據執歸言歸于國，此不目國，但目自京師。言甚易也。自京師。京師，有奉辭。目歸自不目國，無內外難之極辭。舍是是謂京師內平，特恐外難，言自京師，則外無可知。無難矣。故有易辭。

九月，晉人執季孫行父，舍之于招丘。即上《傳》大夫執。《解詁》以上爲不書行父執，誤。疏《魯世家》：「十六年，宣伯告晉，欲誅季文子。文子有義，晉人弗許。」

執未有言舍之者，此執月。沙隨執時不書，因舍乃書之，故繫在九月。九月舍之，是執在前。此其言舍之何？執有言以歸、歸于者。舍一見。仁之也。據人必舍。曰在招丘，悕矣。善人失所，故憫卹之。執未有言仁之者，此其言仁之何？執必以罪，故執無仁。代公執也。非其罪，罪而執之。其代公執奈何？問事實。前此者，晉人來乞師即欒黶事。而不與，鄢陵之戰，公後至。公會晉侯，會沙隨。將執公，《經》書不見公，乃僑如之罪，事延及公。季孫行父曰：「此臣之罪也。」公幼。疏此五字下一說作四十四字，古書體例詳畧，每多如此。於是執季孫行父。此一師說。成公將會厲公，此又一師說，與前詳畧互易，故並存之。《傳》中此例甚多。《解詁》以爲伐鄭事，非是。疏《傳》有子沈子、子女子、子司馬子、子北宫子，非出一師，故並存其說。會不當期，《左傳》：公設守而後行，是以後期。將執公，季孫行父曰：「臣有罪，執其君；子有罪，執其父。此聽失之大者也。聽治不審。今此臣之罪也，善則歸君，惡則歸己。舍臣之身而執臣之君，吾恐聽失之爲宗廟羞也。」疏此四十四字，上說衹作五字。於是執季孫行父。其後雖專魯，行父固賢大夫。

冬，十月，乙亥，叔孫僑如出奔齊。通于穆姜，謀去三家，季孫有辭，爲國人所逐，亦爲討罪。

十有二月，乙丑，季孫行父及晉郤州盟于扈。釋不致，從公歸。舉公爲重。疏不避大夫盟者，公在師，季孫舍招丘，自與晉大夫盟以釋之。

公至自會。前致公實未歸，隨諸侯伐鄭，因臣代執，故急致公以見免難，此乃與行父同歸。

乙酉，刺公子偃。疏宣公庶子、成公弟，爲穆姜所譖。事詳《左傳》。

十有七年

春，衛北宮結率師侵鄭。再言衛之侵鄭，内衛而惡鄭也。**疏**方伯自相伐，必有大國命。

夏，公會尹子、單子、晉侯、齊侯、宋公、衛侯、曹伯、邾婁人伐鄭。尹子、單子，畿内諸侯也。畿内封國之制奈何？《王制》曰：「天子之縣内方千里者，爲方百里者百，封方百里者九，其餘方百里者九十一；又封方七十里者二十一，爲方百里者十，方十里者二十九，其餘方百里者八十，方十里者七十一；又封方五十里者六十三，爲方百里者十五，方十里者七十五，其餘方百里者六十四，方十里者九十六。」凡九十三國。名山大澤不以封，其餘以禄士，以爲閒田。其禄士之制奈何？曰：餘方百里者六十四，方十里者九十六，封附庸三十里者二十七，爲方百里者二，方十里者四十三；又封方二十里者五十四，爲方百里者二，方十里者一十六；又封方十里者百有八，爲方百里三，方十里者八，共爲方百里者五，十里者六十七，其餘方百里者五十九，方十里者二十九。附庸、元士、下士，其食禄若何？比于大國之下大夫，食三十六人，通佐大夫之屬。其食禄奈何？方①百里者二十一，方七十里者六十三，方五十里，共爲方百里者二十四，方十里者二十四；其餘方百里者三十五，方十里者二十九，共官者方百里者一，八伯湯沐邑方百里者二三八千乘加禄方百②里者二十七，九卿方三十里者九，大夫方二十里者二十七，元士方十里者八十一，共爲方百里者二，方十里者七十；其餘方百里者二，方十里者五十

---

① 方：原作「七」據文意改。又，此下，注文有奪訛者疑不止一處，如「八伯」云云。姑存原貌，以俟方家。

② 百：原誤作「伯」。

九，以爲二百六十四下士之食。此王畿封建頒禄之制也。疏鄭如海邦土耳其，凡南北稱雄，皆所必争，故兵事最多。

六月，乙酉，同盟于柯陵。已得鄭。北方諸侯同盟，外楚也。疏事詳《晉語》。《春秋》之盟會，正如今海外聯邦、交際條約，每大會盟，時局爲之改異，如惟也訥、巴梨、柏林、馬問等皆有；事實關繫大局，故《左》、《國》每舉其事，亦如今談時務者之舉各盟會。此别爲外交史學，説詳《左傳》。《傳》不甚詳，在學者之推擴。

秋，公至自會。致會，得意也。

齊高无咎出奔莒。劉子云：靈公夫人通于慶尅。時公出會諸侯于柯陵，高子、鮑子處内守。國佐將召慶尅而詢之，夫人譏之。公怒，逐高子、國佐，二人①奔莒。更以崔杼爲大夫。

九月，辛丑，用郊。郊者祀天。魯稱《頌》、祖周公，與宋同爲王後，故得郊。用辛者，以避周郊。皇、帝與王同郊天，天有九野，大小分合不同，故《春秋》無禘。疏《左》、《國》皆稱禘、郊，是禘大于郊。《記》不王不禘，王當讀皇，非皇、帝不禘，王則郊而已。當時無皇、帝，大統之禘無所施，故《論語》云不知其説。《經》之禘皆時祭，大統之禘與封禪同重。

用者何？據祭祀不言用。用者，與用幣、用牲同例。不宜用也。言用，明不宜用郊，與物同。九月目月以見例。非所用郊也。魯郊以正月上辛爲準，取天道一新也。三正皆同。春郊有行夏時之意，周之三、四、五月猶爲夏正之春，故郊不言用，三卜之道也。至于九月，則爲夏正之秋，以秋行春令，不可，故言用以譏之。然則郊曷用？問魯效周否。郊用正月上辛，魯用辛以辟周王。董子《郊義》：「郊義，《春秋》之法，王者歲一祭天于郊，

① 二人：原誤作「三人」。

四祭于宗廟。宗廟①因于四時之易②，郊因于新歲之初，聖人有以起之，其以祭不可不親也。天者百神之君也，王者之所最尊也，以最尊天之故，故易始歲更紀，即以其初郊。郊必以正月上辛者，言以所最尊，首一歲之事。每更紀③者以郊，郊祭首之，先貴之義，尊天之道也。」**或曰用然後郊。**上《傳》以用爲不宜用，此説讀用爲卜也。用從卜，中有卜義，用然後郊猶卜然後郊耳。此説改易《經》字，不可從。何君爲祭名謂祭泮宮，于《經》不合。

晉侯使荀罃來乞師。言乞師者，譏晉之失伯道也。舍成世無乞師乎？曰：有。有則何以獨于成世四言之？成篤事晉，乃求不已，彙敘以譏之，以見其亟也。**疏**三來乞師。

冬，公會單子、晉侯、宋公、衛侯、曹伯、齊人、邾婁人伐鄭。

十有一月，公至自伐鄭。鄭中國樞紐，爲當時戰場。西之土耳其，東之東三省，强國所必争。《春秋》糾合諸侯，争爲雄長，齊桓以後，晉、楚分伯；今海邦互相雄長、力均勢敵者多，未能如《春秋》之一匡分伯，今時外交家亦遠不逮昔人，如鄭子産，處極難之時既免危亡，且見重于盟主。外交爲聖人言語科，學者所當講習。**疏**聖門四科，言語居其三，宰我、子貢專門名家，辭命之重久矣。蘇、張不實，爲世指摘，魏、晉以來，寖以微渺，四科之選遂絶其一，豈不哀哉！國家閒暇，不需其人，今者海禁大開，萬國棋布，會盟條約，輶軒賓館，使命之才重於守土。葛裘無備，莫禦寒暑，諷誦報聞，匪洒可解，久欲重興絶學，以濟時艱。或乃狃於見聞，妄謂今知古愚，四三朝暮，無益解紛。不知探微索秘，多非言傳，長短成書，乃學者程式，不盡

---

① 宗廟：二字原刻脱，據淩曙《春秋繁露注》卷一五補。

② 易：原作「房」，據淩曙《春秋繁露注》卷一五改。

③ 「即以其初」至「每更紀」：原刻脱此二十六字，據淩曙《春秋繁露注》卷一五補。

玄微。又秘計奇謀，轉移離合，急雷渺樞，成功倉卒，事久情見，殊覺無奇，因症授藥，固不必定在異品矣。中國困于學究，人材日卑，當此萬國交涉，時事維艱，不有言語一門，何能振作？聖人爲萬世立法，先設此科以圍範全球，區區西人之智慧，何能遠及千百萬世，與孔子相終始哉！

壬申，公孫嬰齊卒于貍軫。大夫卒不地，地者，在外也。此叔肹之子。以地卒者，未踰竟也。疏《中外交涉表》：有名大夫卒，皆得記之。

非此月日也，《解詁》據下丁巳朔知壬申在十月。曷爲以此月日卒之？當於十月公未至前以壬申卒之。待君命然後卒大夫。以卒在公至之後。曷爲待君命然後卒大夫？《解詁》：昭公在外，卒叔孫舍。前此者嬰齊走之晉，不書者，見者不復見。公會晉侯，沙隨。將執公，嬰齊爲公請，請于晉，爲公解釋。公許之。公許其復國。反爲大夫，出奔已絕，公感請晉事，許其反。歸，先公歸。至于貍軫可見沙隨之致公實未歸。而卒。十月壬申。無君命不敢卒大夫，非公命，不敢從大夫禮，與叔孫舍事不同。公至，至自伐鄭。曰：「吾固許之，反爲大夫。」然後卒之。大夫乃書卒。《經》藉其事以明禮制，傳家緣《經》立說，三《傳》之通例。疏此等典禮爲當時所無，《經》所特制，《傳》緣經立說。文明之至，天下各國皆同。

十有二月，丁巳朔，日有食之。董子說：「後楚滅舒庸，晉弒其君①，宋魚石因楚奪君邑，莒滅鄫，齊滅萊，鄭伯弒死。」

邾婁子貜且卒。不葬者，小國也。疏邾以上正例不日，襄以後乃日。《春秋》記十八國卒葬，正如《中外交涉大事表》，中外有名國君之卒、立例得詳書，以備本末考究。且《春秋》以葬加謚，爲知人論世之學；諸國君生平斷以一字，故各君可撰

① 其君：原作「大夫」，據《漢書·五行志下》改。

論、贊，如史體例，非時局所及。

晉殺其大夫郤錡、郤州、郤至。同時殺三大夫，晉無道甚矣。所以起下弒。大國三卿，晉何以一時殺同姓三大夫？大國大夫同次國之卿，亦得書也，故大國大夫書者多于小國。不言及者，尊卑敵也。疏《晉世家》：「八年十二月壬午，公令胥童以兵八百人襲攻殺三郤。」

楚人滅舒庸。舒者，夷狄也，曷爲不以夷狄之辭言之？已進爲中國也。《春秋》收南服，凡合于中國則中國之，乃用夏變夷之道。滅舒庸何以書？見徐州卒正之數也。南四州不見夷狄者，避嫌也，方引之爲中國，故不見也。疏舒庸，舒之別種。《春秋》有舒庸、舒鳩、舒蓼，三者皆其別種，如赤狄之別種並見也。凡滅亡必有所以滅亡之故，如今波斯、印度、安南、埃及，皆足以爲有國者炯戒。

十有八年

春，王正月，晉殺其大夫胥童。此欒、荀所殺也，其目國者，上累之也。疏《晉世家》：「厲公使胥童爲卿。閏月乙卯，厲公遊匠驪氏，欒書、中行偃以其黨襲捕厲公，囚之，殺胥童，而使人迎公子周于周而立之，是爲悼公。」

庚申，晉弒其君州蒲。董子説：「晉厲公行暴道，殺無罪人，一朝而殺大臣三人。明年，臣下畏恐①，晉國殺之。」又

① 恐：原作「惡」，據淩曙《春秋繁露注》卷四《王道》改。

云①：「晉厲公誅四大夫，失衆心，以弑死，後莫敢深責大夫，六卿遂相比周②專晉國，君還事之。」此欒書弑也，不言欒書者，君無道，不使以弑罪討之，名氏一見，不惟誅其身，並當絶其子孫；輕其臣之罪，所以責君也，故以不見欒氏。不葬者，賊未討。疏《晉世家》：「正月庚申，欒書、中行偃弑厲公，葬之以一乘車③。厲公囚六日死，死十日，庚午，智罃迎公子周來。至絳，刑鷄，與大夫盟而立之，是爲悼公。」

齊殺其大夫國佐。高子稱子，此何以名？壹見以明，此復其常也。言殺者，譏國佐也。疏滅亡不能保其國，刺殺不能保其身，各隨善惡得失，書以爲戒。文多同者，美惡不嫌。

公如晉。悼公新立，公往朝之。

夏，楚子、鄭伯伐宋。本一事，使如二事然，避專封。以鄭序楚下，惡鄭從楚。

宋魚石復入于彭城。此封魚石也。以魚石自入爲文，如楚伐宋，魚石乘隙入據彭城者然，不與夷狄專封也。復入者，出無罪，入有罪。疏《宋世家》：「平公三年，楚共王援宋之彭城，以封宋左④師魚石。」《地理志》楚國彭城下云：「古⑤彭祖國。」《年表》：鄭與楚伐宋。

① 云：原作「立」，據文意改。
② 周：原作「用」，據《漢書·五行志下》改。
③ 一乘車：原作「一車乘」，據《史記·晉世家》乙。
④ 左：原作「右」，據《史記》改。
⑤ 古：原誤作「右」，據《漢書》改。

公至自晉。悼公賢能，後伯，諸侯少能安枕。

晉侯使士匄來聘。三記朝聘，相比見例。晉何以不稱子？嫌也。**疏** 新君立，出朝，外交之典。

秋，杞伯來朝。特數同時也，或月或日，比以見例。邾婁何以同？有喪也。以喪而朝，非禮也。

八月，邾婁子來朝。此同來朝矣，成世無兵事。邾婁者卒正，地方百里，加祿附庸三十里。待以子、男者，託禮也。《春秋》不見子、男，故假卒正以見例。其子、男之制奈何？子、男方五十里，五五二十五，三分去一，定率十，得田爲方十里者十六，與方十里者六十六，定率得四萬口①，爲小國口軍三②，而立小國。夫人、世婦、左右婦、三良人、二孺子，立一世子，三卿，九大夫、二十七上士、八十一下士，與五通大夫、五上士③、十五下士。其上卿比次國之下卿，今四百石；下卿三百石；上士二百石；下士百石④。夫人一傅氏，三伯⑤，三丞；世婦、左右婦、三良人一御人，各有師保；世子一上傅丞⑥。士宿衛公者，比上卿者三人，下卿六人。夫人⑦御衛者，上下御各五人；世婦、左右婦⑧上下御各五人；二御人各五人。世子上

---

① 口：原作「零」，據淩曙《春秋繁露注》卷八《爵國》改。
② 「三」下原刻衍「十」字，據《春秋繁露注》删。
③ 上士：原衍作「上上士」，據《春秋繁露注》删。
④ 石：原刻脱，據淩曙《春秋繁露注》補。
⑤ 伯：原誤作「百」，據《春秋繁露注》改。
⑥ 上傅丞：原作「上下傅」，據《春秋繁露注》删改。
⑦ 夫人：二字原刻脱，據淩曙《春秋繁露注》補。
⑧ 婦：原刻脱，據淩曙《春秋繁露注》補。

傳，上下史各五人；三卿、九大夫上下史各五人；士各五人；通①大夫上下史亦各五人；卿，臣三人。此周制也。

築鹿囿。言築囿者，明囿制也。何以書？築小事。譏。重見譏之。何譏爾？凡譏多在時制，此非其例。有囿矣，前已詳。又爲也。新築。海外園囿之事最盛，以譏遏其流，適可而止。

己丑，公薨于路寢。三十八年居《春秋》之中，隱、桓同定、哀，莊、僖同襄、昭，二百四十二年驗推則爲二千四百年。今世界南州不見《經》，初入莊世，非二十世紀不見昇平。疏《魯世家》：「十八年，成公卒，子午立，是爲襄公。是時②襄公三歲也。」

冬，楚人、鄭人侵宋。上納魚石言楚子、鄭伯，此稱人，貶。人並見此事，以使封魚石判爲二事也。

晉侯使士彭來乞師。成世晉四言乞師，以外不言何？《春秋》類敘之例也。于成世類敘，以外不言，所謂見者不再見。何爲獨于成世類敘？以其乞師，正也。

十有二月，仲孫蔑會晉侯、宋公、衛侯、邾婁子、齊崔杼，同盟于虚朾。此言同盟何？同謀圍彭城也。晉在喪，聘、盟何以不譏？非子也，厲公無道，悼公謀復伯，《春秋》不純以子道責之。何以不書葬？嚴討賊之義也。厲公雖無道，弑者宜討；不書葬者，所以責悼公也。疏《晉語》：「始合諸侯于虚朾以救宋，使張老延君譽于四方，且觀道逆者。

① 通：原作「過」，據淩曙《春秋繁露注》改。
② 時：原刻脱，據《史記·魯世家》補。

呂宣子卒，公以趙文子爲文也，而能恤大事，使將①新軍。三年，公始合諸侯。四年，諸侯會于鷄丘，于是乎布命結援，修好申盟而還。令狐②文子卒，公以魏絳爲不犯，使佐新軍。使張老爲司馬③，使范獻子爲候④奄。公譽達于戎，五年，諸戎來請服，使魏莊子盟之，于是始復霸。四年，會諸侯于鷄丘，魏絳爲中軍司馬，公子揚干亂行于曲梁，魏絳斬其僕。公謂羊舌赤曰：『寡人屬諸侯，絳戮寡人之弟，爲我勿失。』赤對曰：『臣聞絳之志，有事不避難，有罪不逃刑，其將來辭。』言終，魏絳至，授僕人書而伏劍，士魴、張老交止之。僕人授公，公讀書曰：『臣誅於揚干，不忘其死。日君乏使，使臣狃中軍之司馬，臣聞師衆以順爲武，軍事有死勿犯爲敬；君合諸侯，臣敢不敬？君不説，請死之。』公跣而出，曰：『寡人之言，兄弟之禮也；子之誅，軍旅之事也⑤。請無重寡人之過。』反役，與之禮食，令之佐新軍。」

丁未，葬我君成公。《謚法》：「安民立政曰成。」《春秋》舊有文、質之説，以《春秋》爲救文從質，則《春秋》乃一時救弊之書，不足爲萬世法，質行既久，又將出聖人，再作救質從文之《春秋》矣。不知《春秋》所記綱常制典在文、質外，如人體骸，文、質則其衣飾之華麗簡朴。故《春秋》不惟中國之師法，全球所有各國宜據《春秋》爲殷監，隨其文質行之。有國者不可不知，《春秋》不分中、外也。**疏** 齊、商爲文、質標目，如今之中外華夷。《論語》：「文質彬彬，然後君子。」是以君子二字爲文質相

① 將：原作「佐」，據中華書局本徐元誥《國語集解・晉語七》改。
② 狐：原刻脱，據《國語集解・晉語七》補。
③ 司馬：原作「司徒」，據《國語集解・晉語七》改。
④ 候：原作「侯」，據《國語集解・晉語七》改。
⑤ 也：原脱，據《國語》補。

合之稱。君爲君臣之君，爲東鄰，文家①尊尊，故目君也；子爲父子之子，爲女子，爲子姓，質家親親，故目子。《周頌》合文、質，則君子當直指《周頌》監于二代。《論語》：「君子質而已矣，何以文爲？」專以爲質，所謂子而不君者也。考二字平對，又如「父母」，「君婦」，「只且」，「漆且」。君子民之父母，「愷悌君子」、「君子偕老」是也。

① 「文家」上原有「爲」字，據文意删。

公羊春秋經傳驗推補證第八

襄公襄之世，晉、楚爲二伯，故公不如齊，有如楚之文。中國以晉爲伯，齊、魯、衛、鄭爲内四方伯，言同盟。外州楚爲伯，秦、陳、蔡、吴爲四方伯，一許外卒正；不言同盟，不常敘。此爲大例。**疏**《魯世家》：襄公午立，是時三歲。按，襄爲下俟之王，世三十二年，自爲九旨一世。

元年《年表》：周簡王十四年，晉悼公元年，齊靈十年，宋平四年，陳成二十七①年，衛獻五年，蔡景二十年，鄭成十三年，曹成六年，杞桓六十五年，秦景五年，楚共十九年，吴壽夢十四年。

春，王正月，公即位。繼正即位，正也。**疏**《公羊》三科九旨，隱桓、定哀各以二十九年爲一旨②，尚有七旨，則莊、僖③、襄、昭凡三十年以上者各爲一旨，文、宣、成當爲中之一科三旨。

仲孫蔑會晉欒黶、宋華元、衛甯殖、曹人、莒人、邾婁人、滕人、薛人圍宋彭城。此宋事也，以晉主之

---

① 七：原作「九」，據《史記·十二諸侯年表》改。

② 旨：原作「世」，據文意改。

③ 僖：原誤作「禧」。

者，二伯通主天下也。不敘陳、蔡、鄭、許者，從楚；不敘齊者，時崔杼未至。疏《宋世家》：「平公三年，楚共王拔宋之彭城，以封左①師魚石。四年，諸侯共誅魚石，而歸彭城于宋。」

宋華元曷爲與諸侯圍宋彭城？不序齊，《左傳》：「齊人②不會彭城，晉人以爲討。二月，齊太子光爲質于晉。」據彭城仍繫宋，宋大夫不得圍之。衛石曼姑圍戚不繫衛，繫宋，則仍爲宋邑。爲宋誅也。不繫宋則國之矣。繫宋者，明其爲宋討，已非宋邑矣。其爲宋誅奈何？問其事實。魚石走之楚，《經》書奔楚。楚爲之伐宋，《經》書伐宋。取彭城以封魚石。《經》書宋魚石復入于彭城，判爲二事，若不相蒙者然。魚石之罪奈何？其罪先不見于《經》。以入是爲罪也。即以入彭城爲大罪。據《經》言復入者，出無惡，入有惡。楚已取之矣，《經》諱，不書取彭城。曷爲繫之宋？非宋所有，雖不繫楚，亦不定繫宋。當如圍戚，有圍辭。不與諸侯考占今諸侯品職者皆爲十八等，史志正、從九等，有明文。《經》、《傳》九錫爲上九等，九命爲下九等，合之亦爲十八。九錫之説，皆爲辨五長而言，以今制言之，則九錫五等在正五品已上，合錫命共爲十等，即《傳》所謂人有十等。《孟子》「天子一位，公一位，侯一位，子、男同一位，凡五等。」公卿大夫士仍爲五等，此下五等，借用上五等之名。考《左傳》，「王臣公，公臣大夫，大夫臣士」，士以下阜、輿、隸、僚、僕、臺，此十等正名也。疏《傳》諸侯多指方伯言，以中爲例，此指二伯，晉、楚中分天下，楚亦有二伯之辭。專封也。不許專封許專討者，事有緩急，不使楚得封魚石之辭也。《穀梁》以爲不與楚封，《左氏》以爲「不登叛人」，説皆同。

---

① 左：原誤作「右」。

② 人：原脱，據《左傳》本年補。

夏，晉韓屈帥師伐鄭。 獨敘韓屈者，主兵也。欒黶圍宋，韓屈何以伐鄭？分兵而討之也。屈，《左傳》作厥。疏《鄭世家》：「十三年，晉悼公伐鄭，兵洧上。鄭城守，晉①亦去。」《晉世家》：悼公元年秋伐鄭，師遂至陳。

仲孫蔑會齊崔杼、曹人、邾婁人、杞人次于合。 合，《左》作鄫。此所謂東諸侯之師，齊、魯、曹、邾婁、杞皆在東方，故曰東諸侯。曹以下何以稱人？曹、邾婁、杞無大夫。此伐鄭，何以次合？待晉命而行。何以獨言晉伐？致其意，故以晉伐，而諸侯大夫言次也。疏《左傳》：「夏五月，晉韓厥、荀偃帥諸侯之師伐鄭，入其郛，敗其徒兵于洧上。于是東諸侯之師次于鄫，以待晉師。」《解詁》以爲救宋，非是。

秋，楚公子壬夫帥師侵宋。 侵宋者救鄭。此有陳、蔡、許不序，諱之。疏侵宋以救鄭。壬夫，楚執政，亂中國者，爲下殺張本。

九月，辛酉，天王崩。 《曲禮》多《春秋》大傳文，「天子曰崩，諸侯曰薨，大夫曰卒，士曰不禄，庶人曰死」，古無此差別，《春秋》正名别號，乃如此。疏《周本紀》：「十四年，簡王崩，子靈王心立。」案：泰西用天視民視天聽民聽之説，專主貴民輕君，以制法律。按，以民出法，乃亂世初離暴虐之政，所謂亂國用重典；若經義，則平國用中典。《論語》「天下有道，則庶人不議」，「聽訟猶人，必也無訟」；民智大通，聖神乃爲君長，小民自知高遠，不識不知，忘帝力何有。蓋議院即《王制》養老乞言之制，世界大通，初籍其力以通隔塞，久則有弊，且時局改變，無所用之。若《經》，則不以民治君，而以天治君。帝爲天子，王爲天王，法天道以出令，較民權最爲精確。故《春秋》雖貴民，猶以主天爲第一要義。主天則皇、帝道德之説純粹自然，非民權所可及。蓋主天非不及于民權，乃過乎民權之説也。

---

① 晉：原作「者」，據《史記·鄭世家》改。

邾婁子來朝。《王制》天子無事，諸侯相朝。有天王喪，朝者月。如成世曹、邾朝皆月是也。此何以不月？已見者不再見也。**疏**未除喪又有天王喪，朝非禮。書者，記邾婁與內和，後乃敗盟。

冬，衛侯使公孫剽來聘。再言衛聘，以起剽專國，後弒君。言公孫剽，起非正，以見孫甯逐君立不正。**疏**衛二來聘一言如，陳二言如一來聘，互見詳畧。蔡不言聘亦不言如，明外之。外交通義，于使臣尊卑儀注職分，主義最詳。

晉侯使荀罃來聘。朝與聘比見，明諸侯尊卑也。二伯方伯聘而魯屬朝，何以元年記二聘一朝？《左氏》所謂「諸侯即位，小國朝之，大國聘焉」。詳書于此以示例，餘從同。**疏**晉侯爲大國，內于衛最親。記二國聘以爲榮，故記滕伯姬亦以二國也。

二年《年表》：周靈王元年。生有髭。

春，王正月，葬簡王。天王葬例時，月葬故也。中國今日騖于文，文勝質則史；泰西主于質，質勝文則野。史與野互相師法，數十百年後乃有彬彬之盛。**疏**大國葬例日，天王葬反例時者，本不葬者葬之以爲變，故以時爲正。諸侯例葬，故日，月以見其尊卑。

鄭師伐宋。楚命也，所以報前事也。**疏**以時局言，宋、鄭次等强國，皆聽命于大國。《孟子》「小事大，大字小」，交鄰之道，有國要務也。

夏，五月，庚寅，夫人姜氏薨。《傳》不知爲宣夫人、爲成夫人，然于襄皆重服。**疏**《左傳》以齊姜爲穆姜之婦，《春秋》記此以明禮經。喪葬之禮，六禮之儀，今世界惟中國休明，以外皆簡畧疏陋，此當爲外國法者。

六月，庚辰，鄭伯睔卒。前伐衛喪，使人不時葬。衛因喪來伐，故不葬。疏《鄭①世家》：「十四年，成公卒，子惲②立，是爲釐公。」泰西以教宗爲典禮，尊天貴魂，故如禹死陵葬陵、死壑葬壑，不詳喪葬、立廟、享祭。此當用三本以一天，以擴充之。

晉師、宋師、衛甯殖侵鄭。《左傳》③：「鄭大夫曰：『以中國爲義，則伐我喪。』」《穀梁》：「其曰衛甯殖，如是而稱于前事也。」稱師者，爲二國諱。疏報前伐也，故于衛獨言甯殖。其以晉主之者，尊統諸侯，因此不葬鄭成公。

秋，七月，仲孫蔑會晉荀罃、宋華元、衛孫林父、曹人、邾婁人于戚。戚者，衛邑也。會于戚，謀服鄭也。疏時陳、蔡、鄭、許皆從楚，齊崔杼、滕、薛、小邾皆以齊故不會。當時諸侯各以勢力壓制侵奪鄰國，亦如今泰西之獨立、保護屬國、殖民，互相雄長，不可詰究，無王法以統一之。《春秋》乃建王法以相統制，五長尊卑所屬，接比而下；正如修《大統春秋》，就今海邦分隸二伯、八牧、五十六卒正，合九州爲千七百國，以成一皇大一統。《春秋》以前，不必有此制度統攝，亦如今天下各國角立，互相雄長，實亦無此典制。

己丑，葬我小君齊姜。戚會爲謀服鄭。會例時，此月者，譏内有喪而貳事也，故已葬再會戚不月也。疏魯自桓以下娶于齊，言此以譏之。凡夫人謚不繫。夫人久失考，故師不敢質言，三《傳》因之各立一說，諸言疑者皆此例。據《左傳》以齊姜爲成公母，穆姜爲成公祖母；所謂虧姑以成婦，逆莫大焉。

---

① 鄭：原作「衛」，據《史記·鄭世家》改。

② 惲：原作「憚」，據《史記·鄭世家》改。

③ 按下引文字見《公羊傳》襄公七年，而《左傳》無是語，當係作者誤記。

齊姜者何？不知于公爲何屬。齊姜與繆姜，繆姜見下五年。則未知其爲宣夫人與，襄祖母。成夫人與？襄母知穆，齊姜爲宣、成夫人，但不知孰爲姑、婦。疏三《傳》夫人之説頗有異同，以不從夫謚，故不能定。如後世皇后，非從夫謚，久遠亦難分別。

叔孫豹如宋。據《左氏》以爲「通嗣君」，有喪，不譏聘問。

冬，仲孫蔑會晉荀罃、齊崔杼、宋華元、衛孫林父、曹人、邾婁人、滕人、薛人、小邾婁人于戚。此復會于戚，齊崔杼及滕、薛、小邾之大夫皆會。北方同會，爲方以類聚，物以羣分，本天親上，本地親下，各從其類。至于交易大同，則反是。疏小邾初列①會盟，附庸，故居末，不卒。襄詳録小國，故于此篇十六見。

遂城虎牢。疏歐州各國擯俄，鄭如土耳基，虎牢如君士但丁代戍，不使俄得逞于歐州，諸侯各以兵力助之，正與戍虎牢同。

虎牢者何？有國辭。鄭之邑也。《解詁》云：「以下戍繫鄭。」其言城之何？外國乃言城，邑不言城。取之也。諸侯既取之後，又城之而戍焉，故曰城。疏夏陽爲虞、虢之險要，虎牢爲中外之險。「城之」如國辭，中國諸侯各以兵戍，非復鄭一國之事。取之則曷爲不言取之？如《穀梁》以爲内鄭。爲中國諱也。晉爲伯，鄭不服，取其邑以擯楚。義不可取，故諱之。言城，使如夏陽然。疏齊、魯、宋、衛、六卒正皆中國也。曷爲爲中國諱？據外楚服鄭爲得正。疏《春秋》中國指内四州，方二千里，再推之爲禹九州，又推之爲《禹貢》，則以海外爲大荒。《禹貢》内九州，外牧主十六州，五服五千里。《禹貢》詳九州，十六州事蹟附見，沿邊八州，以爲不詳要荒，不知

① 列：原誤作「例」。

名。雖只見内方九州，而要荒十六州之文全附于每方方伯之下。荆言三邦，每方三邦，附統于方岳，言四岳即爲十二州之長。外州亦立五長也。以《詩》言之，所謂小共即《禹貢》，所云「纘禹之緒」，「禹敷下土方，外大國是疆」，「遂荒大東」、「海外有截」，即《大行人》九州。鄒衍瀛海九州，西人所謂地球五大洲，統中外計之，以五言即四岳、京師，以九言即八伯、王畿。海外九州之名見《河圖括地象》、《地形訓》，則《禹貢》赤縣神州爲九州之一。鄒衍傳所謂驗小推大，由禹九州推之，至于人之所不睹者，是之謂也。**諱伐喪也。**時鄭有喪，不當亟于用師。**曷爲不繫乎鄭？**下繫鄭也。**爲中國諱也。**目鄭則嫌伐喪，故不繫以避其文。**大夫無遂事，此其言遂何？**不言遂，則是君命之詞。今言遂者，非君命也。**歸惡乎大夫也。**董子云：「《春秋》君不名惡，臣不名善，善皆歸于君，惡皆歸于臣。臣之義比于地，故爲人臣者，視地之事天也。」

楚殺其大夫公子申。此殺有罪，何不稱人？楚殺大夫不稱人，畧之。稱大夫而不稱子，楚有大夫。疏據《春秋》以推大一統，赤道以北統于晉，赤道以南統于楚。晉爲文爲天爲仁，楚爲質爲地爲知，合于中國者爲夏，異于諸夏者爲夷。彼此互異，合爲彬彬。《左氏》：因多受賂以逼子重、子辛，故楚人殺之。稱公子，號從中國也。

三年《年表》：鄭釐公惲元年。

春，楚公子嬰齊帥師伐吴。楚因晉悼復伯，中原盛，乃轉肆力于東方；亦如俄因歐州不得逞志，改計東亞。吴適自强，與楚抗，楚所以敗。疏《吴世家》：「十六年，楚共王伐吴，至衡山。」此有陳、蔡、許，諱之不敘。

公如晉。朝者，事大之禮。有伐盟而先書如者，朝而後行事。如楚則如今游歷洋海。疏按，南楚、吴，北晉、魯，一以玉帛相見，一以兵戈相見。開化有早遲，故文明有厚薄。凡新開之國簡樸直實，多好兵尚武，以求名實，爲質勝文則野；老國則多惰懈，爲文勝質則史。公五如晉，不如齊。

夏，四月，壬戌，公及晉侯盟于長樗。公如晉皆有事。此言盟，朝而後盟，猶聘盟也。詳書以見例。長樗，晉地也。晉侯在長樗，公以朝禮見，又盟于長樗。疏晉主盟北方，爲中分，尚不得爲公法。若一匡，若交相見，天下諸侯皆在，則爲「既見君子」，爲「周游六虚」，《周易》「三人行」。

公至自晉。得見乎晉侯，又在晉地，可以致晉也。

六月，公會單子、晉侯、宋公、衛侯、鄭伯、莒子、邾婁子、齊世子光，己未，同盟于雞澤。此叙鄭者，得鄭也。言同者，王臣、二伯、一王後、三方伯、二卒正，無外州國，吴子不至。主中國，所以外陳也。單子者天子大夫，何以在公上？齊、晉非受命之伯，以事授之也，不純以内臣待。何以別會以盟？辟盟王臣也。晉之同盟猶爲私盟，所謂小同，下宋之會南北交相見，爲大同，如《詩》之《大疋》、二《南》，《易》之《周易》。晉同爲《小疋》中分，《易》之《歸藏》，「舍之則藏」。日在會上，會盟同月，日，日、月在會下者，會盟異月也。疏《穀梁》：「誥誓不及五帝，盟詛不及三王，交質子不及二伯。」此固爲優劣升降之説，若大一統，皇、帝、王、伯同時，並建盟約之事，雖《周禮》有其專官，皇、帝實所不用；惟天下分裂，諸侯角立，乃用盟約以相結納，如今泰西列强盟會條約。若一統之世，司馬掌九伐，諸侯奉命惟謹，無所用盟誓，故《傳》曰「古者不盟，結言而退」。《春秋》有王世子、宰周公、重臣，則必別出諸侯之盟，以避盟王世子與周公；至諸侯與各國互相盟約，釋難解紛，亦所不廢。若帝、王以上，則固不用盟約。《周禮》之盟約特爲諸侯邦交不得已而設，非帝、王自用之。

陳侯使袁僑如會。同盟而後言如會，所以外陳。疏陳自宣十二年以後十年盟蜀一見，自盟蜀至此二十年乃見，蔽于楚也。

其言如會何？陳大夫本先在會，別出之，言如會。疏公大夫在會曰會，陳袁僑來會，不列序而別言如。以上同盟爲中國，陳非中國，言如，使若外來赴會者然。後會也。如中國會後僑乃至。因後期，言如以外之。疏別僑以明外陳之意。《春秋》齊桓獨伯，晉、楚分伯中外。既以楚爲伯，則荆州方伯須屬別國；齊既不爲伯，則爲牧，當主一州。故伯楚則不得不貶齊，貶齊則不得不外陳。自文十四年凡十三同盟陳侯不在，此同盟本有陳在，欲見外陳，故特別之爲如會。

戊寅，叔孫豹及諸侯之大夫及陳袁僑盟。《傳》説殊會曰「内本國外諸夏，内諸夏外夷狄」，此殊及上及爲外諸夏，下及爲外夷狄，陳從夷狄辭。宋之會曰：「豹及諸侯之大夫盟于宋。」疏自文以後同盟皆無陳者，陳爲外州牧。以下會鄭、會戚敘陳侯，皆衍文。

曷爲殊及一言及分内外，再言及分中外，則外爲夷狄矣。陳袁僑？據不及會。孫林父、鄫世子巫會，以會爲殊會吴，至陳爲中國殊及例，與吴同。疏陳本在中國，因黜陟遷封，移之南荆。爲陳從夷狄大例。爲其與袁僑盟也。進中國。同本國則林父、巫不及會，外陳則及又及，爲盟乃殊及之。有上同盟之文，則中國之大夫可同，而從夷狄之陳不可同，故必殊陳，而後上爲中國外楚之同盟。疏陳蓋《傳》所謂中國之新夷狄，《穀梁》以爲「異之也」。此會逆吴子不至，至則所殊在吴不在陳。

秋，公至自會。

冬，晉荀罃帥師伐許。許國在南北之交，强國所必争，亦如土耳基、地中海，故常爲戰場。許篤從楚，伐許以争之。陳、鄭已服，故特取許。疏上不會雞澤，晉以爲討。陳、蔡、鄭、許本隱、桓所見中國，當時與齊桓皆以中馭外，正京師以及外服；晉、楚爲北狄、南夷，其伐宋、陳、鄭、許實爲侵伐中國。邊鄙强而牽率内國，故隱、桓見六諸①侯，定、哀則見②十二諸侯，始終時局不同。

四年

春，王三月，己酉，陳侯午卒。不言楚伐陳，不許其有不伐喪之美事。**疏**《陳世家》：「成公三十年，楚共王伐陳。是歲成公卒，子哀公弱立。楚以成喪，罷兵去。」

夏，叔孫豹如晉。外交使臣來往之儀，内不稱行人。去年公如晉，冬又同盟，今大夫如晉，譏亟也。**疏**《左氏》以爲「報知武子之聘」，三年矣。舊以《公羊》、《王制》爲今學，《左氏》、《周禮》爲古學，然二者終不能兩立，今改《春秋》爲小統，《周禮》爲大統。按，《尚書》斷自唐堯，史公以黄帝不雅馴，儒者遂以三王爲斷。《易大傳》之首伏羲、神農，《五帝德》之首黄帝、顓頊、帝嚳，《樂記》鄭子，《月令》、《尚書大傳》之五帝，《禮運》之大同，以爲稱引古事，于《經》無與，此兩漢至今，博士經生從來未發之覆也。今中分六藝，以《春秋》屬伯，《尚書》屬王，《詩》屬帝，《易》屬皇，立《皇帝王伯表》，取《帝德》篇與《王制》相配，分畫門户，各有宗旨、疆域之不同，則六藝不惟言帝，并補皇、伯，則六經無重複之弊矣。《禹貢》言「聲教訖于四海」，博士立王者不治夷狄之説，故西漢十四家皆據《禹貢》立解，以爲王者方五千里，而《詩》之「海外有截」、「九有有截」，《易》之鬼方、大同、大川、大人、大過，《論語》之浮海居夷，《周禮》土圭尺五寸，《中庸》之「洋溢中國，施及蠻貊」，逸《禮》之分司五極，非説以

---

①諸：原脱，據文意補。

②見：原脱，據文意補。

中事，則斥爲荒唐。近今海禁宏開，大統之形已著。十年内，文士雅人欲于《經》中求根原而不可得，則聖教終囿于五千里；海外各邦本不自外，孔子乃先屏絶之，是使其自遯於覆載之外，而袄教反得倒戈相向矣。今據《周禮》九畿、《大行人》九州即鄒衍之大九州之八十一方千里，推之《詩》、《易》，若合符節，《山經》、《莊》、《列》尤屬專書。因以《詩》之小球大球以地球别，《周禮》爲皇、帝大統禮制之書。惟其專言地球，故土圭車輻皆與《王制》小大不同，《王制》中國五千里，《周禮》海外三萬里，廣狹不同，各主一經，兩不相害，不如東漢今古之説，于中國并行二書，矛盾函矢，互鬬不休。必如此，内可以化今古之紛争，外可以擴皇、帝之大同，實皆因利乘便，并無勉强。六藝兼收海徼，則海外之利興，而勸説之弊除矣。六藝既分二統，言王者爲祖述憲章，言帝者爲上律下襲；言王者爲上考三王，言帝者爲下俟百世。上考則文獻有徵，下俟則無徵不信。故《尚書》、《春秋》法古之書，則文義著明，《莊子》所謂「《春秋》先王之志，議而不辨」；百世以後之事雖存于《周禮》、《山經》傳之鄒衍、《莊》、《列》，而《經》則不便頌言，此《莊子》所謂「六合以外存而不論」，使人目爲荒唐幽渺。故《詩》、《易》之經託之歌詠，寄之占筮，蓋莊生存而不論之説也。地球未明之先，以隱語射覆説《詩》、《易》，言人人殊，不可究詰，無所依據，不足爲先儒咎；惟中外交通，《詩》、《易》明文，事迹甚著，則不可再墮悠恍。今以《春秋》爲小統之始基，《公羊》别有皇、帝大一統規模。原始要終，皆在于是。

秋，七月，戊子，夫人弋氏薨。襄公母，莒女。言夫人、小君者，與成風同。《穀梁》：「夫人卒葬之，我可不以夫人卒葬之乎！」知非夫人者。文、宣、成夫人皆齊女。**疏**《左傳》云：「不殯于廟。」以爲妾母，不用夫人禮也。

葬陳成公。時有楚師，故畧之。又，前後皆有月，知以五月葬。**疏**《左傳》：「楚彭名侵陳，陳無禮故①也。」

八月，辛亥，葬我小君定弋。婦人亦于葬舉謚。**疏**喪葬之儀舊簡畧，《記》曰：「哀公使孺悲學于孔子，于是《士喪

① 故：原脱，據《左傳》本年補。

禮》以傳。」是禮經爲孔作，孺詳録以傳後。《孝經》：「安上治民，莫善于禮。」

定弋者何？不知夫人、妾母。襄公之母也。九年中三有夫人喪，二妾有逆文。以起定弋非夫人定謚，待以夫人禮，則有謚。

冬，公如晉。時公七歲，文如常者，成君則不待以童子。妾母有服，公有夫人之喪葬即朝，非也。不月者，妾母禮降，不同夫人。**疏**《左傳》：公如晉聽政，且請屬鄫。

陳人圍頓。不舉將稱師，畧之。凡一國圍、伐，方伯自治屬國①之辭。頓，陳屬也。**疏**頓者豫州國，《左氏》：楚使頓間陳，故陳圍之。後滅于陳，此其先見。小不善事大，以致危亡，各有因由。詳録以爲有國者戒。

五年**疏**《年表》：陳哀公弱元年。

春，公至自會。正月不存公者，中國不存公。**疏**在中國則安之，如楚則存之②。此中外異辭例。

夏，鄭伯使公子發來聘。來聘者，方伯例稱侯，稱伯者，天子大夫也。鄭以冀州伯從王行在，爲卿士者，不稱侯、言使聘，以明大國。此一見例。**疏**言來聘而不言大夫之如鄭，以如晉道由鄭，畧之不言也。《左傳》：「通嗣君」。

---

① 國：原作「圍」，據文意改。

② 之：原脱，據文意補。

叔孫豹、鄫世子巫如晉。當言「及」鄫世子巫，不言及，如列數内大夫。欲屬鄫，故内之，比于内大夫。疏舊以莒滅鄫爲三《傳》異義，《左》以此事爲「覿鄫太子于晉，以成屬鄫」。去年邾人、莒人伐鄫，臧紇救鄫侵邾，敗于狐駘。蓋鄫小國，内與莒各有外甥，皆欲立之；魯助巫，莒别立一人。三《傳》實則相同。

外相如不書，據大事内與諸侯同，如晉《經》獨記内如。疏襄世内臣如晉者八見，事晉專也。此何以書？由魯兼及鄫巫，一見例。爲叔孫豹率即《左傳》「屬鄫」之解。而與之俱也。因叔孫豹及之。《穀梁》云「爲我也」，《左傳》所謂「穆叔覿鄫太子」。叔孫豹則曷爲率而與之俱？據内外不相統屬，當再出如文。内大夫不得率外世子。蓋舅出也，巫爲莒子子，爲魯之外甥，因覿晉立之。疏文十四晉人納捷菑于邾，弗克納。捷菑，晉出也；貜且，齊出也。貜且正也，捷菑不正也。貜且如世子巫。莒將滅之，以立不正爲滅。緣《經》言之。故相與往殆乎晉也。豹率巫以見于晉。疏殆字讀如怠。莒將滅之，滅乃兵事。則曷爲相與往殆乎晉？與覿世子無干，疑相與往愬于晉。取後乎莒也。莒之滅，以立後。加之莒與魯争鄫，將立其所出，懼不得立，乞于魯以覿于盟主，欲晉之權、魯之禮，立後屬魯。其取後乎莒奈何？取後何以爲滅。莒女有爲鄫夫人者，再娶之夫人。蓋欲立其出也。巫，魯女子。疏《穀梁》：立異姓以奉社稷，滅亡之道也。女子謂所生爲姓，異姓對世子言之，即莒女所出之庶子；謂嫡庶争立，非立莒子爲後，如舊説所云。魯欲立魯之所出，莒欲立莒之所出，二母出争立，如納邾捷菑故事。

仲孫蔑、衛孫林父會吴于善稻。上不及鄫世子巫，内其國也。此不及衛孫林父，内諸夏，相比見義，内其國外諸夏，内諸夏外夷狄之義。此通吴，通吴以弱楚。晉將會吴，使魯、衛先之，且告會期。衛不言及，内衛也。故《經》、《傳》會衛連文。外陳，故《經》、《傳》蔡、陳亦連文。疏初會吴，當殊會。上會爲外諸夏，下會爲外夷狄，今于衛不言及會，所謂「魯、衛之政，兄弟也」。陳袁僑言及，此不言及，衛篤從中國，故内之。外陳如外吴，衛不言及，會陳及又及，内外之義明矣。

秋，大雩。龍見而雩，言雲以見，奉若天道。《月令》所記星辰爲天道。人之于天，以道受命；布令爲人言，人之于人，以言受命。

楚殺其大夫公子壬夫。楚争陳，因殺執政者，子囊爲令尹。疏《左傳》：「楚討陳叛故，曰：『由令尹子辛實侵欲焉①。』乃殺之。」貪也。

公會晉侯、宋公、陳侯、衛侯、鄭伯、曹伯、莒子、邾婁子、滕子、薛伯、齊世子光、吴人、鄫人于戚。不殊會吴者，戍陳善事，吴能信中國，使得同。疏吴人者，吴子也，稱人，賤之。鄫前屬魯，不言及，親之。此敘吴下，内鄫則義不可外吴。吴同姓，有善事，與以兄弟辭，故以鄫殿，所以親吴。

吴喜得吴。晉悼復伯，得吴以抗楚。三駕而楚不能與争，吴爲之也。何以稱人？據吴善稻猶不稱人。吴、鄫人云連書吴、鄫以見義。則不辭。鄫既稱人，吴不可以不稱人。以鄫人吴，即以鄫親吴。疏鄫，邾之屬國，何以敘？以魯屬。鄫爲卒正，何以不稱鄫子？以其在吴人下。屬鄫則何以不敘薛伯下？殿吴以親吴。

公至自會。會夷狄不致，此致，進吴也。善吴從中國以攘楚，故得進從中國。

冬，戍陳。不言其人，實諸侯同戍也，使如内戍之。然上會已序諸侯，此但主魯而已。疏上會不外陳侯者，以吴、鄫皆不常敘。

孰戍之？不出主名，則爲内辭。内不能獨戍陳。諸侯會戚諸侯。戍之。《左傳》：「諸侯戍陳。」曷不言諸

---

① 焉：原脱，據《左傳》本年補。

侯戍之？城緣陵言諸侯。離至會在秋，戍在冬。《傳》離、會謂二人。不可得而序，有散詞。故言我也。主善以內。

楚公子貞帥師伐陳。有蔡、許與？從楚諸國不序，略之。疏《年表》：楚伐陳。

公會晉侯、宋公、衛侯、鄭伯、曹伯、莒子、邾婁子、滕子、薛伯、齊世子光救陳。齊世子光，大國之孤，執皮幣，繼子、男之後，故序在末。自雞澤始，諸侯之會八，齊侯不親行，皆以光代，故曰驕蹇，使大子光在諸侯之上。疏《左傳》：「子囊伐①陳，會于城棣以救之。」

十有二月，公至自救陳。月者美之。晉强復伯，救陳危無危言。月著其善也，與葵邱日同爲著其美。疏海外兵戰較古尤爲精詳。禮失求野，凡司空、司馬之學皆宜參用新法，外之法中者獨在司徒一職。以《春秋》言，大抵外事當求野，內事則守舊。

辛未，季孫行父卒。季友後再有行父，皆賢。以下諸卒，見世卿而已。疏《魯世家》：「五年，季文子卒。家無衣帛之妾，廄無食粟之馬，府無金玉，以相三君。君子曰：『季文子，廉忠矣！』」

六年

春，王三月，壬午，杞伯姑容卒。《杞世家》：「桓公十七年卒，子孝公匄立。」疏舊說以杞、宋託文、質，不知中國文

---

① 伐：原作「代」，據《左傳》改。

家、泰西質家所有儀制全反，然因革損益皆在《春秋》以外。《春秋》所記綱常，不可變更者也。杞伯于此始書名，襄世乃詳録小國，《左氏》以爲始同盟是也。自成五年以下，杞三見于同盟。

夏，宋華弱來奔。言華弱來奔，明世卿之禍。

秋，葬杞桓公。日卒時葬，起杞爲王者後。言子言伯，亦起爲王者後。雖序小國末，而禮有加。

滕子來朝。滕子二來朝，記其事方伯得禮。

莒人滅鄫。《傳》「莒女有爲鄫夫人者，欲立其出」，出爲外甥，莒欲立之，與晉人争立邾捷菑同，非立莒人之子也。《穀梁》「立異姓」即謂莒女所出，對世子言之爲異姓，乃異母所生，非以莒人之子外甥爲後。故《穀梁》云：「家有既亡，國有既滅。滅而不自知，由别之而不别也。」此指立不正而言。若立異姓外甥，則何得云不知？舊説解《穀梁》當據《傳》改正。疏魯欲立所出世子巫，莒别欲立所出庶子，巫雖覲丁晉，莒竟立莒女所出。非所立而立之，與滅國同，《經》故加等曰「滅鄫」。晉人服義曰「不克納」，莒人恃彊曰「滅鄫」。世子國之根本，繼立不可不慎。

冬，叔孫豹如邾婁。内臣如大國矣，何以更如小國？二伯得聘於我，則我亦得使大夫聘于小國也。凡内臣如來朝之國，所以報朝也，邾婁、滕、莒、牟是也。莒不言朝，以見夷狄。非不朝也。疏内臣如邾婁唯此一見，書者，晉伯盛，魯待卒正以禮，《春秋》見者不再見。卿大夫之如聘累書，不一書者，外交使事各有所爲。如今海邦，使介往來，紀識各有所爲，交涉煩數，勢所必然。

季孫宿如晉。同時見三卿出使。正卿使大國，次卿使小國，外交尊卑禮節也。魯卿如晉，以《春秋》例之，則晉史例不得書如魯，必平行之國乃書使聘。凡來朝國，例不書使聘。此未除喪，何以使晉？非禮也。何以不加貶絶？不待貶絶而罪惡見也。疏時事居喪不去官，喪不三年，《春秋》乃加隆喪服，著爲去官之制，所以弭世卿之禍，隆孝子之思也。

十有二月，齊侯滅萊。萊者何？《禹貢》萊夷也。何爲不復言夷？《春秋》用夏變夷，進之也。伯不滅國，言齊滅者，齊爲方伯之辭也。齊爲方伯，故外陳屬于楚，不與中國同盟也。曷爲不言萊君出奔？《左》：「十二月丁未入萊，萊共公浮柔奔棠。」因據以爲説，謂宜先言萊子奔棠，然後言滅。疏按，先師解《經》無不求實事，此條使非據有出奔事實，何得以出奔爲問。國滅君死之，君死曰滅，國亡亦曰滅。內難可以出奔，若外亂國當亡，則效死勿去，不必言出奔。疏《左傳》：「四月，晏弱圍棠，十一月丙辰而滅之。遷萊于郳。高厚、崔杼定其田。」正也。《異義》：《公羊》説：「國滅君死，正也。」故禮云：君死社稷，無去國之義。疏杜説「遷萊子于①郳」，未死。國亡當守死勿去，故不言奔。

七年

春，郯子來朝。記郯朝，明連帥之禮。疏來朝，內屬，吴伐郯，則兵禍及我。

夏，四月，三卜郊不從，乃免牲。《洪範》龜筮從逆，從則吉，逆則凶。周四月，夏二月。卯去啓蟄僅一月。乃者，難辭。三卜不從爲可日，不須四卜。疏《五經異義》：「《春秋公羊》説：禮郊及日皆不卜，常以正月上辛，魯與天子異事變禮。

---

① 于：原誤作「王」，據《左傳》本年杜注改。

今成王用①魯使卜從乃郊，不從即不郊，以下天子也。魯以上辛郊，不敢與天子同。」《左傳》「啓蟄而郊」在正月，則四月當爲三卜，作三字誤，下正作四。

小邾婁子來朝。《左》作「亦始朝公」，公已十歲之辭。襄世詳録小國，故記小邾詳。又，起附庸亦朝也。**疏** 一州六十附庸，常敘小邾婁者，一見例也。其稱子何？不嫌也。其立國之制奈何？董子云：「《春秋》合伯子男爲一等，故附庸字者地方三十里，三三而九，得方十里者九，三分而除其一，定得方十里者六十，定率得一萬四千四百口，爲口②師三；而立一宗婦、二妾、一世子，宰③承一、士一、秩士五人。宰視子男下卿，今三百石。宗婦有師保，御者三人，妾各二④人，内婢共九人。世子一傅。士宿衛君者比⑤上卿，下卿一人，上下史各如其數。世子傅上下史各五人。下良五稱名善者，地方半字君之地，方二十里爲四，方十里爲得半之數，九半爲四五，三分除其一，得田方十里者三，得字君之半，定⑥率得七千二百口。一世子宰，今二百石。稱人氏者地方半名君之地，五半爲方十里者二，方一里者二，半三分除其一，定率得田方十里者一，與方里五十，定率得三千六百口。一世子宰，今百石，史五人。宗婦士。仕衛世子臣。」原文多脱誤，今補證之。

城費。季氏自城私邑，與下墮相起。禮：邑無百雉之城。**疏**《尚書・費誓》爲東方，稱「魯人三郊三遂」。費誓即此費。

---

① 用：四庫全書本《駁五經異義》作「命」。
② 爲口：原刻脱，據淩曙《春秋繁露注》卷八《爵國》補。
③ 「宰」下原刻有「三」字，據淩曙《春秋繁露注》當作「丕」，爲衍文，因删。
④ 二：原作「三」，據淩曙《春秋繁露注》改。
⑤ 比：原作「此」，據淩曙《春秋繁露注》改。
⑥ 定：原脱，據《春秋繁露注》補。

秋，季孫宿如衛。與下孫林父來聘相起。魯、衛皆困于世族。**疏**《春秋》内臣如衛者唯此一見。《左氏》云：「報子叔之聘，且辭緩報，非貳也。」

八月，蝝。記蟲災者，見政之不時，以此明《月令》順時之教也。

冬，十月，衛侯使孫林父來聘。此執政爲特盟而來。記魯、衛交和，而孫氏之禍見矣。

壬戌，及孫林父盟。來聘而盟者，聘爲君命，盟爲遂事也。著孫氏之專盟，爲衛侯出奔見。**疏**《周禮》大、小行人爲專職。《經》所見多執政大臣爲特使，若尋常鄰國交涉，如今使館領事。常事不書，故内不見行人，外亦不見使魯之行人。

楚公子貞帥師圍陳。有蔡、許不敘，獨舉楚圍陳，與陳人圍頓同，爲大國治所屬之辭。以陳屬楚，爲荆伯，故殊及之。時晉不得鄭、陳，鄭如會以包陳，鄭卒，陳逃歸，互文相起。如陳如會，半途而會之辭。**疏**《陳世家》：「哀公三年楚圍陳，復釋之。」

十有二月，公會晉侯、宋公、**陳侯**、衛侯、曹伯、莒子、邾婁子于鄬①。**疏**上方殊及陳袁僑，此會不應有陳，且既會不應書逃歸。蓋後師因逃歸誤加「陳侯」二字。戚序陳侯，以有吴、鄫爲會夷狄。此中國會，楚師在陳，陳侯未如會。

鄭伯髡原如會。未至會而卒，曰如會者致其意。因以如會之故卒，故名如。吴子以伐門卒，故于伐門名。

未見諸侯。四字爲先師記識語，非《經》正文。如會從鄭至鄬，卒于境内操，則未至會，不見諸侯可知。

丙戌，卒于操。弑。不言弑，以地操可知。**疏**《鄭世家》：「五年，鄭相子駟朝釐公，釐公不禮。子駟怒，使廚人藥殺釐公，赴諸侯曰『釐公暴病卒』。立釐公子嘉。嘉時年五歲，是爲簡公。」史以爲因鄭伯不禮，《傳》以爲因從晉，蓋子駟因不禮懷怒，借從晉爲名耳。《傳》與史各言一端，非有異同。

---

① 鄬：原作「鄢」，據《公羊傳》改。

操者何？諸侯卒其封内不地。鄭之邑也。據出竟當地國。《穀梁》「其地，于外也；其日，未踰竟也。」諸侯卒其封内不地，據在外地國，與師會。此何以地？據宋公以憂内地曲棘。隱之也。與宋曲棘同，别有取義。隱者諱之深，既深諱其實事，故不得不地以起之。何隱爾？恐爲恥辱。弑也。本弑也，諱之而地。内公薨正卒地，弑不地，外正卒不地，弑乃地。例正相反。孰弑之？恐如陳佗，問弑者在内在外。其大夫非外國。弑之。大夫謂公子騑。曷爲不言其大夫弑之？當目公子騑。爲中國盟主晉，與楚夷狄對稱。疏《春秋》中國方三千里，爲小帝之一州；《詩》之中國則包《海内經》而言，正與今稱中國同。中人每誤中國爲天下。諱也。《春秋》爲賢者諱。晉主諸侯，不能庇鄭伯，使見弑于其臣，又不能討之。直書其事，則晉有深恥。曷爲爲中國諱？據鄭弑可以不諱。鄭伯將會諸侯于鄬，北方四州爲中國會。其大夫諫曰：「中國疏晉同盟諸侯皆爲中國，凡不書者，則爲夷狄，故殊及陳袁僑。不足歸也，鄭介居南北之間，中外所交争；外交之道，亦相其强弱順逆得失之故而後定其從。則不若與楚。」楚與晉狎主齊盟，爲夷狄。鄭伯曰：「不可。」鄭同盟本中國。其大夫曰：「以中國爲義，則伐我喪；二年，晉、宋、衛伐鄭事。時楚于陳有不伐喪之事。以中國爲强，則不若楚。」時晉尚未三駕。於是弑之。《穀梁》：「鄭伯將會中國，其臣欲從楚，不勝其臣，弑而死。」與《傳》同。疏按，僖公之弑，《左氏》以爲不禮于子駟，《世家》同；《傳》與《穀梁》以爲争從不勝而弑。《左氏》所言者其隱情，二《傳》所言者，所争之公事也。鄭伯髡原何以名？諸侯不生名。傷而反，與門于巢卒①同。

① 門于巢卒：原作「門巢足子卒」，據《公羊傳》襄公二十五年改。

因傷不如會，反國養傷。未至乎舍三十里，一日程。而卒也。見以如會之故而卒。未見諸侯，據此足見四字非經文。其言如會何？未見諸侯，即未如會也。今言如會，而以未見爲言。致其意也。其初起行爲如會來也。鄭、陳閒居晉、楚之間，二伯以争鄭、陳爲盛衰。《春秋》以鄭屬冀州，以陳攝荆牧，居雖咫尺，而封國天淵，故當日鄭、陳之形情相同。鄭未見而曰如會，同聲同氣，引而近也。陳①已如會，不書于會，而以逃歸目之。中國不可以列夷狄，故推而遠之。**疏** 鄭于桓會亦書逃歸不盟。據《左傳》，此以前齊高厚逃歸不盟，皆與會而避盟，此不盟，不應辟。有楚師，不能責其先歸，故爲中外例，一進一退，藉鄭、陳以示例。如《易》上下圖，二長總天上風雷也，二少從地下山澤也，坎、離閒居其中，不可不辨。故説飛龍曰「水流濕，火就燥，本天親上，本地親下，各從其類」。鄭離陳坎，各得其類。

陳侯逃歸。陳侯未至，何以曰歸？既有内志，何以逃歸？《經》以鄭、陳比，見中外之義。鄭從中國篤，雖未見諸侯，而以如會致其意，以鄭爲中國國；陳侯亦如此會，半道逃歸，歸又曰逃，以專心從楚。晉、楚所争者鄭、陳，鄬會一卒一歸，所以不序鄭、陳而南北屬國分。蓋以鄭爲冀州牧，陳爲荆州牧，言逃歸所以外陳。同盟則不數，會則言逃，惡其以中國從夷狄。**疏** 自此以後，待陳如蔡，十年不見，十七年，因宋伐乃録之。不專録事。《年表》：「楚圍我，公亡歸。」

八年《年表》：鄭簡公喜元年。釐公子。

春，王正月，公如晉。公如不月，月者，危公也。何以危公？鄬之會，鄭伯弑，陳侯逃歸，公不得歸，相從如晉，故危之

① 陳：原作「鄭」，據文意改。

也。疏《年表》：「公如晉。」

夏，葬鄭僖公。不月者，略之也。疏子駟殺羣公子不書，許之。

賊未討，何以書葬？據羣公子討子駟不克。爲中國諱也。致羣公子之意，因亦爲晉諱不能討。疏《鄭世家》：「簡公元年，諸公子謀欲誅相子駟。子駟覺之，反盡誅羣公子。」

鄭人侵蔡，獲蔡公子燮。據《左傳》爲夏四月庚寅。鄭子國、子耳侵蔡，子燮爲蔡司馬。鄭四五年中晉、楚交伐，弗得寧者，此獲爲之。疏蔡不見者十年。鄭侵蔡者，晉使之也。簡公立，從父志，專心事晉也。蔡以後十二年乃見，此因鄭而録之。

此侵也，其言獲何？侵小事，獲大將重事。既有獲，可不言侵。侵而言獲者，適得之也。偶然得之，言易也。《穀梁》：「侵，淺事，而獲公子，公子疾①矣。」疏鄭旋釋之，歸國後見殺。事見二十年。

季孫宿會晉侯、鄭伯、齊人、宋人、衛人、邾婁人于邢邱。陳侯不敘，從楚也。齊以下稱人者，大夫也。考《左傳》以五年一朝三年一聘爲文襄之制，邢邱後命朝聘之數。如今外洋之改定條約，事有不便者，數年一脩改之。疏《左傳》：「五月甲辰，會于邢邱，以命朝聘之數，使諸侯之大夫聽命。季孫宿、齊高厚、宋向戌、衛甯殖、邾大夫會之②。鄭獻捷于會，故能③聽命。」

公至自晉。起公在會。

---

① 疾：《穀梁傳》作「病」。

② 之：原脱，據《左傳》本年補。

③ 能：《左傳》作「親」。

莒人伐我東鄙。莒在我東，故言東鄙。伐我爲疆①莒田，《左》作「以疆鄫田」。**疏**魯與薛、滕無侵伐之事，杞不伐我，惟莒、邾、曹有兵事。魯好侵奪近邑，以自封殖，故有兵事也。遠者無兵事，起不争也。

秋，九月，大雩。劉子云：時作二軍，季氏盛。

冬，楚公子貞帥師伐鄭。邢邱鄭在，此②討其侵蔡。陳、蔡在命，不敘。謀國之道，外交爲重。四科之「言語③」。鄭簡公初年，六卿盈庭，謀之不臧，國受其咎，後子産執政，國乃安寧。善于外交，故《論語》累稱之。**疏**鄭因楚而受盟于楚，不言楚盟者，諱④之也。時陳、蔡、許從楚，不言者亦諱也。晉前已得陳、鄭，鄬會陳侯逃歸，此伐鄭從楚，又失二國也。

晉侯使士匄來聘。記此明公事晉不事楚。**疏**大國聘次國，明晉悼有禮也。與下季孫宿如晉相起。外交之學詳于《左傳》，有志時務，當援古證今，以求實用。

九年

春，宋火。劉子云：「先是，宋公聽讒，逐其大夫，華弱出奔魯。」**疏**書災譏備災不具，具則雖有不爲災。凡書災書火，皆同此義。

---

① 疆：原作「彊」，下句「疆」字同，據《左傳》改。

② 「此」下原有「也」字，據文意删。

③ 言語：原作「語言」，今乙。

④ 諱：原作「葬」，據文意改。

曷爲或言災、或言火？災、火之分，其說不一。大者曰災，小者曰火。《傳》以大小分。《穀梁》「國曰災，邑曰火」，《左傳》「天火曰災，人火曰火」。然災大火小。然則内何以不言火？内火皆言災。内不言火者，甚之也。外以災火分大小，内則一例而已。何以書？記災也。宋五記災。外災不書，據外四州國不書，不内災。此何以書？據有故宋之說。爲王者之後記災也。《異義》：「《公羊》說：存二王之後，所以通①三統之義。《禮・郊特牲》云：『存二代之後，猶尊賢也。尊賢②不過二代。』」宋爲王後，故得記災，因其尊也。

夏，季孫宿如晉。報士匄之聘也。不必三年一聘者，三年一聘乃常制，此答之禮。

五月，辛酉，夫人姜氏薨。宣夫人皆齊女。

秋，八月，癸未，葬我小君繆姜。《傳》「齊姜與繆姜，則未知其爲宣夫人與？成夫人與？」《左傳》以爲成公母，則宣夫人也。**疏**九年三志薨葬，以起定姒爲妾母。

冬，公會晉侯、宋公、衛侯、曹伯、莒子、邾婁子、滕子、薛伯、杞伯、小邾婁子、齊世子光伐鄭。圍鄭也。曹、莒、邾婁、滕、薛、杞常敘有定者，合爲一等六卒正。一州七卒正，其見六何？其一壓于方伯不見，故六見。小邾婁，附庸也？何以不附于魯而附于邾？方伯無附庸也。一州立六十附庸，以附有功之大國，分其勞而給其費。小邾婁者，明卒正乃有附庸也。古者以附庸賜有功之國，六卒正方三十里者六，十八連帥方二十里者十八，五十四屬長方十里者五十四，一定之制也。《春秋》一敘小邾婁，以見青州六十附庸也，並以見八州四百八十附庸也。《春秋》青州見四附庸者何？以

① 所以通：原作「可以道」，據四庫全書本《駁五經異義》改。

② 賢：原刻脱，據《禮記・郊特牲》補。

示例，明卒正六，方三十里，以統其餘也。**疏**郳，小邾婁，《左傳》稱爲郳人。《年表》：「晉率諸侯齊、魯、宋、衛、曹伐鄭。」

十有二月，己亥，同盟于戲。《帝典》：每方岳下「五玉、三帛、二生①一死贄。」五玉即五瑞，五長所執之玉；三帛，諸侯世子以皮幣繼子男之後，三者，大國、次國、小國，大國之孤如齊世子光，次國之孤如鄭世子華，小國之孤如曹世子射姑、鄫世子巫；生、死則五牲，五等大夫所執，如下大夫之會。大夫分二伯、方伯、卒正、連帥、屬長，大國卿爲卿，次國卿爲大夫，卒正卿爲上士，連帥卿爲中士，屬長卿爲下士矣。五玉之制專屬五長，非五等九命之小國。晉、宋執桓圭，爲公；魯、衛、陳、鄭、蔡爲侯，執信圭；許、曹以下爲伯，執躬圭。《春秋》三錫以上乃書于《經》，子男之國不見盟會，惟來魯國乃記。《穀梁》：「不異言鄭，善②得鄭也。不致者，恥不能據鄭也。」《左傳》：「同盟于戲，鄭服也。」**疏**因鄭服同盟。言同者，內鄭也。陳不在會言同，又別異袁僑盟，外陳也。

楚子伐鄭。陳、蔡、許皆從。前晉、鄭同盟，楚來，鄭又從楚。**疏**《鄭世家》：「二年，晉伐鄭，與盟，晉去。冬，又與楚盟。子駟畏誅，故兩親晉、楚。」

十年

春，公會晉侯、宋公、衛侯、曹伯、莒子、邾婁子、滕子、薛伯、杞伯、小邾婁子、齊世子光，會吴于

---

① 二生：原作「一生」，據《尚書·舜典》改。

② 善：原作「喜」，據《穀梁傳》改。

柤。吴者，吴子壽夢，不稱子，吴無君。會又會，外之。吴非中國，故别異之。上會爲外中國，下會爲外夷狄。杜氏以柤爲楚地，蓋吴所取，吴爲主中國，往會之黄池。晉、吴爲兩伯辭，柤會又會，亦兩伯辭。晉有從國，吴不敘耳。疏魯六卒正皆敘詳之，陳、蔡、鄭、許不敘，從楚也。吴在柤，召諸侯同伐楚，因往會，遂以師滅偪陽。《齊世家》：「靈公十九年，立子光爲大子，高厚傅之，會諸侯，盟于鍾離。」

夏，五月，甲午，遂滅偪陽。偪陽徐州國，其日中國。其言遂何？諸侯爲會，吴主意滅國，惡之也。疏據《左傳》，取以封向戌，以與宋公，不言，不許專封。以偪陽子歸獻于武宫，謂之夷俘，亦不書。

公至自會。前伐不致，未得意也。

楚公子貞、鄭公孫輒帥師伐宋。敘鄭而不敘陳、蔡，陳、蔡非大夫。疏據《左傳》，六月庚午，圍宋于桐①門。

晉師伐秦。不言戰，畧之。疏報九年之役。晉襄貪小利，殽之戰禍延數世，晉之不大得志于諸侯者，秦爲之也。唯善謀國者能忍小忿，晉既失計于秦，改計用吴以疲楚，楚以秦擾晉，晉以吴擾楚，其計謀同，得失之數亦可覩矣。

秋，莒人伐我東鄙。隱、桓不言鄙，定、哀終亦不言鄙。鄙猶都鄙，隱、桓治官府，鄙遠，不之及。定、哀治都鄙，故亦不言②鄙。唯有伯之世治邦國，邦國地近鄙，故言同盟乃言鄙。疏《左氏》：「莒人間諸侯之有事也，故伐我東鄙。」再言莒伐，爲下執見。

公會晉侯、宋公、衛侯、曹伯、莒子、邾婁子、齊世子光、滕子、薛伯、杞伯、小邾婁子伐鄭。齊世子

---

① 桐：原作「相」，據《左傳》改。

② 言：原脱，據文意補。

光敘滕上者，卒正有大小。鄭從楚伐宋伐衛，師于襄牛①，侵我西鄙，還圍蕭，故諸侯伐之。己酉，師于牛首②。**疏**《左傳》：「齊崔杼使太子光先至師，故長于滕。」光列會，《傳》謂齊侯驕蹇，又以爲父老子代政。初列于男末，以次疊升，終下其君代等③。《經》有年例，以次疊升。

冬，盜殺鄭公子斐、公子發、公孫輒。稱盜，賤者窮諸盜，《春秋》三盜之一。盜絶其屬，故不稱大夫。據子駟前弑僖公，此又欲爲君討賊也，何不稱人？以殺討者亦不惡，故曰爲盜，亦成其爲兩盜相殺而已。次國二卿，同時殺三大夫者，官不以制。**疏**《左傳》：「冬十月戊辰，尉止、司臣、侯晉、堵女父、子師僕帥賊以入，晨攻執政于西宮之朝，殺子駟、子國、子耳，劫鄭伯以如北宮。子孔知之，故不死。書曰『盜』，言無大夫也。」《鄭世家》：「三年，相子駟欲自立④爲君，公子孔殺相子駟而代⑤之。子孔又欲自立，子産曰：『子駟爲不可而誅之，今又效之，是亂無時息也。』于是子孔從之，而相鄭簡公。」按，《傳》與《世家》詳略互見。殺者爲盜，見殺亦爲盜之徒矣。

戍鄭虎牢。形勝之地，兵家所争，南北以虎牢爲樞要。先是晉弱楚强，悼公復伯，通吴以困楚，後復戍虎牢，三駕以疲楚，遂不能與争。楚亦强敵，制之其難如此。**疏**《地理志》河内郡成皋下云：「故虎牢，或曰制。」如歐州諸國擯俄，助守黑海。

---

① 牛：原刻脱，據《左傳》補。
② 「己酉」兩句係《左傳》語，當移置下《疏》文「故長于滕」下。
③ 代等：疑當作「一等」。
④ 立：原脱，據《史記》補。
⑤ 代：原作「伐」，據《史記・鄭世家》改。

孰戍之？不言其人。諸侯戍之。即上諸侯。曷爲不言諸侯戍之？當列數諸侯。離至不可得而序，先後不一，不能序其序，則主會者爲之。故言我也。義與城杞同。諸侯已取之矣，據城在先。曷爲繫之鄭？如宋彭城。諸侯莫之主有，莫敢有。中外形勢爭戰之場，如今外國所謂公地，爲各國所有，共相保獲，不許一國得私之。故反繫之鄭。繫之地主，實則非鄭所有。

楚公子貞帥師救鄭。言救鄭，美惡不嫌同辭。實有諸侯，惡之，獨主楚。疏《左傳》：鄭先與晉平，楚子囊救鄭，又與楚人盟。丁未，諸侯之師還，楚人亦還。

公至自伐鄭。以伐致者，未得鄭。疏以伐鄭致，喜未與楚戰也。戰則成敗不定，而多殺傷。

十有一年

疏《左傳》：「單靖公爲卿士，以相王室。」

春，王正月，作三軍。考出軍之制，百里百乘，七十里五十乘，五十里二十五乘，皆有三軍。魯爲方伯，千乘之國，何以譏作三軍？由天子六軍推之也。諸侯卿《經》書大夫，方伯軍亦準以天子之制。天子六軍者，一公守，二公從，一公三軍；方伯降于二伯，言三則僭同二伯。《左傳》天子六軍，成國不過半天子之軍，則軍之衆、大夫之名，皆由天子推之者。天子萬乘九軍，以三軍自守，統其總數，以一千一百一十乘爲一軍；方伯千乘，作二軍，則以五百乘爲一軍；作三軍，則以三百一十乘爲一軍，以命大夫數之也。疏《爵國》篇百里、七十里之國皆三軍。魯以千乘國爲方伯，得受七錫、專殺，尊于百里國遠矣。《經》以三軍爲譏者，以命大夫二人言之也。不然，則百里國且有三軍，何以反譏魯耶？《魯世家》：「十一年，三桓氏分爲三軍。」

三軍者何？據下言舍中軍。三卿也。謂三家爲三軍，各征其軍也。作三軍，據司徒、司馬、司空三卿，無論國之大小，皆同有此制。何以書？據鞍戰見三卿一大夫，或從大國四軍本制。譏。直書「作」。何譏爾？據小國百乘以上皆有三軍。魯之有三軍久，不自此始，何以于此乃譏。古者**疏**古蠻野後文明，一定之例。《傳》之古託于古，當用倒影法，指後之堯、舜。董子云：法夏法商而王者，非真古。三代以上草昧初開，春秋文明程度猶僅如此，則以前可知。所謂空文見《經》，實行其事則在百世下。上卿、下卿，《王制》大國三卿，皆命天子；次國二卿命于天子，一卿命于其君。二命卿，故止二軍。上士、下士。《爵國》篇：通佐卿七人，大夫二十一人，上士六十三人，下士百八十九人，共爲二百八十人，以合列宿。文詳董子《立官象天》①篇四選以三輔一之法。《白虎通》引《穀梁傳》作「古者天子六師，諸侯上國三軍，次國二軍，小國一軍」。上卿下卿、上士下士，此舊《傳》説通佐大夫，《傳》假以明方伯二軍之制。上卿下卿之本章謂上卿爲一等，下卿爲一等，上卿如卿，下卿如大夫；《傳》引以爲説，則謂上卿爲上軍卿，下軍爲下軍卿耳。**疏**方伯得閒田方百里，有千乘。此其譏作三軍何？以方伯二卿命于天子，推之方伯閒田，天子十分之一，以爲大國千乘。百里之國出軍之制奈何？《爵國》篇曰：「諸侯大國四軍，古之制。其一軍以奉公家也。凡口軍三②者何？大國十六萬口而立口軍三。何以言之？曰：以井田準數之。方里而井，井九百畝而立口。方里八家，一家百畝，以食五口。上農夫耕百畝，食九人，次八人，次七人，次六人，次五人。多寡相補，率百畝而三口，

① 按：當即《春秋繁露》卷七《官制象天》篇。

② 三：原作「下」，據淩曙《春秋繁露注》改。

方里而二十四口。① 方里者十，得二百四十口。方十里者爲方里者百，得二千四百口。方百里爲方里者千，得二萬四千口。方千里②爲方里者萬，得二十四萬口。法三分而除其一。城池、郭邑、屋室、閭巷、街路、市宫府、園囿萎圈③、臺沼、椽采，得良田方十里者六十六，與方里六十六，定率得十六萬口。三分之，則各五④萬三千三百三十口，爲大國⑤口軍三。此公侯也。」其七十里國制奈何？《爵國》篇曰：「伯七十里，七七四十九，三分除其一，定得田方十里者二十八⑥與方里者六十六，定率得十⑦萬九千二百一十二口，爲次國口軍三，而⑧立次國。一夫人，世婦，左右婦，三良人，二孺子。立一世子，三卿，九大大，二十七上⑨士，八十一下士，與五通大夫，五⑩上士，十五⑪下士。其上卿位

① 此下原刻衍「三八二十四」五字，據凌曙《春秋繁露注》删。
② 「爲方里者千」至「方千里」：據凌曙《春秋繁露注》引盧文弨，此十四字係衍文。
③ 萎圈：原作「姜圈」，據凌曙《春秋繁露注》改。
④ 五：原脱，據《春秋繁露注》補。
⑤ 國：原脱，據《春秋繁露注》補。
⑥ 二十八：原作「三十一」，據凌曙《春秋繁露注》改。
⑦ 十：原作「七」，據凌曙《春秋繁露注》改。
⑧ 而：原誤作「面」，據《春秋繁露注》改。
⑨ 上：原作「士」，據凌曙《春秋繁露注》改。
⑩ 五：原作「十五」，據凌曙《春秋繁露注》改。
⑪ 十五：原作「四十五」，據凌曙《春秋繁露注》改。

比大國之下卿，今六百石；下卿四百石，上士三百石，下士二百石。夫人一傅母，三伯，三丞。世婦，左右婦，三良人，二御①人，各有師保。世子一上②傅。士宿衛公者，比上卿者三人，下卿六人；比上士下士如上下③之數。夫人御衛者，上下士御各五人，世婦、左右婦，上下御各五人；二御④各五人；世子上傅，上下史各五人；三卿、九大夫⑤，上下史各五人，下士史五人；通大夫，上下史各五人；卿，臣二人。」

夏，四月，四卜郊不從，乃不郊。四月當四卜，可見七年三卜爲四字之誤。七年言乃免牲，此言乃不郊，互文以見例。四卜非禮，凡四〔月〕、五月、九月郊者，皆卜而吉者也。卜吉則言郊，不吉則言不郊。《周禮》以三易三夢三兆分屬各經，《易》爲筮，《詩》爲夢，《春秋》與《尚書》當爲卜。**疏**卜者人謀之進步，既盡人謀，乃順天道。《春秋》以敬天重民爲二大綱領，泰西議院宗旨專在民權，皇、帝之學則未嘗思想及之。考議院嘗用《洪範》三人占從二人之説，以人多者爲主。考漢朝廷議，每當大事，多由末職微員一人獻議，舉朝廷卿相舍己相從，即《左傳》以一人爲善爲多之説，西人困勉不能有此超妙作用。如英國外交牽掣於庸耳俗目，屢見報章。語曰：千人之諾諾，不如一士之諤諤。西士高遠者每苦議院牽掣，蓋議院尋行數墨則有餘，談言微中則不足，以今日論，固已在功過相半之地。若皇、帝首出庶物，見所未見，聞所未聞，其精神才智高出尋常萬萬，以尋常議院絆之，可乎？《論語》稱堯舜之功曰：「大哉！堯之爲君也。巍巍乎！惟天爲大，惟堯則之。蕩蕩乎！民

---

① 御：原作「卿」，據淩曙《春秋繁露注》改。
② 上：原作「下士」，據淩曙《春秋繁露注》及下文改。
③ 上下：原作「上下士」，據淩曙《春秋繁露注》改。
④ 御：原作「卿」，據淩曙《春秋繁露注》改。
⑤ 九大夫：原作「九夫人」，據淩曙《春秋繁露注》改。

無能名焉。」古詩曰：「鑿井耕田，帝力于何有？」「不識不知，順帝之則。」當時如保赤子，數千百年後之遠利無不興，三萬里内之隱害無不除。凡三千里五千里之邦國，以《春秋》、《尚書》治之，各得其所。皇、帝居高臨下，不思無爲，法天之周游，法地之風雨寒暑，無不平也；人民之好惡哀樂，無不正也；鳥獸草木亦皆得所，何所用其分争辯訟！故《經》、《傳》亦以天爲主，皇配天，帝曰天子，王曰天王，牧曰天吏，故以人治之爲初功，以天統人爲極軌。西人生當亂世，專詳名利，《春秋》亦當亂世，然撥亂反正，以天爲《春秋》之主，此固西人之望塵不及者也。西人亦有雜占，然非朝廷重典，如《經》、《傳》以卜、筮爲受天命，與鬼神謀。

鄭公孫舍之帥師侵宋。鄭欲從晉，欲使晉師致死于鄭，楚弗敢敵，而後與盟。晉能驟來，楚不能，乃與晉盟，因爲此伐，以致晉從楚命。下言楚子、鄭伯伐宋。**疏**前從楚伐，此獨伐宋，所以致晉師也。

公會晉侯、宋公、衛侯、曹伯、齊世子光、莒子、邾婁子、滕子、薛伯、杞伯、小邾婁子伐鄭。累數諸侯。《左傳》以爲七姓十二國，陳、蔡、許不敘。齊世子光敘曹下者，曹卒正首，有隆禮，此再駕也。**疏**據《左傳》，皆諸侯之大夫，君未行。以諸侯主之，致君命也。

秋七月己未，同盟于京城北。京，《左》作亳。日下月者，不同月也。**疏**京城，鄭邑。同者，外陳也。鄭服而言同，以言中國諸侯皆在是矣。《論語》「君子和而不同，小人同而不和」，《經》書同盟，而非①小人之同，所謂同聲同氣同父同母。小統喜同惡異，大統喜異惡同。同如兄弟賓客，和則夫婦婚媾。

---

① 原刻無「非」字，據文意擬補。

公至自伐鄭。《穀梁》：「不以後①致，盟後復伐鄭也。」

楚子、鄭伯伐宋。晉再駕，楚亦再駕。晉三分諸侯以疲楚，善謀也。上鄭大夫從伐宋，此目君。不言秦、陳、蔡、許者，爲争鄭見。疏楚與秦伐鄭，鄭伯逆之，因以伐宋。

公會晉侯、宋公、衛侯、曹伯、齊世子光、莒子、邾婁子、滕子、薛伯、杞伯、小邾婁子伐鄭。此三駕也。前二駕楚争鄭，鄭不服，故言盟，不信之辭也。此服鄭，故下會而不盟。疏《晉世家》：「十一年，悼公自用魏絳，九合諸侯，和戎、翟，魏之力也。」

會于蕭魚。以上晉悼八年中九合諸侯。董子説：「先楚子審卒之三②年，鄭伯會③蕭魚。」

此伐鄭也，其言會于蕭魚何？上二伐鄭皆言盟，此言會，不盟。疏據《左傳》，諸侯觀兵于鄭東門，鄭人使王子伯駢行成。甲戌，晉趙武入盟鄭伯。冬十月丁亥，鄭子展入盟晉侯。十二月戊寅，乃會于蕭魚。蓋鄭與會爾。得國之辭。不言盟，信辭。《春秋》惡盟。疏《晉語》：「十二年，公伐鄭，軍④于蕭魚。鄭伯嘉來，納女、工⑤、妾

---

① 後：原刻「會」，據《穀梁傳》改。

② 三：原作「二」，據凌曙《春秋繁露注》卷五《隨本消息》改。

③ 鄭伯會：凌曙《春秋繁露注》作「鄭服」。

④ 軍：原作「會」，據徐元誥《國語集解·晉語七》改。

⑤ 工：原作「上」，據《國語集解·晉語七》改。

三十人，女樂二八，歌鍾二①肆，及寶鎛，輅車②十五乘。」

公至自會。《穀梁》：「伐而後會，不以伐鄭致，得鄭伯之辭也。」疏晉侯自此不出，下皆大夫會矣。

楚人執鄭行人良霄。所謂三駕。楚不能與争，不能再出師，鄭使良霄如楚，告將從晉，執行人以遷怒而已。疏良霄非執政，故稱行人。

冬，秦人伐晉。《左傳》晉之有齊，如楚之有秦，東從北，西從南。《春秋》四大强國，即《論語》四飯所適之四國。報十年之役，並爲楚救鄭。敗不書，爲晉伯者諱。疏《晉③世家》：「悼公十一年冬，秦取我櫟。」《秦本紀》：「景公十五年救鄭，敗晉兵于櫟。」

十有二年

春王三月，莒人伐我東鄙。言鄙，遠之，不使難邇我。既已圍台，何以言鄙？使二事然，爲内諱也。圍台。襄世五言齊伐圍邑，此爲彙見例。小國不言圍，此言圍者，從我之録也。疏台近邑，非遠鄙，于伐鄙下言圍，如二事，爲内諱。以小伐大，下犯上，故月之。

① 「二」下原刻衍「律」字，據《國語集解·晉語七》删。

② 輅車：原作「賂輅」，據《國語集解·晉語七》改。

③ 晉：原作「魯」，據《史記》改。

邑不言圍，國乃言圍。此其言圍何？變文必有所起。伐而言圍者，伐下言圍，連屬之。取邑之辭也；此莒已取台，故言圍。諱内失地，故以鄙別之。伐而不言圍者，伐但言鄙者十餘見。非取邑之辭也。《石經》載顔氏，無「伐而不言圍，非取邑之辭也」二句。**疏**按，嚴、顔二本各有同異，《石經》殘字所存猶可考。凡西漢經本多異同。

季孫宿帥師救台，遂入運。受命救台，如私行者，惡專兵也。運内邑，莒伐我所取也。大夫無遂事，此其言遂何？《穀梁》：「受命救台，不受命而入運。」公不得爲政爾。運者何？莒之邑也。莒已取台，因救台遂取運也。不書莒，事已明。

夏，晉侯使士彭來聘。晉者，天子三公也，稱使見聘，則天子之不當聘①，明矣。齊、晉大夫何以尊？託之天子之卿也。一公三卿，晉如公，則晉大夫如天子之卿，封百里國者，故別而尊之也。天子大夫不名，晉大夫何以名？非受命之伯，《春秋》以事受之也。不名者氏采，名者以氏氏，氏采者見不一姓，但食其禄即爲其稱，如周、召不必姬姓也。以氏氏者，譏世卿也。

秋，九月，吴子乘卒。乘，《世家》作壽夢。司馬遷説：吴、楚之君稱王，《春秋》書之曰子，變其實號，從中國也。**疏**《吴世家》：「二十五年，王壽夢卒。壽夢有子四人，長曰諸樊，次曰餘祭，次曰餘昧，次曰季札。季札賢，而壽夢欲立之，季札不可，于是乃立長子諸樊，攝行事當國。」

冬，楚公子貞帥師侵宋。失鄭又争宋，從者陳、蔡、許。此有秦師，不書者，畧之也。

---

① 聘：原作「不聘」，兹據文意改。

公如晉。**疏**《魯世家》：「十二年，公朝晉。」

十有三年

疏《年表》：吴諸樊元年。襄世政在大夫，元年二年三見大夫會，三年諸侯大夫各見同盟，四年至十三年共十年，九合諸侯皆在。

春，公至自晉。不合五年之禮，亟也。

夏，取詩。詩，者，國也。二《傳》作邿，魯連帥之數。滅國爲内大惡，内大惡諱，諱滅言取。**疏**《地理志》東平①國亢父②下云：「詩亭，故詩國。」詩、邿同音異字也。

詩者何？爲國爲邑。邾婁之邑也。黑肱以濫來奔不③繫邾婁，邑有國辭。此亦邾婁之邑，《經》以爲國，取連帥之數。邾婁爲卒正，當有三連帥。曷爲不繫乎邾婁？所謂國之，如興滅國繼絶世。諱亟也。屢取邾婁，因諱亟，借以明連帥之制。**疏**《左傳》：「邿亂，分爲三，師救邿，遂取之。凡書取，言易也；用大師焉，曰滅；弗地，曰入。」

秋，九月，庚辰，楚子審卒。共王以怒有賢行，與晉悼争伯爲勁敵。三年中南北伯主相繼卒，世局爲之一變。《左

---

① 東平：原作「東萊」，據《漢書》卷二八下《地理志下》改。

② 亢父：原作「元父」，據《漢書》卷二八下《地理志下》改。

③ 不：原作「口」，據《公羊傳·昭公三十一年》改。

傳》：楚子自命謚靈若厲，大夫謀，謚以共。疏《楚世家》：「三十一年，共王卒，子康王昭立。」

冬，城防。再城防矣。城者，懼齊。起下圍成。疏謀國重外交，地利之險不可廢，然徒恃地利，非計。書以譏之。

十有四年

疏《年表》：楚康王昭元年。共王太子出奔吳。按：自此以下，政在大夫。

春，王正月，季孫宿、叔老會晉士匄、齊人、宋人、衛人、鄭公孫蠆、曹人、莒人、邾婁人、滕人、薛人、杞人、小邾婁人，會吳于向。邢邱之會季孫宿會，惟晉、鄭稱君，餘稱人，此會獨晉名，與邢邱同。會又會，外之。上會爲外諸侯，下會爲外夷狄。上爲同盟之國，吳則南牧，楚屬。晉、楚分伯，狎主齊盟，以起南北，晉、楚交相見。吳，揚州夷也。向者，內邑也。疏會見卿、二大夫。《左傳》：「子叔齊子爲季武子介以會，自是晉人輕魯幣而益敬其使。」大夫獨出晉、鄭者，蓋以晉主會，鄭新從會，故一年之內三見大夫會向。始會見晉、鄭伐秦，出衛；會戚，出宋；三有大夫，國大夫專，故漸出之。《左傳》：「吳告敗于晉，會于向，爲吳謀楚故也。」會有戎子駒支，《經》不書。

二月，乙未朔，日有食之。襄世九記日食，比月食者二，藉以明六曆十二風土之制。故《春秋》人事爲小統，天道則通其義于皇、帝，故《傳》以「元年春王正月」爲大一統。春爲東帝，分司三月，王省惟歲以統之。故《傳》以爲大一統。疏《年表》：「日食。」

夏，四月，叔孫豹會晉荀偃、齊人、宋人、衛北宮結、鄭公孫蠆、曹人、莒人、邾婁人、滕人、薛人、

杞人、小邾婁人伐秦。加名三大夫，齊、宋稱人。《左傳》：「齊崔杼、宋華閱①不書，惰。向之會亦如之。衛北宮括不書于向，書于伐秦，攝也。」報櫟之役也。伐秦不詳敘，一敘以見之。疏《晉世家》：「悼公十四年，晉使六卿率諸侯渡涇，大敗秦師，至棫林而②去。」

己未，衛侯衎出奔齊。衎字《左傳》經無。諸侯出奔者，其下逐之；不言逐，以自奔爲文者，不使臣加乎君。《春秋》奔走不得保其社稷者不可勝數，凡志皆譏，不目其臣，皆有所起，有國者不可不知《春秋》也。此孫氏、甯氏逐世卿之禍。疏《左傳》師曠論衛侯之出曰：「良君將賞善而刑淫，養民如子，蓋之如天，容之如地。民奉其君，愛之如父母，仰之如日月，敬之如神明，畏之如雷霆，其可出乎？夫君，神之主而民之望也。若困民之主，匱神乏祀，百姓絶望，社稷無主，將安用之？弗去何爲？天生民而立之君，使司牧之，勿使失性。有君而爲之貳，使③師保之，勿使過度。是故天子有公，諸侯有卿，卿置側室，大夫有貳宗，士有朋友，庶人、工商、皁④、隸、牧、圉皆有親暱，以相輔佐。善則賞之，過則匡之，患則救之，失則革之。天之愛民甚矣，豈其使一人肆于民上，以從其淫，而棄天地之性？必不然矣。」按，此輕君貴民之說，與孟子同，本爲《經》義，《左傳》託之師曠耳。《經》、《傳》本以愛民如子爲宗旨，非專用壓制，藉此可見尊君親上與通達下情兩不相背。說者誤以中國壅隔，歸咎《經》、《傳》專重君權，非也。

莒人侵我東鄙。莒貳于楚，故比年伐我。不言師者，無師也。莒何以無師？百里國，春秋加賜，以爲卒正。百里國之

---

① 閱：原作「闅」，據《左傳》改。
② 而：原作「之」，據《史記·晉世家》改。
③ 使：原作「任」，據《左傳》改。
④ 皁：原作「早」，據《左傳》改。

制若何？《爵國》篇：「公侯方百里，三分除其一，定得①田方十里者六十六與方里六十六，定率得十六萬口。三分之，爲大國口軍三，而立大國。一夫人，一世婦，左右婦，三姬，二良人。立一世子，三卿，九大夫，二十七上士，八十一下士。」正官百二十人；「亦有五通大夫」，天子七，諸侯五。《王制》云「下大夫五人」是也；「立上下士」，天子有四等，諸侯只有三等，五下大夫，十五上士，四十五下士。其上卿位比天子之元士，八百石，下卿六百石，上士四百石，下士三百石。詳《食禄表》。「夫人一傅母，三伯，三丞；世婦，左右婦，三姬，二良人，各有師保。世子一上傅丞，士②宿衛公者比上卿者③有三人，下卿六人，比上下士者如上下之數。夫人衛御者，上下御各五人；世婦、左右婦，上下御各五人；二卿，御各五人；世子上傅，上下史各五人；丞，史各五人；三卿、九大夫，上士史各五人，下士史各五人」；中士無史，三十九官共史百九十五人。通大夫、士，上下史各五人；五大夫下史各五人，五上士共史百人。卿，臣二人。此家臣之制也。卿有二人，則大夫當一人，士以下以無可知。「此公侯之制」。公侯本封百里，加禄賢者，爲州、方伯。間田十百里爲方伯，賜斧鉞，置虎賁百人。賜斧鉞則得專殺。

秋，楚公子貞帥師伐吳。晉通吳以困楚。吳爲新國，强樸易簡，晉使巫臣教以兵戰之法。吳强則楚弱，録其本末，以見外交主義。疏《吳世家》：秋，吳伐楚。吳敗楚師，獲楚公子宜穀。

冬，季孫宿會晉士匄、宋華閱、衛孫林父、鄭公孫蠆、莒人、邾婁人于戚。三名宋大夫矣。戚者衛邑，謀定衛也。不詳敘卒正，略之也。疏一年三會。初名晉、鄭，次衛，次宋，内與齊已先名。中國六大國大夫皆于盟會正稱名氏。

---

① 定得：原作「得定」，據淩曙《春秋繁露注》乙。

② 士：原作「世」，據淩曙《春秋繁露注》改。

③ 「比上卿者」上原有「比公者」，蘇輿《義證》云「三字衍」，因删。

十有五年

疏《年表》：衛殤公秋元年。定公弟。

春，宋公使向戌來聘。來謀息兵。今世公載來名有兵條約，歐洲兵事賴此少息。**疏**《春秋》譏世卿，然見《經》者幾無一國不有世卿之禍。爲見者不再見。

二月，己亥，及向戌盟戌，宋卿，謀息兵會者。**于劉**。内聘盟不地。劉字因下文衍，後師誤補于字。

劉夏逆王后于齊。諸侯入國乃稱夫人，在其國稱女。王后在其國已稱王后，所謂王命之則成矣。劉正稱子，其稱夏何？君前臣名，王后尊同天子，故稱名也。過我則何以書？王者不親迎于國。**疏**稱王后，男女平等。婦雖天夫，有朋友之義，無奴隸之説。《經》、《傳》蓋于不平中求其平，又于至平中別有不平也。

劉夏者何？據劉下名，疑爲士。**疏**劉夏即劉卷①之父。天子之大夫也。上大夫，卿。據下稱劉子，又葬劉文公，知爲卿。天子九卿，《經》見四子。一公守，二公從，又一卿守，二卿從，故《經》見二公四卿。劉者何？疑非氏。邑也。畿内九十三國，此亦劉子所封，百里之大國。《春秋》王行在東都，王臣氏采皆在西京，如召、毛、祭、單、南、武之類，皆有明文可證。存西京，故雍州不見小國，專以侯王反蹕。其稱劉何？據諸侯大夫氏氏。以邑劉如召、毛、祭、單，皆采邑。《王制》内諸侯禄也。氏也。以邑爲氏，與寰外諸侯以國爲氏同。《春秋》無封地者乃以姓

---

① 劉卷：原作「劉巷」，據《公羊傳·定公四年》經文改。下同。

名見，有封地者皆氏國，以此明封建之制。**疏**《左傳》士會子孫「其處者爲劉氏」，以劉爲堯後。或以此語爲漢儒所羼以爭立，當時援據此語，以國姓出于《左傳》乃得立學。劉氏當以劉子爲正，王子虎本爲姬姓。**外**指諸侯言。**逆女不書，**外不書爲大例。**此**天王與外諸侯不同。**何以書？**天王之書爲小例，正中之變。**過我也。**與「祭公來遂逆王后于齊」不同，彼魯爲中，此則因過我書之。

夏，齊侯伐我北鄙，圍成。伐言圍，又言救，爲内諱失邑也。**疏**伐下曷爲或言圍、或不言圍？伐必有圍，入輕不書，重乃書之。此言圍，齊已取成，諱，言圍耳。

公救成，至遇。獨出公者，中軍也，下言二卿，爲上、下軍。十一年作三軍，故此分列三軍以見例。下曰舍中軍，所以見無公室。遇，魯地。至遇，未救成。先言救而後言至，致公意也。

其言至遇何？據救當至成。**不敢進也。**辭與「次」同，有所畏也。**疏**《經》有追戎弗及與不遇之文。一説：至遇，至成與齊師遇，遇非地名。

季孫宿、叔孫豹帥師城成郛。城郛不言帥師，帥師而曰城郛，諱不能救成也。魯出三軍，不能救成，頓兵郛外，故以城郛殺恥。**疏**因上伐而大城，過百雉。孔子用乎魯，因過雉，故曰「邑無百雉之城」，故《經》言圍成。大國十六萬口，然則内師五萬三千三百三十三人爲一軍與？曰：非也。方伯千乘，得天子十分之一；孟子「千取百焉」，「萬取千焉」，此之謂也。爲方三百一十六里，亦三分除其一，定得田方百里者六十六與方十里六十六，定率得百六十萬口，四①分之，各得四十萬口，爲口軍四。一口軍以奉公家，而三軍出也。大國三軍，二卿出，然則一軍公自將與？曰：監者得將軍，伯會伐是也。鞍之

---

① 四：原脱，據文意擬補。

戰，魯以四卿出者，事實如此，非禮制也。

秋，八月，丁巳，日有食之。 言日不言朔，食二日也。**疏**《傳》曰：「失之前者，朔在前也；失之後者，朔在後也。」然《經》書日食專以定朔，以明曆法，《左傳》：「不言朔，官失之。」按，《左傳》言失，本傳亦言失，《經》書日食，《傳》以不在朔爲失前失後，曆法可知。《尚書》以閏月定四時成歲，以日食定朔，以明朔、望、弦、晦，然後閏月之法可定。今泰西以中氣爲月，有閏日，無閏月。懸象著明莫大乎日月，既名爲月，與月體盈缺不相應，不及經制年、時、月、日曲肖天體。此當改用經制者。

邾婁人伐我南鄙。 下晉爲我討邾婁。**疏**齊伐北，邾婁伐南，作三軍而外侮尤甚，書以譏內。齊伐猶可言，邾婁屬國，亦伐我，我失所以馭下之道也。

冬，十有一月，癸亥，晉侯周卒。 曾悼賢君，復伯勝楚，楚①不能與晉爭，中國稍安。悼卒，平公不能繼其業，晉伯少少衰矣。**疏**《晉世家》：「十五年冬，悼公卒，子平公彪即位。」

十有六年《年表》：晉平公彪元年。**疏**舊説以春三月書王爲通三統，言王與夏、殷相别，是專就中國言之。《傳》以元年春王正月爲大一統，春下繫王，明爲東帝八王之一。故《傳》謂「王者孰謂？謂文王也」。《詩》「文王陟降，在帝左右」，又云「帝謂文王」，「文王烝哉」，「武王烝哉」，「王公伊濯」，「王后維翰」。一帝不只一王，合五帝當得四十王；《經》所書王爲東方文王之一，則以外各王必別有證説可知，故有六曆十二正朔之説。蓋夏、殷與周同在中國一隅，雖有變更，以大一統言之，同爲東方之文王而已。是《經》之書王者，與五帝四十王相比，非但以別于夏、殷。

---

① 楚：原脱，據文意補。

春，王正月，葬晉悼公。大國曰葬，正也。三月葬，譏不及時。自成公十八年至此十五年，爲晉悼復伯之事。悼公幼而明斷，舉賢任才，三駕而楚不能與争。無城濮、鄢陵之勞，無滅譚滅遂之失，無執衛報仇之舉，先以謙德，不合而從，其才德在桓、文之上。然能得諸侯，而不能杜大夫之漸；能得鄭，而不能掩失陳之責；能駕楚，而不能掩通吴之非。盟會之權，非大夫敢干也；蕭魚以後凡三大會，士匄、荀偃實主之，則悼之失也。

三月，公會晉侯、宋公、衛侯、鄭伯、曹伯、莒子、邾婁子、滕子、薛伯、杞伯、小邾婁子于溴梁①。自蕭魚之後，五年中晉侯不出會；平公新立，故會溴梁，以繼伯業。

戊寅，大夫盟。此皆中國，何不言同盟？有所見言同，無所見不言也。疏《左傳》作：叔孫豹、晉荀偃、宋向戌、衛甯殖、鄭公孫蠆及小邾之大夫同盟，齊高厚逃歸。

諸侯皆在是，雞澤諸侯皆在，已同盟，大夫別盟陳袁僑。《經》曰：「叔孫豹及諸侯之大夫及陳袁僑盟。」其言大夫盟何？據宋之盟諸侯不在，《經》曰：「豹及諸侯之大夫盟于宋。」疏諸侯在，如雞澤自盟，不須大夫盟，盟則當如宋，繫諸侯曰「諸侯之大夫」。信盟以約信。在大夫也。世卿之禍積成不掉之勢，民不知有公家，禮樂征伐自大夫出。何言乎信在大夫？據諸侯猶在會，何以不繫大夫于諸侯。偏刺天下之大夫也。偏刺中國之大夫，齊、晉、宋、魯、衛、鄭皆然。曷爲偏刺天下專説中國，《春秋》可知天下包中外言之。②之大夫？刺大夫，即以反權于諸侯，又所以反諸侯之權于天子。撥亂反正，諸侯在不曰諸侯之大夫，大夫皆在誅絶之例，非小惡。

---

① 溴梁：原作「湨梁」，形近致誤，因改。後文同。

② 按：「專説中國」二句，文字疑有錯倒。

君若贅旒然。《穀梁傳》曰：「湨梁之會，諸侯失政矣。諸侯會而大夫盟，政在大夫也。諸侯在而不曰諸侯之大夫，不臣也。」**疏** 由堯、舜以至春秋，中國文明程度略同今泰西。古之帝王，除大難，興大利，專言生聚富强之術；飽食煖衣，逸居無教，孔子憂之，乃設爲人倫之序，五常之教，自《春秋》始。其實君臣上下名分未分，以臣執君，上下交質，政則甯氏，祭則寡人，吴、楚稱王，魯公亦上僭天子禮樂；諸侯僭天子，大夫僭諸侯，因以僭天子，如季氏歌雍以徹，淆亂極矣！故《傳》曰「君若贅旒然」。據《春秋》託始之説則同。古者天下有道，禮樂征伐自天子出，浸淫而諸侯，而大夫，而陪臣；實則當時大夫、陪臣乃從衆，非作俑。以爲從衆者，實事如歌雍、旅泰山、反坫、三歸，實當時通行之典，無所謂僭越、自作俑之説①。《經》説立，乃以爲大夫不守臣節，目無君上。凡《春秋》託始之義皆如此。君臣名分由《春秋》而始嚴，故孟子曰：「《春秋》成而亂臣賊子懼。」當日文明初開亦如泰西，以通達民隱爲主義，上下一視平等，甚至偏于貴民，輕視君爲奴隸，自命爲出令行權之人。開闢之初，勢不能不尚平等；行之既久，禍亂頻興，結黨專擅，自相屠戮②。人人欲平權自由，天下愈亂而不可治，弑君殺相，層見疊出，如春秋之人民塗炭，已然之成案。平等之效已收，不能不改良而歸于統一，至乎太平，民智日進，君相皆舉聖哲，在職皆賢，一二人自不能肆虐于上。論者以泰西文明出于《經》義外，不知草昧初開，比于春秋之世，不過隱、桓而已。

晉人執莒子、邾婁子以歸。同執。爲我討，且以通齊、楚之使。稱人以執，有罪辭。以卒正而伐方伯，非正。在會公愬于晉，乃執之。**疏** 十二年、十四年莒伐，十五年邾婁伐。《左傳》作邾宣公、莒犂比公。

齊侯伐我北鄙。晉執莒、邾，齊又來伐。齊强不從晉，故下圍齊。方伯四軍，齊大國也，其軍數三。三者何？天子之三

① 説：原無，據文意補。
② 戮：原作「二」，據文意擬改。

軍也。天子一軍大于方伯四軍，詳《爵國》篇。疏齊之封地何？本封百里，《孟子》「公侯皆方百里」是也；加食方百里者十，共三百十六里，得千乘也。何以與方伯同？畿内之公食方百里者十，知二伯亦如之。其臣之食禄奈何？卿如天子之卿，本禄方百里，加禄三十里；大夫如天子之大夫，本禄方七十里，加禄方二十里；士如天子元士，本封方五十里，加禄十里。外公託内臣之制，故全與王臣四選禄相同。二伯尊，統方伯，禄何以與方伯同？内臣在畿内，事少費輕，方伯獨當一封，所費重，故得與二伯同。位尊而食同，凡二伯從同。

夏，公至自會。

五月，甲子，地震。改變地勢，緣火力之鼓盪奮發。火力與水力相反，水乃自外而至，火則從内而發。水力惟在流動沖激，使高地削平，窪地增高；火力則震動鼓盪，使地面改變形勢。地之震動與火山之噴吐原無二故，其改變形勢之處亦與火山相同，或凸然高起，或凹然低陷，或分崩開裂。自古至今，如此之變甚多。即近今百年之内，在印度國恒河口外有片大地，因震動而傾陷，其附近之海中，又有一片地同時凸起出見。又，澳大利亞之南有二海島，因震動而高；西印度羣島中有一海口，因震動而低陷。然地之震動自太初即有，所改變地勢之力亦非微小，故地震爲記異。異者，中國所罕見，因而異之。自大一統言，則常而非異，如鸜鵒來巢，長狄，日食星孛，皆常事。地震中國以爲異，西地多火山，山川陵谷，出没乃常事，則不足異矣。疏以甲子日北方子位爲天下記異，比于北帝。按，《春秋》日食三十六，地震何以五見？地質而天文也。五六爲天地之中和，地震五，法天數，地數六，六六三十六，地乘數。天有十二日，地有十二土，以象天之十二月，通三統，合爲三十六，日食三十六，《詩》之所謂三歲、三年。地震五，象《周禮》五土五帝五極，分司萬二千里，故以子午卯酉未日見。卯爲東帝，首時之春正月，《詩》之「正月繁霜」也。午爲南帝，首時之夏四月，《詩》之「四月維夏」也。酉爲西帝，首時之秋七月，《詩》之「七月流火」也。子爲黑帝，首時之冬十月，《詩》之「十月之交」也。未居西南，爲黃帝之位，《詩》之「六月棲棲」也。天數五，地數六，《采綠①》之詩曰「五日爲期，六日不詹」。三十六爲六之成數，二十五爲五之成數。皇輻三萬里，天皇地皇中分天下四十五，《禹貢》五服，五五二十五，千里爲一州，則得三十六州，爲日食極數。泰皇爲六，以方六千里，六六三十六千里，得②二十五州，則爲地震五之成數。又，一轂三十輻，五六相乘，得三十。《禹貢》五土五千里，地震五數象之；皇輻三萬里，甸以外二萬四千里，爲四六，爲中，冀州又爲五六。

叔老會鄭伯、晉荀偃、衛甯殖、宋人伐許。許請遷，將從夷遷中國，許大夫不可，晉歸諸侯。以大夫伐許。鄭伯敘上者，君。鄭子蟜聞將伐許，遂相鄭伯，以從諸侯之師，故獨出鄭伯。宋稱人敘末，微者也。內大夫可會外諸侯。**疏**許十年不見。《左傳》：「伐許，次于函氏。」晉伐楚，楚公子格及晉戰于湛阪，楚師敗績。復伐許而還。不書晉楚之戰，包于伐許，其事終始于伐許。

秋，齊侯伐我北鄙，圍成。前未取，復伐魯，今則取之矣。**疏**自十五年至十九年齊侯環卒，五年中齊六伐我，甚者一年再見。圍齊，《傳》曰：「抑齊，以其亟伐也。」

大雩。記十六雩，與十六秋七月同，以比八元八凱。

冬，叔孫豹如晉。聘，且言齊故。以起下同圍齊。

---

① 采綠：原作「采藍」。下引詩出《詩經·采綠》，因據改。

② 得：原作「州」，據文意改。

十有七年

春，王二月，庚午，邾婁子瞯卒。昭以上爲小國，至定、哀大小若一，雖小邾婁亦與十二諸侯之列。故定、哀記小國卒葬詳。**疏** 邾婁至此乃以日見，故下皆從日也。昭元、定三，與①此三見。以上皆不葬，以後乃葬。

宋人伐陳。陳南服，宋以晉命伐之。獲司徒，故不書，略之。**疏**《年表》：伐宋。伐陳。公侯皆方百里，宋之封百里與？曰：其采百里也。本國爲采，國亡不奪，説詳《大傳》。其加禄如何？方三百一十六里，出車千乘。何以知爲出車千乘？以在方伯之上。天子方千里，王侯方三百一十六里，十分取一也。其臣之食由是以推，與方伯同。王後大國，何以與方伯同？王後爲賓客，不與征伐之事，上不屬于二伯，下不統乎方伯，事簡而費省也。其臣何以尊？位尊而禄同，如二伯卿大夫也。方伯臣食，食同尊者，事繁故費重也。

夏，衛石買帥師伐曹。曹者，晉從國。衛以私怨，背盟伐之，故下晉執買。**疏** 據《左傳》，衛將有孫蒯，又取重邱，不書者，略之。

秋，齊侯伐我北鄙，圍洮。魯既愬于晉，不釋怨結好。君圍洮，大夫又圍防，交鄰之道所以致②。諸侯同圍，驕伉之過。

齊高厚帥師伐我北鄙，圍防。邑言圍，下以圍加于齊，報圍我邑，抑齊如邑矣。**疏** 又取防矣。詳録齊伐取，惡之。

---

① 「與」上原衍「皆」，今删。
② 致：原作「治」，據文意改。

録高厚，以下殺見。

九月，大雩。

宋華臣出奔陳。宋卿也，奔陳。上宋伐陳，侵宋，有怨故也。疏臣，華閲弟，侵華閲于皋比之室，殺其宰華吴。有罪懼討，國人逐瘈狗，瘈狗入于華臣，國人從之。懼，遂奔陳。

冬，邾婁人伐我南鄙。乘有齊師，故伐我南鄙。疏襄世二來伐。

十有八年

春，白狄來。白狄嘗與晉伐秦，冀州之狄，非青州國。不言來言來，非來也；齊累伐，我乞師于晉，使白狄來助我，故以來書，如來朝然者。白，種類，加白者，録之詳，故下有同盟。齊之事非善事，狄之而已。疏《春秋》以方三千里爲主，不及要荒，所録夷狄皆在九州内，華夷雜處，如今土司然。《經》唯見北四州夷狄，南方四州則不見，若大統夷狄，則《地形訓》之三十六民，取之《海經》，若長狄其一也。

白狄者何？言來則一人之辭。《經》有赤狄潞子嬰兒，但目白狄，不應言來。夷狄之君也。臣不得書，言來，故知爲君。何以不言朝？據小邾、蕭叔附庸來猶得言朝。不能朝也。禮：從宜使從俗。白狄飲食衣服不與華同，贄幣不同，言語不達，故《明堂位》在四門之外。今泰西各國入覲無拜跪，各從其俗，不强異爲同。白狄不能升降拜跪，不能行朝禮，故言來而已。疏《天演》劣者消滅無迹，唯良種永久。《周禮》五民爲種學，大同之世，上者自化。

夏，晉人執衛行人石買。稱行人，怨接于上。爲上伐曹故。疏《周禮》行人屬司寇。《左傳》：「執石買于長子，執孫蒯于純留。」伯者治方伯，如今朝廷之于行省，有罪遣使拿問，不敢拒也。不言孫蒯，非卿。

秋，齊師伐我北鄙。四年之中六伐我矣。《傳》曰：爲其亟伐也。

冬，十月，公會晉侯、宋公、衛侯、鄭伯、曹伯、莒子、邾婁子、滕子、薛伯、杞伯、小邾婁子同圍齊。雞澤之會，諸侯同盟，而殊陳袁僑；圍齊言同，以外齊也。伐者十二國，北方諸侯皆在，書同，則所圍者必在中國外，非同盟之國。北方國一伯一王後四方伯六卒正一附庸，共爲十二國，合圍者與被圍者共十三國。圍者言同，是外被圍者于同盟之外，如雞澤同盟後再盟之陳袁僑。惡之深，待之如夷狄，所謂中國新夷狄。疏《齊世家》：「靈公二十七年，晉使中行獻子伐齊。齊師敗，靈公走入臨菑。晏嬰止靈公，靈公弗從，曰：『君亦無勇矣。』晉兵遂圍臨菑。臨菑城守不敢出，晉焚郭中而去。」《左傳》：齊侯禦諸平陰，諸侯之師圍平陰。齊侯將走郵棠，以太子之諫而止。是諸侯所圍者平陰耳，未至齊國都，故《傳》與《穀梁》皆謂未圍齊。

曹伯負芻卒于師。不日，踰竟也。地在外。公、大夫在師曰師，卒于齊地不目地，以内主之。曹兩見卒于師，南方通無此例。説見《北方南服詳略表》。疏《曹世家》：「二十三年，成公卒，子武公勝立。」

楚公子午帥師伐鄭。救齊以争鄭。從者陳、蔡、許與南服小國，皆從略例。疏記楚之伐，以見齊之通楚，故執莒、邾婁。《左傳》以爲通齊、楚之使，故言同，亦以外之。楚分鈔文不及齊、晉、宋、衛十分之四，吴、蔡不及十分之三，此隱見例。亦如中國言夷狄，外州無之，内爲甸服治之，詳諸夏，侯綏次之；若南服以爲要荒，故其文從略。

十有九年《年表》：曹武公勝元年。

春，王正月，諸侯盟于祝阿。其不日，惡盟。圍後而盟，齊來與盟，中有間事，故舉地。疏祝阿，魯地也。此如袁婁之盟，當有齊在。楚會不書，晉言同，楚絶不言同。詳内略外，文明蠻野之所以分。

晉人執邾婁子。稱人以執，非伯討。《春秋》以貴治賤，伯討當稱爵討。其助齊伐我，然不當于盟執之。

公至自伐齊。《經》多伐國圍邑連文，伐爲上下通稱，圍皆以大加小，于大國不言圍。此同圍者同，則所圍者在同之外。圍齊也，凡圍多在邑，國而言圍，皆以大臨小之辭。何以致伐？據上圍齊，非伐齊。未圍齊也。《穀梁》云「非圍而曰圍」，《左傳》齊侯逆師于平陰。諸侯圍平陰，非齊都。疏據鞍之戰敗後猶盟于袁婁，此無大戰敗績之文。齊國大地廣，但能圍平陰旁邑，不能遂至國都。又，據上諸侯盟于祝阿，知非城下之盟。未圍齊齊屢伐我西北鄙，圍邑。諸侯但圍平陰，師未至國都。則其言圍何？以邑辭加于國。抑齊也。同以外之圍以貶之，統曰抑之。抑與貶同。疏文以下晉、楚分伯，鞍戰以後貶從方伯例，故公不如齊。又因此同圍抑之，與鞍戰同。曷爲抑齊？就事實言之。爲其亟伐也。四年之中六伐我，三圍邑。或曰又一師説。師説不能盡同。爲其驕蹇，使其世子處乎諸侯之上也。齊侯入襄世不一會諸侯，每會皆使其世子光代行。《傳》：「《春秋》有譏父老子代政者，不知其在齊與？在曹與？」《穀梁》：「諸侯同罪之也，亦病矣。」疏據《經》，自成十七年盟于柯陵，至襄二十年盟于澶淵，齊侯無出會諸侯。敘晉之下者，自鷄澤會戚、救陳伐鄭、會柤三、伐鄭八，諸侯會齊侯皆使太子光代行。按：《傳》二説當合通觀之。齊侯黷武驕蹇，不親出，使光代行，有敖慢諸侯之意；又亟伐魯，使魯愬于晉，以致動天下之兵，失外交之義。

取邾婁田自漷水。邾婁因齊數伐我，亦二來侵我。已敗齊，故以兵取其田。據下言取漷西田，則此取漷東之田。以漷水爲界，下又取漷西之田耳。疏方伯可以絀除卒正閒田，有功則慶以地，有罪則削之。

其言自漷水何？言自下無東西之文。以漷爲竟也。謂取漷東田，以漷爲界。何言乎以漷爲竟？今西人言邊界，每以水之流域爲定。漷移也。漷移謂隨漷水委田，盡取漷水以東之田，故曰以漷爲竟也。《左傳》：「遂次于泗上，疆我田。取邾田，自漷水歸之于我。」**疏**疆域以水而分，《禹貢》定九州界，亦每以名山大水界劃，西人亦同。如揚子江流域，蓋古法也。

季孫宿如晉。特派專使。執政大臣《經》乃書之，尋常大夫往來，《經》所不録。《左傳》云無歲不有使役，蓋不見《經》者多。

葬曹成公。北方諸侯雖小國記事詳，南服雖大國，或數年一見，或數十年一見。詳内略外，又可因見以推所不見。

夏，衛孫林父帥師伐齊。據《左氏》，晉欒魴從伐齊，不書者，諱以二伯伐二伯也。方伯不敢獨伐二伯，因以見有晉師也。

秋，七月，辛卯，齊侯瑗卒。齊侯無道，所以謚靈。**疏**《齊世家》：「二十八年，靈公疾，崔杼迎故太子光而立之，是爲莊公。莊公殺①戎姬。五月壬辰，靈公卒，莊公即位，執太子牙于句瀆之邱，殺之。」

晉士匄帥師侵齊，至穀。**聞齊侯卒**，乃還。言罪人已死，無所遷怒。《經》云至穀乃還，如「至檉遂奔齊」。「聞齊侯卒」四陰字乃記識語，《經》則不言而自明。穀，魯邑。《左傳》：「晉士匄侵齊，及穀，聞喪而還，禮也。」齊侯卒，伐齊，至穀乃還，則不伐喪之義已顯。如「至檉遂奔齊」，《經》不言聞君薨家遣而意自見。

還者何？或言反。善辭也。據「郕降于齊師」、「秋，師還」。還爲善，與《左氏》同。《穀梁》以還爲事未畢之辭，

① 殺：原作「伐」，據《史記》卷三二《齊世家》改。

各明一義。何善爾？師之進退，略有機宜。大其不伐喪也。《傳》曰：「以中國爲義，則伐我喪。」《穀梁》曰：「受命而誅生，死無所加其怒。不伐喪，善之也。」此受命乎君大夫帥師皆有君命。而伐齊，言有君命。則何大乎其不伐喪？如《穀梁》説以爲「君不親小事，臣不專大名」，士匄外專君命，則非之也。**疏**弟子所疑即《穀梁》説。《經》言乃不言遂，遂爲專辭，乃爲難辭，即含請命之義。大夫以君命出，進退在大夫也。此用不從内制之説。伐喪惡，不待稟命而可自專。若小事，則當請命矣。**疏**泰西使臣有全權半權之分。《穀梁》以爲雖不進兵，使介反命于君，待命然後班師，以歸美于君。此一説。《傳》就兵不内御、將在外君命有所不受，不須請命，亦可還師。各明一義，非齟齬。

八月丙辰，仲孫蔑卒。蔑者，孟獻子也。百乘之家者，方伯、卿食閒田百里。**疏**内卿卒書，大夫亦書，外則小國君卒不書，大國君卒亦不備書。此中外詳略之例，即隱見微①顯之旨。必知此例，然後《經》非斷爛朝報。

齊殺其大夫高厚。杼雖擅誅，以累上言之者，亦莊公之志也。南北中分中國，如天皇地皇中分地球，北文明，南蠻野，《春秋》亦然；使南北平列，則賓主不明。又，南服夷狄，惡事多，不足以立褒貶，故《春秋》詳北略南，以北較文明，可設進退之法。亦如《大統春秋》，詳歐、美，略非、澳。**疏**《齊世家》：「八月，崔杼殺高厚。」爲高厚傅公子牙，易嫡，故光即位殺之。《左傳》以爲「從君于昏」。

鄭殺其大夫公子喜。同時記二國之殺大夫，彙見之例。鄭，方伯也，得專殺；此書者，命大夫則不可專也。鄭詳楚略，吴則絶不一見，越且無君，更無論大夫。此詳略之分。**疏**《鄭世家》：「簡公十二年，怒相子孔專國權，誅之，而以子産爲

---

① 微：原誤作「徵」。

卿。」鄭介于兩大之間，數被兵，國幾亡；子産爲政，善爲外交，國乃稍安，辭命之功。故近人以子産、西人拉科相比論。按，聖門四科，言語居其三，宰我、子貢，專門名家，辭命之重久矣。蘇、張不實，爲世指摘，魏、晉以來，寖以微渺，四科之選，遂絶其一，豈不哀哉！國家閒暇，不需其人，今者海禁大開，萬國碁布，會盟條約、輶軒賓館，使命之才重於守土。葛裘無備，莫禦寒暑，諷誦報聞，匪酒可解。久欲重興絶學，以濟時艱，或乃狃於見聞，妄謂今知古愚，四三朝暮，無益解紛；不知探微索秘，多非言傳，長短成書，乃學者程式，不盡玄微，又秘計奇謀，轉移離合，急雷渺樞，成功倉卒，事久情見，殊覺無奇，因症授藥，固不必定在異品矣。因草創凡例，分爲各科，經傳成事，前事之師，專對不辱，無愧喉舌。述《本源》第一。朝章舊志，數典不忘，古事新聞，必求綜核。述《典制》第二。偵探隱秘，貲取色求，中冓隱謎，捷於奔電。述《情志》第三。折衝樽俎，不費矢弓，衆寡脆堅，熙獻燭照。述《兵事》第四。忠信篤敬，書紳可行，反覆詐詛，禍不旋踵。述《流弊》第五。撮精收佚，先作五篇，專門全書，悉加注釋，故云繼美咨謀，差得賢于博弈爾。

冬，葬齊靈公。《傳》：「不及時而不日，慢葬①也。」

城西郛。不修權謀，折衝樽俎，乃修城以自固。譏之也。

叔孫豹會晉士匄于柯。盟于柯，爲齊事。《春秋》記北方詳，南服不得其半，借北以包南，又爲隱見例。如内見六卒正，外惟見一許，以所見起所不見。疏《左傳》：「齊及晉平②，盟于大隧。」故穆叔會范宣子于柯。

城武城。懼齊也。内小事書，合十八國之城工，每年當以數十書，無所見，則絶不一書。故小則責内，大乃責外，《傳》所以

① 慢葬：原作「渴葬」，據隱公三年《傳》改。
② 平：原刻脱，據《左傳》補。

有内、外、大、小、書、諱之分。疏同時二城。不累數者，二事：西郛内，武城外，一郛城不同也。

二十年《年表》：齊莊元年。

春，王正月，辛亥，仲孫遬會莒人，盟于向。與莒和。疏柯會士匄不日，盟莒人日者，以盟爲重。

夏，六月，庚申，公會晉侯、齊侯、宋公、衛侯、鄭伯、曹伯、莒子、邾婁子、滕子、薛伯、杞伯、小邾婁子，盟于澶淵。澶淵之盟，齊、晉平也。不言同者，皆中國，無所起也。言同有不同，所以外陳也。疏澶淵，宋地。因從齊，乃盟，惟陳、蔡、許三國不至。

秋，公至自會。《春秋》内本國外諸夏，内諸夏外夷狄，詳内畧外，一定之勢。敘魯事詳，外國畧，其例以十百數，可爲一表。此内本國外諸夏也。宋之會，晉、楚之從者交相見，一視同仁，北方從國盟會侵伐、往來朝聘詳矣，北有之，南亦同。乃楚子糾合諸侯，陳、蔡、許及南服之隨、沈、頓、胡、吳、越、淮夷，使詳録其事，亦與北同，南北相較，南不得北十分之四，可立一表，曰「詳諸夏而畧夷狄」。故讀者當因所見以求所不見，由北以推南。考《周禮》有官府、邦國、都鄙三服之分，如《禹貢》甸、侯綏、要荒。《經》于南北本屬平分，然實有厚薄中外之别；故以《周禮》之法讀之，則魯爲甸服，諸夏如侯綏，楚足如都鄙。由中以及外，故南畧而北詳。

仲孫遬帥師伐邾婁。小不事大，大不字小，不以玉帛相見而日尋干戈，内外皆譏。息兵之會，永保和平。疏君同盟而大夫伐，惡之也。以報十七年之伐。以下邾婁與我和。

蔡殺其大夫公子燮。蔡方伯，得專殺。此書者，大夫，尊也，命于天子，又爲公族，不可刑。《周禮》甸人之職詳矣。不親親，不敬大臣，書殺以譏蔡侯。蔡者中國，何爲以夷狄待之？以其從楚，後遷州來也。疏南國方伯皆不氏大夫言使，吳札、楚椒、秦遂是也。蔡何以不言使，不早見大夫？不嫌也。蔡與陳、衛同稱侯，不嫌不爲方。侯本中國而入于夷狄，故不言使以起之。吳、楚、秦三國不言侯，則不見其爲方伯。蔡言使，則大夫必氏，不見爲外方伯，故不見以起之也。

蔡公子履出奔楚。《孝經》：卿大夫能保守其位爲孝。《經》書奔，皆以責大夫亡身喪家，不能保其禄位。家齊而後國治，大夫之奔，則其爲亂國可知，故凡書奔，皆上下交譏之。奔楚者，蔡、陳之君欲從晉，其臣不欲而奔楚。疏《左傳》：「公子履，燮母弟也，故出奔楚。」蔡十有二年不見《經》。

陳侯之弟光出奔楚。董子説：「陳慶虎慶寅敝君之明。」言弟，舉親以惡之。光因二慶故奔楚，下陳殺二慶，光乃後歸。書，爲下殺張本。疏同時二國公子皆奔楚，以陳、蔡同爲楚屬，故比以見義。

叔老如齊。公不言如齊。齊降爲方伯，何以言大夫如齊？大夫如齊，不嫌也。疏縱横家自《國策》後惟是書號專家，即四科言語之支流，爲當今之急務。講是學者，必先於中外諸國山川、道里、政治、兵農、貧富、强弱之故精熟無遺，又於海國君相智愚賢否，並及嬖佞宦妾，尤以通言語識文字爲第一要務也。昔子貢一出而存魯、亂齊、救楚、亡吳，拘墟之士或頗非之，使當今有此人，必能扶中國而救危殆也。如《春秋》復九世之仇，其説最偏駁，南宋人獨深取之；以患其疾則急求其藥，適投所急，故不加駁斥耳。《藝文志》「縱横」雖有短長之説①，然實仿經解，經解于六經皆推論流弊，何況諸子！惟學者必求補於治術，不偏於縱横一家詭詐之見，則較静坐禪宗得失不可同年而語。用古書參近事，證蘇、張學術，固非旦暮可遇者也。

冬，十月，丙辰朔，日有食之。《左傳》多言日食，日月交會，列宿所在。劉歆説左氏據以立説。董子説：《公羊》亦

① 之説：原作「主説」，據文意改。

詳日食、分野、列宿，今可證者有六：三言日在心，一言畢，一言東壁，一言柳。按，《周禮》分野之説本包地球而言，漢儒專就中國立説，故言多不疇。天變于上，則人事必應于下，泰西格致家乃謂日食星孛可以推測，無干人事。然格致家尋行數墨，事物之理多在格致外，故西人亦多攻其説。聖人生知安行，迥非銖稱寸度者可比。今不言占驗，以爲必無此理，則格致家所不解之理多矣。

季孫宿如宋。如齊如宋，相比見義，再加公如晉，然則晉爲尊，宋王後，次之，故用正卿；齊方伯，故用下卿。

二十有一年

《春秋》、《王制》專爲王伯卿大夫之學。古爲小學，今更名曰仕宦學，皇、帝則爲大學；撰《學堂私議》以革弊改良，申明古者三學分科之旨。

春，王正月，公如晉。如晉何以月？爲下受叛人月之也。公在而受叛人，故託公如晉，大夫受之，以爲公諱。惡，故月。疏《晉世家》：「六年，魯襄公朝晉。」

邾婁庶其以漆、閭邱來奔。齊、魯皆爲逋逃藪，受亂臣，違盟約；故齊則託之楚，魯則以爲公不在而來奔，大夫受之，所以殺恥。疏《穀梁》：「漆、閭邱不言及，大小敵也。」

邾婁庶其者何？據黑弓通濫有國辭，莒世子亦名，不氏。邾婁大夫也。據三叛人以地，知爲大夫。邾婁無大夫，《春秋》三錫以上乃書于《經》。二伯九錫，方伯七錫，卒正五錫，其卿當得三錫；三錫不當書，如一錫以下，更不得書矣。此何以書？必有所起。重地也。師因《經》有以地事據以爲説耳，不以地，實亦書也。疏邾婁有不氏大夫，若滕、薛、杞則雖有以地事，不能見矣。

夏，公至自晉。避公受叛人，故致以明之。公不在，大夫受叛，同惡相濟。疏《公羊》舊有王魯之説，蓋取《詩・魯頌》。魯稱公，爲王後，《春秋》又以魯爲方伯，何君以爲用天王儀制者非。

秋，晉欒盈出奔楚。《經》爲小學，舉國以包家、身，故並見王、諸侯、卿大夫事，以爲法戒。奔楚者，屏之遠方，如四凶族，不與同中國。《春秋》以晉、楚分中外，《帝典》流四凶族以化四夷之制，南北分罪大，故言楚不言齊。疏《齊世家》：「莊公三年，晉大夫欒盈奔齊，莊公厚客待之。晏嬰、田文子諫，公弗聽焉。」《晉世家》：「平公六年，欒盈有罪，出奔齊。」據《世家》本奔齊，《經》託之楚。亂臣賊子，人所得討，齊爲逋逃藪，失中國討賊義，故《經》託之楚，以爲中國諱。

九月，庚戌朔，日有食之。九月斗指申，于地球當正申位，與東之寅位對冲，如夏正七月；十月當酉位，于卯相冲，如夏正八月。據《左傳》，二十七年日食，二十八年無冰，《傳》言此「再失閏矣」。魯史書冬十月日食，以曆法言之，當在九月，故比書兩月日食以證之，因以託地球十二次、十二月皆同朔、望之義。

冬十月庚辰朔，日有食之。二十八年《傳》云再失閏①，此初次失閏。書冬十月庚辰日食，實當爲九月庚戌朔，此孔子比書日食，以改正曆官失閏。《帝典》「敬授民時」爲奉天首事，失閏則頒令與氣候早遲一月，再失閏則早遲二月，故《經》再書比月日食以正之，實則曆法無比月日食之事。疏《年表》：「日再蝕。」比月不日食，此何以比月食？按，古有六曆説，《幼官》篇詳言十二卯酉，九月爲申，西南維，十月爲酉，西北隅。《國風》以十二國分律呂，《周禮》有十二風土十二政教，每月各占一方隅政教。考全球寒暑不同，晝夜相反，一月中全有十二月之節候，故于申爲九月，于酉則爲十月，同一日也。而惟月朔則全球皆同，凡十二土雖節候有異，而月朔必同以日食爲驗。同主此日，故同以日食爲朔，凡日食之日，于十二土同爲朔

① 按：云「再失閏」，在《左傳》襄公二十七年。

日，故比月言日食。地雖異位，朔則從同。亦如春正月言王，二月亦言王，《尚書》「卿士維月」之義也。此年九、十比月日食，二十四年七、八比月日食，合以見七、八、九、十四月例也。一説比月不日食，此記日食，雲珥之變有如日食也。《春秋》何不正之？敬天之至也。

曹伯來朝。曹伯四來朝，此其終也。曹事魯有禮，言朝，又以明卒正事方伯之禮也。

公會晉侯、齊侯、宋公、衛侯、鄭伯、曹伯、莒子、邾婁子于商任。謀錮欒盈也。不敘陳、蔡者，此中國會也。齊已不主諸侯，此何以敘在宋公之上？貴者無後，待之如初也。**疏**泰西有國事犯在逃，各國相保護，不得售與本國，春秋時局亦然。欒氏奔楚，晉以伯權會北方諸侯，不許容留，欒氏卒之齊，不從而助之。

十有一月庚子，孔子生。顔氏説從襄公二十一年之後孔子生。二十三年「邾婁鼻我來奔」《傳》云：「邾婁無大夫，此何以書？以近書也。」又昭公二十七年「邾婁快來奔」《傳》云：「邾婁無大夫，此何以書？以近書也。」二文不異，宜爲一世，若分兩屬，理似不便。又，孔子在襄二十一年生，從生以後，理不得謂之聞。按：二《傳》記孔子生，《左傳》經終孔子卒，互文見義。孔子受命制作，爲玄聖，爲素王，此經學微言，傳授大義。帝王見諸實事，孔子徒託空言，六藝即其典章制度，與今《六部則例》相同。素王之義爲六經綱領，此義一立，則羣經皆有統宗。宰我、子貢以孔子遠過堯舜，生民未有，先儒論其事實，皆以歸之六經。舊説六經爲帝王陳蹟，莊生所謂芻狗，孔子删定而行之；竊以作者謂聖，述者謂賢，使皆舊文，則孔子之修六經不過如今之評文選詩，縱其選擇精審，亦不得謂選者遠過於作者。夫述舊文、習典禮，春秋賢士與夫史官類優爲之，可覆案也，何以天下萬世獨宗孔子？則所謂立來綏和，過化存神之迹全無所見，安可謂生民未有耶？説者不能不進一解，謂孔子繼二帝三王之後，斟酌損益，以爲一王之法，達則獻之王者，窮則傳之後世；纂修六經實是參用四代，有損益于其間，非但鈔録舊文而已。古文家以六藝屬之周公，唐時廟祀，周公爲先聖，孔子爲先師；蓋述而不作之誤解深入人心，驟語以六經爲孔子作，無與於周公，博疋士羣以爲笑柄。然聖作賢述，孔子但傳周公之經，高如孟、荀，低則馬、鄭，以匹夫教授鄉里，雖弟子甚多，不過如河汾、湖州而已。況讀姬公之書，宜崇報功之祀，唐初學官主享周公，以孔子先師配享，周公爲主，孔子不過比于十哲，作聖述賢，於古文説情事最合。乃唐中黜周公，專祀孔子，以末爲本，何異外國不祀孔子，專祀顔子？許敬宗不能知周、孔之真僞，不審因何黜周崇孔，此中當有鬼神主使，不然，何有此識力？祀典所以報功，主賓不容或誤。今既力主古文，以博士爲非，綜其名實，文廟當復主周公，以孔子配享；周公僚佐如召公、畢公輩，宜列先賢，統計員數當在七十左右。既主周公，孔子弟子皆宜退祀於鄉，明正禮典，庶使人知六藝由周公作，孔子不過如傳述家。主周公，其在天之靈方不怨恫，而孔子亦免攘善之嫌，正名報功，兩得其宜。若强賓壓主，攘其正位，情理何安？今周公祀典，學校無人齒及，朝廷亦謹從事名臣，與蕭、曹、絳、灌比；孔子專居文廟，用天子禮樂，郡國皆爲立廟，牲牢俎豆爲郡祀之冠。此天下至不平之事，急宜改正之典禮。內而政輔，外而督撫學政，既明主周公，服事多年，所當奏請改正文廟主位及從祀先賢一切典禮。周公曾攝王，居黄屋，備禮樂，本不爲過，不似以至尊奉一匹夫，名位混淆。周公制作，孔子襲而冒之，鵲巢鳩居，魯道齊翔，即孔子何以自安？中國文廟爲禮典之首，何等正重，乃竟桃代李僵①，豈不貽笑外國？如能請旨改正，則所有匾祝題號皆主周公，舊所頒行推崇孔子之榜題牌頌悉宜塗毁，换改周公，至聖徽號亦宜改題。孔子配享神牌但題先賢孔子，祀于殿左，或于兩廡。凡鄉村家塾亦題至聖周公神牌。或於奭、适、望、毛、散生之班羼附孟子神位，亦如朱子提升十哲之比。至于經籍，則《爾雅》爲周公專書，當升爲經，《孝經》、《論語》如禪宗語録，又爲弟子所記，宜退居諸子，不當在經數。經本聖作，廟必主周公，乃不致誤認主人，且不至再囿宰我子貢阿好其師，一意推崇，言過其實。至於舊榜「賢于堯舜」、「生民未有」，求其實際，渺不可得。《尚書》、《詩》、《禮》、《春秋》有在周公後由諸史臣用周公舊法撰成者，

---

① 僵：原誤作「韁」。

宜詳求諸史官名氏，列入配哲。周公以前，伏羲畫卦，文王演易，堯舜各史亦有撰述，此當列入崇聖祠。而董狐、南史，凡有名史官，皆在儒先，例從祀兩廡。又，七十子之祀既罷，漢初凡祖孔子諸儒失所宗主，皆亦罷黜。《傳》則《公》、《穀》皆罷，專用《左氏》史法；《詩》則幸三家早亡，毛獨一尊；《尚書》以杜、鄭爲首師。並請專設一局，專辦改周公一切章程事實。典正則學校正，學校正則人心正。如能力主此事，改正祀典，方足以駁素王之説。如不敢上此摺，不能改此祀，則當王者貴，朝廷既專尊孔而絀周，則必主周公，是反與朝廷爲難。願與天下之議祀典者熟商之也。疏《年表》：「孔子生。」《魯世家》：「襄公二十二年，孔邱生。」按，泰西以耶蘇降生紀年，孟子推孔子爲生民未有，莊子以爲澤流萬世，竊以中國紀年當以孔子降生與國號改元並行，但言紀元，則其前後不一。中國教化由孔子一人而定，先孔子而聖者，爲孔子之託辭；後孔子而王者，非孔子無所法。由伯而王，由王而帝，由帝而皇，歷代之君相皆師法孔子，踵事增華；必以孔子與年號並行，日積月累，繼長增高，然後百世師表踪跡方可按年而推。初蠻野，後文明，古之由皇而帝、由帝而王、由王而伯，是爲知來，非述古；以孔子紀年，則上下古今數千百年之時局學派乃有統宗。禮失求野，此當從西學行之。西人專用耶蘇紀元，不用國君年號，今既並行，兩不相妨，而生民一人之義乃得昭著。

二十有二年疏《賈子》：《學禮》，帝入東學，尚親；南學，尚齒；西學，尚賢；北學，尚貴。四學四尚，即《王制》「春秋教以禮樂，冬夏教以詩①書」，以四經分四學，爲四術，而泰學在其中。以四學配四帝，泰當居中，如泰皇。《禮記》之《大學》即《賈子》之泰學，言帝學者入四學，言皇學者入泰學，皆爲皇、帝平天下之事。泰學其品益尊，入此學之人益少。泰學專教《易》與《春秋》，故《易》與《春秋》爲天人之道。

① 詩：原誤作「討」。

春，王正月，公至自會。何爲以月致？爲會危之也。晉、齊有二心，而公會，故危之也。

夏，四月。

秋，七月，辛酉，叔老卒。記大夫卒有三例：一譏世卿，一見君使臣以禮，一見能保其禄位，與列國殺身亡家卿大夫相起。《春秋》致君而後卒大夫，在廟聞大夫之喪，去籥卒事。《左傳》「公不與小斂，故不書日」，公子于葬之加一等，故書日。凡記卒，皆公于大夫有恩禮，《左傳》所謂「股肱或虧，何痛如之」。《春秋》記大夫之殺、奔多矣，身膏鈇鉞，不能保其禄位，此乃世守其業，傳之子孫，君臣交美，爲《春秋》美善之事。或曰譏世卿，既爲世卿，記卒何得爲美辭？《春秋》見者不再見，譏稱崔氏，世卿與記卒同爲一義，以見世守。既用世臣，則以能保其位者爲主。大夫能保其身家，所以爲孝。

冬，公會晉侯、齊侯、宋公、衛侯、鄭伯、曹伯、莒子、邾婁子、滕子、薛伯、杞伯、小邾婁子于沙隨。再會，謀錮欒盈。無論皇、帝、王、伯地輿廣狹不同，皆分二伯。《尚書》「乃命羲、和」爲皇二伯；下帝曰「咨女羲及和」爲帝二伯；《顧命》太保畢公、《文侯之命》父羲和，爲王二伯；《詩》二南、《關雎》二鳩、「文武維后」，皇伯；《魚藻》左右，《文王》「在帝左右」，爲帝二伯；阿衡「左右商王」，爲王之二伯。《春秋》三千里，亦分小二伯。就地球論，北球開化在南球之先，《春秋》北爲中州，南爲夷狄，州舉例無君無國。南美、澳、非同襄世，已進太平，大約千年以後，南球亦立伯，有陳、蔡、吴、秦等方伯。因開化有早遲，尚有南北之分，宋盟以後，則漸進一統，而分割之説少變矣。**疏**再會皆有齊，乃伐曾助逆，所以惡齊伐也。

公至自會。

楚殺其大夫公子追舒。董子説：「楚屈氏譖殺公子追舒。」**疏**追舒不見《經》而見殺。大夫命于天子，諸侯不得專殺。

當時楚稱王，以諸侯之國用專治之法，目無天王①，干犯國紀；如今督、撫專殺藩、臬，非常可駭之事。《經》書殺大夫以責楚之無王，餘殺大夫皆同此例。

二十有三年襄世記列國殺大夫者共十五見，亦彙見例。

春，王二月，癸酉朔，日有食之。日食以正曆法。專言中國，則一見；並及外曆，則書比月食。按，《尚書考靈曜》云：「天如彈丸，圍圓三百六十五度四分度之一，一度二千九百三十二里千四百六十一分里之二②百四十八。二十八宿之外各有萬五千里，是謂四游之極，謂之四表。」地與星辰升降于三萬里之中，「春則星辰西游，夏則星辰北游，秋則星辰東游，冬則星辰南游。地有四游。冬至地上北而西三萬里，夏至地下南而東三萬里，春秋二分其中矣。地常動不止，譬如人在舟中閉牖③而坐，舟行而人不覺。」日照四極九光。東日日中，南日日永，西日宵中，北日日短，「光照四十萬六千里。九百四十分爲一日，二十九日與四百九十九分爲月。日月東行，而日行遲，月行疾何？君舒臣勞也。日日行一度，月日行十三度十九分度之七。分周天爲三十六頭，頭有十度九十六分度之十四。長日分于寅，行二十四頭，入于戌，行十二頭；短日分于辰行十二頭，入于申，行二十四頭，此之謂也。仲春秋日出于卯，入于酉；仲夏日出于寅，入于戌；仲冬日出于辰，入于申。日

---

① 天王：原作「人王」，據文意擬改。

② 二：四庫全書本《古微書》卷一《尚書考靈曜》作「三」。

③ 閉牖：二字原刻脱，據《春秋繁露注》補。

永景尺五寸，日短景尺三寸，日正南，千里而滅①一寸。」

三月己巳，杞伯匄卒。杞卒何以日？二月二日，與小國不同，明王後。**疏**《杞世家》：「孝公十七年卒，弟文公益姑立。」

夏，邾婁鼻我來奔。有伯世小國，爲魯、鄭屬。曹、莒、邾婁三國有大夫，滕以下無大夫，下等。定、哀、隱、桓，六國無大夫。自昭二十年曹會以下，小國通不言大夫。黑肱通濫，爲國。

邾婁鼻我者何？不知世子、大夫。邾婁大夫也。與莒庶其同。邾婁無大夫，此何以書？據不以地而亦書之。以近書也。邾婁會盟無大夫，此何以書？從我録之也。何以近世乃書？近，乃詳録小國也。滕、薛、杞何以始終無大夫？居卒正之末也。《春秋》六卒正，曹、莒、邾婁有大夫，序在前，滕、薛、杞無大夫，序在後。三

有三無，此卒正大小之分也。

葬杞孝公。諸侯以記卒葬爲榮幸。蓋棺定論，保其社稷人民，遺之子孫，其大事也。日卒時葬，正也②。

陳殺其大夫慶虎及慶寅。言大夫，非其罪。己有大夫，不能自保，屈于楚命殺之，所謂半權國；非其國，書以譏之。殺同姓大夫曷爲或言及，或不言及？不言及者，位同罪同，如三郤是也；言及者，使其罪殊科也。**疏**内諱殺，謂之刺，殺爲惡辭，故避之。故凡言殺皆惡。孔子曰「君使臣以禮」，「敬大臣則不眩，體羣臣則士之報禮重」，既③用爲執政大臣，與同襄

---

① 滅：原誤作「滅」，據《春秋繁露注》改。

② 時葬正也：原作「時正葬也」，據文意乙。

③ 既：原作「即」，據文意改。

國政，于國有股肱之義，其人賢，殺則不仁；不賢而用之，則不知。且《周禮》有議親議貴之條，諸侯于天子所命之卿亦不能專殺。故無論有罪無罪，殺皆爲惡辭，與書弒之罪不同。

陳侯之弟光自楚歸于陳。殺二慶而封陳，明楚之爲光討也。自楚歸者，楚有奉言耳。

晉欒盈復入于晉，入于曲沃。如從楚入中國，言復，有國辭。晉、齊搆亂極矣，《經》撥其亂，以可訓者書。此與屈完盟于師、盟于召陵同，入于晉、入于曲沃駢書，後録者分爲二事。**疏**《齊世家》：「莊公使欒盈閒入晉曲沃，爲内應，以兵隨之。上太行，入孟門。欒盈敗，齊兵還，取朝歌。」

曲沃者何？因兩言入故疑之。晉之邑也。晉爲國辭，曲沃爲邑辭。其言入于晉、入于曲沃何？國、邑不必兼見。欒盈將入晉，志在得晉。晉人不納，范氏與欒仇殺。按，晉大夫趙氏之禍由郤氏，郤氏之禍由欒氏，欒氏之禍由范氏，范氏之亡由趙氏，有循環之義。由乎曲沃而入也。但言入于曲沃不足以盡其惡，故兼言之。入于晉者，爲君之辭；大夫而言入于晉者，惡其爲亂，與當國同也。再言曲沃者，著其實也，志在入晉而僅入于曲沃也。不言自齊者，爲齊諱也。

秋，齊侯伐衛。伐晉道由衛。本爲伐晉往，不以晉主其事而以衛主之，爲中國諱。

遂伐晉。晉大衛小，何爲以小遂大？志在伐晉，假伐衛以爲名。同盟而相伐，罪齊侯也。**疏**《晉世家》：「莊公八年，公遣欒盈入于曲沃，以兵隨之。齊兵上太行，欒逞從曲沃中反，襲入絳。絳不戒，平公欲自殺，范獻子止公，以其徒擊逞，逞敗走曲沃。其入絳，與魏氏謀。齊莊公聞逞兵敗，乃取晉之朝歌去，以報臨菑之役也。」

八月，叔孫豹帥師救晉，次于雍渝。救者，善之也。善救者，而伐之不正可知。次者，有畏不進。**疏**内有欒氏，外有齊，晉幾不自振，故善魯之救。

曷爲先言救而後言次？據聶北先次後救。疏救如時雨，言救則不可次，次則不足言救。先通君命也。此君臣異文之故。疏諸侯自行則先次後救，大夫受命則先救後次。

己卯，仲孫遬卒。孟莊子也。方伯加録，食間田附庸方百里者十，其臣之食禄奈何？三卿方百里，得千乘之國，百乘之家千取百焉，孟獻子，百乘之家是也。大夫得方三十里者九，上士得方二十里者二十七，中士得方十里者八十一，共①得方百里者六，方十里七十九；監者得方五十里者三，共方百里者八。其餘方百里者一，以爲公用。此方伯田禄之制也。疏莊子記卒，臧孫記奔，一得一失，相比見例。

冬，十月，乙亥，臧孫紇出奔邾婁。以臧孫之智不能保其禄位，爲魯惜失賢者，並爲臧孫惜。日者，正也。文仲有賢行，奔而三家愈强，自此以後不見臧氏。以前之見臧氏，皆爲賢之。公子彄後止此。疏事詳《左傳》。

晉人殺欒盈。此與鄭人殺良霄相比，亦書氏，以下不復見。以人殺者，討賊之辭。疏《晉世家》：「欒逞敗走曲沃，曲沃攻逞，逞死，遂滅欒氏宗。逞者，欒書孫也。」

曷爲不言殺其大夫？如世子母弟。大夫國之股肱，各有等次，今不目大夫。疏《大學》「身修而後家齊」，謂所用皆能勝任；貴卿而賤殺，非不仁，則不知。故凡殺大夫者即爲亂國。又，凡貴卿皆命于天子，下于其君一等；太平之世，雖匹婦匹夫，諸侯亦必禀命于天子。《春秋》之世，諸侯無王，敢于專殺其卿，書殺所以譏上。又，凡伯君如桓、文、楚莊、晉悼，至皆無殺大夫之事，故無論有罪無罪，殺大夫皆爲亂國。非其其，指晉言。《大學》之「其國」，其爲諸王；「其家」，其爲諸侯；「其身」，其爲卿大夫士。舊以身、家、國司屬平、治之人，非也。大夫也。然其由外入，已

① 共：原脱，據文意補。

與國絶，非大夫矣。疏《綱目》所謂「不書官」。已出奔又入，則爲賊，非晉大夫。

齊侯襲莒。襲者，以計取之。如齊侯、鄭伯如紀是也。紀言如，襲計未成，莒計已行。言襲，惡齊侯詐也。《檀弓》「齊莊公襲莒」，襲者何？以詐用師也。齊大莒小而用襲，齊侯病矣。疏《白虎通》：「襲者何謂？師行不假途，掩人不備也。《春秋傳》曰：『其謂之秦何？夷狄之也。曷爲夷狄之？秦伯將襲鄭。』入國掩人不備，行不假途，人銜枚，馬繮①勒，晝伏夜行，爲襲也。」

二十有四年

春，叔孫豹如晉。齊、晉皆大國，一如一侵，爲屬比。《朝事》篇司儀典客之説詳矣。疏按：近今爲大戰國，《國策》爲古人成案。聖門四科特立言語，漢以下爲不急之務，則爲今之天下特立此科，明矣。蘇、張之學談何容易！欲爲是學者，宜用《春秋》事實、《周禮》典禮，再考近人所著外交等書以相印證，又必自文字語言始；而全球政教典章、人材盛衰，無一不爲切要。庶乎有蘇、張其人，恢復神州，駕馭全球也。

仲孫羯帥師侵齊。禮：三年喪，君不呼其門。羯在喪，何爲帥師？世卿不以喪釋事。書者，譏貳事，君使之，臣服之，皆非也。爲晉侵。疏《年表》：「魯侵齊。」

夏，楚子伐吴。夷狄相伐不志，志者，楚、吴已進爲南伯，揚牧也。《春秋》不見要荒，夷狄同。在九州以北爲中國，南爲

---

① 繮：原作「彊」，據《白虎通·誅伐》改。

夷狄。如大九州，北爲中國，南服開化晚，託夷狄。疏中國不言伐，吴、楚四言伐，吴、楚，大夷也，録其事者，爲入楚之先見也。此吴楚交兵之本末。

秋，七月，甲子朔，日有食之，既。《經》書既者三，皆在七月。周七屬午，夏七屬申，與寅對衝。《詩》所謂「七月流火」，「正月繁霜」，流、繁皆服名。疏七月之甲子朔即八月之癸巳朔，同一日食，二土之曆不同也。何以七月言既，八月不言既？日食各有食限，于位正對故既，未方偏差，故食限少。就今言之，有中國日食外洋不見者，外洋日食中國不見者。《穀梁》夜食之説，即地球混圓之義。據二十七年春無冰，《左傳》以爲再失閏，是此年爲初失閏。魯史書八月日食，《經》以爲當在七月，故兩書之，因以見地球十二次十二月皆同朔望之制。

齊崔杼帥師伐莒。記崔杼之專兵，弑事之先見。疏記大夫事，爲卿大夫修身保家之學。

大水。疏記大水者八，惟此月者，終此，故月之。記八水以起八風、八音、八極之例。内八見，外宋一見，互文相起，合爲九數，以象九州。一如爲八，則爲大雩之二十六。此内八宋一，所以起二公東西乾坤文質之别。

八月，癸巳朔，日有食之。再失閏，故再見比月食以正之。八月之朔失閏，則當爲七月朔。藉日食以正曆法。失之前失之後者不言朔不言日，失閏者則比月以正之，又以見十二小正，十二土節候不同，以明六曆法。

公會晉侯、宋公、衛侯、鄭伯、曹伯、莒子、邾婁子、滕子、薛伯、杞伯、小邾婁子于陳儀。晉會楚伐，比連而書，詳二伯。晉會嘗見十二國，楚見從伐之四國，申之會則見徐、沈、頓、胡、淮夷矣。疏此中國同盟之諸侯，無蔡、陳、許三國者，從楚，下伐鄭敘三國，是也。陳儀，衛邑。衛侯衎①會于陳儀，謀拒齊。

---

① 衎：原誤作「衍」。

冬，楚子、蔡侯、陳侯、許男伐鄭。南北交矣，然以干戈不以玉帛，非和好相見，不爲通。此南伯帥諸侯伐北方國，楚爲伯，蔡、陳爲二方伯，惟秦、吴不書。小國一見許男，外州諸侯皆在之辭。蔡、陳初在中國，文以後屬楚，以伐中國不敘，此敘一見以明之。疏《年表》：「楚率陳、蔡伐鄭。」陳伐鄭，故下鄭入陳，與二十六年冬事同。楚不敘從國，三年中兩見，因將交見，故特著之。

公至自會。隱、桓以下治邦國，故致詳録。致公又有數例，無別事而致者，反必告廟。無事反國，臣子有嘉慶辭。

陳鍼宜咎出奔楚。奔走不得保其禄位，卿大夫之不孝也。記大夫出奔，以爲齊家修身學。奔楚，屏四裔也。陳從楚，臣奔楚，楚制人之上下也。奔楚外之，罪大。疏方伯從楚之國，蔡爲最篤，陳次之，故敘夷狄至會，于楚下敘蔡、陳，而中國會則不敘二國。

叔孫豹如京師。《易》南北中分，不過中界爲《歸藏》。同天者親上，本地者親下，同聲相應，同氣相求。陳大夫奔楚，豹如京師，如《周易》初之三、三之初，四之上、上之四，自相往來，不通南北；屈完所謂「君處北海，寡人處南海，不識君之涉吾地，何故也」。疏董子《爵國》篇：王者方千里，九軍。百七十七萬七千七百七十八爲一軍，加于小國五十里者四百倍；如方五千里之皇畿，則加至萬倍。五十里之一人，于五千里則爲萬人；萬二千五百人爲一軍，于皇當爲萬二千五百萬人爲一軍。

大饑。大水、饑，穀不成，其災甚。農學不修，備災無術也。疏《春秋》六藝外兼有九流之學。大統道家；王伯主于仁義，如孟、荀出于文學，爲儒家；侵伐爲司馬九伐之職，殺奔爲司寇五刑之職，是爲法家；正父子君臣夫婦之名分，是爲名家；民以食爲天，書有年，記蟲災饑旱，是爲農家；敬天明鬼，重工程，博愛弭兵，是爲墨家；排難解紛，奉使不辱君命，外交，是爲縱横家；雜記佚文瑣事，言近指遠，是爲小説家；一經之中兼有衆學，是爲雜家。九流出于四科，除德行以外，都爲《春秋》所統。又，九流宗旨不同，本如《洪範》分方而理，中外開通以後，九州各奉一《春秋》以爲治。然五方之民性情不同，好惡相反，區別條流，畧有九等，故九流爲分治大九州之法術，而總統于《春秋》。三萬里以内取舍萬端，竟別爲九，一如九疇，但詳其大端而已。故書大饑，以立農家説。

二十有五年

春，齊崔杼帥師伐我北鄙。帥師與弑君比書。莊公無道，以淫殺身，君臣、國家並亂，宜不得保首領。疏《年表》：「齊伐我，以報孝伯之師。」

夏，五月，乙亥，齊崔杼弑其君光。男女禮別嚴，殺奸之事愈多。《傳》于弑殺多詳。下淫就經義言之，當時風尚不必如此，特以正男女之防。此明齊氏世卿之禍。疏《齊世家》：「莊公六年，初，棠公妻①好，棠公死，崔杼取之。莊公通之，數如崔氏，以崔杼冠賜人。崔杼怒，因其伐晉，欲與晉合謀襲齊而不得間。莊公嘗笞宦曰賈舉，賈舉復侍，爲崔杼間公以報怨。五月，莒子朝齊，崔杼稱病不視事。乙亥，公問病，遂從崔杼妻。崔杼妻入室，閉户不出。公擁柱而歌。宦人賈舉遮公從宮②而入，閉門，崔杼之徒持兵從中起。公登臺而請解，不許；請盟，不許；請自殺于廟，不許。皆曰：『君之臣崔杼病，

---

① 公妻：二字原作「姜」，據《史記》卷三二《齊世家》改。
② 宮：原作「宦」，據《史記》改。

不能聽命。』近①于公宫，陪臣争趣②，有淫者，不知二命。公跨牆，射中公股，公反墜，遂殺之③。」

公會晉侯、宋公、衛侯、鄭伯、曹伯、莒子、邾婁子、滕子、薛伯、杞伯、小邾婁子于陳儀。謀伐陳也。北方諸侯相會稱同盟，不與南方通，于《詩》爲《小雅》「燕樂嘉賓」，同姓兄弟；《大雅》南北通，乃爲異姓和好，結夫婦，講昏覯。蓋平分爲孤陰獨陽，好合然後爲妻孥室家。如宋盟，交相見，即交易而退。**疏**董子説：「中國内乖，齊、晉、魯、衛之兵分守，大國襲小國。諸夏再會陳儀，齊不肯往。吴在其南而二君弑，中國在其北而齊、衛弑其君，慶封劫君亂國，石④惡之徒聚而成羣，衛衎入陳儀而爲諼，林父據戚而以叛，宋公殺其世子，魯大饑。中國之行，亡國之迹也。譬如文、宣之際，中國之君，五年之中五君弑。以靈公之行，使一大夫立于斐林，拱揖指揮，諸侯莫敢不出，此猶隰⑤之有泮也。」

六月，壬子，鄭公孫舍之帥師入陳。諸侯師獨出鄭者，如是而後稱乎前事也。**疏**陳從楚，鄭爲晉討之。日者，陳方伯，重之。陳、鄭于隱、桓爲中國，入伯世南北分争，二國爲戰場，如戰國韓魏、今歐州土耳基，朝晉暮楚，往來無定，中州變爲邊徼，此則二國更自攻擊，亂亟矣。所以起宋盟。

秋，八月，己巳，諸侯同盟于重丘。襄世同盟之終。言同有不同，伯世同盟以外楚。襄世託于王一統，二伯狎主宋

① 近：原作「反」，據《史記》改。
② 趣：原作「取」，據《史記》改。
③ 殺：據《史記》作「弑」。
④ 石：原作「死」，據淩曙《春秋繁露注》卷五《隨本消息》改。
⑤ 隰：原作「濕」，據《詩·邶風·氓》改。

盟，晉、楚交見爲正辭。故此同盟爲伯中分例終局。疏西曆八百年，唐德宗十六年①，羅馬大帝奠都于亞金，分領土爲郡②縣，使伯分治之；于邊陲之縣置邊鄄伯，帝賓領地置帝賓伯，又置公兼治數縣之地。每年于五月開會磨次，求贊言、興學校、勵學術，保護農工之治績。按，羅馬混一歐洲，爲帝統一萬二千里之治，帝賓伯即畿内之封，内地與邊鄄所置即内八州十六州之方伯也，兼治數縣之公即天子三公出爲二伯之制也，每年大會③一次，即諸侯述職之事也。

公至自會。中國會，致以爲榮。伯世南北分别嚴，公與大夫不如楚，從國亦不相會。蜀之盟南北混，故《左》以爲匱盟，可見《傳》分别中外之嚴。

衛侯入于陳儀。與鄭伯突入于櫟同，爲簒辭。

陳儀者何？據遷陳儀，舊爲國。衛之邑也。已遷則爲邑，不爲國。曷爲不言入于衛？謂下書歸，不言入。諼君以弑也。辛卯弑，三日甲午遂入衛，是諼弑。從邑入國不言入，以有甯喜在内，爲易辭。疏諸侯會盟于陳儀，因其力以入，譏諸侯。

楚屈建帥師滅舒鳩。舒鳩者，舒别種，徐州國。楚滅舒鳩，與吴争。疏南北分，各滅國自廣。大國多數圻，如泰西時局，無王法。

冬，鄭公孫蠆帥師伐陳。鄭、陳介居南北間，困于大國，宜同病相憐，結好自助，乃互相兵戰，大國所不能及者，又自

---

① 十六年：原誤作「六十六年」。

② 郡：原作「須」，據文意改。

③ 大會：原作「入會」，據文意改。

相困。謀之不藏，可爲炯戒。疏《年表》：「鄭伐陳，入陳。再伐陳。」

十有二月，吴子謁伐楚，門于巢卒。取卒之名加于門上，見以門卒也。《傳》：謁因欲讓國季子，故好勇輕生。千金之子不死垂堂，保身自重爲要務。謁與闔弒之餘祭①皆志在讓，輕生待之也。疏《年表》：「吴諸樊伐楚，迫巢門，傷射②以薨。」

門于巢卒者何？據門一事，卒又一事。入門乎巢伐楚邑。而卒也。因門巢受創而卒，故兼言之。入門乎巢而卒者何？門巢，無疾可知。入巢之門而卒也。爲巢人所射。輕身先進，受創而卒。《傳》謂諸爲君皆輕死好勇，是也。吴子謁何以名？據名在伐上③。諸侯不生名，今以卒之名加于伐上。傷而反，因伐門受傷。未至乎舍而卒也。見以伐門卒，與鄭原髡説同。地不及要荒，故假楚、吴爲説。疏《鄒衍傳》其曰「由中國推之，至于人所不睹」，所謂不睹，即大中慎獨之不睹不聞，故《大學》三言慎獨，皆歸君子。蓋地球諸國爲古所不睹不聞，君子慎獨，即皇、帝經營天下。惟《詩》、《易》，君子學乃言慎獨、獨行，然獨皆謂海外，《中庸》「莫見」「莫顯」，又「君子不可及」，「爲人所不見」。孔子立德行科，皇帝學其實用遠在百世，學者不免有厭倦意，故以見顯進之。古爲隱微，今則見顯。慎獨爲《大學》要旨，必有天下一家襟期始可入大學。所有皇、帝功用，慎獨二字包括無遺。説者乃屬之影，以爲「不愧屋漏」天下大經大法流于空虚；今已共睹共聞，故表彰本旨，爲大統規模。蓋不欺暗室乃行事小節，

---

① 餘祭：原作「祭餘」，據下襄公二十九年乙。

② 傷射：原作「射傷」，據《史記》卷三一《吴世家》乙。

③ 上：原作「主」，據文意改。

何足爲《大學》特旨？聖賢學術專在家國民物，不似禪宗高談性命，以明心見性爲絶詣心學，趨英賢同入宗教，不涅不釋。今彰明古學，凡五性六情、天命道德，皆就全球推考《周禮》、《詩》、《易》本旨，復古先師説。西書心靈學牽涉陸、王，墜落宗門，蓋養心養氣古屬《容經》，于五事爲思①，六儀爲志，思、志即平治根原，與外道不同。或主西方聖人之説，用佛爲教，主孔子爲哲學，不知因胡立教，爲經術前驅，袄流別派②，格致家攻之甚力。至聖兼包衆家，政與教合，以經傳擔負平治。各教宗仰迷信，因緣土風，《周禮》統以十二教，並行不悖，並育不害，聖道如天，燈火涓滴各具一體，不推崇亦不禁絶。待③將來大同，聖道中天，諸教必託依歸，隨事改良，以十二門維繫民心，輔翼德化。

二十有六年

春，王二月，辛卯，衛甯喜弑其君剽。不書葬者，實宋弑也。據《世家》，剽至晉盟，晉執之，甯喜因而爲亂。《左傳》云「殺世叔及太子角」，弑君必稱弑，言殺者，非君也。世叔乃公子黑背之字，實殺剽之父及其子，《經》科以實弑，以弑君之父子先有無君之心。又，剽未得反國，故辭與親弑者同，緣情定罪也。

衛孫林父入于戚以叛。孫、甯專衛争權，各奉一君。書甯弑爲大惡，所以責甯；繼言孫叛，所以責孫。國無君，何以

---

① 思：原作「恩」，據下文改。

② 派：原脱，據文意補。

③ 待：原作「特」，據文意改。

言叛？以衛先君之法科之。不于歸後言叛者，不以衎主孫氏。疏甯喜弒其君，則孫林父曷爲入于戚以叛？林父逐衎，甯喜弒剽納衎。

甲午，衛侯衎復歸于衛。日歸，知見弒。疏《衛世家》：「晉爲伐衛，誘與盟。衛殤公會晉平公，平公執殤公、甯喜，復入獻公。獻公亡在外，十二年而入。」

此諼君以弒也，使衎公子鱄與喜盟約，故歸與弒僅三日。其言復歸何？復歸爲出有惡歸無惡。上《傳》以諼弒，故不言入；歸爲易辭，復歸則衎無惡。惡剽也。復歸以惡剽。歸無惡則剽惡矣。曷爲惡剽？衎無道出奔，名。剽之立衎固以無道奔，剽以公子爲孫、甯擁立。于是未有説也。孫、甯逐君立剽，不正。然則曷爲不言剽之立？據《左氏》立王子朝，當言孫、甯立剽也。不言剽之立者，言衛侯奔齊，下無立文。以惡衛侯也。獻公無道，言此兩惡之。

夏，晉侯使荀吴來聘。行人反國必以聞見告王，使知天下之故，《周禮》五書是也。疏《周禮》「小行人」五書：「凡此五物者，每國辨異之，以反命于王，以周知天下之故。」按：今使臣多有著作，即五書遺意。王必周知天下之故，而後知所以馭外，特近著盛稱外人康樂和親，四門少及，不可謂善于覘國；蓋非有深識匈奴誘漢，必爲所欺。五書首利害，所欲與聚，所惡勿施；興利除害，王政大端，禮俗、政事、禮治、刑禁之逆順略同。《萬國新志》詳其政治、民俗、風氣、性情、宗教、學堂、律例，惟《經》陳得失。今不免諛詞。悖逆暴亂作慝一條，如虛無革命，公行弒逆；議院掣肘，各分朋黨，不計是非；曲突徙薪，功在不賞；惜不多覯。至札喪凶荒厄貧，西方力求富强，善于謀生，目前略少此弊。五書又分五方，分門別類，所包者廣。今使游記，未能出其右也。

公會晉人、鄭良霄、宋人、曹人于澶淵。晉、宋皆大夫，何以不氏？二者皆大國，故不名。良霄名氏者，次國大夫，不嫌也。良霄敘上者，居晉、宋之中以見義，明前後皆卿，獨良霄名氏也。疏《春秋》爲仕宦學，《經》統屬《王制》、《周禮》官制，如《尚書》以《命》、《誥①》爲宗主，末四篇爲官制大綱。天命五服，如桓、文升爲二伯，主諸侯盟會，爲五長；譏世卿，開選舉，建學造士，見卿大夫士即爲選舉造士法；王與諸侯侵伐兵戰盟會，爲司馬九伐，如《費誓》；誅貶絶殺大夫與出奔爲司寇五刑，如《吕刑》；君臣父子夫婦與冠昏喪祭盟會巡守朝聘，司徒七教六禮所統。又姓氏宗族史法皆屬六太，國計出入太宰掌，宗族姓氏太宗掌，卜筮祭衣卜、祝掌。《經》見司馬、司城，與宰周公爲三公，又見宰渠伯糾、宰孔，與諸侯、卿大夫士、行人，各因官見其職。蒙學實業之農工商，《經》所不言，《周禮》官制大抵皆具，文繁不能畢載。計官考事，其得失表見不虚，蓋《春秋》主治，非官事不見。他如盜閽戎狄蠻夷，由政事推及，非爲盜閽夷狄法。又，水旱、有年、饑饉與城築修作，亦關國政，非爲農、工。古小學齊、治，各因才性，專學一官。契司徒，稷稼穡，皋陶爲士；下者如祝鮀宗廟，圉賓客，賈軍旅。既精其業，終身不易官，故事半功倍。學堂法，凡不入仕途，統歸蒙與實業行事等。中學堂比古小學，凡仕宦學乃入，仿六太五官四岳九牧②，令分門學習，經、傳、子、史，中外政治，皆分官編纂，别其深淺。始習經爲普通專門，不必旁涉，住學久，聞見多，普通之效可收，不必先學，虚耗時日。蓋西長在專，中害于博。考西人富國始于分工，造針之喻，工藝之學，深明其理；至於學堂，乃與製針説反，有明有蔽，故學堂職任當如針匠之分工。

秋，宋公殺其世子痤。目君者，殺世子母弟，目君，甚之也。宋公信讒，殺無罪之世子，後雖亨伊戾，亦無及矣。疏事詳《左傳》。

晉人執衛甯喜。衛君衎與剽皆惡，衛大夫孫與甯皆同罪。上書孫林父，以叛罪孫氏；今晉執甯，故不同爲伯討。疏據

① 誥：原誤作「討」，據文意改。
② 「九牧」下原衍一「牧」字，今删。

《左氏》執有北宮遺，不言者，非卿也。又，執衛侯不言者，不以臣執君也。

此執有罪，上有弑文。小國無執文，大國有之。何以不得爲伯討？據執臣下當以尊臨之。稱侯而執，乃爲伯討。疏董子：「考績之法，考其所積①也。天道積聚衆精以爲光，聖人積聚衆善以爲功。故日月之明，非一精之光也；聖人致太平，非一善之功也。明所從生，不可爲源，善所從出，不可爲端，量事立權，因事制義。故聖人之爲天下興利也，其猶春氣之生草也，各因其生大小而量其多少；其爲天下除害也，若川瀆之瀉于海也，各順其勢傾側而制于南北。故異孔而同歸，殊施而均德，其趣于興利除害，一也。是以興利之要在于致之，不在于多少；除害之要在于去之，不在于南北。考績絀陟，計事除廢，有益者謂之公，無益者謂之煩。挈名責實，不得虛言。有功者賞，有罪者罰，功盛者賞顯，罪多者罰重。不能致功，雖有賢名不予之賞；官職不廢，雖有愚名不加之罰。賞罰用于實，不用于名；賢愚在于質，不在于文。故是非不能混，喜怒不能傾，姦軌不能弄，萬物各得其冥，則百官勸職，爭進其功。」又曰：「考試之法，大者緩，小者急，貴者舒而賤者促。諸侯月試其國，州伯時試其部，四試而一考。天子歲試天下，三試而一考，前後三考而絀陟，命之曰計。考試之法，合其爵祿，并其秩②，積其日，陳其實，計功量罪，以多除少，以③名定實，先內第④之，其先比二三分以爲上中下，以⑤考退進，然後以外集。通名曰進退，增減多少，有率爲第。九分以三列之，亦

---

① 積：原作「績」，據淩曙《春秋繁露注》卷七《考功名》改。下「天道積聚」之「積」同。

② 秩：原作「枎」，據淩曙《春秋繁露注》改。

③ 以：原作「以爲」，據《春秋繁露注》改。

④ 第：原作「定」，據淩曙《春秋繁露注》改。

⑤ 以：原在下句「後」字下，據《春秋繁露注》移。

有上中下；以一爲最，五爲中，九爲殿。有餘歸之于中，中而上者有得，中而下者有負①，得少者以一益之，至于四；負多者以四減之，至于一，皆逆行。三四十二而成于計，得滿計者絀陟之。次次每計，各遂其第，以通來數。初次再計，次次四計，各不失故第，而亦滿計絀陟之。初次再計，謂上第二也；次次四計，謂上第三也。九年爲一第，二得九，并去其六，爲置三第；六六得等，爲置二，并中者得三盡去之，并三三計得六，并得一計得六，此爲四計也。絀者亦然。」**不以其罪執之也。**甯先逐君，當討其罪。喜反父之惡，晉聽林父而執之，皆不合于正。

八月，壬午，許男寧卒于楚。如楚請師而卒。諸侯卒其封内不地，于外則地國。疏小國卒外不日。許卒皆日，日以見例。

冬，楚子、蔡侯、陳侯伐鄭。與二十四年同，此特不敘許男。公子貞伐國不敘與國，此敘因息兵交見，故詳南服。董子說：「先楚子昭卒之二年，與陳、蔡伐鄭而大克。其明年，楚屈建會諸侯而張中國。卒之三②年，諸夏之君朝于楚。」疏《年表》：「楚率陳、蔡伐鄭。」此楚合諸侯伐鄭，討其伐許也。以外獨敘蔡、陳者，鄭、陳介于兩大之間，時從楚也。不敘衛者，内衛。

葬許靈公。許凡卒皆葬，卒皆日，葬皆時。特例，以爲外卒正之例。

---

① 負：原作「員」，據《春秋繁露注》改。下「負多」之「負」同。

② 之三：原作「後」，據淩曙《春秋繁露注》卷七《隨本消息》改。

二十有七年《九世異辭例》：襄託夾輔，爲後世王夾輔，與一匡同。以伯輔王，自此年始。疏《始皇本紀①》博士議：「古有天皇、地皇、泰皇，〔泰皇〕獨尊。」蓋《周易》説乾天坤地，泰爲泰皇。齊桓一匡，後晉、楚中分；以大地言，赤道中分，北天南地，爲《詩》《小雅》，泰皇爲《大雅》。《齊詩》「四始五際」説，《鹿鳴》之三天皇統寅、申、巳、亥十二篇，《菁莪》之三地皇統子、午、卯、酉十二篇。齊大同，晉小同，内諸夏外夷狄。由新城至平邱晉見十四同盟，爲北方小同，所謂同聲同氣，本乎天者親上。略楚不言同，實則南方一伯四牧亦爲同，所謂以水濟水，以火濟火，本乎地者親下。宋盟晉、楚交相見，南北混同，天下一家，以宋爲地中，二伯四牧，小國累數錯出。《周禮》地中交會合和，《樂記》天下地上，爲泰皇大一統之治。分則用五土例，各以一皇統四帝，左青右白，前赤後黑，黄道爲京；衣裳顛倒，分爲五臣，合爲十獻。《詩》由《小雅》以進《大雅》，《春秋》則由中分以進交見。據本事，爲今弭兵會，由昇平以進太平者基于此矣。八年後，楚靈隳盟，申遂變爲南方，同盟十三國雜見徐、頓、胡、沈、淮夷。十年平邱書同，而諸侯亂矣。

春，齊侯使慶封來聘。大國之君，其卿三命，其大夫再命，士一命；其宫室車旂衣服禮儀，各視其命之數。侯伯之卿、大夫、士亦如之。子、男之卿再命，其大夫一命，其士不命；其宫室車旂衣服禮儀，各如其命之數。《禮》：大行人②辨以九儀，爲諸侯之命，等諸臣之爵，以同邦國之禮，而待其賓客③。疏齊與我和也。襄世一見齊來聘。

---

① 始皇本紀：原誤作「秦本記」，據《史記》改。
② 大行人：「人」字原脱，據文意補。
③ 客：原作「主」，據《周禮·秋官大司寇》改。

夏，叔孫豹會晉趙武、楚屈建、蔡公孫歸生、衛石惡、陳孔瑗、鄭良霄、許人、曹人于宋。此南北交相見大會。二后中分天下，天奇地偶，以五六爲中和，内諸夏外夷狄；故晉同盟皆北諸侯，言同外楚，分而未合。小共小球之説，將一統，二伯從者先相見，《詩》之「既見君子」，「樂只君子，民之父母」，《易》之「日中爲市」，「交易而退，各得其所」。蓋中分則小合，通則大小爲《歸藏》，大爲周游，《樂記》所謂「天氣下降，地氣上騰」，「鼓之以雷霆，潤之以風雨」，爲樂之和也。除魯、宋二公外，平列①八國以比八卦，晉乾、楚坤，蔡巽、衛震、陳離、鄭坎，許兑、曹艮，合魯、宋爲消息十字；又交則變爲否、泰、益、恒、未、既、咸、損，顛倒反覆，陰陽交通。**疏**宋會如俄約弭兵會。首敘晉、楚，兩伯之辭，故從國同敘。八年中國不侵伐夷狄、夷狄不侵伐中國者，晉趙武、楚屈建之力也。據《左氏》齊、秦、邾、滕、宋之大夫不書，獨取八國，齊自鞌失伯，公不如齊，至此將五十年矣，乃見晉、楚會盟，同主諸侯之事，魯、蔡、衛、陳、鄭五方伯，蔡、陳、夷狄，衛、鄭中國，夷狄在先，明此會楚先晉。許、曹二卒正，一外一内。不言齊，未服；不言秦、吴，非楚所能使。此有宋，不敘者，言宋可知。

衛殺其大夫甯喜。甯喜，弑君之賊。言大夫者，殺不以其罪也，惡獻公也。喜與衛侯同執，晉歸衛侯，喜當同歸于衛。

疏《衛世家》：「獻公亡在外十二年而入。獻公後元年，誅甯喜。」

衛侯之弟鱄出奔晉。母弟稱弟，親之也。何爲親之？鱄有信也。

衛殺其大夫甯喜，則衛侯之弟鱄曷爲出奔晉？凡殺奔相多爲其徒黨。爲殺甯喜出奔也。比書以相起。曷爲爲殺甯喜出奔？問其事實。衛甯殖與孫林父逐衛侯而立公孫剽，事見襄十四年。甯殖病將死，謂喜曰：「黜公者，非吾意也，孫氏爲之。我即死，女能固納公乎？」喜曰：

① 列：原誤作「例」。

「諾。」甯殖死，事見《左傳》襄二十年。喜立爲大夫，使人謂獻公《左傳》作衛獻自夷儀使人與甯喜言。曰：「黜公者，非甯氏也，孫氏爲之。吾欲納公，何如？」獻公曰：「子苟納我，吾請與子盟。」喜曰：「無所用盟，請使公子鱄約之。」獻公謂公子鱄本正稱公子，《經》書弟者，嘉之也。曰：「甯氏將納我，吾欲與之盟，其言曰『無所用盟，請使公子鱄約之』，子固爲我與之約矣。」《左傳》作獻公使子鮮爲復①。公子鱄辭曰：「夫負羈縶、執鈇②鑕，從君東西南北，則是臣僕庶孽之事也。若夫約言爲信，則非臣僕庶孽之所敢與也。」《左傳》但言辭，其辭未詳。獻公怒曰：「黜我者，非甯氏與孫氏，凡在爾！」《左傳》非敢以强命之。各詳一事，皆實録也。公子鱄不得已而與之約。已約，歸所謂「政由甯氏，祭則寡人」者也。至，殺甯喜。公子鱄挈其妻子而去之。將濟于河，攜其妻子而與之盟曰：「苟有履衛地、食衛粟者，昧雉彼視！」《左傳》：「公子鮮曰：『逐我者出，納我者死，賞罰無章，何以③沮勸？君失其信而國無刑，不亦難乎！且鱄實使之。』遂出奔晉。公實止之，不可。及河，又使止之。止使者而盟于河。託于木門，不鄉衛國而坐。」《春秋》貴信，鱄所許者也。此與魯公子叔肹同。

秋七月辛巳，豹及諸侯之大夫盟于宋。《春秋》南北之分，屈完有北海南海之説，即《莊子》「北海之帝曰儵，南海

---

① 復：原作「後」，據《左傳》襄公二十六年改。

② 鈇：原誤作「鉄」，據《春秋公羊傳》傳。

③ 何以：原誤作「可以」，據《左傳》本年改。

之帝曰忽」。《小疋》中分、四始五際，以北爲天，陽、奇，南爲地，陰、偶，五六爲天地中和，即二黄道爲中，如《易》内外卦之二、五爻。帝進皇，伯進王，皆由分而合，由小成大，由二五中以成大一統。《詩》以「既見君子」爲南北交相見，《春秋》前爲伯世，襄世由分而合，前晉、楚分伯爲别，以後南北合和，孔子生六年而天下合。八方八伯如乾、坎、艮、震、巽、離、坤、兑，合以後則爲否、泰、恒、益、既、未、損、咸，故爲昇平世。由今世界以求，交通尚須千百年後。此已交相見，何以定、哀乃爲太平？此通而合，爲《小疋・鹿鳴》、《洛誥》乃一統，如《周南・關雎》。蓋乾坤中分天下，一皇統四帝，當其方以類聚，物以羣分，親上親下，取舍不同，如《春秋》書同盟，當海禁未開，鎖國攘外之説。宋盟如今時局，各君其國，各子其民，通商會約，時有往來，然未能中外一家，故《小疋》于同姓曰兄弟，于他族曰賓客。正朔不同，服色相反，南北仍爲分局，喜則合通，怒則分裂，八年後再以干戈相尋。若大統合局，胡、越一家，無内服，無邊鄙，同心同力同歸同行，如中國南省北省，利害共之，有無相濟，永息兵戈，同其好惡，故《周南》比之「淑女」、「好逑」，《易》曰「匪寇，婚媾」，所謂一人一家。故《周南》泰皇，《小疋》天皇、地皇，合南北十帝，正與二伯八伯之數同。襄、昭由王而帝，定、哀乃一統極軌。諸侯有合，齊一匡與此是也；分言者，鷄澤是也。公法息兵保平和，近俄會各國，創弭兵，即宋向戌遺意。分則争戰，合則盟好，變干戈爲玉帛，亦人心厭亂，自有之機，非一人所致。今世局尚未至襄世，俄之息兵，有名無實，時局方將有大争戰。各國鋭意練兵争雄，成言不能成事，亦如楚之喪因。

【疏】《春秋》分三世又九旨，十一公分爲九等，莊至昭中分七變，定、哀、隱、桓託爲皇，莊與昭託爲帝，僖、襄託爲王。莊與僖齊桓一匡，南北諸侯交相見；昭與襄晉、楚狎主齊盟，不見兵事。狎主、一匡，同爲一統，故爲帝、王。文、宣、成託爲伯者，楚中分，三見大戰，南北分疆，故爲伯世。城濮在僖當託于文，始與鄢陵相對，以九起數者，始一中五終九，立宣世主邲戰，前城濮後鄢陵交争，故爲伯世。前一匡後狎主，天下一家，有帝王之義。隱、桓爲古皇世，天下太平，鄭統六官，小國稱侯，以象八伯，爲官府之制。定、哀爲後大同，十二諸侯分治都鄙，象帝曲四岳十二牧，始終以鄭、秦統六官。隱、桓治官府，晉、楚、吴、秦皆不見，惟詳中之魯、衛、陳、蔡。定、哀秦統齊，晉、吴、楚，居甸服，中國鄭、陳、蔡、衛反降居都鄙，中外易位；《詩》之「葛屨」、「履霜」、「女手」、「縫裳」、「顛倒」召令。蓋赤道熱，黑道寒，太平水火既濟，南北皆如黄道之温帶，乃得爲平。北赤道國移南黑道，南黑道國易北赤道，北黑道國移南赤道，南赤道國易北黑道，故秦、晉、吴、楚皆入中州内，而陳、蔡、衛、鄭降居鄁鄘。《易》之《周易》一之四、三之上、上之三、四之一，顛倒反覆，周游六虚。舊説以定、哀爲太平，是也。《穀梁》「《春秋》有臨一家之辭焉①，臨一國之辭焉，臨天下之辭焉」。化三爲九，隱、桓天下，莊、僖帝王，皆當爲國辭；文伯爲一家辭，後則成爲一家；襄、昭爲一國；定、哀又爲天下。別有《九世異辭表》。諸侯大夫合盟于宋，即一匡之義。以十一公配九旨，閔公附莊，故《公》、《穀》皆十一卷。

曷爲再言豹？　據湨梁統曰大夫盟，不再挈豹，雞澤諸侯在曰叔孫豹，此不氏者，一事再見，先卒後名。　殆諸侯也。　諸侯不在，以大夫繫于諸侯。湨梁曰戊寅大夫盟，雞澤曰戊寅叔孫豹及諸侯之大夫及陳袁橋盟。殆讀爲迨。《穀梁》：「湨梁之會，諸侯在而不曰諸侯之大夫，大夫不臣②也，晉趙武恥之。豹云者，恭也。諸侯不在而曰諸侯之大夫，大夫，臣也。其臣，恭也。晉趙武爲之會也。」**疏**《穀梁》以爲恭。趙武爲之者，就湨梁、雞澤、宋三事比屬言之。《傳》以爲待諸侯之命者，專就衛事石惡一人而言。　曷爲殆諸侯？　大夫受命而出，專命全權，不須再待後命。**疏**宋之會，間列中外大夫。諸侯合通，前此有其事乎？曰：有。宋之會實即齊桓之一匡，特前略此詳耳。屈完來盟于師，宋會之，屈建即召陵之屈完；南北合通，前後皆屈氏主之，後先繼美也。貫澤之江、黃即此會之蔡、陳、許也。何以不及齊、秦、吴？曰：陳、蔡、衛、鄭四方伯與魯而五，其常也。楚之有秦，猶晉之有齊，故不敘之。國力所未逮也。

---

① 焉：原脱，據《穀梁傳》哀公七年補。

② 大夫不臣：「大夫」二字原脱，據《穀梁傳》本年補。

吴新起，通中國，有惡于楚，故未列①。爲衛石惡在是也。石惡者喜之徒。因殺喜，惡適奉命在宋，衛侯討惡之命使至會，以爲諸大夫不當認爲使臣。**疏**大夫在會，其國討罪之命至。如命出使，有貶官削職之事。曰解《經》所以書諸侯之義。惡人甯喜。之徒在是矣。以石惡爲喜之徒，因討奔晉。後儒誤以因奔晉，故尊君命②，因名惡。

冬，十有二月，乙亥朔，日有食之。

二十有八年《春秋》明王法，以貴治賤，以賢治不肖。近有《新中國》、《浙江潮》等報，以爲非革命不足以存中國。三綱之説，論之詳矣！中政人民渙散，過于自由，仇視其上，不如鄉愚，仇教之深，奏實拳匪，情形本與革命相同。不教而戰，雖不畏死，血流標杵，究竟何益？爲今計，當法伊藤③博文諸人之智深勇沉，各于鄉邦興學造士，換欺詐④私心，除浮囂氣習。各直省同志由十百至千萬，政府每當棘手，輒思廣攬，以濟時艱，其人⑤可親下問，造膝而言，未嘗不可作白衣宰相。中政本自和平，于會議求言，實力舉行。外國議院、民權，不必有議院、民權之名，而可收其實效。諸人立學宗旨，以去奴隸性根爲第一要義。不知守舊奴隸，維新亦奴隸，外國有滅國新法，收其實，避其名，今宜別求

---

① 未列：原作「未例」，據文意改。
② 「因奔晉」二句，原刻在「冬十有二月」條下，據文意移此。
③ 伊藤：原作「藤辟」，據文意改。
④ 欺詐：「詐」原作「許」，據文意改。
⑤ 其人：原作「與人」，據文意改。

新法。故國衰弱，實原無臣，使在官皆伊、夔、蕭、曹、姚、宋，則一人獨立，何能違衆孤行？今不知改計，但欲去君，然民政亦必立總統，既曰國家，君相萬不能廢。有人，即用舊法固亦可自强；否則立總統亦如祖師、大師兄，徒爲笑柄。外國羣雄角立，瓜分中國，尤慮其難制，而别求新法，一二三少年逞其血氣，遂欲流血以成大事，同類相殺，伏尸百萬，蹂躪①其鄉邦，禍延于宗社。計其結局，小則如唐才常，大則如拳匪。況外國虎視眈眈，承繼其後。初敵官軍，繼戰外國，萬無勝理，徒速國亡。既以熱心祖國爲題，自當計成敗、圖終始，一身不足計，覆宗滅族，斷送國家，何苦爲之？又，《春秋》進夷狄爲中國，以吴、楚爲伯、牧，《公羊》並非祖中惡外，鄙夷狄，不得等于人類，乃後儒之邪説。地球大通，民胞物與，日本表彰同種同文之義，亟相親愛。諸人或已入仕途，或身列科第，祖宗世守已數百年，今小不得志，即自命爲皇帝子孫，如皇域冀州，喪心狂病，設爲迷局，蠱惑少年。不知《春秋》之義，今之川、湘、江蘇皆爲夷狄，文爲東夷，禹爲西夷，皇帝子孫降居若水，泰伯斷髮文身，堯、舜以前，中國皆夷狄。今則亞州皆中國。《春秋》大中國，則中國之將來大統，亦皆爲中國。范蔚宗入宋，身居顯要，因事謀逆，以子房、仲連自比，爲世詬病，若皇域冀州，尤堪恥笑。孟子干求分内外，願諸人不必務外，專心致志，求在我之事而已。

春，無冰。終時而言無冰，正也。記時變。皇、帝天下合通，以熱濟寒，赤道不甚熱，黑道不甚寒。化日舒長而天下平。南北交合而記無冰，寒暑平也。**疏**無冰，爲加寒之辭。

夏，衛石惡出奔晉。石惡在外，何以言出？絶之于衛也。何爲與蔑異？石惡惡也。盟宋《傳》言「惡人在是」者謂此。

---

① 蹂躪：原誤作「蹂躙」。

疏 惡在宋①聞喜殺，畏不敢歸，故奔晉。據先蔑在外不言出，先蔑因使而奔，無惡于內，此惡黨，使如從會歸衛，討之而奔者然。

邾婁子來朝。古者聖王明義，以別貴賤，以序尊卑，以體上下，然後民知尊君敬上，而忠順之行備矣。是故古者天子之官，有典命官掌諸侯之儀，大行人掌諸侯之儀，以等其爵，故貴賤有別，尊卑有序，上下有差也。典命諸侯之五儀、諸臣之五等，當時無此制，《經》乃立之。《周禮》大統典章，故尤詳。疏 襄世邾婁初與魯和，來朝，後有兵事，至此乃和而朝。襄世二朝二來伐邾婁，皆詳和戰本末。

秋，八月，大雩。

仲孫羯如晉。如晉與如楚相起。

冬，齊慶封來奔。出奔者，爲所討也。慶封罪何？亂齊國也。此後奔吴何以不言？有所見，不復見也。此言來奔，惡內之受亂臣也。疏《齊世家》：「景公三年十月，慶封出獵。初，慶封已殺崔杼，益驕，嗜②酒好獵，不聽政令。慶舍用政，已有內郤。田文子謂桓子曰：『亂將作。』田、鮑、高、欒氏相與謀慶氏，慶舍發甲圍慶封宮，四家徒共擊破之。慶封還，不得入，奔魯。齊人讓魯，封奔吴，吴與之朱方③。」

十有一月，公如楚。宋之會，諸侯皆朝楚，故目內以見。南北之交相見爲婚媾，爲既見，以成室家，自相往來，爲賓客，爲兄弟，內外相如。如今日通商，雖較鎖國攘外之境有加，然彼此忌妬，攘利争權，强暴弱，衆陵寡，與戰國無異。凡天下塞

---

① 在宋：原作「在衛」，據上年《傳》改。
② 嗜：原作「賭」，據《史記・齊世家》改。
③ 朱方：原刻脱，據《史記・齊世家》補。

閉則彼此交病，小通則小利，大通則大利。以今日中國人民視春秋戰國，其得失苦樂不可以道里計，皆開通之力。**疏**如者，朝也。齊、晉二伯也，言如楚何？以楚爲伯之辭也。何以有二伯？貶齊以伯楚也。自宣十五年至昭二十六年，始言如齊。不如齊，故言如楚，此晉、楚二伯之辭也。楚伯則何以月之？不許夷狄之主中國也。晉、楚息兵，交相見，故言如楚。

十有二月，甲寅，天王崩。《傳》以王訖于文王：（《詩》說也。樂緯①。）「王者孰謂？謂文王也」。以《春秋》言②之，方三千里一王，五帝中分天下，一帝八王，四十王，外州十二牧亦主三千里爲王，合爲百王。故車輻爲方千里九百，共百《春秋》，故有百王。《詩》之新周爲皇，帝爲二后，王爲文王③，曰「文王陟降，在帝左右」，文包武而言，帝之左右④如雎鳩之左右，比見天王。楚子崩卒，楚稱王，亦稱崩，《經》抑之曰「子卒」。天王崩，不奔喪，相率朝楚送葬，爲中國諱。**疏**《周本紀》：「二十七年，靈王崩。子景王貴立。」

乙未，楚子昭卒。公在楚送葬。如《周禮》邦交，南北合和，所謂「匪寇婚媾」，「殆及公子同歸」。十二月無乙未，乙未者，閏月也。《春秋》閏月皆在十二月之後，歸餘于終也。不言閏月者，日不繫月。有天王喪，公不如周，乃爲楚送喪，不繫乎臣子，故日亦不繫月也。**疏**以甲寅計之，無乙未。後世乃間入十二月之中，與《春秋》異。《楚世家》：「康王立十五年卒，子員立，是爲郟敖。」

---

① 《詩》說也樂緯：此五字恐係注文之旁注，而爲刻工闌入注語正文。兹保留，而作小字，加括號。
② 言：原作「舊」，據文意改。
③ 文王：原誤作「大八王」。
④ 帝之左右：「帝」原作「文」，據文意擬改。

二十有九年疏《年表》：周景王元年，楚熊郟敖元年。

春，王正月，公在楚。《檀弓》：「襄公朝于荆。楚王卒，荆人曰：『必請襲。』魯人曰：『非禮也。』荆人强之。巫先拂柩，荆人悔之。」

何言乎公在楚？據正月在晉不書。正月凡存君例王正月書。以存君也。在晉不存，在楚則存者，不以夷狄主中國也。《穀梁》云中國不存公，以此爲閔公也。疏未能太平，天下如一。初始交和，猶有南北形迹，故存公也。

夏，五月，公至自楚。《穀梁》：「喜①之也。」疏前後經八月之久乃致。如、致皆月，詳久暫。

庚辰，衛侯衎卒。無道出奔，諼以復國。獻者惡謚。疏《衛世家》：獻公後三年卒②，子襄公惡立。

閽殺吴子餘祭。董子説：「時吴王好勇，使刑人守門。後閽戕吴子。」疏《吕刑》之肉刑、罰鍰，論者皆疑之，以出于《經》，則曲圓其説。不知《尚書》中自有經、傳，亦如《周禮》、《王制》，每經、傳混淆。《大傳》不言肉刑，自漢文除之，爲中國政治進步。泰西用刑尤寬，有合刑措之義。蓋《吕刑》墨辟、罰鍰二節皆屬傳文，經言「苗民弗用靈，制以刑，惟作五虐之刑曰法。殺戮無辜，爰始淫爲劓、刵、椓③、黥。越兹麗刑并制，罔差有辭」，故傳云「五刑之屬三千」。又，苗如今海外，多以罰金

---

① 喜：原作「善」，據《穀梁傳》改。

② 卒：原脱，據《史記》補。

③ 椓：原作「榢」，據《尚書·吕刑》改。

代刑，有財擾法，大失政體。經曰①：「典獄非訖于威，惟訖于富。」又曰：「非佞折獄，惟良折獄，罔非在中。察辭于差，非從惟從。哀敬折獄，明啟刑書胥占，咸庶中正。其刑其罰，其審克之。獄成而孚，輸而孚，其刑上備，有并兩刑。」傳因引苗民罰鍰之條，以證大辟亦可鍰贖，則是殺人者可以不死；其文曰：「墨辟疑赦，其罰百鍰。」二事皆屬傳文推詳苗制，非立爲經法。後儒不知經傳之例，以文出《尚書》，遂依違其說，故肉刑之議，是非莫決。漢人之除肉刑，與以日易月，深合經旨，有神鬼相引導；亦如漢高初得天下即太牢祠孔子，蓋出人力之外。必分訂經、傳，而後可定刑人不指肉刑。《經》書閽，並曰「近刑人」以譏之。

閽者何？上不繫國。門人也，據閽從門。刑人也。《穀梁》以爲寺人。守門人雖賤，亦當繫國，故又以爲刑人。**疏**《周禮》刑者以守門，專言用刑者②，使天下無棄人之義。門亦多，必不與近刑人之義相反。刑人則曷爲謂之閽？據刑人亦有名。刑人，非其人也。所謂不齒。人者有君臣之義，所謂上下辭也。刑人與平民有異，賤乎賤者，不得言名氏，更不可言人。君子不近刑人，《王制》：「是故公家不畜刑人，大夫弗養③，士遇之塗弗與言也。屏之四方，唯其所之，不及以政，亦④弗故生也。」**疏**微者當稱人。宮刑《春秋》所不禁，故遠之也。近刑人重則屏之遠方，閽則門庭之間。日相近接，恐其報怨。**疏**刑人專指己所親致刑者，如子羔之刖人足，不專指閽寺。

---

① 經曰：原作「往同」，據文意擬改。
② 者：原脱，據文意補。
③ 養：原作「義」，據《禮記·王制》改。
④ 亦：原作「示」，據《禮記》改。

則輕死之道也。天子諸侯得用寺人，寺人，古所稱刑餘之人。《周禮》有守門之制，則寺人不能不用。考《左傳》，以爲「吴人伐越，俘焉，以爲閽使守舟。吴子餘祭觀舟，閽以刀弑」。按，此閽爲敵國之俘，與平常寺人不同。不近刑人，恐其有怨也。吴卒皆月，此何以不月？賊殺，畧之。

仲孫羯會晉荀盈、齊高止、宋華定、衛世叔齊、鄭公孫段、曹人、莒人、邾婁人、滕人、薛人、小邾婁人城杞。《穀梁》：「杞危不能自守，諸侯之大夫相帥以城之，此變之正也。」不言蔡、陳、許者，外之也。此會有齊、宋，不言齊，愛齊也。

晉侯使士鞅來聘。以見南北交通之制，伯世則不能交通。

杞子來盟。《公羊》有絀杞義，亦用《詩》説，三《頌》直以魯易杞。《春秋》有杞不稱公，魯稱公，亦絀杞。疏 連記三國聘盟，襄篇數見之例。

吴子使札來聘。此亦南北通。吴在南服，使札來聘，爲「既見君子」，爲「匪寇婚媾」。《左傳》有觀樂之説，蓋傳者藉札聘以繫全《詩》大義，亦如因莒僕而詳《尚書》説。明《詩》爲孔子之志，全爲繙譯之言；必知《詩》爲百世下皇、帝大法，無徵不信，不能明言，故託之思夢。是《詩》專爲知來，非告往，爲空言，非行事，一定之義。其書無疆無涯，主海外三萬里地球之事，故曰小球大球，無此疆爾界。故《齊詩》以四始説《小疋》，分爲五際六情説六合，《詩緯》以皇、帝立説者尤爲詳明。故《詩》爲空言，不可徒以事説。《漢藝文志》言，「説《詩》者采《春秋》，録雜説，咸非其本義，與不得已，魯爲近之」。西漢以前以序説《詩》，久爲班《志》所駁，乃後儒不明此，望文生訓，附以古事。三家以外，毛獨盛行，朱子繼之，至明豐坊僞《申培詩傳》、《子夏詩序》，而牛鬼蛇神，墮落惡道，至此極矣。其中所有人名地名皆用翻譯例，故文王非姬昌，周公非姬旦；鳥以名官，黄鳥即西皇二鳩，爲二伯。皇、帝典章固非閭巷歌謡也，古人徒以事爲説者不知數千百家，今所存如《關雎》，明文所及見尚有八家，或以爲美，或以爲刺，或爲文王，或爲康王，或爲男子作，或爲宫女作。故蒙撰《逆志表》，每篇列舊序説，次格名物訓釋，次則正名新訓，終以本詩大旨。皇、帝之學顯，則《詩》義自明，以序説《詩》，不攻自破。故《齊詩》推大一統之義，與《公羊》相同。疏《緯》云：「書者如也」，「詩者持①也。」周衰，孔子修六藝，空言以俟後世。無徵不信，惟託興微顯，乃可自附作述，此《緯》所由來也。《緯》以②《周南》爲主，《召》、《邶》二伯，《鄘》、《衛》以下十二國風應十二月；今推爲中外四岳八伯諸例。《緯》更以天星配十五國風；今推廣其例，以《周》、《召》、《邶》三風爲皇，十二風爲四帝，分配十二月：《王》、《鄭》、《齊》爲東方青帝，《豳》、《秦》、《魏》爲西方白帝，《唐》、《鄘》、《檜》爲北方黑帝，《陳》、《衛》、《曹》爲南方赤帝。《小雅》四始五際大綱與《風》相配，上半五神，分方四游，合爲三十輻；下半合數四方兩京八伯。《大雅》分應《三頌》，當是以二十八篇應列宿，終以大統，其中文王、殷商對文，即《緯》之文家質家所由出，大統東西合并，文質彬彬之事也。《周頌》爲繼周之王，監于二代即文、武；《魯頌》主文王，爲中國；《商頌》主武王，爲海外，即《傳》「王者孰謂，謂文王也」之義。兩《頌》爲青、素，居中，則「狐裘」之泰皇託之于三統。《傳》引《周》、《召》爲二伯傳，與《詩》相同，故《關雎》首言左右。此《緯》中玄聖素王之説也。孔子既没，微言僅存，三家未盡闡發，古文之説復起，以爲事非一代、作非一人，錯亂紛紜，毫無義例。故後世讀書者直視經如古詩選本，望文生訓，雜亂無章。不知《詩》雖采《春秋》、録古作，既經序訂，機杼全在聖人；使摘句尋章，不考編《詩》之意，則微言奥義莫能明矣。今先列《緯》文，于全詩求其印證，專著一編，以明宗旨。《莊子》以經、緯合爲十二經，緯與經對文；今雖自託于一家，編詩之義未嘗不可由此而考。以此説《詩》，庶幾得覩其奥義云。

吴無君，諸侯盟但舉國言，吴不稱了，是無君也。疏按曹、莒、邾傳但無大夫，不言無君。以三國諸侯，會稱子、伯是也。無大夫，大夫盟會稱國，不言名氏。疏吴在揚州，獨遠于中國，無君無大夫，亦如州舉例。吴以無君無大夫

---

① 持：原作「志」，據四庫全書本《古微書・詩緯含神霧》改。
② 以：原脱，據文意補。

代州舉例，如今非、澳無君可稱；無名臣之國，以其開化晚，遠在南服。此何以有君稱吳子。有大夫？稱季札。賢季子也。見吳例可以見。不氏大夫，所以特見札者，以賢之耳。何賢乎季子？讓國也。《春秋》貴讓。其讓國奈何？謁也，二十五年門巢卒。《左傳》稱諸樊，《世家》「長曰諸樊」。餘祭也，闔弒。夷昧也，昭十二年立。與季子同母者四，《世家》：「次曰餘祭，次曰夷昧，次曰季札。」《世家》：壽夢①有子四人。季子弱而才，年幼，有德。兄弟皆愛之，同欲立之以爲君。《世家》：「季札賢，而壽夢欲立之。」謁曰：「今若是迮而與季子國，季子猶不受也。請無與子而與弟，弟兄迭爲君，而致國乎季子。」兄終弟及以及季子，諸兄友愛之忱。皆曰：「諾。」《世家》：「季札讓不可，乃立長子諸樊，行事當國。」門巢、近刑人是也。故諸爲君者，皆輕死爲勇，謁門于巢卒，闔弒餘祭，皆輕死所致。飲食必祝曰：「天苟有吳國，尚速有悔于予身。」故謁也死，襄十三年立，二十五年門巢卒。餘祭也立；二十六年。餘祭也死，二十九年。夷昧也立；三十年。夷昧也死，昭十五年。則國宜之季子者也。季子使而亡焉，僚者，長庶也，即之。王夷昧卒，欲授弟季札，季札讓，逃去。于是吳人曰：「先王有命，兄卒弟代立，必致季子。季子今逃，餘祭之子當代。」乃立餘祭之子僚爲王。季子使而反，至而君之爾。僚不讓，札亦不爭。闔廬曰：諸樊子。「先君之所以不與子國而與昆弟者，凡爲季子故也。將從先君之命與，則國宜之季子者也；如不從先君之命與，則我宜立者也。僚惡得爲君乎？」于是使專諸

① 夢：原誤作「蕚」，據《史記》改。

刺僚，《世家》：「公子光者，王諸樊之子也，以爲『吾父有子①四人，終當傳至季子。季子既不受國，光當立』。遂陰納賢士，欲襲王僚。」而致國乎季子。以終先君之意。季子不受，曰：「爾殺吾君，吾受爾國，是吾與爾爲篡也。如魯桓、齊陽生。爾殺吾兄，吾又殺爾，如殺公子比、公子瑕與里克。是父子兄弟相殺，終身無已也。」去之延陵，封于延陵，故號延陵季子。終身不入吴國。故君子以其不受爲義，以其不殺爲仁。閨門恩揜義。仁至義盡，不相妨。疏事在昭公二十八年。賢季子録季子，有大夫。則吴何以有君、何以連及其君。如齊高子紀裂繻皆不繫君，可直稱吴札來聘。有大夫？因進一人遂成常例。以季子爲臣，則宜有君者也。吴如今南服非、澳，無君無臣。季子之賢，出類拔萃，靈芝無種，醴泉無原。因有賢人，乃進其國稱君。札者何？札不氏，不見爲季子。下楚書薳頗有氏。吴季子之名也。楚、秦初見，曰椒，曰遂，與此而三。與州初見文同。《春秋》賢者不名，宜如《傳》稱季子。魯季友亦稱季子。此何以名？《春秋》于賢者皆有加辭，如叔肸、季友，此乃不字，同于卑賤。許夷狄者，不壹而足也。凡進夷狄皆以漸。如楚初不氏，後乃氏，同中國大夫。疏楚曰薳頗，吴曰札，同時分貴賤。楚大吴小。季子者所賢也，能讓國，《春秋》所以賢，與曹子臧同，子臧猶及其子孫。曷爲不足乎季子？賢則無不足。子臧《傳》曰「善善及其子孫」。許人臣者必使臣，許人子者必使子也。臣子不踰君父。其君方以子見，同于小國，其臣遂稱氏稱字，則貴賤相嫌，非所以示臣子之法也。

① 有子：據《史記·吴世家》作「兄弟」，當據改。

秋，九月，葬衛獻公。

齊高止出奔北燕。高，齊卿，爲天子之守，燕與齊境近，故奔之。爲下北燕伯奔齊張本。

冬，仲孫羯如晉。一晉一楚，一往一來，相比見義。此執政特使，非行人。

三十年

春，王正月，楚子使薳頗來聘。宋之會交相見，公如楚，故楚亦使魯。記此以與季札相比。疏楚三言聘，一稱人，一不氏，一名氏，漸①進大國也。

夏，四月，蔡世子般弑其君固。世子當以父稱，不稱父而曰君者，朝廷義揜恩，故目君。此天倫之極變，《經》記②中國以臣弑君者，有以子弑者皆在夷狄。楚商臣、蔡般、許止以子弑，罪尤重，故中國不見其事。蔡、許，由中國爲夷狄者。疏《蔡世家》：「景侯爲世子般娶婦于楚，而景侯通焉。太子弑景侯而自立，是爲靈公。」

五月，甲午，宋災，伯姬卒。外災不日，以伯姬之卒日加于災上，見以災卒也。

天王殺其弟年夫。《穀梁》：「天王殺其弟年夫，甚之也。」疏事詳《左傳》。

---

① 漸：原作「慚」，據文意改。

② 記：原無此字，據文意擬補。

王子瑕奔晉。何以不言出？王之子弟不言出。何以王之子弟不言出？未封也。年夫殺而瑕奔，失親親之道也。

秋七月，叔弓如宋。魯如宋即上下往來之義，春如《魯頌》，秋如《商頌》。自中下外，交通皆由通商互市，《孟子》：「子不通功①易事，則農有餘粟，女有餘布。」《周禮》地中爲陰陽風雨四時之所交、會、和、合，《繫辭》神農日中爲市，交②易而退，各得其所。陰陽變化，寒暑顛倒，《易經》之所以名「易」，即交易通商，地球諸國，以其所有，易其所無。海外以商立國，下方名「商頌」者，初以通商易財貨，後以顛倒易性情。魯，古文作「旅」字，行旅皆願出于其途，商旅皆願藏于其市，上方曰旅人，下方曰商人，以地中爲市，彼此往來，交易而退，以有易無，各得其所。《經》名「春秋」，以魯、商行旅通商，所以合爲大一統也。**疏**《周禮》地中交、合、和、會，《詩》之「輾轉反側」，顛倒反復，皆取周游往來、寒暑晝夜；以其所有易其所無，各得其所，即《詩》之「爰得我所」。故通商爲開化地球之一大問題。《周易》日爲地中，故三書「日中」。綜旅即魯，商《易》之行人，先後之號咷以笑，亦交易其性情。《詩》、《書》之豐皆爲地中而言，《易經》之所以名「易」者，亦專取商旅往來之義。

葬宋共姬。月葬者，不踰其夫。**疏**共姬從夫謚。婦人謚，説詳《白虎通》。

外夫人不書葬，非記亡國不書葬。此何以書？與紀伯姬、叔姬亡國不同。隱之也。此隱專訓爲痛，憫之。何隱爾？國存備卒葬，無隱道。宋災，外災不地。伯姬卒焉。守禮，因災以卒。其稱謚何？據紀伯姬、叔姬無謚。賢也。因賢特著其謚。**疏**按，内外夫人皆舉謚，紀亡國乃不謚，不因謚以見賢。「其稱謚何」句當讀爲「隱則何以書葬？賢也」。何賢爾？據初嫁以致女賢之。宋災，宮内火，如西宮災。外地國。伯姬存

---

① 功：原作「工」，據《孟子・滕文公下》改。

② 交：原誤作「文」。

焉，《列女傳》：伯姬之宮夜失火。有司女御。復曰：「火至矣！請出。」避災。伯姬曰：「不可。吾聞之也，婦人夜出，因夜災。使災在晝，則有別。不見傅、母董子：大國夫人一傅母、三伯、三丞。不下堂。《穀梁傳》作「傅母不在①，宵②不下堂。」傅至矣，待久而後至。母未至也。」因夜各寢息，倉卒未能至。逮乎火而死。伯姬賢，《經》舉以立婦女之表，故始嫁詳録媵，三月録致，終以災卒備葬。始終女德完全，故以立法。泰西婦教方求强勝，進于禮教在百年後。疏《穀梁》：「婦人以貞爲行」，伯姬賢；《左氏》以爲「女而不婦」。知、仁異見，各有所取。

鄭良霄出奔許，自許入于鄭。許服于楚，爲鄭世仇，故助其亂。臣入者，出入皆惡。疏欒奔楚，良奔許，皆裔狄辭。有罪屏之四裔，不與同中國。入亂臣，内拒之，不得爲篡辭。

鄭人殺良霄。欒盈《傳》曰「不言大夫，非其大夫也」，《穀梁》曰「惡之也」。有罪出奔，又入爲亂，失臣下之道，不得稱爲大夫。疏事詳《左傳》。泰西于國事犯未免袒下，《經》則至公。上下得失，各隨本事科之，所謂平等中之平等。

冬，十月，葬蔡景公。月葬，正也。賊未討，子般亦爲賊，臣、子一也。何以書葬？據討賊在昭十一年，當于昭十一年書葬，此乃先葬後討。君

① 不在：原作「在不」，據《穀梁傳》乙。

② 宵：原作「霄」，據《穀梁傳》改。

子辭也。《穀梁》「卒而葬之，不忍①使父失民于子也」，意相同。

晉人、齊人、宋人、衛人、鄭人、曹人、莒人、邾婁人、滕人、薛人、杞人、小邾婁人會于澶淵。前交相見于宋，此會澶淵，宋地。獨有北方，不及楚屬者，合中之分。楚、蔡、陳、許皆不見。**宋災故**。按，「宋災故」三字爲先師記語，後誤入《經》文，傳者乃據以立説。據《左氏》，叔孫豹在會，不書。**疏**諸盟會皆不詳其本義，惟宋三見，曰釋宋公、成宋亂、宋災。公如齊三繫事：觀社、納幣、逆女。

宋災故者何？與釋宋公以成宋亂繫事者又有别。**疏**《傳》有早遲，非一師所成。此誤本釋注記三字義。諸侯會于澶淵，《經》盟會例只見本事。凡爲宋災故也。解故字之義。會未有言其所爲者，通例。此言所爲何？以《經》言之，爲一見例，以記事言，亦一見例。録伯姬也。不言其故，則事不著。諸侯中國。相聚，北方四牧齊、魯、衛、鄭，魯六卒正，大國則晉、宋。**疏**《易》八卦方位分陰陽男女，凡諸陰位，三《傳》同以爲夷狄。而更宋之所喪，凶災則禬補之②。曰：當時約會所倡主義。死者伯姬。不可復生，爾財復矣。《穀梁》：「更宋所喪之財也。」此大事也，聚十二國，故曰大事。曷爲使微者？襄世詳録大夫，以人録者少。五大國稱人，爲畧。卿也。據《左氏》：「冬十月，叔孫豹會晉趙武、齊公孫蠆③、宋向戌、衛北宮佗、鄭罕虎及小邾之大

---

① 忍：原刻脱，據《穀梁傳》補。

② 禬補之：「禬」原作「檜」，據文意改。

③ 蠆：原刻脱，據《左傳》補。

夫會于澶淵。」卿《傳》多從《經》稱大夫，此稱卿，據首三大國言之。則其稱人何？卿不書，必有別義。貶。微也。曷爲貶？如《左氏》以爲「無歸于宋」貶之。卿不得憂諸侯也。與《穀梁》各明一義。左氏以爲「既而無歸于宋，故不書其人」。**疏**此小事，《經》詳書，亦如三國來媵，賢伯姬，詳録之以示法。春秋卿大夫賢者多矣，婦女少，故表張宋共姬、紀伯姬、叔姬，以示女範。

三十有一年《經》四三十二年，僖多一年，此少一年，合之爲四三百二十年；加閔之二年，前多于後六年，故以宣六七年爲《春秋》之中心。

春，王正月。

夏，六月，辛巳，公薨于楚宮。公作楚宮不書，有所見則不見也。禮羣宮稱宮，不嫌與宗廟同者，上繫楚也。西宮就昭穆之位言之。**疏**《魯世家》：「三十一年六月，襄公卒。」《左傳》：「立胡女敬歸之子子①野，次于季氏。」按：楚宮，仿楚爲之，猶今西式洋樓。中外交通，言語、飲食、衣服、器械、宮室各有利益。魯有楚宮，所謂「交易而退，各得其所」。

秋，九月，癸巳，子野卒。未葬稱子某。世子卒在君世不見，君薨然後見，有即尊之漸也。不葬者，無廟無謚，附于祖以享。**疏**《魯世家》：「九月，太子卒。魯人立齊歸之子裯爲君，是爲昭公。」

① 子：原刻脱，據《左傳》補。

己亥，仲孫羯卒。孟孝伯也。君薨，太子卒，羯誰卒之？由昭公立後乃卒之。非君立，不卒大夫。

冬，十月，滕子來會葬。喪言奔，葬言會者，葬事緩也。何以月？爲下葬月也。諸侯五月而葬，同盟畢至，故會葬皆月也。禮：卒正于方伯，上卿弔，親會葬。內大夫往會葬而月者，亦從此例。明五月會葬之禮也。**疏**昭公三年，叔弓如滕，葬滕成公。葬之也。

癸酉，葬我君襄公。未葬故上卒而稱子某，與般同。**疏**《魯世家》：「昭公居喪，意不在戚而有喜色。比及葬，三易衰。」

十有一月，莒人弒其君密州。董子說：「莒不早立嗣，莒人亦弒君，而庶子爭。」《孟子》：「民爲貴，君爲輕。」《春秋》之義，弒君無道。稱人所以伸民氣、孤君權也。立君以爲民，若酷虐以害民，則許臣下得仇之，孟子所謂寇仇，《春秋》所以許報仇。泰西力信民權，與《春秋》之義同。蓋稱人以弒，賊本可稱名，不目賊而稱人，人，衆辭，不可討。且稱人以見其失衆心。**疏**莒無大夫，莒人者，展輿也。莒子立展輿，又廢之，因國人弒公，乃自立。去疾奔齊，不書。桉①：《經》凡不可爲訓者皆不書，如執君、囚君、交相質皆不書。乃弒則書者，弒如妖孽，非常已成，故書之。辭窮不得已。若以上則不得書。

---

① 桉：原誤作「椄」。

公羊春秋經傳驗推補證第九

昭公平邱之盟，歸于劉子，天王居于狄泉。歸，反政者，然歸伯于王臣，故定、哀遂爲天下辭。昭世與莊同，莊初無伯，後有伯；昭初有伯，後無伯。疏《魯世家》：「三十一年，襄公卒。秋九月，太子卒。魯人立齊歸之子裯爲君，是爲昭公。」

元年《年表》：周景王四年，晉平公十七年，齊景七年，宋平三十五年，陳哀二十八，衛襄三年，蔡靈二年，鄭簡二十五年，曹武十四年，杞文九年，秦景三十六年，楚郟敖四年，吴夷昧三年。

春，王正月，公即位。繼正即位，正也。以見子野正卒。疏《魯世家》：「昭公年十九①，猶有童心。穆叔不欲立，曰：『太子死，有母弟可立，不，即立長。年鈞擇賢，義鈞則卜之。今裯非適嗣，且又居喪意不在戚，而有喜色，若果立，必爲季氏憂。』季武子弗聽，卒立之。比及葬，三易衰。君子曰：是不終也。」

叔孫豹會晉趙武、楚公子圍、齊國酌、宋向戌、衛石惡、陳公子招、蔡公孫歸生、鄭軒虎、許人、

① 年十九：原作「十九年」，據《史記·魯世家》乙。

曹人于漷。董子說：「楚靈王弑君而立，卒主中國，會諸侯。」按，此亦爲南北交見之會。南北中分，狎主齊盟，分伯之事若彼此往見，交相見，如《易》之周游，則爲大同之漸。此會晉、楚爲二伯，故以楚敘在晉下。齊先與楚不會，此會者，晉用司馬之計，許諸侯會也。敘蔡、陳，南服諸侯交相見也。齊在楚下者，齊爲牧，避楚伯。**疏**楚自此會之後，會申、伐吴、滅厲、滅陳、滅蔡，暴虐無道，故有乾谿之禍。

此陳侯之弟招也，何以不稱弟？據八年稱弟。貶。貶當讀爲疏。**疏**《穀梁》說「諸侯之尊，兄弟不得以屬通」，則以稱公子爲正辭，稱弟爲變文。《傳》以公子爲貶，則以稱弟爲正辭。此文例之小異者。曷爲貶？據八年殺偃師，惡事，乃疏之。爲殺世子偃師貶。因下有殺事，此先疏之。曰此師引下殺偃師舊傳爲說。曰者，先師傳說也。陳侯之弟招殺陳世子偃師。文見八年。大夫相殺稱人，據無知、州吁皆稱人。《穀梁》八年傳：「兩下相殺，不志乎《春秋》。」此其稱名氏以殺何？獨此稱名氏，以與弑君同。大夫相殺多矣，無以名氏見者。此二句舊傳文。言將自是弑君也。陳侯溺卒爲弑，明其欲殺。專會諸侯名氏，今與弑君者同文。此句舊傳答詞。**疏**據此知《傳》以陳侯爲弑，特《經》不書耳。今將爾，辭曷爲與親弑者同？所殺者乃世子，言將弑君耳，今于世子同君文。弑君，大夫皆出名氏也。君親無將，將而必誅焉。引弑偃師舊傳說，文止此。然則曷爲不于其弑焉貶？此引下《傳》，以明貶招之故。以親者弑，稱弟以弑，不稱公子。然後其罪惡甚，舉親以盡其惡，《穀梁》「盡其親以惡之」是也。《春秋》不待貶絶而罪惡見者，如招之殺偃師。不貶絶以見罪惡也。稱弟爲正辭，不加貶絶而罪惡昭著。貶絶然後罪惡見者，如本經不貶之，則不見將自是弑君。貶絶以見罪惡也。如段、仲孫、嬰齊、夫人氏。今招之罪已重矣，殺世子惡重，不待貶絶而見也。曷爲復貶乎此？據棄疾不豫貶，又見者不再見。著招之有罪也。著謂張大之。何著乎招之有罪？言楚之託乎討招以滅陳也。嫌楚得討，故不言弑，而特于此重科之。疏楚託討招以滅陳，陳之亡，罪在于招。科以弑君之本罪，而亡國之罪亦並科之，故于此重著之也。

三月，取運。據凡取皆言田，此不言田者，爲下疆田見。疏運，莒邑也，魯新取之。不言主名，諱也。公以運始，亦以運終。運者何？據取于莒，乃不繫國。内之邑也。内邑，爲莒所取，今反侵地。疏侵地，以爲莒所有。《傳》曰：俄而可以爲其有矣，不使莒有，故言取。運爲内邑，故不繫莒也。其言取之何？據上無莒取運①之文，内邑不當言取。不聽也。不出莒取運，又不言取之運，託于運不聽命，若未嘗入莒者然。疏事詳《魯語》。

夏，秦伯之弟鍼出奔晉。秦以後不記事。奔晉者，仕于晉也。惡秦伯，故以奔言之。疏段亦出奔，與此事同，《經》書法迥異者，緣情定罪，不拘事迹。

秦無大夫，據遂來聘不稱氏。《春秋》狄秦，從外州例，大夫不氏也。此何以書？謂氏公弟從大國例，小國通不稱弟。仕諸晉也。因仕晉乃言弟，以見秦君之不容母弟，非如聘之言術而已。疏仕晉者，如今本國人仕于外國。秦伯以弟仕之于晉，《經》以出奔書之。曷爲仕諸晉？仕晉亦不必弟然後可以見。有千乘之國秦爲方伯，封百里，食間田九百里，合爲方百里者十，爲千乘國。疏《王制驗推表》：小帝方二千里一州，加三倍，五帝方三千里一州，加八倍；三分天下，方四千里一州，加十五倍；中分天下，方五千里一州，加二十四倍；皇輻方六千里一州，

① 運：原誤作「連」。

加三十五倍。然則大統之皇三十六，萬乘爲方伯。而不能容其母弟，所謂盡其親以惡之也。小國大夫見《經》例不氏，然有親尊當舉，不舉則義不見，亦舉之，如曹、莒之舉公子、公孫是也。此爲辭窮不得不舉，若但①云秦鍼出奔晉，則《經》義不見也。故君子謂之出奔也。不使其仕秦國而仕晉，故以奔言，爲貶損例。如段未殺，而以克科之。**疏**爲逐母弟而大惡之。若不言弟，則義不可見，亦不書其事矣。

六月，丁巳，邾婁子華卒。史無世家，詳見《七國年表》。

晉荀吴帥師敗狄于大鹵。鹵舊作原，據《解詁》改，狄地也。《穀梁傳》：「中國曰大原，狄曰大鹵。」**疏**原作鹵，同《左傳》。此晉伐狄而敗之也。大原者何？狄之邑也。大原在冀州，何以爲狄之邑？冀州之狄也。何以知爲冀州狄？要荒不書也。中國何以有狄名？不嫌也。《春秋》詳治内四州，故見夷狄也。

此大鹵也，《經》作大鹵。曷爲謂之大原？《解詁》：「據讀言大原也。」地物凡地與物有形名可言者。《穀梁》作「號」。**疏**地如大原、墳泉，物如郜鼎。從中國，則我就其形名言之，成中國辭。此譯改者也。邑人名今譒譯，凡海外職官、郡國、器械、草木、禽獸，中國所有者，皆從中譒譯之，不得從本名。邑名與人名，夷狄先有定名，絶無形名可正。從主人。故從夷狄舊名言之。此以大鹵爲地物，有形名可正者，故從夷狄作大鹵，而譒從中國作大原也。**疏**此譒譯例，並見襄卷中。原者何？問地形之所以名。上《齊詩》以戌、丑爲上，謂北半球，屬天屬陽。平曰原，《詩》：「中原有菽。」下《詩》以辰、未爲下，下主哀，南半球之黄道。平《洪範》「王道平平」即此二平字。曰

---

① 若但：原作「但若」，據文意乙。

隰。此中國地形之分別。如今言外國地物，則從中國之名比喻之，雖彼有舊名，必翻改不用，以便易曉。人名邑名則其稱已定，又其義例如今外洋人名邑名，皆仍其舊稱。雖語有翻譯，然不能改正，以無從起義也。地物如六書之四象，邑人名如假借，但用其聲而已，不關實義也。**疏**《周禮》五土，原隰居中。上下二平，「王道平平」。南北二黄道爲原隰。

秋，莒去疾自齊入于莒。自齊，齊有奉焉。去疾，齊出也。下書莒子去疾卒，此入爲君者也。莒展弒君自立，去疾自齊攻展，故展奔也。

莒展出奔吴。莒展舊作展輿，與《左傳》經同。奔吴者何？展輿吴出也。去疾何以不稱公子？當國之辭。展何以不稱莒子？討賊之辭也。

叔弓帥師疆①運田。疆田一見例。

疆，《詩》「無此疆爾界」。運田者何？據取田不言疆。與莒爲竟也。謂劃界也。前取邑今取田，諱其事，故言定界者然。與莒爲竟，則曷爲帥師而往？定界善事，言帥師者，明非實疆。畏莒也。實以師取田，《經》以疆言之。言帥師者，託之定界時恐有他變，故以兵自防，實則以師取也。

葬邾婁悼公。卒正之喪，禮有專使弔喪與會葬。始葬，進之。

冬，十有一月，己酉，楚子卷卒。此弒，不言弒者，爲虔諱也。何爲爲虔諱？以其討般也。《傳》曰：「懷惡而討不義，君子不與。」虔與般同惡，而般尤甚，故不言虔之弒，所以誅般也。**疏**《楚世家》：「康王寵弟公子圍、子比②、子晳、棄疾。

① 疆：原誤作「彊」，據《春秋公羊傳》改。下二「疆」字同。
② 子比：「子」原脱，據《史記》補。

郟敖三年，以其季父康王弟公子圍爲令尹，主兵事。四年，圍使鄭，道聞王疾而還。十二月己酉，圍入問王疾，絞而弑之，遂殺其子莫及平夏。使①使赴于鄭，伍舉問曰②：『誰爲後？』對曰：『寡大夫圍。』伍舉更曰：『共王之子圍爲長。』子比奔晉，而圍立，是爲靈王。」

楚公子比出奔晉。楚子卒，比何以奔晉？起虔弑也。比者楚公子，君弑，故出奔。

二年《年表》：楚靈王元年。共王子，肘玉。按，昭篇三傳記多同舊説，所謂不同者，取繒、公子陽生、晉趙陽、蔡侯朱、東國數條而已。今皆合通之，終篇無一異説矣。

春，晉侯使韓起來聘。録韓起來聘，明公之所以出。起來聘，是晉于魯有加禮。乃公朝晉不得入，臣反得入，明起亦三家之徒，同惡相扶助，臣抑君。昭公出居之禍，起爲之也。據事直書，而罪惡見矣。

夏，叔弓如晉。襄不事齊，篤心事晉，報起聘。

秋，鄭殺其大夫公孫黑。稱國以殺，殺有罪也。公孫黑將作亂，子産殺之。疏黑，公子騑子③，字皙。

冬，公如晉，至河乃復。臣前後皆得入，公乃不得，明韓起之蔽君助臣。

---

① 使：原刻脱，據《史記》卷四〇《楚世家》補。
② 「伍舉問曰」四字原刻脱，據《史記》補。
③ 子：原脱，據聚珍本《春秋釋例》卷八補。

其言至河乃復何？據「公如晉次于乾侯而還」言「至自乾侯」，不言至乾侯乃復。不敢進也。乃，難辭也。時聞晉欲執之，不敢往。君子榮見與，恥見距，故諱，使若至河，河水有難而反。

季孫宿如晉。與公復相比見例。

三年

春，王正月，丁未，滕子泉卒。泉《左》、《穀》作原。滕至此正卒，故以名見也。既已正卒，故下皆從同也。疏滕、薛，記卒昭二十八、定四、哀十一皆日名。之小國，故至此乃正卒。

夏，叔弓如滕。滕之葬用大夫例，小國比于天子大夫。下「五月」，未至五月，大夫禮。

五月，葬滕成公。四月如滕，五月乃葬，言此以明其禮。服椒爲介，不書。

秋，小邾婁子來朝。記朝，明附庸亦用朝禮。夷狄國乃不言朝，介葛盧是也。

八月，大雩。記災。疏大雩例時，月者，八月而雩，時之正。

冬，大雨雹。此非時也，蓋以異書。疏災異之説詳《月令》，因政令干時所致。

北燕伯款出奔齊。言北燕從史文，以別于南燕。下傳以爲信史。名者，失地，大夫專權以逐其君。惠公女寵致禍，亦失君道。疏《燕世家》：「惠公多寵姬。公欲去諸大夫而用其寵姬宋，大夫共誅姬宋，惠公懼，奔齊。」

四年

春王正月，大雨雪。與大雨雹相起，皆爲記異。疏不日，不以日計。

夏，楚子、蔡侯、陳侯、鄭伯、許男、徐子、滕子、頓子、胡子、沈子、小邾婁子、宋世子佐、淮夷會于申。南北會盟，中外諸侯皆在也。宋、鄭、滕、小邾婁，中國國；蔡、陳、許、徐，南方國。以蔡敘首者，因蔡近楚，外州國也。徐子以州見者，州舉，與荆、梁同。胡、沈不敘，今敘者，爲夷狄會見，且兼爲下滅起文。宋世子何以敘小邾婁下①？淮夷，萊《周禮》「大國之孤以皮幣繼子男之後」。淮夷者，不敘者也，今敘以明夷狄會，故特言也。疏《尚書》萊、淮同稱夷。淮夷，萊不言夷，内萊也。

楚人執徐子。非大國不言執，楚言執者，傷楚彊②也。徐子以州舉，猶徐州牧、長。疏《韓子·十過》有囚宋太子事，《經》不書之，宋世子因囚乃書。

秋七月，楚子、蔡侯、陳侯、許男、頓子、胡子、沈子、淮夷伐吴。執齊慶封，殺之。據《左》有宋華費遂、鄭大夫；不書，爲中國諱也。月者，懷惡而討，惡之也。疏《楚世家》：「七月，楚以諸侯兵伐吴，圍朱方。八月，克之，囚慶封，滅其族，以封徇于諸侯。靈王使棄疾殺之。」

① 下：原誤作「上」，據經文改。

② 彊：原誤作「疆」，據文意改。

此伐吴也，此雞父之諸侯也，曷爲敘楚下？以夷狄主中國。曷以不諱？南方國，可屬楚也。此稱君，雞父何以①同舉？所謂新夷狄也。平邱以後反伯于王臣，故前後異辭。其言執齊慶封何？據慶封在吴，何不繫吴。爲齊誅也。其罪在齊，因氏齊。如夏徵舒之氏陳。其爲齊誅奈何？事例。慶封走之吴，從魯之吴。吴封之于防。**疏**《吴世家》以爲伐朱方。防者，朱方合音。不言入吴，慶封以討。然則曷爲不言伐防？吴封防，已爲國。不與諸侯專封也。故直言伐吴。慶封之罪何？事不見《經》，弑乃崔氏主之。脅齊君而亂齊國也。慶，崔氏之黨，事詳《左傳》。《穀梁》：「懷惡而討，雖死不服。」

遂滅厲。厲舊屬楚，故齊桓伐之。吴强，因服吴，楚因伐吴之兵滅之。不日者，夷狄小國。遂者，繼事也。

九月，取鄫。鄫，國也。内取之，與邿同。

其言取之何？據國言滅。滅之也。滅辭。滅之，則其言取之何？邑乃言取。内大惡，諱也。因上滅文，使若取邑然。**疏**《左傳》：「取鄫，言易也。莒亂，著邱公立而不撫鄫，鄫叛而來，故曰取。凡克邑，不用師徒曰取。」按，《左》言鄫因晉來討而復之，此滅鄫非莒邑，與《傳》同。

冬，十有二月，乙卯，叔孫豹卒。豹，得臣子，僑如弟。僑如奔齊，乃立之。《經》十五見。庶子婼立。**疏**事詳《左傳》。

---

① 何以：原誤作「可以」，據文意改。

五年

春，王正月，舍中軍。此復古，不宜月，月者，起非實舍。季氏愈專，公室愈弱。疏《左傳》：「舍中軍，卑公室也。」舍中軍者何？據作言三軍。復古也。謂前作非禮，此復古制，故舍之以合二軍之制，《傳》所謂「古者上卿下卿，上士下士」是也。然則曷爲不言三卿？三卿當爲中軍，字之誤。此言舍中軍，上言作三軍，問何以不言作中軍而言三軍。二軍舊制，不得云作。五亦有中，三亦有中。言作中軍則不知其數爲三爲五。作則言三，舍乃言中，則知中爲三數之中。疏《天官書》：「爲國必謹①三五。」《周禮》大統之書，凡三皇五帝之典章通以三、五起例。三則天地人，以人爲中；五則五方，以中爲中。

楚殺其大夫屈申。據中爲莫敖之後。

公如晉。董子說：「魯昭公以事楚之故，晉人不入。楚國强而得意②，一年再③會諸侯，伐强吳，爲齊④誅亂臣，遂滅厲。

---

① 謹：據《史記》卷二七《天官書》作「貴」。

② 意：原作「入竟」，據淩曙《春秋繁露注》卷五《隨本消息》改。

③ 再：原作「耳」，據《春秋繁露》改。

④ 齊：原作「名」，據《春秋繁露》改。

魯得其威以滅鄫，明年如晉，無河上之患①。」疏《年表》：「公如晉，請伐②燕，入其君。」昭公惟此得入晉，大夫專也。

夏，莒牟夷以牟婁及防、茲來奔。牟婁杞邑，莒取，故爲莒邑。不繫于杞，《傳》所謂地從主人。上已取運，此復來奔；公不在，誘其臣以地來奔，著大夫之專利無君也。

莒牟夷者何？據上展輿爲君。莒大夫也。據去疾入爲君，下有卒文，此非君。疏于莒爲大夫，于內則爲士。莒無大夫，此何以書？不如大夫常見。見，兼有所起。重地也。此特書，因以見其地。其言及防、茲來奔何？據漆、閭丘不言及。不以私邑累公邑也。牟婁公邑，君邑也；防、茲私邑，臣邑也。累，次也。義不可使臣邑與君邑相次序，故言「及」以絶之。

秋七月，公至自晉。月致，危③公也。公不在而受人叛邑，叔弓之罪也。莒人愬于晉，晉欲止公，故月以危之。

戊辰，叔弓帥師敗莒師于濆泉。濆，《左》作蚡，《穀》作賁。疏《傳》曰「地物從中國」，此地也，故以中國之名定之，與大原同。魯納莒叛人與地，復伐莒，故書譏之，所以惡內也。

濆泉者何？此方言繙譯之例。不知濆泉，疑爲地名。直泉也。本非地名，因水直出，故以濆泉名之。直泉者何？問其名目。涌泉也。此就地形目之，非本名濆泉也。《解詁》以爲「蓋戰而涌爲異」，非也。

秦伯卒。秦伯爲天子之大夫，故不名。如原仲、夷伯，生卒皆不名。疏《左傳》：「秦后子復歸于秦，景公卒故也。」

---

① 患：原作「難」，據《春秋繁露》改。

② 伐：原作「不」，據《史記·十二諸侯年表》改。

③ 危：原誤作「卮」。

何以不名？據以上諸侯名。秦者，夷也，秦本在西京舊都，乃文王布化之地，今以夷待之者，明《經》書梁州，當封秦于梁州。秦以梁州方伯入爲王朝卿士，故身在王朝，國在狄也。因梁乃夷之，若在雍州，不得夷之。匿嫡之名也。嫡讀爲適，適謂之國。適國則爲外諸侯，有名；在王畿則爲寰内諸侯，不名。《經》之三不名者。本有名，匿之不稱名，從天子大夫例，字而不名。疏按，先師相傳有夷狄不名之説，《公羊》以説秦，《穀梁》以説滕。隱七年滕侯卒，《穀梁》云：「滕侯無名，少曰世子，長曰君，狄道也。其不正者，名也。」與《傳》同。《左傳》以爲同盟不同盟之故，蓋不以同盟待之，即所以狄之。今不用其説。以從大夫例，如祭仲。其名何？三卒從外諸侯。嫡得之也。秦如適梁封國，則有名。三君從外辭得名。疏秦有之國不之國之分，故有名不名之别。劉卷卒猶有名，秦有内外，借名不名以别之，不如劉子純爲内辭可名。鄭何以名？秦近鄭遠，以秦示例，鄭則從同可知。定、哀方無伯，何以昭五年秦遽無名？爲之以漸，故一世中辭有三變。

冬，楚子、蔡侯、陳侯、許男、頓子、沈子、徐人、越人伐吴。詳録從楚之國，明夷狄主會夷狄也。何以不諱陳會？一見以示例也。沈、頓何以稱子？徐、越何以稱人？沈、頓者，中國國，徐、越者，夷狄國也。沈、頓、徐、越，皆不敘者也，爲楚主會乃序之。徐人越人者何？皆君也。其人之者何也？人越，不可以不人徐也。疏《吴世家》：「楚靈王會諸侯，而以伐吴之朱方，以誅齊慶封。吴亦攻楚，取三邑而去。」

六年

春，王正月，杞伯益姑卒。月者，畧之。此世正例。疏《杞世家》：「文公十四年卒，弟平公鬱立。」

葬秦景公。秦書葬始此，以下卒不名，皆葬。秦國本在雍，未適梁，故以爲梁州牧則名而不葬。以葬在雍不在梁，故不于梁言葬，從居守大夫例。葬在雍，故録葬則不名。疏《左傳》：「大夫如秦，葬景公，禮也。」

夏，季孫宿如晉。拜莒田也。不言公之如齊者，黜齊爲方伯，以晉爲二伯也。疏《左》云「拜莒田也」。

葬杞文公。《孝經》：天子「不敢遺小國之臣，況于公①、侯、伯、子、男乎？」故襄以下詳小國，進化也。

宋華合比出奔衛。言大夫出奔者，上下交譏之。疏《左傳》：「宋寺人柳有寵，太子左惡之。華合比曰：『我殺之。』柳聞之，乃坎、用牲、埋書，而告公曰：『合比將納亡人之族，既盟于北郭矣。』公使視之，有焉，遂逐華合比。合比奔衛。」

秋，九月，大雩。《左》云：「旱也。」董子説：災者《春秋》之所譏貶，異者《春秋》之所誅絶。蓋小惡淺近，變在災，四時失和；大惡深遠，天地爲之改變。又，《五行志》説：「先是莒牟夷以二邑來奔，莒怒伐魯，叔弓帥師距而敗之，昭得入晉。外和大國，内獲②二邑，取勝鄰國，有炕③陽動衆之應。」

楚薳頗帥師伐吴。此取。師敗不言戰敗者，畧之。頗《穀》、《左》作「罷」。疏《吴世家》：「十二年，楚復來伐，次于乾谿④，楚師敗去。」

冬，叔弓如楚。公將如楚，故叔弓先之。言如楚者，升楚爲二伯，故陳爲外州牧。不言如吴如秦如蔡者，楚大夷，託之于

① 公：原作「諸」，據《孝經·孝治章》改。
② 獲：原作「和」，據《漢書·五行志中》改。
③ 炕：原作「炕」，據《漢書》改。
④ 谿：原作「雞」，據《史記·吴世家》改。

二伯。疏《左傳》：「叔弓如楚，聘，且弔敗也。」

齊侯伐北燕。齊降伯，爲兗牧，北燕在兗州，故齊以侯牧與其事。疏《齊世家》：「景公十二年如晉見平公，欲與伐燕。」

七年《年表》：杞平公元年。

春，王正月，暨齊平。內及齊平也。疏此內平例。或云燕暨齊平，無此例。

三月，公如楚。如楚者，升楚爲二伯也。楚主會。何以遂無如齊之文？則楚代齊也。楚卒何以皆月？夷狄不主中國也。吳何以不言如吳？伯未久也。疏如，朝文也。公如京師與二伯，齊、晉以下，絶無朝文，惟楚强主會，公有如文，不得正禮，故皆月之。此爲變例也。公如楚者二。

叔孫舍如齊莅盟。此如在公行後，何以有使文？公命也。有公命，公不在，皆有使文。疏舍，《左》、《穀》作「婼」。

夏，四月，甲辰朔，日有食之。董子云：「先是，楚靈王弒君而立，會諸侯、執徐子、滅賴。後陳公子招殺世子，楚因而滅之。又滅蔡。後靈王亦弒死。」

秋，八月，戊辰，衛侯惡卒。《穀梁》發衛齊惡，君臣同名之。《傳》以爲君子不奪人之名。諸侯卑，王父不在則不改，在①者則同名皆改。疏《衛世家》：「九年，襄公卒。乃立元爲嗣，是爲靈公。」

① 在：原作「王」，據文意改。

九月，公至自楚。如楚、致楚皆月，以別于晉。

冬，十有一月，癸未，季孫宿卒。宿，行父子，襄五年立。**疏**《魯世家》：「七年，武子卒。」幼子悼未立爲卿，以孫意如嗣。

十有二月，癸亥，葬衛襄公。方伯月葬，日者危之也。《傳》曰：「不及時而日，渴葬也。」

八年《年表》：衛靈公元年。

春，陳侯之弟招殺陳世子偃師。《傳》曰：「大夫相殺稱人。」此其名氏以殺何？言將自是弑君也。今將爾，辭何爲與親弑者同？君親無將，將而必誅焉。録其殺世子，而不目弑君，爲中國諱，又所謂微而顯也。

夏，四月，辛丑，陳侯溺卒。傳曰「言將①自是弑君也」，此弑者不言弑者，爲中國諱。何爲爲中國諱？言楚之託乎討招以滅陳也。不言弑，不與楚之辭。此與蔡弑相比，又與楚不書弑相比；不書弑，爲中國諱，又不許夷狄託討招以滅中國。**疏**《陳世家》：「哀公怒招殺世子，欲誅招。招發兵圍哀公，哀公自經死。招卒立留爲陳君。」

叔弓如晉。**疏**《左傳》：「賀虒祁。」

---

① 言將：原作「將言」，據上句傳文改。

楚人執陳行人干①徵師，殺之。《傳》楚託討招以滅陳。稱行人，繫國之辭也。公子勝愬招于楚，故執行人而殺之。《穀梁》：「稱人以執大夫，執有罪也。稱行人，怨接于上。」有罪乃無罪之誤，大夫有罪稱爵，執諸侯乃以稱人爲討罪。疏陳、蔡同有弑君之事，楚因討弑滅二國。蔡重陳輕，又中國，故卒②之，使若正卒，以辟楚之討也。

陳公子留出奔鄭。公子留，未踰年之君也，何以稱公子？志不當也。何爲不當？辟招弑君以立留也。何爲奔鄭？畏楚討也。疏《陳世家》：「楚使公子棄疾伐陳，陳君留奔鄭。」留，哀公庶子。楚伐不言，但記奔，諱之也。

秋，蒐于紅。言蒐者，田獵以蒐、狩爲正，故見蒐、狩不見苗、獮也。《傳》曰「秋曰蒐」，此爲正例。書一正以見其餘不正也。

蒐者何？據與大閱治兵異文。簡車徒也。徒，卒，《詩》「公徒三萬」。疏車爲衍字，說詳《經義述聞》。何以書？據蒐常事。蓋以罕書也。罕書，謂一見例。例所不書，而一書以見例。《穀梁》云「秋，蒐于紅，正也」是也。疏《刑法志》：「連帥比年簡車，卒正三年簡徒，羣牧③五年大簡車徒。」此卒正三年簡徒也。魯爲方伯，何以一同卒正之簡徒？一州七卒正，魯自攝一卒正，故常自簡徒也。下大蒐乃方伯大簡車徒。

陳人殺其大夫公子過。《左傳》：「陳公子招歸罪于公子過而殺之。」陳人者何？招也。稱人以殺，辭窮也。疏程公說《分紀》：成公有四子，曰哀公，曰黃，曰招，曰過。

---

① 干：原刻同《十三經注疏》本《公羊傳》作「于」，據《左傳》、《穀梁傳》俱作「干」，其《校勘記》亦言作「于」誤，因改。

② 卒：原刻爲墨釘，此據文意擬補。

③ 羣牧：原作「方伯」，據《漢書》卷二三《刑法志》改。

大雩。

冬，十月，壬午，楚師滅陳。夷狄滅中國在所諱，日陳、蔡，非中國。楚屬之南牧，晉之同盟皆不書陳。楚爲伯，自討所屬之南牧，故可言滅。

執陳公子招，放之于越。殺陳孔瑗。《傳》曰「滅人之國，執人之罪人，殺人之賊」。陳之罪人招耳。不言弑，詳著其討，不許楚滅之辭也。疏 瑗，《左》、《穀》作「奐」。

葬陳哀公。滅國不葬，此葬者，存陳也。如滅而旋復，故下言歸于。此託陳臣子自葬，不與楚葬之也。

九年《年表》：陳惠公吴元年。哀公孫也。疏 按，陳已滅，吴未立，《年表》以此爲吴元年者，順《經》文存陳也。繼哀公，則當以是年爲元年。

春，叔弓會楚子于陳。《春秋》滅國以地見，此何以復言陳？存陳也。疏 已滅復見，不從地名，存之。故下又書陳火。

許遷于夷。常遷不書，此書者，以許先爲徐州卒正也。疏《春秋》諸名國多在豫州，如陳、衛、蔡、鄭，許既立爲方伯，卒正不能同在一州，故《經》有遷封推移之例。如今泰西諸名國皆在歐州，如修《大統春秋》，亦用移推例，遷名國于非、澳、南美。《左傳》：「二月庚申，楚公子棄疾遷許于夷①，實城父。然丹遷城父人于陳，以夷濮田益之。遷方城外人于許。取州來、淮

① 此句「楚」上原衍「遷」字，據《左傳》本年删。

北之田以益①之，伍舉授許男田。」

夏，四月，陳火。《傳》：「大曰災，小曰火。」陳已滅，故以小者言也。疏 陳自新城以後不與中國同盟，外之于中國。何爲外之？時升楚爲伯，退齊爲方伯，中國多一方伯，故以陳代楚也。既已外之，更言存之者，陳本中國，雖外之，故仍存之也。陳已滅矣，其言陳火何？據陳以上不記災，今已爲楚縣，則更不應記之矣。疏 火，《左》經作「災」。存陳也，不以亡國待陳，因有災事書之。疏 爲存陳，故不言招弑，然著討招之義，則弑見矣。曰存陳，悕矣。悕，《穀》作「閔」。曷爲存陳？據蔡與陳同，曷爲獨存之。滅人之國，上滅陳。執人之罪人，執陳公子招。殺人之賊，殺陳孔瑗。罪人與賊互文耳，不以弑事主瑗也。葬人之君，葬陳哀公。若是則陳存悕矣。國不存②而存陳，亦閔之而然矣。

秋，仲孫貜如齊。言大夫如齊，不言公如齊者，以楚代齊也。此記其事實。《孟子》曰：「以大事小者，樂天者也；以小事大者，畏天者也。樂天者保天下，畏天者保其國。」交鄰國之道者也。

冬，築郎囿。書築囿，美叔孫③昭子之言也。

---

① 益：原誤作「亞」，據《左傳》本年改。

② 不存：「不」字原無，據文意補。

③ 叔孫：原作「叔姬」，據《左傳》改。

十年

春，王正月。

夏，晉欒施來奔。著齊大夫之亂。**疏**《經》作「晉」，字誤，當作「齊」。惠公子公子堅字子欒，堅子公孫竈字子雅。欒施，子雅之子，字子旗。逐欒者，陳氏謀也。

秋，七月，季孫隱如、叔弓、仲孫貜帥師伐莒。連記三大夫，禄去公室久矣。叔弓大夫也，何以在上卿下卿之中？代叔孫作右軍也。此伐莒，取鄆不言者？諱之也。**疏**隱如，《左》、《穀》作「意如」。一説叔弓即叔孫舍之誤文。

戊子，晉侯彪卒。平公也。晉伯衰，六卿强，專晉，自後遂成三家分晉之局。定、哀無伯，晉爲方伯。**疏**《晉世家》：「二十六年，平公卒，子昭公夷①立。」

九月，叔孫舍如晉。上伐莒之叔弓當爲叔孫舍。**疏**舍，二《傳》作「婼」。

葬晉平公。伯葬例月者，方伯例。譏失平邱之盟，主劉子，晉降爲方伯矣。**疏**昭世晉侯之卒皆從方伯例月。

冬何以無冬？闕文也。按，無冬者，不無脱字，非盡特筆。《解詁》以爲「取孟子之年」，則尤爲臆測。

十有二月，甲子，宋公戌卒。戌，二《傳》作「成」。**疏**《宋世家》：「四十四年，平公卒，子文公立。」

---

① 夷：原作「彪」，據《史記·晉世家》改。

十有一年《年表》：晉昭公夷①元年，宋元公佐元年。

春，王正月，叔弓如宋。

葬宋平公。叔孫爲卿，叔弓，大夫也。並見二文，事宋之禮不如晉也。

夏，四月，丁巳，楚子虔誘蔡侯般，殺之于申。因般罪大，乃許楚子討。然虔即般也，般、虔同名，故一律治之。申者楚地，誘至申殺之，其地其日，皆爲重之。誘殺戎曼子不地不日。疏《楚世家》：「十年，召蔡侯，醉而殺之，使棄疾定蔡，因爲陳蔡公。」靈侯如楚，楚殺之，使弃疾居之，爲蔡侯。楚靈王以般弑其父，誘之于申，伏甲，飲之醉而殺之，刑其士卒七十人。

楚子虔何以名？據誘殺戎曼子不名。絶。凡名皆誅以死刑。曷爲絶之？據般有罪。爲其誘討②也。戎曼子無大惡，以夷狄相誘，是非易見；蔡般有大惡，楚得爲討賊，若不絶之，嫌楚得誘。因般有大惡，乃絶。楚子，明不得討；所謂常于嫌得者見不得也。此討賊也。般殺父自立。雖誘之，則曷爲絶之？所討得宜，雖誘，罪不至絶。懷惡而討不義，楚子自弑其君，而討蔡般。疏前諱其弑，所以成其討般；此又名之，所以惡其

① 夷：原作「彪」，據《史記·十二諸侯年表》改。

② 討：四庫全書本《公羊傳》同，十三經注疏本作「封」，字之誤。

誘也。以夷狄治夷狄，又大惡，故不爲之諱。君子不與①也。故不與以討賊辭，而但科其誘討。誘討之罪②尚輕，然以所討人者即己之罪，蔡應紀，楚亦應紀，故加等治之也。

楚公子棄疾帥師圍蔡。于申已殺其君，此復圍其國。疏棄，二《傳》作「弃」。

五月，甲申，夫人歸氏薨。

大蒐于比蒲。疏《左傳》：「五月，齊歸薨。大蒐于比蒲，非禮也。」

大蒐者何？據上蒐不言大。簡車徒也。《刑法志》：「羣牧③五年大簡車徒。」疏何以或曰蒐、或曰大蒐？不言大蒐者，方伯三年自簡所攝卒正之徒；大蒐者，通簡一州二百一十國也。此夏田④也。夏曰苗，不曰苗而曰蒐者，夏不田，不可言也。不曰蒐而曰大蒐，明非蒐也，如桓之再言蒸也。何以書？蓋以罕書也。常事不書，此書者，譏夏田也。喪不貳事，有喪而大蒐，非禮也。

仲孫貜會邾婁子，盟于侵羊。侵羊，二《傳》作「祲祥」。疏內大夫可以會諸侯。

秋，季孫隱如會晉韓起、齊國酌、宋華亥、衛北宮佗、鄭軒虎、曹人、杞人于屈銀。隱如，二《傳⑤》作

---

① 不與：《春秋公羊傳》作「不予」。
② 誘討之罪：「誘討」二字原脱，據文意補。
③ 羣牧：原作「方伯」，據《漢書》改。
④ 夏田：「田」原作「用」，據文意改。
⑤ 傳：原作「者」，據文意改。

「意如」，酌作「弱」，軒作「罕」，屈銀作「厥慭」。疏《左傳》：「會于厥慭，謀救蔡也。」不言救者，無救于滅也。

九月，己亥，葬我小君齊歸。齊，謚也。凡有謚者皆書薨，無謚者書卒，如弋氏。

齊歸者何？昭公之母也。《解詁》：「歸氏，胡女。」按《世家》，襄公妾，昭公尊之爲夫人。

冬，十有一月，丁酉，楚師滅蔡，執蔡世子有以歸，用之。君在稱世子，君卒當稱子；不稱子，絶之也。鄭忽稱世子，明其當立，此以稱世子爲絶，義各不同。疏《蔡世家》：「十一月滅蔡，使弃疾爲蔡公。」

此未踰年之君也，據未踰年當稱子。其稱世子何？父在之稱。不君靈公，靈公即般也。不君者，弑賊宜誅。不成其子也。不成其子，不得有父死子繼之辭。上不與楚誘討，嫌般無罪，不當絶，故于此乃正之。不君靈公，則曷爲不成其子？據惡惡止于其身。誅君之子不立。其父惡重，當坐弑父誅。陳、蔡一也，一存陳而不曰弑，一目而絶之；中外既分，又惡有輕重也。疏《檀弓》「凡在宫者殺無赦」，父當絶，則子不得立。《春秋》誅君之子立者多矣，不可勝誅，故于有一明之，餘可類推。非怒也，小惡止于其身，大惡則當絶。此不爲遷怒于其子。無繼也。父誅，子當絶。惡乎用之？用或于社。用之防也。此非用社。防，山名。其用之防奈何？蓋以築防也。《左傳》以爲岡與防音近，則云「用隱太子于岡山」。疏《蔡世家》：「平侯立而殺隱太子。」按，平侯立在十三年，此言用之，當是已殺。是《世家》言「平侯立而殺隱太子」者，謂楚殺隱太子，復立平侯耳。

十有二年《年表》：蔡侯廬①元年，景侯子。吴餘眛元年。

春，齊高偃帥師納北燕伯于陽。款卒于陽，如記卒之國則以名。納，見其以納卒。燕不在記卒之例，故不名，以見從諸侯不生名之例不名。疏陽者齊地，後歸于燕，閔二年齊遷陽是也。其地爲燕所有。齊人納燕伯，不得入，乃納之于陽，如納蒯聵于戚事。不以陽繫燕事，臣子不有君父也。此與納蒯聵相比。

伯據北燕伯出名，則納當亦名，今不名而伯。《穀梁》作「燕伯之不名，何也」。于陽者何？據鄭伯入櫟、蒯聵入戚、衛侯入陳儀，雖地邑，後皆由邑入國，此以下無入國之事。伯果否入北燕？不見其事。疏《解詁》以爲截上三字爲問。按：北燕伯出奔，文見上文「納北燕伯于陽」，文義明白，若斷三字爲問，是以伯于陽爲人名，弟子雖愚，不至于此。如果以爲人名，則「納北燕伯公子陽生」則更成何文義？知文有脱誤，不似《解詁》以斷字爲問之説也。疏《燕世家》：「高偃如晉，請共②伐燕，入其君。晉平公許，與齊伐燕，入惠公。惠公至燕而死。」《左傳》：「齊侯舉矢，曰：『寡人中此③，與君代興。』」此齊伯之伯。公鄭、曹生稱伯，卒名，葬稱公。稱公，謂款卒也。子當爲「于」，字誤。陽，

---

① 廬：原作「虚」，據《史記·十二諸侯年表》改。

② 共：原作「兵」，據《史記》卷三四《燕世家》改。

③ 此：原刻脱，據《左傳》補。

句。生也。《穀梁》：「不以高偃挈燕伯也。」禮：諸侯不生名。吴子謁①伐楚，門于巢卒，名爲卒出；燕乃不記卒之國，《經》不能記卒稱名，故不名，以生禮待之。據《世家》，「齊伐燕，入惠公，惠公至燕而死」，至燕者，至燕之境，即陽是也。故納下地陽，無入國文。**疏**《解詁》以爲人名。按，以爲齊陽生，則不應納于燕，且陽生四十餘年後乃見《經》；以爲燕公子，則燕不見大夫，燕無陽生，「納北燕公子陽生」亦不成文義。《史記·十二諸侯年表》今有十三，考《史記》緣《春秋》而作，《春秋》燕不記卒，則《年表》無燕，即合十二之數；後人因《世家》燕國最久之説，乃附燕于《年表》以致多爲十三。《經》、《傳》于記卒不記卒義例最嚴，此不名以見不卒，即《年表》所以無燕之例。子曰：「我乃知之矣！」此解稱北燕文，謂北燕大于南燕，北燕同姓，南燕不同姓，當以北燕稱燕，于南燕加南字。《經》于南燕稱燕，于北燕加北字，是以小加大，故發此難也。**疏**稱北燕爲未修《春秋》原文，孔子讀《春秋》知其闕②誤，故難其事也。《論語》「吾猶及史之闕文也」是也。在側者曰：游、夏侍側，聞子言而疑，故問之。「子苟知之，何以不革？」知北爲誤加字，當削去，移加南燕。何以知之尚仍而不改。**疏**革，改也。《春秋》有筆、削，凡史文之可正者正之。如「星霣如雨」是也。曰：「如爾所不知何？《春秋》有傳疑例，所謂「疑以傳疑」是也。此「北」字不革，使人知史于南燕不加南，于北燕加北，有此稱謂，蓋列國疆里大小後世兩得考見，其誤易知。故存此一條，以明述而不作之意。**疏**《春秋》原有闕文、有特筆，孔子恐後人以特筆爲闕文，故特存闕文以示例，餘皆特筆，不可以闕文說之，必如此，然後爲闕文。又以《春秋》有取義，恐人疑皆孔子之言；故雖闕文，仍從史不改，以明述意。《春秋》之信史也。信

① 謁：原誤作「喝」。
② 闕：原作「闗」。

史者，□①史文是信也。《穀梁》昭二年傳：「其曰北燕，從史文也」是。疏按，「子曰」以下説信史之義，上連伯于陽之文，故説者必以非常可駭求之，遂至爲世詬病。按所説如果于《經》可合，尚可言也，若不求《經》、《傳》之安，維務求非常可駭以炫俗聽，此皆先師之過，是以累《傳》，非《傳》已如此也。**其序則齊桓晉文，**《孟子》引作「其事則齊桓晉文」。齊、晉二伯也，《春秋》上無天子，下無方伯，故以二伯主其事。二伯者，上輔天子，下統方伯，《春秋》見百二十國，雖所書事甚多，然以齊、晉爲統宗。《孟子》宣王問「齊桓晉文之事可得聞乎」，亦《春秋》之教也。**其會則主會者爲之也，**《孟子》引作「其文則史」。其文仍史之舊文，故闕不敢改者，所以爲信史也。**其辭則某②有罪焉爾。」**《孟子》引作「其義則邱竊取之矣」。《緯》云：「孔子曰：『吾因其行事而加乎王心焉③。』」假其位號以正人倫，因其成敗以明順逆；故其所善則桓文行之而遂伯，所惡則亂國行之終以敗。王充論：「孔子得史記以作《春秋》，及其立意創義，褒貶賞誅不得因史記者，渺思自出于胸中也。」疏未修《春秋》則史學也，既修則辭義別有所託，乃爲經教，因不盡因，革不盡革，此《春秋》之大例也。云「有罪」者，《春秋》有改制之文，不盡從舊史。《孟子》云：「《春秋》，天子之事也。是故孔子曰：『知我者，其唯《春秋》乎！罪我者，其唯《春秋》乎！』」謂此也。孟子爲《春秋》大師，去孔子時未遠，居與孔子鄰近，所言《春秋》，爲得真實。此《傳》作于沈子、高子、公扈之後，世遠傳聞，小有流變，不如孟子所言明切，今故就孟子所言以解之也。陽者何？燕邑也。何爲納于陽？不得入燕也。與入櫟、納戚同。北燕伯卒于陽，

---

① □：原刻爲空，或可補「惟」字。

② 某：《十三經注疏》本《公羊傳》作「邱」，當據改。

③ 「孔子曰」云云，見《春秋繁露》卷六《俞序》，似不出緯書。又，「行」、「乎」二字原脱，亦據補。

何以不名？燕，不記卒之國，故不名，從生辭也。《左傳》：「齊高偃納北燕伯欵于唐，因其衆也。」亦此意。

三月，壬申，鄭伯嘉卒。疏《鄭世家》：「二十六年，簡公卒，子宣公寧立。」

夏，宋公使華定來聘。華定，執政。以下見五大夫之亂，華氏强盛之所致也。故《春秋》譏世卿。疏《左傳》：「宋華定來聘，通嗣君也。」此爲外交通例。至于世子還圭之禮則尤重，説詳《白虎通義》。

公如晉，至河乃復。言公不得入乎晉，以見出奔之禍。疏《左傳》：「取郠之役，莒人愬于晉。晉有平公之喪，未之治也，故辭公。」

五月，葬鄭簡公。月葬，正也。二月，未及時。

楚殺其大夫成然。董子説：靈王無道，又以暴意①，殺無罪臣成然，楚國大懣。疏成然，《左》作成熊，《穀》作成虎。

秋，七月。

冬，十月，公子整出奔齊。整，二《傳》作「憖」。三家專魯，公子皆不保其家。大夫執國命，書以譏内。疏《左傳》：「叔仲小、南蒯、公子憖謀季氏。憖告公，而遂從公如晉。南蒯懼不克，以費叛如齊。子仲還，及衛聞亂，逃介而先。及郊，聞費叛，遂奔齊。」

楚子伐徐。徐州舉在東南，如今澳洲在赤道南，楚、晉交。書比以見例。疏《楚世家》：「十一年，伐徐以恐吴，靈王次于乾谿以待之。」《左傳》：「楚子狩于州來，次于潁尾，使蕩侯、潘子、司馬督、囂尹午、陵尹喜帥師圍徐以懼吴。楚子次于乾谿，以爲之援。」按，與《楚世家》同。

---

① 意：原作「竟」，據凌曙《春秋繁露注》卷四《王道》，句作「又行暴意」。

晉伐鮮虞。鮮虞者何？冀州之國也。何以狄晉？惡伐同姓也。《穀梁》：「其狄之何也？不正其與夷狄交伐中國，故狄稱之也。」疏《春秋》之教，屬辭比事。晉、楚二伯每比書其侵伐，《傳》所謂「不正其與夷狄交伐中國」。此從屬比以見例。

十有三年《年表》：鄭定公寧元年。

春，叔弓帥師圍費。圍費者何？陪臣執國命也。疏《左傳》：「叔弓圍費，弗克，敗焉。平子怒，令見費人執之，以爲囚俘。冶①區夫曰：『非也。若見費人，寒者衣之，飢者食之，爲之令主而共其②乏困，費來如歸，南氏亡矣。民將叛之，誰與居邑？若憚之以威，懼之以怒，民疾而叛，爲之聚也。若諸侯皆然，費人無歸，不親南氏，將焉入矣？』平子從之，費人叛南氏。」

夏，四月，楚公子比自晉歸于楚，弒其君虔于乾谿。虔即公子圍也，即位後改名虔者，古傳③謂此爲譏二名也，後師乃移以並説何忌、曼多也。疏《楚世家》：「十二年，楚靈王樂乾谿，不能去也。國人苦役。初，靈王會兵于申④，戮越大夫常壽過，殺蔡大夫觀起。起子從亡在吳，乃勸吳王伐楚，爲間越大夫常壽過而作亂，爲吳間，使矯公子棄疾命，召公子

① 冶：原作「治」，據《左傳》改。
② 其：原脱，據《左傳》本年補。
③ 古傳：原作「左傳」，按《左傳》無此説，因改。
④ 申：原誤作「甲」，據《史記》改。

比于晉。至蔡，與吴、越兵欲襲蔡，令公子比見棄疾，與盟于鄧。遂入弑靈王太子禄，立子比爲王，公子子晳爲令尹，棄疾爲司馬，先除王宫。觀從從師于乾谿，令楚衆曰：『國有王矣，先歸復爵邑田室，後者遷之。』楚衆皆潰去。靈王聞太子禄之死也，自投于車下，而曰：『人之愛子亦如是乎？』侍者曰：『甚是。』王曰：『余殺人子多矣！無能及此乎？』」

比弑其君，其言歸何？據齊陽生入弑不言歸。《穀梁》：「歸而弑，不言歸。」歸《穀梁》作「以比之歸弑」。無惡于弑立也。《穀梁》作「比不弑也」。比惡，無心于弑，故不言入。歸無惡于弑立者何？據以歸弑立者也。靈王爲無道，作乾谿之臺，弑地乾谿，歸地楚，亦以見非比弑。三年不成。楚公子棄疾自是棄疾弑耳。脅比比之歸，棄疾招之。而立之，脅而立之，此皆棄疾之謀。然後令于乾谿之役曰：「比已立矣，後歸者不得復其田里。」乘民思歸之怨。衆罷而去之，靈王經而死。此述弑事，明皆棄疾主之，詐告①比得晉力可以歸，至而脅立之。言歸者，明其本無弑君而立之意。不日者，起非實比弑。封内地者，起禍所由，因以爲戒。疏董子説：「靈王行强乎陳、蔡，意廣以武，不顧其行，慮所美，内罷其衆。乾谿有物女，水盡則女見，水滿則不見。靈王舉發其國而役，三年不罷，楚國大怒。又行暴戾，殺無罪臣成然，楚國大懣。公子棄疾卒令靈王父自殺而取其國。漁不離澤，農不去疇，士民相發也。此非盈意之過也耶？」

楚公子棄疾殺②公子比。此弑而代，不以當國辭，言不以嫌代嫌。兩下相殺不志，志棄疾，明主弑者棄疾。此曰棄

---

① 詐告：原作「許告」，據文意改。
② 殺：據《十三經注疏》本《公羊傳》作「弑」，當據改。

疾，下曰居，改名也，一人二名，《春秋》所譏，已孤不更名。疏《楚世家》：「楚國雖已①立比爲王，畏靈王復來，又不聞靈王死，故觀從謂初王比曰：『不殺棄疾，雖得國猶受禍。』王不聽，乃去。棄疾歸。國人每夜驚曰：『靈王入矣！』乙卯夜，棄疾使船人從江上走呼曰：『靈王至矣！』國人愈驚。又使曼成然告初王比及令尹子晳曰：『王至矣！國人將殺君。司馬將至矣！君早自圖，無取辱焉。』初王比及子晳遂自殺。丙辰，棄疾即位爲王，改名熊居。②」

比以立矣，棄疾逆于晉，遂弑靈王而奉之。其稱公子何？據無知、州吁皆以國氏。其意不當也。據上傳知其脅。棄疾主弑，借比爲名。其意不當，則曷爲加弑焉爾？據棄疾主弑當目棄疾，不當言比弑。比之義，宜乎效死不立。比被脅，其意不當，則宜效死不立；今守義不固，聽從脅立，是有貪立之心，故加弑以罪之。大夫相殺稱人，討賊稱人。此其稱名氏以殺何？討賊不言名氏，此言棄疾，如弑君之例。言將自是爲君也。使與弑君而立者同文，以赦比而主棄疾也。疏此雖不成君，棄疾已君之，故從弑君辭，以起比前弑乃加弑也。

秋，公會劉子、晉侯、齊侯、宋公、衛侯、鄭伯、曹伯、莒子、邾婁子、滕子、薛伯、杞伯、小邾婁子于平丘。召陵主劉子，爲大一統，此亦主劉子，曷爲言同盟？由北而南，中分天下，先以北國歸王臣，至定四年，乃南北一統。王臣主會，晉、齊退爲方伯之辭也。考八州八伯，此會晉、齊、魯、衛、鄭，乃③隱、桓五帝之辭；宋爲王後，外州四伯：

---

① 已：原作「以」，據《史記》改。

② 「疾即位」至「熊居」：原刻脱此九字，據《史記·楚世家》補。

③ 乃：原誤作「反」，據文意改。

楚、吴、陳、蔡。秦不見者，中分天下，南一皇四帝，如《小雅》辭。柔日與北合爲十日，如《易》下經之十首卦。疏此會謀代楚，楚因之復陳，皆諸侯之力。自此至定四年，二十三年晉、楚不交兵。楚有吴禍，晉六卿强，各相争，無志諸侯也。

八月，甲戌，同盟劉子不盟也。北方同盟，小同；召陵大同，不言同。《穀梁》：「其日，善是盟也。」疏自莊至此爲邦國例。雖有帝、王、伯之分，同以九數起例，合外八州。于平邱。無間事，不當再舉地，溴梁、雞澤皆不再舉地。三字當爲衍文。疏月在會下者，不同月也。以七月會、八月盟，傳中「無閒事，不再舉地」。同盟始于莊十六年，終于此。莊、昭相比，齊八同盟，故一匡爲《穀梁》以爲「尊周」；晉、楚中分，十二同盟，《穀梁》以爲「外楚」，皆北方國也。天皇中分天下，各統四帝，爲《小雅》四始五際。北爲上方，統寅、申、巳、亥，南爲下方，統子、午、卯、酉。晉託之上方，楚託之下方。

公不與盟。雞澤外陳袁僑①同，圍齊外齊同；盟而公不與，外公于同之外。疏公事楚，故諸侯外公也。不與者，可以與也，譏公事楚。疏事詳《魯語》。

晉人執季孫隱如以歸。「執」與「以歸」并言者，執以致晉討，歸以安季孫也。疏隱如，二《傳》作「意如」，行父言「舍之于苕邱」。

公至自會。沙隨致公在執先，此執後乃致公。不與盟，故以會致。

公不與盟者何？先舉公，如公白外辭。鄭伯言逃歸不盟，此言不與，與不盟異。公不見與盟也。時諸侯以公事楚，不許公盟。辭如公自不與，以爲内諱也。公不見與盟，恥甚。大夫執，辱甚。何以致會？據

① 袁僑：「袁」原誤作「表」。

有恥辱不致。不恥也。不恥，故以會致。曷爲不恥？據扈恥公失序。疏孔子告顏子曰：「曩吾修《詩》、《書》，正禮樂，將以治天下，遺來世，非但修吾一身而治魯國而已。而魯之君臣日失其序，仁義益衰，情性①益薄。此道不行一國與當年，其如與天下與②來世矣！吾始知《詩》、《書》、《禮》、《樂》無救于③治亂，而未知所以革之之方④。此此樂天知命者之所憂。雖然，吾得之矣。夫樂而知者，非古人之所謂⑤樂知也。無樂無知，是真樂真知；故無所不樂，無所不知，無所不憂，無所不爲。《詩》、《書》、《禮》、《樂》，何棄之有？革之何爲？」諸侯四方諸侯。遂亂，齊桓一匡，晉、楚中分，莊至昭之序也。定世無外伯，法十二諸侯例。無累數至四國者，與言同盟世相反，故曰亂。《傳》：「《春秋》撥亂世反之正。」疏自此以後不書同盟，無中外分。反陳、蔡，反者，反之于中國也。陳、蔡本中國，因中分乃外之，此會以後，反之于中國。素見外之陳、蔡猶反之，此新見之魯，故不以爲恥；以將至大同，中外可不言也。疏下二「歸」是也。復二國，善事，《穀梁》以是盟爲善；《傳》不恥不與者，《公羊》大一統，不分中外。君子以大一統言。不恥不與焉。此雖言同，下浩油乃合天下而盟，不分南北，故不以不與爲恥，而致會也。疏諸侯外公者，爲楚故耳。棄疾封陳、蔡之君，使説諸侯，諸侯從陳、蔡之言還師，不復討楚。始惡公事楚，終與楚和，以天下一統。

---

① 情性：「情」原誤作「精」，據《列子・仲尼》改。
② 與：原脱，據《列子・仲尼》補。
③ 于：原脱，據《列子・仲尼》補。
④ 之方：「方」上原衍「故」字，據《列子・仲尼》删。
⑤ 所謂：「謂」字原脱，據《列子・仲尼》補。

諸侯皆和楚，則公不恥矣。

蔡侯廬歸于蔡。歸者，從夷狄反中國辭。誅君之子不得立，此何以復國？非般之子也。君有罪，其國未可滅，當別求後以立之。疏《楚世家》：「平王以詐弒兩王而自立，恐國人及諸侯叛之，乃施惠百姓，復陳、蔡之地而立其後如故，歸鄭之侵地。存恤國中①，修政教。」《蔡世家》：「楚平王乃求蔡景侯少子廬立之，是爲平侯。」

陳侯吴歸于陳。定、哀以後陳、蔡辭同中國，如隱、桓之世。疏《陳世家》：「楚平王初立，欲得和諸侯，乃求故陳悼太子師之子吴，立爲陳侯，是爲惠公。惠公立，接續哀公卒時年而爲元，空籍五歲矣。」

此皆滅國也，國已滅，當如城邢、城緣陵之文。疏陳、蔡前分有罪無罪、中國夷狄，此同言之，録其大而略其細也。就復國言之，則同也。其言歸何？言歸，有國辭，如失國而歸者然。不與諸侯指楚。專封也。《穀梁》作「不與楚滅」。滅由楚，封亦由楚，皆所不許。故二《傳》各言一端。疏此新立公子也。初不與楚滅陳、蔡，故並不與楚專封。其稱爵而名者，如失地之君者，皆以泯②滅與封之迹也。

冬，十月，葬蔡靈公。三十月乃記葬。國復乃葬，陳早蔡晚，互相起。此不葬者葬之，不與楚滅，且成諸侯之事。疏靈公早葬矣，何爲于此乃言葬？亡國不葬，葬者臣子事，有臣子而後書葬，故此于復國後乃書葬也。

公如晉，至河乃復。以下不同盟。晉不爲二伯，故公不朝晉，託于至河有所聞而反。疏定世一言至復，以下不再如，晉失伯。凡事必有漸，雖公爲三家所構，亦失伯之漸。

---

① 國中：原作「中國」，據《史記·楚世家》乙。

② 泯：原作「⿰口民」，據文意改。

吴滅州來。州來者何？揚州之國。成七年書入，至此乃滅。後蔡遷州來者，諸侯遷封例。**疏**《左傳》：「吴滅州來，令尹子旗請伐吴。王弗許，曰：『吾未撫民人，未事鬼神，未修守備，未定國家，而用民力，敗不可悔。州來在吴，猶在楚，子姑待之。』」

十有四年《年表》：楚平王居元年，陳侯吴元年，蔡侯廬元年。

春，隱如至自晉。大夫執則致，致則名。隱如惡，然而致見君臣之禮也。**疏**事詳《魯語》。

三月，曹伯滕卒。曹卒何以月？由日而月，循環之例也。下十八年月，二十七年月，皆例積于月也。使以十八年爲時，二十七年爲月，定八年仍以日終，首尾皆日，不見遞降之例，故積於月也。**疏**在外卒者二，不日。

夏，四月。

秋，葬曹武公。曹葬者，有謚；莒不葬者，無謚。考《左傳》，莒君皆以地爲號，不舉謚，知無謚。**疏**《曹世家》：「二十七年，武公卒，子平公頃①立。」

八月，莒子去疾卒。《春秋》之教，屬辭比事，諸書比觀，而義自見。故書每對文並舉，相比起義。曹、莒卒正上等，比書其卒，一葬一不葬，義可見矣。**疏**莒文、成以後卒者，卒正也；不葬者，夷狄也。去疾卒，著②邱公也，子郊公立。莒已爲卒

---

① 頃：原作「須」，據《史記》卷三五《曹叔世家》改。

② 著：原刻脱，據《左傳》補。

正，何以月卒？不正也。

冬，莒殺其公子意恢。意恢，未踰年之君也，其稱公子者，辭窮也。莒大夫，此氏公子者，殺其君之子，不氏不見其惡，故盡其親以舉之。辭窮則從同，亦以貴賤不嫌。曹、莒皆無大夫，曹殺稱大夫不名，莒殺稱名氏不言大夫，互文也。疏《左傳》：「郊公奔齊。公子鐸逆庚輿①于齊而立之。」不言者，略之也。此何以殺之？郊公之所善，蒲餘欲出君，故先殺之也。

十有五年

春，王正月，吳子夷昧卒。吳卒皆月，與楚日自相比也。楚大夷，故日；吳小夷，故月。董子說有大夷小夷之分，故楚卒日而吳卒月。疏昧，二《傳》作「末」。《吳世家》：「四年，餘昧卒，欲授弟季札，季札讓，逃去②。于是吳人曰：『先王初命兄卒弟代立，必致位季子。季子今逃位，則王餘昧後立③。今卒，其子當代。』乃立王餘昧之子僚爲王。」按，《世家》記年有誤字，四年當爲十七年。

二月，癸酉，有事于武宫。籥入，叔弓卒；去樂，卒事。祭曷爲或言大事④、或言有事？大事于大廟合祭，

---

① 輿：原作「與」，據《左傳》改。
② 原刻「去」在「于是」下，據《史記・吳世家》乙。
③ 立：原刻與下「卒」字互倒，據《史記・吳世家》乙。
④ 大事：「事」字原脱，據文意補。

已毁未毁皆合食；有事凡未毁者合食，已毁者則不及。諸侯五廟，禮。武宮，四親廟之主皆祔。疏籥，舊作「龠」。其言去樂卒事何？據入者言萬，去籥言名，不言卒事。禮也。以加録卒事即非禮，但當言去籥而已，若去樂矣。總言樂，明悉去也已。君子有事于廟，已至廟行禮。聞大夫之喪，大夫國體重之，雖在廟中得通，故得聞。去樂悲痛不忍，舉有聲者避之。卒事。畢竟祭事。凡下行者同此，諸侯于來朝之國同。大夫亦謂入廟以後。聞君之喪，卑于尊。以下《禮經》可作數十篇用。攝主而往。主謂己，主祭者。臣聞君之喪，不可以不即行，故使兄弟若宗人攝行主事，而往不廢祭者，古禮也。凡上行者同此，諸侯于天子及于往朝之大國亦從此例。大夫聞大夫之喪，尊卑相同。尸事畢而往。賓尸事畢而往也。凡平行從此例，如《禮》士相見、大夫相饗之比。

疏《傳》詳上、下、平行三等之分，如《雜記》、《小記》，推例言之，故《禮經》一篇可推衍數十篇。《禮經上達下達表·禮經凡例》言一篇可作十數篇之用，如《冠》、《昏》言士，而天子、公、卿、大夫、庶皆在所包，此一節可作六篇。又，燕、公食、卿饗全見三禮，以見尊卑隆殺，然三禮各有六門，見天子燕禮，公以下從略；公食禮，天子與卿以下從略；卿饗禮，天子、公及大夫以下從略；《饋食》雖列二篇，而卿以上士以下從略。而尊卑升降猶不在此例。此一篇作十數篇讀之説也。如《士相見禮》與《覲①》、《聘》同是見禮，録三篇矣；而記中所言士見君、見卿大夫，又大夫相見，與見君、卿、士以及庶人見君之類，所有脱儀異節，多見於記、傳。今本撰此表以《禮》正篇居首格，以下備録諸禮節異同，凡《傳》所有悉列之，間以意推補，不拘多少。又，記、傳所言尊卑異節，皆其不同者，凡係上下所同，皆不著説矣。

夏，蔡朝吴奔鄭。朝吴舊作「昭吴」。不言出者，爲楚使，若非蔡臣者然，故不言出也。蔡見《經》大夫皆公子公孫，無以別

① 覲：原誤作「觀」。

氏，見者惟朝吴别氏朝。**疏**朝吴者，公子朝之孫，公孫歸生之子。楚復蔡，以吴爲盟。出奔者，無忌讒之。繫之蔡，本蔡人。

六月，丁巳朔，日有食之。周天三百六十五①度，以天比地，亦三百六十五度，以十二次舍分，每次爲三十度强。每度地得二百一十里，三十度合爲六千三百里，即爲天之一次。以一度當一日，五度爲一候，十五度爲一節。以地球分十二次十二州十二教，則如《幼官》篇有十二小卯小酉。凡節、候皆有十二，是合地球一時中全有十二時，一月中全有十二月。故《月令》固爲中國言，一歲有十二月，定爲地球言，一月中十二月氣候全備，陰陽不同，寒暑相反。每以三十度分一月，而十二月之朔則以日食定，故全球雖分十二月，而朔、望則同以日食起算。此《經》所以書三十六日食之故也。六經中曆法、世紀皆疏略不全，故《史記》三代以前但有《世表》，《漢志》但有《世經》。自有《春秋》而後連記二百四十年中之事，甲子四周，故凡言曆法，皆託見於《春秋》。《公羊》以元年春王正月爲大一統，是皇、帝曆法亦取決于《春秋》，《帝典》、《月令》僅詳一年，不及《春秋》推至二百四十年。此全球曆法所以皆藉《春秋》以考見，故先師以年、時、月爲大統之學。以地比天，分十二次，三十度爲一次，每次首爲朔，尾爲晦。如今中國春于南美爲秋，南美春于中國爲秋，春秋以名書，藉斗柄所指正方顛倒以起例。以中寅立法，可曰礿指春，魁指秋，以春秋顛倒名之，而曆本以立。餘月則不取斗柄取日纏。斗順行，日纏逆行，惟寅申二次以斗柄爲寅正月，魁爲申七月。故中國建亥，斗柄指寅，以寅定中國；寅之卯則春正在丑，寅之辰則春正在子，寅之巳則春正在亥，寅之午則春正在戌，寅之未則春正在酉，寅之申則春正在申。又，斗柄日纏相會，與東之寅、西之②申同；由是寅之酉則春正在未，寅之戌則春正在午，寅之亥則春正在巳，寅之子則春正在辰，寅之丑則春正在卯，寅之寅則春正亦在寅。此亦爲六合地球之寒暑節候仿日纏逆行。故欲知地球春在何次，以日纏考之即得。一朔同日，有十二朔，每三十度則月建殊

① 五：原脱，據下句補。

② 西之：「之」原脱，據上句補。

焉，周而復始，循環無端，一日之中，四時之氣候俱備。然十二次有十二月之節候，時令不同而朔則同。故陰陽差忒，寒暑變遷，惟藉一日食以考交會。同在地球，所差有限，雖有食不食之分，則交會必此一日，此《春秋》書日食也。其必三十六見者，則每次三見食，合爲三歲法，所謂三歲、三年、三統之起例。蓋如三統，天統記十二朔，地統記①十二朔，人統記十二朔。書食只爲記朔，三十六而三歲三年皇帝備。此《春秋》爲萬世下大統之曆法言也。

秋，晉荀吳帥師伐鮮虞。隱、桓只見青、豫、雍，比于地球之北。黄道在南北之中，名曰中國。晉在北，爲紺緅，南楚爲紅紫，隱、桓之世所不取。此伐而取邑，不言取邑者，略之也。前伐與楚比，狄之；此又與齊比，所伐之國同而伐者不同，故前狄此不狄。**疏** 事詳《左傳》。晉、楚國自廣，故地多數圻②。

冬，公如晉。公惟五年及此得如晉。董子說：「先晉昭之卒，一年無難。」**疏**《魯世家》：「昭公十五年朝晉，晉留之葬晉昭公，魯恥之。」

十有六年

此年公在晉。何爲不存公？中國不存公也。**疏**《年表》：吳王僚元年。

春，齊侯伐徐。比見三大國之攘，以爲中外之分。外州不見夷狄，故徐州以州舉，豫見戎曼子，冀見賁渾戎。徐人行成，受賂而還。十二年楚伐徐，與晉伐鮮虞比，因而狄晉。此言齊伐，同爲中國交伐，故不狄，實乃同狄，以前例後可見。**疏**《左

---

① 記：原作「計」，據上句改。

② 圻：原作「坼」，據《左傳》襄公二十五年改。

傳》：「二月丙申，齊師至于蒲隧，徐人行成。徐子及郯人、莒人會齊侯，盟于蒲隧，賂①以甲父之鼎。叔孫子曰：『諸侯之無伯，害哉！莫②之亢也，無伯也夫！』」疏 誘者惡道，一見于戎曼子，再見於蔡侯般。直書不諱，所以③惡楚子。

楚子誘戎曼子殺之。不月不日不地者，略之也。戎曼者，豫州之夷也，楚誘殺之。後有晉執之以歸楚（楚）之事。楚子何以不名？據誘蔡侯名。夷狄《禹貢》早在二千年前已稱美備，《春秋》遠在後，宜愈加脩明，乃只方二千里，爲中外四州皆夷狄。《知聖篇》論《禹貢》，須知五千里爲百世而作，不沾沾爲夏禹之一代而言，當與《車輻圖》對勘；詳内八州而略要荒，十二州山水部屬實附見於内八州中，九州惟豫、兖不見夷字，夷、蔡皆要荒小服，附見邊州，非謂内州之夷。其敘九州用大乙行九宫法，始東北，終西北，每正方服岳名，餘附岳名以見，徐牧附東岳，諸州可例推。五服加三，即爲九畿圖，九畿三倍，乃爲車輻圖。《春秋》以九州分中外，是《春秋》以前疆域尚未及三千里，《春秋》收南服乃立九州，不及要荒，《尚書》乃成五千里定制，《周公》篇又由海内以推海外，皆此《禹貢》之微言大義。相誘，君子不疾也。戎曼非中國。《春秋》以中國治中國，以夷狄治夷狄。中國可以治夷狄，夷狄不可以治中國也。疏 以蔡事相比，是以夷狄待之，特略之。曷爲不疾？據不疾則不書。若不疾，謂不名是不如中國之文。乃疾之也。直録其事，乃所以爲惡也。不加疾，蓋以無知而薄責之者然，然其所以疾之深也。疏 大同學先蠻野後文明説。

夏，公至自晉。公至自晉，略如今督撫赴部考驗後還任。無虚行，必有事故。疏 晉之爲四岳，從《禹貢》言之。孔子論

---

① 賂：原作「略」，據《左傳》改。

② 莫：原作「吴」，據《左傳》改。

③ 所以：原誤作「可以」。

五帝德，每帝各有四至，分天下爲五。五帝各有四至，託五帝分司五極，一帝爲一極之四至，非就中國四至而①言之。其有地名重見者，譒譯例也。禹居中，爲夏服；高陽北極，帝邱之所託；帝嚳南極；堯在東極；舜在西極。五帝同時分司，並見禹之四岳爲四門，堯之四岳爲四目，舜之四岳爲四聰，高陽爲八元，高辛爲八凱。詳見《周禮圖表》。

秋，八月，己亥，晉侯夷卒。昭公也。平邱之《傳》曰「諸侯遂亂」，自是以下，各國仿《詩》例爲十二諸侯，合劉子、二伯爲十五《國風》，以合《周禮》十二風土之事。隱、桓爲六合，中爲八伯十首，終于十二諸侯。晉失伯爲冀牧，與齊、楚、吴爲四岳。《左》、《國》以齊、晉、秦、楚爲四岳，《經》以吴易秦者，以地言秦適在西，以號言則稱伯，《經》以鄭同爲大夫，故不用秦而用吴。王之四岳爲四門，帝之四岳爲四目，四聰、八元、八凱，皇之四岳爲羲、和、仲、叔四極。故《尚書》詳四岳。**疏**《晉世家》：「六年卒，子頃公去疾立。」

九月，大雩。

季孫隱如如晉。無冬字，何也？按：大夫會葬，月皆在如上，此在如下者，異時也。季孫以九月如晉，十月乃葬，不可以冬時加于秋事也。以葬月加于如上者，不異時也。**疏**《左傳》「駒支曰：『無歲不往，無役不從。②』」則魯之如晉者無歲無之，《經》不盡書耳。

冬，十月，葬晉昭公。大國月葬，失伯爲冀岳也。三月而葬，不及禮。**疏**《論語》四飯之適齊、楚、秦、晉，爲四岳四貢

---

① 而：原作「五」，據文意改。

② 此子産語，《左傳》襄公二十二年：公孫僑（即子産）曰：「……無歲不聘，無役不從。」云駒支，當係作者誤記。

之飯，説詳《白虎通義》。《大學》之舅犯、《楚書》、孟獻子、《秦誓》與《康誥》，合爲五岳。《尚書》之《費誓》、《秦誓》、舅犯、《吕刑》亦四岳，皆有晉爲岳之明文。

十有七年

春，小邾婁子來朝。附庸亦言朝何？以夷狄乃不言朝也。何以不書卒葬？微國也。**疏**昭世再言小邾婁來朝，近世録小國詳也。下不言小邾婁來朝。《經》凡四見。

夏，六月，甲戌朔，日有食之。《春秋》記日食不記月食，不必扶陽抑陰，書日食以定曆法，朔定而望可知；且朔一定而月食有變遷，故不書月食，以爲無關大例。王中國用一曆，雖有小差，不害其同。若皇、帝居中建極，地大物博，班曆法以受民，即如中國與南美陽陰節候全反，使以中國曆行之南美，皆爲反時，以秋耕，以春斂，冬至實夏至，立秋實立春。今日草昧初開，説者但曰夏日，使人至南美，其地方大雪酷寒。作曆之説，今尚無人議及。且以南北對衝言之，十二支對冲之地莫不如此；故聖人生知安行，于數千年早定六曆之法，曰魯、曰殷、曰夏、曰顓頊、曰黄帝、曰周。《春秋》之春三月，魯曆也；秋三月，殷曆也；夏三月，夏曆也；冬三月，顓頊曆也。中央則用黄帝曆。分爲五帝，皇乃用周曆，以五極寒暑節候同異合爲一表。以五方言之，則大端五變；以十二次言之，則每三十日全有一年節候。一日分十二支，一月分三百六十日，故曰周曆包乎衆有。古曆法有三家，今分爲五：中央之周曆無寒、無暑、無冬、無夏，所謂渾天；一曰混沌，《莊子》中央之帝曰混沌是也。東北北蓋天，西南南蓋天，從赤道割破，各象一上員下方之形，即魯曆殷曆也。西北曰北宣夜，東南曰南宣夜，即顓頊與夏曆也。周曆者,《春秋》之紀年也,四曆者,《春秋》之首時也①,每曆轄三月。爲十二次、十二風者,《春秋》之紀十二月也。每帝分司九十度,有一時九十日之十八候。每三十度分爲一月,每三十度六千三百里之初度爲朔,尾爲晦,非紀日食不能定朔,即不能分作十二月也。今中國于全球不能當十二分之一,蓋以實地言,則中國略得三十度左右;以經緯寒熱道言之,合全球止得二十分之一。故中國用一曆尚可,若沿邊再加萬里②,緯度在六十以外,則不能只用一曆可知。故《漢志》、《春秋》用殷曆。《漢志》有六曆之説,東用魯曆,西用殷曆,北用顓頊曆,南用夏曆,中用黄帝曆,皇又用周曆;則合五曆爲一表,即宗天之義、測天之法③。分爲五曆,分爲六軍,此皆大統皇、帝師説,即《周禮》以十二起例之十二月、十二律吕、十二次、十二風、十二土、十二壤、十二教之古説。皇、帝所以必用律吕分十二次者,即《春秋》紀十二月紀三十六日食之義也。疏《年表》:「五月朔日食。」董子説「時宿在畢④,晉象也」。

秋,郯子來朝。 郯者何?青州之連帥也。其言朝何?明事方伯之禮也。疏《左傳》:「郯子來朝,公與之宴。昭子問焉,曰:『少皞⑤氏鳥名官,何故也?』郯子曰:『吾祖也,我知之。昔者黄帝氏以雲紀,故爲雲師而雲名;炎帝氏以火紀,故爲火師而火名;共工氏以水紀,故爲水師而水名;大皞氏以龍紀,故爲龍師而龍名。我高祖少皞摯之立也,鳳鳥適至,故紀

---

① 也:原脱,據文例補。
② 「萬里」下原衍一「里」字,兹删。
③ 測天之法:「之」字原脱。
④ 畢:原作「壁」,據《漢書》卷二七下《五行志下》改。
⑤ 皞:原誤作「臯」,據《左傳》本年改。

於鳥，爲鳥師而鳥名①：鳳鳥氏，曆正也；玄鳥氏，司分者也；伯趙氏，司至者也；青鳥氏，司啟者也；丹鳥氏，司閉者也。祝鳩氏，司徒也；鴡鳩氏，司馬也；鳲鳩氏，司空也；爽鳩氏，司寇也；鶻鳩氏，司事也。五鳩，鳩民者也。五雉爲五工正，利器用，正度量，夷民者也。九扈爲九農正，扈民無淫者也。自顓頊以來，不能紀遠，乃紀於近。爲民師而命以民事，則不能故也。」」

八月，晉荀吴帥師滅賁渾戎。此與楚殺戎曼子同，南北皆侵，滅自廣，所謂南夷北狄交侵。戎以賁渾名，別其種類，乃與中國雜處之戎，非真戎。賁，二《傳》作「陸」。疏《經》不見真四裔，又于外四州不見裔，惟北方稱爲中國，與華雜處則書之。夷狄滅不志，志者，因晉及之。賁渾戎甚睦于楚，晉侯以其貳於楚也，故襲滅之。

冬，有星孛于大辰。《年表》：「彗星孛辰。」彗無定名，故云有星而已。《周禮》以星定地，有分野之説。東宮蒼龍澤國，故以龍爲節；西宮白虎山國，故以虎爲節；北極居中原國，故以人爲節。北斗居中，臨馭四方，周監二代，泰皇獨尊之説也。三統之素、青、黄，即春三月有王之説。《傳》曰大火爲大辰，參、伐爲大辰，北極亦大辰，星孛于大辰。三辰即三統。子爲天統，丑爲地統，寅爲人統。大火，東方《魯頌》；參伐，西方《商頌》；北斗，中央《周頌》「西狩獲麟」，有改文從質、以鳥名官之義。彗者，所以除舊布新也。《詩》曰「羔裘翱翔，狐裘在堂」，又曰「緇衣之宜兮，敝予又改爲兮。之子之館兮，還予授子之粲②兮」，改緇、黄而從素，明從質也。《春秋》三孛，孛于大辰，改文從質，羔裘翱翔也，孛入北斗，不用周統，不用人統，狐裘所以在堂也；至于參伐，不曰孛于西方，而曰孛于東方，柄在東而尾在西，以明從質改文之義，所以書「西狩獲麟」也。《邶風》西方之詩，曰「狐裘蒙戎，匪車不東」，言東以起西，以見孛于東方，其柄則在參、伐也。疏泰西天文家説彗亦行星，自有

① 「鳳鳥適至」三句，原刻脱，據《左傳》補。
② 粲：原作「餐」，據《詩・鄭風・緇衣》改。

軌道，與五行星同繞日而行。記録星異，以明測天之學。王者法天，弧矢之學所以致福。

孛者何？據與入異辭。彗星也。因彗言孛，三孛皆發問者録舊傳也。其言于大辰何？據北斗言入于大辰，東宿下言于。在大辰也。東方不止一辰。

疏 近人知《緯》之爲經師相傳微言，六經六緯，合爲十二經。定、哀多微辭，微辭即微言緯候，而于讖則以爲疑，專就中國妄言禍福，如「亡秦者胡」、「劉秀爲天子」，或爲術士所創，或爲漢儒所羼，誠不可究詰。然所言皇、帝符瑞徵應、象貌人種，則專爲《經》説，不爲中國而言，乃《周禮》五帝五土之師説。俗儒不知爲大統師説，專以中國説之，流于符瑞星象，妄談禍福，誘人爲惡，是在所禁。若言五行土①旺將興，當王之時，所有名物儀制則與緯同爲微言。蓋皇、帝之説全爲百世以下言，五帝五運即五土五大州，中國爲蒼天東帝；歐州地中，王者起，爲黄帝；北極黑道，爲黑帝；赤道以南，王者起，爲赤帝；美在西方，爲西帝。土域不同，各有形體性情土産瑞徵之不同；《經》有其文，故讖言其事，以爲百世下之應證。即五土之人民動植各物，又以天合地，地分十二外州，以應天文十二次，分野本爲全球言。當時海邦未通，不覩不聞，又中外言語文字各異，地域不能以中文預名之；又以無徵不信之故，託之天文星象。非談天，乃言地；非爲中國，乃爲全球耳。故凡昔所指爲荒謬迂誕者，證以今事，悉皆著明，知《經》、《傳》、《詩》、《易》之託比，不可不有緯讖以爲之應顯。知《公羊》俟聖大一統之義，再讀緯讖，則心安理得。昔日所詬詈者，悉化朽腐爲神奇，變艱險爲康莊。緯與讖不可强分優劣，故撰輯《七緯類編》以明其學。蓋馬輯本以書分，零璣斷璧，分裂散見，學者苦難貫通；又文重語複，每以原文各書徵引不盡依原文，或不録書名者，因致歧爲數條，甚或同説各書分見，有至數十條者，此又繁重冗亂之足以困學人。因將馬本以類相從，每條下注原名；凡重文複義，文録義長者一條，下注互見書名，以歸簡易。舊本隨手鈔輯，苦無倫次，今審訂原文先後理致，別引古説，爲之疏

① 五行土：「土」原誤作「王」，據文意改。

證，事多文，證顯理明①。凡與經、傳無與，確爲術士之言，及晚學俗學②妄改之條，删爲附篇，發其謬誤，庶不致遺譏後賢。昔賢不明俟聖之旨，區分讖、緯，判爲兩派，今既知一原，又苦無明文可據，不復區其優劣。願與學者共明此微言，以復十二經之舊也。**大辰者何？**問星次之名。**大火也。**大火謂心，東方七宿之一。疏《詩》「七月流火」之「火」即大火，于西爲流服。**大火爲大辰**，東方心爲明堂，王者布令之所。東方天皇，緇衣羔裘。地于天上皆有分星，東帝所司萬二千里，爲東極，于辰次上應蒼龍七宿。**伐**于《春秋》則比秦，于《詩》則比《商頌》。**爲大辰**，伐謂參伐也。大火與伐，天所以示民時早晚，天下所取正，故謂之爲大辰，辰，時也。《詩》「嘒彼小星，維參與昴」。西方七宿爲白虎，地西半球之分野，爲帝少昊以鳥名官之制。《詩經》主西皇，故于以鳥名官之制獨詳。心、伐東西相對，孛亘其間。**北辰**于《春秋》比天王，于《詩》比《周頌》。《秦本紀》博士議：「古有天皇、地皇，泰皇爲尊」，北辰，泰皇也。**亦爲大辰。**北辰，北極，天之中也，常居其所。迷惑不知東西者，須視北辰以別。心、伐所在，故加「亦」，亦者，兩相須之意。三言人辰，比于三統三皇。《詩》以素、青、黄爲三皇，伐素，心青，北辰黄。泰皇大一統，故加稱大，中央之極，爲黄衣狐裘。以地中言，崑崙爲中；以教化言，禹州爲中極。三《頌》《周》應北辰，以《魯》爲大火，《商》爲參、伐。疏《周禮》以星定地，有分野之説。東宫蒼龍澤國，故以龍爲節；西宫白虎山國，故以虎爲節；北極居中原國，故以人爲節。北斗居中，臨馭四方，周監二代，泰皇獨尊之説也。三統之素、青、黄，即春三月有王之説也。《傳》曰大火爲大辰，參、伐爲大辰，北極亦大辰也，星孛于大辰。三辰即三統。子爲天統，大火，東方《魯頌》參、伐，西方《商頌》，北斗中央

① 上「事多文」無從索解，此句恐有訛奪。
② 俗學：原作「争學」，據文意擬改。

《周頌》。「西狩獲麐」，有改文從質、以鳥名官之義。彗者，所以除舊布新也。《詩》曰「羔裘翱翔，狐裘在堂」，又曰「緇衣之宜兮，敝予又改爲兮，之子之館兮，還予授子之粲①兮」，改緇、黄而從素，明從質也。《春秋》三孛于大辰，改文從質，「羔裘翱翔」也。孛于北斗，不用周統，不用人統，狐裘所以在堂②也。至于參、伐，不曰孛于西方，而曰孛于東方，柄在東方而尾在西方，明從質改文之義，所以書「西狩獲麐」也。《邶風》西之詩，曰「狐裘蒙戎，靡車不東」，言東以起西，以見孛于東方，其柄則在參伐也。**何以書？記異也。**記異爲格致學，推循天地，考究人物，驗小推大，皇、帝學之佐證，道德之説寓于其中。西人格致反言道德者相攻③。究之道德其道德，非吾所謂道德；格致其格致，非吾所謂格致也。

楚人及吴戰于長岸。此吴伐楚。吴先敗而後勝，故不言敗。疏《吴世家》：「公子光伐楚，敗而亡王舟。光懼，襲楚，復得王舟而還。」

詐戰不言戰，據非結日戰，互有勝負。**此其言戰何？**據於越敗吴于檇李，言敗而已。**敵也。**平邱以後，諸侯遂亂。用都鄙十二州例，齊、晉、楚、吴爲四岳，上齊、晉交伐，以見中國之敵；此楚、吴言戰，以見外國之敵。敵則不用大夷小夷之例。疏敵者謂尊卑相同。自晉、楚分伯，可以屬吴，故用大小例。楚不言戰，言戰則敗，因雞父入楚，以吴代乎楚爲南岳。楚遷于鄀，如避吴，遷居申次，與齊對衡。又，同盟用邦國例，八州以後用都鄙十二諸侯例。

---

① 粲：原作「餐」，據《詩·緇衣》改。
② 在堂：原脱「在」字，據上文補。
③ 此句「反」字費解，或係「及」之誤。俟考。

十有八年

春，王三月，曹伯須卒。曹于《詩》備《國風》之數。十二諸侯例有以許、曹比鄫、曹。上諸侯亂，都鄙用十二諸侯例，故係曹、許。疏《曹世家》：「平公四年卒，子悼公午立。」

夏，五月，壬午，宋、衛、陳、鄭災。陳前外之，此記災，反之于中國。言陳以包蔡，故下蔡有中國辭。疏方伯以上例得記災，卒正以下不得記。全爲尊卑儀注，不爲遠近及我而然。凡例得記者皆記，不得記者絶不一記，不因特筆而有出入。宋、齊、晉記災多矣，此連記三國災，以見内陳例。

何以書？同日四國有火災，非常可怪。但以災言，則事小不足記。記異也。大于災。疏此《春秋》特筆，以明記災之國止于此，《傳》因以異説之。何異爾？災在災例。異其同日二《傳》因有人火之説，以斷無此奇事，即有，亦不足記。而俱災也。四國同日事異，故入異例。外異不書，宋異已見石、鷁。此何以書？衛、鄭一見例。爲天下《春秋》有二例，十二公分三世，隱、桓官府，以下邦國，定、哀都鄙，由小及大，所謂家國天下三辭之分。又一例以宣居中，前四世皇、帝、王、伯，後四事伯、王、帝、皇，董子所謂三而易、九而易。疏天下無伯，諸侯遂亂，然終有南北之分，故以下城成周仍録北方諸侯，不記災，外國則楚、吴、秦、蔡、許，内則小國不記災，曹、莒、邾婁、滕、薛、杞是。記異也。所謂天下辭，非一國一家之可比。以定、哀反權于王臣，託于大同太平之世也。

六月，邾婁人入鄅。入者，滅也。鄅近内，小國，諱滅言入。**疏**下宋伐乃歸鄅俘①。

秋，葬曹平公。許、曹比鄶、曹。定世二國皆滅，故于此詳係之。

冬，許遷于白羽。此由九年之夷遷，三遷矣。内卒正六見，外惟記一許而記其四遷，周歷外四州之辭。初近鄭，在豫；遷葉，荆州；遷夷，徐州；白羽當爲西方梁，下遷容則爲揚州辭。以四遷備四州卒正。**疏**《左傳》：「楚左尹王子勝言于楚子曰：『鄭、許仇敵也，而居楚地，以不禮于鄭。晉、鄭方睦，鄭若伐許，而晉助之，楚喪地矣。葉在楚國，方城外之蔽也。土不可易，國不可小，許不可俘，讎不可啟，君其圖之！』楚子説。冬，楚子使王子勝遷許于析，實白羽。」

十有九年《年表》：曹悼公午元年。

春，宋公伐邾婁。爲鄅伐歸俘乃平。**疏**《左傳》：「鄅夫人，宋向戌②之女也，故向寧請師。二月，宋公伐邾，圍蟲。三月，取之，乃盡歸鄅俘③。」

夏，五月，戊辰，許世子止弒其君買。蔡世子弒不日，此何以日？非實弒也。宋以後，儒者不知《經》之取義不必盡符事實，乃有舍《傳》從《經》之説，以《傳》必同《經》爲準。既曰苟同，但就《經》立説可矣，何須考《傳》？故有獨抱遺經束

---

① 俘：原作「郛」。

② 戌：原作「叔」，據《左傳》改。

③ 俘：原作「郛」，據《左傳》改。上注文「歸俘」之「俘」同。

閣三傳之派。家法之壞也久矣！**疏**《經》書弒，所以成許世子之孝。止爲孝子，因子道小有未盡，身被大惡之名而不能辭。《史記·敘傳》①引《公羊》師説：「爲人子，不可以不知《春秋》。」

己卯，地震。記地震，地質學也。地震多因而成災，亦不專爲記異。**疏**《詩》「高岸爲谷，深谷爲陵」，爲地震。齊學多詳《緯》，故鄭君有「《公羊》善讖」之説，大抵出于齊。《詩緯》云：「《書》者如也，《詩》者持②也。」周衰，孔子修六藝，立言以俟後世。未可明言，惟托興微顯，乃可自附作述，此《緯》之所由來也。《緯》以二《南》爲二伯，邶、鄘、衛、王、鄭五國居中，爲地軸，唐、陳十二國分應十二月，三統説更詳，今推爲中外四岳八伯諸例。《緯》更以天星配十五國風，今推廣其例，以邶、鄘、衛爲黄帝，王、鄭、齊爲文家，主東；豳、秦、鄭爲質家，主西；合邶、鄘、衛爲素、青、黄三統。《小雅》《緯》言四始五際，大綱與《風》相配，上半五神分方四游，合爲三十輻，下半合數四方兩京八伯。《大雅》分應三《頌》，當是以二十八篇應列宿，終以大統。其中「文王」「殷商」對文，即《緯》文家質家之所由出。大統東西合并，文質彬彬之事也。《周頌》爲繼周之王，監于二代即文、武，《魯頌》主文王，爲中國，《商頌》主武王，爲海外，即《樂緯》「王者執謂，謂文王」之義。兩《頌》爲青、素，居中則狐裘之黄帝，託之於三皇者也。《緯》以周、召爲二伯，與《詩傳》同，《傳》云郟以東周公主之，郟以西召公主之，故《關雎》首言左右。全《詩》黄帝爲主，首周、召者，伯如《春秋》，故以爲始基。此《緯》中玄聖素王之説也。復起以爲事非一代，作非一人，錯亂紛紛，毫無義例，故後世説《詩》者直視《經》如古詩選本，望文生訓，雜亂無章。不知《詩》雖采《春秋》、録古作，既經序訂，機杼全在聖人；使摘句尋章，不考編《詩》之意，則微言奧義莫能明矣。

秋，齊高發帥師伐莒。《左傳》：「齊高發帥師伐莒，莒子奔紀鄣。」

---

① 下所引見《史記》卷一三〇《太史公自序》，此云「敘傳」，係作者誤記。

② 持：原作「志」，據《古微書》卷二三《詩緯含神霧》改。

冬，葬許悼公。書葬所以赦世子，且以釋人之惑。許與邾婁、薛葬皆時，小國也。疏不書葬，則泥《經》者必以爲直弑，反以《傳》爲誣《經》，聖人虛加人以大逆之罪，如後儒《春秋》諸論矣。

賊未討，何以書葬？《經》不見止奔、殺之文。不成于弑也。此以見非實弑。曷爲不成于弑？據《經》明言弑。止進藥而藥殺也。時悼公病，止進藥，因藥不達而死。止孝子之心，以爲父死于藥，藥進己手，直不啻親弑者然。疏《春秋》成人之美，以止立孝子之極，故成其志而書弑。亦如成魯隱公之讓志。止進藥而藥殺，據過在醫藥，非有無君父之心。則曷爲加弑焉爾？非弑而書弑，故曰加。大惡不可虛加，弟子固早疑之，非後儒創獲，以爲傳《公羊》先師皆愚昧無知識。譏子道之不盡也。以此明孝子之至，《穀梁》「于止見孝子之至」是也。其譏子道之不盡奈何？不盡醫藥，何以遂加弑。曰：「樂正子春之視疾也，《檀弓》爲齊人所傳，多《公羊》義，亦引樂正子春孝行事。復加一飯宜以穀氣補益。則脱然愈，得食而愈。復損一飯宜飢以泄有餘。則脱然愈，有餘之證。復加一衣相寒而進衣。則脱然愈，適煖之節。復損一衣因熱而減衣。則脱然愈。」脱然，疾除貌。言消息得其節，一飯一衣，然必合節，何況于藥。止進藥而藥殺，止孝子之心，自以爲弑。是以君子加弑焉爾。孔子因止自以爲弑，故變史文加弑。凡言加者，史無其事，而孔子所補録。此爲筆例。曰曰者，作孔子筆削之意。「許世子止弑其君買①」，是君子之聽止也。聽猶聽訟也。止自以父由己死，讓位于弟，毀痛而卒。《春秋》如其志書弑，是成孝子仁人之美也。「葬許悼公」，未討賊而書葬。是

① 君買：「君」字原脱，據《春秋公羊傳》補。

君子之赦止也。特書葬以明非弑立。立臣、子之防。赦止者，書弑所以成止之孝，立人子之則；葬以明《春秋》之法，示人之疑。免止之罪辭也。明止之心。人子事親小有不謹，身被大惡之名而不能辭，所以明孝道、重人倫。《穀梁》：「于盾見忠臣之至，于止見孝子之至。」疏《經》與史不同，史以記事，《經》以立義。《孟子》引孔子説「事則桓文，義則竊取」，是《經》必異史乃足以見筆削褒貶。後儒不明此義，專以史該《經》，以據事直書爲止境，依口代筆爲聖作，創爲舍《傳》從《經》，故有三傳束高閣，獨抱一經之瞽説，如陸、啖以下，直乃無知妄作，至宋以下，尤爲夢囈，如歐陽氏《春秋論》者，誠聾瞽人語，學者所羞稱。故治《公羊》宜詳考博士説，《繁露》、《白虎通》尤爲專家，范甯以下，火之可也。近賢《通義釋例》、《義釋》、《例義》，疏融而未明，擇觀可也。

二十年

春，王正月。

夏，曹公孫會自鄸出奔宋。曹大夫不氏，此氏公孫者，起爲子臧之子也。疏鄸，《穀傳》作「夢」。

奔未有言自者，歸多目自國，言有奉。奔言出，則與國絶，出奔無言自邑者。此其言自何？據始出奔未有言自者，與宋華亥入宋南里復出奔異。畔也。時會盜鄸以奔宋，實以鄸奔宋，《經》書爲「自鄸」耳。疏直奔曰出奔，據地以投他國曰叛。叛者，猶在其邑，未出奔；奔則以地還國，單身而去之辭。畔則曷爲不言其畔？畔者當先言畔，如宋五大夫事。爲公子喜時之後《經》公孫會，公子臧之子。諱也。喜時，《左傳》作「欣時」。喜時者，子臧之名。爲賢者之後諱，故不言畔也。《春秋》爲賢者諱，此舊傳大例。賢爲二伯，此推以説本事。何賢乎公子喜時？據喜時不書于《經》。讓國也。《春秋》所褒讓國之賢，子臧其一。其讓國奈何？問其事實。曹伯廬卒于師，在成十三年。則未知公子喜時從與？據《左傳》使喜時迎喪，喪在師，是喜時從。公子負芻從與？據《左傳》，負芻與大子留守，殺大子而自立。《傳》不直言者，師説流傳，恐失實。或爲主于國，據守者。或爲主于師。據從者。疏《喪服經記傳問彙解説》云：是編以《儀禮·喪服》爲經，《禮記》爲記傳，首《喪服小記》，次以《大傳》，次以《間傳》，次以《喪服四制》，次以《服問》，次以《三年問》，次以《儀禮》，傳文共八篇，合爲此本。考各經記①、傳、問，惟《喪服》爲詳，故彙爲此編，既便專門講習，且以見諸經記傳問②先後之起例。《禮經》之外，以記爲最古，蓋記以補《經》之不足，當與《經》同時所出。《禮》有《喪大記》，今名《小記》，是尚有《喪服大記》而今不傳也。説《經》之書則以《大傳》爲先。按，除《喪大傳》以外，今可考者，《尚書大傳》、《易大傳》，史公引；《繫辭》，劉向引；《易本命》、《春秋大傳》，褚先生引。《大傳》之體，與《經》別行，總論綱領，不沾沾於隨文附義，今《大傳》、《繫辭》、《尚書大傳》可考。《大傳》當出於七十子之手，《大傳》後又有《間傳》，亦如《大記》之有《小記》也。後來教學授受，弟子因疑有問，師據記、傳答之，書以「問」名，然皆擇其精要者，不附《經》下。《服問》、《三年問》，師弟皆引《大傳》之文以爲説，故以「問」名。如《繫辭》中所載十餘條不附《經》下，亦當爲問，與《大傳》有先後之分者也。至《喪服》與《公》、《穀》經下所附之傳依《經》發問，又在《服問》之後，大約出於漢師，故與《公》、《穀》相同。今《公》、《穀》爲當日一家之本，則《喪服》附傳亦一家之本無疑。附傳所引「《傳》曰」今有《大傳》明文二條，與《穀梁》八引「《傳》曰」即《春秋大傳》之文相

① 記：原作「紀」，據文意改。

② 問：原誤作「同」，據上文改。

同，是今本附《經》下之傳乃問後之問，當以「問」名，而不可蒙《傳》之名。以此推之，則《易經》下每條必有一傳者，又在《喪服》、《公》、《穀》之後矣，以尚不如《喪服》、《公》、《穀》多無傳之經也。考訂經、記、傳、問先後源流爲治經第一要義，若空言立説，則實義難明，故合編此書，以明其例。治《喪服》者璧合珠連，可以互證，各經因此得以明其先後傳、問之分，庶不致强後師之作以爲出於子夏云。公子喜時見公子負芻之當主也，謂殺太子自立，當主猶當國。喜時如季札，負芻如闔廬。逡巡而退。劉向云：「宣公與諸侯伐秦①，卒于師。曹人使子臧迎喪，使公子負芻與太子留守。負芻殺太子而自立。子臧見負芻之當主②也，宣公既葬，子臧將亡，國人將從之。芻立，爲曹成公，懼，告罪，且請子臧，子臧乃反。負芻遂得爲君也。」賢公子喜時，則曷爲爲會諱？據《春秋》褒貶在本身，不遠録前事。君子之善善也長，《春秋》成人美，不成惡。俗説乃以爲責備③賢者。惡惡也短，據罪人不及④孥。惡惡止其身，此不遷怒也。如十一年《傳》「誅君之子不立」，大罪則不成其子，小惡則及身而止。善善及子孫。君子存心仁厚，善惡雖不能淆，而善善從長，惡惡從短，實垂忠厚之教也。賢者子孫，故君子爲之諱也。言此明善善之義。王者宜加土地，使得世也。疏魯則叔肸，衛則鱄，宋則公孫壽，吳則季札，皆以讓國許之。

秋，盜殺衛侯之兄輒。殺母弟，目兄者，甚之。有兄而爲盜所殺，譏衛侯也。疏盜者，齊豹也。曷爲稱豹？大夫相

① 伐秦：原刻脱，據四庫全書本《新序》卷七《節士》補。
② 當主：原作「當立」，據四庫全書本《新序》卷七《節士》改。
③ 責備賢者：原作「責賢者備」，據文意乙。
④ 不及：「及」原脱，據文意補。

殺稱人，賤者窮諸盜。衛侯已出，何以不言？未踰竟也。輒，《左傳》作公孟縶，事詳《左傳》。**母兄稱兄，**《春秋》兄弟不得以屬通。正辭稱公子，親親之義。惟同母乃得名兄弟。**疏** 母弟稱弟者多矣，稱兄則此一見。**何以不立？**據立嫡以長。**有疾也。**有天疾者不得入乎宗廟，則不得立，天之所以廢也。**何疾爾？惡疾也。**二《傳》皆以爲足疾。惡疾謂瘖、聾、盲、厲、秃、跛、傴僂，不逮人倫之屬也。書者，惡衛侯，兄有疾，不憐傷厚遇，營衛不固，至令見殺，失親親也。**疏**《白虎通》：「世子有惡疾，廢者何？以其不可承先祖也。故《春秋傳》曰：『兄弟何以不立？疾也。何疾？惡疾也。』」

冬，十月，宋華亥、向寧、華定出奔陳。何爲奔陳？陳從楚。**疏** 公攻之，乃出奔。

十有一月，辛卯，蔡侯廬卒。**疏**《蔡世家》：「立九年卒。靈侯般之孫東國攻平侯子而自立，是爲悼侯。悼侯父曰隱太子友。隱太子友者，靈侯之太子，平公立而殺隱太子，故平侯卒而隱太子之子東國攻平侯子而代立。」

二十有一年

《年表》：蔡悼侯東國元年。

春，王三月，葬蔡平公。記卒葬，以見善終。**疏** 泰西專宗墨，貴靈魂，死陵葬陵，死壑葬壑。故今泰西貴靈魂，輕軀殼，不講喪葬。即《莊子》水葬，食於螻蟻與食於魚鼈同。

夏，晉侯使士鞅來聘。來聘，與三家惡結。**疏** 朝聘爲外交例。《傳》詳禮制，事實則《左傳》詳之。即如今公法禮節。大統外交諸法詳于《周禮》，治外交當專門詳考。

宋華亥、向寧、華定自陳入於宋南里以畔。畔，二《傳》作「叛」。南里者，宋之南鄙也。其事詳于《左傳》。**疏**

自中外通商以來，學人宜兼讀西書，故《勸學篇》擬編《羣經大義》。今以《白虎通》爲藍本，《春秋》師説共百餘條，不專門治經者讀《大義》可也，勝於删經之説多矣。

宋南里者何？據入、畔有四，通不繫國。若曰因諸者然。因諸，古語，謂因應之義。四入畔皆不繫國，俱從本國入據，此從外入，上既言自陳，則此不得不言宋，義應如此。此不言宋，則嫌所入非宋邑，如齊慶封封防事。

秋，七月，壬午朔，日有食之。此爲陰陽五行學，《大學》平天下之道。自宋人誤講格致，陷中國人才于無用。今張明《大學》。以脩身爲大學，非家國能盡，如欲發明格致本旨，必删除荆棘，步履康莊。講《大學》不可不以天下爲志，欲知治法，不可不知先後一言。已明不能立正心誠意致知格物等課程，課虛索隱，泛濫蒙混，以童蒙物理方名等事更向大學課成人。如今西人格致，乃古蒙學，專屬伎藝，治術初不在是，即西士政治哲學，亦與格致南轅北轍，並且相詆。蓋大學非高等選，造不得入，以爲百世法，並非一時之言。古者學亦多，人才量各别，原分爲十數途，故中士之論格致乃蒙學，西人之格致爲技藝，非大學立學宗旨，皆屬附會。總之，經文以修身爲本，屢言知本之爲要；是修身以上大學删去，不以此立課程也。

疏《經》記地震以五方起例，言日食以六合起例，六六三十六，故《春秋》二百四十年共見三十六日食。乾爲西北隅，巽爲東南隅；乾爲天門，巽爲地户。四時之外，以巳、亥爲上、下，託于天地。周正六月爲巳，六月記六日食；十二月爲亥，十二月五記日食，合十一月之一日食，爲六日食。惟此七月最多。上下兩方共十二見，以起四方各有六見也。三、四、五爲夏正之春，東方神州記日食者六；六、七、八爲午未，夏正之夏，以七見；申、酉、戌爲夏正之秋，以六見；正月二月記日食五見，以十二月之七見加一見于正二月之中，則合爲六六三十六之數。

八月，乙亥，叔痤卒。痤卒，子鞅世其位。備其文以譏之也。

冬，蔡侯朱出奔楚。董子説：蔡侯朱驕，君臣不悦，出奔。《解詁》據《左》、《史》以朱爲平侯子，與東國别爲一人，是也。《穀梁》以爲一人，誤。奔而名，失地也。不言卒葬，與獻武同，絶之也。疏按，朱即世子，所謂平侯子，不詳其名謚。

公如晉，至河乃復。公不得至晉屢矣。有惡則不必如，既至河，乃不得至晉，三家之惡著矣。疏士鞅方來聘，而公不得入晉者，權在大夫也。

二十有二年董子《循天之道》篇：「循天之道以養其身，謂之道也。天有兩和，以成二中，歲立其中，用之無窮。是北方之中用合陰，而物始動於下；南方之中用合陽，而養始美于上①。其動于下者，不得東方之和不能生，中春是也；其養于上者，不得西方之和不能成，中秋是也。然則天地之美惡不能成②在兩和之處，二中之所來歸，而遂其爲也。是故東方生而西方成，東方和自北方之所起，而西方和成南方之所養長。起之不至于和之所不能生，養長③之不至于和之所不能成。成于和，生必和也；始于中，止必中也。中者，天地之所終始④也；而和者，天地之所生成也。夫⑤德莫大於和，而道莫止于中。中者，天地之美達理也，聖人之所保守也。《詩》云：『不剛不柔，布政優優。』此非中和之謂歟？」疏奉天爲皇、帝學，《月令》其大宗；宋人不知爲平治之用，專就一身穿鑿附會，如造楮葉、刺棘猴，墜落禪宗，陷學人于無用。今張明皇、帝道德本旨，「苟非其人，道不虛行」，非皇不能言道，以袪匹夫抱道之誤説。

---

① 原刻「上」字在下句「其」字下，據淩曙《春秋繁露注》卷一六乙。
② 「不能成」三字，據淩氏説，乃「誤移在此」。
③ 養長：原作「長養」，據《春秋繁露注》乙。
④ 始：原刻脱，據《春秋繁露注》補。
⑤ 夫：原作「大」，據《春秋繁露注》改。

春，齊侯伐莒。再伐莒，求諸侯。事詳《左傳》。

宋華亥、向寧、華定自宋南里出奔楚。此有晉、吴之師，不言者，諱之也。疏事詳《左傳》。

大蒐于昌姦。此蓋寅月。春田雖有其禮，非時不宜，以鳥獸懷妊、草木萌芽，非所以育養。故《尚書大傳》以蒐狩爲合禮，以此見田獵以秋、冬爲重。亦如祭祀之見烝，嘗不言春夏，再出烝者之爲不宜祭者也。疏春行秋令，好殺失時，直書其事而惡見。小事必書者，違天時也。此春田，其言蒐者，辟春田也。大蒐者，簡車徒也。

夏，四月，乙丑，天王崩。景王襄公二十九年即位，至此二十五年不記事，惟言劉子而已。疏天王二十五年不記事者，微也。以下詳録之者，著其禍也。嫡庶不明，愛憎失道，詳《周本紀》。

六月，叔鞅如京師。以葬之月加于如上，見以葬事如也。天子志崩不志葬，月葬，危之也。

葬景王。公當奔喪，王崩而使臣會葬，非禮。直書而美惡見。

王室亂。男以女爲室，女以男爲家。稱室者，閨門之内，嫡庶之禍，不關外事。《詩》「王室如①毁」，以王爲之子；王室有亂，託保護于父母，父母，二帝后，《春秋》則以王爲尊。王室之亂，楚爲之，故下記楚子卒，天王入成周，尹氏以朝奔楚。《易》有「王庭」、「王居」、「王家」、「王國」，以國爲正辭，餘皆借用。疏《晉世家》：「周景王崩，王子爭立。晉六卿平王室亂，立周敬王。」

何言乎王室亂？據言在成周，亂不繫於室。疏宋亂直言宋，不加室，王亦爲號，以宋比，直可言王亂，如梁亡。

---

① 如：原作「以」，據《詩·汝墳》改。

此加室字。言不及外也。室謂其家事，嫡庶相争，自亂耳，無與之外事。言此深以譏景王嫡庶不明也。疏《大學》格致，本義謂欲平天下必先治天下之國，欲治一國必先齊一國之家，欲齊其家必先修其一家人之身；故治平之功先從修身起。謂國與家中所積之身，非皇帝一人之身，一身正而天下國家自平治；如八比家所有感應話，皆宋人誤解。天下古今不惟無此事，並無此理。必使人各修其身，此中大有作用；如學校選舉，彰善癉惡，孔子籌衛所謂庶、富、教，缺一不可。古書所詳，莫如管子説齊桓，創伯事業，全爲經説，積伯成王，積王成帝。宋人則鄙棄事功，以此等瑣屑爲不足爲，但抱道在躬，天下自化。使世界果有此事，未嘗非簡便之捷徑，無如絶無此理。《大學》之「各」，其字通指天下國家，不指聖人之本身。宋賢本由禪入手，竊以《經》、《傳》皇、帝説頗似禪宗，因取禪、道二質，合爲所謂宋學，亦如化學家言水爲淡、養二氣所化合；一化爲①宋學，則如炭氣有毒，中者非死則病。皇帝無爲，其要在無不爲；無不爲，養氣也，可以生。宋學之盡性至命，則誤合不可合之氣質，以至變爲殺人之物。故自宋學盛，除八比之外，儒生别無長技，所稱性命學全爲誤解經傳，非果出于聖人。今分化宋學，各還原質，庶黄種不至靡有孑遺。

劉子、單子以王猛居于皇。居者，君在外之辭，言居，貴猛之爲適子。猛有天倫，無父命；朝有父命，無天倫。二者相妨，不能兩是，故伯夷叔齊相率而逃，孔子以爲求仁得仁。反其道而爲之，即同王猛、子朝也。疏《周本紀》：「景王十八年，后太子聖而早卒。二十年，景王愛子朝，欲立之，會崩，子丐之黨與争立，國人立長子猛爲王。子朝攻殺猛，猛爲悼王。晉人攻子朝而立丐，是爲敬王。」

其稱王猛何？本王世子，當不名，稱世子也。當國也。王如諸侯國號，以猛氏；如諸侯公子之氏國，故與氏

---

① 一化爲：原無「爲」字，據文意補。

國同爲當國也。録居者，書①所見也，不舉猛爲重者，時猛尚幼，以二子爲計，是故②加「以」。以者，行二子意辭也。疏猛當立，何以當國言之？無父命也。爲子受之父，爲臣受之君，有天倫而無父命，《春秋》之所不許也。其言居何？得正也。其稱劉子單子何？得正也。

秋，劉子、單子以王猛入于王城。子朝據成周，猛別居王城，王城猶周城也。上言居皇，與天王居狄泉同；此言入王城，與天王入城周同。當國言入，外之。何爲外之？無父命也。疏劉、單如二卿士，以所謂夾輔。

王城者何？據上言王室，此言王城，與成周同。西周也。王城別邑，繫之王耳。其城在成周西，後周分東、西時西周都此。其言入何？據非成周。篡辭也。時雖不入成周，但挾衆稱兵，無父命，即有篡辭。

冬，十月，王子猛卒。子卒當云王世子，此與書王子虎卒同。《經》先書王子虎，特以此起爲不與當也。

此未踰年之君也，如齊舍、鄭忽。其稱王子猛卒何？據卒爲朝所殺。不言殺，使與王子虎卒同。不與當也。無父命。子卒當言世子，奪其世子當立辭，與王子同，如非世子者然。不與當者，再解不與當，後師記識語。不與當父死子繼、不言世子，如父已廢之者然。兄死弟及之辭也。此説子繼，連涉弟及。紀季、蔡季爲相及之辭。疏《顧命》册命言「皇后憑玉几，導揚末命，命汝嗣訓，臨君周邦」。王者授受之際，歸命于天，故王稱天王、天子。猛嫡庶相争，有天倫無父命，亦《春秋》所不許。

---

① 書：原誤作「事」，據文意改。

② 是故：原誤作「勢故」。

十有二月，癸酉朔，日有食之。董子言日食分野，説今存者九見，政分野出于《周禮》，爲古皇帝之學。疏道爲天道，故皇以道受天命，非諸侯以下所得言。《易》：「苟非其人，道不虚行。」唐宋以後，乃有匹夫抱道在躬之説，誤矣。聖人爲天子，則能因天時，改節令，天下臣民因時布政，改變一新，得行道之説也。若夫師儒，一匹夫耳，無社稷人民，無公侯佐使，何能因天時改政，使四州内外皆從？道非篋櫝可藏、一夫可負而走，後儒動曰「抱道」自重，或曰「遠紹道統」，豈非虚語？故道必藉天子之位乃可行，故非天子不言。後人既身非皇帝，不如書筴布帛，可以捲懷而藏，故曰非其人不能虚行，是以諸侯王且不得。無其人，道無所託，況一介寒儒，傲然以古之皇、帝自命，是捨天地皇帝别有所謂道者。老子云：道其所道，非吾所謂道者。大抵宋學之誤人自誤，首在不知道；使知道非空虚可以懷挾之物，不敢以道自居，引天下後世學者出此迷津。蓋所謂道本出禪宗，道統即從六祖衣鉢之説而出。聖人之所謂道則若大路然，萬古不變者，夫固非懷挾之物也。

廿有三年《年表》：周敬王元年。

春，王正月，叔孫舍如晉。大夫如不月，月者，危其執。大夫如月者皆會葬，非會葬而月者唯此，蓋危其見執。捨賢見執，閔之也。疏舍，二《傳》通作「婼」。

癸丑，叔鞅卒。爲大夫叔肹之後。疏古于喪葬之禮略，「卹由之喪，哀公使孺悲學于孔子，于是《士喪禮》以傳」。《經》書卒、葬，即定喪禮。

晉人執我行人叔孫舍。執政而稱行人者，非其罪，爲邾婁子事見執。疏《周禮》有大小行人之官，爲皇帝世外交法。考五書之周知天下，最切今之世局，欲講地球外交事，當以《周禮》爲本。

晉人圍郊。郊者，畿内潯邑。不言潯者，討朝，不專一邑。禮：天子六郊六遂，諸侯三郊三遂。王三百里郊，二百里遂；諸侯三十里郊，二十里遂。郊不得言圍，言圍非郊也。此圍郊邑辟其名，爲防亂。

郊者何？疑國名。天子之邑也。郊、遂，封内諸侯之地。國而曰圍，此必尹氏封邑。王都本在西京，此以京師言者，東京與西京通畿。疏圍郊不諱，爲討亂。京畿爲賊所據，諸侯以師討賊，雖圍不嫌。曷爲不繫於周？據上入王城，此可云入王郊。不與伐天子也。不繫王則爲討賊，若繫王，則王者之郊不得圍。反正以後乃屬之王，郊爲賊之巢穴，不得目王。疏賊居郊，故圍之。若繫王，是以臣而圍王邑，故但言郊而已。

夏，六月，蔡侯東國卒于楚。據《左傳》，費無極取貨于東國而出朱，朱愬于楚，楚子將討蔡。蓋朱愬于楚，楚召東國留之，因卒于楚。諸侯卒不地，在外乃地。朱不卒，卒東國者，東國未失地。疏《蔡世家》：「悼侯三年卒，弟昭侯申立。」據《穀梁》説，則東國于上年已奔在楚，三年乃卒，内爲别立君。《左傳》説則未詳東國至楚之年。

秋，七月，莒子庚輿來奔。失國名誅絶之罪。不能保其社稷，罪重。疏《左傳》：「莒子庚輿虐而好劍。苟鑄金，必試諸人，國人患之。又將叛齊。烏存帥國人以逐之。」

戊辰，吴敗頓、胡、沈、蔡、陳、許之師于雞父。胡子髡、沈子楹滅，獲陳夏齧。此四年楚帥以伐吴執慶封之六國。因將歸權天王，不以夷狄主中國，故不出楚子，以與四年之文異。四年列敘六君，此舉國，狄辭，故曰新夷狄。吴滅州來，諸侯從楚來救而戰。蔡、陳尊也，何以在頓、胡、沈之下？以夷狄敗夷狄，故以卑者親敗也。許何以在陳下？常敘之例。疏據《左氏》，此有楚師，不書，略之。夏齧，徵舒之後。弑者子孫不再見，此何以再見？已討之矣。

此偏戰也，據結日①戰。楚吴二大國帥諸侯以戰，爲春秋大戰。曷爲以詐戰之辭言之？據敗者楚爲主，《經》不言楚。艾陵言戰，今此從詐戰言敗。《左傳》「不言戰，楚未陳也」，即詐戰之説。不與夷狄之主中國也。從偏戰辭，當書「楚、陳、蔡、許、沈、頓、胡及吴戰于雞父。楚師敗績」，是以楚主陳、蔡、許，爲夷狄主中國。今不出楚主兵，但敘六國，如六國自與吴戰者然。疏 四年伐吴以楚子主六國，今不使主者，二十年内其辭異矣。然則曷爲不使中國主之？但不出楚，以六國大小累數，亦可云「陳侯、蔡侯、許男、頓子、胡子、沈子及吴戰」。中國中國有本義，有假借。《傳》初以青、豫爲中國，隱、桓只見二州國，不及南與北之侯綏；莊以下，乃以北方爲中國。陳不同盟，蔡遷州來，許遷白羽，皆在夷狄地。亦新夷狄也。曰吴者狄之。下曰頓、胡、沈、蔡、陳、許，六國同舉，不如四年之稱君，皆從狄例，故曰「新夷狄」。新者，三世異辭。疏《春秋》之義，中國、夷狄以州地爲分。一説夷狄而有中國行則中國之，中國而有夷狄行亦夷狄之。今王室亂，莫肯救，君臣上下敗壞，有夷狄之行，如新爲夷狄者，故不主之。不名②各國出師者，賤，略之也。言「之師」者，辟許獨稱師、上下國不稱師之嫌。其言滅、獲何？據蔡滅沈殺沈子嘉。國言滅，君言殺，又獲晉侯言獲，此陳夏齧亦言獲，君、大夫同。别君臣也。《春秋》正名之書，故上下之分最嚴。同一死也，君臣不可同辭。《左傳》曰「君臣之辭也」，義同。君死於位曰滅，此滅是也。生得曰獲，獲晉侯是也。大夫生死皆曰獲。大夫卑于君，故略之。莒挐死曰獲，華元生亦曰獲，是也。不與夷狄之主中

① 結日：原誤倒作「日結」。
② 不名：「名」字原脱，據文意擬補。

國，與主，則如四年伐吴之先敘楚子；不與，則爲本經不見楚，而以小居大先。則其言獲陳夏齧何？據陳獨爲中國方伯，常敘之國。楚子既不書，則陳亦可不書。以吴而獲陳大夫，則中國之恥。吴少進也。吴少進者，以吴代楚。如吴主南岳，楚弱失伯，亦爲岳。疏此經書法爲《春秋》特筆，與常例異者有五：四年伐吴執慶封同此六國之師，皆稱君，以楚子主之，此不出楚子，一也；以頓、胡、沈三小國加于蔡、陳、許上，大小異位，二也；伐吴目君，六國舉國，全爲狄辭，爲全經所無，三也；有君有大夫敗不敘，而以滅、獲見，四也；不以中國及吴，而以伐楚之吴及中國，五也。故此條爲非常書法，《傳》曰「新夷狄」，上書「王室亂」，平邱之傳曰「諸侯遂亂」，以此爲諸侯遂亂之事實。上下皆亂，無可究詰；撥亂反正，故下書「天王居于狄泉」。上下均亂，故急著天子以正之。無天子則禮樂征伐自諸侯、大夫出，有天子則禮樂征伐必自天子。世愈亂，文愈治，雞父之戰，諸侯亂亟矣！故以天王反之正也。

天王居于狄泉。稱王稱天稱居，著天子以撥亂世也。《論語》：「天下有道，則禮樂征伐自天子出。」此與王猛居于皇事同文異。王猛已敗，敬王乃立，《春秋》以猛無父命、朝非天倫，二者不宜立，故急主敬王，以爲撥亂之本。疏《周本紀》：「敬王元年，晉人入敬王，子朝自立，敬王不得入，居澤。」班氏曰：「周公遷殷民，是爲成周。《春秋》昭公二十三年，晉合諸侯于狄泉，大成周之城，居敬王。」

此未三年，其稱天王何？據毛伯求金，二年内不稱天王。著有著與微對，有與上無天子對。天子也。亂極矣，非有奉天之王，不足反正，故未三年而稱王。疏去年天王崩，今天王立，不可曠年無君。猛、朝爭立皆不正，王統不明，故急以天王稱之。天王已立，則猛、朝之罪自見。王，猛之弟也，此無父命，何以許之？猛與朝，《春秋》之所惡，皆不宜立，則宜立者敬王矣。

尹氏立王子朝。此尹子，其稱尹氏何？譏世卿。何爲獨於此焉譏？以立子朝爲世卿之禍，故于其事譏之也。立者，不宜立者也。子朝有父命、失天倫，故不正之也。疏王子朝之立久矣，至此乃書，以天王正之也。朝，庶孽，尹氏結楚，挾之以爲亂。有天王而後再立朝，則尹氏用邪命立不正之罪明矣。

八月，乙未，地震。乙未地震，中央黄帝。《詩》六月爲長夏，黄帝土行。經、傳五帝皆謂後來。《始皇本紀①》「古之皇、帝皆地不過千里」，知五帝爲五土例。據今全球言，非中國分爲五。

冬，公如晉，至河，公有疾，乃復。公如晉，得大辱，《春秋》爲之諱，而言有疾。

何言乎公有疾乃復？據言「乃復」則有疾可知，如「至穀乃還」、「至檉遂奔」之類。復實疾，亦不言疾。殺恥也。特加三字著言有疾，所以殺不入晉之恥。前不言疾，而獨此言之者，不得入晉之終事，因此出奔矣。疏公有疾三字疑爲先師記識，故有此傳。非記識，則特筆。

二十有四年《年表》：蔡昭侯申元年。

春，王二月，丙戌，仲孫貜卒。詳記大夫卒，見君使臣以禮。

叔孫舍至自晉。舍，二《傳》作「婼」。《五行志》：「劉歆以爲，《左氏傳》二十三年邾師城翼，還經魯地，魯襲取邾師，獲其三大夫。邾人愬于晉，晉人執我行人叔孫婼，是春迺歸之。」疏按，叔孫二字衍文。《經》凡致皆挈《傳》有明文，意如執而致，

① 始皇本紀：原作「秦本紀」，據《史記》改。

亦不氏。

夏，五月，乙未朔，日有食之。每年之日月食多則有七，少則有二。若有七，乃五爲日食，二爲月食；若止二，則皆爲日食。日距月道之一交點或前或後，不足十五度二十五分而與月相合，必有日食，故日之二食界各等於三十度五十分。月行一太陽時，或云一月時，日可前行黄經度二十九度六分，且一月時交點可退後一度三十一分，此二數之合即三十度三十七分，仍不足三十度三十分。故日在其食界内所歷之時須月餘，則日與月至少必會合一次而有日食，日至彼交點亦如是，而又有食，是日食每年必有二次矣。然日每近一交點不必僅食一次，如日距一交點不足十五度二十五分而與月相合，必有日食，及過十有四天，則月行至彼交點，且日必行至一交點前幾分而有月食；再過約十四天，日雖過第一交點，相距仍不足十五度二十五分，故與月復合時又有日食。是日近此交點時，日食有二次，月食有一次；近彼交點時，亦可如是，則此一年中日食有四，月食有二矣。然日過第二交點食界後，猶待五月有半方至歲晚，而日於此五月半之内又可還至第一交點食界内，與月合而又食焉。此一年中日食有五矣，月食有二矣。大抵每十八年内日食四十一次，月食二十九次。日食比月食之次略如三之比二，然普天下所見之月食終多于日食，蓋月食半地球皆可見，而日食不過地球之一帶乃能見之故耳。

秋，八月，大雩。《經記》大旱二，大雩者十八。二九三六，《易》上下經之分數。

丁酉，杞伯鬱釐卒。鬱，二《傳》作「郁」。疏《杞世家》：「平公十六年卒，子悼公成立。」

冬，吴滅巢。巢者何？徐州之國。稱吴，狄之。前門于巢卒，此報仇。巢小國，結仇强國，取亡之道。書之以爲謀國者鑒。疏事詳《左傳》。

葬杞平公。小國葬例時。

二十有五年天道、天命、五性、六情、四始、五際如董子陰陽五行之説，皆爲皇、帝學，專就全球而言。後儒專就一身求之，如繡鞶帨，皆爲誤説。**疏**《周禮》言五土五民動植不同，又天産陽德地産陰德，由十二土立十二教，皆分方言之。蓋五方之民言語不通，性情相反，皇帝功用則在顛倒反覆，以歸和平。故《爾雅》以仁、武、智、勇、信分屬五方，《齊詩》六情説以哀、樂、好、惡、喜、怒分配六合。孔子曰：「性相近，習相遠。」即謂今五大州人民生性相近，由習乃遠。所謂初生之子墮地，啼聲天下皆同，長則有重譯不能通者，即相近相遠之本旨，非就一人一地而言遠近。故調和性情之説專爲皇帝平天下要術，經、傳不謂一人之性也。又如人受陰陽五行之氣以生，本指五方之人，經、傳有明説；宋人乃就一人之性分别五行，一人之身分别六情，於無可分别之中强立名目，反使統屬五方失其調劑之古義。又，天道即九道，天行即日月星辰之躔步。天不言，但以行道示象，皇即以爲天言，爲受命天子法天，如《月令》所説。《論語》四時行百物生，故董子以爲「人之于天，以道受命」；聖爲天口，代天宣化爲言命，所謂「人之于人，以言受命」。《月令》天子因天象改用服色，政事隨時遷改。爲道爲命皆就全球言，宋人專于渺爾一身加以性命、天道、陰陽、五行。雖人可與天地通，然經、傳本旨則爲皇、帝治術。故凡性命、道德、陰陽、五行諸説，皆不能就一身求之。地球出後，大統諸説及顯，宋人之誤解，無怪其然。但明證已陳，則非無徵不足取信，所當就經、傳發明道德本旨與皇帝學派，不可再踵誤承譌，使庠序中不能儲育英才。

春，叔孫舍如宋。**疏**事詳《左傳》。

夏，叔倪會晉趙鞅、宋樂世心、衛北宮喜、鄭游吉、曹人、邾婁人、滕人、薛人、小邾婁人于黄父。

北方諸侯同謀王室，喜，故志之。曹以下何稱人？曹、莒、邾婁無大夫也。無大夫有三例：楚、秦、吴新方伯，無大夫，大夫見《經》，不氏稱人；惟楚强，會盟乃見大夫，此方伯例也。曹、莒、邾婁見《經》大夫不氏，此卒正上等例。滕、薛、杞全無大夫，此卒正下等例也。疏《左傳》：「會于黄父，謀王室也。」

有鸛鵒來巢。有者，不宜有，外之也。一有一亡曰有。不盡來言來者，非中國所有。鸛，二《傳》作「鸜」。疏《考工記·序》「鸜①鵒不踰濟，地氣使然」，《列子》亦同。以一隅言爲異，合大地言則爲常。

何以書？鳥微，不足志。記異也。《周禮》五土之動植各有所宜，又，《詩》多識于鳥獸草木之名。來巢，中外一家之象。疏《春秋》記異之學，在中國古爲陰陽五行，今泰西爲格致家。《周禮》以土圭之法測地中，日南多暑，日北多寒，日東影朝，日西影夕；此全球陰陽寒暑晝夜相反之起例也。又，地中者，天地之所合，四時之所和，風雨之所會，陰陽之所交也。五方五土人種動植各有不同，於古皆屬陰陽五行，爲道家之宗旨。《春秋》「鸜鵒來巢」、「西狩獲麐」，有蜚有蜮，五土之動物學也；非時大雨、震電、雨雪、無冰、隕霜、不殺草殺菽、雨水冰、梅李實，此五土之植物學；長狄，爲五方之人種學；五記地震，爲五行；三十六日食，爲六合；及梁山沙鹿崩，爲地質學；日中、夜中、日下昃，此地中陰陽寒暑例也。蓋中國之所謂常、異者，自道家與格致家言之皆爲常，天下無可怪異之事。《經》之書異，由小推大，借人種動物植物陰陽寒暑晝夜以爲皇、帝疆域之起文。故董子《繁露》詳陰陽五行以明皇統，記星孛日食以明大一統之例。因當時閉關自守，皇、帝疆域未能全通，諸説無可附立，中儒乃專就災異推考占驗，求幽索隱，以至爲世詬病。今詳大統，發明中學陰陽五行與西學格致相同之故，專求實義，不尚虛言，故於先儒災異之説多所刊落，間有存者，亦借師説以明事實，説災異意不在占驗。何異爾？一鳥，動物之微。非中國之禽也，《異義》：「《公羊説》：鸜鵒，夷狄之鳥，穴居，今來魯，巢居，是權臣欲自下居上之象。」非中國之禽，故言來，爲異。《禮稽命徵》：「孔子謂子夏

① 鸜：原作「鸛」，據《周禮·冬官考工記》改。按，此下三「鸛」字，其所引原書俱作「鸜」。

曰：鸛鵒至，非中國之禽也。」此孔子口授子夏之師説也。宜穴常居本穴。又巢也。其來已異，不穴又巢更異，故書之。

秋，七月，上辛，大雩。雩無言日者，上辛與下辛起，以見疏數。疏上旬之辛爲上辛，下旬爲下辛，然則中旬爲中辛矣。

季辛，又雩。《五行志》：「上辛大雩，季辛又雩，旱甚也。」疏十六大雩。不數，以爲非雩，合數則十七矣。

又雩者何？據雩同月不言又。又雩者，非雩也。變文以見非真雩。聚衆以逐季氏也①。公託雩生事，聚衆逐季氏，故書「又雩」以起之。然則常事而書者，多爲别事見。疏劉歆以爲②：時后氏與季有隙，又季氏之族有淫妻爲讒，使季平子與族人相惡，皆共譖平子。子家駒諫曰：「讒人以君徼幸③，不可。」昭公遂伐季氏，爲所敗，出奔④。

九月己亥⑤，公孫于齊。孫之爲言遜，諱奔也。凡君奔者，皆臣下逐之，不言臣逐，以君自奔爲文者，不使臣加乎君也。内諱奔言孫。日者，大事，三家專魯，卒致逐君，《春秋》著其禍，以爲後世戒。疏乙與辛相去五日。

次于陽州。陽州，齊地。至陽州爲大夫所止，不得見齊君，故以次言之，明非公意。疏「舍之莒邱」，「次于陽州」，次、舍

---

① 也：原刻脱，據《公羊傳》補。
② 以爲：「爲」字原脱，據《漢書·五行志中》補。
③ 徼幸：「幸」原作「辛」，據《漢書·五行志中》改。
④ 奔：原脱，據《漢書·五行志中》補。
⑤ 己亥：原作「乙亥」，據《春秋公羊傳》改。

皆與天文「次」、「舍①」義相同。

齊侯唁公于野井。據《傳》，此使國子、高子來，齊侯未躬唁；辭如齊侯躬唁之者，以齊侯唁爲榮，故託如親唁者。野井者，齊地，與沓、斐同，故不言來。疏公初失國，唁，禮也。至于二十九年，失國已四年矣，唁者非唁，來絶公也。

唁公者何？唁字初見，與朝會同文。昭公將弒季氏，弒當爲「殺」字之誤。下同。告子家駒疏《左傳》駒作「羈」，此與《世家》同。曰：「季氏爲無道，道本爲皇專名，天下有道無道爲正解。此推類假借言之，下至「盜亦有道」亦以道稱。僭于公室緣《經》義言之。久矣！諸侯稱公室，如王之王室。吾欲弒之，何如？」子家駒曰：「諸侯僭于天子、當時上下無別。大夫僭于諸侯久矣！」此傳者據《春秋》制言之，如《左》、《國》之辭，因《經》以爲僭，故以僭釋之。疏《公羊》託始之義。以《春秋》所譏，始皆古者通行之事。《禮經》非周公所作，孔子外皆不以言立教。昭公曰：「吾何僭矣哉？」周公有天子禮樂，後人襲用別廟，久不自知其僭也。子家駒曰：「設兩觀，此事見《經》。兩觀，爲僭天子。疏禮：天子諸侯臺門，天子外闕，兩觀；諸侯內闕，一觀。乘大路，禮：天子大路，諸侯路車，大夫大車，士飾車。朱干、玉戚以舞《大夏》，《大夏》爲文，《大武》爲質，即所謂齊、商。八佾辟僭天子，故《經》言六佾也。以舞《大武》，魯所行，有見《經》不見《經》之別，然可以例推。此皆天子之禮也。《春秋》決嫌疑，正名分，乃以尊者爲天子禮，不使諸侯得僭，實則古無此分別。且夫牛馬維婁，繫馬曰維，繫牛曰婁。委己者也，而柔焉。委食己者柔順。即虎豹調馴于飼養者之說。季氏

① 舍：原誤作「合」，據上文改。

得民衆久矣，季氏專賞罰，得衆心久矣，民順從之，猶牛馬之委食己者。君無多辱焉。」恐民必不從君命而爲季氏用，反逐君，故云爾。如師曠之論衛侯與孫寧。昭公不從其言，終弑而敗焉。果反爲季氏所逐。**疏**事詳《左傳》。走之齊，《經》之「孫齊」。齊侯此使國、高來，齊侯未至。唁公于野井，弔亡國曰唁，弔死國曰弔，弔喪主曰傷，弔所執紼曰絶。曰：使人致齊侯之命。「奈何君去魯國之社稷？」《曲禮》：「國君去其國，止之曰：『奈何去社稷也。』」昭公曰：「喪人自謂亡人。不佞，佞，善也。失守魯國之社稷，執事稱使臣之辭。以羞。」謙，自比齊下執事，言以羞及君。再拜顙。顙者，猶今叩頭，謝見唁也。慶子家駒曰：《孟子》「慶以地」，養也。「慶子免君于大難矣。」得出奔，免于弑。子家駒曰：「臣不佞，陷君于大難，君不忍加之以鈇鑕，賜之以死。」此喪臣答弔者之辭。再拜顙。高子正使。執簞食簞，葦器也，圓曰簞，方曰笥。與四脡脯，屈曰朐，伸曰脡。國子副使。執壺漿，壺，禮器，腹方口員曰壺，反之曰方。壺有爵飾。**疏**此所謂二子，從天子之守國、高也。曰：「吾寡君稱寡君是致命，齊侯未行。聞君在外，餕饔未就，餕，熟食，饔，熟肉。敢致糗于從者。」糗，糒也。不敢斥魯侯，故言從者。昭公曰：「君不忘吾先君，延及喪人，錫之以大禮。」再拜稽首，此爲容學，積容以成儀，所謂威儀三千。學堂當立此學，以爲修身根本。**疏**古者修己之道專在禮容，《容經》尤爲切要。今學堂章程首以修身、倫理，終以體操，實則皆爲容學。今天下競言西學、談新理，童蒙性質未能堅定，遂不免流于狂悖；講革命，廢三綱，用夷變夏，其風甚熾。一二主持名教之老宿思挽其弊，計無所之；或于學堂定半日静坐之章程，或揚八比之死灰。近來西士喜談性靈、倫理，中土譒譯其書，乃以陸王流派白沙、戢山之唾餘衍爲圖説，中國庠序，八比之流毒深入骨髓，所有頑固黨貽誤君國者半出于講學家，尤高自位置，以爲獨守聖人之道。不知所謂道者，八比之高頭講章耳，與聖人之道不惟霄壤，並且反道而馳，高談性命，合黃冠緇流別成一空疎無用之學派。竊以當今學術，非力闢空疎之僞學，章明古法，日以頑固黨之風潮提倡後學，萬不能有人才。當今世界進步，凡學術無不改良精進，如經術需學，不得再行沿謬踵誤，以陷溺人心。昔聖門子貢身列十哲，猶曰性與天道不可得聞，今人學投贄，遽舉性命道德之誤說以爲指歸，縱學堂林立，終亦不出高頭講章之窩臼。今爲此說，非如毛西河喜與朱子爲難，特欲成全宋學，去僞存真，由中推外，勃然大行。考宋人言心言性無濟時用，久已見譏於世，今舉其派歸之皇帝學，化虛成實，字字皆爲平治天下之要領。地球未出，其說無所附隸，別成一不釋不老無用之學派，不足爲諸賢咎；地球即顯，百世之運會，其時已進皇帝，大統之政治典章損益裁成之妙用，不能不深切著明，以爲後來之取法。天心人事，機括張明，所有性命玄遠之學歸屬皇帝，言王伯，言齊治，均可不必過問。惟庠序杜其歧趨，始得專心致志於小學，所有修己治人之道專責之。《容經》精切簡要，雖在童蒙，期月之間亦可盡通其說，不必苦思深索，專力實行，其於修身，規行矩步，較宋人尤爲謹嚴，而無宋人拘束繁苦之弊，則化宋學爲二派：下學屬《容經》，上達屬皇帝，庶得一洗勞寡要博鮮功之恥乎！以衽受。衽，衣下裳之①當前者。乏器，謙，不敢求索。高子曰：「有夫不祥，猶曰人皆有夫不祥。君無所辱大禮。」臣受君錫答拜，謂之拜命，謂之辱。高子見昭公拜辱太卑，故曰君無所辱大禮。昭公蓋祭而不嘗。食必祭者，示有先也。不嘗者，待禮讓也。景公曰：致齊侯之辭令耳。「寡人有不腆先君之服，未之敢服；有不腆先君之器，未之敢用。敢以請。」一請。昭公曰：「喪人不佞，失守魯國之社稷，執事以羞，敢辱大禮？敢辭。」一辭。《左傳》多藉時事以明禮節，《傳》於此亦然。皆師說喧禮賓主對答之禮節，《傳》藉之爲說。景公曰：「寡人有不腆先君之服，未之敢

① 「之」原刻在下句「器」上，據文意移此。

服；有不腆先君之器，未之敢用。敢固以請。」再請。昭公曰：「以吾宗廟之在魯也，有先君之服，未之能以服；有先君之器，未之能以出。禮：去國素服，祭器不踰境。敢固辭。」再辭。己有時未能事人，今己無，義不可以受人之禮。景公曰：「寡人有不腆先君之服，未之敢服；有不腆先君之器，未之敢用。請以饗乎從者。」三請。欲令受之，故益謙，言從者。昭公曰：「喪人其何稱？」三辭。行禮，賓主當各有所稱。時齊侯以諸侯遇禮接昭公，昭公自謙失國，不敢以故稱自稱，故執謙問之。景公曰：四致命。「孰君而無稱？」猶曰：誰爲君者，而言無所稱乎？昭公非君乎？昭公於是噭然而哭，感景公言而自傷。諸大夫皆哭。從昭公者。既哭，以人爲菑，菑，周埒垣也，所以分別內外、衛威儀。漢大學辟雍作「側」字。以幦爲席，幦，車覆笭。以鞍爲几，以遇禮《周禮》有遇禮，與《曲禮》小異。相見。遇，禮簡于會。孔子曰：「其禮與？禮爲《禮經》，與《容經》相對。《左傳》多以威儀定禍福，《容經》爲古容學。今立容學，以爲修己治人之本，以代宋學治身之法。**疏** 威儀爲德隅之則，容儀爲定命之符，以故容之在人身也，如木之有根，如燈之有膏，如魚之有水，如農夫之有田，如商賈之有財。木無根則槁，燈無膏則滅，魚無水則死，農夫無田則飢，商賈無財則貧；人不謹之於容儀，則人己俱無所觀瞻，而敗亡隨之矣。故爾止淑慎，僭賊渾忘而鮮不爲則者，《詩》言之矣。人受中定命，有動作禮義威儀之則，能者養以取福，不能者敗以取禍，《左氏》亦言之矣。其辭足觀矣！」謂昭公未①知禮，特其文詞足觀耳。《左傳》不許昭公知禮，以爲是儀非禮也，與此意同。**疏** 昭公習於

① 未：原無，據文意補。

儀文，見稱鄰國，雖于喪亡之際，動合禮文，故孔子稱之。惟務末忘本，不知人君之道，卒至不保其社稷。文勝之弊，如昭公者是。

冬，十月，戊辰，叔孫舍卒。謀納公者乃不病而死，爲公惜其卒。**疏**《魯世家》：「齊高張曰：『叔孫昭子求納其君，無病而死。』」婼，豹庶子，謚昭子；四年立，六見《經》。子不敢立①，昭子從公于齊，與公言。子家子②命適公館者執之。公與昭子言于幄內，曰：「將安衆而納公。」公徒將殺昭子，伏諸道；左師展告公，公使昭子自鑄歸。平子有異志。冬，十月，辛酉，昭子齊于其寢，使祝宗祈死。戊辰，卒。左師展將以公乘馬而歸，公徒執之。

十有一月己亥，宋公佐卒于曲棘。以謀納公而卒。**疏**《宋世家》：「十五年，元公爲魯昭公避季氏居外，爲之求入魯，行道卒，子景公頭曼立。」

曲棘者何？據諸侯卒于封內不地。宋之邑也。據于外當地國。諸侯卒于封內不地，境外乃地。此何以地？與師、會不同。憂內也。鄰國有難，得于與，此古外交之法。《穀梁》「邡公也」，與《傳》同義。**疏**《魯世家》：「宋公爲魯如晉，求內之，道卒。」

十有二月，齊侯取運。運，二《傳》通作「鄆」。

外取邑伐而言取，則以伐爲重；取不言帥師，則易辭。不書，疆場之邑，一彼一此，不可究。運故取邑不書。此何以書？爲公取之也。季氏逐公，齊臣亦陰爲之助。齊命以運居公，季氏即獻之，以見齊、魯之臣相助爲惡。

---

① 「子不敢立」句：按此句疑有訛奪，或當作「平子不敢立君」。

② 子家子：原作「子家子家」，據《左傳》本年删。

疏爲公取諸①。以下以運爲公居，有國辭。在運四年，而出奔乾侯。

二十有六年

春，王正月，葬宋元公。實爲公者，宋公與舍皆卒，故齊、晉皆制于大夫，虚應故事。

三月，公至自齊。公在外，猶致者，不敢外公也。

居于運。曷爲或言居或言在？居者，在内之辭也。疏運，内邑；乾侯，外邑。公在乾侯言「在」，與此異。公次陽州，其以齊致者，以齊侯唁公，可以言齊。

夏，公圍成。有齊師。不書，舉公爲重。疏非國而言圍，大公也。言圍不言取，不能取。

秋，公會齊侯、莒子、邾婁子、杞伯，盟于鄟陵。鄟陵，與扈同。齊諸侯，晉大夫，相比見例，齊得一伯辭。以四國之君而不能納公，譏四國也。目君者，以爲君之意，所以不行。疏《左傳》：「盟于鄟陵，謀納公也。」按，鄟陵齊、莒、邾婁、杞四國，扈晉、宋、衛、曹、邾婁、滕六國，合爲十國。邾婁兩見。

公至自會。公在外矣，猶致會者，不敢外公也。

居于運。上方書「天王居于狄泉」，此言居運，内外同辭。公不得入，故仍居于運。致自會者，在内辭也。在外而致會者，

---

① 諸：當爲「運」字之誤。

不外公也。

九月，庚申，楚子居卒。前名棄疾，後名居；二名者，弒君之賊不再見，故别爲一名，以爲非棄疾也。圍改虔，與此同。疏不稱棄疾，以明討賊，不再見。《世家》：「十三年，平王卒，乃立太子軫，是爲昭王。」

冬，十月，天王入于成周。方卒楚子，即言入于成周者何？明以楚子之卒入也。何爲以楚子之卒入？子朝楚出，故卒之。雞父之戰，諱不言楚，惡之也。疏天王者，敬王。子朝殺猛，晉交諸侯迎敬王，從狄泉入于成周。

成周者何？據王猛言王城，與此異。東周也。東周者，對西京言之，周公所營，平王所遷也。春秋後，周分東西，此亦爲東周也。其言入何？據入篡辭。不嫌也。《傳》美惡不嫌同辭。《春秋》存西京，此何以有國辭「東周」也？天子巡狩東都，故有國辭。《春秋》正君臣父子夫婦之倫極爲詳明，近或乃以《公羊》爲教亂之書，誤甚。疏今學官注疏，惟《公羊》尚傳古法。自謬託《公羊》以爲變法宗旨，天下歸咎《公羊》，直若反書，遂云：凡治《公羊》，皆非端人。嗚呼！何以解於董江都？且西漢其學盛行，議禮斷獄，莫不宗主，由《公羊》而仕宦者幾半天下。尊君親上，絶亂鋤奸，多得利益；當時何不爲毒，至今毒乃大發？宋人自欲直躋孔、孟，鄙夷漢師爲不知道，久爲笑柄；若以《公羊》爲毒藥，則非但不知道，且爲亂階。豈兩漢師儒君相悉皆醉生夢死？又豈當時讀《公羊》者皆癡愚聾聵，不知其味？莽、歆爲漢賊，《周禮》、《左傳》實由其表章，其事明著；猶不得以莽、歆廢①二書，何況《公羊》！

尹氏、召伯、毛伯以王子朝奔楚。楚助朝爲亂，因楚子居卒，乃敗奔楚，王室乃定。出奔並舉召伯、毛伯者，明本在尹氏，當先誅，後治其黨。疏詳録子朝爲亂之本末。不言出者，天子子弟不言出。從子朝録之，未封也；有封國者乃言出，

---

① 「廢」下原重一「廢」字，兹删。

從其私土出之也。

二十有七年《年表》：楚昭王軫元年。

春，公如齊。上言遜齊，此言如齊，以公在運，不敢外。

公至自齊。以運爲國，所謂君存焉爾。

居于運。三致居運，以見齊之不爲納公。齊之有國、高，猶魯之有三家；大夫專，君不自由。

夏，四月，吴弑其君僚。吴如今赤道以南各洲國，開闢晚，以禹州言之，地在揚州。《春秋》疆域小，襄以上九州未成，記吴卒，而後九州成。平邱以後，諸侯遂亂，北則齊、晉，南則楚、吴，比于四維，以居四始之位。不言闔閭弑者，吴無大夫；不稱人，時吴未進。惡事，故不稱人以異之。**疏**《年表》：「公子光使專諸殺僚，自立。」

楚殺其大夫郤宛。楚殺大夫不稱人者，略之也。言殺郤宛，楚禍于是起矣。吴弑楚殺，相比見義。夷狄弑殺多，愈文明則愈少，《經》所記，不及當時百分之一。**疏**《楚世家》：費無忌讒殺大子建，殺伍奢父子與郤宛，郤宛之宗姓伯氏子嚭及子胥皆奔吴。

秋，晉士鞅、宋樂祁犂、衛北宫喜、曹人、邾婁人、滕人會于扈。齊主鄟陵①，晉主扈，有二伯中分之義，鄟

---

① 鄟陵：「鄟」原作「事」，據下文改。

陵四國，扈六國。互文見例，鄟陵以譏齊，扈以譏晉。疏《左傳》：「秋，會於扈，令戍周，且謀納公也。」《晉世家》：「十一年，衛、宋使使晉，請納魯君。季平子私賂范獻子，獻子受，乃謂晉①君曰：『季氏無罪。』不果入魯君。」

冬，十月，曹伯午卒。不日，在外。不言于宋，爲曹諱。疏《曹世家》：「九年，曹悼公朝宋，宋囚之。曹立其弟野，是爲聲公。悼公死于宋，歸葬。」

邾婁快來奔。公在外，孰主之？大夫主之。國不可一日無君，已二年矣。國何以堪？政在大夫四世矣，民不知有公，三家專政，故國如常。疏《春秋》名分最嚴，有一定之例，不能隨意出入。如無大夫國，無論何事通不見大夫；如十九國滕以下與紀以外通不見大夫是也。十九國中，滕、薛、杞、小邾不見大夫，則絶不一見，可見者乃見，不能因事而見。舊説皆誤。又，卒正邾婁以上見大夫，以下三國無卒正。大小以此爲分。

邾婁快者何？據君當稱子，大夫當氏。邾婁之大夫也。以鼻我不氏，知亦大夫。邾婁無大夫，據在盟會稱人。此何以書？據春秋初世不見。疏命于其君之卿亦見，《經》特不氏耳，非《經》無邾婁大夫也。以近書也。遠近爲三世例。文以前録小國，雖于内有事，皆不書大夫。近世詳録小國，因其來奔乃書之，故曰近也。疏秦、吴、曹、莒、邾婁盟會皆無大夫，《經》于内事得書之，皆以有可見者乃書。滕、薛、杞同爲卒正，遂不一見大夫。可見以此爲斷。

公如齊。

公至自齊。二年之中四致，公在外，記其起居也。會齊侯，不能納，乃再計求晉，故下言如晉。

① 晉：原作「魯」，據《史記》卷三九《晉世家》改。

居于運。二年四言「居于運」，凡天王書出、居，不必在王畿内。諸侯于其境内稱居，境外則言在。**疏**詳録其事，閔公也。

二十有八年《年表》：曹襄公元年，吴闔閭元年。

春，王三月，葬曹悼公。著三月，以見過時。小國從大夫例，三月而葬；著三月，以明其制。

公如晉。齊近魯，初奔之一會，再如不克納，乃遠求晉。言次則未如也，未如而曰如，致公意。

次于乾侯。乾侯，晉邑。晉卿私于季子，公不得入，故次于乾侯。**疏**「次于乾侯」與「至河乃復」相起。再言次，終未得入晉，季孫爲之也。

夏，四月，丙戌，鄭伯甯卒。甯，二《傳》通作「寧」。**疏**《鄭世家》：「十三年，定公卒，子獻公蠆立。」

六月，葬鄭定公。方伯月葬，與滕相比。**疏**三月而葬，不及時，爲渴葬。

秋，七月，癸巳，滕子甯卒。《春秋》有筆削例，魯史有，删之爲削；魯史無，加之爲筆。于史文外有加損乃爲《經》。**疏**舊説以記事爲史，不知經、史之分。史斷代爲書，經爲百世法；史可廢，經不可廢。以經專爲俟後聖而作。

冬，葬滕悼公。日卒時葬，小國正例。**疏**即二事以相比，尊卑不同也。

二十有九年

春，公至自乾侯。在外存公，正月當云「公在乾侯」；以内有運可居，故不存公，以起運潰。

居于運。不以晉致者，不見晉君。

齊侯使高張來唁公。公失國四年矣，專求齊復國，至于三年不得復，乃如晉，又不得入，故齊侯使高張來謝公。不忍言絶，故以唁目之。再唁，非唁可知。自是公不求齊矣。疏《魯世家》：「昭公如鄆，齊景公使人賜昭公書，自謂『主君』，昭公恥之，怒而去乾侯。」

公如晉。因高張之來絶，故再如晉。

次于乾侯。再言次。疏詳録公之流離困苦，以爲世戒。小不忍，亂大謀，權在大夫。有自奮志，當徐圖之。内不得于大臣，外不得于大國，道路奔走，終爲亡人以没。雖臣下之不善，亦君謀之未臧。

夏，四月，庚子，叔倪卒。公已出，何爲記大夫之卒？以公命卒之，因爲謀納公而卒。疏倪，鞅子，二十三年立。公在外不卒大夫，此卒者，鄦公乃卒之也。與叔孫舍同。

秋，七月。首時，由正月以推，秋爲白帝。秋下繫月，以爲西方王。中國在寅，坤申。以中國七月爲正月，殷曆所以與魯曆相反。

冬，十月，運潰。書潰以見公之無道也，既已失國，猶苛虐一邑。下畔上曰潰。全與内絶，故正月存公矣。

邑不言潰，潰乃國辭，皆繫於君。此其言潰何？據邑止言畔，不言潰。郛之也。郛，郭。「夷伯季氏之孚」，與此「郛」同意。疏《公羊箋》以爲國也。曷爲郛之？運小，不足以當國言。君存焉爾。昭公居之，從國言潰，故下存公。疏按，「君存焉耳」《傳》文數見，此條爲正傳，餘條皆先師推以説之者。《傳》于内乃言君，外諸侯不言君。

三十年

春，王正月，公在乾侯。《穀梁》：「中國不存公，存公，故也。」乾侯，晉邑，不曰晉而曰乾侯，國之。何爲國之？君存焉爾。疏去年春正月不存公，此書「在」者，運已潰，則内無所繫，故正月以存公，如公在楚之辭。

夏，六月，庚辰，晉侯去疾卒。以昭十六年立，十四年卒。唯一見，《經》「晉侯使士鞅來聘」。疏《晉世家》：「晉頃公卒，子定公午立。」晉卒皆日，唯夷吾時，未爲伯，義不正也與？楚、吴、徐隱桓不見者，以爲外州，非中國。隱桓比于官府，故不見外州。

秋，八月，葬晉頃公。二月而葬，不及時，譏失禮。齊葬以日爲正，晉葬以月爲正，二國自相比，如楚、吴之比卒。

冬，十有二月，吴滅徐。徐子章禹奔楚。章禹名者，失地，名。徐，州舉。荆後稱楚，徐不變者，荆爲陳封，徐乃州舉。卒正之小國月者，新置九州，不以夷狄待之。徐舊附楚，故吴滅之。疏《左傳》：「吴子執鍾吾子，遂伐徐，防山以水之。己卯，滅徐。徐子章禹斷其髮，攜其夫人以逆吴子。吴子唁而送之，使其邇臣從之，遂奔楚。楚沈尹戌帥師救徐，弗及。遂城夷，使徐子處之。」此見南方三州，如今非、澳、南美。徐州舉，楚荆，吴揚，唯不及梁州。言滅徐，則改徐從中國。大九州名與《禹貢》不同，而北爲中國、南爲蠻野則同。《周禮》職方九州言天下圖籍，即大九州用禹州舊名以譒譯之，非姬周之版土。《周禮》之州有方六千里、五千里、四千里、三千里、二千里之不同，所以封建有五百里、四百里、三百里、二百里之不同。

三十有一年

董子《繁露》所有天道、陰陽、五行皆《傳》年、時、月、日大一統之師説，學者所當詳考。

春，王正月，公在乾侯。《魯世家》：「三十一年，晉欲内公，召季平子。平子布衣跣行，因上卿謝罪。上卿爲言曰：『晉欲内昭公，衆①不從。』乃止。」

季孫隱如會晉荀櫟于適歷。記適歷之會，傷無伯也。齊、晉大國皆政在大夫，同惡相濟，不爲公盡力。公又自失機會，所以流亡於外，不得生還。疏公再如，不得入晉見晉侯。隱如得會荀櫟，惡之。

夏，四月，丁巳，薛伯穀卒。薛莊世一卒，至此乃見者，略之也。莊不日不名，此日、名，正卒也。何以知爲正卒？以下皆葬故也。疏滕正卒，以下皆日，薛則皆時，辟與滕同也。《春秋》于同等之中細分，大事不混，所以别微明也。

晉侯使荀櫟唁公于乾侯。亡已六年矣，何爲始來唁？非唁也，以晉侯命來謝公，與齊高張同。以二大國不能納，不忍言謝，故託之唁。高張言來，此不言來者，在外也。高張不地，此地，有間事也。

秋，葬薛獻公。

---

① 衆：原刻脱，據《史記·魯世家》補。

冬，黑弓以濫來奔。《傳》同《穀梁》，實先師相傳進退之大例。疏弓，二《傳》作「肱」。公在外七年，執主納是畔人，三家也。

文何以無邾婁？據讀言邾婁。通濫也。通濫，爲國，故使無所繫。曷爲通濫？據庶其不通也。賢者子孫，宜有地也。如封之爲國然，此《春秋》封之也。賢者孰謂？謂叔術也。叔術者，邾婁顏公之弟也。或曰羣公子。何賢乎叔術？據不見書《經》。讓國也。與公子喜時同。其讓國奈何？事實。當邾婁顏邾婁君名顏。之時，邾婁女有爲魯夫人者，則未知其爲武公與，武公名敖，宣王三十年立。事詳《世家》。懿公與。《魯世家》：「夏，武公歸而卒，戲立，是爲懿公。九年，懿公兄括之子伯御與魯人攻弑懿公，而立伯御爲君。」孝公幼，《人表》：孝公者，懿公子，在七等。顏淫九公子九公子，以行次稱。于宫中，稱宫，魯宫也。因以納賊，當即懿公兄括之子伯御。攻殺懿公之事，蓋結顏爲内應也。疏鄰國之君，至宣淫于宫内，又爲亂，且在魯文教之邦。乃事在①春秋前，去成、康不遠，則《經》、《傳》爲俟後，非述古，明矣。則未知其爲魯公子與，賊爲懿公兄子。軼聞，不能指實。邾婁公子與。邾婁公子不爲亂于魯，當從前説。臧氏之母，魯大夫臧氏之母。養公者也。孝公之養母。君幼，則宜有養者，時孝公爲公子，言君者，通其義。大夫之妾，士之妻，以二等孀居爲之。則未知臧氏之母者曷爲者也。不知爲大夫妾，抑士妻也。疏《列女傳》所謂魯孝養保。養公者必以其子入養。不離人母子，因以娱公也。臧氏之母聞有賊，以其子易公，抱公

① 在：原脱，據文意補。

以逃，如《趙世家》程①嬰、杵臼事。賊至，湊公寢而弑之。孝公寢處養母子，冒爲公，賊不辨其僞。疏孝公非幼立，《傳》言如幼立者，傳聞之辭，不能直言之。臣有鮑廣父與梁買子者，二人魯大夫。聞有賊，趨疾行。而至。帥甲除亂。臧氏之母曰：「公不死也當時尚爲世子，從後言之稱公。在是，吾以吾子易公矣。」據《世家》，伯御立十一年乃見弑，則非一時，事久乃明，如②趙氏事。于是負孝公之周，愬天子。宣王時政在天子，故上愬其事。天子爲之誅顔而立叔術，當即宣王伐魯，殺伯御而立孝公事。因竝誅顔，而立叔術耳。反孝公于魯。《魯世家》：「周宣王伐魯，殺其君伯御，而問魯公子能道順諸侯者，以爲魯後。樊穆仲曰：『魯懿公弟稱，肅恭明神，敬事耆老；賦事行刑，必問于遺訓，咨于故實，不干所問，不犯所知。』宣王曰：『然，能訓治其民矣。』乃立稱于夷宫，是爲孝公。」顔夫人者，嫗盈女也，國色也。其言曰：「有能爲我殺殺顔者，吾爲其妻。」殺顔者，鮑廣③父與梁買子也。叔術爲之殺殺顔者，而以爲妻。利其色也。疏以叔妻嫂，蠻野，爲今中外所無。庶人且不能，何況國主？以此見當時文明程度之卑。有子焉，古禮制未興，與《禮經》反者不一而足，是當時風尚不及今泰西各國遠甚。謂之盱。叔術、盱，《人表》在八等。夏父者，其所爲有于顔者也。邾、顔、夏父，《人表》在七等。夏父，顔公子也。盱幼而皆愛之，叔術、嫗盈女，皆愛盱。食必坐二

① 程：原作「陳」，據《史記》卷四三《趙世家》改。
② 如：原作「知」，據文意改。
③ 廣：原誤作「管」，據上傳文改。

子于其側而食之，有珍怪之食，盱必先取足焉。夏父曰：「以來，二子相爭。人未足人，夏父自謂也。而盱有餘。」盱得常飽。叔術覺焉，覺者，先覺也。以其少爭食，長必爭國，故叔術悟而先覺之。曰：「嘻！此誠爾國也夫！」國乃顏之國，當立其子。起而致國于夏父。反國于夏父，如周公致政。夏父受而中分之，如方三十里國，各分方一里者四十五。夏父分國封盱也。叔術曰：「不可。」三分之，方三十里之國得九十方一里三分，各得方一里者三十。叔術曰：「不可。」四分之，各分得方里者二十又二之半。叔術曰：「不可。」五分之，服注《左傳》云邾婁本附庸，三十里而言五分之，爲六里國。然後受之。以五爲説者，緣《經》有五文。公扈子者，《人表》在五等，魯子之後。《説苑》引公扈子《春秋》説，然則爲鄒魯《春秋》先師也。邾婁之父兄也，在孟子之後。孟子時邾婁未亡，公扈子于時君爲父兄行。習乎邾婁之故，熟本國掌故。其言曰：「惡有言人之國賢若此者乎！言賢者寧有反妻嫂、殺殺顏者之惡行乎。疏不信前説而駁之，是戰國前《春秋》之異説。誅顏之時，公扈子之説如此。天子死，宣王崩。叔術起而致國於夏父。言叔術本欲讓，迫有誅顏天子在耳，故天子死則讓，無妻嫂感兒爭食之事。當此之時，夏父立以後。邾婁人常被兵於周，周伐邾婁。天子專征伐。曰討罪之辭。何故死吾天子？」猶曰：「何故因王死，違生時命而立夏父乎？」此宣王死後乃讓之説也。疏古事傳聞不一，先師從後追録所聞，故多存疑，又不敢質言。觀公扈子説，則戰國先師不惟義例有異同，即事實已有不合。學問無久而不變，以此見其源流。通濫，則文何以無邾婁？據通濫當如紀季，不必讀言邾婁。天下傳《春秋》者先有圖籍。未有濫也。欲見天下實未有濫國，《春秋》新通之耳，故口繫於邾婁。天下未有濫，則其言以濫黑弓不繫于國，則所以之濫爲國。來奔何？未有濫文，又口繫邾婁，事出兩歧。叔術者，賢大夫也，不稱君而曰大夫，如其志。不成爲君，能讓國。絶之，言邾婁，則以濫屬邾婁，是絶之。則爲叔術不欲絶；因爲不欲絶，故文無邾婁。不絶，讀無邾婁，直以爲國，是不絶之。則世大夫也。此解讀有邾婁，如口不繫邾婁文。言濫黑弓來奔，則是大夫世受國，與諸侯世同。大夫之義不得世，《經》譏世卿是也。故于是推而通之也。因大夫不得世，故口繫邾婁。將譏世卿之意推以説此條。

十有二月，辛亥朔，日有食之。《春秋》記地震，以子午卯酉未分五方。日食三十六。以月言之，六月十二月爲天門地户，各分占十二四時，各得六數，合爲三十六，再以十千推之。《考工記》大車四游：東方八游，南方七游，西方九游，北方六游，合爲三十。《小雅》從《鹿鳴》至《小弁》三十六篇，前三十篇爲大車四游之三十旒，後六篇爲六合，居中。《春秋》日食三十六，丙丁七見，爲南方之七游；庚辛九見，爲西方之九游；甲乙七見，當爲八，爲東方之八游；壬癸八見，當爲六，爲北方之六游，蓋有誤字；戊己二見，合三無日支干，爲居中之五游。其一合十，一五一十，爲五十，居中，然則北方所多之二當一在東一在中，以配《詩》之《小雅》之三十六篇，四十五旒。疏先師多據《緯》立説，《莊子》記孔子譒十二經以教世，六經六緯，合爲十二。蓋六經爲大義，六緯爲微言，微與緯古爲一字。六經如造成之室，緯則其經營搆造之墨法；非先有墨法不能造室；讀經不先緯，則不知經爲何語。故西漢以上經、緯竝重，《藝文志》所言各家内傳大抵多緯，故董子《春秋繁露》即古緯之一種。緯者，聖門授受之宏綱巨領，又所謂口説，博士據以説經；如《尚書大傳》、《春秋大傳》、《左氏微》，皆緯也。自劉歆創爲古文説，據字解經，望文生訓，不必有師，但能通《爾雅》、解《説文》，即可爲經生。西漢家法，今所存者惟《公羊》一家。所有六經皆爲古文書，用緯不用緯，古今之家法所以分。以《公羊》言，學《公羊》者，爲讀經之先師，須詳考經爲何人作，因何而作此經，與經中義例如三科九旨、通三統、明九缺；其文字之博大，例之繁重，較經爲尤甚。故學必有師，非口授不能言學。

《公羊》之所以獨爲孤經，別爲一派，以《公羊》獨守師説，他經①皆用古文望文生訓之法，其分別得失之故，皆在用緯不用緯。鄭君解經，先從博士，後習古文，古文本不用緯，鄭君遇非緯必不能通之條，不得已而引用緯説；雖與古文家法不合，而不能不用緯者，莫可如何，雖倍家法而不能辭。各經師説，因此尚留千百之十一。據此，可悟經非緯不能孤立，故讀經必先讀緯。唐宋以後，歆、莽之説孤行于世，加文、周而護馬、許，幾不知有孔子，何論博士？如歐陽修者，愚闇無知，上書抽焚注疏中之引用緯説者，其事與秦始焚坑同。今注疏本緯説猶存，亦如焚後之六經復出，當爲鬼神呵護，非盡人力也。以《公羊》言，《春秋》則聖經，炳如日星，世界所以文明，人民所以樂利，皆賴《春秋》之力。經方足爲聖作，宋胡②之解説《春秋》，則經直同文中《玄經》、朱子《綱目》，童蒙不須有師，初識之無，竝可高談。獨抱一經，三傳束閣，經遂不明，人材萎瑣，中國之弱，未必不由于此。蓋經之有緯，比于人之有臟腑，如程、朱之解經號爲遠絶讖緯，考其論説，竊用緯候者不一而足。陽避其名而陰取其實，蓋亦如鄭君之無可如何。唐宋以後，説者皆以讖緯爲漢儒僞説，非聖門師弟所傳，至今西人所稱獨得之奇，如地動天静、地球四游、大地三萬里、周游九萬里，與夫曆法、日月星辰之軌道，中土所嘆，以爲絶業者，乃其説皆見于《緯》。果爲漢人僞造，有此精義，亦未可厚非，況其早出秦、漢以上，博士所傳，明文確鑿，後儒于淺近名物人事固可自我作主，凡遇深奧典禮、天文星象、經傳精義微旨，其説皆見于《緯》。如日月軌道、四時歲次曆法、周天度數、北辰斗極、璇璣玉衡、五聲八音律吕，漢人論説何一不出于《緯》？果能捨緯談經，未嘗不可自成一派，無如無此情理，所以至于輕古説而用野言。讖緯之説孤危已極，近雖有集本，蕪雜少所發明。欲明經，必先治緯，亦如中國欲强，必先變法；故別撰《内篇》，分經分門，詳爲註釋，以爲初學入門之準繩，以復孔子十二經之舊説。以《公羊》比《穀梁》、《左傳》，緯之于經既已如此其切要，至于《書》、《詩》、

① 他經：原誤作「他今」，據文意改。
② 胡：疑當爲「明」字之誤。

《易》、《周禮》，經既不如《春秋》之深切著明，非就緯以明師法，勢必如唐宋以後夢中説夢，無一明切之論，經意恍惚晦塞，毫無益于學術政治。鄭君云：「《公羊》善于讖緯。」願學者由《公羊》以擴充之，經術明，人材出，中國自强之道未必不由于此也。

三十有二年

疏《曹世家》：「聲公五年，平公弟通①弑聲公代立，是爲隱公。」曹弑未書，略之。

春，王正月，公在乾侯。二十六年三月，公居于運，下書「夏，公圍成」。

取闞。闞，國。内滅小國，諱之。《傳》以爲邾婁邑，異説。**疏**賈逵注《左傳》云昭公得闞，季氏奪之，不用師徒。按：從上書公圍成推之，則當爲公弟。

闞者何？邾婁之邑也。曷爲不繫乎邾婁？諱亟也。此爲通例。一《傳》前後數見，多非本義，或後師借以爲比，在善讀之。

夏，吴伐越。記吴越交兵之始，以起下滅。大不字小，小不事大，互相仇讎，日尋報復，亡辱之道也。故善爲國者保和息戰，共享和平。凡有疑怨，設官以平之，又有盟約之官專掌外交，所以大小輯睦，干戈永靖。**疏**《吴世家》：「五年伐越，敗②之。」按，吴、越如今德、法世仇，角力争强，陰謀密計，如《國語》、《越絶書》言之甚詳。以報仇言，二國皆能得志，然吴敗越勝

---

① 通：原作「還」，據《史記・曹叔世家》改。

② 敗：原作「破」，據《史記・吴太伯世家》改。

者，越在後，異地以覿，恭敬驕泰，得失可覩。按，越之于《春秋》，如今澳、非新起之國，故入昭世始見；《左傳》雖有伯辭，然不在十九國之數。故定、哀十二諸侯列小邾婁，不列越。

秋，七月。

冬，仲孫何忌會晉韓不信、齊高張、宋仲幾、衛世叔申、鄭國參、曹人、莒人、邾婁人、薛人、杞人、小邾婁人城成周。北方諸侯之大夫，故不言蔡、陳、許與沈、頓、胡。召陵會劉子，一匡之辭。成周者何？東周也。西京爲王居，此復以爲王居者何？東都也。疏《年表》：晉使諸侯爲周築城。公在外，何忌以出會而不見討，晉已得季氏之賂也。

十有二月，己未，公薨于乾侯。不地晉而言乾侯者，國之也。薨在年終，當在二十七日以後。本年無殯期，故春正不能即位。疏《左傳》：「書『公薨于乾侯』，言失其所也。」《魯世家》：「三十二年，昭公卒于乾侯，魯人①共立昭公弟宋，是爲定公。」昭世爲下俟之帝，與莊同。莊十六年始言同盟，至昭十三年而同盟止，諸侯無伯，反權天王。故定、哀用十二諸侯例，爲都鄙辭。

---

① 魯人：「人」原作「大」，據文意改。

公羊春秋經傳驗推補證第十

定公《春秋》三世，以定、哀爲一世。同盟莊十六年起，昭公六年止，終于定、哀，不以外諸侯爲二伯，而三年見劉文公合諸侯於召陵之事。無伯本爲世衰，諸侯失序，《春秋》因是歸權于王，所謂世愈亂而《春秋》之文愈治。**疏**定、哀自爲一局。天下有道，禮樂征伐自天子出，如皇、帝經營天下，由漸而治，愈以文明，至于獲麟而天下平。定、哀爲近世，爲天下辭，故《傳》曰「多微辭」。《世家》：定公名宋，昭公弟。

元年《年表》：周敬王十一年，晉定公三年，齊景公三十九年①，宋景公八年，衛靈公二十六年，陳惠公二十一年，蔡昭公十年，鄭獻公五年，曹隱公元年，杞悼②公九年，秦哀公二十八年，楚昭王七年，吴王闔廬六年。

春王。以「春」加於「王」上。春爲東皇，主春三月一帝八王。《春秋》之王，八王中之一，故《傳》曰「王者孰謂，〔謂〕文王也」，「文王陟降，在帝左右」，以左右二王合八伯爲十王。此本當接下「三月」書作「春王三月」，因于無正月發傳，故從此絶句。董子：「文王以元年，武王似正月」。**疏**《魯世家》：「昭公卒於乾侯，魯人共立昭公弟宋，是爲定公。」

---

① 三十九：原作「二十九」，據《史記》改。

② 悼：原作「昭」，據《史記》卷三六《陳杞世家》改。

定何以無正月？據十二公元年皆有正月。正月者，正即位也。正月爲即位出，故首年雖無事必書正月，謹始也。定無正月者，「春王」與「三月」連文，不特出正月。即位後也。謂下六月乃即位。即位何以後？據踰年書即位以明終始之義。定踰年稱元，何以後書即位。昭公在外，喪在乾侯。得入不得入未可知也。定無正始，有篡立之罪，以得入不得入爲説，所謂微辭也。曷爲未可知？據無外難，公逆必入。在季氏也。季氏專魯，公不能自主。不責定公之無正始，推其事於季氏。如公望昭公喪歸甚切，不忍即位，有仁孝之辭也。定、哀定、哀以上亦有微辭，定、哀之中亦有著義多者。特以定、哀較以上爲多耳。《穀梁》云「立乎定、哀，以望①隱、桓」，是《春秋》之例隱、桓爲一世，定、哀爲一世。《公羊》與《穀梁》同。多微辭，微與著對，微辭謂不顯著。爲公諱。緯侯乃隱微。**疏** 微與顯對，《中庸》「莫顯乎微」，《左傳》「微而顯」，蓋微者爲微言，顯者爲大義，「仲尼没而微言絶，七十子喪而大義乖」。微言爲皇、帝之學，大義爲王、伯之學。百世俟聖之作，不見不聞，託之天命，覃施無外，所言皆在烏有之鄉，故曰微。緯書即微言，故多天道荒遠無稽之説，爲心思；至于王、伯之學，已見行事，傳記所傳爲大義，爲行事。《穀梁》「《春秋》有臨一家之詞」，隱、桓是也；「有臨一國之辭」，莊以下是也；「有臨天下之辭」，定、哀是也。《公羊》舊有三世漸次昇平之説，隱、桓亂國，莊以下新國，定、哀平國；則隱、桓如《春秋》，莊以下爲《詩》、《易》。故董、何有太平之説，如獲麟、東方毁城、伐不言鄙、譏二名，皆有大統典禮。微辭以大統爲本義，師就辟諱一端説之，即《左傳説》所攻口説流衍、辟諱失真所由來也。主人習其讀而問其傳，主人，謂見《經》之人多生存。讀，謂《經》。傳，謂相傳《大傳》。當時人見《春秋》而問孔子筆削褒貶之意也。**疏** 主人，當時諸侯、大夫，其人當生存者。習

① 望：據《穀梁傳》桓公十四年作「指」。

其讀，經文萬八千字。問其傳，師説所傳解經之語，如讖諱。則未知己二公所書之人。之有罪焉爾。其辭既微，故其罪不著，習讀所傳而不自知也。由大小二統取舍，得失自相反，微言與大義不同，非以免難，三世大同義例不得不如此。疏定、哀之世孔子所以見，行事明白，無待於貶絶而罪惡已見。所謂據事直書，其失自見，非畏時遠害，遂失是非之公也。

三月，晉人執宋仲幾于京師。特出三月，即三月以首事。于京師著天王，以張王法。天王新收二伯之權歸于内臣，故晉稱人而執以見晉失伯，而京師張新法，禮樂征伐出自天子。伯執當言歸于京師，不言，是執于京師，故《穀梁》以爲「不正其執人于尊者之所①」。疏三月以首事，言京師以立極。晉託三公，宋爲王後；大同之制，京師二公。

仲幾之罪何？據宋與晉親，不見所執之罪。不蓑城也。《左傳》將城成周，宋仲幾不受功，乃執仲幾。三月，歸諸京師。疏本《傳》所傳事實與《左氏》同，先師因問則言。故治《春秋》須先明事。其言于京師何？據城言成周，執可不地京師。伯討也。王臣新受命爲伯，治諸侯，故晉人執罪人，歸之京師以待決。以王即在京師，特命晉人代執耳。疏伯討謂二伯之討。天子在行在，則内二伯從，可知内伯命晉代執。不地京師則不見伯在京師，仍屬晉執，爲伯討。故大國乃言執。伯討師以伯屬京師，《傳》仍舊説屬之晉。則其稱人何？以晉爲伯討則不當稱人，《經》稱人，是京師新有伯，特命晉微者代執耳。仍舊説，則不當稱人矣。疏據伯討美詞。上城言韓不信，此稱人，與上反。貶。貶晉。稱人即絀晉，而新命劉文公爲伯之辭。疏按，執諸侯以稱人，以執爲討罪之辭，則非伯討。執

① 之所：「之」字原脱，據《穀梁傳》本年補。

大夫以稱爵爲伯討，稱人爲微之。此諸侯、大夫二例之分。曷爲貶？問其罪之公私。不與大夫專執也。既有新伯，大夫受命而執，故必稱人。不與大夫專執，則必受京師伯命。疏晉大夫城成周，率諸侯大夫尊奉天子，宋不受功，執之是也。然于尊者之所不先禀命而專執之，既執以後，乃歸京師。專執即《穀梁傳》所謂「執人于尊者之所」也。曷爲不與？據宋有罪，伯得治之。實與，言于京師者，伯討辭。而文不與。據稱人。文曷爲不與？據文實兩歧。大夫之義，不得專執也。諸侯不得專討，大夫不得專執。以尊卑定其事。宋大夫尊與晉大夫同，不得擅執，則必奉京師伯命。因大夫不可執，以起有劉文公。疏春秋大夫專，惡事多，于惡事譏貶之。嫌爲事不爲專擅出，故于善特貶之，以明大夫不得專。其不善者，更無論矣。

夏，六月，癸亥，公之喪至自乾侯。公者生稱，公下繫喪，亦如公薨，故喪至如始薨之儀。三月春之首，六月夏之首。三月京師，六月魯公。京師如《周頌》，魯公如《魯頌》。疏日者，喪至如始卒儀，故亦五日而殯。未殯以前，以生禮事之，既殯以後，乃以鬼道事之。人鬼之分，一決于殯。此言公，下即位亦言公，是一年二君也。定已早即位，昭已踰年，故可以見二公，實則一年不見二君。《年表》：「昭公喪至自乾侯。」

戊辰，公即位。殯而後即位。王者即位禮，詳《顧命》。嗣君當于尸柩之前受册命而立，以明授受之道。先是，公喪在外，定公無所禀承，故不與繼立之正；必于昭公殯後即位，然後爲授受之正。疏《顧命》設皇后之位，以受册命，以王臣皇后也。諸侯受命天子，故有還圭之禮。詳《白虎通義》。

癸亥，公之喪至自乾侯，至自乾侯，如致公辭。公薨在去年，喪至已踰年。則曷爲以戊辰之日然後即位？定已早即位，何必待喪至？喪至又何須更五日？經典所據何制？疏據定已稱元年。昭薨已踰年，終始之義，當於元年正月書即位。正棺于兩楹之間，此謂殯也。《周禮》「殯于西階」，《檀弓》孔子卒，殯于兩楹之間。

《傳》以兩楹言，如魯牲主白，皇用殷禮，故魯避周用白牲。從周，則非王後之義；同周，則僭天子。然後即位。正月公喪未至，故不書即位。于喪至六日書者，五日而殯，即位以殯爲斷，故必限以戊辰。子沈子曰：《穀梁》引無上「子」字。二《傳》同引沈子，足見秦以前《公》、《穀》實爲一家。「定君乎國，即五日而殯。公喪在外，如未歸，傳致公，然後率大夫定君于國，即致公之義。然後即位。」《穀梁》引作：「沈子曰：『正棺乎兩楹之間，然後即位也。』」然則「定君乎國」即「正棺兩楹之間」之變文也。先師徵引舊文，多不拘文字如此。即位不日，《穀梁》：「國之大事日。即位，國之大事，何以不日？」此何以日？早遲只在五日，必有取也。録乎内也。爲見殯後乃即位，故日：不日，則殯義不見。内事則録之詳，《穀梁》以爲「著之①也」是也。

秋，七月，癸巳，葬我先君昭公。此不葬者也。季氏賊，未討；葬者討賊，義已先見。此不加貶絶而罪惡見者，使主人問其傳，亦不露討賊之義，定、哀之微詞也。疏殯必五日，葬何以不待五月？殯日者，喪已久，必喪至踰年即位之義乃明，葬所不拘。

九月，大雩。《禮》「龍見而雩」，乃每年常行典禮，《春秋》所記。不爲旱雩。疏《荀子》、《韓詩外傳》皆以雩而雨與不雩而雩同。雩不必得雨，則雩爲虚應故事。考泰西農學精詳，鑿井提堰，不憂旱；然則《經》之書「旱」爲旱，凡雩皆爲雩禮，不因旱乃雩。

立煬宫。託於大統。初建宗廟之辭，與隱考宫同。疏《春秋》以前廟制未定，多寡由于愛憎，《春秋》乃定諸侯五廟之則。煬宫者何？問與楚宫異同。煬公之宫也。煬公，伯禽之孫也。疏《魯世家》：「魯公伯禽卒，子考公酋②

① 之：原脱，據《穀梁傳》本年補。
② 酋：原作「酉」，據《史記》卷三三《魯世家》改。

立。考公四年卒，立弟熙，是爲煬公。」立者何？同「立晉」《傳》①。立者，不宜立也。立子繼統，立廟亦祖宗典制。國之大事在繼立，此意正在僖公篇。立煬宫，非禮也。解見「立武宫」下。**疏**東漢以後用古文説，以《春秋》爲史，左氏爲史官，寖淫至于六經，皆以史立説；不知經爲聖作，爲後世立法，如以史論，正如《列》、《莊》所譏芻狗糟粕，所以老師宿儒皆有廢經之議。考西漢以上有經學無史學，後來精微始著，以續添之史比聖作之經，知史不知經，學術之所以壞也。夫初蠻野後文明，中外所同。孔子以俟聖之美備，託始古之皇、帝，世之稱法堯、舜者，亦就聖經言之。使經果爲史，當堯之時，天下未平，獸蹄鳥跡之道交于中國，當時疆域皆不出千里，茅茨土階，太羹玄酒，死陵葬陵，死壑葬壑，桐棺三寸，服喪三月；果以史爲經，實録其事，草昧簡略，適起後人輕薄古帝之心。且由夏、殷降及春秋，諸侯稱王，斷髮文身，篳路藍縷，弑殺囚執不絶于史。至于肆無等級典禮，諸侯僭天子，大夫僭諸侯，上烝下報，齊桓姑姊妹不嫁者六人，晉平同姓姬妾以六七見，世卿專政，並無學校選舉，居喪不去官，不行三年喪；使《春秋》不用撥亂之法實録其事，幾如《黑蠻風土記》，徒資笑柄。竊以孔子改經如今西人用拉丁文繙譯古書，春秋以上一切蠻野侏㒧淫亂不可爲訓者，皆消歸無迹，而特見盡美盡中之典章制度、風俗政教。中國自有孔經而古事不傳，學者每欲求堯、舜、禹、湯、文、武之歷史，以研究其根底。中國古事不傳，正可借鑒于泰西。西人所輯古史，石世代、銅世代、鐵世代，與夫《舊約》、《新約》；羅馬、希臘諸古史，即近今諸國列史。凡地球開闢，中國情形不異于歐、美，歐、美不異于非、澳，蓋愈古則愈蠻野，愈近則愈文明。故西人謂中國三代以前皆爲銅世代，其所稱羅馬、希臘、埃及、拏破倫、華盛頓之君相，即中國之堯、舜、禹、湯、文、武、周公也。自孔子六經出，以王伯之學撥中國之亂而反諸正，以皇帝之學撥全球之亂而反之正；祖述憲章，繼往開來，匹夫而爲百世師，一言而爲天下法，以一人統往古來今，海内海外同躋文明。故宰

① 傳：原作「朝」，據《公羊傳》隱公四年「衛人立晉」《傳》文改。

我、子貢以爲生民未有。是古今地球中只有孔子，別無聖人；只有六經，別是史傳①。如欲求中國古史，則泰西歷史汗牛充棟。此經、史之分，述古知來之所以別也。

冬，十月，霣霜殺菽。《中庸》「霜露所墜」分冬夏南北，故霣②霜爲北方冬令。**疏**《吕覽》以《月令》分冠十二《紀》之首，即皇、帝之學分天下爲十二土，以配天十二野，各順其陰陽以布其政令，故董子書説《春秋》而詳于陰陽出入、寒暑中和。蓋詳政事者，王、伯之學，推本天行陰陽，皇、帝學。

何以書？據殺菽成災。記異也。因異記之。菽者冬物，性耐霜，今霜殺之，則餘物無不殺矣。此災菽也，菽不當殺，殺則爲災。曷爲以異書？菽爲穀，宜爲災例。異大乎災也。災小異大。以天重殺，菽本小災，然陰陽失節反常，故言異以重之。**疏**今地學家于各國經緯、四時節候、寒煖之故言之詳，辨之審，即《春秋》書異之遺教。蓋多詳節令寒煖，而後皇帝政令順之而布，此經術之本也。

二年

春，王正月。

夏，五月，壬辰，雉門及兩觀災。災可以日計，故書日，不能以日計者不日。門、觀有災亦常事，欲因以見典制，故

---

① 別是史傳：據文意，似當作「別無史傳」。

② 霣：原誤作「履」，據上文改。

因而志之。實則兩觀災，獨書兩觀，則嫌僭天子禮，故主書雉門，以辟僭天子禮。**疏**觀災並及雉門，譏火備不修。救火之法，詳見《國語》。泰西器械多，足補古人所未備。

其言雉門及兩觀災何？據桓宫僖宫不言「及」。兩觀，微也。言「及」以御之，辟僭天子。**疏**《傳》設兩觀皆天子之禮也。兩觀爲天子禮，則重于雉門，不得爲微，言「及」使如微物，非天子兩觀之比，所以辟僭天子。然則曷爲不言雉門災及兩觀？據桓公僖公災在下。弑及、殺及皆繫其事于尊者。主災者，兩觀也。兩觀大于雉門，兩觀起火，延燒雉門。主災者兩觀，凡物多名同實異，如天子諸侯同曰卿大夫士。今兩觀在門之兩旁，觀有災道，門不能獨火。則曷爲後言之？據當書兩觀災及雉門，此則先後失次，有乖事實。不以微及大也。以見尊卑之序。《春秋》之例，二事相同，記事則以主客先後爲序；大小尊卑同，則卑不踰尊，小不先大。即災異可推人事，故《經》意與事反，《經》之所以異于史也。何以書？災一門觀，事小。**疏**《詩》曰：「周雖舊邦，其命維新。」《經》有推大義，借門、觀以考意。記災也。定、哀爲太平世。大統典制有古爲維新之義。**疏**爲下「新作」張本。記災皆譏備災不謹，有備則不成災，雖災不害。詳記外災，則以有弔唁歸賵之典禮。

秋，楚人伐吴。定、哀之世諸侯無伯，齊、晉、楚、吴分爲四維，用十二諸侯制。楚不爲伯矣，囊瓦之師其曰人，貶之也。何爲貶？致吴亡楚者，囊瓦也。囊瓦伐吴，師敗，吴遂取巢。**疏**《伍員列傳》：「楚昭王使公子囊瓦將兵伐吴。吴使伍員迎擊之，大破楚軍于豫章，取楚之居巢。」

冬，十月，新作雉門及兩觀。門、觀出政之所，當急時新修，五月乃作，譏緩。

其言新作之何？據延廄非新，不並言作。修大也。言新謂修舊，言作則加度，故言新作。與新作南門同，因創皆有。疏定、哀微辭。爲皇、帝驗小推大，由方三千里推之方三萬里曰微辭。修舊不書，所用小，無大制作。此何以書？據西宫災復修不書。譏。言新作以起譏。何譏爾？據修舊無譏。不務乎公室也。《穀梁》以定、哀爲天下辭，《易》以「臣無家」，由小推大，故曰不務公室。疏三家專魯，惟務封殖自强，公室一門有災，至五月之久乃始新作，見三家之營私忘公也。

三年隱、桓用官府例，諸侯以六起數；莊以下用邦國例，諸侯以八起數；定、哀用都鄙例，諸侯以十二起數。

春，王正月，公如晉，至河乃復。何以至河乃復？猶言初以晉爲伯，至河乃奉王命，反伯于王臣，晉失伯，故從此以後不再如晉。王臣爲伯，故下有劉子會召陵之事。疏晉之爲伯，《左傳》存錫命之文，《世家》以《尚書·文侯之命》爲命文公，令復二伯内臣之制，故晉不會諸侯，不繫從國。

三月，辛卯，邾婁子穿卒。但記卒葬，不言盟會者，魯不爲岳，故舊卒正不見盟會。疏《左傳》：邾婁子因怒自投于牀，廢于爐炭，爛，遂卒。

夏，四月。

秋，葬邾婁莊公。邾，卒正上等，日卒時葬。下等多卒葬皆時。疏日卒時葬，從卒正例。邾婁二葬皆時。

冬，仲孫何忌及邾婁子盟于枝。盟于枝，結新約。伯改屬劉文公，則約章宜改訂者多，故爲此盟，兼爲召陵事。疏邾婁在喪稱子者，辭窮也。内臣不會盟小國，此何以盟邾婁？無伯也，故與隱、桓同也。

四年隱、桓與定、哀比四公。諸侯無累數至四國以上者，惟此年召陵見二十國，《春秋》絶無僅有之事。自此之後，諸侯無四國累數者矣。疏《曹世家》隱公四年。

春，王二月，癸巳，陳侯吴卒。定、哀之世，陳、蔡爲四方邊牧。此楚所立之君也。陳侯稱爵，明故在喪稱子。疏《陳世家》：「二十八年，惠公卒，子懷公柳立。」不言其事，畧之也。

三月，公會劉子、晉侯、宋公、蔡侯、衛侯、陳子、鄭伯、許男、曹伯、莒子、邾婁子、頓子、胡子、滕子、薛伯、杞伯、小邾婁子、齊國夏于召陵，侵楚。《左傳》：「劉文公合諸侯于召陵，謀伐楚。」《春秋》分三世，始，終無伯，隱、桓歸之天子，定、哀託之王臣。桓、文之功皆在攘楚，盟于召陵，桓之偉績，然《經》書侵蔡、伐楚皆不詳敘諸侯，今乃推美劉子統一中外，以繼桓、文之業，舊曰晉、齊二伯國皆列劉子下，一在首曰「晉侯」，一在末曰「齊國夏」。以劉子統合諸侯，一匡天下，詳書十八國，爲春秋第一大會；《春秋》常記卒葬之十八國皆備其數，惟吴、秦不敘，而補以頓、胡。《左傳》以爲「合諸侯」，乃以二伯之權反歸之王臣，爲文明之世局。又，二王後每會累數，一首一殿，爲春秋美備之盛會，至大無以復加者也，此《春秋》諸侯累序最詳者也。用都鄙十二風土例，定、哀以劉子、秦伯爲王臣，齊、晉、楚、吴爲四維，魯、宋爲二王後，陳、蔡、衛、鄭合八小國爲十二國，十九國不見吴、秦而已。頓、胡不常敘，此序者，昭世序沈，序胡、頓以起沈不會，而蔡滅沈也。《傳》曰「天子三公稱公」，謂齊、晉在宋上也；「王者之後稱公」，謂宋也；「其餘大國稱侯」，謂衛、陳、蔡也；鄭稱伯者，從王臣例；「小國稱伯、子、男」，謂許男以下至杞伯也。齊桓召陵序七國，此序十八國者，諸侯弱，故列數之也，以多爲貴也。疏《蔡世家》：「昭侯十年朝楚，留楚三年歸，乃之晉，請與晉伐楚。十三年春，與衛靈公會召陵。」《地理志》汝南南頓下云「故頓子國，姬姓」；女陰下云「故胡國」。

夏，四月，庚辰，蔡公孫歸姓帥師滅沈，以沈子嘉歸，殺之。日者，沈中國也。疏沈召陵不會，故劉子在會命蔡侯，蔡侯又命其卿，所以伸王命、合諸侯。沈，後至之防風氏也。頓、胡滅皆日。三國同爲陳卒正，在豫州。

五月，公及諸侯盟于浩油。會盟別書者，不敢盟劉子。如王世子召陵合諸侯、統天下，諸侯可盟而王臣不可盟，特目諸侯以避劉子也。浩油，二《傳》作「皋鼬」。疏既已盟約，乃兵連禍結，幾無一寧國，傷息兵會之不復。向戌息兵，及身而止，使詳明公法，共尊約束，則兵戈不興，民受福多。

杞伯戊卒于會。戊，二《傳》作「成」。因有五月之盟，故稱會，無會則稱師。卒不日，踰竟也。公、大夫在師曰師，在會曰會。疏《杞世家》：「悼公成卒，子隱公乞立。七月，隱公弟遂弑隱公自立，是爲釐公。」弑不書者，畧之。

六月，葬陳惠公。子背殯出會。不日者，畧之。

許遷于容城。記許遷者三，由中國入南服。疏許，大岳後。今小大若一。董子說：二王以上，封以小國。《國語》：「申①、吕雖衰，齊、許猶在。」

秋，七月，公至自會。以會致者，劉文公新爲主，重之。

劉卷②卒。春會諸侯，秋記卒葬，純以二伯禮待，以復周、召一統于王之盛軌也。時卒時葬，不卒葬者也。不卒葬而卒葬，一見王官伯尊禮也。王臣四卒，何以一見葬？卒葬並見，記卒之正也。王子猛嫌與虎相同，起尹氏以譏世卿，見劉子之卒葬，爲伯禮正例。卒者，方伯、内卒正皆得其禮。天子卿尊與方伯同，故例卒。不常卒者，因以見不世；不卒而卒者，如「卒

① 申：原作「姜」，據徐元誥《國語集解》卷三《周語下》改。

② 卷：原作「巷」，據《公羊傳》改。下劉卷之「卷」字同。

宿」爲一見例。此因上會新卒，又有功于王室，故正卒之。

劉卷者何？據劉下言名。疏按，諸侯卒皆名，惟天王不名。卒以名爲正，惟生乃以子、字名人，見尊卑。天子之大夫也。據上會言子，此大夫爲卿。凡稱字者爲大夫，《傳》有下大夫之文者，爲宰、通佐言之也。疏劉卷在會稱子者，天子之卿也。《王制》：天子之卿受地視侯。劉，百里間田；卷爲食禄之官，卒則當遷，不世也。外大夫不卒，諸侯大夫通不卒。此何以卒？此爲王臣，當有異。疏諸侯大夫其卑已甚，不能與天子大夫相比。諸侯大夫通不卒，無變例，王臣乃得卒。以爲比，舊説不明《傳》意。我主之也。尹氏亦得爲諸侯主，我主即謂天下主之。上會爲大伯一匡之儀而統天下，目內，故曰我主之也。《左傳》云「劉文公合諸侯于召陵」，即謂此。因其大會，得反二伯之正，卒之以爲歸權於天子。爲定制者，二伯之制本屬內臣，《春秋》因桓、文託之外諸侯，而王臣别自有主其事者。今定、哀特詳劉文公卒葬，以存內伯主諸侯義。《顧命》：「大保帥東方諸侯入應門左，畢公帥西方諸侯入應門右。」①《王制》分天下以爲左右，曰二伯，皆王臣。疏隱、桓之世惟見中州七諸侯，定、哀所詳，南北之晉、楚、秦、吴、越、沈、頓、胡、鮮虞、北燕皆不見于《經》；蓋諸國同爲都鄙，隱、桓專言官府，定、哀詳言都鄙，故諸國見定、哀而隱于隱桓。又，定、哀以齊、楚、晉、吴爲四時國，不在正方，蓋用《詩》四維例。齊當東北維，爲春官；楚當西南維，爲秋官；晉當西北維，爲冬官；吴當東南維，爲夏官。故齊與楚比，晉與吴比，齊、吴不當方岳位。大統用四隅，不用四正例，《詩》所謂「天子是維」，《易》所謂「西南得朋②，東北喪朋」。晉在正北，以屬西者，雍爲王畿，避之不數，故《國語》以究爲正北，冀

---

① 十三經注疏本《尚書》卷一八《康王之誥》作「大保率西方諸侯……畢公率東方諸侯……」。

② 得朋：「朋」字原脱，據《周易・坤》補。

爲正西。秦統二公、二侯、二子，無中外。再作十二諸侯例，大小所以若一。

葬杞悼公。 時葬，卒正正例也。

楚人圍蔡。 《傳》：「楚人聞之，怒，爲是興師，使囊瓦將，爲伐蔡。蔡請救于吴。」蔡本在豫，因遷徐，以爲徐牧。豫文明而徐蠻野。其先有罪，如四凶屏之於外，以化四夷，故秦以待蔡不能以方伯儀。疏《蔡世家》：「楚怒，攻蔡。」從吴以後記事乃詳，自平邱同盟之後，凡在會之國以後于楚，無盟會之文。晉同盟不書陳、蔡。

晉士鞅、衛孔圄帥師伐鮮虞。 晉伐蔡、鮮虞不敘從國，此何以敘衛？明從衛者晉①而已以下。疏鮮虞，冀州國，晉六卿封殖，滅以自强，書以謹其禍亂。圄，二《傳》作「圉」。隱、桓不見北州國，定、哀特詳于南北，故録之詳。晉不敘從國②，失伯之辭。

葬劉文公。 定、哀無外伯，亟成劉子之一匡，以大伯之權反之天王。特記卒葬，以統一天下，存王綱于既墜。所謂世愈亂而《春秋》之文愈治。初猶假外諸侯爲伯，今則反亂合古矣。疏定、哀爲大平，天下有道，自天子出。劉子會盟，即《詩》云「樂只君子，民之父母」；十二土即《詩》十二「之子于歸」，王即《詩》之所謂父母。

外大夫《周》、《召》爲《詩》説，《鹿鳴》爲《小雅》。《鹿鳴》三篇爲天皇，上方，樂；《菁莪③》三篇爲地皇，下方，哀。天

① 從衛者晉：據文意，當作「從晉者衛」。又，此句有訛誤，「以下」或爲衍文。
② 從國：「國」原誤作「圄」，據文意改。
③ 菁莪：原作「青莪」，按此謂《詩·菁菁者莪》，因據改。

地不相通，同聲相應，同氣相求；本乎天者親上，本乎地者親下；以火濟火，以水濟水，故樂而淫，哀而傷，即①「和樂且耽」，「我心傷悲」。二《南》泰皇大一統，尊于二皇。上天下地，天氣下降，地氣上騰，天地交而萬物通。「日中爲市，交易而退，各得其所」；熱不甚熱，寒不甚寒，「鐘鼓樂之」，「惟以不永傷」，故得樂而不淫，哀而不傷。《齊詩》詳皇、帝之學，與《公羊》大一統同，故借用《詩》說，由《春秋》行事深切著明。《詩》、《易》百世以後之書，託之比興，恐後世讀者不知其旨，故以二《南》之說託于京城，以轄周公十二篇。以《尚書》實二《南》，亦如《春秋》之深切著明。據《書》以說《詩》，則空言直如行事，《國風》宗旨既明，則以下迎刃而解。《公羊》據《詩》之二伯以證《春秋》之二伯，通《春秋》之說于二《南》，驗小推大，與以《書》實《詩》之例相同。曰「陜以東周公主之，陜以西召公主之」，此中分天下，即《易》乾坤、天皇地皇、龍鳳之說。東爲緇衣羔裘，西爲素衣麑裘。《周禮》外史掌三皇五帝之書，左史倚相讀三墳五典八索九邱，即三皇五帝之書。東方文家，天道用九，爲《鹿鳴》之上方；西方質家，地道用六，爲《菁莪》之下方，泰皇居中，法天法地，變爲十二。凡言九者爲天皇，言六者爲地皇，言十二者爲泰皇。《周禮》十二土十二風十二教十二月，以四大國合八小國爲之。蓋二皇中分天下，爲小泰皇；地中交易，天地交泰，乃爲《公羊》大一統。《周》、《召》、《邶》三風爲泰皇居中，以下十二風分應十二月，合爲一年，《洪範》「王省惟②歲，卿士惟月。」《詩緯》齊地處孟春之位，陳地處季春之位，曹地③處季夏之位，秦地處中秋之位，唐地處孟冬之位，魏地處季冬之位，所謂十二諸侯也。今據《春秋》經例改訂爲曹寅，鄭卯，杞辰，莒巳，陳午，許未，邾申，蔡酉，小邾戌，滕亥，衛子，薛丑。秦，雍州，居中；齊、楚、晉、吴居四岳；魯、宋

① 即：原作「既」，據文意改。
② 惟：原作「爲」，據《尚書·洪範》改。下句「惟」字同。
③ 曹地：「地」字原脱，據文例補。

居上下。所謂太平之世，天下遠近大小若一。隱、桓言六合如東京，鄭居東統二公四侯，皆中國；定、哀如素，統西皇，以秦統二公二侯二子，公侯伯子男，中外一家，無分夷夏。先于京城言七政七始，再于外諸侯以十二風起例，小邾亦寓其内，所謂「無大無小①，從公于邁」。小邾在西，蓋以代秦，秦與鄭東西相對。《春秋》一王十九國，昭以上分中外、別大小，如大國言齊、晉，小國言江、黄，則有大小之別；大國言齊、晉，遠國言、江黄，則有遠近之分。至此乃大同平等；《詩》曰「其儀一兮」，莊生《齊物》、淮南《齊俗》是也。又，二伯分統之法取準于《尚書》。羲爲周公，和爲召公；春、夏六月屬周公，秋、冬六月屬召公。此泰皇大一統之説。東西二四伯託之緇、素，以爲王後，《莊子》所謂南海之帝、北海之帝，北海鯤魚從南冥化爲鳩，即郯子龍、鳥名官之義。不書葬，諸侯大夫通不卒葬。疏内諸侯不葬，此何以葬？一見例也。原仲稱字，此何以稱公？内諸侯也。原仲監者，稱字，此内諸侯有封地，故稱公。此何以書？據原仲以監者得一書葬。録我主也。「我主」即我主之言。文公受命爲伯，統諸侯，故借禮卒葬反正。疏天子卿授地視侯，出疆加一等，則文公可比二伯之儀。外二伯②記卒葬，而不一詳王臣，失二伯本旨；因推伯事，録文公卒葬，使與齊、晉同文。故曰外伯衰，歸職于王臣。

冬，十有一月，庚午，蔡侯以吴子及楚人戰于伯莒，楚師敗績。以者，見吴之憂中國。楚稱人者，上貶晉，此稱人，明皆失伯。疏《楚世家》：「十年冬，吴王闔廬、伍子胥、伯嚭與唐蔡俱伐楚。楚大敗，吴兵遂入郢。」

吴何以稱子？據吴不稱子。疏《曲禮》：夷狄雖大曰「子」。本爲外州夷狄國，故稱子。夷狄也，而憂中

---

① 無大無小：據《詩·魯頌·泮水》，當作「無小無大」。

② 外二伯：「伯」字原脱，據文意補。

國。言子于蔡侯以之下，明爲蔡故而進之。疏楚莊則不許夷狄憂中國，吴子則以憂中國進，各有時、地不同。蔡已失矣，復以中國言者，從其朔。其憂中國此以蔡爲中國。蔡本爲中國，從楚夷之，又記爲中國。奈何？問其事實。伍子胥父誅乎楚，以見楚之無道。不書者，非即無。挾弓而去楚，以干闔廬。闔廬曰：「士之甚，勇之甚，將爲之興師而復讎于楚。」伍子胥復曰：「諸侯不爲匹夫興師。且臣聞之：事君猶事父也。臣、子一例。《孝經》説事君事父一義。疏古只一天一本，聖人乃推一天爲三年。定公四年。君爲臣之天，父爲子之天。① 虧君之義，復父之讎，疏《春秋》以前專主一天，孔子因其所知以推所不知，《禮經·記》曰：「臣以君爲天，子以父爲天，妻以夫爲天。」《白虎通義》所謂三綱之學也。泰西宗教偏主一天，中人煽其説，遂昌言廢三綱，以爲三綱之義有違公理，凡君、父、夫可以任意苛刻臣、子、妻，皆求平等自由，以放肆其酷虐。經義之説三綱，爲人父止于慈，君使臣以禮，不敢失禮于臣妾，小事大，大字小；初非使君、父、夫暴虐其臣、子、妻，如俗説「君父教臣子死不敢不死」者也。抑廢三綱之説與放釋奴隸同，考以奴隸待臣、子、妻，經、傳絶無其説，如《春秋》「殺世子目君甚之也」、「弑君稱人」，爲君無道，父不受誅、許子復仇，夫人與公同言薨葬；就其大端而論，實屬平等，並無偏重。于倫常中横加以奴隸之名，非宋以後之誤説，則②言西學者過甚之辭也。按，經、傳以尊統卑于平等大同之中。衡量輕重，君與臣平也，父與子平也，夫與妻平也，而其中究不能無尊卑區别，乃文明以後之區别，初非奴隸苛刻之比也。即以西人論，主、僕同也，而僕不能用主之名；父與子同也，而拜天者必稱天父；妻與夫同也，而各國使臣並無以女充

① 按：此條疏文文理淆亂，無從究詰。當係作者批注之語，乃爲梓人羼入刻中。姑存以俟考。
② 則：原脱，據文意補。

其任者。蓋其平等之中必有智愚貴賤，以智統愚。以賤下貴，天理人情之自然，不惟中人如此，西人亦萬不能離也。即流俗或有偏重之説，當引經傳撥正，以杜其弊，無使滂流；如因噎廢食，激于一偏之説，潰決堤防，變本加厲，不惟顯棄中教，實亦大悖西俗。且綱常名教爲文明之極軌，尊卑上下之等級，在西人方且潛移默化、日就繩墨，身居中土，久近聖教，乃反戈相向，不求平允，只務新奇，即爲吾人之敗類，終亦爲西士所恥笑也。總之，蠻野之區別有弊，平等亦有弊；文明之平等乃善，區別尤善。臣不爲也。」傷君益父，忠臣不爲。疏 許復仇即《孟子》犬馬寇仇之説，泰西所謂公理平等。于是止。據《左傳》，此事在闔廬未立之前，因闔廬有異志，故順之而止。蔡昭公朝乎楚，事在昭元年。有美裘焉。囊瓦求之，昭公不與，爲是拘昭公于南郢數年，疏《蔡世家》：「昭侯十年朝楚昭王，持美裘二，獻其一于昭王，而自衣其一。楚相子常欲之，不與，子常譖蔡侯，留之楚三年。蔡侯知之，乃獻其裘于子常。子常受之，乃言歸蔡侯。」蔡侯歸。然後歸之。于其歸焉，用事乎河，河，當爲「漢」字之誤。《穀梁》作「漢」，是也。曰：「天下以中國爲天下，舊相承之誤。諸侯，苟有能伐楚者，寡人請爲之前列。」楚人聞之，怒，爲是興師，使囊瓦將而伐蔡。即上圍蔡。蔡請救于吴，伍子胥復曰：「蔡非有罪也，楚人爲無道。君臣皆失伯道。君如有憂中國之心，當時中國夷狄之分，即今文明蠻野之説。凡内四州爲中國，如今赤道以南者爲夷狄。則若時可矣。」于是興師而救蔡。記事止此。疏《吴世家》：「九年，闔廬謂胥、武曰：『始子之言郢未可入，今果如何？』二子對曰：『楚將子常貪，而唐、蔡皆怨之。王必欲大伐，必得唐、蔡乃可。』闔廬從之。悉興師，與唐、蔡西伐楚，至于漢水。楚亦發兵拒吴，夾水陳。吴王闔廬弟夫概欲戰，闔廬弗許。夫槩曰：『王已屬臣兵，兵以利爲上，尚何待焉？』遂以其部五千人襲楚，楚兵①大敗，走，于是吳王遂縱兵追之。比至郢五戰，楚昭王亡出郢，奔鄖。鄖公弟欲弒昭王，昭王與鄖公犇隨，而吳兵遂入郢②。子胥、伯嚭鞭平王之尸以報父仇。」**曰：**弟子問。**「事君猶事父也，此其可以復讎奈何？」**君臣無獄，不可言復。**曰：「父不受誅，**不受誅，謂罪不當誅。**子復讎**《孟子》：「君之視臣如手足，則臣視君如腹心；君之視臣如犬馬，則臣視君如國人；君之視臣如土芥，則臣視君如寇仇。」**可也。**《異義》：「《公羊》說：凡君非禮殺臣，子可復讎。故子胥伐楚，《春秋》賢之。《左傳》說『君命天也』，不可復仇。」《曲禮》：「父之仇弗與共戴③天，兄弟之讎不反兵，交遊之讎不同國。」**父受誅，子復讎，推刃之道也。」**父有罪，義不得相讎。**復讎不除害，**謂適可而止，不能絶人之後以除後患。**朋友相衛而不相迿，**朋友謂申包胥。明子胥志在復仇，不發其謀，卒能復楚。二人所行合古道。**古之道也。**《春秋》有罪而死不追誅，言此以譏之也。疏《春秋》許臣復讎，即平等公理，《左傳》師曠所以告晉平公者甚詳，不止孟子獨傳此義。《春秋》之義，以貴治賤，以賢不治不肖。凡爲君者宜皆賢，如有失道，許下得讎上；故弒君稱人以弒，爲君有罪，恕弒者不名。所謂不使一人暴虐于上，以肆其凶淫。泰西平等之說，即《論語》「公則悅」也。

楚囊瓦出奔鄭。南伯執政大夫言出奔，失伯辭也。囊瓦之奔，惡之也。謀人之軍，師敗則死之；謀人之邦，邑危則亡之。囊瓦敗人之師、亡人之國，乃臨難出奔，罪之也。直書其事而罪惡見。疏《楚世家》：「吳兵之來，楚使子常以兵迎之，

① 楚兵：「楚」字原脱，據《史記》補。
② 郢：原作「鄖」，據《史記·吳世家》改。
③ 共戴：原誤作「載」，據《禮記》改。

來漢水而陣。吴伐敗子常，子常亡，出奔鄭。」

庚辰，吴入楚。按，齊以鞍之敗貶爲牧，楚爲南伯，吴入之，幾亡國，自此失伯，與吴同爲岳牧矣。入者滅辭，不亡者，賴秦救之耳。不言秦救者，畧之。疏凡文明之國，軍旅①戰陣皆有法度。泰西戰陣公法條約號爲修明，適則《經》、《傳》早已詳于數千年前，如《司馬法》及《傳》所詳，皆滅國公法。

吴何以不稱子？據上稱子。反夷狄也。反用狄道，故亦狄之舉國。疏《傳》之中國夷狄，即今文明蠻野之分。滅國亦有禮制，如今公法。其反夷狄奈何？已文明，不能復反夷狄。如《禹貢》果爲古史，不應荆、揚二千年後乃爲夷狄，此從《春秋》始方進文明，故有反義。君舍于君室，大夫舍于大夫室，王者之師，如《司馬法》爲古軍禮，即今息戰修明公法，不許蠻野。蓋妻楚王之母也。《周禮》「九伐」，用以止亂除暴，安輯天下。楚無道，伐之可也，行師當道行紀律，若蠻野横暴，如水益深，如火益熱，吴初文明遂反夷狄，功罪不掩，各如其分。聖經權衡修明，非後世所及。疏今西方公法存兵事，雖用兵，以永保和平爲本旨；《記》所謂「殺人之中亦有禮」。

五年

春，王正月，辛亥朔，日有食之。日食必記，以敬天明曆爲政教之切。《春秋》二百四十年，日食不僅三十六，凡書

---

① 旅：原作「族」，據文意改。

災異，必以見事起例。

夏，歸粟於蔡。《周禮》所言邦交①有賑賻之文，即爲古史②；《公羊》詳明美備，此其一端。

孰歸之？據不言國。諸侯盟諸國。歸之。據上浩油盟。蔡久不通中國，此託于大得，故歸之。曷爲不言諸侯歸之？據城緣陵言諸侯。離至不可③得而序，《傳》「其序則主會者爲之」。劉文公合諸侯于召陵，主會也；新卒失主，故不序。疏歸粟各從本國轉運，參差不齊，不可得而序言之。故言我也。蔡不與中國通者近百年，召陵大會乃通中國，劉文公之力。此歸粟，雖主會者卒，守其約束。《經》無「我」文，蓋文公爲我主，目「我」，即文公也。疏善事主內，故以內主之。言我，而諸侯可見矣。

於越入吴。太平世天下遠近大小若一。謂定、哀諸侯不如上分遠近大小之嚴，故詳録小國卒葬。小國自召陵後無二國累數者，此內用六合，外用十二舍十八國，遠近大小若一。齊與楚對，爲東西二陽；吴與晉對，爲南北二陰；合魯、宋爲六。外則十二諸侯衛、陳、蔡、鄭、吴、許、曹、莒、邾、滕、薛、杞。內六國爲六官，外十二國十二牧④。不分遠近，不分大小，天下一視同仁，齊貴賤美惡，先師所以有大平之世遠近大小若一之説。

於越者何？或言於或不言於，嫌兩國。疏在上言于越，爲事舉之；在下言越，因中國録之。此在譒譯名號例

---

① 邦交：「邦」原誤作「拜」。
② 古史：原作「古世」，據文意改。
③ 可：原刻脱，據《公羊傳》補。
④ 牧：原誤作「教」，據文意改。

中。越者何？于伐入言於越。疏今譒譯例有以中文詳之者，有順其音而記之者，合于中國則中國之，否則以中記其音，而音亦能以名通。於越者，據惡事言於。未能以其名通也；夷之則言於越。疏通，謂以中國文儒譯之。進于中國則中國之，未能文明合于中國，故惡事則從其夷名稱之，所謂蠻野。越者，從内稱則言越。能以其名通也。凡善事皆言越，惡事言于越。疏泰西所謂文明之國。

六月，丙申，季孫隱如卒。隱如惡，其卒之何？見君臣之禮。疏隱如，奚斯之父。喪未及朞，斯何以如晉？《春秋》譏世卿與短喪者，皆改定禮制。周、魯則實朞喪，喪不去官。

秋，七月，壬子，叔孫不敢卒。當時不行三年喪，不以喪去官。據魯大夫可見。

冬，晉士鞅帥師圍鮮虞。晉爲二伯，乃能糾合諸侯。大小若一，故不序從國，而許、曹以下七國永無會同之事。疏備言晉師之伐鮮虞，見伯之所以衰。

六年

春，王正月，癸亥，鄭游遬帥師滅許，以許男斯歸。大平世大小若一，鄭、許同爲十二諸侯，自相滅。若昭以上則許如鄭，屬故滅，爲方伯討卒正之辭；太平則鄭、許同爲外諸侯，無差等。許已滅矣，何以下復見？楚封之也。不與楚封，故以滅言之也。疏劉文公會召陵以侵楚，許雖在會，然從楚①最篤，中間必有反覆。楚有亂，鄭爲王朝大夫，乘而滅許，蓋猶用浩油之盟也。

二月，公侵鄭。僖以下不言公侵伐者，權在大夫；此言公侵者，政不在大夫也。不可言陪臣，故歸其事于諸侯；世②愈亂而《春秋》之文愈治，此之謂也。

公至自侵鄭。公不在師，以公致者，歸征伐于諸侯。此爲詭辭例。疏起下十一年及鄭平事。

夏，季孫斯、仲孫何忌如晉。周無三年喪，《孟子》有明文。載籍所言，除從《經》説外，皆無實行之事。孔子定禮，加隆三年，故墨子因三年喪痛詆儒者。《論語》宰我短喪、子張高宗之問，皆商酌喪服之制。即《春秋》考之，則魯大夫，見《經》者如隱公之武氏子。去年六月隱如卒，斯今夏即爲使如晉，則必服闋可知。幾乎不及期年，蓋周不行三年喪，仕則畧。如今武職穿孝百日，實不去官；如據禮言，衰麻不可以據冠冕。季孫斯之出使外國③明在期年内，「三年喪」「君不呼其門」，《春秋》新制。疏二卿兼見《穀梁》。不正其同倫而相介，故列數之。

秋，晉人執宋行人樂祁犂。晉何以執宋行人？晉失諸侯也。齊，一本作「晉」，從二《傳》《經》校是。④《周禮》大小行人專掌外交，爲言語縱横之學，即今之外務部。《春秋》餘官不詳，行人屢見，唐、宋以後，外交之學乃絶焉不講，所當恢復。

---

① 從楚：原作「縱楚」，據文意改。
② 世：原作「事」，據文意改。
③ 外國：「外」字原脱，據文意補。
④ 「齊一本作晉」云云，當係他處之文而誤置於此。

疏晉六卿執政，無志于諸侯，今欲得諸侯，故執宋行人。

冬，城中城。再城中城，非外民。

季孫斯、仲孫忌帥師圍運。運爲齊取。圍之，不得志，故下有歸運事。疏《左》經作「仲孫何忌」，哀十三年魏多亦作「曼多」；《穀梁》經雖與傳本同而無其説。不以二字爲名，爲本《傳》獨有之説。

此仲孫何忌也，曷爲謂之仲孫忌？恐爲師讀闕脱。譏二名，《左氏》二名謂更名，一人二名；《傳》謂凡二字爲名者，或全舉二字，或單舉一字，如兩名者然。二名疏《左傳》説如楚公子圍、公子棄疾改名虔、熊，《傳》以何忌、曼多立説。非禮也。禮，君子已孤不更名。見《經》諸侯、大夫皆已孤，不得更名。疏二名有二説，本《傳》舊説謂以二字爲名，從《曲禮》、《檀弓》之二名言之；然夫子之母名徵在，禮詳不偏諱之義，則王莽必以一字爲名之制非禮意矣。今故從《左氏》説，以莽説爲誤解《傳》意。一説譏二名不偏諱起例，二字爲名不偏諱，《檀弓》「二名不偏諱，夫子之母名徵在，言在不稱徵，言徵不稱在」也。今《經》單言「忌」，不稱「何」，言「多」，不稱「曼」，則二人之名不全，以見只諱一字①，二字不偏諱。《檀弓》所言即《傳》所本。

七年《左》、《國》、《史記》以齊、晉、秦、楚爲《春秋》四岳，以岳以屬東西南北四方。隱、桓託權于天王，莊、僖則齊桓一匡，文以下晉、楚南北分伯，至定、哀而伯衰，《春秋》乃收伯權反之王。劉文公合諸侯召陵，自是以後，冀、兖、

① 一字：原脱，據文意補。

荆、揚出四維國，託于①一岳兩伯之辭，北則齊與晉争，南則吴與楚争；以魯、衛爲東，陳、蔡爲西，以二稱伯之鄭、秦入爲大夫，爲劉子之輔。故《論語》以魯、衛、陳、蔡並言，而秦不稱名。疏《年表》：劉子迎王，晉入王②。

春，王正月。《經》書首時，「春王正月」二十四見，以法二十四氣。又如東皇内八州、外十六州，東與西對；秋見十六首時，如西皇外十六③州。東三八，西六八，爲西皇外州。東西寓皇制，南北寓帝制；緇素爲三統之皇，黑赤爲南海北海之帝。

夏，四月。《經》書首時，「夏四月」十二見，以法十二公。又如南方炎帝外十二州。夏與冬對。

秋，齊侯、鄭伯盟于鹹。齊爲春官，鄭爲東國，如内外相盟。盟召陵避盟劉子，此不避者，齊屬外，此爲内外相盟之辭。晉在冀，鄭在豫，近鄰秦、鄭二稱伯國，一升④爲卿，一退爲行在牧。疏鹹，内邑也。齊、鄭盟者，齊謀徵衛。外離盟隱、桓以下不書，此何以書？定、哀與隱、桓同辭也。事詳《左傳》。

齊人執衛行人北宫結以侵衛。稱行人，非其罪。以者，不以者也。每以小故輒起兵戎。向戌息兵，趙武、屈建主之，九年中中外無兵事，民受其福，國以和安。自伯衰，而兵戈大甚。疏執行人以侵。衛欲叛晉，相謀而行。《年表》：「齊

---

① 于：原刻此處空白，據文意擬補。
② 入王：原作「入王城」，據《史記》删改。
③ 十六：原誤作「是六」，據文意改。
④ 升：原誤作「所」。

侵衛，伐魯①。」

齊侯、衛侯盟于沙澤。定、哀遠近若一。晉、齊中國，吳、楚夷狄，二侯二子同一等。內四侯法四時之官，每方三月，一時見三國，合爲外十二州，四官與十二牧同等，故曰遠近大小若一。公與宋爲二王後，故不爲牧而居正東。與衛盟者，齊徵衛②也。外離盟莊以下不書，此③書者，三世異辭也。疏因侵而名同，乃同伐晉。沙澤④，衛地。士鞅伐衛，討此盟也。

大雩。此當在七月。非時，則不月。疏《經》書二旱十六雩，合又雩爲十七，又雩非雩，故不數。《詩》以旱比赤道，二旱如高陽高辛，十六雩如八元八愷。

齊國夏帥師伐我西鄙。齊國夏，召陵序殿諸侯。既已得衛，魯、衛兄弟，故又求魯。齊伐皆在西北近鄰，近鄰結怨，譏之。疏隱、桓不言鄙，定、哀之終亦不言鄙，何以鄙獨詳于有伯之世⑤？由官府而邦國，由邦國而都鄙，小大遠近之説，隱、桓二公四侯如六相，以皇極立法，都鄙遠在邦國之外。《周南》邦國官府之制不及藩屏，故隱、桓不言都鄙。邦國與都鄙爲隣，由近及遠，《召南》詳藩屏，故襄、昭亦詳都鄙。定、哀則鄙之制以「偕老」、「同歸」爲要義，不以荒遠自棄。《邶風》不言藩屏，故定、哀亦不言鄙。《魯世家》：「七年，齊伐我。取鄆，以爲陽虎邑以從政。」

---

① 魯：原作「晉」，據經文及《史記·十二諸侯年表》改。
② 徵衛：原作「衛衛」，據前廖注改。
③ 此：原作「皆」，據文意改。
④ 「澤」下原衍「渾」字，茲删。
⑤ 世：原作「勢」，據文意改。

九月，大雩。兩記大雩。一無月，一月以爲九月，而雩之起例。《傳》蓋據此經立説。

冬，十月。《經》書首時，「冬十月」十見，如「五犯」、「五獵」、「葛屨五兩」；又如黑帝内二伯，官府二伯，邦國八伯。冬與夏對，都鄙十二牧爲《帝典》二十二人。

八年

春，王正月，公侵齊。齊爲東方春官。互相侵伐，爲平行辭。侵伐兵事，重，何以不日？不可以日計也。政不在公久矣，何以主侵？非公也。陽虎爲之，不可言，故目公也。侵齊者，陽虎主之也。政不在大夫，故以公主之。此侵以報西鄙之役。月者，危之。

公至自侵齊。不講求鄰之道，大侵小，小傲大，故定、哀兵事尤繁。故《春秋》特表二伯以息兵修約，公法約束諸侵，故盟會爲息戰之本。

二月，公侵齊。以下無如齊文，皆爲方伯平行。

三月，公至自侵齊。定、哀之世公不如齊。晉、楚以二伯反之劉子，大小平行。陪臣執國命，屢侵大國，故出入皆危之。三月再侵，亟之。

曹伯露卒。《詩經》十五《國風》，首三《風》在中，《鄘》、《衛》以下十二風，《緯》以配六吕十二月，終於《檜》、《曹》，《檜》、《曹》比於《春秋》許、曹。昭以上以許、曹爲小國，定、哀用十二諸侯例，許、曹升爲大國。十二諸侯，如《詩》之十二《風》。疏 《曹世家》：「靖公四年卒，子伯陽立。」時者，惡之也。露弒兄而立，惡其弒也。弒不書，不言隱公卒，畧之也。

夏，齊國夏帥師伐我西鄙。隱、桓言官府，先正京師，故不言鄙；莊以下治邦國，以鄙近，故言鄙。故《召南》言藩屏，定、哀治都鄙，治鄙不言鄙，亦如《經》。上南四州不見夷狄，初言鄙方如太平，猶漸而進太平之世。天下遠近大小若一，故後不言。

公會晉師于瓦。齊、晉方伯，互求諸侯。齊屢伐我，故與晉謀以伐齊起。鞅所帥者鄭，以下不記從國。**疏**事詳《左傳》。

公至自瓦。離會不致，與隱桓同。

秋，七月，戊辰，陳侯柳卒。陳、蔡同在東南，舊陳、徐、蔡、揚，故陳、蔡連文。**疏**《陳①世家》：「四年，吴復召懷公，懷公恐，如吴。吴怒其前不往，留之，因卒吴。陳乃立懷公之子越，是爲湣公。」

晉趙鞅帥師侵鄭。晉從前文爲二伯，因退爲方伯，故自召陵以後惟黄池一見晉侯，亦如在隱、桓世不見晉。**疏**趙鞅，二《傳》作「士鞅」。

遂侵衛。與齊爭諸侯，報前伐②也。趙鞅何以獨侵？鄭、衛與荀、士分黨。

葬曹靖公。時卒時葬，畧之。定、哀小國無盟會③，小國與小國無相見之事。定、哀之世用三世例，文多同隱、桓。隱、桓政在天子，莊、僖政在諸侯，文、宣政在大夫，定、哀政在陪臣；由此反推，成爲政④在大夫，襄、昭爲政在諸侯，定、哀政在天

---

① 陳：原作「東」。
② 前伐：原作「前代」，據文意改。
③ 無盟會：「無」下重出「無」字，今刪。
④ 政：原脱，據文意補。

子，所謂世①愈亂而文愈治。以陪臣比伯，大夫比王，諸侯比帝，天子比皇。宣以前如述古，成以後如知來。

九月，葬陳懷公。與曹相比，尊卑之義。疏大國葬例月。二月而葬，譏不及時。

季孫斯、仲孫何忌帥師侵衛。累數大夫，譏之。侵衛，助趙鞅。疏北諸侯分二黨。

冬，衛侯、鄭伯盟于曲濮。兗、豫相盟，因侵而盟，謀拒趙鞅也。外方伯盟不書，此何以書？一見例也。疏隱、桓鄭爲卿士，以統二公四侯，如七政、七始，如《周禮》以皇統天地二公四時四官。伯讀爲二伯之伯。莊以下與秦、晉同稱伯，比于天子大夫，一居一從。定、哀以下以王居中，如《詩》《周南》；以劉子、秦伯爲之輔，如《詩》《召》、《邶》。秦在內，鄭在外，爲十二諸侯。書秦伯卒不名，鄭伯卒則名，内外諸侯禮制不同也。

從祀先公。不言祭祀者，見者不復見。不斥言閔、僖，諱之。

從祀者何？此從祀言之。順祀也。此非善事，其以從祀言者何？成人之美，因以見正也。文公逆祀，去者三人；諫不從而去之。定公順祀，叛者五人。諫不禮而去曰叛。去與叛皆不書者，微也。此由陽虎主謀，去三家。疏《洪範》：「三人占，則從二人之言。」後世議謀遂以從衆爲準則，不知當論是非，不以衆寡爲據。《傳》言此，以明從衆之非。《左傳》發明一人爲衆之義，所以破朋黨牽掣阻撓之失。

盜竊寶玉、大弓。盜，大②竊事。

① 世：原無，據文意擬補。
② 大：原誤作「人」，據文意擬改。

盜者孰謂？微而竊大，故問之。謂陽虎也。《王制》曰：仕于家者「不與士齒」。賤乎賤者，故①窮諸盜。陽虎者，曷爲者也？問其爵秩②。季氏之宰也。陪臣，賤。季氏之宰，則微者也，治家事。惡乎得國寶不與國政。而竊之？陪臣不與諸侯之事。陽虎專季氏，《論語》「陪臣執國命，三世希不失矣」，謂此矣。季氏專魯國，由家及國。陽虎拘季孫，謂專拘季孫，此事《左傳》未詳焉。孟氏與叔孫氏迭而食之。被囚不得食，二家私使人饋食。睋而鍥其版③，惡漏于外，以瓜刻其饋食之版，言事密。睋與「俄」同。曰：「某月某日，《左傳》作「十月壬辰」。將殺我于蒲圃，囚不在蒲圃，將享之而後殺。力能救我則于是。」此鍥板之言也。至乎日至壬辰日。若時而出。陽虎之衆以季孫出于拘所。臨南者，《左氏》作「林楚」。陽虎之出也，虎之外甥。御之。爲季孫御。於其乘焉，季孫謂臨南曰：「以季氏之世世有子，《左傳》作「爾④先皆季氏之良也，爾以是⑤繼之」。子可以不免我死乎？」責以義，復誘之以利。臨南

---

① 自「晉趙鞅帥師侵鄭」條注文「……隱、桓世」至此，原刻誤置於下文「弒千乘之主而不克」之「而不」下，今據《公羊傳》乙正。

② 秩：原誤作「佚」，據文意改。

③ 版：據《公羊傳》作「板」。

④ 爾：據《左傳》作「而」，義同「爾」。

⑤ 以是：原作「是以」，據《左傳》乙。

曰：「有力不足，臣何敢不勉！」下更約如孟氏，傳文不備耳。陽越者，陽虎之從弟也，爲右。爲季孫車右，防掣之。《左傳》作「陽越殿」。諸陽之從者，其黨徒，不必皆陽氏。車數十乘。至于孟衢，孟氏衢。四達謂之衢。臨南投策而墜之，《左傳》作「臨楚怒馬，及①衢而騁」。陽越下取策，臨南駷馬，策，馬棰也。路近孟氏，故同謀釋之。恐陽越不聽，故以計去之。而由乎孟氏。陽虎從而射之，矢著于莊門。莊門，孟氏所入門名。言其幾中季孫，賴門閉，故著門。然而甲起于琴如。甲，公斂處父所帥也。琴如，地名。二家知出期，故于是時起兵。弑不成，下殺上謂之弑。欲反②，舍于郊，三十里之郊。皆説然息。《左傳》：「陽氏敗，陽虎脱甲如公宮，取寶玉、大弓以出。舍于五父之衢，寢而爲食。」或曰：《左傳》作「其徒曰」。「弑千乘之主千乘，方伯地方三百一十六里之所出。季孫專魯，故假方伯以言之。而不克，此先師約舉其辭。舍此，可乎？」恐追將至。陽虎曰：「夫孺子得國而已，孺子，謂季孫幼，圖專國家而已。如丈夫何？」丈夫，自謂。言彼無如我何，不足懼。睋而曰：「彼哉！彼哉！望見公斂處父師，而曰「彼哉彼哉」。《論語》：「問子西。曰：『彼哉！彼哉！』」國有人焉之辭。趣駕。」使疾去。既駕，公斂處父帥師而至，《左傳》「成宰公斂處父」，孟氏之宰也。慬然後得免。自是走之晉。按《左》、《史》，虎先入陽關以叛，後乃奔晉。《傳》終言之。寶者何？《傳》以國寶爲重，故「寶」字爲絶句。璋判白，此言玉也。弓繡質，此言大弓也。

---

① 及：原作「至」，據《左傳》改。

② 「反」下原刻衍「退」字，據《公羊傳》删。

龜青純。《經》不言龜，此推廣説之。

九年《年表》：陳滑公越元年，曹伯陽元年。

春，王正月。

夏，四月，戊申，鄭伯嚾卒。隱、桓鄭統六相，居甸服，治官府。定、哀秦統六相，居甸服，治官府；鄭則主東方都鄙，合三侯八小國，爲十二諸侯，合爲十九國。所謂三世異辭①。太平之世，天下大小遠近若一。疏《鄭世家》：「十三年卒，子聲公勝立。當是時，六卿强，侵奪鄭，鄭遂弱。」

得寶玉、大弓。疏事詳《左傳》。

何以書？國寶也。周公初封所分之物。喪之，書；上書盜竊。得之，書。言此以見陪臣之禍。

六月，葬鄭獻公。連書鄭、秦之卒葬，一名一不名，一月一不月，相比見内外之分。

秋，齊侯、衛侯次于五氏。次于五氏，伐晉也。不可言伐，故以次起之。次，不進也。五氏，晉地。鄭不會者，在喪中。疏言次，戰伐未成之辭。大同息兵講和，故戰多不成，託之于次，如會宋弭兵會。

秦伯卒。稱伯大國二，曰秦曰鄭。隱、桓之世託于東方，所謂東周，鄭居中國之中，統二公四侯。七國皆在中州，不及南

① 三世異辭：「辭」字原脱。

北。以隱、桓爲始基，一中以統上下前後左右，初治六官，正京師之法也。定、哀之世託于西周，秦封在梁，爲正西，素統。以秦居中，統二公、齊晉二侯；吳楚二子居甸服，晉在北，楚在南，中國夷狄一視同仁，二侯二子南北交相見。中外一家，所謂遠近若一。七國居内，亦如隱、桓。舊説大平之世天下大小遠近若一，故又以四大八小居都鄙，配十二風，雖小邾婁亦與其列，所謂大小若一。**疏**内七外十二，合爲十九。鄭東陳西蔡南衛北，一伯三侯，爲羲和四子；十二牧之四凶，四方一大二小，如《易》之一君二臣；許、曹、莒、邾婁、滕、薛、杞、小邾婁八國分居四方，各得其二。昭以上邦國八伯之治已詳，故不再言之。《周禮》言三統天地人，六變九變八變。隱、桓官府六，以鄭統之，爲地統之六變；莊以下八州八伯，合中而九，爲天統之九變；定、哀爲人統，以八起數，人統立十四州，以三世分三統之例。秦何以卒而不名？從王臣例，字而不名也。《春秋》晉、楚爲伯，則以鄭、秦攝方伯，爲外諸侯。反伯于王臣，則晉、楚皆爲岳牧，而以秦入爲王朝大夫，以輔劉子。王朝大夫稱伯，召伯、毛伯、祭伯卒葬亦不名，如原仲夷伯。故秦從大夫例，字而不名，而鄭則名，相比以見例。

冬，葬秦哀公。以秦爲王朝卿士，卒不名，葬如葬劉文公，王臣之比。**疏**定、哀之秦比于隱、桓之鄭。以秦居中，象六合之心，統二公二侯二子。《詩》鄭附東帝，秦附西帝，然則隱、桓託緇，定、哀託素，莊以下託黄。劉文公劉即《詩》留，留爲留守，謂劉與秦爲留守也。

十年

《年表》：鄭聲公勝元年，鄭益弱。秦惠公元年。

春，王三月，及齊平。二年中言平者二，「德不孤，必有鄰」，所謂太平世。及者，我欲之也。公初事晉，自此以後絶晉，與齊平，故特言平以起之。内外皆微者，微者先定約，然後公會也。**疏**《孔子世家》：定公十年，孔子由中都宰爲司空，由司空爲大司寇。春，及齊平。

夏，公會齊侯于頰谷。齊得魯、衛與鄭。説詳《穀梁》。疏《魯世家》：「十年，定公與齊景公會于頰谷，孔子行相事。齊欲襲魯君，孔子以禮歷階，誅齊淫樂。齊侯懼，乃止，歸魯侵地而謝過。」

公至自頰谷。何以不致會？離不言會也。疏《孔子世家》：「夏，齊大夫黎鉏言于景公曰：『魯用孔丘，其勢危齊。』乃使使告魯爲好會，會于夾谷。魯定公且以乘車好往，孔子攝相事，曰：『臣聞有文事者必有武備。古者諸侯出疆，必具官以從。請具左右司馬。』定公曰：『諾。』具左右司馬，會齊侯于夾谷。爲壇位，土階三等，以會遇①之禮相見。揖讓而登，獻酬之禮畢，齊有司趨而進曰：『請奏四方之樂。』景公曰：『諾。』于是旄羽祓，矛戟斂撥，鼓譟而至。孔子趨而進，歷階而登，不盡一等，舉袂而言曰：『吾兩君爲好會，夷狄之樂何爲於此？請命有司。』有司卻之不②去，則左右視晏子與景公。景公心怍，麾而去之。有頃，齊有司趨而進曰：『請奏宮中之樂。』景公曰：『諾。』優倡侏儒爲戲而前。孔子趨而進，歷階而登，不盡一等，曰：『匹夫而熒惑諸侯者，罪當誅！請命有司。』有司加法焉，首足異處。」

晉趙鞅帥師圍衛。隱、桓爲政在天子，無伯，故無摟伐諸侯之事。政在諸侯，而後同盟。定、哀與隱、桓同，政在天子。内六大國各治其事，王臣不合諸侯，故亦無累數至五國者。晉與齊爭衛以爲事，文若《經》義，則太平世齊、晉在内爲六官，衛、陳、蔡、鄭在四方爲十二牧之長；圍衛，如内官治都鄙。

齊人來歸運、讙、龜陰之田。定、哀齊爲春官，比于宗伯，何以爲二伯主閒田？非主閒田。魯、宋爲天地二公，齊若歸閒田于公，則魯尊齊卑之辭。疏一説：貴者無統，待之以初。田者，閒田也，繫之于運、讙、龜陰，不使齊取邑也。

① 會遇：原作「遇會」，據《史記》卷四七《孔子世家》乙。
② 不：原刻脱，據《史記》補。

齊人曷爲來歸《孟子》「則有慶，慶以地」，《王制》「諸侯有功，取閒田以禄之」。運、讙、龜陰田？據齊嘗取魯邑。孔子行乎季孫，《孟子》「孔子于季桓子有行可之事」。孔子天命木鐸，爲百世法，絶無爲政當時之意，故《論語》以「子奚不爲政」爲問。時文家不知此旨，乃爲聖人惜。其小試期月，皆爲游戲人間，非聖人本旨。三月不違，此舊傳文，故此言三月，明年隳費亦言「三月」。齊人爲是來歸之。疏《孔子世家》：「景公懼而動知義不若，歸而大恐，告羣臣曰：『魯以君子之道輔其君，而子獨以夷狄之道教寡人，使得罪于魯君，爲之奈何？』有司進，對曰：『君子有過則謝以質，小人有過則謝以文。君若悼之，則謝以質。』于是齊侯乃歸所侵魯之鄆、讙、汶陽、龜陰之田以謝過。」

叔孫州仇、仲孫何忌帥師圍郈。何爲圍郈？侯犯叛也。疏《孔子世家》：「定公十三①年夏，孔子言于定公曰：『臣無藏甲，大夫無百雉之城。』使仲由爲季氏宰，將墮三都。于是叔孫氏先墮郈。」

秋，叔孫州仇、仲孫何忌帥師圍費②。此克郈，固駟赤之力。

---

① 三：原作「一」，據《史記》改。

② 費：原作「駟」，據《公羊傳》改。按，原刻此處有改補之跡。《左傳》、《穀梁傳》俱作「圍郈」，楊伯峻《春秋左傳注》且云「《公羊》作『費』，不足據」。廖氏注此條亦云「克郈」，則原刻本擬改作「郈」，梓人誤作「駟」。

宋樂世心出奔曹。一年①三記奔。大同往來之義，故②不諱奔。言曹者，起曹之亡也。疏樂世心，二《傳》通作「樂大心」。

宋公子池出奔陳。宋公嬖向魋，因奪馬，出奔。疏池，二《傳》作「地」。

冬，齊侯、衛侯、鄭游遬會于鞍。齊爲春官，司東方諸侯，衛、鄭皆在都鄙。疏爲伯糾合諸侯，故多與國；及爲內官，則所統者少，故定、哀累數無至五國者。齊爲寰內諸侯，敘二國上。會于鞍，齊得諸侯，晏子以其君顯，傷晉卿之禍。鞍，二《傳》作「安甫」。

叔孫州仇如齊。公不如齊而大夫如齊。大同之世亦相往聘，如《周禮》之邦交。記小國來朝，不詳大國聘；躬自厚而薄責③於人，自我先施。如齊者，聘齊也。與齊聘後，如齊不如晉。疏自昭二十一年以後，《經》不書來聘。

宋公之弟辰暨仲佗、石彄出奔陳。五大夫出奔，詳宋亂也。大國三卿，言五大夫者，宋尊也；尊，則大夫亦得書。《周禮》時會、時聘與殷同，殷覜對文。時謂《齊詩》上方，殷謂下方。定、哀與隱、桓同以魯公爲《魯頌》，比上方，天；宋爲《商頌》，比下方，地；六大國居甸以內，爲赤道。中心必與都鄙往來調劑，水火既濟，周遊六虛，故定、哀以事實言則極亂，以《經》義言則極治，所謂「世愈亂文愈治」。奔陳，從赤道至黑道，《詩》：「誰能執熱？逝不以濯。」疏大統之治，專以往來爲損益裁成之用，故小統爲禮之別，大同爲樂之和，故多記奔走，如「適彼樂土」、「我行其野」。又，定、哀內七政外十二舍，宋

① 一年：「一」字原脱。
② 故：原誤作「汝」，據文意改。
③ 薄責：「責」字原脱。

奔陳，如從甸服奔要荒。

十有一年定、哀法太平，治都鄙，以十二諸侯分配四維。疏《天文訓》：「東北爲報德之維也，西南爲背陽之維，東南爲常羊之維，西北爲蹏通之維。」

春，宋公之弟辰及仲佗、石彄、公子池自陳入于蕭以叛。蕭者何？宋之邑也。楚子所滅國，後地歸于宋，事詳《左傳》。自陳入蕭，如從要荒至甸服。疏《詩》葛屨履霜、女手縫裳，定、哀太平，以奔、叛爲往來辭，如《易》「周游六虚」、《詩》「輾轉反側」，故記奔尤詳。不嫌惡辭者，大同小統，美惡不嫌也。

夏，四月。《春秋》天人大小分途，雖無人事，必記天道，《中庸》所謂「道不可須臾離」。

秋，宋樂世心自曹入于蕭。詳録其事，著宋禍。宋如居南赤道，曹自黑道入之。疏定、哀以上，曹、莒、邾、滕、薛、杞連文者不勝數，定、哀不一見。太平之世，遠近大小若一，八小國同升爲十二牧，故異其辭，八小國不連數。

冬，及鄭平。不言其人，以國與之。據下書如鄭莅盟，知爲來聘盟。不言盟而言平，盟非盛世之事。平者，大信辭。定、哀自爲一世，初與齊平，又與鄭平，以漸而天下平。疏六年公侵鄭，齊爲魯鄭求和，故爲此平。鄭大夫至，魯始叛晉。

叔還如鄭涖盟。涖盟者，來報平。不言聘者，初相成。《禮經》朝聘以禮，化齊天下，故曰「安上治民莫善于禮」。不用干戈而講禮讓，《朝事篇》詳矣。疏此魯大夫至鄭平，齊已得魯、衛、鄭。始叛晉。

十有二年一年之中，具有晝夜寒暑，惟中國得其平。南北二極有長晝長夜、永寒永暑之説，詳《列子》。疏《列子·周穆王篇》：「西極之南隅有國焉，不知境界之所接，名古莽之國。陰陽之氣所不交，故寒暑亡辨；日月之光所不照，故晝夜亡辨。其民不食不衣而多眠。五旬一覺，以夢中所爲者實，覺之所見者妄。四海之齊，謂中央之國，跨河南北，越岱東西，萬有餘里。其陰陽之審度，故一寒一暑；昏明之分察，故一晝一夜。其民有智有愚。萬物①滋殖，才藝多方。有君臣相臨，禮法相持。其所②云爲，不可稱計。一覺一寐，以爲覺之所爲者實，夢之所見者妄。東極之北隅有國，曰阜落之國。其土氣常燠，日月餘光之照。其土不生嘉苗，其民食草根木實，不知火食；性剛悍，强弱相藉，貴勝而不尚義。多馳步，少休息，常覺而不眠。」

春，薛伯定卒。定、哀以八小國配十二《國風》。隱、桓在邦國，定、哀則在都鄙，從内移外。鄭、陳、衛、蔡以上爲大國，至此與八小國同等，故曰太平大小若一。疏薛已從卒正辭，何以不日？薛下于滕也。滕正卒，以下皆日。滕、薛大小同，何爲辟之？決嫌明疑，禮之大也。《經》薛在滕下，不可强同，定十三、哀十皆不日。

夏，葬薛襄公。襄公時卒時葬，薛定例。疏九旨九變，辭各不同。然官府、邦國、都鄙分三段，邦國居中，故《經》以邦國八伯例爲主，雖有内外之變，常辭舉中以立法也。

---

① 「萬物」下原衍「之」字，據《列子·周穆王》删。

② 「所」下原衍「持」字，據《列子·周穆王》删。

叔孫州仇帥師墮郈。大統之典，先墮名城，善鄰息兵，不以城固。又，《國語》言諸國皆以大邑受制于大夫，鄭櫟，衛戚，晉朝歌、曲沃，魯之費、郈，故「都城過百雉，國之害。大都不過參國之一，中五之一，小九之一」。疏大同有毁名城之説，中國詳于《始皇本紀①》，始皇詔書屢言其事。今泰西英國倫敦毁城以便民居，設險于外。世界太平，此其先兆。

衛公孟彄帥師伐曹。爲宋伐。上言專兵，下言出奔，明禍本。

季孫斯、仲孫何忌帥師墮費。《左傳》天子有道，守在四夷；《穀梁》「凡城之志皆譏」。疏事詳《左》。《史・始皇本紀》博士説古之皇帝皆地不過千里，則包海外、總六合乃俟聖，非述古也，定矣。百世之事，無徵不信，博士空傳其文，河清難俟，故於小統經傳、秦漢典章，勉强附會大統。如始皇并六國，威令不出《禹貢》外，仍小一統而非皇、帝。考《本紀》所有章奏制詔全用大統，文辭斐然，實則無德，行事非其事也。又如五帝運本謂五大州五帝各主一方，始皇自以爲水德，當用嚴酷，遂以慘刻亡天下，不得不謂爲師説之誤。又如漢武帝征伐夷狄，北方開通頗廣，然均在《禹貢》要荒内，當時經師、博士因大統之説無所附麗，亦遂移以説之，後世遂以秦皇漢武真爲經説之皇、帝。一誤無外，一誤以大説小。如封禪爲皇帝典禮，小統王伯不得用之，秦、漢乃躬行實舉，《史記》因之著《封禪書》，亦其失也。

曷爲帥師墮郈、帥師墮費？三家方以城城自固，何爲而墮之。孔子孔子知命在周游之前，於畏匡引文王，於桓魋言天生，實是受命。故自衛反魯，作《詩》言志，以殷末寓素王之義，明三統之法；特後來以《詩》之空言未能明切，恐後失其意，故再作《春秋》，實以行事。《孟子》引《詩》與《春秋》明王迹，《史記》引空言不如行事，皆此義也。行乎季孫，用從孔子。三月不違，《論語》「期月可矣」。曰：聖爲天口，故言可爲經。疏六經孔子一人之書，學

① 始皇本紀：原作「秦本紀」，據《史記》改。下同。

校素王特立之跂。劉歆以前皆主此説，《移書》以六經皆出于孔子。後來欲攻博士，故牽引周公，以敵孔子；遂以《禮》、《樂》歸之周公，《詩》、《書》歸之帝王，《春秋》因史文，《易傳》僅注前聖；如此是六藝不過選文選詩，則孔子碌碌無所建樹。蓋師説浸亡，學者以己律人，視孔爲教授老儒，語其事業，全無實迹。豈知素王事業與帝王相同，位號與天子相埒；《易》與《春秋》則如二公也，《詩》、《書》、《禮》、《樂》則如四輔條例也，欲爲之事全見六藝。學校之開，當時實能改變風氣，學之者多，用其弟子者亦多，所謂立行來和是也。「家不藏甲，甲兵統於國君，私家不藏。邑無百雉之城。」《左傳》：「大都不過參國之一，（三分之一①。）中五之一，小九之一」；「都城過百雉，國之害也。」疏説者以爲大一統必用民主，不能家天下。按，《孟子》云：「天與賢則與賢，天與子則與子。」其説早定，説者蓋因桀、紂，遂欲廢棄君綱，不知首出庶物，元首萬不可少。民智大開，羣進昇平，由卿相以至庶人，必公正廉明；一人在上，何能肆其暴虐？蓋有桀、紂之君，必先有桀、紂之臣。帝王非有輔佐，則一匹夫耳。大之則如湯、武，小之則如伊尹、霍光。故論者但當自責，先於學堂求修身立品之相材，學術端，經義明，不必憂暴君流毒天下之事，朝廷無佞臣僉人之逢迎，則一人不能獨逞于上。且比户可封，天下皆賢，何以君主獨惡？以亂世之所慮推之太平，抑不思甚矣。于是帥師墮郈，《左傳》：「仲由爲季氏宰，將墮三都，於是叔孫氏墮郈。季氏將墮費，公山不狃、叔孫輒帥費人以襲魯。公與三子入于季氏之宫，登武子之臺。費人攻之，弗克。入及公側，仲尼命申句須、樂頎下，伐之，費人北。國人追之，敗諸姑蔑。二子奔齊，遂墮費。」帥師墮費。此大同之基。郈，叔孫氏所食邑；費，季氏所食邑。二大夫宰吏數叛，患之，以問孔子。孔子曰：「陪臣執國命，采長數叛者，坐邑有城池之固，家有甲兵之藏故也。」季氏説其言而墮之。故君子

① 三分之一：此似係作者旁注，非注語正文，以括號表之。

時然後言，人不厭其言。書者，善公任大聖，復古制，弱臣勢也。不書去甲者，舉墮城爲重。雉者何？問雉字名義。五板而堵。八尺曰板①，堵凡四十尺。五堵而雉，二百尺。百雉而城。二萬尺。凡周十一里三十三步二尺，公、侯之制也。禮天子千雉，蓋受百雉之城十；伯七十雉；子、男五十雉。天子周城、諸侯軒城者，闕南面以受過也。《春秋説文》：古者六尺爲步，三百步爲里，計一里有千八百尺，十里即一萬八千尺，更以一里三十三步二尺，爲二千尺，通前爲二萬尺也。據《春秋緯》以公侯百雉，二萬尺則爲二千三百三十三步二尺；子、男五十雉，萬尺則爲一千六百六十六步四尺；與鄭《駁異義》言五百步爲百雉不同。《戴禮》及《韓詩》説八尺爲板、五板爲堵、五堵爲雉，板廣二尺，積高一尺，爲一丈；五堵爲雉，雉長四丈。《古周禮》及《左氏》説一丈爲板、板廣二尺，五板爲堵，一堵之牆長丈高丈；三堵爲雉，一雉之牆長三丈高一丈，以度其長者用其長，以度其高者用其高也。《五經異義》曰：「天子之城高九仞，公、侯七仞，伯五仞，子、男三仞。」《駁異義》云：「天子城九里，公城七里，侯、伯之城五里，子、男之城三里。」鄭《異義駁》：「或云周亦九里城，則公七里，侯、伯五里，子、男三里。」《古周禮》説「天子城高七雉，隅高九雉；公之城高五雉，隅高七雉；侯、伯之城高三雉，隅高五雉。都城之高皆如子、男之城高」。

秋，大雩。時雩，不正也。農學修明，旱②備甚具，則民不憂旱。定公篇五見大雩，明③旱備未具。《經》書十六大雩，以見《帝典》四岳十二牧之義。**疏**地球從東西直剖之，北極在上，南極在下，赤道橫繞地球之中，日馭之所正照也。赤道之南

---

① 板：原誤作「坂」，據傳文改。

② 旱：原誤作「早」，據文意改。

③ 「明」下原有「農」字，當係衍文，茲删。

北各二十三度二十八分，爲黃道限，寒煖漸得其平①。又再北再南各四十三度四分，爲黑道，去日馭②漸遠，凝陰沍結，是爲南北冰海。地球從中間横剖之，北極南極在中，其外十一度四十四分爲黑道，再外四十三度四分爲黃道限，再外二十三度二十八分，赤道環之。赤道爲熱帶，黃道爲温帶，黑道爲寒帶。赤道爲日馭正照之地，環繞地球之中，故日愈高則熱愈甚。中國在赤道之下，其地隆冬，如内地之夏初；再南而至南黃道之外，其氣漸平；再西南③而至阿非利加之吸朴，則已見霜雪；又再西南而至南亞墨利加之鐵耳聶離，已近南黑道，則堅冰不解，當盛夏而寒栗，故南北二極均爲冰海。

冬，十月，癸亥，公會齊侯，盟于黃。盟于黃者，公不事晉。**疏** 齊侯，一本作「晉侯」。

十有一月，丙寅朔，日有食之。地有四遊，冬至地上北而西三萬里，夏至地下南而東三萬里，春秋二分其中矣。地常動不止，譬如人在舟中而坐，舟行而人不覺。七戎六蠻九夷八狄，據形而言之，謂之四海，言皆近海。海之言晦，昏而無覩也。黃道一，青道二，出黃道東；赤道二，出黃道南；白道二，出黃道西；黑道二，出黃道北。日春東從青道，夏南從赤道，秋西從白道，冬北從黑道。立春星辰西遊，日則東遊；春分星辰西遊之極，日東遊之極，日與星辰相去三萬里；夏則星辰北遊，日則南遊；夏至星辰北遊之極，日南遊之極，日與星辰相去三萬里。以此推之，秋、冬倣此。可知計夏至之日日在井星，正當嵩高之上，以其南遊之極，故在嵩高之南萬五千里，所以夏至有尺五寸之景也。於時日又上極，星辰下極，故日下去東井三萬里也。《周禮》人司徒「以土圭之法測土深，正日影，以求地中。日南則景短，多暑；日北則景長，多寒；日東則景夕，多風；日西則景朝，多陰。日至之影，尺有五寸，謂之地中，天地之所合也，四時之所交也，風雨之所會也，陰陽之所和也。

---

① 其平：原作「其半」，據文意改。
② 日馭：原作「馭去」，據上文改。
③ 再西南：「再」原誤作「在」。

然則百物①阜安，建王國焉」。疏《漢志》：「三代既没，五伯之末②，史官喪紀③，疇人子弟分散，或在夷狄，故其所記，有黄帝、顓頊、夏、殷、周及魯曆。」按，六曆乃皇帝遺法，其書與法制漢世常存，故《世經》累言殷曆、春秋曆、魯曆，張倉張王壽亦有黄帝顓頊曆法。六曆如《周禮》之六官，魯春、殷秋、夏南、顓頊北，黄帝居中。《春秋》首四時，《詩》以月名篇者五，《正月》即春，魯曆；《四月》即南，夏曆；《七月》即秋，殷曆；《十月》即冬，顓頊曆，《六月》即中央，黄帝曆。四方陰陽寒暑相反，黄帝居赤道，無寒暑晝夜長短四時之分；所謂「中央之帝④曰渾沌」，《詩》之「無冬無夏」。周爲大統之號，五帝分司，各主一方；周曆則合五曆爲一統，凡四方晝夜寒暑相反；正朔月首，同取交會，然六曆各有不同，而晦朔弦望無異。故《春秋》詳日食，專以爲晦朔弦望之故也。

公至自黄。黄在外，故致。何以不致會？離不言會也。疏定、哀書離會乃致地，昭以上不志離會，亦不致地。故隱桓、定哀同爲皇世。

十有二月，公圍成。成不克，公爲之病矣。定、哀有天下辭而天下愈亂，魯之君臣日失其序，何也？所謂世愈亂而《春秋》之文愈治。疏《魯世家》：「十二年，孔子使仲由毁三桓城，收其甲兵。孟氏不肯墮城，伐之，不克而止。季桓子受齊⑤女樂，孔子去。」成爲孟氏家私邑。

---

① 百物：原作「萬物」，據《周禮》改。
② 末：原脱，據《漢書·律曆志上》補。
③ 喪紀：「喪」字原脱，據《漢書·律曆志上》補。
④ 帝：原作「極」，據中華書局本郭慶藩《莊子集釋》卷三下《應帝王》改。
⑤ 齊：原脱，據《史記》補。

公至自圍成。此圍成。十四年、十五年冬乃皆城城，大夫專。疏《孔子世家》：「將墮成，公斂處父謂孫孟：『墮成，齊人必至於北門。且成，孟氏之保障，無成是無孟氏也。我將弗墮。』十二月，公圍成，弗克。」

十有三年《春秋》非史傳非史論，自師法絶，晚近以史讀《經》，不知史一朝往事，《經》乃俟後典章。史無論中外文野，少知文字者即能作；《經》則惟孔子一人。舊以《春秋》爲史筆，《左氏》爲史官，據事直書爲絶詣，是依口代筆獄吏，與感麟而作〔之〕《聖經》無優劣矣。蓋《傳》皆《經》説，自《經》、《傳》出，古史遂絶，所傳古史、子書皆《經》支流。若求孔子以前之古史，地球開闢，中外所同，泰西古史，希臘、羅馬，即中國古史，泰西八大帝王即堯、舜、禹、湯、文、武。春秋之風俗版土倫常政教尚不及今西人，則以前可知。《春秋》由内推外，以成九州，改革惡俗，以興禮教；如求古史古事，則西人汗牛充棟，由外推内，古今一也。疏《史記》儒者章句繁多，博而寡要，勞而少功，西漢博士流弊也。由唐宋至今，《班志》古書雖亡，然晚出空談，瑣屑繁重，學者苦之。今中外開通，必兼讀西書，欲求簡法，因欲删《經》。按，董子：「《春秋》文成數萬，其旨數千」，《勸學篇》擬撰《羣經大義》，因師其意，以《白虎》爲藍本，別撰一書。《白虎通》古今絶作，如《春秋》見大義百餘條，綱領具備，以推別經，義例亦同。入蒙學不必專經，讀此可也。《經》爲各學根柢，專詳修己治人章程，中史學政治掌故外交，下及修身倫理體操文字，皆出於《經》。經學晦塞，説者非迂腐，則固執，其不廢者，徒供行文點染，近來尤爲八股蒙晦。公卿略有事業，其得力皆別有所在，無經術治天下之事，蓋視爲聖賢事業，非可攀躋。或以爲芻狗，不宜於今。且馬、鄭《王制》、《周禮》互相搆難聚訟，盤鼎玩好，不可見之施行；如井田封建、九州疆域，譏如議瓜。經書無用，經生乏才，此大厄也。其時蓋因大統無可徵驗，誤解《周禮》爲周公書，與《王制》事出兩歧，故以《王制》出漢儒，典章制度且不能言，何況行？特《詩》、《易》皇、帝大法，俟後而作。《易》爲卜筮，等聖經于小數；《詩》爲朝廷民間歌謡，與《樂府》、《才調》同。不知《春秋》人事爲小，天道爲大，視同斷爛朝報，徒譏貶古人①，敢作書擬經；其少得意，不過以史法讀經。今申明《公羊》俟聖之旨，王、伯、皇、帝即道、儒之不同，別今古、通中外，深切著明。中學在《經》，西政尤當範圍，學堂當仿漢博士專經，不許兼道，由《經》推經，本枝葉②餘事耳。能通一經，仿博士弟子例，即可受職宰輔牧守，内治外安，不事他求。《經》正則庶民興，天下平矣。

春，齊侯、衛侯次于垂瑕。再次。不言伐晉，有所避。齊在甸東，衛在北鄙，以内統外。齊已得魯、衛、鄭，晉無與國，楚得陳、蔡、秦，吴無與國。不詳陳、蔡、秦，略南服。

夏，築蛇淵囿。築囿者，譏其不以禮，故以蛇淵目。孟子説《詩》，曰文王以民力爲臺爲沼，而民歡樂之，謂其臺曰靈臺，謂其沼曰靈沼，樂其有麋鹿魚鼈。古之人與民偕樂，故能樂也。疏《春秋》三言築臺，三言築囿，明臺囿之爲③古禮也。

大蒐于比蒲。大蒐者何？五年，方伯禮。疏此夏田，與昭九年同義。再言，以見九世異辭。

衛公孟彄帥師伐曹。二伐。疏定、哀大小同等，曹、衛皆在都鄙。

秋，晉趙鞅入于晉陽以叛。以君命伐之，據地自守，故曰叛。叛，惡辭。太平何以比見叛而不諱？叛讀爲反，如《小雅》「四始」卯與寅反，午與巳反，酉與申反，亥與子反；大統喜和惡同，故不諱反。由此適彼亦爲叛，大一統無此疆爾界，「適

---

① 古人：原誤作「故人」。

② 「枝葉」二字原刻在下句「能通一經」上，據文意移。

③ 爲：原無，據文意擬補。

彼樂國」，「爰得我所」，周遊六虚，專取往來。小統惡辭，于大同爲美，所謂是非各異，取舍不同。疏《趙世家》：「晉定公之十四年，范、中行作亂。明年春，簡子謂邯鄲大夫午：『歸我衛士五百家，吾將置之晉陽。』午許諾。歸，其父兄不聽，倍言。趙鞅捕午，囚之晉陽，乃告邯鄲人曰：『我私有誅午也，諸君欲誰立？』遂殺午。趙稷、涉賓以邯鄲反。晉君使籍秦圍邯鄲。荀寅、范吉射與午善，不肯助秦，而謀作亂，董安于知之。十月，范、中行氏伐趙鞅，鞅①奔晉陽。晉人圍之。」

冬，晉荀寅及士吉射入于朝歌以叛。欒氏之禍，荀、士爲之。荀、士亡，所以成三家分晉之勢。

晉趙鞅歸于晉。歸于晉，即入絳②，盟于公宫。叛而曰歸，「日中爲市，交易而退，各得其所」之辭。又「之子于歸」，「豈不懷歸」，水火既濟，既濟之後反，其「乾道變化③，各正性命」，「乃利貞」。變後三正，猶叛後言歸。疏《趙世家》：「范吉射、荀寅仇人魏襄等謀逐荀寅，以梁嬰父代之；逐吉射，以范皋繹代之。荀櫟言于晉侯曰：『君命大臣，始亂者死。今三臣始亂，而獨逐鞅，用刑不均。請皆逐之。』十一月，荀櫟、韓④不佞、魏哆奉公命以伐范、中行氏，不克。范、中行氏反伐公，公擊之，范、中行敗走。丁未，二子奔朝歌。」

此叛也，其言歸何？據以惡宜曰入。**以地**謂據晉陽，起晉陽之甲也。**正國也。**正國，謂討賊也。**其以地正國奈何？**問事實。**晉趙鞅取晉陽之甲，**故爲以地。**以逐荀寅與士吉射。**此爲正國。疏《趙

① 鞅：原脱，據《史記》補。
② 入絳：原誤作「入終」。
③ 化：原誤作「叱」。
④ 韓：原脱，據《史記》補。

世家》：「韓、魏以趙氏爲請。十二月辛未，趙鞅入絳，盟于公宫。其明年，知伯文子謂趙鞅曰：『范、中行雖信爲亂，安于發之，是安于與謀也。晉國有法，始亂者死。夫二子已伏罪，而安于獨在。』趙鞅患之。安于曰：『臣死，趙氏定，晉國寧。吾死晚矣，吾死晚矣！』遂自殺。趙氏以告知伯，然後趙氏寧。」荀寅與士吉射者曷爲者也？據晉大夫與趙鞅同，當時同爲據地拒命，無美惡順逆之可言。君側之惡人也。挾君爲亂。晉六卿自相攻擊，皆亂臣。《春秋》一善一惡者，即不以嫌代嫌之義，于二者中分别善惡取舍，以立褒貶不必定據本事。疏借史事以爲後世法，亦如蒯聵與輒事。藉荀、士以比後世君側惡人，城狐社鼠。如魏武挾天子令諸侯，與執政挾君爲亂，後世有其事變，不必《春秋》所有，則藉事以立法。此逐君側之惡人，如後世靖君側、除亂臣、保和平，爲《經》所許。曷爲以叛言之？逐惡人則不當言叛。疏泰西議院通達民隱之善政。考《王制》養老乞言，八十以上者，有事問諸其家。蓋養老乞言即議院之制；養國老於上庠，養庶老於下庠，即所謂上下議院。《洪範》「卿士從，庶民從」，卿士爲二伯、貴官，庶民是鄉里所選。他如詢于芻蕘、不廢鄉校、周爰咨謀，議院之制，著明《經》、《傳》，人所共知者也。泰西革命，因壓制激而成，西報議院流弊，分黨賄成、牽掣阻撓，流弊亦可概見。竊以壓制甚深，議院固救時良法，若神聖在上，視于無形，聽于無聲，如保赤子，不待訟言，于此時言議院，不誠無益，徒滋繁擾乎！《詩》曰：「謀夫孔多，是用不集。」「不識不知，順帝之則。」《論語》曰：「天下有道，庶人不議」。蓋知愚賢不肖，萬有不齊，縱民知大開，終不免有等級；使知慧皆在議院，必選擇愚不肖以爲奴隸之。君相治平固全操議院，君相知慧高出庶民之上，涓涘何補高深？故議院爲初通文明之要務，若世界進步，尚有深遠者。西人困知勉行，銖稱寸量，全恃人謀，聚數千百初通文墨之人，以爲君相耳目腹心，久行弊著，固已明矣。今爲此説，非廢議院，蓋議院外别有深遠作用。《洪範》稽疑尤重蓍龜，庶民，人謀也；著龜，神與天通，鬼斧神工也。泰西草昧，專恃人力，不言卜筮；道德法天，尤重著①龜。以民與天比，巧拙不言而知。況議院爲草創，卜筮爲止歸，其中偏全，相去甚遠。無君命也。雖藉二事以立後世法，其本事亦必綜核名實，不能純美失實，疑惑後人。其起晉陽甲無君命，弄兵邦國，故謂之叛，以責其專擅。然意在逐惡，許其事，而書「歸」以赦之。疏君子誅意不誅事。如漢事，矯制行事雖善，有專擅之罪；然非常處變，不能拘常例。故漢儒治《春秋》，決事折獄，皆據以爲斷也。

薛弑其君比。大平何更弑君？小國文明淺，一人暴虐，不容盛世。薛無大夫，故以國言之。此與大國稱人同例，與晉稱國不同。疏《周禮》小行人「其悖逆暴亂作慝猶犯命者爲一書」。西律叛逆科罪同尋常，亂國用輕典，經營攻戰，禮樂事謙遜未遑，故弑殺較②春秋尤甚。薛小國，無大夫③。目大夫宜稱人。稱國如稱人，君無道。大同之世當化平，世界無弑殺。

十有四年兩年六見奔。

春，衛公叔戍來奔。《尚書》五《誥》分五方五地，如《國風》之「五邨」例。《盤庚》亦爲誥，合爲六合，專主遷移往來。大同有分土，無分民，周游六虛之義。六事衛占其五，除世子外，大夫四人，皆卿。疏時局爲亂世。西人求新，不自囿，乃説者

---

① 著：原誤作「耆」，據上文改。
② 較：原誤作「斬」，據文意改。
③ 大夫：原誤作「大人」，據文意改。

以爲遠過《經》、《傳》。西國少壯，無論何法，皆能自强，畸武畸文，各有時會。馬上能得長久，别有良圖，即百年一覺，亦息兵停戰，專尚教化。故蘇、張顯于戰國，賈、董榮于文、武。羣雄角立，專尚權謀，太平一統，偃武修文。皇、帝功用，全在三世。三國時移世易，取舍不同，世界不終于戰國，非無堯天舜日、樂利太平景象也。

晉趙陽出奔宋。《左傳》：「衛侯逐公叔戌與其黨，故趙陽奔宋，戌來奔。」**疏** 衛□□□。晉，《穀》同，《左①氏》作「衛」。

三月，辛巳，楚公子結、陳公子佗人帥師滅頓。宋、楚、陳、鄭滅國皆舉一國，此以楚加于陳上，楚以大國助陳，故一見以示例。從者陳、蔡、秦，獨見陳，略蔡、秦。頓欲從晉，故楚滅之。日者，頓中國。**疏** 三月，二《傳》作「二月」。陳公子，二《傳》作「陳公孫」。

以頓子牄歸。以歸，如「之子于歸」。陳以頓子歸其采地。陳、吴、蔡、盧復國言歸，如泰西滅國新法，不絶其宗祀，封以祖地②世守。歸不由己，故曰以歸，頓子自歸其國之辭。**疏** 牄，二《傳》作「牂」。

夏，衛北宫結來奔。奔記往來。大同美惡不嫌同辭，一統取異不取同。人民往來，如《易》之周游，故不諱奔。詳衛奔，近治大夫。結，戌之黨。**疏** 泰西執政一易，徒黨相率以去，朝班幾空。此戌奔，結從之，譏之也。

五月，於越敗吴于醉李。惡事，故稱於越。諸侯保國爲主，不矜小勝；越敗吴傷光，幾亡其國。謀之不審，足爲外交戒。**疏** 醉李，《左傳》作「檇李」。《吴世家》：「十九年，吴伐越，越王句踐迎擊之檇李。越使死士挑戰，三行造吴師，呼，自

---

① 穀同左：原刻俱爲空白，據文意擬補。

② 祖地：原誤作「租地」，據文意改。

到。吴師觀之，越因伐①吴，敗之姑蘇，傷吴王闔閭指，軍卻七里。」

吴子光卒。與門巢卒同，不以卒名加于戰上，使如二事然。爲吴諱，子能報仇，故《經》不以越卒吴子。**疏**《吴世家》：「吴王病傷而死。闔閭使立太子夫差，謂曰：『爾忘句踐殺汝父乎？』對曰：『不敢忘！』三年，乃報越。」

公會齊侯、衛侯于堅。北伯齊在晉先，南伯楚在吴先。南四分四維，合魯、宋爲六合，以秦統之。**疏**堅，二《傳》作「牽」。《左傳》謀救范、中行氏。

公至自會。

秋，齊侯、宋公會于洮。甸内公侯自相會。伯世晉、楚分南北兩黨，太平用六合例。如隱、桓以秦統二公二侯二子居甸内，十二諸侯居都鄙，不詳邦國。

天王使石尚來歸脤。自伯世王使久不行，書此以見王。以禮治諸侯，周以後不見。**疏**古皇、王字通②，《洪範》「皇極」作「王極」，《周禮》王字多當讀作「皇」。此天王讀作「天皇」，則爲大統正稱。《春秋》目王則曰天王，稱國則曰王，不稱周；如「王人」、「王三月」，皆以王代周號。周爲大統皇號，「新周」、「有周」皆百世下之周，周即爲皇尊稱，故以王代之；夷諸侯則單以國稱，晉、鄭、楚、吴是。單言王，亦如諸侯之舉國。定、哀惟一見劉子、石尚事。

石尚者何？石爲氏，尚爲名。天子之士也。定、哀反權天王，初言劉子會伐，卿士也；石尚歸脤，士也。侵

---

① 伐：原作「戈」，據《史記》改。

② 字通：原作「子通」，據文意改。

楚，司馬事，法天威一怒而天下畏；歸脤，司空事①，懷諸侯而遠人服。一武一文，一伯一士，文愈少而義俱備，王道所以成。天子元士下等，以名氏通，《王制》所謂天子元士不封者也，上士中士皆封五十里以爲采也。**脤者何？**一見例。**俎實也。**實，俎肉也。《周禮·小行人②》：「若國札喪，則令賻補之；若國凶荒，則令賙委之；若國師役，則令槁③禬之；若國有福事，則令慶賀之；若國有禍烖，則令哀弔之。」**腥曰脤，熟曰燔。**禮，諸侯朝天子，助祭於宗廟，然後受俎實。時魯不助祭而歸脤④，故書以譏之也。疏《大戴禮記·朝事篇》：「古者大行人掌大賓之禮及大客之儀，以親諸侯。春朝諸侯而圖天下之事，秋覲以比邦國之功，夏宗以陳天下之謀，冬遇以協諸侯之慮⑤，時會以發四方之禁，殷同以施天下之政，時聘以結諸侯之好，殷眺以成邦國之貳，間問以諭諸侯之志，歸脤以教諸侯之福，賀慶以贊諸侯之喜，致會以補諸侯之災。」

衛世子蒯聵出奔宋。奔者，有罪見逐辭，爲流放。聵出奔，父逐之，爲得罪。《經》借以立法，不更追論南子事。疏以世子而出奔，惡蒯聵也。此年三奔，記奔爲往來，「不速客三人來」，如彼寒道適彼熱道，事詳《左傳》。衛公輒拒父事，《經》所以立綱常。決嫌疑爲羣經大義，一二人唱義，羣相附從。《公羊》非喪心病狂，何至許子拒父？兩漢君相師儒，似此悖逆，何

---

① 司空事：「事」字原脱，據上「司馬事」補。
② 小行人：原作「大行人」，據《周禮》改。
③ 槁：原作「犒」，據《周禮》改。
④ 脤：原誤作「脈」。
⑤ 慮：原作「應」，據中華書局本王聘珍《大戴禮記解詁》卷一二改。

不改正？《傳》原以王父與父比，父有命，王父亦有命，不能兼顧，不得不棄父而從王父。如一人有祖有父有子，子有過，父命朴，祖宥之，必有妨：從王父抑從父乎？州縣奉命行政，忽接詔書停止，從詔書抑從督撫乎？我有父，父又有父，王父行于孫，孫爲賢孫，子爲孝子，但從父，子雖從父，反使父逆王父，是子、孫皆逆，陷父不孝。《傳》本詳審，去王父、但云許子拒父，斷無此理，明文具在。此多論其狂病，説者不察，聞者不疑，鹵莽滅裂，似共除謭陋惡習，謂宋義理精于漢。願學人細推《經》、《傳》，不可隨人俯仰。

衛公孟彄出奔鄭。凡出奔，皆譏大夫也。鞌之戰，魯幾不能保其宗廟，故四見大夫。本年衛奔，大夫亦四見，所謂「魯、衛之政，兄弟也」。衛、鄭，隱、桓中國，居甸内；定、哀乃出居都鄙，陰陽寒暑不得其平。故如中赤出居寒道，以水濟火。疏都鄙自相往來，衛在北，鄭在南。

宋公之弟辰自蕭來奔。見討不能守。不言四大夫，舉重也。此東西往來，如《詩》「自西徂東」。疏叛以後出奔，與曹鄸同。

大蒐于比蒲。蒐而曰大，方伯五年之禮。説詳《漢書·志》。疏秋蒐不言大，此冬事也，冬蒐非正也。冬有狩，以書者，爲下會公張本。

邾婁子來會公。定、哀惟記小國來，不言大國來與大夫如小國，惟言卿如大國。蕭叔言朝，此何以不言朝？太平之世，大小遠近若一。外不言朝，一見以明之。疏十二舍鄭東陳南蔡西衛北，以隱、桓之中國降居都鄙。葛屨履霜，爲以水濟火。八小國許申、曹寅、莒辰、邾巳、小邾未、滕戌、薛亥、杞丑，隱、桓八小國託八伯，故稱侯。定、哀爲十二月，即《尚書》外十二牧。乃帝輻立二十一州，非中國；《禹貢》外州，《王制》五服内九州，外當爲十六州，故十二州專爲帝制。定、哀魯宋二公俱在京畿，大小國分立都鄙。其言來，從都鄙往京畿。

城莒父及霄。既已毀邑，何以後言城邑？譏其不如制者。及者何？以大及小也。方毀又城，以公私之別，毀私家以培公室，强幹弱枝之道。量人建國營國，以爲民居；辨方正位，體國經野之事也。**疏** 近來外國工程律法各有進境，中所當仿，以爲工職進步。英于製造局歷來不便章程全除，許各國貿易任便往來，不分畛域，内外貨物俱歸一律。因食物、材料不加進口重税，則價廉；又磚瓦、玻璃、紙前徵重税一律蠲免，工藝之旺出於意外。行船法律廢，海面營運①因大盛，爲别國所不及。但英雖除各不便律法，添設律法約束工藝，如管理煤井礦洞，幼童誦②，製造廠用人賠償受傷損害是也。律雖有益但令不便③，所以製造難與無拘束之國争。又，商部管理鐵路河道海口，經委員詳定，務必照章。另有數大公司亦甚嚴肅，如保海險，定船尺寸比例及時樣等事；保火險，限定房間鍋爐排列法，鍋爐公司限定鐵料，堅固穩界④。以上俱本國工程家應遵之例。

十有五年

春，王正月，邾婁子來朝。定、哀八小國升爲十二諸侯，大小若一，何以復言來朝？尊者無復待之以初。考《春秋》之例，齊桓一匡，晉伯以後，齊遂失伯，然《春秋》晉、齊相連，齊敘晉下宋上，終《春秋》有二伯辭。**疏** 事詳《左傳》子貢論執

---

① 營運：原誤作「營連」。
② 「誦」下原刻爲墨釘。按，此處文字當有訛奪。
③ 不便：原作「不更」，據文意擬改。
④ 穩界：「界」字難通，兹不擅改，以存原貌。

玉。按，邾婁子當爲小邾婁子。小邾婁子來朝，下邾婁子奔喪，所以從後互文相起。大小若一，小即指小邾婁子而言。

鼷鼠食郊牛，牛死，改卜牛。郊，禘之小者。《春秋》有郊無禘，託王統于魯，故言郊。魯、宋即《詩》之魯、商。因牛死乃改卜，否則不卜牛。疏董子云：「祭社稷宗廟山川鬼神，不以其道，無災無害。至於祭天不享，其卜不從，使其牛口傷，鼷鼠食其角。或言食牛，或言食而死，或食而生，或不食而自死，或改卜而牛死，或卜而食其角。過有深淺薄厚，而災有簡甚，不可不察也。猶郊之變，因其災而之變，應而無爲也。」

曷爲不言其所食？據食角。漫也。漫者，徧食其身，災不敬也。不舉牛死爲重。復舉食者，内災甚矣。録内不言火，是也。

二月，辛丑，楚子滅胡。大統《易》曰「无得无喪」，《詩》曰無疆無界；故《莊子》曰「凡之亡非亡①，楚之存非存」，所謂楚弓楚得，自皇帝言，無得喪也。疏滅而言歸，則非滅。又，鄭滅許以許男歸，後許男再見，蓋合小爲大。如今合衆國，一國主政，餘國不再見，國名記之于滅；如德國已成帝國，諸小國不與盟會，萬國會中無其國。如此以託于滅，其本國自在，如許之復見以三。滅皆以目大國，獨滅曹附宋，許附鄭，頓附蔡，胡、沈附楚，亦如附庸于大國不以名通。

以胡子豹歸。定篇三滅國皆言以歸，如泰西滅國，其田産皆當入公，降爲屬國，無論公私，各歸原主。疏定、哀無方伯卒正，故列盟會之曹、許、沈、頓、胡五國皆以一國滅入以歸。胡，中國也，故曰二伯相争，夷狄數滅，中國憫之也。定、哀滅國皆以歸，以者，大國左右之，歸者，反其國辭。禮封國有采，國亡采不亡，可以世守。隱、桓亡國見《經》者，世采也；定、哀亡國以歸，則合衆國，以小附大，爲《易》「富以其鄰」、《詩》「洽比其鄰」。世局合則富喜，分則悲傷，古之皇、帝地不過千里，推行

① 非亡：「非」原誤作「升」，據《莊子·田子方》改。

至三萬里，愈閉塞愈蠻野，愈開通愈樂利。故分合小大乃世局之要例。

夏，五月，辛亥，郊。《爾雅・釋天》：「春爲蒼天，夏爲昊天，秋爲旻天，冬爲上天。」不言用者，可以郊也。日者，明郊當用辛也，《易》曰「先甲三日，後甲三日」是也。皇、帝禘天，魯託周公亦郊者，天有大小，故有四天九天說。**疏**《淮南・天文訓》：「中央曰鈞天，其星角、亢、氐；東方曰蒼天，其星房、心、尾；東北曰變天，其星箕①、斗、牽牛；北方曰玄天，其星須女、虚、危、營室；西北方②曰幽天，其星東壁、奎、婁；西方曰顥天，其星胃、昴、畢；西南方曰朱天，其星觜嶲、參、東井；南方曰炎天，其星輿鬼、柳、七星；東南方曰陽天，其星張、翼、軫。」泰西惟禱，不用禘、郊。

曷爲以夏五月郊？據魯郊正當卜春三月也。又，養牲不可過三月。**三卜之運也。**運，轉也。已卜春三正不吉，復卜四五月，周五爲辰月，在夏爲季春，尚可以郊，故《經》不言用也，過五月則不可矣。《春秋》例不言周祭禮，使非託魯爲王後，郊天之制無可藉以見，故詳魯郊，而宋可知。由魯、宋而周、商，則由二公而天、地皇、泰皇皆可推。

壬申③，公薨於高寢。劉子說：「《春秋》『壬申④公薨於高寢』，《傳》曰：『高寢者何？正寢也。曷爲或言高寢、或言路寢？曰：諸侯正寢三，一曰高寢，二曰左路寢，三曰右路寢。高寢者，始封君之寢也；二路寢者，繼體君之寢也。其二何？曰：子不居父之寢，故二寢。繼體君世世不可居高祖之寢，故有高寢，名曰高也。路寢其立奈何？高寢立中，路寢左

① 箕：原作「其」，據《淮南子》改。
② 方：原脱，據《淮南子》補。
③ 申：原作「辰」，據《公羊傳》改。
④ 申：原作「辰」，據中華書局本向宗魯《説苑校證》卷一九《修文》改。

右。』《春秋》曰『天王入于①成周』，《傳》曰：『成周者何？東周也。』然則天子之寢奈何？曰：亦三。承明繼體守文之君之寢，曰左右之路寢。謂之承明何？曰：承乎明堂之後者也。故天子諸侯三寢立而名實正，父子之義章，尊卑之事別，大小之德異矣。」疏高寢爲始封君之寢，嗣君不當居。曰高寢，非禮也。

鄭軒達帥師伐宋。時陳、蔡從楚，宋從晉，魯、衛、鄭從齊。疏《左傳》作「罕達敗宋師于老邱」，《穀》亦作「罕達」。

齊侯、衛侯次于蘧篨②。齊、衛三次，皆伐晉也。不言伐晉者，不忍言也。何爲敘衛？言衛而魯、陳可知也。不忍二伯伐二伯，故諱而不列數也。疏次者，不進也。爲謀伐晉而救宋也。公法：兩國交爭，或此國與我國通好，而彼國向無盟會者，即可助此擊彼；如兩國皆係同盟，即當局外旁觀，不得偏有所助。蓋同盟之情不分厚薄，亦不當偏助也。

邾婁子來奔喪。既大小若一，猶以尊卑言之，尊者無後，待之以初禮。《禮記》：「奔喪之禮：始聞親喪，以哭告使，得盡哀；問故，又哭盡哀。遂行。日行百里，不以夜行。唯父母之喪，見星而行，見星而舍。」疏天王喪，諸侯例奔喪，《春秋》不一書，藉魯以明其制。書邾婁之奔喪，則魯與諸侯之不奔喪皆譏矣。奔喪與會葬對文，禮儀也。以小事大，君會葬不奔喪。不日者，其事明也。

其言來奔喪何？據會葬書者多，此只一書。**奔喪**小國一奔喪一會葬，事大如此，天王可知。**非**「非」字衍文。一説言非禮以見魯不奔喪。**禮也。**《異義》：諸侯奔喪者，臣、子之禮，於所尊親，諸侯小事大，君當來會葬。奔喪，自相奔喪。《公羊》説：「遣大夫弔，君會其葬。」疏日本近學西法，國有大喪或大臣喪，則半懸國旗以示哀；他國官

① 入于：原作「居于」，據《説苑校證》改。

② 蘧篨：《春秋公羊傳》作「籧篨」，當從之。

署、兵船亦下半旗以示弔。葬日鳴喪礮，隨其官等級加：一等官十九聲，二等官十五聲。會葬者皆大禮服，如吉禮，惟佩劍蒙以黑紗。

秋，七月，壬申，姒氏卒。妾母于夫世通不見，于子世乃見，此于夫世見者，定已殯，哀已立，父殯則從卒例，不復厭母也。此但稱卒不稱夫人者，明子得申其私恩于母，書葬立廟，然不能通稱夫人。子氏，字仲。成風稱夫人者，其子私稱之，禮所不許，此乃爲正禮。疏姒氏，《穀》作「弋氏」。

姒氏者何？既非夫人，于定公何屬。哀公妾母見子孫世，《傳》皆舉子，亦爲母以子氏。之母也。姒氏杞女，哀母，定公之妾也。不言定妾言哀母者，母以子氏。定未薨，哀未立，則卒不書。何以不稱夫人？據成風稱夫人。彼變此正，以子貴，後當追封之。哀未君也。未君，即下未踰年之君也。彼封在生前，此卒於夫世，故異其文。此爲得正。疏追稱夫人，皆是其子私尊其母之過。哀方立，不似僖公自尊其私親。

八月，庚辰，朔，日有食之。記朔，爲曆人象天，董子天道陰陽四時之説詳矣。

九月，滕子來會葬。會葬之禮于鄙。上不月，此何以月？公葬之月。會葬常事，何以書？明事大之禮。疏《禮記》：「送喪不由徑，送葬不辟塗潦。臨喪則必有哀色①，執紼不笑。」

丁巳，葬我君定公，雨，不克葬。戊午，日下昃，乃克葬。義見宣公八年《傳》。乃，難也，乃難乎而下昃，是較日中尤晏；日下昃，故以「乃」言之。不克葬者，可以克葬也。疏日下昃與日中、夜中、夜相比見例。以年統時，以時統月，以月統日。細分一日爲十二時，如一歲十二月。《天文訓》：「日出于暘谷，浴于咸池，拂于扶桑，是謂晨明。登于扶桑，

① 哀色：「色」字原脱，據《曲禮上》補。

爰始將行，是謂朏明。至于曲阿，是謂旦明。至于曾泉，是謂蚤食。至于桑野，是謂晏食。至于衡陽，是謂隅中。至于昆吾，是謂正中。至于鳥次，是謂小還。至于悲谷，是謂餔時。至于女紀，是謂大還。至于淵虞，是謂高舂。至于連石，是謂下舂。至于悲泉，爰止其女，爰息其馬，是謂縣車。至于虞淵，是謂黃昏。至于蒙谷，是謂定昏。日入于虞淵之汜，曙于蒙谷之浦，行九州七舍，有五億萬七千三百九里。」《周髀算經》：「凡日月運行四極之道，極下者，其地高人所居六萬里，滂沲四隤而下。天之中央亦高四旁六萬里，故日光外所照，經①八十一萬里，周二百四十三萬里。故日運行處極北，北方日中，南方夜半。日在極東，東方日中，西方夜半。日在極南，南方日中，北方夜半。日在極西，西方日中，東方夜半。凡此四方者，天地四極四和。晝夜易處，加四時相及，然其陰陽所終，陰陽所極，皆若一也。」

辛巳，葬定姒。定者，從夫謚也。不爲夫人者別有謚，成風是未立。爲夫人從夫謚，定姒是。

定姒何以書葬？據孟子書卒不書葬。疏 外國葬不以禮，然可借以考見文野之分。中國中古亦如外國，《經》乃定制，故墨據以譏儒；借證外洋，乃見聖人之功。法蘭人死入殮，即入禮拜堂受禮，來神甫念經；出殯時，堂內按人年紀鳴鍾，以青車烏馬運至鄉間。無論何人，皆葬禮拜堂後；立石碣，有功者，書其生平事迹。俄國凡國君、君后皆葬教堂，葬則懸棺下窆，砌石槨其上，槨之上置畫像、金十字架；凡其生平所珍愛物器用，懸之壁間。又按，美細恒街市南有園②在山上，大數千畝，造廣廈以儲尸櫬；室內空洞無他物，列穴於牆，四面皆是。西人櫬低小，牆高一丈③，可疊

---

① 經：文物出版社影宋本《周髀筭經》作「徑」。

② 園：原作「圜」，據文意改。

③ 丈：原作「大」，據文意改。

五具。已藏者石板封之，題名於上①。豪於財者，于園內造小室，或在檐廊造龕置石像。路旁山壁，亦如牆上之穴。

未踰年之君也，定姒爲哀公母。先君已葬，其子主喪；因其子爲未踰年之君，故其母得書葬。**疏**莊公三十二年般卒②，《傳》云：「何以不葬？未踰年之君也。」此《傳》「未」上當有「子」字。般《傳》引下二句，兼有「無子則不廟，不廟則不書葬」，又推足文義之辭。**有子**子已立妾母例。**則廟，**如考仲子之宮。爲之立廟，使公子奉其祀，于子祭，于孫止。**廟**葬先廟後，姒氏有葬無廟，《傳》引廟以證葬，未免倒置。蓋廟引仲子桓母未君爲比。一説廟、葬當互易，作「有子則葬，葬則有廟」。**則書葬。**本條書葬是也。仲子之葬在春秋前，仲子言考宮，此言葬，互文相起，以見妾母禮。若無子，則不見於《經》，廟、葬無待言。有子而卒於夫世，則卒、葬與廟俱不見者。此《傳》專説妾母，前見子般卒下，蓋後師因「未踰年」句引以説般事，「不葬」、「有子」二句本説妾母禮，不可以説世子。當時葬禮未定，孺悲學于孔子，《士喪禮》以傳。泰西宗墨法，主薄葬；野質法文明，則當改良。**疏**孟加拉土蕃有數種，一曰明呀哩，一曰夏哩，一曰吧藍美。吧藍美死則葬諸土，餘則葬於水。有老死者，子孫親戚送至水旁，聚哭，各手撫其尸，而反掌自舐之，急趨歸，以先至家者爲吉。明呀哩間有以火化者。更有伉儷敦篤者，夫死妻殉。錫蘭人亦同。

冬，城漆。《列子》引孔子曰：「曩吾修《詩》、《書》，正《禮》、《樂》，將以治天下，遺來世，非但脩一身、治魯國而已。而魯之君臣日失其序，仁義益衰，情性益薄，此道不行一國與當年，其如天下與來世矣？吾始知《詩》、《書》、《禮》、《樂》無救於治

---

① 於上：原作「於土」，據文意改。

② 卒：原脱，據文意補。

亂，而未知所以革之之方。此樂天知命者之所憂。雖然，吾得之矣。夫樂而知者，非古人之所謂①樂知也。無樂無知，是真樂真知；故無所不樂，無所不知，無所不憂，無所不爲。《詩》、《書》、《禮》、《樂》，何棄之有？革之何爲？」按，《春秋》分三世，若始治終亂，成何規模？故分三世。初治天王，繼治諸侯大夫，終治陪臣。由大及小，由粗及精，故曰世愈亂文愈治。亦猶以義例言，非謂與時相反，干犯名義。喪不貳事，言此以譏之。比冬皆城。疏何謂世愈亂文愈治？定、哀之世，陪臣執國命，諸侯、大夫皆失權，天子無論矣。然孔子于《春秋》有撥亂反正之功，三世異辭之例。

① 所謂：原作「謂所」，據《列子集釋·仲尼》乙。

公羊春秋經傳驗推補證第十一

哀公哀世九州一統于王官，伯如齊一匡，舊之齊、晉與楚與吴皆降爲方伯，而以鄭、秦爲大夫，以輔内伯。禮樂征伐自天子出之辭。《穀梁》「《春秋》有臨天下辭」，謂此世。疏《魯世家》：「定公卒，子蔣立，是爲哀公。」

元年《年表》：周敬王二十六年，齊景公五十四年，晉定公十八年，宋景公二十三年，陳閔公八年，衛靈公四十一年，蔡昭侯二十五年，鄭聲公七年，曹陽公八年，杞僖公十二年，秦惠公七年，楚昭王二十二年，吴夫差二年。

春，王正月，公即位。據《顧命》，王即位，受皇后册命；諸侯即位，必受王册命。强幹弱枝，以天子①統天下。

楚子、陳侯、隨侯、許男圍蔡。《傳》曰「圍不言伐」，中國諸侯累累從楚伐蔡，蔡恐，遷于州來。董子説：「周室大壞，夷狄主諸夏。」隨，荆州卒正也。稱侯者，見荆州百里國本侯也。序在許男上者，從號也。楚主會，故見隨。許滅復見者，楚復之也。疏《左傳》「報柏舉也」。哀世晉、吴無與國，齊得東北二牧魯、衛；晉獨立，楚得西南二牧陳、蔡，吴獨立。此楚帥陳以求蔡，反伯于王臣。外諸侯齊、晉、楚、吴通爲牧，八牧六侯二子，秦、鄭爲王朝大夫。

---

① 天子：「子」字原脱，據文意補。

鼷鼠食郊牛，改卜牛。《穀》作「食郊牛角」。本以三卜三月郊，因改卜，故至四月。

夏，四月，辛巳，郊。周四月，夏二月也。不言用者，言猶可郊也。魯郊用辛，天子郊用丁。疏《穀梁》此傳爲總釋郊禮。

秋，齊侯、衛侯伐晉。齊、晉相伐，無伯之辭。齊爲東岳，晉爲北岳，吴爲南岳，楚爲西岳；四岳二侯二子也。伐晉者，助范、中行氏也。晉主諸侯，無言侵伐之者，六卿專晉，各樹黨羽，故齊、衛助范、中行氏以伐晉也。疏齊統魯、衛東牧，與晉争。前言楚、陳、隨圍蔡，此言齊、衛伐晉，相比見例。四方諸侯局勢可考矣。

冬，仲孫何忌帥師伐邾婁。國之大事日，伐者大事也，何以不日？不可以日計也。不可以日計者，雖重不日也。此孟孫也，其不稱孟而稱仲者，以長伯爲莊公，三桓皆同爲文姜所出，故不稱孟。疏此明三家專魯之漸。伐邾婁者，侵小以自封殖，不待貶絶而罪惡見矣。帥師不言使者，兵不從内制也。

二年

春，王二月，季孫斯、叔孫州仇、仲孫何忌帥師伐邾婁，取漷東田及沂西田。平列三桓以見上中下。兄弟之次，先仲次叔終季，三桓之序，乃少者在前，長者居後，言此以明之。《左傳》季孫爲司馬，叔孫爲司空，孟孫爲司徒。疏前取自漷水，今復取其東西，惡三家也。内大夫七伐邾婁不月，此月者，三大夫同伐而取其田，謹之也，故月，亦爲下盟日也。漷、沂，水名，田以水爲界也。

癸巳，叔孫州仇、仲孫何忌及邾婁子盟于句繹。此大夫盟，何以例日？盟，國之大事也。微者盟何以不日？

小事也。疏 三見魯與邾婁因兵而盟。各國大夫皆自封殖，公室所以弱也。

夏，四月，丙子，衛侯元卒。《論語》：「子言衛靈公之無道也，康子曰：『夫如是，奚而不喪？』孔子曰：『仲叔圉治賓客，祝鮀治宗廟，王孫賈治軍旅。夫如是，奚其喪？』」疏《衛世家》：「四十二年春，靈公游于郊，令子郢僕。郢，靈公少子也，字子南。靈公怨太子出奔，謂郢曰：『我將立若爲後。』郢對曰：『郢不足以辱社稷，君更圖之。』夏，靈公卒，夫人命子郢爲太子，曰：『此靈公命也。』郢曰：『亡人太子蒯聵之子輒在也，不敢當。』於是衛乃以輒爲君，是爲出公。」

滕子來朝。朝聘可以日計，何爲不日？朝聘常事，安之，不日；盟者非常，危事，故日之，以見善朝聘而惡盟也。疏《春秋》始終均紀滕朝，書其恭也。《春秋》滕凡四朝。內六卒正曹、莒、邾、滕、薛、杞皆以朝禮事魯，莒、杞皆以朝禮事魯，莒不言者，莒夷狄；杞在末，畧不言。

晉趙鞅帥師納衛世子蒯聵于戚。納下必言國，此言戚，如國辭，明輒當拒其入衛，不當圍戚也。以常情言之，當言「衛子蒯聵入于衛戚」也。稱世子者，以父命臨之，所以責聵也。鄭君說：若君薨，有反國之道，當稱子某，如齊子糾是也；今稱世子，如君在辭，則《春秋》不與蒯聵拒父命反國，明矣。疏《衛世家》：靈公四十二年「六月乙酉，趙簡子欲入蒯聵，乃令陽虎詐命衛十餘人衰絰歸，簡子送蒯聵。衛人聞之，發兵擊蒯聵。蒯聵①不得入，入宿而保，衛人亦罷兵。」《趙世家》：「靈公卒，趙簡子與陽虎送衛太子蒯聵於衛，而衛不內，以兵拒之也，遂居於戚。」

戚者何？戚爲衛邑，已前見。疑納下言戚，如國辭。**衛之邑也。**不以國許之。不得入國，則在邑，不必討之。

曷爲不言入于衛？據魚石入于宋彭城繫宋，此何以不言入于衛戚？非國而言納也。**父有子，**父謂聵，子謂

---

① 蒯聵：二字原脱，據《史記》補。

輒。不言入衛戚者，戚如私財，子之私財，父可得而有之，故不言衛。此責輒，以通父子之私恩。子不得有父也。父謂聵。聵雖見逐于靈公，然固輒之父。戚不繫衛，則別爲一地，不使輒得託祖命以驅逐。蓋戚爲私，衛爲公，不言衛即不得有戚，如下文圍戚。**疏**此《經》所以責輒也。《論語》曰：「冉有曰：『夫子爲衛君乎？』子貢曰：『夫子不爲也。』」父子之禍，平決爲難。《傳》于此條申父得有子之説，所以責輒；下明祖尊于父之義，所以責聵。仁至義盡，二者並行不悖也。

秋，八月，甲戌，晉趙鞅帥師及鄭軒達帥師戰于栗。鄭師敗績。定、哀鄭從王臣大夫例。與晉戰，託于伯命，不從王人例。及晉者，非受命之大夫，《春秋》託之。栗者，晉邑也。趙鞅主兵，又大國，故及鄭也。侵伐不日，戰何以日？戰者可以日計，侵伐者不可以日計也。**疏**栗，二《傳》作「鐵」。

冬，十月，葬衛靈公。葬者，世子禍已見《經》，不須去葬以起之。**疏**衛侯葬皆月，方伯正例也。衛十一君八葬，朔不葬者，絶也；鄭不葬者，殺武叔，失國也；剽不葬者，賊未討也；繆曰葬，背殯也；襄公日，危靈公也；惠、定、獻虛，皆自正也。

十有一月，蔡遷于州來。《春秋》諸遷皆有所起，無所起則遷不書。晉遷、楚遷皆不書，書者移封例。豫州國多，不能不移封于別州，故記遷以起之。吴滅州來，地在徐州，州來者，吴滅國也，託州來之遷，以明四隅諸侯。蔡遷州來，在揚也。吴遷荆，故蔡遷揚，楚遷梁，齊遷青，爲岳牧①；故魯遷徐，衛遷兖，陳居豫。以一遷起八州岳牧之互遷。鄭、秦稱伯，爲王臣

---

① 岳牧：「牧」原脱，據文意補。

大夫。疏《蔡世家》：「楚昭王伐蔡，蔡告急于吴。吴爲蔡遠①，約遷以自近，易以相救。昭侯私許，不與大夫計。吴人來救蔡，因遷蔡于州來。」

蔡殺其大夫公子駟。外殺大夫何以不日？君卒乃日，則大夫例時也。疏駟不欲遷，故蔡殺以説吴。此無罪，其稱蔡者，夷蔡也。

三年《年表》：衛出公元年。

春，齊國夏、衛石曼姑帥師圍戚。圍戚不繫衛者，父得有子，不許輒圍之也。聵雖有罪，輒但可守國，不可圍之于戚。疏納目趙鞅。圍目衛者，託于靈公之命曼姑。

齊國夏衛國父子之獄，舊二伯各爲一黨，晉助聵，故上趙鞅納戚；齊助輒，故齊國夏助輒圍戚。相比見義。曷爲與衛石曼姑帥師圍戚？此衛事也，當主衛。若主齊，當如圍宋彭城繫宋，而後主客明。伯討也。齊、晉均已失伯，猶以伯討言者，以舊例明之。《傳》凡單稱伯者皆爲二伯。衛事以齊主之，故爲伯討。不以齊主，則當主衛，先衛或繫衛也。疏此與圍彭城爲一例，爲二伯討罪之辭，故使齊主之。其不繫衛者，以輒子，不得有父也。此其爲伯討奈何？子不得有父，則圍之已非，何以得爲伯討？又，定、哀無外伯，不得以伯討言。曼姑受命乎靈

---

① 蔡遠：原脱「遠」字，據《史記》補。

公《經》避衛而目曼姑，明父命在曼姑。而立輒，曼姑受命于君，視蒯聵如路人，知有輒，不知有聵。以曼姑之義，爲固可以距之也。輒不得親拒之，其臣親奉先君命以距之，是也。所以申父子之深恩，明君臣之大義。戚者衛之邑，輒雖不得圍之，而二伯、大臣則得距此犯命侵地之亂臣賊子也。疏按，《春秋》名分之書，以義爲主。朝廷之治，義以掩恩。衛輒之事，《穀梁》與《傳》同，《左氏》亦有大義滅親之説；范氏乃以歸咎于《穀梁》，誤也。輒者曷爲者也？蒯聵之子也。于聵爲子，于靈公爲孫。然則曷爲不立蒯聵而立輒？有世子，不當立孫。蒯聵爲無道，靈公逐蒯聵定篇「衛世子出奔」是也。而立輒。事詳《左傳》。然則輒之義可以立乎？據有父，事難兩全，從祖則背父，從父則背祖也。曰：可。受王父命，則辭父命。其可奈何？背父自立，失之不孝。不以父命辭王父命。禮，尊成于一。一國之人各私其所親，則君命不能行矣。故盡奪其私情，以歸于專一。王父主國，則世子之命不得先國命。以王父命辭父命，王父有命，父亦有命，不得已，則辭父命從王父命。是父之行乎子也。王父之命，父猶當奉之，何況于子？若違王父命，則己雖通私恩于父，是父已有逆命不孝之罪。故聽王父命者，所以成父之孝于王父也。不以家事辭王事。上謂父子，此即君臣以明之。一事之行，于家爲甚害，于國爲甚利，則不顧私害而全公利，如大義滅親之類是。以王事辭家事，又，君有命，祖、父亦有命，其勢不能兼顧，則以君命而辭祖、父命。蓋祖、父于君亦臣也，當以此折之。春秋時，志士仁人每遇此事，多殺身以自卹。義在兩難，各行其志而已。是上之行乎下也。祖、父皆君臣，若顧私情而忘公義，是祖、父已不臣矣；故辭祖父家事，以從王事，爲尊君也。從君、父之命，董子言之詳矣。

夏，四月，甲午，地震。疏今地學由地震可考地體之生成。地本質物，無日無時不自變。必先知震理，而後可推其餘。

五月，辛卯，桓宮、僖宮災。禮，諸侯五廟。桓、僖親盡宜毁，桓、僖猶有廟者，是魯制未嘗毁廟也。《春秋》制定爲親盡宜毁，則以此爲復立耳。疏《孔子世家》：「夏，魯桓、僖公廟燔，南宫敬叔救火。孔子在陳，聞之曰：『災必于桓、僖廟乎？』已而果然。」

此皆毁廟也，據禮，五廟親盡宜毁。其言災何？毁則其廟已過，不可仍舊稱。復立也。據有立五宮之事。周制無親盡毁廟，天子諸侯分别之等威，故有遠祖廟。《春秋》定諸侯爲廟之制，故以此爲復立。曷爲不言其復？據武宮言復立。《春秋》見者不復見也。一見已明者，不再言之，此《經》例。因言災，知復立；言災，則立可不言。武宮因無所見，乃言立。「有事于武宮」，爲用樂見也。何以不言及？據雉門、兩觀言及。敵也。祖雖有尊卑，自我言之，則一也。此二廟爲三家所立，自祀所出與用爲卿之祖，故孔子逆知災此二廟也。何以書？據毁廟災失禮，不足録。記災也。此不傷于人，歸入災例者，《檀弓》説「有焚其先人之廬者三日哭」，與傷人一例。

季孫斯、叔孫州仇帥師城開陽。開陽者，内邑也，何以帥師城之？不服也。此著陪臣之亂也。陪臣執國命，三世希不失矣。疏班固云：故鄅國也。開陽，二《傳》作「啟陽」。

宋樂髡帥師伐曹。宋在此世多獨立，惟自求辟地于近鄰，居地滅曹是也。疏《曹世家》：「伯陽三年，國人有夢見衆君子立于社宮，謀欲亡曹，曹叔①振鐸止之，請待公孫彊②。許之。旦③，求之曹，無此人。夢者戒其子者曰：『我亡，爾聞公孫彊爲政，必去曹，無罹曹禍。』」

秋，七月，丙子，季孫斯卒。季孫以後不復見。此世大夫卒皆日者，王法所始，重録内也。**疏**世卿不居憂去官，故居喪去官爲《春秋》制，當時所無。

蔡人放其大夫公孫獵于吴。何以不言奔于吴？有君命也，不可言，故以放言之。《左傳》齊高止放而本此書。**疏**稱人者，有罪也。放吴者，奔也。獵從吴以自救，諸大夫惡之。畏遷而弑君，禍原獵始，故追録，如放之者然。

冬，十月，癸卯，秦伯卒。不名者，從大夫辭。原仲、夷伯皆不名何？以三不名始昭。《春秋》之法，爲之以漸，故三世異辭分爲九。秦伯卒皆時，此獨日者，記卒之終，待之加禮，赴不名之，爲新建方伯。以上十年不記秦事。**疏**《秦本紀》：「惠公立十年卒，子悼公立。」

叔孫州仇、仲孫何忌帥師圍邾婁。詳録事實，備本末也。**疏**此下叔孫不復見。言此以見三家之禍，不待貶絶而罪惡見者。

---

① 曹叔：「叔」字原脱，據《史記・曹叔世家》補。

② 彊：原誤作「疆」，據《史記・曹叔世家》改。下「公孫彊」之「彊」同。

③ 旦：原作「且」，據《史記・曹叔世家》改。

四年

春，王三月，庚戌，盜殺蔡侯申。董子說：盜弒不書弒。**疏**三月，二《傳》作「二月」。據《左傳》，弒者乃大夫，《經》以從楚賤之，稱盜。

弒君詳弒賊名氏人國，盜之例。賤者窮諸人，小國無大夫，凡大夫弒者稱人，莒人弒其君州密是也。此舊傳文。此其稱盜以殺①何？殺當爲「弒」。賊者弒君猶稱弒目人，此乃稱殺言盜。賤乎賤者也。小國大夫賤猶稱人，此更賤于稱人者，故奪其君臣之辭。不言弒，賤之至也。賤乎賤者孰謂？據下有殺文知賤爲公孫。謂罪人也。罪人，謂賊利也。公孫使賊利弒君，誅之以爲解。從史文，以利主其事，下從殺文見殺者。**疏**《蔡世家》：「昭公將朝于吴，大夫恐其復遷，乃令賊利弒昭侯。已而誅賊利以解過，立昭侯子朔②，是爲成③侯。」

蔡公孫辰出奔吴。此非主弒，其以奔言之者，有罪也。**疏**君弒而出奔吴，明辰從昭公謀服吴者，以見下殺者爲主弒。

葬秦惠公。備記十五國之葬，所以録世系，明尊卑也。三不名皆葬，同葬劉文公例。

---

① 殺：十三經注疏本《公羊傳》作「弒」。弒、殺二字，古書常相淆亂。

② 朔：原作「息」，據《史記》卷三五《蔡世家》改。

③ 成：原作「哀」，據《史記》改。

宋人執小邾婁子。宋執小邾婁子者，地近也。此伐而執，不言者，畧之也。

夏，蔡殺其大夫公孫歸姓、公孫霍。此討賊也，公孫翩之黨。其言蔡殺者，夷蔡也。疏稱國以殺大夫。公孫殺無罪，明不勝殺賊。累言，同爲大夫。

晉人執戎曼子。文如宋執小邾婁子者然。疏楚圍蠻氏，蠻氏潰，奔晉。楚爲晉索蠻氏，晉因執而與之，如今逋逃人。

赤歸于楚。一事而兩言者，避京師楚也。

赤者何？據赤歸于曹上無所繫，彼爲郭公。戎曼子之名也。此承戎曼子，知即其人。其言歸于楚何？執而歸之，當如晉執曹伯歸于京師。執後乃奔，當如鄭詹之例。言戎曼子奔楚出名，與赤歸于曹同文。子北宫子曰：先師名也，《人表》列在戰國時。「辟伯晉伯謂二伯。凡二伯合諸侯，其有討罪則不自決，執之以歸于京師，聽天子治之，示不敢專決之義。「晉人執」是二伯之辭。而京師楚也。」《春秋》之例，執爲二伯專稱，凡方伯以下不言執。歸者，又以下奉上之辭，以晉伯而有所歸，是京師之辭矣。董子説：晉人執戎曼子歸之于楚，辟京師楚。疏晉執衛侯、曹伯歸于京師，是二伯歸俘于天子之文。今執直言戎曼子歸于楚，則與之同文，故分爲二條，如二事，如執晉而後奔楚。事同鄭詹，文如郭公，辟與衛、曹歸京師同也。

城西郛。魯城之西，如「城中城」之比。《春秋》兩書。

六月，辛丑，蒲社災。蒲，二《傳》作「亳」。蒲乃殷舊都名，殷亡，封其社爲諸侯。《白虎通義》：「王者諸侯必有誡社。」是殷以夏爲誡，周以殷爲誡，故曰誡社。班其社于諸侯，國必立一亡國社，置宗廟之牆南。《禮》曰：「亡國之社爲宗廟屏。」示賤之也。

蒲蒲者，地名。會蒲，釋宋公。社者何？内社不言蒲。亡國之社也。殷之舊社，班以爲魯之誡社。社者，封也。《白虎通義》「天子諸侯兩社」説詳。其言災何？社者封土爲之，不如宮室，無災道。亡國之社蓋揜之。孔子殷人，屢嘆鳳鳥。蒲以爲亡社者，以揜蓋也，天以爲之災，去其蓋蔽，得與天地通。記蒲社之災，與獲麟、星孛東方相起，明殷道當興，故《詩》以鳥名官，詳西皇素統之制，驗小推大，以爲大一統之先聲。魯曲阜爲少昊之墟，亦蒲社在魯之意。《禮·郊特牲》云「亡國之社屋之」，示與天地絶也。疏 大司徒土圭之法，地球方三萬里，面積得方千里者九百，《考工記》所謂一轂三十輻也。大司馬九畿，皇、帝雖同以甸服爲畿内之地，而帝以五百里爲一服，皇則以方千里爲一服。故皇幅從皇畿至甸畿合而爲六千里，《周禮》所謂官府即在此六千里之内也；從男服以至鎮服方六千里，《周禮》所謂邦國，而《淮南子》與《河圖緯》所謂大九州也。又，《管子》「立爲六千里之侯」，即大九州之方伯也。《大行人》九州之外謂之藩國，《板》詩所謂「价人維藩」是也，而「大師維垣，大邦維屏，大宗維翰，懷德維寧，宗子維城」，合藩而爲六服六千里，則《周禮》所謂都鄙，而《幼官圖》之副圖也。騶衍云中國九州於天下不過八十一分居其一分，是帝制以三千里爲一州，則禹九州當得八十一分之九；而皇幅以禹九州四爲一州，合皇九州共爲方千里者二百八十八，得禹九州三十六；必於皇輻中取方二萬七千里，乃爲得九九八十一之一。騶衍之學，驗小推大，由中國名山大川推之，至于人之所不能睹，故《公羊》所謂之大一統；以《詩》之《周》、《召》爲二伯，即于《春秋》之中兼寓皇、帝大統之義。而《墨子》亦有以魯主天下之説，其意正相合也。六經之中，惟《春秋》疆域最小，此圖亦如朱子《近思録》首太極以示學者之旨歸也。揜其上而柴其下。蔡邕説：「古者天子取亡國之社分諸侯，使爲社以自戒。屋之，掩其上、柴其下①，使不得通天地，自與天地絶也。面北向陰，所以示絶亡也。」蒲社災何以書？記災也。誡社在宗廟牆南。記災，災其屋，則與天地通矣。

① 原刻無「柴其下」三字，據四庫全書本蔡邕《獨斷》卷上及此傳文意補。

秋，八月，甲寅，滕子結卒。備記十九國之卒，以明《春秋》獨記其事也。疏滕無世家，世系不詳。《杞世家》曰：「滕、薛、鄒，夏、殷、周之間封也。小不足齒列①，弗論也。」是也。

冬，十有二月，葬蔡昭公。過時而月者，危不得葬也。

葬滕頃公。

五年

春，城比。此大蒐之地。一作「毗」。

夏，齊侯伐宋。哀世宋不與諸侯通，故不見盟會，齊伐以求之。

晉趙鞅帥師伐衛。謀納蒯聵也。

秋，九月，癸酉，齊侯處臼卒。《齊世家》：「五十八年夏，景公夫人燕姬適子死，景公寵妾芮姬生子荼。荼少，其母賤，無行，諸大夫恐其爲嗣，乃言願擇諸子長賢者爲太子。景公老，惡言嗣事，又愛荼母，欲立之，憚發之口，乃謂諸大夫曰：『爲樂耳，國何患無君乎！』秋，景公病，命國惠子、高昭子立少子荼爲太子，逐羣公子，遷之萊。景公卒，太子荼立，是爲晏孺子。冬，未葬，而羣公子畏誅，皆出亡。荼諸異母兄弟公子壽駒黔奔衛，公子駒陽生奔魯。」疏處，二《傳》作「杵」。

① 齒列：「列」原誤作「例」，據《史記》改。

冬，叔還如齊。如，送葬。齊已失伯，故不能用伯禮，如兩事然。

閏月，葬齊景公。閏月歸于終，在十二月之後。從九月至此共四月。大國葬日，不日者，危荼之立也。

閏不書，二百四十年僅貳書，是不書也。此何以書？例不書而書者，皆有所取。喪以閏數也。《解詁》云：大功以下諸喪當以閏數。疏本不書閏，爲明喪以閏數之禮，乃書。五月而葬，此以月計者，故言閏。喪曷爲以閏數？據天之餘月不在月數。《穀梁傳》：文貴以不閏數。喪數畧也。謂以月計之喪，則數閏于喪數畧簡者。《穀梁傳》曰「喪事不數」，謂三年與朞不計閏，以年爲決，大功以下以月計者不計來年之月，只計月數者不能不數閏，大喪則不得計之。此葬以五月爲禮，在大功以下，故得數之。二《傳》所言，乃參差例也。疏《周禮》「司服」凶服五：三月，五月，九月，朞年，三年，爲五服。素皇主西，以凶服當之，故獲麟多言喪禮。

六年

春，城邾婁葭。邾婁葭者，取邾婁邑而城之。不言取者，惡內也。邾婁爲內卒正，內數圍，取其邑，失字小之義。

晉趙鞅帥師伐鮮虞。此伐，取也。不言者，畧之。疏范氏前伐鮮虞，鮮虞從之。范氏已亡，故趙鞅討之。

吴伐陳。吴已進，此猶狄之，何也？伐陳，惡事也。疏《楚世家》：「二十七年，吴伐陳。楚昭王救之，軍于城父。昭王卒于師。」

夏，齊國夏及高張來奔。言及者，夏主其事。陳乞將弑其君，故去荼黨。疏《世家》：「晏孺子元年春，田乞僞事國、高者，每朝，乞驂乘，言曰：『子得君，大夫皆自危，欲謀作亂。』又謂諸大夫曰：『高昭子可畏。及未發，先之。』大夫從之。六月，田乞、鮑牧乃與大夫以兵入宮，攻高昭子。昭子聞之，與國惠子救公。公師敗，田乞之徒追之，國惠子奔莒。遂反，殺高昭子。晏圉奔魯。」

叔還會吴于柤。此大會也，何以獨言叔還？省文也。前殊會吴，此何以不殊？已見者不再見也。會同亦大事也，何以不日？爲辟盟也。盟日則會不可日，輕重之序也。疏前柤殊會吴，此不殊者，因進之。時吴强争伯，此内大夫與會，吴不殊。

秋，七月，庚寅，楚子軫卒。《楚世家》：「二十七年，昭王卒于軍中。子西子綦共謀，伏師閉塗，迎越女之子章立之，是爲惠王。然後罷兵歸葬。」

齊陽生入于齊。不氏者，當國也。疏《齊世家》：「八月，齊秉意兹、田乞敗二相，乃使人之魯，召陽生。公子陽生至齊，私匿田氏家。」

齊陳乞弑其君舍。舍，當從二《傳》作「荼」。此與商人弑同名，字之誤也。

弑而立者，不以當國之辭言之；春秋唯自弑者乃以當國言，如州吁是。大夫弑君而立公子，則立者不與其弑，則不當以當國言，如魯僖、晉悼是。此其以當國之辭言之何？田乞弑君立陽生耳。陽生入不氏公子，以當國言之。爲諼也。陽生先入，陳乞後弑，弑由陽生起，故與親弑者同文。陽生入，弑以陳乞主之者，不使陽生君荼也。此其爲諼奈何？問其事實。凡傳皆有事實，弟子問乃記，否則不盡言。傳皆就事實立説，不可輕事。

景公謂陳乞曰：「吾欲立舍，何如？」如奚齊卓子。陳乞曰：「所樂乎爲君者，欲立之則立之，不欲立則不立。《論語》：「所樂乎爲君者，唯①其言而莫之予違。」君如欲立之，則臣請立之。」陳乞欲盜齊國，故從景公亂命，亂齊以自利。陽生謂陳乞曰：「吾聞子蓋將不欲立我也。」探得立舍事。陳乞曰：「夫千乘之主齊景公有馬千駟。將廢正而立不正，必殺正者。如申生、衛世子肥。吾不立子者，所以生子者也。走矣！」出奔辟難。與之玉節而走之。陽生奔魯。景公死而舍立，陳乞使人迎陽生于諸其家。除景公之喪，周喪期年，故朞而除服。此本事實而言。疏《孟子》三年之喪，滕文曰②：「吾宗國魯先君莫之行，吾先君亦莫之行，至于子之身而反之，不可。且《志》曰：『喪祭從先祖。』吾有所受之也。」墨子全以喪禮繁重歸咎儒者，知周喪朞，《春秋》乃定爲三年。諸大夫皆在朝，陳乞曰：「常之母常，乞子也。有魚菽之祭，其妻有魚菽之設。祭猶祭酒，不謂祭祀。願諸大夫之化我也。」飲大夫酒。諸大夫皆曰：「諾。」于是皆之陳乞之家。坐，陳乞曰：「吾有所爲甲，請以示焉。」諸大夫皆曰：「諾。」于是使力士舉巨囊而至于中霤，庭中。諸大夫見之，皆色然而駭；未開之先。開之，則闖然公子陽生也。陳乞曰：「此君也已！」諸大夫不得已，皆逡巡北面，再拜稽首③而君之爾。自是往弒舍。述諼所以主陽生，書以當國辭。疏《左傳》、《世家》皆同。

---

① 唯：原作「謂」，據《論語·子路》改。

② 按：以下「吾宗國魯」云云，係滕「父兄百官」之言，非出自滕文公。詳參《孟子·滕文公上》。

③ 再拜稽首：原作「稽首再拜」，據《春秋公羊傳》乙。

冬，仲孫何忌帥師伐邾婁。直書而惡見，故不待貶絶也。六年五伐邾婁也。疏仲孫以後不見。

宋向巢帥師伐曹。志在滅曹，惡宋也。爲下滅曹張本。疏内伐邾婁，宋伐曹，相聯而志，以起下二國同入同以歸。

七年

春，宋皇瑗帥師侵鄭。鄭叛晉故也。起下救曹。

晉魏曼多帥師侵衛。前衛從齊助范、中行氏，魏乃趙黨，故侵衛以報之。疏記晉三卿，起其分晉之變。

夏，公會吴于鄫。公不會方伯，此何以會吴？近世也。近世則何以會？無伯也。無二伯，則公得會方伯也。此大會也，獨目公者，親吴也。何以親吴？揚州者，南方之遠國也，吴變而九州之制成矣。此《春秋》之所以終也。疏鄫，《穀》作「繒」。合前大夫會不殊，此公會不殊，進吴也。所以黄池之會進之子，以方伯之禮待之。太平之世，天下諸侯遠近大小若一。

秋，公伐邾婁。此季氏主之。乃出公者，歸其權于諸侯。疏哀公世内數用兵于邾婁，悉書其事，所以深惡也。

八月，己酉，入邾婁，以邾婁子益來。不言以益至自邾婁而言來者，亦如使他人以來也。此與下宋入曹以曹伯歸相比見義。曹、邾婁爲青州卒正上等，宋滅曹，我入邾，失字小之義。邾子書來者，以自我主之；不曰歸者，内外異辭。入不言伐，此其言伐何？據入爲重。此舊傳文也。内辭也，此内外例。爲内諱大惡，故舉伐。使若他人然。八月入邾婁以來者，爲别人事，非公所爲，以辟惡事不言。直言來，亦若使他人然。邾婁子益曷以名？據執者不盡名。絶。諸侯生不名。凡名者，爲誅絶之辭。曷爲絶之？獲也。戰敗被獲。不能自守，無君道，故絶之。曷爲不言其獲？據莒挐言獲。內大惡，諱也。內小惡言，大惡不言。以臣獲莒挐，以公獲邾婁子，君則不言，故諱之。疏以與下「歸」字對文。方伯得考績絀陟，有罪則以來，服罪則歸之。以來①與歸，皆自我主之。

宋人圍曹。圍，大事也，何以不日？不可以日計之也。起下滅也。

冬，鄭駟弘帥師救曹。言救者，善之也。書鄭救，所以譏我之不救也。疏前宋侵鄭，故此救曹以報之。言救曹，許之也，且以起內之不救。

八年

春，王正月，宋公入曹，以曹伯陽歸。定、哀之世，滅國皆書「以歸」。許、沈、頓、胡失伯，以下凡滅國多其屬役，鄭之許、蔡之沈皆同。曹《經》以爲魯屬，而《左傳》宋有「曹、莒、邾吾役」之説；蓋以魯、宋皆王後，曹爲兼屬之國。疏《宋世家》：「三十年，曹倍宋，又倍晉。宋伐曹，晉不救，遂滅曹有之。」《曹世家》：「十五年，宋滅曹，執曹伯陽及公孫彊以歸而殺之，曹遂絶世。」

曹伯陽何以名？據以歸者不盡名。絶。名爲誅絶之罪。絶者，誅其身，益降黜其子孫之辭。《春秋》功罪分輕

① 來：原脱，據文意補。

重，緣情定罪。曷爲絶之？據入非失地之罪。滅也。因滅絶之，從失地名例。益未滅，以獲見絶。滅、獲皆大惡。曷爲不言其滅？據《世家》，許與沈、頓、胡皆言滅。諱同姓之滅也。因同姓，故言入而已，不言滅。何諱乎同姓之滅？據魯同姓之國多，滅者不皆諱。力能救之而不救也。鄭遠，不能救。曹與魯近，乃宋屢侵伐不一救。所以責内之不恤同姓，而唯加兵于邾婁也。疏宋入曹與我入邾婁同。二卒正皆見滅，譏之也。

吴伐我。伐不言鄙，進化，故無鄙之可言。《周禮》邦國外爲都鄙，鄙、野皆荒遠未進文明之稱。太平之世，邊鄙與國都同進文明，皆有都人士君子之目，故不言鄙。疏吴師必有中國，不序者，不使中國從外以自伐。楚序隨，吴不序夷狄國者，畧之，且辟楚之有從國。

夏，齊人取讙及僤。僤，二《傳》作「闡」。疏《齊世家》：「悼公元年，取讙、闡。初，陽生亡①在魯，季康子以其妹妻之。及歸即位②，使迎之。季姬與魴侯③通，言其情，魯弗敢與，故齊伐魯，竟迎季姬。季姬嬖齊，復歸魯侵地。」

外取邑不書，諸侯攻伐皆有所取，義無所起，故不書。此舊傳文也。此何以書？所以賂齊也。曷爲賂齊？據未詳其實事。爲以邾婁子益來也。《傳》以賂齊爲邾婁事，《左氏》、《世家》以爲季姬事。按，二事同在一時，皆爲齊所藉口，先師各主一事言之，實則相通，不得因其小異而疑之。

歸邾婁子益于邾婁。自歸曰歸，我歸之亦曰歸。《詩》「言告言歸」，「蓋云歸哉」，皆謂祖送餞别之歸。執不書，此書

---

① 亡：原脱，據《史記》補。
② 即位：「即」字原脱，據《史記》補。
③ 侯：原誤作「候」，據《史記》改。

者，因下歸讙、僤，言此以起之。有其末者，先録其本也。**疏**此「歸」字爲一見例。

秋，七月。

冬，十有二月，癸亥，杞伯過卒。《論語》「夏禮吾能言，杞不足徵」，法夏而王之青帝爲俟聖。當日之杞，文獻不足徵之，以小大不同。《封禪書》夏以木德王，夏服在東，故木德。三《頌》故以魯代杞，齊爲《魯頌①》，爲文家；《商頌》金德，爲質家。《樂記》，「歌《齊》」「歌《商》」即東西、文質。**疏**《杞世家》：「僖公十九年卒，子湣公維立。」

齊人歸讙及僤。爲歸邾婁子，故歸我邑。不言來，邑在内，不可言來。**疏**《齊世家》與《左氏》同，以爲季姬嬖齊，復歸魯侵地。

九年

春，王二月，葬杞僖公。

宋皇瑗帥師取鄭師于雍邱。宋，鄭結兵，悉書以惡之。此言取，下亦言取，取其互有勝敗。

其言取之何？據戰勝言敗。易也。不言勝敗，直言「取之」，如取物然，是易辭也。其易奈何？兩兵相争，有何易道。詐之也。因詐取之，不勞血刄，故以言之。

---

① 魯頌：「頌」原作「伯」，據文意改。

夏，楚人伐陳。與吴争陳。事詳《左傳》。疏《陳世家》：「十六年，吴王夫差伐齊，敗之①艾陵。使人召陳侯。陳侯恐，如吴。楚伐陳。」

秋，宋公伐鄭。因勝再伐之。

冬，十月。

十年

春，王二月，邾婁子益來奔。益之名，失地也。《春秋》失地名者，誅殺之罪也。曷爲責之重？不能保其宗廟，以絶先君之祀也。其如强弱不敵何？以小事大，畏天，足以自存也。如大國志必滅之，則如紀季可也。疏歸國。魯與齊戰，與臣下所主不同，故懼而來奔。月者，再出，謹之也。邾婁以後不復見。

公會吴伐齊。此不月，下月者，再伐。

三月，戊戌，齊侯陽生卒。此弑也。不言弑者，從史文。疏《齊世家》：「鮑子與悼公有郤，不善。四年，吴、魯伐齊南方，鮑子弑悼公，赴于吴，吴王夫差哭于軍門外三日，將從海上入討齊。齊人敗之，吴師乃去。」

夏，宋人伐鄭。三伐鄭。

---

① 敗之：「之」原脱，據《史記》補。

晉趙鞅帥師侵齊。因齊有吴、魯之師，故乘釁侵齊，至賴而去。又云：伐喪也。疏《齊世家》：「趙鞅伐齊，至賴而去。」

五月，公至自伐齊。月致，危之也。下不月。疏此從會吴伐①致也。吴遠齊近，恃吴以得志于齊，故月以危之。

葬齊悼公。致戰勝吴。賊未討而書葬，所謂微詞也。疏大國葬例日，不日，貶之。

衛公孟彄自齊歸于衛。彄者，瞶之徒也。瞶入戚，故歸之。不言歸戚者，未言之。疏奔而復歸。自齊者，齊助之。

薛伯寅卒。寅，二《傳》作「夷」。

秋，葬薛惠公。不關事聯書葬，用大夫禮。

冬，楚公子結帥師伐陳。前伐未得志，故再伐之。

吴救陳。救，善事也，何以舉國？不以夷狄憂中國也。

十有一年

春，齊國書帥師伐我。齊伐皆言鄙，不言鄙者，近之也。齊與我西北毗聯，故齊侵伐以西北鄙書者數十見。舊説以遠之，不使難邇我。惟此事乃不言鄙。疏鄙爲僻陋蠻野之稱。教化文明，由野人而成君子，無遠近之別，故不言鄙。《禹貢》

---

① 伐：原誤作「代」，據文意改。

侯綏之外爲要荒，初封四凶以四裔，今則外州風俗比于内地，風化日進文明，無復鄙陋之習，故不言鄙。

夏，陳袁頗出奔鄭。出奔，分封之世乃有其事。如今日時局，中可仕外，外可仕中，楚材晉用，大統則無之。

五月，公會吴伐齊。不言以者，辟恃外也。不殊會，離會不可殊。因憂中國，且進吴同中國辭。

甲戌，齊國書帥師及吴戰于艾陵。齊師敗績，獲齊國書。此吴君齊臣。不以吴及齊者，齊尊吴卑。齊二伯，吴新進夷狄也。此戰公在，不言内者，辟從吴以勝齊。獨以吴主之，不許吴得志于齊也。定、哀之世，《經》多微文，少所貶絶；以近世事明，不須貶絶而罪惡自見也。

秋，七月，辛酉，滕子虞母卒。史無《世家》，微國也。《春秋》初畧之，不治小國，哀以下乃詳録之。世愈治之辭。

疏《春秋》初記畧，或即無《世家》之七國，據《春秋》撰爲表，襄以前每君皆五六十年、七八十年；不知《春秋》有書有不書，不可據以立世表。

冬，十有一月，葬滕隱公。《經》之書謚，即統其君生平，加謚以别美惡也。《繁露》有數君總論，即倣《謚法》爲之。

衛世叔齊出奔宋。凡奔，所適之國非與本國仇敵，即因事而奔。考所奔之國，即知所奔之由。奔爲討罪之辭。其後子孫何不見于奔？奔而再見者，復之也。

十有二年

春，用田賦。用者，不宜用者也。田賦，兵事。

何以書？賦税常事，不書。譏。何譏爾？據以田出賦，無可譏。譏始用田賦也。此季孫加賦以强兵，違什一之教。古者寓兵于農，平日不養兵，至于臨時用則由官給發，今季孫蓋使民自田出軍賦也。

夏五月甲辰，吴孟子卒。何以無吴？諱娶同姓也。口何以繫吴？以見非宋女也。《坊記》：「魯之《春秋》猶去夫人之姓，曰孟子卒。」是謂無吴字；《論語》「謂之吴孟子」，則有吴字。吴孟子三字不連，故定爲口繫。**疏** 黑肱以濫來奔，《經》不繫邾婁，師説口繫邾婁讀之，故傳聞爲口繫例。以推《論語》之吴，亦爲口繫可知。

孟子者何？據與仲子同文，疑爲妾詞。昭公之夫人也。不稱夫人，不言葬，不稱姓；知其爲夫人者，師説相傳如此。實夫人，非妾。其稱孟子何？據夫人當稱夫人，書薨當稱子氏。**疏**《左傳》「孝、惠娶于商」，故春秋初見《經》、《傳》多子氏，《左傳》「孟子卒，繼室以聲子」，又「考仲子之宫」；如吴女直稱孟子，則與惠公元妃孟子同。後世援《經》爲説，必以爲宋女，非吴女，則譏同姓之義不可見，故必口繫吴，讀《論語》之「吴孟子」，謂《經》書師讀如此。舊説以爲昭公謂之君，于夫人無此稱；且説辟姬，何以直稱吴？「吴孟子」三字不成文理，萬無此稱謂。諱娶同姓，據例不宜稱孟，當云夫人子氏薨。不稱氏而以字見，知其爲同姓。蓋吴女也。考古籍，周時天子諸侯娶同姓者多，西周穆王已有之。蓋周初本與夏、殷同娶同姓，《春秋》乃申明；師説以爲周禮，其實不然。《論語》陳司敗蓋據《春秋》書説以駁孔子，謂之「吴孟子」，謂《經》書「孟子」，師讀繫「吴」耳。傳、記所言皆據《春秋》禮爲説，實則當時娶同姓不以爲諱也。**疏** 今人姓氏不如古之親切，乃春秋時伯主賢君率娶同姓，而今之同姓婚者幾絶。非今人勝于古，蓋未立其制，穆王去成、康未久，乃有盛姬，盛國見《春秋傳》，以爲同姓。既立其制，即鄉僻亦知辟諱。以此見《春秋》之功非古帝王所及。

公會吴于槖臯。既進矣，何爲國之？與中國同也。

秋，公會衛侯、宋皇瑗于運。公不會方伯，此何以會？時無伯也。有伯則會二伯，而方伯不見，無伯則得會方伯也。隱、桓、定、哀何以同得會方伯？終始無伯之辭也。疏公不會大夫，此會皇瑗者，公與宋、衛和，以伐鄭也。

宋向巢帥師伐鄭。四伐鄭。

冬，十有二月，螽。襄以下不記蟲災，畧其微也；因異而書之，下同。劉子以爲春用田賦，冬雨螽。疏螽，二《傳》作「蠡」，《詩》「蠡斯羽」以比公。蠡蓋蝗子，故以比文、武二后。

何以書？亥月蟲不害，不爲災，可不書。記異也。因以爲異而書。災大爲異①，異大于災。何異爾？據蟲常事，爲災不爲異。疏此蓋司曆之過，《傳》據異爲説耳。不時也。不時，由司曆過也。《左氏》：「季孫問諸仲尼，仲尼曰：『丘聞之，火伏而後蟄者畢。今火猶西流，司曆過也。』」疏杜曰：「是歲應置閏，而失不置，司曆誤一月。」九月之初尚温，故得有蟲。

十有三年

春，鄭軒達帥師取宋師于嵒。宋四伐鄭，一取鄭師。此與九年相起，乃詐反也。

其言取之何？易也。其易奈何？詐反也。九年，宋以詐取鄭師，此鄭亦以詐勝宋，取其師。報復之理，主書悉明。《春秋》無義戰者，兵争之禍。

---

① 災大爲異：「災」字原無，據文意擬補。

夏，許男戍卒。

公會晉侯及吴子于黄池。晉、吴同姓，以屬南北二岳，因見齊、楚異姓，立岳東西。《春秋》有遷移之例，三世所以異辭也。疏莊、昭之世，以外諸侯爲伯；定、哀以下，則歸伯于王臣。晉、楚皆降，合齊、晉、楚、吴爲四岳，齊東、楚西、北晉、南吴，爲四岳，以合《尚書》羲仲、羲叔、和仲、和叔之制。以鄭、秦爲王朝大夫，以輔劉子。楚在西者，秦在西，梁既爲内臣，楚屬夔、巴皆近梁，故以楚攝西岳，惟以吴代楚，方位遷移耳。四隅則兖魯、徐蔡、揚陳、豫衛，東西齊、楚相對，南北晉、吴相對，東西異姓，南北同姓。故昭以上南北交相見。齊屬晉，秦屬楚，中分天下；定、哀則四岳四分天下，如《大學》之孟獻，《秦誓》，舅犯，《楚書》，《尚書》之《吕刑》、二《誓》、《文命》。

吴何以稱子？據在會舉國，不稱子。吴主會也。主者，長諸侯，爲一會之主人。吴與晉爲敵，主盟諸夏，不得不稱子，以與晉侯敵。疏《春秋》收南服，闢梁、荆、徐、揚之地，如今改土歸流之事。禮愈備，待之愈優；故從州而國，國而人，人而子，子而與大國敵，《傳》曰「漸進也」是也。吴、楚以夏變夷，故有漸進之道，其儀注與二伯、方伯、小國參用也。吴主會據吴爲主，先晉。則曷爲先言晉侯？據事實則吴先晉，《經》乃以晉及吴，此《經》進退益損之例，如以直筆推《春秋》，誤矣！據晉與齊同尊，晉主會皆先齊，吴主會，則吴當先晉也。不與夷狄之主中國也。中國，舊從晉之國，皆不書，不以夷狄主中國。是以中國主中國，夷狄主夷狄之辭也。疏天下諸侯同在是，不與夷狄主中國，乃以中國主夷狄，是貴中夏而賤外夷也。其言及吴子何？據晉主會敘齊不言及。會兩伯宋之盟晉、楚並列。中外諸侯交相見爲會兩伯，正伯。疏《王居明堂禮》：「東方之極，自碣石東至日出榑木①之野，帝太

① 榑木：「榑」原誤作「博」，據《尚書大傳疏證》卷四改。

皞，神勾芒司之。自冬日至數四十六日，迎春于東堂。距邦八里，堂高八尺，堂階八等。青稅八乘，旂旐尚青，田車載矛，號曰助天生。倡之以角，舞之以羽，此迎春之樂。孟春之月，御青陽左个。禱用牲①，索祀于艮隅。貌必恭，厥休時雨。朔令曰：挺羣禁，開閉闔，通窮室，達障塞。其禁：毋伐林木。仲春之月，御青陽正室。牲先脾，設主於户，索祀于震正。朔令曰：棄怒惡，解役辠，免憂患，休罰刑，閉關梁。其禁：田獵不宿，飲食不享，出入不節，奪民農時，及有姦謀。季春之月，御青陽右个。薦用鮪，素祀于巽隅。朔令曰②：宣庫財，和外怨，撫四方，行柔惠，止剛强。九門磔禳，出疫于郊，以禳春氣。南方之極，自北户南至炎風之野；帝炎帝，神祝融司之。自春分數四十六日，迎夏于南堂。距邦七里，堂階七等，赤稅七乘，旂旐尚赤，田車載弓，號曰助天養。倡之以徵，舞之以鼓鞉，此迎夏之樂也。孟夏之月，御明堂左个。嘗麥用彘，索祀于巽隅。視必明，厥休時煥。朔令曰：爵有德，賞有功，惠賢良，舉力農。其禁：毋隳隄防，毋宿于國。仲夏之月，御明堂正室。牲先肺，設主于竈，索祀于離正。朔令曰：振貧寡，惠孤窮③，慮囚疾，出大禄，行大賞。其禁：棄法律，逐功臣，殺太子，以妾爲妻。乃令民雩。季夏之月，御明堂右个。牲先心，設主于中霤，索祀于坤隅。思必密，厥休時風。朔令曰：起毀宗，立無後，封廢國，立賢輔，卹喪疾。中央之極，自崑崙中至大室之野；帝黄帝，神后土司之。土王之日，禱用牲，迎中氣于中室。距邦五里。樂用黄鐘之宫，爲民祈福，命世婦治服章，令民④。其禁：治宫室，飾臺榭，内淫亂，犯親戚，侮父兄。西方之極，自流沙西至三危之野；帝少皞，神蓐收司

① 牲：原誤作「性」，據《尚書大傳疏證》卷四改。
② 朔令曰：三字原脱，據《尚書大傳疏證》卷四補。
③ 此二句，《尚書大傳疏證》卷四作「振貧窮，惠孤寡」。
④ 「令民」下有脱文。

之。自夏日至數四十六日，迎秋于西堂。距邦九里，堂高九尺，堂階九等。白税九乘，旌旄尚白，田車載兵，號曰助天收。倡之以商，舞之以干戚，此迎秋之樂也。孟秋之月，御總章左个。嘗穀用犬，索祀于坤隅。言必從，厥休時暘。朔令曰：審用法，備盜賊，禁姦暴，飭羣邪，謹貯聚①。其禁：毋弛戎備。仲秋之月，御總章正室。牲先肝，設主于門，索祀于兑正。朔令曰：謹功築，遏溝瀆，修囷倉，決刑獄，趣收斂。九門磔禳，以發陳氣，禦止疾疫。其禁：好攻戰，輕百姓，飾城郭，侵邊境。乃令民畋，命國醵，農隙畢入于室，曰時殺將至，毋離其災。季秋之月，御總章右个。薦用田禽，索祀于乾隅。朔令曰：除道路，守門閭，陳兵甲，戒百官，誅不法。除道致梁，以利農夫。北方之極，自丁令北至積雪之野；帝顓頊，神玄冥司之。自秋分數四十六日，迎冬于北堂。距邦六里，堂高六尺，堂階六等。黑税六乘，旌旄尚黑，田車載甲鐵，號曰助天誅。倡之以羽，舞之以干戈，此迎冬之樂也。孟冬之月，御玄堂左个。祈年用牲，索祀于乾隅。聽於聰，厥休時寒。朔令曰：申羣禁，修障塞，畢積聚，繫牛馬，收澤賦。其禁：毋作淫巧。仲冬之月，御玄堂正室。牲先腎②，設主于井，索祀于坎正。朔令曰：徙外徒，止疾禁，誅詐僞，省醖釀，謹閉關。其禁：簡宗廟，不禱祠，廢祭祀，逆天時。乃令民罷土功。季冬之月，御玄堂右个。薦用魚，索祀于艮隅。朔令曰：省牲牷，修農祀，收積薪，築囹圄，謹蓋藏。乃大儺以毆疾③，命國爲酒，以合三族。君子說，小人樂。」之辭也。同姓兩方伯，兩伯即二伯，言之辭者，明非二伯之正也。《春秋》齊、晉爲正二伯，故會盟不言「及」；託吴爲外州伯，使如晉主中國四州，吴主外四

---

① 聚：原誤作「衆」，據《尚書大傳疏證》卷四改。

② 腎：原誤作「賢」，據《尚書大傳疏證》卷四改。

③ 毆疾：《尚書大傳疏證》卷四作「禳疾」。

州，中分天下，各主其一，故言「及」以區別之。《尚書》九州「州①十有二師②，咸建五長」，是要荒亦當立二伯，史所謂蠻夷大長是也。疏兩伯文見《尚書大傳》。一岳貢兩伯之樂，四岳八伯。楚主荆，吴主揚，一岳兩伯也；晉主冀，齊主兖，一岳兩伯也。《王制》八州八伯統于天子之老，本以内臣主之；《春秋》以桓、文託二伯，非受命之正。因楚、吴强，故又有伯辭，使若齊、晉爲中國伯，齊已黜，則以晉主之；楚、吴爲外州伯，楚已黜，則以吴主之。此會乃吴初爲伯之辭也，特齊、晉正而楚、吴變，中國可主夷狄，夷狄不可主中國耳。故三《傳》于楚、吴同有二伯辭。抑以二國尚在九州之内，非真要荒四裔，不過就内四州言爲夷狄。不與夷狄之主中國，此大會，不列數諸侯，惟見二方伯與内；因有吴在會，中國屬國亦不見。則曷爲以會兩伯之辭言之？宋之盟會，兩伯交相見，則外得主内矣。中外八州，各主其四，不與吴主中國，與其主夷狄四州，主四州則得爲伯。弟子疑言兩伯是得主中國，故爲此問。重吴也。據事實，吴較重于晉。不止交見《春秋》，二伯皆非受命，因事授之，桓、文、楚莊是也。此亦因重異，與以伯辭。曷爲重吴？既曰會兩伯，則伯平列，内爲重。吴在是，謂黄池。則天下諸侯不惟南方主之，中國亦主之。天下，則二伯八牧同在。莫敢不至也。《解詁》云：「時吴强無道，敗齊臨淄，乘勢大會中國；齊、晉前驅，魯、衛驂乘，滕、薛俠轂而趨。以諸夏之衆，冠帶之國，反背天子③而事夷狄。恥甚④，不可忍言，故深爲諱辭也。」疏按，天下諸侯皆在是，吴通主八州，不分中國夷

① 州：原刻脱，據《尚書・益稷》補。
② 師：原作「州」，據《尚書・益稷》改。
③ 「天子」下原衍「分」字，據《解詁》删。
④ 甚：原作「其」，據《解詁》改。

狄；亦如桓一匡諸侯，天下皆至，故不得不言伯。且以與楚接壤，以配中國之桓、文也。

楚公子申帥師伐陳。因陳從吳，故伐之。疏《陳世家》：「吳敗齊，使人召陳侯。陳侯恐，如吳。楚伐陳。」

於越入吳。越入吳，惡事，故稱「于越」。入者，未滅也。疏《吳世家》：「越王句踐伐吳。乙酉，越以五千人與吳戰，丙戌，虜吳太子友。丁亥，入吳。吳人告敗於王夫差，夫差①惡其聞也。或泄其語，吳王怒，斬七人于幕下②。已盟，與晉別，欲伐宋；太宰嚭曰：『可勝而不能居也。』乃引兵歸國。國亡太子，內空，王居外久，士皆罷敝，于是乃使厚幣，以與越平。」

秋，公至自會。公會夷狄不致，致者，吳已進子，不外之，故不爲公諱。

晉魏多帥師侵衛。二《傳》經作「魏曼多」。

此晉魏曼多也，據上七年，見《經》本二名。曷爲謂之晉魏多？此乃偏舉一字。譏二名，二名非禮也。偏舉一字，以見二名不偏諱之禮，非如王莽說名必一字。

葬許元公。

九月，蝝。此世大統，與《詩》相通。「牧人乃夢，衆維魚矣」，衆當爲「蝝」。蝝，皇子也；蝝化魚，與化龍之說同。九月而蝝，猶得時者也。此爲記災而書之。

冬，十有一月，有星孛于東方。星孛，大異也，何以不日？久，不可以日計也。疏董子以爲「不言宿者，不加宿

---

① 夫差：原脫，據《史記》補。

② 幕下：「幕」原誤作「慕」，據《史記》改。

也」。按，言宿猶温，東方猶河陽，宿小而東方大，包蒼龍①七宿言之。東與西狩「西」字對文，中國于地屬東方神州，自中國言，則川澤爲東，屬今美州矣。《左傳》申繻②：「彗所以除舊布新也。天事恒象，今除于火，火出必布焉。」三孛爲三大辰，昭《傳》「伐爲大辰」即此，與大火、北斗合三統。

孛者何？彗星也。解與前同。其言于東方何？據參伐在西，火乃在東，當言西。見於旦也。此孛柄西彗東，自西孛東。疏劉歆説：「孛，東方大辰也。不言大辰，旦而見，與日争光，星入而彗猶③見。是歲再失閏，十一月實八月也，日在鶉火，周分野也。」何以書？記異也。伐掃東方，古之三皇五帝已革，當俟後聖爲西之皇，如《詩》以鳥名官。故師説《春秋》，皆以大一統言之。

盜殺陳夏彄夫。此大夫也，何以不言大夫？殺于賤者，故不以上下之辭道之也。疏言盜，賤乎賤者也。

十有二月，螰。螰之化魚，有以龍名官之義。又，螰音與「螽」近，螽斯以比二公子，欲居九夷，以西爲東也。疏劉歆以爲：「周十二月，夏十月也。火星既伏，蟄蟲皆畢，天之見變，因物類之宜，不得以螽，是歲再失閏矣。周九月，夏七月，故《傳》曰④：『火猶西流，司曆過也。』」何以書？記異也。詳録其月，以見司曆之過也。此與去年同，皆以記異書。九月初螰，十二月猶不已，此爲再失閏。

---

① 蒼龍：「龍」字原脱，據文意補。
② 申繻：據《左傳》昭公十七年作「申須」。
③ 猶：原誤作「尤」，據《漢書・五行志下》改。
④ 曰：原脱，據《漢書・五行志中》補。

十有四年狩爲夏正，十三年之冬不爲一年，故定、哀合爲二十八年。

春，西狩獲麟。西者，少昊金天氏之墟，在曲阜。孔子殷人，託于西皇，故《詩》皆以鳥名官。狩者，冬田之名，用夏正，終于十四年之春，即十三年之冬，三月以首事，故終于冬田。麟鹿身又甲，故先師以爲木精；四足，又爲毛獸，東西混合，故先師又有土精之説①。二《南》終于《麟趾》，故《春秋》亦于是終焉。

何以書？據狩常事，書不言獲。記異也。何異爾？據麟乃瑞物，非異。非中國之獸也。非所宜有，故得爲異。麟爲夫子來，以明其道不可行之意，此非祥可言也。疏 中國在東，蟲宜甲，五極爲原隰，又爲中，麟之木、土皆應中國；以麟爲中國之獸，四足，又爲毛蟲，非中國之獸，海外黄帝、白帝二極之所産。然則孰狩之？據無主名。薪采《詩》「翹翹錯薪」，「左右采之」；薪，此新國，采，采服。者也。《孔子世家》：「春蒐大野，叔孫氏車子鉏商獲麟」，與《左傳》同。薪采者則微者也，曷爲以狩言之？據天子諸侯乃有狩，薪采微者，無狩禮。大之也。張大其事，故以狩言。曷爲大之？據微者無大義。爲獲麟大之也。爲麟大之，不爲微者。曷爲爲獲麟大之？據鸛鵒不大。麟者，仁獸也。《異義》：「《公羊》説：麟爲木精。」按，太平之人仁，木德仁。太昊以龍名官，麟，龍類。有王者讀爲「皇」，東周之皇。則至，東皇天下太平，麟乃至；孔子作四教，未行而麟

---

① 之説：原作「之之説」，據文意删改。

至，則素王四教成，已爲太平，不必見之行事也。無王者則不至。世無東皇，則麟不至。此麟至，明孔子爲素王，主①西，用三皇五帝之書以大一統也。有以告者曰：告孔子。「有麕而角者。」《詩》「野有死麕」，即麟種。孔子曰：「孰爲來哉！非中國所産，故言「來」。《穀梁》：「不言來，不使麟不恒有于中國。」②孰爲來哉！」麟者，大一統之祥也。三皇三正，以素、青、黄爲主。麐，鹿身麐麃，東，四足毛類，西；合東西文質，爲黄來，明百世後有大一統三皇之世。知麟者爲己來，故怪嘆之。反袂拭面，涕沾袍。孔子五十知天命在己，承運當王，以復堯舜文武之治，故曰：「天生德于予」，「文王既没，文不在兹乎！」于是周行列邦，以觀風考政，退而與弟子删《詩》、《書》，定《禮》、《樂》。《論語》云：「用之則行」，孔子作述，本爲施行之初基；四教始立而徵瑞早呈，是天命以四教爲極功，不使見諸實行。孔子所以自傷而泣，因是而作《春秋》也。疏 麒麟來游，皇、帝則生。今來而死，五方之占，東生西死，來而死，用西皇。又，《詩》上方樂，下方哀，西方爲五凶服，《詩》素麻葛縞皆爲凶服。西死喪質家，故泣沾袍，以應西氣。

顔淵死，東生西死。《詩》曰「死生契濶③」，《詩》主素統，故詳喪禮。子曰：「噫！天喪予！」西方死，《論語》爲東周生道，素統則在海外西方，非百世下不行。《春秋》説孔子爲素王，顔淵爲司徒，輔佐之才也。疏 天既生德于孔子，宜乎行東方，爲東周，今乃顔子僅得酌定四教之旨，尚未實行而遂早絶，是天生顔子特以贊纂修，是孔子專在俟後，道必百世下乃行。西王哀傷，故有「喪予」之慟。子路死，以賢之死比麟之獲。《春秋説》子路爲司空，或云當

---

① 原刻「主」在上句「王」上，據文意乙。

② 《穀梁傳》原文作：「其不言來，不外麟於中國也；其不言有，不使麟不恒於中國也。」

③ 死生：原作「生死」，據《詩·擊鼓》乙。

爲司馬，字之誤。**疏**子路與顔淵爲素王輔佐，三公之選，弟子之首。《論語》「言志」與「行藏」、「行三軍」，皆與二子深。言一主文事，一主武備，今乃先素王而死，是道不爲東周之證，故孔子重傷之。弟子死多矣，惟二子爲首輔，故重之。《檀弓》「夫子卒，門人疑所服」亦引二子事爲據，是也。子曰：「噫！連比二賢之死。師弟無服，所謂無服之喪①。天②祝予！」祝與「喪」同也，義同上。**疏**據《左傳》、《史記》，子路死在獲麟之後。《傳》引以爲取事類相同，非死在獲麟前也。西狩獲麟，《經》書「獲」，知諸侯之「獲」，死辭也。《詩》「死麕」「死鹿」即素衣麑裘之説。東方木精已衰，西之鳳鳥不至，大一統不在東周可知。孔子曰：「吾道窮矣！」夫子非知麟獲，乃知道不行於當時。《論語》「四海困窮，天禄永終」，皆推及八荒，光被四表。曾子曰：「任重而道遠。」子夏曰：「致遠恐泥。」**疏**鄒衍齊學亦《公羊》先師，本《傳》驗推。《鄒衍傳》：「齊有三騶子，其前鄒忌，以鼓琴干威王，因及國政，封爲成侯，而受相印。先孟子。其次騶衍，後孟子。騶衍睹有國者益淫侈，不能尚德，若《大雅》整之於身，施及黎庶矣，乃深觀陰陽消息，而作怪迂之變，《終始》、《大聖》之篇十餘萬言。其語閎大不經，必先驗小物，推而大之，至於無垠。先序今以上至黃帝，學者所共術，大並世盛衰，因載其機祥度制，推而遠之；至天地未生，窈冥不可考而原也。先列中國名山大川通谷禽獸，水土所殖，物類所珍，因而推之；及海外人之所不能睹。稱引天地剖判以來五德轉移，治各有宜，而符應若茲。以爲儒者所謂中國者，於天下乃八十一分居其一分耳。中國名曰赤縣神州，赤縣神州內自有九州，禹之序九州是也，不得爲州數；中國外如赤縣神州者九，乃所謂九州也。於是有裨海環之，人民禽獸莫能相通者，如一區中者，乃爲一州。如

---

① 無服之喪：原誤作「無喪之服」。

② 天：原作「大」，據《公羊傳》改。

此者九，乃有大瀛海環其外，天地之際焉。其術皆此類也。」按，推聖道于無垠，即道窮之説。《春秋》何以始乎隱？據東遷，魯國惠公爲始君。疏《十二諸侯年表》始于共和，《國語》始于穆王。祖之所逮聞也，祖，謂隱公在傳聞之世，過遠則難徵，故始于隱。董子云：《春秋》以隱、桓爲高曾，以定、哀爲考妣。《解詁》以祖爲孔子祖，非也。疏十二公二百四十二年皆有所法，多少皆有不合，故必始于隱。所見定、哀。《傳》曰：「定、哀多微辭。」異辭，二十九年中三分，約以十年一小變。所聞莊以下至昭，約以百八十年爲一世。皆有伯，初政在諸侯，繼在大夫。異辭，三分百八十年，六十年一小異。所傳聞隱、桓。亦廿九年，與定、哀同。異辭。亦十年一小異。三世分爲九等，亦爲三科九旨。如三鄙九侯、三方九州。何以終乎哀十四年？終于十四年春，事未畢。疏《左傳》經終孔子卒，傳終哀公奔。曰：備矣。感麟而作《春秋》。至此，《王制》之事皆已託見。人事浹，王道備，始終適當，其可取備而已。君子曷爲爲《春秋》？據已立四教。撥亂世，《春秋》以前爲亂世，周初之亂國。反諸正，六藝所改爲正。矯枉過正，正，中也。莫近于諸經爲近。諸《春秋》。以六經比，《詩》、《樂》、《書》、《禮》分占四時，爲四教，《易》則六合以外，居皇，惟《春秋》言三千里以内。以時言，或百世以後，或數千年，惟《春秋》二百四十年，小與近莫《春秋》若。孔子本先爲四教之書，欲以見之施行，後因獲麟，知道不能行，以空言不切實，故託之《春秋》，謂：「託之空言，不如見之行事之深切著明也。」《春秋》皆改制治人之事，與四教意不同，故其言如此。疏以六合六官以比六經，《春秋》爲地，爲司空。地小時短，六經之基礎，學者入門之階梯。則未知其爲是與，不敢質言聖人之意。其諸君子樂道堯舜謂述古派。《中庸》云「仲尼祖述堯舜」，四教所言堯、舜之事，與《春秋》一貫，故傳者以《春秋》爲堯、舜之道。樂道堯、舜之事，故演之于《春秋》。疏舉堯、舜者，上有三皇大五帝，下有王伯五等，堯、舜居中，故舉以立說。如《春秋》以魯爲主，亦居五等之中；又，桓、文爲王之二伯，堯、舜爲皇之二伯。六經以分合爲言。未言王合，先言桓、文分局，《春秋》是也；未言皇，先言堯、舜，《尚書》是也。由《春秋》以進三王，由堯、舜以進《詩》、《易》。如但就中國，《春秋》言不當目堯舜。之道與？疏《列》、《莊》之說，以六經爲芻狗，爲陳跡，皆指後來俗儒以鈔胥說孔子，藉以明孔子之真，初功不在此。故《史記》以莊子爲詬厲孔子之徒，屏絶僞說，以存本真。列、莊爲德行科適派，功不在孟子下。自東漢以下，博士學絶，惟傳古文派，以周公爲先聖，儕孔子于許、鄭。諸經傳記皆以爲出于文、周，本乎國史，於是經變爲史，羣以樂道堯、舜爲真孔子矣。末不亦樂乎堯舜後之堯、舜。之知君子也，謂知來派。堯、舜謂後聖。法堯、舜而王者，考諸三王而不謬，百世以俟聖人而不惑。疏六經之作，意不在魯國，在天下；不在當時，在萬世。後儒誤解孔子，撰《知聖篇》上下卷。舊說主刪《書》斷自唐、虞，六經有王、伯無皇、帝，撰《孔子皇帝學考》。又以今日時局爲非孔子所知，別撰《百世可知考》。既明宗旨，再進以《周禮》，以明地球皇、帝典制。歸宗于《詩》無疆無涯，終以《易》，則所謂游于六合以外，《公羊》大一統之說乃備。制《春秋》之義，《孟子》「其義竊取」，壺遂云「孔子作《春秋》」，孔子有知我罪我之言，《孟子》云「《春秋》天子之事」。《春秋》爲素王新訂一王之制度，非徒删定史文、徒示褒貶而已。疏董子《三代改制》：「《春秋》曰：『王正月。』《傳》曰：『王者孰謂？謂文王也。曷爲先言王而後言正月？王正月也。』何以謂之王正月？曰：王者必受命而後王。王者必改正朔，易服色，制禮樂，一統於天下，所以明易姓非繼仁①，通以己受之於天也。王者②受命而王，制此月以應變，故作科以奉天地，故謂之王正月

① 仁：原作「亡」，據淩曙《春秋繁露注》卷七《三代改制質文》改。
② 王者：原脱「者」字，據《春秋繁露注》補。

也。王者改制作科奈何？曰：當十二色，曆各法而正色，逆數三而復。絀三之前曰五帝，帝迭首一色，順數五而①相復，禮樂各以其法象其宜。順數四而相復，咸作國號，遷宫邑，易官名，制禮作樂。故湯受命而王②，應天變夏作殷號，時正白統③。親夏，故虞④，絀唐謂之帝堯，以神農爲赤帝。作宫邑于下洛之陽，名相官曰尹。作《濩樂》，制質禮以奉天。文王受命而王，應天變殷作周號，時正赤統。親殷，故夏，絀虞⑤謂之帝舜。以軒轅爲黄帝⑥，推神農以爲九皇。作宫邑於豐，名相官曰宰。作《武樂》，制文禮以奉天。武王受命，作宫邑於鄗，制爵五等，作《象樂》，繼文以奉天。周公輔成王受命，作宫於洛陽，成文、武之制，作《汋樂》以奉天。殷湯之後稱邑，示天之變反命。故天子命無常，唯命是德慶。故《春秋》應天作新王之事，時正⑦黑統。王魯⑧，尚黑，絀夏，親周，故宋。樂宜親《招武》，故以虞録親，樂制宜商，合伯、子、男爲一等。然則其略説奈何？曰：三正以黑統初。正日月朔于營室⑨，斗建寅。天統氣始通化物，物

---

①而：原作「帝」，據《春秋繁露注》改。
②王：原誤作「正」，據《春秋繁露注》改。
③白統：原誤作「曰統」，據《春秋繁露注》改。
④親夏故虞：原作「故親夏虞」，據《春秋繁露注》乙。
⑤「作濩樂」至「絀虞」：原刻脱此三十二字，據《春秋繁露注》補。又，「虞」下原衍「爵」字，亦據删。
⑥此句原作「軒轅曰黄帝」，據《春秋繁露注》改。
⑦正：原作「王」，據《春秋繁露注》改。
⑧王魯：原作「正魚」，據《春秋繁露注》改。
⑨室：原作「宫」，據《春秋繁露注》改。

見萌達，其色黑。故朝正服黑，首服藻黑，正路輿質黑，馬黑，大節綬①幘尚黑，旗黑，大寶玉黑，郊牲黑，犧牲角卵②。冠於阼③，昏禮逆于庭，喪禮殯于東階之上。祭牲黑牡④，薦尚肝。樂器黑質。法不刑有懷任新産者，是月不殺。聽朔廢刑發⑤德，具存地王之後也。親赤統，故⑥日分平明，平明朝正。正白統奈何？曰：正白統者，曆正日月朔于虚，斗建丑。天統氣始蛻化物，物始芽，其色白。故朝正服白，首服藻白，正路輿質白，馬白，大節綬⑦幘尚白，旗白，大寶玉白，郊牲白，犧牲角繭。冠于堂，昏禮逆于堂，喪事殯于楹柱之間。祭牲白牡，薦尚肺。樂器白質。法不刑有身懷任，是月不殺。聽朔廢刑發⑧德，具存二王之後也。親黑統，故日分鳴晨，鳴晨⑨朝正。正赤統奈何？曰：正赤統

---

① 綬：原作「緩」，據《春秋繁露注》改。
② 卵：原作「卯」，據《春秋繁露注》改。
③ 阼：原作「詐」，據《春秋繁露注》改。
④ 牲黑牡：原作「黑牲」，據《春秋繁露注》乙補。
⑤ 發：原作「法」，據《春秋繁露注》改。
⑥ 故：原作「政」，據《春秋繁露注》改。
⑦ 綬：原作「緩」，據《春秋繁露注》改。
⑧ 發：原作「法」，據《春秋繁露注》改。
⑨ 鳴晨：原作「晨鳴」，據《春秋繁露注》乙。

者，大節綏①幘尚赤，旗赤，大寶玉赤，郊牲騂，犧牲角栗②。冠于房，昏禮逆于户，喪禮殯于西階之上。祭牲騂牡，薦尚心。樂器赤質。法不刑有身，重懷藏以養微，是月不殺。聽朔廢刑發③德，具存二王之後也。親白統，故日分夜半，夜半朝正。改正之義，奉元而起。古之王者受命而王，改制稱號正月，服色定，然後郊告天地及羣神。遠追④祖禰，然後布天下。諸侯廟受，以告社稷宗廟山川，然後感應一其司。三統之變，近夷遐方無有，生煞者獨中國。然而三代改正，必以三統天下。曰三統五端，化四方之本也。天始廢始施，地必待中，是故三代必居中國。法天奉本，執端要以統天下，朝諸侯也。是以朝正之義，天子純統色衣，諸侯統衣纏緣紐，大夫士以冠，參近夷以綏⑤，遐方各衣其服而朝，所以明乎天統之義也。其謂統三正者，曰：正者正也，統致其氣，萬物皆應，而正統正，其餘皆正。凡歲之要，在正月也。法正之道，正本而末應，正内而外應，動作舉錯，靡不變化隨從，可謂法正也。故君子曰：『武王其似⑥正月矣。』《春秋》曰：『杞伯來朝。』王者之後稱公，杞何以稱伯？《春秋》上黜夏，下存周，以《春秋》當新王⑦。《春秋》當新王者奈何？曰：王者之法，必正號，絀王謂之帝，封其後以小國，使奉祀之。下存二王之後以大國，使服其服，行其禮樂，稱

---

① 綏：原作「緌」，據《春秋繁露注》改。
② 犧牲角栗：原作「犧牷角粟」，據《春秋繁露注》改。
③ 發：原作「法」，據《春秋繁露注》改。
④ 遠追：原作「追遠」，據《春秋繁露注》乙。
⑤ 綏：原作「緌」，據《春秋繁露注》改。
⑥ 似：原誤作「以」，據《春秋繁露注》改。
⑦ 「新王」上原衍「行」字，據《春秋繁露注》删。

客而朝。故同時稱帝者五，稱王者三，所以昭五端，通三統也。是故周①人之王，尚推神農爲九皇，而改號軒轅謂之黄②帝，因存帝顓頊、帝嚳、帝堯之帝號，絀虞而號舜曰帝舜，録五帝以小國。下存禹之後於杞，存湯之後於宋，以方百里爵號③公。皆使服其服，行其禮樂，稱先王客而朝。《春秋》作新王之事，變周之制，當正黑統。而殷、周爲王者之後，絀夏改號禹謂之帝，録其後以小國，故曰絀夏存周，以《春秋》當新王。不以杞侯④，弗同王者之後也。稱子又稱伯何？見殊之小國也。黄帝之先謚，四帝之後謚，何也？曰：帝號必存⑤五，帝代⑥首天之色，號至五而反。周人之王，軒轅直首天黄⑦號，故曰黄帝云。帝號尊而謚卑，故四帝後謚也。帝，尊號也，録以小何？曰：遠者號尊而地小，近者號卑而地大，親疎之義也。故王者有不易者，有再而復者，有三而復者，有四而復者，有五而復者，有九而復者，明此通天地、陰陽、四時、日月、星辰、山川、人倫，德侔天地者稱皇帝，天祐而子之，號稱天子。故聖王生則稱天子，崩遷則存爲三王，絀滅則爲五帝，下至附庸，絀爲九皇，下極其爲民。有一謂之三代，故雖絶地廟位⑧，祝牲猶列于郊號，宗

---

① 周：原刻脱，據《春秋繁露注》補。

② 黄：原作「皇」，據《春秋繁露注》改。

③ 號：《春秋繁露注》作「稱」。

④ 杞侯：原作「侯」，據《春秋繁露注》補改。

⑤ 存：原作「從」，據《春秋繁露注》改。

⑥ 帝代：原作「代帝」，據《春秋繁露注》乙。

⑦ 黄：原作「皇」，據《春秋繁露注》改。

⑧ 絶：原作「純」；位：原作「爲」，據《春秋繁露注》改。

于代宗。故曰：聲名魂魄施于虚，極壽無疆。何謂再而復？四而復？《春秋》鄭忽何以名？《春秋》曰：『伯、子、男①一也，辭無所貶。』何以爲一？曰：周爵五等，《春秋》三等。《春秋》何三等？曰：王者以制，一商一夏，一質一文。商質者主天，夏文者主地，《春秋》者主人，故三等也。主天法商而王，其道佚陽，親親而多仁樸②。故立嗣予子，篤母弟，妾以子貴。昏冠之禮，字子以父。别眇夫婦，對坐而食，喪禮别葬，祭禮先臊，夫妻昭穆别位。制爵三等，禄士二品。制郊宫明堂員，其屋高嚴侈員，惟祭器員。玉厚九分，白③藻五絲，衣制大上，首服嚴員。鸞輿尊蓋，法天列象，垂四鸞。樂載鼓，用錫儛，儛④溢員。先毛血⑤而後用聲。正刑多隱，親慼⑥多諱。封禪於尚位。主地法夏而王，其道進陰，尊尊而多節義。故立嗣與孫，篤世子，妾不以子稱貴號，昏冠之禮，字子以母。别眇夫婦，同坐而食，喪禮合葬，祭禮先亨⑦，婦從夫爲昭穆。制爵五等，禄士三品，制郊宫明堂方，其屋卑污方，祭器方。玉厚八分，白藻四絲，衣制大下，首服卑退。鸞輿卑⑧，法地周象載，垂二鸞。樂設鼓，用纖施儛，儛溢方。先亨而後用聲。正刑天法，封壇于

① 男：原作「勇」，據《春秋繁露注》改。
② 多仁樸：原作「仁多樸」，據《春秋繁露注》乙。
③ 白：原作「自」，據《春秋繁露注》改。
④ 儛：原刻脱，據《春秋繁露注》補。
⑤ 毛血：原作「血毛」，據《春秋繁露注》乙。
⑥ 慼：原作「傶」，據《春秋繁露注》改。盧文弨云：「慼」蓋古「戚」字。
⑦ 「喪禮合葬」二句：原作「喪禮喪祭先亨」，據《春秋繁露注》改。
⑧ 卑：原作「象」，據《春秋繁露注》改。

下位。主天法質而王，其道佚陽，親親而多質愛。故立嗣予子，篤母弟，妾以子貴。昏冠之禮，字子以父。別眇夫婦，對坐而食，喪禮別葬，祭禮先嘉疏①，夫婦昭穆別位。制爵三等，禄士二品。制郊宮明堂内員外橢，其屋如倚靡員橢，祭器橢。玉厚七分，白藻三絲，衣長前衽，首服員轉。鸞輿尊蓋，備天列象，垂四鸞。樂程鼓，用羽籥儛，儛溢橢。先用玉聲而後烹。正刑多隱，親傶②多赦。封壇于左位。主地法文而王，其道進陰，尊尊而多禮文。故立嗣子孫，篤世子，妾爲以子稱貴號。昏冠之禮，字子以母。別眇夫婦③，同坐而食，喪禮合葬，祭禮先秬鬯，婦從夫爲昭穆。制爵五等，禄士三品。制郊宮明堂内方外衡，其屋習而④衡，祭器衡同，作秩⑤機。玉厚六分，白藻三絲，衣長後衽，服首習而垂流。鸞輿卑，備地周象載，垂二鸞。樂縣鼓，用萬儛，儛溢衡。先烹而後用樂，正刑文公。封壇于左位。四法修⑥於所故，祖于先帝，故四法如四時然，終而復始，窮則反本。四法之天施符授聖人，王法則性命形乎先祖，大昭乎王君。故天將授舜，主天法商而王，祖易姓爲姚氏。至舜形體，大上而員首，而明有二童子。性長於天文，純於孝慈。天將授

① 喪禮別葬，祭禮先嘉疏：原作「喪禮先嘉踈夫別葬祭禮」，據《春秋繁露注》改。
② 傶：原作「儎」，據《春秋繁露注》改。
③ 婦：原作「妻」，據《春秋繁露注》改。
④ 而：原作「其」，據《春秋繁露注》改。
⑤ 秩：原作「佚」，據《春秋繁露注》改。
⑥ 修：原作「條」，據《春秋繁露注》改。

禹，主地法夏而王，祖錫姓爲姒氏。至於①生發於背，形體長，長足肵，疾行先②左，隨以右，勞左佚右也。性長於行，習地明水。天將授湯，主天法質而王，祖易姓爲子氏。謂契母吞玄鳥卵生契，契先發於胷，性長於人倫。至湯，體長專小，足左扁而右便，勞右③佚左也。性長於天文④，質易純仁。天將授文王，主地法文而王，祖錫姓姬氏。謂后稷，母姜原，履天之跡而生后稷。后稷長於邰土，播田五穀。至文王，形體博長，有四乳而大足，性長於地文勢。故帝使禹、皐論姓，知殷之德陽德也，故以子爲姓；知周之德陰德也，故以姬爲姓。故殷王改文，以男書子⑤，周王以女書姬。故天道各以其類動，非聖人，孰能明之？」**以俟後聖**；《傳》大一統説本于鄒子，鄒子之説本《周禮》，《周禮》之説歸宗《詩》、《易》。《中庸》「百世以俟聖人而不惑」，《文王》之詩曰「本支百世」，百世三千年，今去孔子二千六七百年，後聖之興，旦暮可遇。六經皆爲俟聖，不止《春秋》；即小者以立法，大統可知。**疏**《列子》：孔子⑥告顏子曰：「曩吾修《詩》、《書》，正《禮》、《樂》，將以治天下，遺來世，非但修一身⑦、治魯國而已⑧。而魯之君臣日失其序，仁義益衰，情性

---

① 於：《春秋繁露注》作「禹」。
② 先：原作「手」，據《春秋繁露注》改。
③ 勞右：此「右」字原刻在上句「便」字之上，據《春秋繁露注》乙。
④ 天文：《春秋繁露注》作「天光」。
⑤ 以男書子：原作「書始以男」，據《春秋繁露注》改。
⑥ 孔子：二字原脱，據《列子・仲尼》補。
⑦ 修一身：「修」字下原衍「吾」字，據《列子・仲尼》删。
⑧ 治魯國而已：「治」上原衍「而」字，據《列子・仲尼》删。

益薄。此道不行一國與當年，其如與天下來世矣？吾始知《詩》、《書》、《禮》、《樂》無救于治亂，而未知所以革之之方。此樂天知命者之所憂。雖然，吾得之矣。夫樂而①知者，非古人之所謂②樂知也。無樂無知，是真樂真知；故無所不樂，無所不知，無所不憂，無所不爲。《詩》、《書》、《禮》、《樂》何棄之有？革之何爲？」以君子之爲，亦有樂乎此也。孔子修六經，以爲萬世法，此説爲正義。帝王早出，以平巨難。至周而文明漸啟，宜于古者，後世不可盡行；古所無者，後來宜有補作。然帝王之法行于當時，易代必改，無百世不變之定制。天生孔子，使之在庶，無所施行；集羣聖大成，以爲百世師表，損益四代，則帝王之制與素王合而不能分也。後聖有作，因不能改，其局則變，其法則長。故秦、漢以來，所有③學校、選舉、封建、禮樂、政刑諸大政，莫不師本《王制》，合于《春秋》也。縱易代有異同，不過小有沿革，所謂損益可知。子貢、冉有以爲賢于堯、舜者，此也。疏按，凡行政必因時，立言可以總括。使孔子爲政于春秋，尚不能比桓、文；以其時中國多屬蠻野，九州尚不足三千里。方今海禁大通，中外一家，智慧制作，日進文明；雖假以天子之權，彭、老之壽，亦有所不能。惟不行而以言立教，則漢、唐以下中國固在所包，即由今日再推行數千萬年，亦不過五土五極而已。若夫與天通，則游六合外，固早已以《易》包之矣。

---

① 而：原脱，據《列子·仲尼》補。
② 所謂：「謂」字原脱，據《列子·仲尼》補。
③ 所有：原作「所以」，據文意擬改。

公羊春秋補證後序

《學堂私議》以尊經分官爲指歸，《賈子》帝入五學，所上不同，《賈子》引《學禮》曰：「帝入東學，上親而貴仁，則親疏有序而恩相及矣。帝入南學，上齒而貴信，則長幼有差而民不誣矣。帝入西學，上賢而貴德，則聖智在位而功不遺矣。帝入北學，上貴而尊爵，則貴有等而下不踰矣。帝入太學，承師問道，退習而考於太傅，太傅罰其不則而匡其不及，則德智長而治道得矣。」《學記》：「春、秋教以《詩》、《書》，冬、夏教以禮、樂①。」是援六藝立六大學堂，東《詩》上親，南《樂》上齒，西《書》上賢，北《禮》上貴；太學分左右，上《易》下《春秋》。所以必立六學者，上下四旁，情性不同，好惡相反，各因所短以施教。每學分經，各立宗派，亦如六家旨要。《易》爲道，《春秋》爲陰陽，東儒，西墨，南名，北法。分六學專門獨立，事半功倍，其教易行。若一學兼包六藝，事雜言厖，教學皆困。《王制》左學右學有互移法，蓋左右分經異教，性情才思不合于此，必合于彼，使兩學重規疊矩，何必互移？此立學分經之説。今以七經分立五學：蒙學《孝經》、《禮》、樂、《容經》，小學《王制》，中學《春秋》，高等《詩》與《周禮》，大學《易》。方言實業，別立專學，聽資性相近者學之，不與各學相蝌。蒙學修身，凡俊秀士農工商之子弟

---

① 語出《禮記·王制》：「春、秋教以禮、樂，冬、夏教以《詩》、《書》。」此云《學記》，當係作者誤記。

皆入焉。《孝經》標宗，《禮》、《容》治身，不但仕宦，齊民皆必學。小學以上爲仕學，立官治人屬焉。主《王制》，統典考，中外政治律例學屬焉。《王制》爲普通，專業則分擇一門，如司徒、司馬、司空、冢宰、樂正、司寇、司市①，擇性所近爲專習。蒙學詳，不再立課程。蓋考典章如識字，記識功多，用思事少，于小學相宜。卒業後入中學，以《春秋》課之。《春秋》如會典、律例，先師決獄皆所取。入中學，治身掌故所已明，就《春秋》以推詳當世成敗。全經爲普通，《王制》官事，各就本門推考得失，治國齊家，上而天王二公，下而卿大夫士，就行事推論經權；君臣父子夫歸鄰國外交，分門求之。《王制》如陣圖，《春秋》則操縱變化，在乎一心。古無史家，班《志》附《春秋》。中外史書讀不勝讀，然精華全包《春秋》。或分書，一人專治一史。分官事，取史書所有本官事，彙鈔閲之。既已貫通，餘力可以涉獵，凡國家以下綜攬無遺。《春秋》治法基礎，董、劉、公孫專經，文章事業標炳史册，《春秋》既通，治術思過半矣，然後升之高等。時局合通，不似漢、唐，但治《春秋》，已無餘事，故必進以《周禮》、《尚書》。《周禮》大統，《王制》、《尚書》小統，《春秋》驗小推大，簡易易行，藉證大統，家國因天下而益顯，故雖任小，亦必知皇、帝宗旨。又，道家君逸臣勞，逸者天下，勞者家國，積家成國，積國成天下，知人善任使，其要領也。學問於此觀止。補吏授職，不再入學。京師泰學，專爲《易》教，皇、帝法天調濟損益

① 司市：「司」字原無，據文意擬補。

之至功。每因事故，如學飾飭，《盛德》篇有獄則飾：不孝之獄，則飾喪祭之禮也；弑獄，則飾朝聘之禮也；鬬辨之獄，則飾鄉飲酒之禮也；淫亂之獄，則飾昏禮享聘也。故曰：刑法之所從生有源，不務塞其源，而務刑殺之，是爲民設陷以賊之也。六官分司，冢宰之官以成道，司徒之官以成德，宗伯之官以成仁，司馬之官以成聖，司寇之官以成義，司空之官以成禮。又曰：危則飭司徒，不利則飭宗伯，不平則飭司馬，不成則飭司寇，貧則飭司空。分職任事，尊法無爲。又，六儀有禮、樂，帝學亦有禮、樂。六儀爲治身，帝學爲化民，《孝經》曰：「安上治民，莫善於禮；移風易俗，莫善於樂。」宗旨不同，取效自別。以蒙學萬人計，入小學不過百，入中學不過三十，入高等不過五，入大學不足一。蒙學成，散歸實業之農、工、商、賈；中學成，皆補吏。考漢博士多補吏、郎，後由吏、郎至宰輔。不仕而任教職者，或爲博士，或教授鄉里。當時儒、吏不分，《秦本紀》「凡學者以吏爲師」，吏即博士之入仕者。人才由閱歷而出，學成必先爲吏，以練其才識，印證其學術；既有登進之路，又無學織之患。後世儒生初得科弟，遂授以民社重任，國、身兩害。故小學以上皆爲仕宦學。分官分學，終身不改，人才多，取效易。後世數易官，官如傳舍，故相率不學，權歸書吏；由學、仕分途，于事功外別有所謂道德，以致儒、吏分途，所當釐正者也。今以《春秋》立王、伯之準，又以年、時兼皇、帝之説，原始要終，其道畢矣。方今中外交通，羣雄角立，天下無道，政在諸侯；然小大不同，迥異前軌，所謂撥亂世俟後之堯、舜者，固爲今日言之也。讀是書者，先通《王制》，考悉國家巨細之政故，推衍《經》、《傳》，以觀其變化與等差經常、應變方略。所有京師國都邑野山川，即今之萬國地法也、王侯卿大夫，如地球千名人傳；　征伐勝敗，滅國取邑，《世界大事表》三百年中戰奪攻取也；　朝聘盟會，各國條約會盟，國際公法也。所褒之忠臣孝子名士烈女，立綱常以爲萬國法，《孝》教也；　誅絶之亂臣賊子，撥亂世以爲當世法，《樂》教也；　世卿，同姓婚，三年喪，不親迎，郊祀宗廟不以禮，立新制，革舊弊以改良，《禮》教也；　彰王法，嚴討賊，明適庶，辨等威，强幹弱枝，謹小慎微，以絶亂原，《書》教也；　内本國外諸夏，内諸夏外夷狄，用夏變夷，民胞物與，天下一家之量，《詩》教也；　張三世，别九旨，通三統，明六曆，隨世運升降以立法，循環無端，百變不窮，《易》教也。大之體國經野，設官分職，小之一家一身，一言一行，無所不具也。舉廿四史典章制度成敗得失，大無不包也。地球百《春秋》之地，興利除害，革故鼎新，損益裁成之法，不啻疊矩重規也。《春秋》據魯史，爲王、伯、方伯、卒正、連帥五等之中；　五學以《春秋》居大學、高等、小學、蒙學之中。蒙學、小學，修身之禮容，治國之典章始基來源也；　高等、大學，皇帝之大同，推驗其歸宿也。舉《春秋》以括終始，得其中而首尾備，故中者，握要之圖。身、家細小不求詳，皇、帝高遠所不迪。一年綱領條流可以大通，再以二年仿董、劉舊法，涉獵普通，據一經以應萬事，左右逢原，泛應曲當，始終三年，上下俱達。大、高各以一年，化小爲大，取效不難。小學之功寬以三載，蒙學以後統計八年，平、治、修、齊，通可卒業，得所依歸，效可操券。且諸學蟬連，事同一貫，提綱挈領，成效自速，庶可洗「寡要」「少功」之恥。存此私議，以張舊法。野人食芹而甘，願共同好。易危爲安，轉敗爲勝，其機括或在是歟！刊成，用誌鄙懷，願與同志商之也。

光緒二十九年立秋後一日，則柯軒①主人自識宣漢講舍。

① 則柯軒：原作「則軒軒」，誤。